本书为国家社科基金重大项目"以人为本的中国新型城镇化道路研究"(13&ZD025)研究成果

国家社科基金丛书
GUOJIA SHEKE JIJIN CONGSHU

以人为本的中国新型城镇化道路研究

Exploring the New Road to Urbanization
Based on People—oriented in China

周加来　等著

人民出版社

序

"城镇化"亦称"城市化""都市化",为"urbanization"的中译。1867 年西班牙工程师 A.Serda 在《城市化基本理论》一书中首次使用"urbanization"概念,之后逐步开始风行,并于 20 世纪传入我国。中华人民共和国国家标准《城市规划基本术语标准》(GB/T50280-98)将城镇化界定为"人类生产和生活方式由乡村型向城市型转化的历史过程,表现为乡村人口向城市人口转化以及城市不断发展和完善的过程"。这个过程是一个人口、物质、经济、社会、文化、生态、空间的多维综合过程。不同学科侧重这个过程的不同方面,不同国家把这个过程和各自国情结合,城镇化定义也呈现出"百家争鸣、百花齐放"的局面。

新中国成立以来一直高度重视城镇化。20 世纪 80 年代,我国曾经重点推进了从"乡"到"镇"的转变,兴起了一个大力发展小城镇的热潮。这在理论研究上的一个重要表现,就是以费孝通先生为代表的"小城镇"理论的兴起。1984 年,费孝通先生发表《小城镇,大问题》,提出小城镇建设是中国发展农村经济、解决剩余人口出路的一个大问题,从而引发理论界对小城镇建设的热议,并促进了小城镇建设的热潮。1991 年,辜胜阻先生力推中国的"城镇化"概念,认为随着中国城镇化率达到 50% 以上,城镇化的含义已经远远超出 20 世纪 80 年代所赋予的"农转非"的色彩,现在中国面临的城镇化问题和推进城镇化的使命已经扩大为乡村人口向城市人口转化以及城市不断发展和完善的过程,城镇化概念的使用已经趋同于城市化概念的使用。

随着我国城镇化的发展、综合国力的持续提升,城镇化取得突出成就,但深层次的矛盾和问题不断浮现,粗放型工业化推动下城镇人口规模量的增长、城镇空间无序膨胀、资源大量消耗、城镇环境显著恶化的传统城镇化模式已不再适应我国经济社会发展需要。2003 年以来,不同于传统城镇化的新型城镇化道路理论和实践逐步提出;2012 年 11 月,党的十八大正式确立走新型城镇化道路;2013 年 7 月,中共中央政治局常委、国务院总理李克强在广西主持召开部分省区经济形势座谈会时提出"推进以人为核心的新型城镇化";2014 年 3 月,中共中央、国务院印发了《国家新型城镇化规划(2014—2020 年)》,作为指导全国城镇化健康发展的宏观性、战略性、基础性规划,进一步明确"以人为本,公平共享"的城镇化基本原则。

以安徽财经大学周加来教授为首席专家的研究团队完成的《以人为本的中国新型城镇化道路研究》,是 2013 年 7 月获得国家社会科学基金重大项目立项支持的。课题组按照制订的详细课题研究计划,通过组内研讨、专家咨询、实地调研、学术交流等途径展开课题研究,较好地完成预定目标,并顺利结项,完成此部著作。本书在系统回顾我国传统城镇化发展道路研究成果的基础上,在对国内外城镇化道路转变的研究成果进行系统梳理后,针对以人为本的我国新型城镇化道路的核心问题,反思以物为本的城镇化,从城镇化理论的发展演进中提炼出以人为本的城镇化道路的内涵,构建以人为本的城镇化道路的理论体系,分别从农业转移人口市民化、产业生态建设与城市生态文明构建、城镇化和农业现代化的协调发展等方面研究以人为本的新型城镇化如何为包括转移就业人员、城市居民、农村居民的准市民、市民、农民"三类人"创造公平的发展环境,让"三类人"共同在新型城镇化发展中获益,进而设计出以人为本的新型城镇化道路的政策建议。

本书独到的特色体现在以下三个方面:第一,"以人为本"的新型城镇化是对"以物为本"传统理念的突破。在工业文明快速发展的过程中,工业文明主导的"以物为本"城镇化扩大了地区和城乡发展差距、自然环境破坏加剧,这与城镇化的最终目标日益背离。必须从发展理念上实现由"以物为本"向"以人为本"转变,才能从根本上实现城镇化的最终目标,这是本书的突破和创新之处。第二,实现人的发展和经济与社会、自然的协调是对传统城镇化以经济增长为单一目标的突破。工业化创造供给,城镇化创造需求,在内需不足和中国城镇化水平滞后的情况下,将城镇化作为未来推进中国经济可持续发展抓手是必需的。在"以人为本"的发展理念下,将中国新型城镇化作为实现准市民、市民、农民"三类人"发展的抓手和问题研究核心,有助于解决城镇化作为未来推进中国经济可持续发展抓手所产生的负面影响。第三,以"以人为本"新型城镇化道路为指引,综合研究准市民、市民、农民"三类人"的发展问题。和其他单独研究"城市病"问题、农民工市民化问题和"三农"问题不同,本书从"以人为本"新型城镇化道路设计的角度,综合研究准市民、市民、农民"三类人"的发展问题。

杨开忠

2020 年 11 月

目　　录

前　　言

　　城镇化是现代化的必由之路,是破除城乡二元结构的重要依托。《国家新型城镇化规划(2014—2020年)》提出了要"走以人为本、四化同步、优化布局、生态文明、文化传承的中国特色新型城镇化道路"。明确了中国推进新型城镇化,必须坚持"以人为本"的原则,而以人为本的新型城镇化如何实现经济与社会、自然协调发展,如何在保持城镇化较高发展速度的同时提升城镇化发展质量,如何为城市居民、转移就业人员和农村居民"三类人"创造公平的发展环境,让"三类人"共同在新型城镇化发展中获益,是我们急需思考的问题。

　　本书共分为五章,在对国内外城镇化道路转变的研究成果进行系统梳理后,针对以人为本的中国新型城镇化道路的核心问题,在对以物为本的城镇化进行评价与反思的基础上,从城镇化理论的发展演进中提炼出以人为本的城镇化道路的内涵,构建以人为本的城镇化道路的理论体系,分别从农业转移人口市民化、产业生态建设与城市生态文明构建、城镇化和农业现代化的协调发展等方面研究以人为本的新型城镇化的关键问题,进而设计出以人为本的新型城镇化道路的政策建议。

一、以人为本新型城镇化的中国阐释

　　中国已经进入快速城镇化阶段,城市已成为中国经济、社会活动的主要承载空间。一方面,城镇化的快速发展为中国经济、社会发展作出了重要贡献;另一方面,城市发展对资源、环境的需求也持续增强,甚至超出了某些城市的资源、环境承载力。城市发展与资源环境之间出现了不容忽视的矛盾。为了使城镇化健康稳步发展,必须对传统的城镇化理论进行反思,并着力构建新的城镇化理论体系,从"差异性原理"和"复杂性原理"开始,反思中国的城镇化问题,提出以"人本"与"和谐"为特征的新型城镇化发展理念,设计了中国特色城镇化理论的基本框架与政策指向。首先,通过构建中国特色城镇化理论体系,解决中国城乡分治问题,实现城乡一体化的目标。根据城乡关系演进规律,推进城乡一体化,主要依赖于建立实现城乡要素双向流动、城乡资源的均衡配置、城乡产业发展有效互动等长效机制。其次,通过构建中国特色城镇化理论体系,解决或缓解中国城镇化进程中的城市病问题,实现城市可持续发展的目标。在推进新型城镇化过程中,必须充分认识到城市病爆发给城市社会经济发展带来的困扰,深入探究城市病出现的原因,借鉴国内外防治城市病的经验和思路,有助于中国城市防治城市病,促进城市持续健康发展。第三,通过构建中国特色城镇化理论体系,重新构建城市建设理念,实现由以物为本向以人为本转变的目标。缓解"以物为本"城镇化带来的诸多问题,关键是让作为主体的"人"成为城镇化战略的出发点和落脚点,成为城镇化战略的核心,逐步构建"以人为本"的城镇化,回归城镇化的本质。第四,通过构建中国特色的城镇化理论体系,注重城市文化培育,实现城市文明现代化。在中国的快速城镇化、现代化过程中,有必要深入反思城市发展过程中的不文明、不和谐,重构城市文明体系。

二、新型城镇化推动农业转移人口融入城市研究的"中国路径"研究

在经济进入新常态的经济格局下,新型城镇化发展的路径将会涉及一系列的制度变迁,在这个过程中最需要解决的是中国城乡内部二元结构的问题,

即农业转移人口的市民化问题。而且,在过去长期形成的城乡二元结构未得到根本消除的情况下,又在城市内部产生了以农业转移人口和城镇原居民为主体的新二元结构,严重影响了社会和谐发展和城镇化质量的提高。因此,大力推进以人为本的农业转移人口市民化,对于实施新型城镇化战略、拉动潜在内需意义重大。基于国内外相关研究成果的系统梳理,本书分别就中国农业转移人口市民化的研究背景与现状、相关理论、问题、实践经验、市民化程度、代际差异及对策进行较为系统的研究,得出以下结论:首先,认为农业转移人口的市民化不仅仅是获得市民身份,而是更多地体现为其主观上从生活方式、社会认同、思想观念等方面不断融入城市,它并非简单的市民数量的增加,而是质的改变,是以人为本的市民化进程,包括空间转移、产业转移、身份转换、方式转变、文化融合与社会认同六个层面。其次,认为中国劳动力转移过程既不符合二元经济理论,也不同于托达罗的三部门理论,更多地表现为四元经济。由于历史、制度及机制等方面的原因,中国农业转移人口实际上只完成了空间转移与产业转移,其市民化过程并不完全,主要表现为城乡二元体制与区域一体化发展的矛盾、农民老龄化与农业转移人口市民化意愿低的矛盾、城市人口承载力弱与农业转移人口公共服务需求强的矛盾、融入障碍与角色错位的矛盾及自由处置资产的权利与市民化成本的矛盾等五个方面的问题,以上问题的根源在于农业转移人口市民化进程中并未做到以人为本,从而造成供需失衡。第三,通过对英美日及中国农业转移人口市民化的实践经验与政策的分析,认为中国农业转移人口市民化政策经历了限制市民化—有条件市民化—积极市民化的过程,体现了政策在向"以人为本"转变,但并未做到像发达国家城镇化进程中以农业转移人口市民化的需求为依据来制定市民化政策,地方的相关政策更是具有较强的功利性,并未按照农业转移人口市民化的需求提供供给。因此,要真正推进中国农业转移人口市民化进程,必须对农业转移人口市民化的需求进行详细分析,基于需求提供供给,并按照促进市民化供需平衡的原则制定相关政策。第四,为加快农业转移人口的市民化进程,分别从宏观与微观层面提出了全面深化城乡发展制度改革、构建区域一体化发展机制、走以人为本的新型城镇化道路、注重精神城镇化建设、形成市民化供需与经济社会发展水平的协调机制、提升城镇人口承载力与公共服务水平、加大农村空心化的治理力度、赋予农业转移人口财产自由处置的权利、完善市民化成本分担机制、加大对农业转移人口的社会认同等十条对策建议。

三、中国城市生态文明形成机制和生态文明评价研究

中国工业化与城镇化的快速推进和纵深发展带来了经济的高速增长和物质的极大丰富，但同时也付出了巨大的环境代价。中国已经成为仅次于美国的全球第二大经济体，但由于能源利用效率不高和经济发展方式粗放，中国也是当今世界最大的能源消费国、最大的二氧化碳排放国和最大的二氧化硫排放国。目前中国的经济可持续发展几乎进入了环境污染的瓶颈期，所以根据中国目前的城镇化以及环境问题的现状，讨论了以人为本的新型城镇化进程中的产业生态转型与城市生态文明。首先，我们放眼全球，聚焦于环境污染中的碳排放问题，分析了碳排放权交易机制在世界各国的进展情况，通过对不同国家经验教训的及时总结，给出了中国碳排放权交易市场建设的政策建议。一是提高部门协调性和区域协调性。建立区域统一的协调机制、预算审计机制、排放统计机制和违规追责机制，保证立法的完整性，监督的有效性。二是加强统计工作，完善报告流程，强化信息披露。全国统一市场的建立离不开全国统一"碳交易数据库"的建立，中国应该深入细致地做好统计核算，加强报告制度的普及性，加强试点地区统计工作管理与控制。三是落实激励政策，加快推进节能低碳技术的推广应用。国家建立统一碳排放制度应该坚持"采取先自愿后强制，最终实行总量控制的策略"，同时在配额发放上，可以按照"先免费后有偿，循序渐进，逐步推进"的基本准则。四是教育与培训实时跟进，致力尖端技术人才培养。政府需要碳交易的技术和管理人才，这是全国性碳交易市场建立的支撑；相关的第三方服务人才，现代生产性服务业体系的建立

是保证企业和市场良好发展的关键,第三方核查人员、咨询代理人员能够为企业快速进入碳交易市场铺平道路,刺激碳市场创新。五是建立市场化的碳金融机制。充分评估试点的利弊,借鉴国内外经验,逐步整合资源,建立统一规范高效的碳交易市场,实现碳交易的程序化、规范化。六是时刻关注国际碳排放政策变化,避免政策风险。首先,对于碳交易市场建立过程中的冲击最小化的不确定性,以及为了合理认识碳排放问题,中国需要密切关注国际政策变化,降低政策性风险。其次,中国在新型城镇化建设过程中,工业发展产生的污染物增加从而导致环境恶化。工业作为中国经济的支柱型产业推动经济的发展,中国在推进新型城镇化的同时也大力发展工业,工业的发展必然伴随着污染的排放,所以在衡量非期望产出的前提下,中国的新型城镇化并没有达到帕累托最优。在构建中国城市生态文明路径时,需要对城市的综合承载力进行测度。一是测度中国四大区域(东部、东北、中部和西部地区)城市的经济、社会和自然环境等单个子系统的承载能力,分析每个子系统承载力的优势和劣势;二是计算各区域城市的综合承载力,为构建城市生态文明提供依据;三是根据不同区域城市单个子系统的承载力高低,确定城市生态文明构建的"短板"和优先考虑的子系统;四是依据该城市所处的主体功能区,确定其在整个区域乃至全国范围内所应该承担的生态功能,从而制定构建中国城市生态文明的方案,提高新型城镇化效率,不断发展新型城镇化。

四、以人为本的新型城镇化和农业现代化富裕农民问题研究

中国农业现代化仍落后于工业化和城镇化,明显表现在薄弱的农业基础、逐渐拉大的城乡收入差距、突出的"三农"问题。"四化"同步发展的短板依然在农业现代化。所以,要想实现农业现代化必须积极发挥城镇化对农业现代化的促进作用,促进城镇化和农业现代化的协调发展,提高农村和农民的自我发展能力,缩小城乡之间的差距。因此,我们是否能够牢牢把握新型城镇化和农业现代化协调发展的关系,事关中国能否实现全面建成小康社会的发展目

标。围绕城镇化与农业现代化协调发展的原因与实现路径,分别从城镇化与农业现代化协调发展的经验借鉴与案例分析、城镇化与农业现代化协调发展的效应、淮河生态经济带新型城镇化与农业现代化协调发展的实证分析、长三角地区新型城镇化与农业现代化协调发展、中部地区县域新型城镇化与农业现代化协调发展等五个方面内容开展了较深入细致的理论和实证研究。从而使得人们对新型城镇化与农业现代化协调发展的必要性有了更加理性的认识,找到了不同区域,特别是县域层面有效推进新型城镇化与农业现代化协调发展的路径和方法,也从制度体系设计和政策组合运用两个方面给出了促进新型城镇化与农业现代化协调发展的政策建议。第一,改善中国现有的工业反哺农业、城市支持农村的政策,调整城镇化的战略方针以及农业现代化的发展模式,加速推动城乡一体化;第二,将市场机制与宏观调控相结合,提高城镇化的资源配置效率;第三,坚持城市和城镇的协调发展,推进城镇化均衡发展;第四,继续推动农业转移人口市民化,改革户籍制度,实现城乡公共服务均等化;第五,加强农业基础地位,深入实施以工带农的发展模式。

五、以人为本的新型城镇化推进制度设计研究

在以物为本的城镇化目标取向分析的基础上,揭示以物为本的城镇化缺陷,借鉴中外城乡一体化制度设计,提出城乡一体的以人为本的新型城镇化推进制度。按照城市居民、转移就业人员和农村居民三类城镇化主体设计新型城镇化制度体系。首先,在进城务工人员市民化制度设计方面,认为城镇化发展,不仅是土地和人口的城镇化,更是生产方式、生活质量和生活观念的城镇化,应坚持走内涵式发展道路,切实解决好农民进城就业、住有所居和公共服务均等化等方面的问题,为农业转移人口市民化创造有利条件。让农村转移人口真正成为市民,不仅关乎中国城镇化和现代化的未来,也是维护社会稳定和实现公平正义的需要。其次,在农村人口精准扶贫制度设计方面,对"精准扶贫"创新模式进行了合理的设计,最后通过一个典型案例分析了"精准扶

贫"的实际实施效果。"精准扶贫"模式向"精准式""造血式""集中式""参与式"等转变,最终目的是解放贫困人口的生产力,从根本上消除贫困、遏制返贫,实现贫困户的长期脱贫致富。再次,在农村"三留人员"关怀制度设计方面,从实施精准管理、安全保障以及人文关怀三大方面来进行农村"三留人员"关怀制度的设计。建立完整的信息数据库,设立各项制度措施,提出各类关于农村群体活动和关爱活动,在文化娱乐方面以及生产教育方面来完善对"三留人员"的人文关怀。最后,在城乡产业转型制度设计方面,认为城镇化发展能够促进新兴产业发展,推进产业结构调整升级。城镇化为产业结构的有序演进提供公共服务。城镇化通过扩大消费需求带动产业结构演进,需求总量和结构发生变化都会引起相应产业部门的扩张或收缩,也会导致新产业诞生和旧产业衰落。与此同时,产业结构调整对城镇化也有着显著的反馈效应。第二产业是加快城镇化发展的主要推动力,是城镇化发展的后续动力,会带动第三产业的蓬勃发展,从而拉动城镇化的发展。

本书系国家社科基金重大项目(课题编号:13&ZD025)"以人为本的中国新型城镇化道路研究"研究成果整理而成。该课题由安徽财经大学周加来教授担任首席专家,安徽财经大学李刚教授、张士杰教授、宋马林教授、任志安教授、朱道才教授分别担任各子课题的负责人。本书所选取内容的撰写分工情况如下:

第一章由李刚教授负责,主要执笔人有李刚、钱力、汤新云、舒家先和周加来。第二章由张士杰教授负责,主要执笔人有张士杰、孔小红、黄敦平、周慧和周加来。第三章由宋马林教授负责,主要执笔人有宋马林、崔连标、戴为民和周加来。第四章由任志安教授负责,主要执笔人有任志安、汪增洋、卢辞、廖信林、杨春、戴为民、陶成成、张世娟、赵静静、丁桂云和周加来。第五章由朱道才教授负责,主要执笔人有朱道才、石丽娟、任以胜、汪启慧和周加来。全书由周加来教授总纂修订成书。

感谢人民出版社经济与管理编辑部吴炤东同志及其专业团队的辛勤工

作,他们为本书的出版付出了诸多心血和努力,他们严谨的态度和专业的操作保证了本书的顺利出版。

显然,本书是课题组各位成员共同努力的成果,由于参与研究者较多,研究历时较长,文中引注和参考难免挂一漏万,对本书存在的不足之处和谬误,由首席专家和各子课题负责人负责并恳请广大读者批评指正。

周加来

2019 年 9 月

第一章 "人本"与"和谐"：中国特色 城镇化理论的基本框架

第一节 中国城镇化政策与实现条件

一、城镇化和中国城镇化政策

（一）城镇化与城镇化道路

尽管"城镇化"一词的出现至今已有百余年历史，但是人们依然可以用众说纷纭、莫衷一是来形容城镇化内涵的界定。因为多学科性地研究城镇化问题和复杂的城镇化过程本身就给界定城镇化的内涵带来了巨大困难，面对众多的界定，本书认为《中华人民共和国国家标准城市规划术语》对城镇化的表述更具体——"城镇化是人类生产与生活方式从农村型向城市型转化的历史过程，主要表现为农村人口转化为城市人口及城市不断发展完善的过程"。

城镇化的过程大体上可以概括为人们的生产方式、生活方式和行为方式随着生产力的发展变化而变化的过程。而城镇化的实质是指进入工业社会时代后由于城市工业和服务业产值在 GDP 中比重逐步上升，而农业生产活动的比重逐渐下降，进而导致人口逐渐转移到城市的过程。这种变化实际上是随着经济结构变动，带来了人口居住空间和就业结构的变化，使得人类的文明由农耕文明逐渐转向工业文明和城市文明。从这种演变历程来看,城镇化是产业结构及人口居住空间分布结构的变化,是从农业生产方式、农村生活方式和农民行为方式向现代工业和服务业生产方式、城市生活方式和城市居民行为方式的转化。

经济社会发展进程中的城镇化是一个非常复杂且容易受各种因素影响的运动,如果运用经济学的思维来看,其表现主要还是劳动力的空间转移,从农业向工业、农村向城市运动和迁移的一个动态过程,表现为产业结构的调整和产业的不断升级和演进。从这个意义上说,实现农村劳动力转移是城镇化运动中需要着力解决的核心问题,同时也是产业演进中城镇化发展过程中的一般规律,更是中国特色城镇化道路最需要探寻的中心问题。

推动城镇化进程的途径或方法则是城镇化道路,在实施过程中所采取的某种模式或战略安排是城镇化进程中必不可少的手段。总体而言,城镇化道路涵盖三个方面的内容:城市发展方针、城乡关系、城镇化机制。其中最主要、最核心的要素是城镇化机制,城镇化机制选择得怎么样,相应的城乡关系与城市发展方针随之而决定;同时,城镇化机制也受到城市发展方针与城乡关系的影响。放宽中小城市户籍限制的政策在 2009 年中央工作会议上已经通过,中国城镇化进程也因此获得巨大的推动。世界各国的经验告诉人们,多方面的因素会影响城镇化发展的道路,最终道路的选择承袭了"路径依赖"的因素,同时也有区域背景及多种因素的影响。在区域城镇化道路的形成与发展、特征与存在问题的考虑上,必须要分析选择某一区域城镇化道路可能给区域发展带来的影响,诸如城镇化在这个区域当中的战略地位,以及其他经济要素与所选择的城镇化道路之间的关系。

(二) 改革开放以来中国城镇化的政策演变

通过工业化国家的经验可以发现,城镇化快速发展阶段一般发生在这个国家的城镇化率达到30%左右的时期。因为在这个阶段,城市持续快速增长的经济规模,将会吸引巨大的农村剩余劳动力,这会给消费结构、投资结构、产业结构和空间结构等带来变革,进而导致城镇化率不断向上攀升。改革开放以来,中国经济的快速发展,深刻改变了中国的经济与社会结构,特别是中国工业化进程中乡镇企业和私营企业的发展异军突起,使得农业剩余劳动力的转移和非农产业的发展不断加快。中国从多年来的短缺经济向结构性过剩经济转换,这一阶段持续低迷的经济重现,大量增加的城市下岗职工,不断降低的农村乡镇企业就业比重,加剧了农村剩余劳动力的就业压力。随着城市经济体制改革的不断深入推进,城市经济得到了快速发展,创造了较多的就业岗位,促使农村剩余劳动力不断地向城市转移,加速了中国的城镇化进程。中国城市人口占总人口比重截至 2017 年为 58.52%,快速发展城镇化的"门槛"已经到来。在城镇化速度由高速转为中高速的背景下,提高户籍人口城镇化率成为"十三五"城镇化的核心目标,户籍人口城镇化率的重大战略性、宏观性和政策性问题必须得到重点研究和解决。2015 年,党的十八届五中全会将"户籍人口城镇化率加快提高"作为中国全面建成小康社会必须抓好的核心任务,不断提出城镇化建设的具体内容。走中国特色城镇化道路,按照统筹城乡、布局合理、节约土地、功能完善、以大带小的原则,促进大中小城市和小城镇协调发展。以增强综合承载能力为重点,以特大城市为依托,形成辐射作用大的城市群,培育新的经济增长极。改革开放以来中国出台的城镇化政策,很多都表现出"应急"的特点,政府首先考虑的是宏观经济发展的需要,通常很难去考虑适应城镇化本身发展的内在需要,这样的安排明显有失科学性。

二、国外对中国城镇化的研究观点

研究中国城镇化问题,国外的学术积累已经相当可观,而且涉及的学科众多。近 30 年来,也有许多国外文献对中国城镇化进行了多角度的研究。梳理这些研究成果,可以把它们分为三大类:评判和分析中国城镇化道路的研究、结合中国改革开放的大背景对中国城镇化的特殊机制的分析、研究中国各地

区城镇化的特殊性质。对中国城镇化的总体评价方面,有一些代表性观点如下:

有国外学者研究了中国城镇化的总体发展历程,以中国城镇化的发展与世界模式的异同作为标准,认为可以把中国城镇化发展过程从20世纪以来分为四个阶段:在1950年以前,城市的发展在中国表现出与世界相同的趋势,其轨迹主要为港口和主要的交通枢纽城市集中了大量的人口,但是这个发展轨迹停止于20世纪40年代的战乱;在1949年新中国成立后,随着经济秩序的建立,城市涌入了大量的劳动力,特别是沿海城市,与世界相同的城镇化发展趋势在中国重现;自1960年,城镇化在中国的发展基本陷入停顿,正常的发展模式已经脱离中国的现实,诸如上海这样的一些大城市发展停缓,1958年实施的户籍制度不仅使得人口流向城市的浪潮基本得到了阻止,反而出现几千万的年轻人口从城市流向农村,中国的城镇化率在1960—1980年一直保持在19%左右;1980年以后,城镇化的政策及时得以调整,城镇化发展的正常路径又得以出现。从农村流向城市的人口限制不断减少,使得人口从农村到城市流动的潮流得以形成。随着经济的不断发展,中国东部沿海地区的城市,是农村剩余劳动力流入的主要地区。1980年,中国城市人口达到1.34亿,1994年这一数字达到4.78亿,达到6%的平均年增长率,是发展中国家的最高水平(Shahid Yusuf,Weiping Wu,1997)。

另一国外学者分析了城镇化发展在新中国成立后的过程。他认为中国的城镇化进程存在着三个阶段:1949年新中国成立后,中国实行的是"反城市主义"的路线,这一过程是逐渐实现的,在1960—1976年这条路线非常盛行,这一阶段,生产型城市居主导地位,城市的消费功能逐渐退为其次;1978年改革开放以后,大量返城人口使得这一路线慢慢被废弃,小城镇战略在1980年开始实施;但是经济能力、规模经济和市场网络的缺乏使得小城镇难以承担大量农村剩余劳动力的转移。因此,进入1990年后,大城市的发展模式使得小城镇成为中国城镇化发展的主要代表类型。发展中国家城镇化所面临的所有困难在中国都出现过,中国独特的城镇化经验表现在城乡边界会长期存在,而且很难消除。因为中国城镇化中的人力资源难以调控;同时,过度城镇化后果也难以避免,此外工业化与城镇化之间的关系也难以协调(Kirkbr,1985)。

世界银行的研究团队对中国的城镇化道路进行了研究。他们指出:中国新的城市发展道路试图告诉人们,过度城镇化问题是要尽量避免的,因为其他发展中国家城镇化的经验已经说明了很多问题,基于此,政府的政策制定者通过制定城镇化政策来加快内陆城市的发展,以及在健康、教育、住房、就业和基本食品供给等方面实施一些具体措施来避免城市过度失业、沿海城市发展过于超前、城乡差距太大等问题。世界银行的研究团队还指出:1980年左右实行的发展小城镇政策,扭转了1966—1975年间中国城镇发展缓慢的趋势,但小城镇的发展前景在中国这样的贫穷国家是否合适,引来了很多的质疑(世界银行城市发展研究报告,1986)。

与其他发展中国家不同,经济发展和改革的不断推进使得中国农村乡镇快速发展和农村工业快速增长,推动了中国农村地区的城镇化,而印度农村劳动力的进城则成为一个没有控制的移民潮流,其城镇化过程使得农民破产和农业成为工业的附庸,导致失业人群巨大和农村地区的荒芜。处理好农村的移民问题和加快发展大城市是新时期中国城镇化两个必须要解决的问题。在20世纪80年代初期,中国城镇化进程中曾实行农村劳动力的"离土不离乡"政策,导致了大城市移民数量的暴增,这一政策宣告失败,在中国城镇化发展中大城市有其特殊的作用。

西方学术界对中国城镇化道路的研究可以分成两个阶段。20世纪60—70年代是第一阶段,认为中国城镇化模式是世界城镇化的样板,主要是因为中国城镇化避免了许多城市病,因而被许多西方学者推崇。当时西方学术界认为中国提供了一条新的城镇化发展道路,既使一定的城镇化得以实现,又没有让城市人口过度膨胀,走了一条反城镇化道路,与"过度城镇化"刚好相反。采取的措施主要有:城市人口大量迁往农村,城市移民得到强有力的控制,抑制城市消费倾向,发展乡村工业等。"大跃进"之后,苏联式的不平衡的城市和农村发展模式被中国所摒弃,农业和工业的相对平衡发展模式在中国被确立和明确。1957—1978年期间,中国城市保持了稳定,并且城乡差距得到缩小,没有发生大量的贫困现象和城乡失衡的局面。第二阶段是在从20世纪80年代之后开始,西方学者认为关于中国城乡差距的计算结果与实际情况可能有比较大的误差,并认为1960—1970年中国优先发展农村的政策并不真实,优先发展重工业才是其真实的道路。作为发展中国家的大国,苏联计划经济模式的基本特征在中国的城镇化中仍然存在,特别是在移民和城镇化的具体做法上,同苏联有许多相似之处,从而得出基本的结论:中国城镇化道路和城市政策在改革开放之后必须转向(Chan,1994)。

三、中国城镇化的实现条件及政策问题

(一) 中国城镇化发展目标的实现条件

运用二元经济的基础理论,在假设条件放宽的基础上,建立一个理论模型,构建农村劳动力转移机制,通过设置供给函数、需求函数,反映供给量、需求量在农村剩余劳动力数量上的变动,以及与其对应的影响因素之间的关系,供给曲线、需求曲线的位置取决于影响因素的变动,农村剩余劳动力在某一时点上的均衡转移数量进而由其决定。通过研究,对中国城镇化进程的预测结果是:到2030年,中国城镇化率达到51.60%—66.30%,城市人口每年新增1600万—2150万人,中国非农就业比重在57%—60.50%之间,非农就业人员每年新增1190万—1600万人,届时,在工业化基本实现的同时,城镇化也基本实现。到2050年,中国城镇化率有望达到70%以上,80%的非农就业比重可以实现,工业化、城镇化的目标完成,开始"后城镇化"发展阶段,转向追求生活质量的提高和社会的全面发展。

国际金融危机的发生和中国经济发展进入新常态,对以上预期目标的实

现有何影响？一般来说，城镇化的进展既要遵循城镇化一般发展规律，城镇化发展过程中的相关环境与政策也必须与之相适应。正处于快速增长阶段的中国城镇化进程，运用趋势外推法的估计来看，在未来一段时期，城镇化率1个百分点的年均增长是能够达到的。而非农化率年均变化不大，导致这种结果的主要原因之一是工业化与城镇化之间的偏差，在预期目标的引导下，第二三产业就业比重要年均增长1—1.5个百分点，对于中国农村劳动力的转移来说，这是一个巨大的挑战。劳动力转移与就业、城镇化发展的相关政策对于能否完成这个挑战来说至关重要。中国经济受经济增速下行和中美贸易战的影响较为明显，中国沿海地区以出口为导向的企业受外部市场变化的影响非常大，农业转移人口回流的局面已经在部分地区出现，负面的因素在中国的城镇化发展过程中不断出现。但是政府放宽中小城市户籍限制政策的实施，助推了城镇化发展的进程，从而对中国城镇化发展引入了正面的因素。因此，结合国民经济与社会发展"十三五"规划和各项发展规划的长远要求，中国未来20—30年的城镇化发展进一步加速的可能性非常大。

（二）中国城镇化进程中的各种矛盾和问题

中国城镇化的一些做法近年来受到社会的不少批评和指责。很多人认为"城镇化—人口城镇化—扩大城市建成区—农村耕地面积减少和农民收入减少—农产品价格上升—通货膨胀"是中国城镇化负面效应基本的传递机制，由此引起了人们反对积极城镇化，认为应该对中国城镇化进程实行收缩。

当然，上述传递机制成立是要以城镇化进程中人均土地系数的大小不变作为必要前提的。人均土地系数大是中国传统城镇化道路的特征。1997—2003年中国城镇化转移农村劳动力的规模约为1亿人，而农村耕地面积同期减少了约1亿亩，因此，人均土地系数在中国城镇化进程的这一阶段中大约是1亩／人。中国城镇化如果长期这样发展，就会不堪重负。但是如果现在就实行政策调控以减缓或者控制城镇化的进程，城镇化这种失地效应固然会一时减少,那么中国长期存在的城镇化落后于工业化的局面会继续延续,这不符合世界城镇化的发展规律,也不适应中国现代化发展的要求。因此,减缓或者控制城镇化的进程速度不能是现在的政策基调。走新型城镇化道路,转换城镇化的发展方式才是正途。因为新型城镇化道路既不同于世界发达国家已走过的城镇化道路,也不同于中国过去粗放式城镇化道路。集约发展和节约土地是新型城镇化的重要特征,同时遵循农业与工业协调发展、工业化与城镇化、农村与城市的城镇化规律,通过建立政府引导、市场主导、民营经济推动的城镇化机制,推进集约型、可持续的人口、资源、环境协调发展的城镇化进程。

在确定中国城镇化的目标与模式后,五个关键因素在新型城镇化道路的建设过程中需重点考虑:一是城镇化规律需重新审视,推进城镇化进程必须尊重城镇化规律,人为主观意志对城镇化发展的影响应尽量防止;二是科学设计城镇化机制,决定城镇化进程、城乡关系的最主要因素和城镇化道路的最核心的要素是城镇化机制,必须在比较分析的基础上科学设计;三是中国的特殊国情必须考虑,中国缺乏自然资源等生产要素,特别是对城镇化初期城市城镇建设中非农产业发展对资源和环境的负面影响要有充分认识,要协调处理好各方面关系;四是发展中国家农村劳动力转移的经验与教训要充分吸取,建立起城镇化人口流动管理体制,对农村劳动力自由流动进行宏观调控;五是要采用与当地经济发展相结合的城镇化发展目标与模式,充分顾及中国东、中、西部地区和南、北方之间的差异,以及区域之间经济发展水平、城镇化水平、市场化程度的不同。新型城镇化道路的主要内容基本涵盖了上述五个方面因素。

（三）城镇化的政策推进要有所突破

1. 要有一个城镇化政策体系

选择新型城镇化道路,就必须采取相应的对策与措施,对城市发展中区域发展、产业发展、乡村发展、生产要素在城乡间的流动等方面提出要求,核心是提升农村劳动力向非农产业、向城市地区的转移速度,其中涉及大量提供非农就业岗位,如发展劳动力密集型产业,以及产业之间的关系的协调,城市和城镇对乡村人口的更多容纳,改善乡村发展与生存环境等。

2. 需要不同的区域城镇化政策

作为世界上的人口和土地面积大国,中国从南到北、从东到西,存在着自然环境、资源气候方面的显著差异;同时,经济发展和社会文化等方面也存在着一定的差异,这些对中国城镇化政策的实施加大了难度。因此,能适用于全国各地的发展政策或者发展模式几乎是没有的。普遍存在的区域差异,对选择产业发展和城镇化模式提供了很大的弹性。

第二节 中国城镇化模式的评价

城镇化是一个国家或地区社会经济结构的演化过程,反映了社会经济的发展状况。城镇化与社会经济发展之间是相互促进的,它不仅仅是社会经济发展的结果,而且反过来还推进社会经济的发展。随着城市在社会经济发展中的作用日益重要,城镇化的发展状况在很大程度上影响着社会经济的发展。而城镇化的健康与否,与城镇化的发展模式有着很大关系。合理的城镇化模式会推动城镇化的健康发展,促进社会经济的发展进程;不合理的城镇化模式会带来诸多的社会经济问题,从而延缓社会经济的发展进程。

一、城镇化空间组织模式

(一)城镇化空间组织模式的选择

自 20 世纪 80 年代以来,关于选择何种适合中国国情的城镇化发展模式,走中国特色城镇化道路,一直争论不休。几十年来,就中国城镇化的发展模式,学术界主要有以下几种观点:

1. 城镇化模式之一——以小城镇为重点

由于中国地域范围辽阔、人口众多,因此,有专家学者主张重点发展小城镇、小城市。改革开放初期,由于中国城市吸纳就业的能力有限,无力应对大规模的劳动力转移,所以小城镇的发展模式得到学术界和政府部门的普遍认同,并被认为是具有中国特色的城镇化道路。

主张小城镇发展模式的主要依据有:第一,当时中国是个典型的农业大国,农业人口占绝大多数,大中城市发展不充分,缺乏足够的辐射能力,无力带动周边农村的发展,因此,依靠发展分布广、数量多的小城镇,可以吸纳大量农村剩余劳动力,避免城市过度膨胀,控制大城市的规模;第二,小城镇是沟通城乡的联系纽带,通过小城镇的发展,可以将城市中的资金、技术、信息、文化、生活方式等扩散到农村,促进城乡协调发展;第三,小城镇位于广大农村之中,农村的繁荣、乡镇企业的发展必须依托小城镇才能实现。小城镇的发展对改变农村面貌、提高农村人口文化素质、丰富农民精神生活、促进农村现代化有着特殊的重要作用。

当然也有不少学者对此持反对意见,他们认为:第一,与大中城市相比,小城镇的基础设施不完善,无法发挥聚集效应;第二,小城镇生产技术较为落后,资源利用率低,不具备规模优势;第三,小城镇经济规模小,难以带动周围区域经济的发展。

2. 城镇化模式之二——以大城市为重点

主张发展大城市的思想主要源自中国的传统思想,实际上欧美国家的大城市无论在数量上还是在规模上都是无法和中国相比的。从中国历史上看,中国城市人口的多少基本上与其所拥有的行政级别是相对应的。比如北京是中央政府所在地,因此,北京在全国来说就是数一数二的超级大城市;而其余的省、市、自治区的首府和省会城市基本上都是各行政区的最大城市;地级市和县城等城市亦是如此。另外,再加上欧美国家的诸如纽约、伦敦等城市作为标杆,所以就有很多专家学者提出中国的城镇化道路应该走重点发展大城市的道路。

在经历长期发展、特别是改革开放以来的快速发展之后,中国出现了一大批大城市,如果以 200 万人口作为大城市的标准,那么中国大城市数量为 53 座,约占全球大城市总数的四分之一。

主张大城市模式的主要依据有:第一,发展大城市符合城镇化过程中的客观规律,大城市的发展是世界各国的共同趋势,大城镇化是城镇化过程中的必经阶段,特别是在工业化、城镇化初期,这种趋势是不可阻挡的;第二,大城市经济效益高,人口、资本、生产、市场等集聚所带来的规模效益比中小城市明显得多,中国人均资源有限,应将有限的资源投入到集约化程度更高的大城市;第三,大城市具有很强的辐射、扩散效应,大城市经济实力的增强,可以有效地带动中小城市和小城镇的发展。

在大城市得到快速发展的同时,也引发了一系列诸如环境污染、交通拥挤等城市病,因此,这种发展模式受到诸多质疑:第一,城区面积快速扩张,引发了城市无序蔓延的态势,造成了土地利用效率低下;第二,虽然城市规模得到增加,但城市管理水平依然停留在较低的层次,致使社会矛盾不断累积;第三,投资及各种资源流向偏重于大城市,会进一步拉大城乡差距、地区差距,不利于城乡之间、区域之间的协调发展。

3. 城镇化模式之三——以中等城市为重点

这是一种介于重点发展大城市和重点发展小城镇之间的观点,试图调和二者的分歧。持此种观点的学者们认为:中等城市兼有大城市和小城镇的优点,易于克服两者的弊端,经济效益、社会效益和环境效益能够获得较好的统一。

主张中等城市模式的主要依据有:第一,中等城市既具有大城市经济效益较高的优点,又具有小城镇易于吸纳劳动力和便于城乡融合的优点;既可避免和减少大城市的"城市病",又可避免小城镇集聚效应差、效益低下的弊端;第二,中等城市可以实现经济效益、社会效益和生态效益的统一;第三,中等城市在城镇体系中处在关键的中间环节,是沟通大城市和小城市(镇)的桥梁。

这种城镇化模式是一条折中的路线,既脱离了中国的传统文化氛围,又过于理想化,因此,难以用来指导中国城镇化的发展。

4. 城镇化模式之四——多元化

主张多元化城市模式的学者们认为:城市规模宜大则大、宜小则小。小城镇论、大城市论和中等城市论这三种主张都有一定的道理和依据,但就中国国情而言,走大中小城市并举、集中型城镇化与分散型城镇化相结合的城镇化发展道路,更切合实际。对于不同的地区,要根据其发展条件和城镇化的不同阶段,因地制宜选择和实施不同的城镇化发展模式。

主张城市发展模式多元化的主要依据有:第一,中国国土辽阔,人口众多,地域差异显著,生产力水平和经济发展不平衡,这使得各地区城镇化的基础条件千差万别,不同地区可能处于不同工业化和城镇化发展阶段。因而不同地区在选择城镇化道路和发展方向上,不可强求一律。第二,各级规模不同的城市,在区域城镇化过程中的作用具有不可替代性和同等重要性。大中小城市具有各自的优势和面临的难题,它们在城镇化的发展过程中发挥着不同的作用,不能把发展大中城市与发展小城镇对立起来,各层次规模城市都应得到发展,不应有所忽视。要想通过城镇化的发展,来实现农业人口向非农业人口的转移,完成中国从农耕文明向城市文明的转换,就需要因地制宜,合理塑造大中小城市的空间格局。如果简单地由大城市或小城市或中等城市等单一规模的城市完成这一重任,显然有形而上学的缺陷。正确的做法应该是依据城市所在区位、资源承载力和人口分布等条件,发展各类规模的城市体。

这种发展模式对于大中小城市的重要性都给予了充分的肯定,认为区域城市的发展不在于城市个体规模的大小,而在于根据区域的发展条件,形成合理的城市体系。越来越多的人认识到,中国的城镇化道路应跳出城市的规模之争,多元论逐渐被大多数专家学者和政府所接受。这一模式的出发点和目标取向很明确,但具体到全国或不同区域,在不同阶段如何来推进城镇化的思路并不十分清晰。

5. 城镇化模式之五——以城市群为主导

有的专家学者借鉴国外城市发展的经验,结合中国区域经济发展的实际情况，提出了以城市群为主导的城镇化模式。城市群是指在一定空间范围内城镇密集分布的地域形态。它是区域城镇化和经济社会发展到一定阶段所出现的空间组织形式，是城市区域化和区域城镇化两种过程相互作用的结果。它反映了随着人口和经济资源、生产要素等不断地向城市集中，使得城市空间不断扩展，城市与外界交流逐渐增多，城市之间以及城市与区域之间联系不断加强的一体化趋势。针对这种现象，除了使用城市群这个概念外，有的还使用诸如都市连绵区、城市密集区等名称。城市群与城市密集区的概念常常等同混用。城市群这种城市发展形态是区域城镇化发展到一定阶段的产物，虽然具有一定的普遍性，但不同的城市群之间在其发展程度、规模大小和辐射范围等方面表现出较大的差异性。

主张城市群发展模式的主要依据有：第一，随着城镇化进程的不断推进，以及城市经济实力的不断壮大，需要从外界引进生产和生活所需的生产资料和生活资料，并向外输出经济产品和服务等，必然会增强与其他城市的联系。因此，城市群的逐步形成和发展是城镇化发展过程的一般趋势。第二，随着中国不断融入世界分工体系，城市内部也在依据资源禀赋进行着社会和生产分工，进而呈现出组团式的发展态势。第三，大城市、中等城市和小城市都在快速发展，由于地域相邻或处在同一个行政区域内，在城市发展规划以及产业结构的选择等多方面均呈现出同步进行的现象，并逐渐形成了一体化发展态势。这种城市空间形态的出现，既是参与国际分工的结果，也是提升中国城市参与国际分工层次的途径。

（二）城镇化空间组织模式的政策导向

在城镇化的推进过程中，在不同发展时期，为适应当时经济社会的发展形势，国家相继制定过若干城市发展方针和政策，以指导城市建设和城镇化进程。中央政府制定的这些方针、政策的背景依据是当时中国的经济社会发展实际情况和具体国情，在不同时期对城镇化进程产生了重要影响。

改革开放后,中国城市发展总的指导方针是"控制大城市、积极发展小城镇、小城市",城镇化进程的推进,采取的是在空间上广布点、以小城镇为重点的发展模式。《城市规划法》《国家"八五"计划纲要》《中共中央关于农业和农村工作若干重大问题的决定》以及每年的《政府工作报告》都体现了这一发展思路。

进入 20 世纪 90 年代中期后,城镇数量已大幅度增加,中国城镇化进程也由初期发展阶段进入了加速发展阶段。在空间上全国城镇的布点工作已基本完成,城市发展的重心也开始由数量的增加转到规模的扩大。《国家"十五"计划纲要》以及《国家"十一五"规划纲要》中的有关表述都体现了这一时期的城镇化发展战略和发展思路。

近年来,随着各级城市规模的集聚扩大,城市发展的重心亟待由规模的扩张转到质量的提高上来。在空间发展上,伴随着城镇化进程和区域经济的快速融合发展,城市发展的区域集群化趋势日益突出。城市群的形成与发展,正成为城镇化进入快速发展阶段的重要特征和发展趋势。由于城市群在城镇化和经济社会发展中的作用日趋明显,而且越来越受到国家的重视,《国家"十二五"发展纲要》《国家"十三五"发展纲要》中提出城市群的发展问题由之前的城镇化的重点任务之一,上升为现在的城镇化的核心内容,未来全国将围绕城市群构建合理的城镇化空间格局。

在城镇化的空间推进形态上,提出城市群的发展思路,既是对以小城镇为重点的粗放型城镇化的反思,又是对大城市盲目扩张的纠正,也是对大中小城市和小城镇协调发展的城镇化方针的具体实践。

从改革开放以来城镇化模式的讨论和城镇化政策的演变来看,随着城镇化发展阶段的变化,政府和学术界对城镇化空间推进形态的认识不断深化,城市发展的国家战略已不是单独考虑大中小城市和小城镇的个体发展,而是从宏观角度考虑由大中小城市和小城镇所组成的城市区域的整体发展,完全跳出了长期困扰中国城市规模之争的框架。

（三）城镇化空间组织模式的转变——城市群

随着城镇化进程的不断演进,城市发展的空间组织结构不断发生着变化,因此在城镇化发展的不同阶段,需要对城镇化的地域发展模式予以调整,以适应城镇化发展形式的变化。

1. 城市群发展的必然性

城市群是随着工业化和城镇化的过程逐步展开而且在发展条件优越的地区产生的,是生产力发展、生产要素优化组合的结果,是区域经济与城镇化发展到一定阶段的产物。现阶段城市群的发展和形成,有其必然性:第一,占有地区区位、资源、交通和产业的综合优势,为城市群的形成与发展提供了基础条件;第二,现代化快捷交通网络的不断完善,为城市群的形成和发展提供了必要条件;第三,市场经济体制的建立和完善,促进了城市群的兴起;第四,区域经济和城镇化的快速发展,直接推动了城市群的兴起;第五,经济全球化为中国城市群的发展提供了外在动力。

2. 城市群发展的必要性

城市群的形成和发展是由区域经济社会和城镇化发展的内在规律所决定的。自20世纪中叶以来,世界城镇化进程大大加快,城市地域空间及其影响范围发生了根本变化,一些地区逐步演变为多中心的城市区域,形成了规模庞大的城市群。借鉴城市群对发达国家经济发展的积极作用,以及中国城市群经济发展的客观实际,推进城市群的发展具有重要的战略意义和现实意义:第一,可以使中国城市在参与世界分工格局中,处在较为有利的地位。第二,有利于发挥城市连绵区强大的聚集能力和辐射力,获得规模优势,同时带动周边农村经济发展。第三,有助于均衡中国区域发展,缩小区域发展差距。在经济发达、人口密度大的地区可以形成多个城市群,而在人口密度小的地区,可以用一个城市群的发展来承载该区域的经济活动,缩小东、中、西部的地区差距。第四,城市群内部可以通过适度的竞争与合作,形成良性互动,有助于减小或化解恶性竞争。第五,有利于解决农村劳动力过剩和欠发达地区就业不足的问题,协调城乡和区域经济社会发展。城市密集地区产业和人口的高度容纳能力,决定了其必然成为中国吸纳人口就业的主要地区,将为农村剩余劳动力向第二三产业转移提供广大的就业空间,从而缓解劳动力过剩的问题。同时,通过推进城市群的整合发展,可以促进经济由点状拉动向能级更高的区域增长,更有力地带动全国其他地区发展,促使城乡之间、区域之间经济的协调发展。

3. 城镇化进程中城市群的发展态势

在城镇化和工业化快速发展的过程中,城市群的迅速成长,已经成为区域城镇化发展的新趋势。自20世纪90年代以来,以长三角地区、珠三角地区、环渤海地区等为代表的城市群,保持了较快的经济增长势头,是中国人口、经济、城镇集聚的重点地区,在国民经济和社会发展中占据着越来越突出的位置,已经成为全国经济社会发展的龙头和综合国力提高的引擎。城市发展的区域化趋势,既是中国区域经济和城镇化进程中深刻变化的重要体现,同时又对中国城市和区域经济发展产生重大影响。21世纪初是中国城镇化加速发展时期,城市群形成发展的趋势不可阻挡,其在全国经济社会中的地位还将上升,作为中国应对知识经济时代和经济全球化挑战的主力军作用和对外开放前沿的作用将日益突出。在21世纪前期经济发展的重要战略机遇期中,对城市群进行科学的战略定位,对其未来发展作出总体判断和长远谋划,既符合国家总体发展战略的需要,又有利于整合全国各地区之间的发展。

(1)城市群模式的发展现状

目前,中国城镇化率已经接近60%,大约有8亿人口长期工作和居住在城市,加之自然地理环境和人文环境的力量,使得中国形成了或正在形成数十个不同层次、不同规模、不同发育程度的城市群。其中,有较为成熟的包括长三角城市群、珠三角城市群、京津冀城市群、长江中游城市群和成渝城市群等在内的五个国家级城市群,还有山东半岛城市群、中原城市群、辽中南城市群、江淮城市群、海峡西岸城市群、哈长城市群、北部湾城市群、关中城市群和天山北坡城市群等 9 个区域性城市群，以及兰西城市群、呼包鄂榆城市群、晋中城市群、宁夏沿黄城市群、滇中城市群和黔中城市群等 6 个地区性城市群。这些城市群由于在经济发展条件、传统文化、自然环境、区位条件等方面存在着较大的差异，因此，在发展规模、发育程度及演进路径等方面也有所差异。

（2）城市群发展的总体特征

作为区域范围城市相对聚集的空间形态，城市群在其形成与发展过程中，受区域发展水平和规模的影响，各城市群处在不同的发展阶段和规模等级。依据区域的整体发展水平，可划分为形成阶段、成长阶段、成熟阶段等发展阶段城市群；依据其面积、规模和城市数量以及中心城市的辐射半径等，可细分为超大型、大型、中型、小型等若干规模城市群；依据区域城市的组合特征、城市规模、经济基础和影响范围，大体可划分为全国性、区域性、地区性等不同层级的城市群。目前，中国城市群的发展具有以下几个特征。

从发育程度看，城市群的形成与发展大体耦合了区域工业化和城镇化的进程。从整体上看，各个城市群发展水平各不相同，呈现出阶段性差异特征：与其他城市群相比，长三角地区城市群和珠三角地区城市群，基本处于工业化后期，发育相对成熟，城镇等级较为合理，城镇分布密集，呈网络化发展态势。同时，二者都有着较为发达的立体交通网络和相对完善的基础设施，城市之间经济社会联系密切，因此，这两个城市群已经清晰地出现了大都市带的基本特征；而其他的诸如京津唐城市群、山东半岛城市群、海峡西岸城市群、成渝城市群、辽中南城市群、长江中游城市群、中原城市群等，正处于工业化进程从中期向后期迈进时期，发展迅速，城镇较为密集，城镇空间沿轴线发展态势明显。

从规模等级看，城市群的规模大小、影响范围具有明显差异，呈现多层次发展的特点。

从地域分布看，城市群东、中、西部梯度推进，呈多样性发展的特征。与自然地理条件和经济发展水平的差异相适应，东、中、西部城市群的发展具有地带性差异,呈现出明显的梯度发展特征。

（3）城市群的发展趋势

①加速发展是城市群最大的发展趋势。城市群形成的直接动力是区域经济的发展和城镇化的推动。在改革开放后 40 年的高速发展中,城市群进入了中高速增长阶段,但是仍具有保持较快增长的条件和潜力,经济较快增长是长期趋势。2020—2030 年,GDP 将以年均 6% 左右的中速增长,中国将全面完成工业化,大部分地区基本实现信息化;2031—2050 年,GDP 年均增长仍有望保持在 4% 左右的水平上;到 2050 年左右,GDP 总量可能达到 150 万亿元,人均约 10 万元,经济总量规模有可能居世界第一位。未来国民经济将全面信息化,人民生活水平达到发达国家的中等水平。在这一目标的实现过程中,城市群的健康良好发展,将会扮演重要的角色。因此,未来一段时期,中国城市群以及城镇化进程将会加速发展。

②规模进一步扩大是城市群最明显的发展趋势。如果中国的城镇化率达到 70% 左右,那么就意味着有超过 10 亿人生活在城市里,城市集聚人口的能力将会进一步加强。大量的人口聚集,将会极大地促进城市固定资产投资和经济发展,届时中国数十个城市群中的绝大部分都会形成一个延绵不绝的大都市带,使得中国城市群的发展规模呈现出快速的扩张态势。

③城市群的核心地位将更加凸显。新中国成立后,经过 70 年的发展,城市群已经成为中国经济发展的重要载体。目前,人类发展已处在智能化时代的边缘,城市正在由原来的物质产品的生产中心,向高科技研发中心转换。物质生产仅仅处在附加值较低的位置,而技术研发则处在附加值较高的区域。因此,未来中国城市以及城市群的核心地位将更加重要。

④区域经济一体化趋势逐渐提速。随着城市群的成长和成熟,以城市密集区发展为主导的区域经济一体化进程将加快推进。目前由于城市连绵区内部经济发展还未处在均质状态;同时,加上城市之间真实有效的协调机制还没有形成,因此,城市间的有效合作层次较低。值得庆幸的是,这一现象已受到

广泛的关注,人们已经认识到相互之间合作的重要性,并计划或已经采取了一些切实有效的措施加强彼此之间的联系,尤其是长三角地区,相继在经济领域、教育领域、建设领域联动,签订了投资准入、市场秩序、信用信息方面一体化框架协议;就一体化交通体系形成了一些共识,各城市对统一规划区域基础设施建设采取更为积极、合作的态度,区内城市公交、社保、医疗等互联互享。此外,长三角效应开始向周边城市和地区延伸,城市合作的原有格局已经悄然打破。在珠三角地区,广东省与周边八省和香港、澳门达成共识,构架由九省及港澳特区组成的泛珠三角经济圈,以珠三角为主导推动区域经济整合,营造互补互利、互相促进、共同发展的格局。京津唐地区在京津机场联合、重大生态环境建设、技术合作等领域开展合作。湖南省成立"长株潭经济一体化办公室",电话区号实行统一,实质性举措不断推出。以城市群为主导的一体化已成为无法扭转的趋势。

(4)城市群发展中的主要问题

由于中国开启城镇化进程较西方晚了很长时间,因此,城市群发展也不如西方完善,在其发展过程中也存在着一些问题。

①协调机制缺乏导致整体协调的力度不足。随着城市群的形成和发展,行政区域分割的矛盾越来越凸显。由于缺少区域整体发展的相关制度和机制,城市群发展的区域整体性不强。计划经济体制所形成的条块分割、各自为政的局面,使得城市群缺乏整体发展的思路和政策。受行政区划和各地政府利益的驱动,城市在发展过程中关注本地利益的情况较多,且大多关注眼前利益,缺乏长期的战略考量。由于尚未建立有效的利益协调机制,城市间协调合作难度大,各种形式的地方保护、地方利益从各方面影响合作的广度和深度。

②要素流动具有明显的行政导向性。在城市群内,行政分割、各自为政所导致的市场分割、地方封锁现象仍然比较严重,市场化进程滞后,生产要素流动不畅。各城市间市场关联度较低,行政性区际关系甚至替代了市场性区际关系,难以做到区域资源优化配置和经济融合。

从理论上说,城市群内部的经济落差为城市之间产业集聚扩散与生产要素流动提供了动力,城市之间通过优势互补、互惠互利展开合作,有利于提高资源的配置效率。但由于受计划经济体制的影响,行政区划分割形成的利益格局难以突破,各城市不能妥善处理好合作与竞争的关系,地方政府通过行政手段配置资源的意识还比较强烈,生产要素流动还处在被行政区划割裂的阶段,严重影响城市密集地区生产要素的优化组合,市场机制的调节作用难以充分发挥。加强合作必需的利益协调机制和内在动力不足,从而使区域要素配置不尽合理,提升了企业的交易成本,造成了不必要的浪费。即使在市场化较高的长三角地区,上海、江苏和浙江三省市之间签订了不少协议,内容涉及市场准入、工商监管和人才与要素市场的一体化建设等各个方面,但就区域统一市场而言,相关规章制度和规则的统一和法制化建设还远未完成。

③城市之间不规范竞争难以形成区域整体优势。虽然城市群各城市之间的经济社会联系逐渐增多,但在资源稀缺的约束下,不同城市对有限发展空间和资源展开了激烈的争夺,比如人才争夺大战、资金争夺、招商项目的争夺等;同时,在大型基础设施建设和环境保护方面也常常出现协调难的问题。无法协调的竞争使得无法形成发展合力,在一定程度上制约了城市群的发展。

④重大基础设施建设缺乏统一规划。由于缺乏统一规划与协调配合,区域基础设施建设和运营管理的地方化特点还很明显,互联互通的程度很低,这在重大交通设施建设方面表现得尤为突出。由于各城市在交通设施布局、走向、建设时序等方面的各自为政,使得整个区域的交通体系配套紊乱,整体效率不好。如长三角地区、珠三角地区、山东半岛等城市群的机场虽然众多,但彼此之间缺乏分工协作,部分机场利用率很低。其他如城际铁路、高速公路、环保设施等区域性基础设施,由于各城市的需求不同以及自身财力的问题,往往也难以协调统一,导致进展缓慢。在区域交通设施选线与各城市发展构想不一致时,常会因个别城市的消极应对而难以做到互联互通,甚至导致整个工

程难以进行。

⑤区域生态环境问题的统一协调治理难度大。城市群实际上是一个较大的生态系统,每时每刻都在不断地与外界进行着物质和能量交换。无论是经济生产活动,还是居民生活活动都需要排放大量的废弃物,因此,城市群如果不能健康有序地发展,就会产生较大的生态环境问题。

目前,中国已经面临着土地资源污染、水污染、空气污染等诸多环境问题,各个城市政府限于本地的技术和资金约束,无法做到达标排放,因此,保护环境就成了城市间相互推诿的主要问题。同时,水源地对水源的保护成本与用水地之间的分摊问题,也没有形成一个统一的解决框架,极大地妨碍了环境保护的实施。

二、城镇化发展建设模式

在中国经济发展和城镇化进程中,资源环境的压力越来越大。21世纪以来,资源环境约束正替代资本约束上升为中国经济发展的主要矛盾。这既与中国人口众多、人均资源相对短缺和生态环境先天薄弱有关,也与经济处于快速发展阶段对资源的高需求有关,更与不合理的资源利用方式有很大关系。不断加大的土地、水、能源等资源约束和环境压力,已经成为中国城镇化发展建设与推进过程中的突出问题。

(一) 城市土地利用问题

土地是经济社会发展的物质载体,是城镇化的重要资源保障。城镇化与建设用地之间有着十分密切的相关性。土地利用方式由农业用地向建设用地的转换,是城镇化的重要表现形式之一,随着城镇化的快速推进,必然使大量的农用地向城镇用地转化。在此过程中,中国土地资源有限性的约束,以及城镇土地利用中存在的问题越来越凸显。

1. 土地资源的约束

从土地需求来看,城镇化必然需要占用大量的土地资源。城镇对土地需求的驱动力来自城镇经济和人口的增长。城镇人口的增长带来了对城镇住宅用地的需求,城镇经济的增长提升了对建筑用地的需求,同时为满足居住和经济活动的需要,城镇基础设施和服务设施等方面的用地需求也随之相应增加。

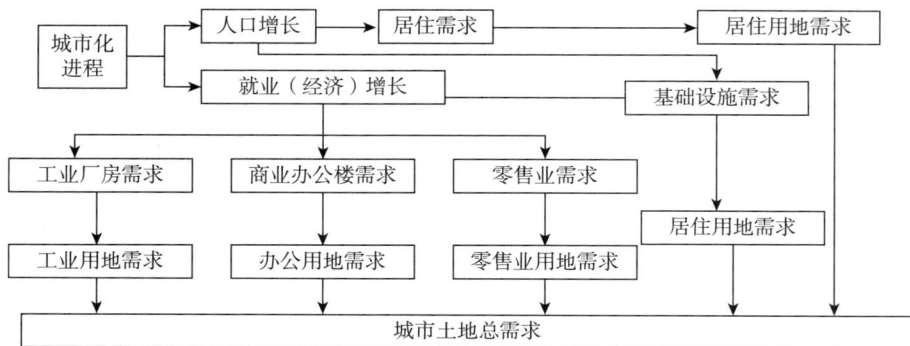

城市化进程 → 人口增长 → 居住需求 → 居住用地需求
城市化进程 → 就业(经济)增长 → 基础设施需求 → 居住用地需求
就业(经济)增长 → 工业厂房需求 → 工业用地需求
就业(经济)增长 → 商业办公楼需求 → 办公用地需求
就业(经济)增长 → 零售业需求 → 零售业用地需求
→ 城市土地总需求

图 1-1　城镇化进程中土地需求示意图

中国正处于城镇化、工业化快速发展时期,在城镇发展的驱动下城镇土地的需求还将不断增加。到 2020 年,每年从农村向城镇转移人口预计 6000 万以上。虽然一部分农村人口通过撤乡并镇、撤村建居的方式会就地城镇化,但是大部分农村人口还是要通过易地转移的方式向城镇集中。大量人口向城镇转移集中,将直接带动城镇用地需求的不断增长。但是,从土地供应看,城镇发展与可为城镇发展提供的用地之间存在着巨大的矛盾。中国的基本国情是人多地少,可利用土地相对稀缺,人地矛盾长期存在。虽然中国内陆土地总面积约 960 万平方公里,居世界第三位,但人均占有土地面积仅为 11 亩,不到世界人均水平(约 40 亩)的三分之一。而且在土地资源中,山地多、平地少,干旱区和高寒区面积多,无效土地资源比重大,可供开发利用的土地资源缺乏。耕地面积只占全国土地面积的 14%,约占世界耕地面积的 10%,而随着建设占用耕地的不断增加,耕地紧张的状况将进一步加剧。

可利用土地的有限性,决定了建设用地与耕地之间存在此消彼长的关系。城镇化的快速发展,导致城镇建设占用大量土地,大量的农用地转变成城镇建设用地。尽管耕地减少并不完全是建设占用所致,但建设用地占用相当大的一部分是不争的事实。更为重要的是,因为生态退耕、自然灾害损毁等方式减少的耕地,多为水土流失严重、不适宜耕种的土地,而由于城镇发展的空间区位特性,城镇建设占用的耕地大多为城乡居民点附近地势平坦、肥沃高产的优良耕地。城镇建设占用耕地不仅影响耕地的数量,而且对耕地的整体质量影响也较大。随着社会经济的进一步发展和工业化、城镇化进程的推进,建设占用耕地的趋势还将继续。

2. 土地利用存在的问题

土地资源正日益成为影响和制约城镇化发展的严峻现实,而城镇土地的粗放低效利用,更是加重了城镇化进程中的土地资源约束。在城镇用地的迅速扩张过程中,城镇土地利用存在着许多问题。

(1)城镇建设用地扩张速度过快,土地资源闲置浪费现象普遍存在。全国城镇用地规模的增长速度远快于城镇人口规模的增加速度,在城市建设用地不断扩张的情况下,城市人均建设用地不断增加,不少地方城市建设扩张无度,盲目扩大城市建设规模,开发区遍地开花,大量圈占土地,普遍存在多征少用,早征迟用,甚至征而不用的现象。这种城镇用地规模的急剧扩大,不仅仅是城镇社会经济发展的结果,更与数量、规模扩张型的城镇发展模式和资源浪费的粗放式土地利用方式有直接关系。事实上,很多地方的城镇建设用地规模扩张超过了城镇发展实际需要,缺乏土地开发的资金投入,造成土地闲置浪费。

(2)城镇土地建设强度和容积率偏低,土地利用经济效益不高。由于城镇建设以外延扩张为主,城镇土地的集约利用程度低。尽管城市的容积率呈上升趋势,但与中国人多地少的国情相类似的国家相比,中国城市容积率仍明显偏低,而相对于大中城市,小城镇人均建设用地标准高,容积率则更低。同时,工业用地的容积率和建筑密度也偏低,工业开发区土地利用率低,不少开发区工业用地仅占全区土地面积的 20%—40%。此外,城市土地建设强度偏低还表现在,只注重土地平面发展,忽视对地上、地下空间的开发。国外许多发达国家都对城市地下空间进行大规模的开发利用,包括日本的东京、俄罗斯的莫斯科、加拿大的蒙特利尔在内的许多城市已经建立起了完整的城市地下空间体系,为城市交通、市政、商业、文化、科研等方面提供了重要的空间。而中国城市地下空间资源尽管十分丰富,但现有利用的却少之又少。当前城镇土地粗放利用所造成的经济效益偏低现象,在全国十分普遍和严重。经济技术开发区虽然遍地开花,但投入资金往往不足,单位土地投资密度低。由于开发利用程度不够,土地的单位产出能力有限,除一些国家级开发区的土地利用效益尚可外,其他开发区的土地利用效益普遍偏低。即使是国家级开发区,单位土地产出也不高,同发达国家甚至是发展中国家相比存在较大差距。

(3)农村居民点用地不降反增,双重用地问题日益突出。与农村相比,城市建设用地是更集约的土地利用方式,城镇化的推进有利于提高土地资源的利用效率。一般来讲,城市规模越大,土地用地越节约。理论上,随着城镇化水平的提高,农村人口向城镇集聚,可以置换出更多的农村居民点用地,农村居民点用地将逐年减少,从而节省更多的建设用地。但实际上,近年来的城镇化并未释放出农村建设用地。在城镇化过程中,大量农村人口进入城镇,在城镇用地不断扩张的同时,城镇化本应节约出来的大量土地而未能节约出来,农村居民点用地不仅没有减少,反而呈逐年增加之势。出现农村人口数量减少与农村居民点用地增加这一矛盾,主要因为农村宅基地近乎无偿使用,同时宅基地退出的有效机制尚未形成,农民进城后不愿意放弃土地,全国各地农村都普遍存在着空心村和空置房的问题,双重占地甚至多重占地现象十分普遍。农村居民点建设用地居高不下的情况,不仅造成了土地的闲置浪费,更加剧了中国城镇化过程中的土地供需矛盾。

(4)土地征用制度和土地市场不规范,建设用地面临失控的局面。土地征用制度的不完善,是造成农民土地流失严重、城镇土地粗放低效使用的最根本原因。在中国的法律之中,农村土地转变为建设用地必须先由国家征用,土地征用是为各项建设提供用地的唯一途径。这一规定将土地征用权扩展到了所有建设用地,与土地征用的公共利益需要原则相矛盾,导致土地征地权的滥用,为地方政府滥征滥占土地提供了制度漏洞。农业用地和建设用地之间巨大的利益差异,使得地方政府具有改变土地性质的强烈冲动。每一届地方政府都倾向于在其任期内多卖土地,以便收取可供其支配的属于预算外资金的土地出让金,造成地方政府"寅吃卯粮",其直接后果是政府只管征地卖地,不考虑如何节约、高效利用土地,大量宝贵的土地资源被粗放低效使用,甚至闲置浪费,得不到合理有效的利用。同时,由于土地市场的不完善,土地增值收益并没有全部流入政府口袋,导致土地使用费流失严重,腐败滋生。正是由于土地占用成本低,企业才有巨大的动力、不择手段地圈占土地,因为仅从土地差价和土地增值中就能收益颇丰。土地市场机制的不健全,也给土地转让过程中官商勾结、权钱交易的腐败行为提供滋生的土壤,成为腐败分子非法牟取暴利的重点领域,造成国有资产大量流失。

(5)土地收益分配有失公允,由此引发一系列社会问题。建设用地需求的迅速加大,使得土地征用问题所引发的种种社会矛盾与冲突也急剧凸显出来。近年来,土地信访数量居高不下,群众来信来访中反映征地补偿安置问题的占来信来访总数的六成以上,个别地方甚至达到八成。因土地征用而导致的上访和群体性抗争事件呈急剧上升态势,严重影响了社会的稳定。在现行的土地征用制度下,耕地补偿标准远远不能反映土地的实际价格,土地征用费用远低于土地出让价格,农民的土地权益难以得到有效的保护。在一些经济发达地区,土地征用、土地出让和市场交易三者的价格比已经达到 1∶10∶50。农业用地转变为建设用地过程中产生的土地巨额增值收益,大部分被开发商或地方政府所获取。不仅如此,有些地方甚至还拖欠被征地农民的补偿安置费。农民不仅失去了赖以生存的土地,失去了最基本、最稳定的就业岗位、生活来源和社会保障,而且被剥夺了获得土地增值收益的权利,损害了农民权益。

(二) 水资源利用问题

人口的增长和城镇化进程的加快,对水资源需求的压力逐渐加大,水资源问题对中国城镇化进程和经济社会可持续发展所产生的约束已经非常明显。

1. 城镇化发展的水资源约束

中国是一个水资源短缺的国家,水资源对经济社会发展的约束,在中国表现得十分紧迫。首先,中国水资源人均占有量很低。中国多年平均年降水量约6万亿立方米,除去通过土壤蒸发和植物散发又回到了大气之外,水资源总量约为2.80万亿立方米,低于巴西、俄罗斯、加拿大、美国和印度尼西亚,居世界第六位。但由于人口众多,人均为2152立方米,不足世界平均水平的三分之一。其次,中国水资源时空分布不均匀,加大了水资源利用的难度。在空间上,水资源分布严重不平衡,表现为南方多、北方少,东部多、西部少,山区多、平原少,大致由东南向西北递减,与土地资源分布不相匹配。南方地区面积占全国国土总面积的36.50%,而水资源量却占全国的81%。中国目前有10个省市人均水资源量低于严重缺水线(人均水资源低于1000立方米),有7个省市人均水资源量低于极度缺水线(人均水资源低于500立方米)。受季风影响,降水的时间分配极不均衡,利用难度很大,总体表现为夏秋多、冬春少;汛期雨量过于集中,非汛期又缺乏水量;而且降水量越少的地区,年内集中程度越高,丰水年与枯水年的水量相差悬殊,致使水、旱灾害频繁发生,对生产生活极为不利。最后,受全球性气候变化等影响,水资源状况日趋恶化。全球气候变暖的不利条件,使得中国河流枯水和洪水等旱涝灾害更加频繁,大多数河流水资源开发利用超出水资源承载能力,导致水资源条件日趋恶化,对城镇化和经济发展的约束已经越来越明显。

2. 城市水资源利用存在的问题

在城镇化进程中,城镇水资源开发利用形势严峻。由于经济增长方式、消费模式粗放,在水资源利用上形成了三高两低的态势,即开发利用程度高,单位产品耗用水量高,污水排放量高,用水效率和效益低。水资源基础条件差、水量不足,加之城镇水资源利用方式粗放、水资源短缺、水环境污染、用水浪费、利用效率不高等问题,已成为影响和制约中国城镇发展的主要因素。

(1)城市缺水情况日益突出,多种缺水类型同时存在。中国城市缺水始于20世纪70年代末80年代初,随着经济发展和城镇化进程的加快,缺水范围不断扩大,程度日趋严重,城市缺水问题逐渐加剧。目前就全国范围来看,水资源短缺尚不是城市缺水的主要矛盾。在全部缺水城市中,属于绝对水资源缺乏的资源型缺水的城市不到缺水城市总数的10%,其他多属于水环境污染的水质型缺水、供水能力不足的工程型缺水、用水浪费的管理型缺水等类型。当然,很少有城市只是单一类型的缺水,大多数是多种类型并存,各种原因相互叠加、相互影响。而除单纯的资源型缺水外,其他缺水类型均与不合理的水资源开发利用方式有关。

(2)水资源污染严重,水环境恶化的局面未根本改变。在工业生产和居民生活用水大幅增长的同时,废水排放量也相应大幅增长。废水排放量的增加,加剧了城镇水环境的恶化,水环境污染进一步加剧了水资源的短缺程度,也使一些水资源丰富的城市出现了污染型水资源危机,许多供水水源因水质污染丧失饮用水功能甚至水体使用功能,而不得不被废弃。目前,不仅北方城市严重缺水,而且濒临大江大河的南方城市也存在着水质型缺水。城市用水量的增大加大了污染排放量,但污水处理设施建设却跟不上,污水处理情况不容乐观,更加剧了城市供水紧张的矛盾。大量污水超标排放,不仅使地表水污染严重,流经城市的河段中约九成受到严重污染,而且还波及地下水资源。

(3)地下水开采过量,带来严重的环境地质问题。由于水资源不足和地表水污染严重,平原地区为满足城镇用水迅速增长的需求,不得不依赖大量抽取地下水,致使地下水位多年持续下降。由于地下水的长期超采,部分地区引起区域性地面沉降、地裂缝等地质灾害和海水入侵等生态环境问题。

(4)城市水资源利用效率不高,用水浪费的现象比较严重。与水资源短缺的现实极不相称的是,中国水资源的利用方式粗放,用水效率较低。长期以来,城镇生产耗水、生活用水及用水器具、输配水官网等用水、供水的各个环节,都存在着水资源利用效率低下、用水浪费严重的问题。中国工业企业用水设备工艺和管理水平比较落后,工业水重复利用和再生利用程度较低,主要工业行业用水效率明显低于发达国家。城市居民家庭生活用水和公共用水的浪费也很严重,先进的节水器具没有很好地推广利用,跑冒滴漏现象十分普遍。大多数洗车业和游泳池未采用循环用水设施等,机关事业单位和学校常流水的现象屡次出现。同时,在供水环节,由于供水社会基础老化和管理水平落后,供水管网渗漏现象严重,城镇供水没有区分供水方式,居民生活饮用水、工业用水和城市园林绿化用水,乃至冲洗厕所用水均来自自来水水源,无法按优水优用的原则利用,再生水、雨水、海水和微咸水等非传统水源有待进一步开发利用。

(三) 城市能源利用问题

城镇的一切活动都离不开能源,能源保障是城镇化的先决条件之一。城镇的规模和经济发展的节奏,都受能源的制约,由能源供应的支撑能力来决定:城镇化速度越快,城镇化水平越高,对能源的依赖程度就越高,城镇化进程必须在能源资源的保障下才能顺利进行。

1.城镇化发展的能源需求

能源是现代人类生存和发展所依赖的重要资源,是城镇基本建设、经济发展和居民生活的重要物质基础。从社会能源消费结构来看,能源终端消费主要发生在城镇。随着城镇化的发展,农村能源消费的比重呈下降趋势,能源消费的增长速度要慢于社会总消费的增长,因此,城镇能源消费的增长对中国能源消费增长起着决定性的作用。城镇化水平在很大程度上反映了一个国家或地区经济社会发展的水平,城镇化水平的提高意味着城镇能源消费的增加。在城镇化过程中,随着城镇经济的发展,城镇人口的增加,城镇建设规模的扩大以及居民生活水平的提高,不可避免地需要消耗大量的能源。

(1)城镇经济的发展需要能源资源的保障。城镇化的推进需要第二三产业的发展,而第二三产业的发展必须以能源的供应为前提。能源是支撑城镇经济发展的重要物质基础之一,持续稳定的能源供应是经济增长的必要条件。城镇经济必须有能源提供动力,才能够正常运行,其经济运行的规模和程度受能源供应的制约和限制。能源的缺乏将严重影响城镇经济活动。中国正处于工业化和城镇化快速发展阶段,城镇经济的持续增长意味着对能源需求的持续增加。

(2)城镇建设需要消耗大量能源。城镇化的推进,必然带来城镇建设规模的扩大,城镇基础设施和各类建筑的建设,不仅需要资金和土地资源,而且也直接和间接地带动了能源需求。这包括两部分:一是建设过程中的能源消耗,即建筑业能耗;二是建材生产的能源消耗,城镇建设需要大量的钢材、铜、水泥、玻璃等建筑材料,这些高耗能产品的生产需要消耗大量能源。

(3)城镇建筑面积的快速增加,建筑能耗也越来越大。建筑能耗,即建筑使用过程中的能源消耗,主要包括建筑采暖、空调、热水供应、电气、炊事等方面的能耗,其中以采暖和空调能耗为主,约占建筑能耗的65%。建筑能耗作为社会总能耗的消耗终端之一,目前已成为中国能源消耗的主要领域,且呈逐年攀升之势。

(4)城市交通的能源消费增长迅速。经济的高速发展,人民对交通出行的需求增长迅速,特别是城市居民交通需求增长更加迅猛。城市居民交通需求与其人均收入成显著的正相关关系,在人均收入超过1000美元以后,城市私人小轿车的增长将会非常迅速。随着中国城市机动车数量的迅猛增加,机动车石油需求占石油总消耗量的比重大幅度增加,汽车已经成为中国石油需求增长的主要因素。

（5）城镇发展对优质能源的需求增大，能源消费结构快速变化。城镇发展对能源的需求，不仅表现在总量上，而且对能源品种和质量也提出了更高的要求，能源消费结构中石油、天然气等优质能源的需求增长迅速。城市对油、气、电等优质能源的需求倾向很强，无论从交通、建筑的实际需求，还是从环境保护的角度，城市特别是大城市的发展，能源结构均不可能以煤炭为主。这意味着城镇在能源消费增长加快的同时，对能源清洁化和优质化的需要也将进一步提升。随着未来城镇化的发展，人民生活水平的提高，以及社会对环境保护的广泛重视，城镇对优质能源的需求将不断增大。城镇化的推进必须以能源消费的增长为代价，能源不仅是城镇经济发展和城市建设的重要物质基础，而且也是居民生活水平提高的重要物质基础。城镇化是经济社会发展的反映，是工业化的必然结果。可以预见，随着城镇人口的增加以及居民生活水平的提高，未来城镇能源特别是优质能源的消费量将会越来越大。城镇发展必须在能源资源保障下才能顺利进行，能源的供应状况将直接影响城镇的发展状况。

2. 城镇化发展的能源资源约束

能源是工业化和城镇化必不可少的资源条件之一。从世界范围来看，经济越发达，人均能源消费量越高。中国城镇化和工业化进程的加快，客观上要求人均能源消费量应有较大幅度增长，特别是优质能源需求量的增长。

中国经济社会发展的趋势决定了能源消费已进入快速增长期。随着新一轮经济增长周期的到来，工业发展势头旺盛，特别是房地产投资增长加快，引发电力、冶金、建材等高耗能产业急剧扩张，对能源需求大幅度增加，再加上城市私人小轿车的迅速增长以及空调的普及，成品油消耗和城市用电量大增，能源的需求量进一步加大。

中国能源需求快速增长，能源供应的形势却不容乐观。从国内资源状况来看，中国能源资源储量低，尤其是石油、天然气等优质能源资源储量比重低，已探明的各类能源资源的人均可采掘量有限，远远低于世界平均水平。即使是中国能源资源储量最多的煤炭，预测储量居世界第三位，但探明程度很低，而石油等优质能源资源的供给，难以保证经济发展的需要。国内已探明石油资源储量相对缺乏，但是开发利用的程度已远高于世界水平，剩余可开采储量不多，增加储量的开采难度越来越大，石油生产量很难有大幅度的提高。石油消费需求仅仅依靠国内生产远远不能满足，将不得不长期依赖于不断增加从国外进口石油的规模。而国际石油市场供给，既受石油出口国生产能力的影响，又涉及国际经济和政治关系。未来中国能源供需形势相当严峻，能源供给的矛盾主要不是开发能力不足的生产性约束，而是资源特别是石油、天然气等优质资源不足的资源型约束。而石油、天然气等优质资源供应不足的结构性矛盾，对城镇发展的影响最大。

在这种情况下，城镇化过程中的能源约束日益显现出来。能源短缺，特别是优质能源的短缺，已成为影响和制约中国城市发展的一个重要因素。更为严重的是，目前中国城镇经济的增长和城镇建设，是在能源资源相对贫乏的条件下，依靠高消耗、高污染、低效益的粗放式扩张来实现的，这进一步加重了中国工业化和城镇化的资源约束。

综上所述，能源是影响城镇化进程至关重要的因素，城市的规模和经济发展的节奏，都受能源的制约。由于能源资源的约束，以及能源利用效率的低下，能源问题已经成为制约经济社会发展、城镇建设和人民生活水平提高的瓶颈所在。中国城市发展正日益受到能源资源的制约，能源短缺对城市的影响极为广泛。在高增长、高消费、高污染、低效益的粗放发展模式下，工业化和城镇化是在大量消耗资源的条件下进行的，是不可持续的。

（四）城市污染问题

大气污染、水污染、固体废弃物污染、噪声污染等环境问题，已经成为影响和制约中国城镇化健康发展的重要因素。

1. 城市环境状况及其变化

（1）城市大气污染状况：从全国大气环境来看，烟尘、工业粉尘排放趋势得到了初步遏制，而二氧化硫排放总量失控，城市空气污染问题仍然突出。国家环境保护的重点城市空气环境治理整体水平趋好，但部分城市污染仍然严重。

（2）城市水环境污染状况：从全国淡水环境看，地表水体水质有所改善，但各水系发展不平衡，长江、珠江水质总体较好，松花江水质属轻度污染，黄河总体上属于中度污染，辽河水系污染有所减轻，海河、辽河、淮河以及黄河、松花江水系的部分支流，特别是流经城市河段污染严重，部分湖泊、水库富营养化严重。

（3）城市噪声污染状况：全国道路和区域环境噪声管理不断加强，已建成的城市环境噪声达标区个数和面积明显增加。

（4）固体废弃物污染状况：固体废弃物的数量增长趋势明显，工业固体废弃物综合利用率得到较大的提升，生活垃圾无害化处理率缓慢提高。

（5）城市环境治理状况及进展：国家高度重视环境保护，各地区、各部门不断加大环境保护工作力度，环保投入特别是城市环保投入大幅度增加。

2. 城镇化进程中的环境压力

发达国家上百年工业化过程中分阶段出现的环境问题，在中国近40年的时间内集中出现，呈现结构型、复合型、压缩型的特点。未来几十年中国人口将继续增加，经济总量将继续增长，资源、能源消耗增长势头不会明显减弱，环境形势十分严峻。环境问题已经成为影响和制约中国城镇化健康发展的重要因素。

污染物排放总量居高不下，主要污染物排放量已超过环境承载力，生态环境质量改善难度加大。目前中国大气和水污染处在一种高污染状态，治理成本大，难以从根本解决；环境污染治理滞后，先污染、后治理的特点突出；环保设施的建设难以满足城镇化和经济发展的要求；污染的历史积累效应日益显现;环境污染对人民生活和经济社会发展造成严重影响。目前环境问题已经成为危害人民健康、制约经济发展和社会稳定的一个重要因素,是建设和谐社会必须要解决的重大问题之一。

三、城镇化城乡关系模式

城镇化是城乡结构转化的历史过程。在城镇化过程中,城乡之间能否协调发展,不仅直接影响着农村的发展和稳定,而且影响到城镇化的发展进程。国际经验表明:城乡关系的状况在很大程度上决定着一个国家工业化、城镇化和社会现代化的整体目标和道路选择。城镇化的推进,必须处理好城乡发展的关系。统筹城乡社会经济发展,实现城乡发展之间的协调,对促进城镇化的科学发展至关重要。

(一) 城镇化进程中的二元矛盾

1. 城乡经济发展的差距

在中国经济高速发展的过程中,农业和农村经济发展缓慢,以现代工业为主的发达的城市经济与以传统农业为主的欠发达的农村经济并存,表现为典型的二元经济结构。

城乡二元经济结构在发展中国家工业化进程中普遍存在,但在中国表现得尤为突出,当前中国城乡经济发展的不协调,具体表现在:农业和农村人口多,但农村和农业的经济份额低,农村投资比例低;工业高速增长,而农业发展缓慢,劳动生产率水平低。农业是国民经济效率最低的部门,其原因在于:首先是农业生产经营规模小,规模化、产业化和市场化程度低,生产经营成本自然高,而工业化和城镇化推进带来的耕地面积的减少,使得农业土地资源失去了最后的优势,过剩的农业劳动力和过小的人均经营规模,使农业规模经营难以实现,导致社会劳动力资源低效配置,农业生产效率低;其次是农业基础设施比较落后,抗御自然灾害的能力较差,农业生产仍未摆脱"靠天吃饭"的状况;最后是农业生产技术落后,全国大多数地区农业机械化水平不高,科技投入明显不足,农业科技开发、推广和应用的力度弱,生产经营方式粗放。

2.城乡社会发展的差距

农村不仅在经济发展方面明显落后于城市,城乡之间存在典型的二元经济结构,而且社会事业发展也严重滞后,与城市在教育、文化、医疗、卫生、社会保障等方面的差距更大,城乡之间存在不公平的二元社会结构。

(1)城乡教育的差距

城乡教育发展不均衡,农村教育事业发展严重滞后,教育水平与城市的差距明显。长期以来,教育资源的城乡配置严重失衡,农村教育在经费投入、办学条件、师资队伍、教育质量等方面与城市相比存在着很大差距。农村中小学生多,教育经费投入少。此外,城乡教育的不公平还体现在:进城农业转移人口子女上学难,多数地方没将农业转移人口子女上学纳入当地教育规划中,因此进城农业转移人口子女不能享有平等的教育资源。城乡教育资源分配的不公平,导致城乡居民受教育水平存在很大的差异,这又反过来给城乡就业和可支配收入带来明显的差异。

(2)城乡医疗卫生的差距

城乡医疗资源分布不均衡,农村大部分地区公共卫生服务提供不足,由于投入不足,造成了农村医疗卫生资源匮乏,医疗机构条件差、设备少、水平低,缺乏合格的卫生人才,医疗卫生场所在数量和服务质量两个方面都远不能满足农民的需要。由于农村医疗保障体系比较薄弱,农民一旦生病住院,其家庭将会因此背上沉重的医疗费用负担。在农村,农民看不起病,因病致贫、因病返贫的问题突出。

(3)城乡就业的差距

长期以来,中国实行的是城乡二元就业制度,城乡劳动力的劳动待遇不平等。改革开放以前,国家严格控制农村人口迁往城市,农民被束缚在土地上,很难在城市获得就业的机会。改革开放后,农民被允许进城务工经商,大量农村剩余劳动力进入城市就业,但在城乡二元户籍制度的限制下,进城务工农民在职业选择、就业服务、劳动待遇、社会保障等方面仍然无法享受与城镇居民平等的待遇。首先,城镇失业和下岗人员的就业与再就业,受政府的扶持和政策优惠,而农村剩余劳动力的转移就业,不仅长期没有被纳入统一的管理和服务中,而且还受到城市的各种限制。其次,农业转移人口的劳动待遇差,他们大多没有与用人单位签订劳动合同,即使签订合同,也大都不规范,其合法权益难以受到保护。农业转移人口从事的大多是城里人不愿干的脏、累、重、险的工作,工作条件差,有些工作的安全和卫生环境都不符合国家的标准和要求,致使安全事故频发、职业病高发,而受伤害的基本都是农业转移人口。即使是与城镇职工从事同样的工种,其劳动待遇也不一样,在工资福利、在职培训或进修、住房补贴、女职工孕产待遇等方面存在明显的差异,而且企业拖欠农业转移人口工资的问题严重。最后,农业转移人口的社会保障缺乏,目前,进城务工的农业转移人口大多没有工伤、医疗、失业、养老等社会保障。

(4)城乡社会保障的差距

中国社会保障实行城乡二元体制,占人口比例较小的城镇非农户籍占有社会保障资源的80%以上,广大农业户籍居民仅仅占有不到20%的资源。城镇已经建立了较为完善的社会保障体系,城镇职工享有基本养老、基本医疗、失业、工伤和女职工生育保险等制度的保障,还有国有企业下岗职工基本生活保障制度及城市居民最低生活保障制度,而农村社会保障工作才刚刚起步,目前基本还停留在自筹资金、自我保障上,占中国人口多数的农村人口还无法得到最基本的社会保障。

(二) 城乡二元体制对农村发展的影响

城乡二元结构和城乡分割的体制使得城乡发展处于不平等的地位,一方面农业、农村资源流失严重,另一方面农村剩余劳动力不断转移,使得农村人力资本存量大幅减少,制约了农业生产效率的提高,阻碍了农业现代化进程。

1. 二元体制制约了农村发展

城乡二元体制实行工农、城乡区别对待,在先工业后农业、先城市后农村的发展思路下,政府对农村不仅投入少,而且长期从农业部门抽取剩余,导致城乡间资源配置严重失衡,农业发展后劲和农村积累不足,影响了农村的生产、生活水平的提高。长期以来,农民创造的财富,通过工农产品的"剪刀差"等或明或暗地流向了工业和城市,通过土地价格的"剪刀差",从农民手里拿走巨额的土地资产收益。农村资金过度流失,严重损害了农业发展的后劲力量和农业现代化的基础,在很大程度上使农村丧失了发展机会。与此相对应的是,城市的公共投资由国家财政负担,农村的公共投资却由农民自己解决,如农村中小学、农村的公路电网等基础设施均由农民集资修建。政府为农村提供的公共物品,包括农业生产和农民生活必需的基础设施匮乏,极大地影响了农村的发展。其结果是农村社区建设停滞,农业现代化既没有制度准备,也没有物质基础。

2. 二元体制使得农村剩余劳动力待遇较差

以户籍制度为核心的城市管理体制,限制了农村人口进入城市的自主选择权,农民虽然可以进城务工经商,但仍然受到种种限制,无法享受与城市居民平等的权利。按照市场配置资源的原则,农村过剩劳动力必然要向城市和非农部门转移,然而城乡分割的二元体制却限制了这种转移,劳动力等生产要素不能按照市场规律合理配置,造成农民转移就业和在城市落户困难,大量的剩余劳动力的就业和收入得不到满足,隐性失业问题突出。

3. 城乡二元体制阻碍了农业生产效益的提高

在有限的耕地上,一家一户小规模分散经营,形不成规模经济,生产成本高,无法适应大市场的发展,劳动生产率难以提高,农业的产业化和现代化任重道远。同时,在城乡相互隔离的状态下,传统农业与现代农业手段、经营方式相结合的机会少,传统农业的长期改造缺乏基础和前提。由于产品和信息交流渠道不畅,农业生产与市场需求之间的联系被弱化,农民难以根据市场需求调整农产品品种和数量、优化农业生产结构,农产品社会化程度低,农业生产不能适应日益变化的市场需求。

4.二元体制造成城乡居民身份的不平等

在二元体制下,社会被人为地分成农民和市民两个不同的群体,市民享受着比农民好得多的教育、医疗和社会福利,有条件接受更多的信息并影响政策制定,而农民无法享受与市民平等的教育和择业的权利,无法平等地享受社会保障及政府提供的公共服务,也缺乏政治上平等参与的机会。政治上,二元社会结构阻隔了政策制定者与农民之间的社会联系,农民对国家和地区公共事务的参与程度很低,其利益也最容易被忽视,其思想和社会行为意识又反过来成为农村发展的障碍。

(三) 城乡二元体制对城镇化进程的影响

城乡二元体制横亘在中国城乡之间,割裂了城乡发展之间的互动联系,不仅激化了"三农"问题,而且也阻碍了城镇化进程。

1.城乡人口结构转换与工农业结构严重错位阻滞了人口城镇化的进程

以户籍制度为核心的二元体制对农民进城定居有诸多限制,选择性地把大量农民排除在城镇化进程之外,减弱了人口的城乡流动对城镇化发展的推动。伴随着中国工业化进程的推进,农业生产要素不断地向工业部门和城市地域转移,农村人口却难以相应地转移到城市,从而导致就业结构的转换滞后于产业结构的调整,人口城乡结构的转换滞后于就业结构的调整。

2.城镇化与工业化内在联系的割裂导致城镇化进程滞后于工业化进程

中国城镇化水平长期滞后于工业化进程,归根结底是城乡二元体制的反映。改革开放前,城乡二元体制逐步形成并被固定化,经济发展按照"城市—工业""农村—农业"的方式进行,按计划方式配置到农村地区的工业项目是外嵌式的,企业自成管理和服务体系,与所在地区的联系较弱,对区域发展影响较小,城乡分离的状态造成了工业化与城镇化的脱节,最终既制约了工业的发展,又延误了城镇化进程,甚至一度出现"反城镇化"现象。城市产业不但不能大量吸收农村剩余劳动力,甚至连城市本身新增的劳动力也难以完全吸纳,结果不得不多次把城市人口大规模地向农村"倒流"。改革开放后,农村工业的发展,对促进农村剩余劳动力转移作出了历史性的贡献。但二元体制对人口等要素城乡流动的限制,使城乡工业各成体系。乡镇企业的发展,过分强调"离土不离乡""进厂不进城"的剩余劳动力的就地转移方式,人为地割裂了工业化与城镇化的内在联系,工业化与城镇化再次脱节。

3. 农民市民化身份的难以确认降低了人口城镇化的质量

20世纪80年代中期以来,农村劳动力在城乡流动的限制虽有所减弱,但对农民进城的就业歧视、身份歧视仍然难以消除,在劳动市场上城乡劳动力公平竞争的格局难以完全形成。即使是已经实现职业转化和地域转移,进城农民也很难获得身份的转变和城市社会的保障,无法实现从农民向市民的转变。城市外来劳动力在为城市发展作出巨大贡献的同时,却无法获得同工同酬的待遇,更无法享受城市提供的各种保障和权利。在城乡分割的管理体制下,出于对政绩考核等方面的考虑,城市政府既没有为农村剩余劳动力创造就业机会的责任与义务,也没有为外来人口提供服务的动力。由于缺乏身份的认可和城市社会的保障,城市外来人口不能融入城市社会,成为城市户籍居民群体之外的边缘化的社会群体。进城农民受歧视、合法权益得不到保障,已成为当前社会的焦点问题。正是城乡二元体制,造成了目前城镇化质量不高,城市中"社会二元结构"的隐患。进城农民的市民化,是提高城镇化质量,实现城镇化科学发展必须解决的问题。

4. 城市发展与区域发展关系的不协调阻碍了合理城镇体系的形成

区域发展中的城市和农村,原本只是经济分工的不同,两者之间应该是互通有无、相互支持的关系,一方的发展为另一方的发展提供动力和物质支持。但在二元管理体制下,由于城乡间存在的是分而治之的政策,城乡间联系和互动性差,导致区域实际被分割为"城市"和"农村"两个对立的范畴。城市和农村自成体系、相互分割,缺乏应有的经济社会往来,城乡区别的财税政策、分配政策和管理体制,使城市与农村之间缺乏统筹规划和协调配合。大中城市自我孤立发展,而立足于农村的小城镇却发展缓慢,造成了不同规模城镇之间产业层次递进缺位,功能互补缺乏,合理的城镇体系难以形成,小城镇的发展因此缺乏经济基础,加上小城镇建设投入严重不足,最终导致大中小城市的发展相互脱节。

综上所述,偏向城市的城乡二元体制,短期内虽然刺激了城市的发展,带来了城市的超经济集聚,但其深层次的结果是,城乡发展应有的互动联系被破坏。农村经济发展的滞后,农村对城市的供给和消费能力的逐渐下降,削弱了城市集聚的经济基础,阻碍了城镇化的进一步推进。城市与农村是相互影响的,农村发展越落后,城市进一步发展的阻力越大,整个社会经济的发展和转型就越难以完成。

第三节　中国城镇化理论的构建

一、对以往城镇化发展模式的反思

虽然各国、各地区城镇化的总趋势、总方向是一致的,即实现传统农业社会向现代城市社会的转化,但由于不同国家或地区的经济、社会、地理、历史条件的不同,实现城镇化的具体过程多种多样,同时在不同发展阶段,其表现形式和所采取的方式也是不一样的。因此,不同国家或地区,在不同的发展时期,城镇化的发展模式有所不同。

回顾中国的城镇化进程,以往所采取的发展模式是一定社会经济背景下的产物,与城镇化的发展阶段也有很大的关系。原有的政府主导下的、以城乡二元体制为基础的粗放型城镇化发展模式,已经明显不能适应城镇化发展的形势变化。

（一）行政主导的城镇化模式的反思

纵观中国城镇化的发展历程,以往的城镇化进程受到行政力量和政策制度的深刻影响,资源配置主要依靠行政手段,市场机制的基础性作用并未得到充分发挥,特别是改革开放前,在传统的计划经济体制下,城镇化的推进具有浓厚的政府行政主导的特征。政府依靠其所掌握的巨大社会资源,来决定城镇化的方方面面,既是城市的管理者,也是城镇化的发动者和执行者。城镇化过程在行政控制和政策制度安排下进行,诸如人口迁移与就业、城市规模、产业发展和城市职能定位、城乡之间的联系等都是由政府决定的。城镇化所需要的各种资源要素,如人口、劳动力、土地、资金等,是通过行政手段而非市场机制来进行配置和流动的。改革开放后,市场机制在城镇化中的作用和地位逐渐显现出来,劳动力、资金、土地等资源要素开始在城乡间合理流转。影响城乡要素流动的非经济因素的减少以及市场因素的增加,推动了城镇化的快速发展。目前城镇化的推进明显带有制度转型的特点,既有市场作用的成分,又有政府主导的色彩,但在资源配置、户籍迁移等方面,政府的行政控制行为仍然表现得非常明显。

随着经济体制改革的逐步深入,市场机制在城镇化过程中显示出日益重要的作用,并成为城镇化加速发展的基本动力。但是改革仍然有待继续深入,市场化进程仍然滞后于工业化和城镇化进程,传统计划经济管理模式仍然起着很大的作用。同时地方保护主义倾向严重,经济要素在城乡之间以及区域之间的市场化流动仍面临不少障碍,市场机制对城市发展的主导作用还没有得到充分发挥。城乡自由流动的劳动力市场已基本形成,大量农村剩余劳动力进城务工和经商,而户籍迁移制度和社会保障制度的改革仍不能与之匹配,绝大多数进城农民的迁移行为实际上是不彻底的,难以实现市民化。长此以往,可能会产生"城市社会二元结构"的问题。城镇建设用地转让和使用也已基本市场化,而农业用地向建设用地的流转仍以行政手段来征用,实行补偿价格而非市场价格,土地用途转换过程中的巨大利益,使得"圈地热"得以盛行,失地农民的生活保障问题不能得到很好的解决。

城镇化的过程实质上是生产要素集聚、资源优化配置的过程,对于政府行政主导的城镇化,愿望和出发点往往是好的,但受到人的主观意识的影响大,由于对城镇化规律认识的偏差,常会产生矫枉过正的情况。如过去对"城市病"的恐惧,就会使得政府采取限制城市特别是大城市的发展政策,导致城镇化发展水平滞后,城市建设较差。而近年来随着各界对城镇化的重视,又使得各地方政府把城市建设作为一项政绩工程,普遍存在贪大求快的倾向,盲目追求建设速度和规模,而对社会问题和环境问题重视不够,城镇化的质量和效益较差。在目前城镇化快速发展的要求下,如果仍依靠行政力量配置资源,超越市场在资源优化配置中的基础性作用,就无法遏制城镇建设和发展过程中对资源的无序和过度占用,资源利用效率必然差。表面上看,这种以行政手段为主导的资源配置方式,降低了城镇化的资金投入,有利于城镇化的快速发展,甚至可以实现跳跃式发展。但实质上,人为推动的城镇化模式,缺乏资源合理配置的内在机制,受主观因素的影响较大,容易造成城镇化道路的偏差,从而偏离其固有的自然演进过程。

(二) 以小城镇为重点的城镇化模式的反思

中国长期以来一直执行的是"控制大城市规模、发展小城市小城镇"的城市发展方针。应该说,改革开放初期,城镇化进程的推进,采取在空间上广泛布点、以小城镇为重点的发展模式,是当时社会经济环境下的一种理性选择,具有一定的合理性。当时中国城镇化处于起步阶段,城镇数量少,在这种情况下,仅仅依靠为数不多的大城市推进全国的城镇化进程显然是不现实的。同时,在当时经济体制和城乡管理体制下,人口流动不自由,人口城镇化不可能以大中城市为主来进行。在中国经济体制和社会结构发生急剧变化的背景下,小城镇的发展带有很强的自发性,并获得了迅猛的发展,对中国城镇化进程起到了积极的推动作用,小城镇的发展一度被认为是具有中国特色的城镇化道路。

20世纪90年代以后,中国城镇化进程进入了加速发展阶段,尽管国家仍然十分重视小城镇的发展问题,但在市场机制的作用下,人口和经济在大中城市集聚的态势十分明显。从实际的发展来看,大城市发展最快,中小城市次之,小城镇最慢。同时,小城镇一哄而上、盲目发展、城市规模普遍偏小等问题不断暴露,以小城镇为重点的发展模式已经不能适应城镇化发展形势的变化。在城镇化快速发展阶段,这种以城市个体而论的城镇化模式,明显与区域城镇化的发展实际不符,弱化了现实的指导意义。

(三) 城乡分割的城镇化模式的反思

回顾中国城镇化的发展进程,在城乡二元体制的制度约束下,以往的城镇化是城乡分割的城镇化,城乡矛盾一直十分突出,城乡差距显著。从表现上看,中国城乡发展不协调是城乡二元结构问题,即城乡之间经济社会发展差距过大。而从本质上看,城乡发展不协调实际上反映的是中国经济社会的深层次矛盾,其根源在于城乡二元体制。城乡二元体制割裂了城乡之间的发展联系和互动关系,扭曲了城镇化进程。这种城乡分割的城镇化进程,不仅阻碍了城镇化进程的推进,弱化了城镇发展对农村的带动作用,而且激化了城乡发展的二元矛盾。

在城乡分割的城市发展思路上,城市发展始终没有摆脱长期依赖农村输血的传统模式。在先工业后农业、先城市后农村的资源分配体制下,政府对农村不仅投入少,而且长期从农村和农业部门抽取剩余,导致城乡间资源配置严重失衡,农业发展后劲和农村积累不足。同时,城乡分割的城镇化进程在很大程度上把农民排除在外,农民进城就业和落户面临着各种各样的壁垒。这种城乡分割的城镇化是以抬高农民进城的门槛,对农民在城市定居和就业实施诸多限制为特征的,而城镇化更多体现在城市建设水平的提高和城市居民生活水平的提高上,因此未充分发挥城镇化对农村乃至全社会发展的带动作用。

（四）粗放型城镇化模式的反思

在工业化、城镇化的发展过程中,资源消耗多,环境损害大,与粗放型的工业化和城镇化的发展模式有很大关系。由于城镇发展模式粗放,资源利用效率并没有随城镇化水平的提高而明显改善,城镇资源、能源消耗量大,利用效率却很低,废弃物排放量对环境的损害也大,使得工业化、城镇化的发展与资源和环境的矛盾日益突出。目前中国城镇化主要还是依靠高资源消耗、高污染排放的粗放型经济增长模式来推动的,城市发展过程中的高消耗、高污染、高投入、低效益问题十分突出。

由于缺乏可持续发展的理念,对城镇发展的认识和指导思想存在一定的片面性,过分追求城镇化的速度和规模,从而忽视了城镇化的质量和效益。各地城镇在发展过程中,普遍存在重经济增长、轻资源环境保护,重眼前利益、轻长远利益,重局部发展、轻区域协调的问题,资源、环境的代价高,而经济效益和社会效益差。通常,在经济发展和城镇化初期,为满足人们的物质需求和生活空间的需要,必须不断扩大生产和建设规模,注重追求数量和规模,而这时由于资金和技术的匮乏,不得不依赖于劳动力和资源的高投入以及环境保护、治理的低投入。因此,这一阶段的城镇建设、发展模式一般是粗放型的,以至于工业化、城镇化持续快速发展,而资源利用方式和城镇发展模式并没有随之改变,土地、能源的利用效率反而有所下降,生态环境恶化的趋势难以从根本上得到遏制。

粗放型的城镇发展模式,造成城镇资源利用效率低下,浪费严重,进一步加剧了中国资源短缺、环境恶化的严重程度,严重阻碍了城镇综合治理的发展和功能的正常发挥,降低了城镇的承载能力,制约和影响了城镇化进程。

二、中国城镇化理论与模式的构建

一个国家的城镇化途径和发展模式,与其所处的发展阶段、自然地理条件、经济发展水平、社会文化差异等因素紧密相关,因此不存在固定不变的模式和理论,应遵循城镇化的演进规律,借鉴国外成功的经验模式,具体结合中国的国情和发展阶段,清楚认识城镇化发展过程中面临的任务和挑战,走中国特色城镇化道路。

采取何种城镇化发展模式,理论上直接关系到中国城镇化的发展绩效。中国的城镇化正处于一个重要的发展阶段,原有的城镇化发展模式已经不能适应新的发展形势。在科学发展观的指导下,城镇化发展模式正面临着重大的整体性变革,即由行政主导的城镇化向市场主导的城镇化转变,由以小城镇为主的城镇化向大中小城市和小城镇协调发展的城镇化转变,由城乡分割的城镇化向城乡统筹的城镇化转变,由粗放型城镇化向集约型城镇化转变。

(一) 中国城镇化理论的构建之一——从行政主导向市场主导的管理模式转变

市场机制由于其在经济发展和资源配置过程中的主导性和基础性作用,在城镇化进程中扮演着极为重要的角色。它不仅通过影响工业化进程和经济发展状况,间接作用于城镇化进程,而且通过影响资源要素的流动状态,直接作用于城镇化进程。

第一,城镇化进程实质上是市场优化配置城乡资源的自然过程,其基本途径和主要内容是人口、资金和资源等经济要素由效益低的农村地区,向具有规模效益、聚集效益的城市地区流动。在此过程中,市场机制应该是要发挥主导作用的,是城镇化推动的内在动力。因为只有通过市场优胜劣汰的选择,才能保证与城镇化相关的人口、土地、资本等经济要素的合理流动,从而达到城乡资源要素的优化配置,促进资本和劳动力的合理转移,为产业和人口的聚集创造条件；也只有通过市场才能达到利益机制的协调，促使要素的聚集与扩散，实现城镇化所需的要素流动和整合。城乡之间资源的流向流量、城乡产业、产品结构的调整、各种利益关系的整合乃至于城乡劳动力的流动和组合等，无不依赖于市场机制的调节。城镇化是市场机制作用下城市吸引力和农村推动力共同作用的结果。从世界发达国家城镇化的经验来看，市场主导下的城镇化进程是最有效率的城镇化方式，发达国家市场化是与工业化、城镇化结伴而行的，市场化使城乡之间的要素配置更有效率，推动城镇化向更高层次发展。

第二，从根本上说，城镇化是经济发展的产物，是由工业化进程所带动的。从产业集中到人口集聚，再从人口集聚到产业集中的过程其实就是市场机制发挥作用的必然结果。城镇化与工业化的相互影响相互依赖的关系，是以市场化为中介来维系的。在经济发展过程中，工业化所要求的生产专业化，自然引起生产要素的集中，从而推进城市的发展，而经济发展过程中交易规模扩大和市场体系的形成，反过来又加速城镇化进程。

选择市场主导的城镇化进程，是建立社会主义市场经济体制的必然选择，顺应了经济体制由计划向市场转轨的要求。社会主义市场经济体制的建立和完善，要求在城镇化进程中，必须尊重市场经济规律，纠正非市场因素造成的偏差。既要避免人为设置城乡要素合理流动的阻碍，又要防止脱离经济发展实际和仅凭个人主观意志人为推动城镇化建设。当然，市场不是万能的，很重要的一点是它并不能解决城镇化的质量问题。完全由市场引导的城镇化，存在着公共产品等社会资源配置失衡和社会公平的问题。因此，城镇化进程的推动要以市场为主导，发挥市场机制的资源配置作用，但应注意既不能采取放任自流的完全市场化，也不能继续沿用严格的计划经济手段，而应以市场机制为基础和主导，充分发挥市场主导和政府引导的作用。

加快完善社会主义市场经济体制，是推进市场主导型城镇化的制度前提。中国城乡资源要素优化配置的市场环境有待健全，特别是资本、技术、劳动力和土地等要素市场仍然需要完善，一些深层次矛盾还没有解决。从近年来城镇发展的实践来看,"伪市场化"与"过度市场化"并存,市场机制的作用还很不完善,政府的作用存在"错位"和"缺位"的情况,在市场发挥作用的经济领域政府过多地参与和干预,而公共服务和社会保障领域又缺乏投入和引导,市场与政府行政的作用需要明确,做到各行其是,形成科学的资源配置和宏观调控体系。

推进市场主导的城镇化进程,就是要在社会主义市场经济体制不断完善的过程中,实现人口、资源、技术、信息等要素的自由流动,建立市场化的城市发展机制,用市场化推进城镇化。建立和完善城市发展内在的市场调节机制,保障各种要素的合理流动和优化配置,加快生产要素的市场化进程,培育和发展城乡统一的劳动力市场、土地市场、金融市场、产权交易市场、技术市场等,通过市场体系的发展促进城镇建设,积极转变政府职能,让政府退出竞争性领域,主要承担公共投资、公共服务、公共管理的引导职能,加强公共产品领域建设。

（二）中国城镇化理论的构建之二——从小城镇向城市群的空间组织模式转变

从空间组织形式上,城镇化模式应实现以小城镇为重点向以城市群为重点的转变。从区域空间结构演变的理论来看,在城镇化初期,城市处于分散孤立的发展阶段,城市少而分散,相互之间联系薄弱,区域城市的发展主要体现为城镇数量的增长;在城镇化中期,城市处于加速集聚的阶段,城市规模迅速扩大,大城市利用其较强的集聚效应优先增长;在城镇化后期,随着大城市辐射扩散效应和中小城市集聚效应的增强,中小城市发展速度开始加快,大中小城市联系日趋紧密,主要表现为区域内城市群逐步形成与壮大,城镇体系不断完善。从中国城镇化的发展进程来看,改革开放初期,城镇化处于起步阶段,小城镇发展迅速,在空间上广泛布点、分散布局;到1995年前后进入中期,城镇化加速发展,大中城市集聚和扩散效应不断增强,区域城市数量和规模扩张较快；而目前，优势地区大中小城市和小城镇普遍发展，若干以大城市为核心、紧密联系中小城市和小城镇的城市群开始加速成长，正成为现阶段城镇化推进的一个显著特征。

区域城市的发展不能仅从个体的角度单独考虑某种规模城市的发展，而应从区域整体的角度考虑由大中小城市和小城镇所组成的城市群体的发展，跳出城市规模之争的框框。在城镇化空间推进形态上，提出城市群的发展思路，既是对以小城镇为特征的粗放式城镇化的反思，又是对大城市盲目扩张的纠正，是对大中小城市和小城镇协调发展的城镇化总方针的具体实践。城市群不是城镇化发展的规模模式，而是城镇化发展的区域模式，是在城市集聚与扩散效应作用下的集中型城镇化与分散型城镇化的结合。城市群的形成与发展是由区域城镇化和经济发展的内在规律决定的。

推进城市群的发展，把城市群作为推进城镇化的主体形态的目的，不仅在于城市群本身的协调发展，更重要的是在于增强其对全国经济社会发展的带动作用，更好地发挥城市群的集聚效应和辐射功能，以此为核心整合与带动东、中、西部乃至全国经济社会的发展。城市群的发展要从区域的整体出发，加快区域工业化、城镇化和市场化的进程，创新合作机制，建立有效的市际协调与合作机制，加强城市间的分工协作，统一协调区域基础设施建设和生态环境保护，构建互通互联、共建共享、网络化的基础设施体系，改善区域空间结构，消除体制障碍和市场壁垒，共同构建区域统一市场，促进生产要素的自由流动，优化资源配置，引导区域产业的市场化整合，构建区域产业发展和布局的整体框架，推动产业集群的壮大和产业的协调发展，加强区域功能整合和空间整合，优化重组区域发展空间，促进区域内城市群的发展与联动，统筹城乡和区域发展，根据城市群自身的发展条件和基本趋势，对全国不同地区、不同发展阶段、发展水平的城市群采取有区别的发展战略，着眼于区域的整体发展，以培育、发展、协调为主线，循序渐进，建设不同层次、各具特色的城市群，充分发挥城市群的整合效应，在全国逐步构筑以多层次、多样化城市群为核心的整体发展格局。

（三）中国城镇化理论的构建之三——从城乡分割向城乡统筹的城乡关系模式转变

在城乡关系上,城镇化模式应实现由城乡分割向城乡统筹的转变。一个国家或地区的工业化与城镇化的早期阶段要靠农业提供剩余产品,当工业化和城镇化进入中期以后,农业的相对地位就会大大下降,而工业的相对地位逐步上升为绝对优势。经济增长的动力主要来自非农产业,工业的扩张依靠自身的剩余积累来完成,不再需要从农业吸纳资本等要素,工农业和城乡经济将发生结构性转换,农业、农村应获得与工业平等发展的机会与权利,并逐步成为接受"补助"的部门和地区。目前中国已进入工业化、城镇化的中后期,城市经济总量的壮大,已具备工业反哺农业、城市支援农村、推进城乡统筹发展的现实条件。统筹城乡经济社会发展,既与这一阶段城乡关系的基本特征相适应,又具有战略意义。

在中国城镇化加速发展的新时期,城镇化一定要与"三农"发展紧密结合,突破以往就城市论城市、就农村论农村的片面做法,将加快城镇化进程和解决"三农"问题统筹到城乡协调发展的框架中考虑,确立城乡统筹的城镇化战略。通过推进城乡统筹的城镇化,带动农村经济社会的发展,打破历史形成的城乡二元结构,切实解决"三农"问题,实现城乡经济社会的协调发展。

所谓城乡统筹的城镇化,是以城乡协调发展为目标,以体制和政策的城乡统筹为基础,彻底破除城乡分割的二元体制,把"三农"发展与城市发展结合起来,建立起地位平等、开放互通、互补互促、共同进步的城乡社会经济发展新格局,从而实现城乡互动、城乡交融、城乡一体的城镇化道路。推进城乡统筹的城镇化,就是要发挥城市先进生产力和先进文化的扩散和辐射作用,以城带乡、城乡互促,打破城乡界限、开放城市,拆除城乡居民和城乡各种生产要素自由流动的制度障碍,提高城镇化水平和要素配置的效率;就是要取消城乡间的种种不平等待遇,使城乡居民和城乡各类经济主体都能享受公平的国民待遇,拥有平等的权利、义务和发展机会;就是要在坚持城乡地位平等的基础上,通过市场机制的作用,加快缩小工农差距、城乡差距、农民和市民差距,实现城乡的共同繁荣和进步,创造平等统一的新型城乡关系,营造良好的城乡互动发展的制度环境。

(四) 中国城镇化理论的构建之四——从粗放型向集约型的发展建设模式转变

在资源利用方式上,城镇化模式应实现由粗放型向集约型转变。中国的资源条件和生态环境状态要求城镇化发展模式必须从粗放型向集约型转变。

21世纪中前期,是中国经济社会发展的重要战略机遇期,也是城镇化发展的重要时期,同时也是中国资源环境和经济发展矛盾最为突出的时期。城镇化在工业化的持续推进下,将在较长的一段时期内,保持较快的增长势头,这给土地、水、能源等资源的可持续利用和生态环境保护提出了严峻的挑战。要解决城镇化过程中的资源和环境问题,就必须树立科学发展观,从城镇化及城市发展模式上寻求解决问题的对策,切实改变粗放的经济增长方式和城市发展模式,走资源消耗低、环境污染少、经济效益好的集约型城镇化道路。推进集约型的城镇化,是从根本上缓解资源环境压力,是落实科学发展观,全面建设资源节约型、环境友好型社会的迫切要求。

推进集约型的城镇化,就是要在城镇化进程中,把城镇发展与资源合理利用、环境保护有机地协调起来,以体制、机制和科技创新为基础,综合运用行政、法律、经济等手段,节约和集约利用资源,提高资源利用效率,加大环境治理力度,强化对资源环境保护利用的监督,促进城镇发展从以外延扩张为主的粗放型向以内涵增长为主的集约型转变;就是要立足国情,吸取国外城镇化的经验教训,做到高效利用和节约资源,保护生态环境,以尽可能少的资源能源消耗和尽可能小的环境代价,获得最大的经济和社会效益,提高城镇综合承载能力;就是要按照循序渐进、合理布局的原则,引导城镇的发展从实际出发,量力而行,不好大喜功、互相攀比,提高城镇化的质量和效益,实现城镇化的健康发展。

第四节 中国特色城镇化理论的基本框架

一、中国特色城镇化理论要解决的关键问题

城市作为经济增长的重要载体,是人才、技术和创新的集聚地。然而,在先进生产要素向城市集聚的过程中,往往会造成地区之间、城乡之间差距扩大,协调发展(包括人与自然的协调)受到影响。具有中国特色的新型城镇化道路的核心是以人为本,既要让城镇化和城市发展高效驱动经济持续增长,又能节约资源、保护环境,实现社会经济的可持续发展。以人为本的新型城镇化是未来中国社会全面、协调和可持续发展的有效抓手,它将通过扩大内需拉动经济增长,而且将通过加快发展方式转变提高经济效率,从供给方面推动经济增长。同时,以人为本的新型城镇化还有利于城市文明的普及,缩小城乡发展差距,改善民生,提高人民生活水平,降低不平等程度,有利于减少生态环境破坏,促进人与自然的和谐发展。由此,以人为本的新型城镇化需要解决如下关键问题。

(一) 如何实现经济与社会、自然协调发展

未来若干年是中国社会经济转型的关键阶段,必须深入贯彻落实可持续发展理念,以全面转型为主线,以提升经济发展质量和效益为主线。为此,改革开放以来形成的粗放型城镇化发展模式必须改变,必须通过提高城镇化发展质量来增强城镇化驱动中国社会经济持续健康发展的能力,促进城镇化从单纯追求速度向着力提升品质转变,从不完全城镇化向深度城镇化转变,是以

人为本的新型城镇化的核心内容。2017年中国的城镇化水平超过58%,处于城镇化快速增长阶段,但是由于存在着"半城镇化"现象,因此,城镇化水平质量不高,按户籍人口度量的城镇化水平还不到40%。同时,在传统城镇化过程中城市发展出现了蔓延式、摊大饼式的发展,造成了土地资源的低效率使用;另外,城市经济发展过程中也曾一度出现粗放式增长模式,造成了空气污染、水污染等问题。这些问题的出现一方面不利于实现可持续发展的目标,另一方面也与人民群众追求高质量生活水平不相适应。因此,如何实现经济与社会、自然协调发展,成了以人为本的新型城镇化需要解决的关键问题之一。

(二) 如何在保持城镇化较快发展的同时提高城镇化质量

新型城镇化的核心是以人为本,当前中国城镇化急需破解的难题也是与人有关。如何通过市民化促进城镇化健康发展,如何有序推进农业转移人口市民化,积极稳妥推动城镇化发展,如何在城镇化的发展中实现农业现代化,富裕农村人口,让农村人口能最大限度地分享城镇化发展成果,如何让城市人口更好同享城市文明和生态文明,这些是当前中国城镇化急需破解的问题。实质上,当前中国城镇化急需破解的难题是"三类人"的发展问题,即新转移到城里农民的发展问题、城市居民发展问题,以及将来留在农村居民的发展问题。以人为本的新型城镇化就是要首先为这三类人创新发展条件,通过财政制度、社会保障制度、住房制度、产业发展政策等制度创新使得这"三类人"在新型城镇化发展中获益。

(三) 如何为"三类人"创造公平的发展环境

城镇化过程中的"三类人"是指城市中的老市民、农业转移人口中的准市民和尚留在农村的农民。要解决"三类人"的公平发展问题必须要在统一的"以人为本"城镇化框架下,着力分类解决:针对第一类人关键是解决城市的生态化、宜居化;针对第二类人关键是解决城乡人口公共服务制度的均等化;

针对第三类人关键是解决农业的现代化。

二、中国特色城镇化理论研究的重点问题

（一）以人为本的新型城镇化如何兼顾效率和公平

在此之前的中国城镇化带来的问题是，以物为本的粗放型城镇化造成了资源、环境破坏加重，资本所得被劳动所得侵蚀，摊大饼式的城市发展带来城市病问题日益凸显。这种城镇化加大了城乡发展差距，破坏了生态环境，损害了未来人们受益于城镇化的发展机会。国际经验表明，城镇化是经济增长不竭动力的源泉，城镇化和中国经济的长期可持续增长互为表里，如何继续利用城镇化推动中国经济高效增长，同时又实现经济发展方式从以物为本向以人为本转变，降低收入差距，改善生态环境，是以人为本的新型城镇化所要解决的重点问题。在推进以人为本的新型城镇化过程中，如何实现城镇化、工业化、信息化、农业现代化协调发展，进一步提高经济效率，同时又实现公平发展，是中国特色城镇化理论需要研究的主要问题之一。

（二）以人为本的新型城镇化的中国阐释

中国人口众多，正处在经济发展方式转变的关键阶段；同时，中国城市起源、城市的初始功能、城市的发展轨迹、城市发展的模式与西方发达国家有着一定的差异，中国不能也不应该完全照搬西方城市发展经验。因此，以人为本新型城镇化应考虑中国国情。根据中国国情阐释以人为本新型城镇化的中国式内涵，既是构建新型城镇化的逻辑起点，同时也是构建新型城镇化的落脚点，重新构建城市发展理念，走中国特色的城镇化由以物为本向以人为本转变之路，也是中国特色城镇化理论需要研究的主要问题之一。

通过比较、分析和总结世界各国城镇化发展的一般规律和经验教训，探寻中国城镇化内生的运行规律，贯彻以人为本的发展理念，在充分发挥城镇化在

社会经济发展中的主导力量条件下,深化经济、社会和政治体制改革,逐步减少乃至消除城镇化过程的行政权力干预,转变经济增长方式,解决城镇化中经济、社会和生态系统之间的不协调,也是需要关注的问题。

（三）新型城镇化推动农业转移人口融入城市研究的"中国路径"研究

流动到城市就业的农业转移人口,再到新市民,是中国农业转移人口市民化的全过程,但现在的"农业转移人口"现象只解决了市民化过程中的前一半问题,即实现从农村流动到城市就业过程,但是由于城市公共服务建设滞后、教育卫生资源紧张等隐性户籍墙,延缓了农业转移人口市民化的进程——农业转移人口到新市民的过程。统筹考虑城市布局、地域布局和产业布局,从政策、权利、居住、收入、文化等多个方面进行体制机制设计,使农业转移人口获得身份、工作、公共服务的市民待遇,并最终实现农业转移人口与城市居民融合、与城市文化生活融合。

深入分析农业转移人员的迁移决策行为及其市民化程度低的影响因素,通过系统建模来分析不同因素对农业转移人员迁移决策的影响,以及不同政策方案对不同城市农业转移人员市民化的传导机制及影响效应,需要中国特色城镇化理论作出回答。

（四）中国城市生态文明形成机制及其评价体系研究

使城镇化成为推动中国经济增长方式转变的助推器,既降低地区和城乡居民收入差距,又能避免各种"城市病",是一个艰巨挑战。以人为本的新型城镇化,是"高质量"的城镇化,是以城市生态文明为支撑的城镇化,必须解决"居住在城市的人生活更美好"的问题,将城市建设成为"集约高效的生产空间""宜居宜业的生活空间""山清水秀的生态空间"。中国城镇化处在工业文明和城市文明的交叉并行阶段,但工业文明处于主导地位,生态文明尚处在发展之中。在此种背景下,分析城市发展过程中社会、经济与自然环境之间的内在逻辑关系,阐述城市生长、发育、成熟及其动力机制,探究城市代谢机理和运行规律,揭示中国城市生态文明形成机制,构建经济系统、社会系统和自然系统的生态文明指标体系,分析促进城市发展生态产业的动力机制、政策支持,设计出符合不同地区、不同经济发展水平、不同主体功能区的城市多种生态文明构建路径,也是中国特色城镇化理论必须解决的问题。

(五) 以人为本的新型城镇化和农业现代化富裕农民问题研究

以人为本的新型城镇化不能忽视农村,必须要通过实现农业现代化来富裕农民。目前,中国农业现代化明显滞后于工业化、城镇化,这是城乡收入差距大、"三农"问题突出的根本原因。农业现代化是工业化、信息化、城镇化、农业现代化"四化"中的难点,解决农业现代化问题是以人为本的新型城镇化必须面临的问题。农业现代化的经济本质,是增长方式从要素投入转向生产效率的提升。提升农业生产效率需依靠技术、资本、经营组织创新等三个方面,这三个方面均离不开城市技术、资本、人才向农业、农村的流入。如何引导城市先进生产要素流向农业从而推动农业现代化发展,同时又让农业人口在农业现代化中分享应有的利益,是以人为本的新型城镇化需要解决的重点和难点问题。

(六) 以人为本的新型城镇化推进制度设计研究

以人为本的新型城镇化不是简单地提高城市人口比重,更重要的是产业结构、就业方式、人居环境和社会保障等一系列由"乡"到"城"的转变,其中,制度创新是以人为本的新型城镇化得以实现的关键。如何通过制度设计创新,使得新型城镇化能实现人们公平地分享发展成果,通过制度设计使得农村居民在农业现代化中过上幸福生活,使得城市居民享受城市生态文明,使转移到城市里的新市民分享城市文明,是中国特色城镇化理论的落脚点。

三、中国特色城镇化理论的主要内容

(一) 城镇化理论的反思与超越

通过反思西方城镇化理论的利弊得失,运用差异性和复杂性理论,从中西方文化、历史在发展过程中的差异性,以及国情的复杂性等方面,论述重新构建中国特色城镇化理论的必要性,并试图构建一个旨在实现城乡一体化、消除或缓解城市病,实现以人为本的城镇化理论体系。该部分的主要内容包括:

1. 差异性与复杂性

通过阐述差异性与复杂性的基本理论,分析文化的复杂性与中西方文化的差异、历史演变的复杂性与中西方历史演变轨迹的差异和现实国情的复杂性和中西方国情的差异,指出中国应该在反思西方城镇化理论的基础上,构建中国特色城镇化理论。

2. "物质"与"控制"

通过对西方城市起源与原始功能、西方城市发展与功能演变、西方城镇化运动与城镇化理论的提出、西方城镇化理论的发展与完善的分析,对西方城镇化理论进行评价与反思。

3. "人本"与"和谐"

通过对中国城市起源与原始功能、中国城市发展与功能演变、中国城镇化运动与城镇化理论的借鉴进行分析,对中国城镇化模式作出评价,指出重新构建中国城镇化理论。

4. 中国特色城镇化理论的基本框架与政策指向

结合中国的实际国情,提出一个中国特色城镇化理论的基本框架,并指出该理论框架所要实现的目标。

(二) 以人为本的新型城镇化进程中农业转移人口市民化研究

农业转移人口是社会转型期形成的一个庞大的特殊群体,隐性户籍墙的

存在使得中国农村的劳动力转移至今不顺利、难彻底、欠稳定,呈现出民工荒与半城镇化的刘易斯模式困境。应该基于代际与区际差异视角研究农业转移人口融入城市的长效机制,并提出相应的政策建议。包括以下六个重点研究内容:

1. 农业转移人口市民化的理论研究

要对国内外关于农业转移人口市民化的研究成果进行系统梳理,进一步明确问题研究的理论意义和现实意义,对城镇化、新型城镇化、以人为本的新型城镇化、农业转移人口等概念进行界定,夯实后续研究的理论基础。

2. 农业转移人口市民化的问题分析

首先,对农业转移人口的代际特征和整体结构进行描述;其次,结合"代"的自然属性与社会属性从职业、居住、成家和社会融入四个维度定性分析农业转移人口面临的困境;再次,基于"显性户籍墙"与"隐性户籍墙"的视角对农业转移人口的进程和现状进行阐述;最后,对农业转移人口市民化的发展趋势进行分析。

3. 农业转移人口市民化困境的机制分析

基于人口迁移理论和社会排斥理论,从农村退出环节、城市进入环节、城市融合环节三个方面,分析农业转移人口难以融入城市的原因。首先,通过对托达罗模型的拓展,构建农业转移人口迁移决策模型,分析农业转移人口迁移决策行为,重点分析土地承包经营权缺乏流动性对农村退出环节的决策影响,以及劳动市场的二元分割对城市进入环节的决策影响;其次,基于社会排斥理论,从政策、权利、居住、收入、文化等社会和经济视角,运用多维、综合、动态的研究方法,深入探究农业转移人口难以融入城市社会的根源,分析影响其城市融合环节的相关因素。

4. 农业转移人口市民化的影响因素分析

首先,可以选择中国东部、中部与西部农业转移人口较为集中的城市进行问卷调查,获取经济发达与欠发达地区农业转移人口的个人特征、主观认知等数据,分析农业转移人口的代际与区际特征;其次,构建包括经济因素、社会因素、心理因素和制度因素的评价指标体系,采用"领域平均权数"法赋予相应权重,利用歧视系数测度农业转移人口市民化的程度;再次,对调查样本进行聚类分析,采用排序多元离散选择模型分析农业转移人口的迁移决策行为及其市民化程度低的影响因素;最后,估算各因素对农业转移人口市民化的影响程度。

5.农业转移人口市民化的政策情景模拟

设置不同政策情境,基于改进的托达罗模型,建立多主体微观市民化的政策干预仿真系统,仿真模拟不同因素对农业转移人口迁移决策的影响,以及不同政策方案对不同城市农业转移人口市民化的传导机制及影响效应。

6.农业转移人口市民化的政策研究

通过借鉴美国、英国等国家在农业转移人口市民化方面的经验,设计出破解农业转移人口市民化困境,加快农业转移人口市民化的政策体系。

(三) 以人为本的新型城镇化进程中的产业生态转型与城市生态文明研究

1.产业生态转型研究

(1)城市产业生态转型的基本理论

研究国内外有关文献,系统分析产业生态转型基本理论,为构建中国特色城镇化理论体系奠定必要的理论基础。主要内容包括城市产业生态转型含义及特点、城市产业生态转型影响因素分析、城市产业生态转型作用与意义等。

(2)中国城市产业转型评价研究

①城市产业转型评价体系。构建较全面的产业生态转型评价指标体系与评价方法,为科学评价产业生态转型提供实证支撑。一是城市产业生态转型指标体系构建,二是城市产业生态转型评价方法选择。在分析现有评价方法的基础上,确定本项目的评价方法。

②城市产业生态转型实证研究。运用构建的评价指标体系,对中国城市产业生态转型进行综合评价,目的是找到中国城市产业生态转型状况及其存在的主要矛盾。一是中国城市产业生态转型总体评价。构建产业生态转型综合评价指标体系,基于面板数据,对城市产业生态转型状况进行综合测度,揭示存在的问题并分析其原因。二是中国城市产业生态转型分区域评价。通过调研采集面板数据进行比较分析,揭示东部、中部、西部、东北地区各省份产业生态转型地域分异特点,并分析其原因,为实施差异化政策提供依据。

(3)中国城市产业生态转型模式与路径选择

借鉴国外城市产业生态转型的经验,提出中国城市产业生态转型模式与路径。第一,了解国外城市产业生态转型的基本经验与启示,翔实分析国外主要国家相应城镇化阶段存在的问题,考察其治理措施及效果,总结其经验教训以及对中国的启示;第二,中国城市产业生态转型模式分析;第三,实现中国城市产业生态转型的路径选择,将基于中国的实际设计符合中国国情的产业生态转型的合理路径。

2.中国城市生态文明形成机制研究

研究城市人流、物流、能流的代谢机制和运行规律,在此基础上把城市看作是经济系统、社会系统、自然系统组成的统一体,通过探索复合生态系统下城市各部分之间的内在逻辑关系,对中国城市生态文明形成机制进行深入剖析和探讨。主要内容有:

(1)城市代谢机制和运行规律研究

以系统论和控制论为出发点,解释中国城市生长、发育、成熟及其动力机制,揭示城市发展过程中社会、经济与自然环境之间的内在逻辑关系,并对复合生态系统理论进行适当的修正,构建城市复合生态系统的结构模型,应用该结构模型阐释中国城市代谢机制和运行规律。

(2)中国城市生态文明形成机制研究

依据"分解—协调—整合"思想,基于复合生态系统视角,对城市这一复杂系统进行多层次、多阶段、多维度的结构分析，探讨在城市发展中如何协调各子系统之间的关系，从中提炼出中国城市生态文明形成机制。

3. 中国城市生态文明形成评价指标体系与方法

目前，中国城市发展阶段正处于工业文明与生态文明交叉并行时期，工业文明处在主导地位，生态文明尚在形成过程中。因此，需要设计一套符合中国城市发展现状的评价指标体系和切实可行的评价方法，用以评价中国城市生态文明建设进程。主要内容包括：

（1）中国城市生态文明程度指标体系设计

构建基于复合生态系统，包含经济系统、社会系统和自然系统3个准则层，多个具体指标的中国城市生态文明建设评价指标体系，用来描述城市生态文明建设进程。

（2）中国城市生态文明程度评价方法选择

首先，运用单一评价方法对中国城市生态文明建设进程进行分析，利用事前检验找出最优的组合方式；其次，用多种组合评价方法对最优组合方式进行组合，并通过事后检验得到适合中国城市生态文明程度的最优组合评价模型；最后，利用该组合评价模型对构成中国城市生态文明的社会系统、经济系统、自然系统及三者之间的协调关系，以及中国城市生态文明进程等进行综合评价。

4. 中国城市生态文明构建路径研究

基于协同学、制度经济学和整体论的理论体系，依据城市复合生态系统所具备的开放性、稳定性和自组织性等特征，针对不同地区、不同经济发展水平、不同主体功能的实际，设计出中国城市生态文明构建路径。主要内容如下：

（1）中国城市综合承载力测度

首先，测度中国四大区域（东部、东北、中部和西部地区）城市的经济、社会和自然环境单个子系统的承载能力，并和全国的平均值进行比较，分析每个子系统承载力的优势和劣势；其次，再计算各区域城市的综合承载力，为制定城市生态文明构建路径提供依据。

（2）中国城市生态文明构建路径设计

首先,根据不同区域城市单个子系统的承载力高低,确定城市生态文明构建的"短板"和优先考虑的子系统;其次,再依据该城市所处的主体功能区,确定其在整个区域乃至全国范围内所应该承担的生态功能;最后,设计具体的城市生态文明构建路径。

（四）以人为本的新型城镇化进程中的城镇化与农业现代化协调发展研究

1. 城镇化与农业现代化协调发展的经验借鉴

通过研究发达国家和发展中国家及地区城镇化和农业现代化协调发展的经验和政策选择,阐述研究的相关理论。

系统梳理城镇化和农业现代化发展进程,以及两者协调发展的国内外理论文献,阐述相关概念,进一步明确问题研究的理论意义和现实意义。以美国、日本、欧洲、印度等发达国家和部分发展中国家或地区为研究对象,在国土、人口规模、人文特征、经济发展水平、财政体制差异等背景下,探究各国城镇化与农业现代化协调发展的基本规律,从中发掘可资借鉴的经验。有关城镇化与农业现代化协调发展的理论有多种,要重点阐述城市地理学理论、农村地理学理论、空间经济学理论、协同学理论、区域均衡发展理论、可持续发展理论、人口迁移理论等,找出以上几种理论对城镇化与农业现代化协调发展的指导作用。

2. 城镇化与农业现代化协调发展的内在机理研究

从多学科交叉的视角,系统运用定性和定量相结合的方法,深入揭示城镇化与农业现代化协调发展的内在机理。

（1）城镇化与农业现代化协调发展的资源配置研究

城镇化与农业现代化由不协调逐步走向协调发展的进程,实质上是一个资源不断在城乡之间流动,并不断提高资源配置效率的过程。围绕着如何驱使城市资源向乡村流动,以带动农业资源配置效率提高的问题,分别从城镇化与农业现代化协调发展的资源配置方向、资源配置效率以及资源配置的市场机制等方面,系统地对城镇化与农业现代化协调发展的资源配置问题进行研究。

（2）城镇化与农业现代化协调发展的关系特征研究

城镇化与农业现代化协调发展应该呈现出怎样的关系特征和演化规律,这是必须搞清楚的重要理论问题。通过运用多种计量方法和理论模型,搜集中国宏观和微观双层面的数据,系统地开展城镇化与农业现代化协调发展的关系特征和演化规律的实证研究,以充分揭示中国城镇化与农业现代化协调发展的内在机理和客观规律。

（3）城镇化与农业现代化协调发展的富民效应研究

城镇化与农业现代化协调发展怎样真正实现农村居民富裕化？这是关系到以人为本的新型城镇化道路是不是应该走城镇化与农业现代化协调发展之路的基本命题。可以基于福利经济学的基本思想,运用比较静态的分析方法,主要从城镇化与农业现代化协调发展给留在农村的这部分人带来何种利益方面,对此问题开展科学研究。

3. 中国城镇化与农业现代化协调发展的空间推进研究

从空间和地域方面探讨如何有效推进城镇化与农业现代化协调发展的问题。中国各地区经济发展不平衡,地区经济差距明显。同时,中国各地区的资源环境禀赋、城镇化水平、农业发展水平、社会文化基础、区域人文因素等同样存在着较大差别。因此,中国各地区城镇化与农业现代化协调发展进程存在较强的空间异质性。

（1）城镇化与农业现代化协调发展空间差异的描述与判断

按一般地理分布,将全国 31 个省区市分为东、中、西部三大区域,对各大区域及各省市区的城镇化与农业现代化协调发展进行比较分析,剖析城镇化与农业现代化协调发展的空间差异,并判断两者协调发展空间差异的变化特征及其规律。

(2)城镇化与农业现代化协调发展空间差异的影响因素研究

考虑到城镇化与农业现代化协调发展的需要,基于城乡一体化理论和协同学理论,在一般均衡模型分析框架下,将产业、经济发展水平、区域人文因素、教育经费投入、科技经费投入、社会保障程度、区域资源条件、农业转移人口市民化等因素纳入模型,数值仿真模拟各因素对城镇化与农业现代化协调发展的作用机理。

(3)中国城镇化与农业现代化协调发展的空间推进策略研究

借鉴美、日、欧、印等国家和部分发展中国家或地区在协调城镇化与农业现代化发展方面的经验,结合长三角城市群、长株潭城市群、中原经济区、成渝城市群等案例分析,对中国城镇化与农业现代化协调发展的空间推进策略进行系统研究。

4. 中国县域城镇化与农业现代化协调发展的推进研究

县域经济实质上就是农业现代化、工业化和城镇化的共同发展。因此,有效推进县域城镇化与农业现代化协调发展,自然成为中国城镇化与农业现代化协调发展推进的重点层面。

(1)中国县域城镇化与农业现代化协调发展推进的典型案例分析

近年来,中国很多县域都把推进城镇化和农业现代化协调发展,作为经济发展工作的重中之重,取得了一定成绩,获得了很多经验,但也存在不少问题。可以分别从中国东、中、西部地区选取五至六个典型县域,开展案例分析,以取得较为直观的事实材料。

(2)中国县域城镇化与农业现代化协调发展的推进模式研究

县域城镇化与农业现代化协调发展存在自身的客观规律,有着符合自身要求的进程模式。应该以中国县域为样本进行实证研究,并结合典型案例进行分析,系统总结和提炼出中国县域城镇化与农业现代化协调发展的推进模式。

（3）中国县域城镇化与农业现代化协调发展的推进策略研究

县域城镇化与农业现代化协调发展受多种因素影响。因此,中国县域城镇化与农业现代化协调发展的推进策略,应该是多因素结合的结果。可以通过运用因素分解原理,利用统计和计量分析方法,开展中国县域城镇化与农业现代化协调发展的影响因素分析,并据此从县域经济发展、中小城镇建设、农业产业化、制度创新等方面,分析中国县域城镇化与农业现代化协调发展的推进策略。

5. 中国城镇化与农业现代化协调发展的制度创新和设计研究

从制度创新方面探讨如何有效推进城镇化与农业现代化协调发展的问题。通过设置中国城镇化与农业现代化协调发展的不同情景,从制度创新的角度,相应调整各参数赋值,系统仿真模拟不同政策方案对中国城镇化与农业现代化协调发展的影响效应,并据此得到有效推进城镇化与农业现代化协调发展的最佳政策方案和组合规则,从而为中国有效推进城镇化与农业现代化协调发展提供政策建议。

（五）以人为本的新型城镇化推进制度设计:从城乡分治到城乡一体

工业文明语境下的"以物为本"城镇化发展理念在促进城市经济快速发展的同时,也带来了环境污染、交通拥挤、城乡差距过大、"三农"问题凸显等一系列问题。为了减缓甚至消除这些非合意现象,城镇化发展理念必须由"以物为本"转变为"以人为本"。内容主要包括:

1. "以物为本"城镇化发展理念的制度缺陷分析

目前,在中国城镇化动力选择上,政府的作用大于市场,表现在城市发展的两大方面:一是在商业模式上,采用了土地财政制度,透支土地红利,透支环境红利,透支人口红利,商业模式沿城市边界划一个开发区,政府实际投入较少,主要是依靠商业贷款,尽管这样能促使经济快速发展,但是这样做等于预支未来,同时也会促使城市无限扩张。二是土地开发利用制度。对于中国而言,土地问题不仅是一个经济问题,还具有政治和社会意义,所以城乡差距会持续扩大,特别是农业转移人口进城以后在事实上形成了农业转移人口没有真正地融入城镇的困境。城镇化进程中的土地过度开发利用,是一个透支资源、透支环境的城镇化模式。

在现有的土地财政和开发利用制度框架下,中国传统城镇化在有力支撑中国经济增长奇迹的同时,也加剧了经济结构失衡。传统城镇化是以土地为核心的粗放型扩张模式,以物质资本大量消耗为驱动力,导致空间过度集中,环境严重污染,一些城市已经患上比较严重的"城市病"。与此同时,户籍、社会保障、公共服务等体制因素抑制了人力资本和劳动报酬的提升,也抑制了消费增长,成为了中国经济社会、城乡、区域之间失衡发展的根源。可以从中国城市起源、发展轨迹、承担的经济社会职能等多维度分析形成当下中国城镇化发展的制度缺陷。

2.“以人为本”新型城镇化道路形成的制度设计

(1)农业转移人口融入城市的制度设计

一是要创新城市的管理服务体系。整合相关制度,改善管理和服务,避免农业转移人口的"半城镇化"成为一种坚固的结构性现象。二是要加强农业转移人口的分类分层管理服务。对于有能力在城市工作生活的农业转移人口有条件、分步骤地对其提供市民化待遇,提供其基本的生存条件,加速社会融合。三是要加强社会风险管理。农业转移人口当前面临的社会风险不是在缩小而是在扩大,从总体上看,农业转移人口面临的首先是就业风险;其次是工资风险;再有就是工伤和职业病风险。四是要注重发挥工会在组织、引导、管理、服务农业转移人口以及维护农业转移人口合法权益方面应该而且可以发挥的重要作用。

(2)产业转型和生态文明构建的制度设计

产业转型和生态文明发展既是应对中国日益频繁的生态问题和生态危

机的必然要求,也是积极促使经济转型升级、实现经济社会统筹发展以应对国际金融危机的必然要求。中国以往发展至上的理念和片面的 GDP 崇拜已经导致经济社会增长长期处于一种失衡的状态,而且导致环境污染日益严重,生态灾难日渐增多,容易将社会发展引向有增长而无发展的歧途。分析当前中国经济转型升级和生态文明发展构建中的制度创新的必然性和具体的路径,并就产业转型和生态文明发展视角下的制度创新提出了具体的对策建议。

(3)城镇化和农业现代化协调发展的制度设计

改革开放前,中国城镇化发展是在牺牲农村、农业经济发展的基础上获得发展动力的,但是这种状况在改革开放后依然在延续,农村、农业和农民不仅为城市发展提供了丰富的剩余劳动力,还为城市规模的扩大提供了土地资源,造成了城市和农村、农业之间的差距越来越大。为了减缓乃至消除这种现象,可以从以下几方面设计促进城镇化和农业现代化协调发展的制度体系。

第一,要建立覆盖城乡、覆盖实有人口的社会保障体系。无论是进入城市的农业转移人口、转化为市民的"农转非"人员,还是留在农村的农民,都必须全部纳入社会保障体系,得到较高水平的医疗保障、养老保障、失业保障等。第二,对土地经营权规模化流转进行有效的制度设计和监管。近年来,在政府推动下或在市场的自发调节下,中国一些地方相继出现了反租倒包、土地入股、土地互换、委托经营等多种类型的土地流转方式,但整体上中国农村土地流转还是零星的、分散的,缺乏法律、制度层面的保障,滞后于农业现代化的发展要求。促进农村土地经营权规模化流转,要改变现有的土地制度设计。第三,要推进农业、农村的政府可调控的市场化进程,农村土地流转需要产权交易市场来推动,农业产业化、组织化程度的提高也需要通过市场机制来推进。第四,要切实提高农民的生产技能和就业能力。针对农民缺乏必要的生产技能情况,一方面应多渠道开发就业岗位,把解决失地农民再就业问题同加强城市的绿化、环保、卫生、交通、便民服务等事业结合起来,形成提供就业岗位与创造本地财富的新循环。另一方面要多途径加强职业培训,整合劳动、教育、社会、企业等各方面的教育培训资源,围绕产业、项目、市场的需求来开展培训,提高培训的针对性、有效性和实用性,切实增强农民的技能和就业能力,提高他们自主创业、自谋职业的积极性和成功率。

3.“以人为本”新型城镇化道路实施的保障机制

要保障新时期新型城镇化道路的顺利实施,要在产业、财税、人才、土地、投融资、法制化建设和政府职能转变等方面制定具体实施办法。一是土地调控。合理调控城市建设用地规模、布局和供应节奏,优先保障重大基础设施和民生项目用地需求;合理分配用地指标,保证小城镇发展应有的空间;优化用地结构,严格土地用途管制,坚持节约用地,促进土地集约开发和二次利用,提高土地利用水平;完善农村土地征用制度,推进农村集体建设用地和农户宅基地使用权有序合理流转。二是投融资保障。发挥财政资金对城市建设的撬动作用,理顺中央地方财政体制,明确财权和事权,提高财政对城市建设的支持效率;拓宽融资渠道,采取银行贷款、发行债券、信托融资等方式,多渠道筹集建设资金;鼓励民营经济参与城市建设,高度重视城市建设资金与债务的平衡和风险防控。三是推进城镇化过程的法制化,维护城乡居民合法权益。完善相关法律法规和制度体系,提高城市建设管理的法制化水平;积极推进公共决策的社会公示、公众听证和专家咨询论证制度,确保决策民主、程序正当、结果公开;严格依法规划、建设、管理城市;完善征地拆迁补偿机制,严格规范征地拆迁行为,切实维护行政相对人的合法权益。四是转变政府职能。目前,推进新型城镇化的一个重要障碍在于旧的体制、旧的利益格局没有被打破。要确保新型城镇化成功,就必须有一个根本性转变,而最核心的是政府职能的转变,需要深化行政管理体制改革,提高城市政府公共服务水平,构建一个真正的公共服务型政府。

四、中国特色城镇化理论的主要观点

（一）"以物为本"向"以人为本"发展理念的转变是中国新型城镇化健康发展的必由之路

以物为本的城镇化道路,对人类经济社会发展作出了重要的贡献,但是生产、消费和技术的异化,也给人类自身的发展造成了重大影响。未来中国新型城镇化的重点是从城市规模扩张、速度提升为主向城镇化质量提高转变。然而,受传统以物为本发展理念的影响,城市在经济结构、规划建设、管理体制、环境质量、公共服务、社会和谐和安全等方面还难以适应城市时代的新要求,必须在发展理念上实现从以物为本向以人为本的转变来解决现有问题和外来的挑战。因此,在以人为本的发展理念下,新型工业化是新型城镇化理论体系的动力机制,农业转移人口市民化与城乡"二元"结构的消除是其路径选择,农业现代化、新农村建设与新型农民培养是其实现基础,城乡统筹是其支撑点,城市生态文明建设是其保障,全面提高城镇化质量和水平等内容是其目标。

（二）产业生态转型是生态文明的基础,是实现"城市让生活更美好"市民福祉的核心内容

新的城市时代,城市正在成为发展的绿色休闲空间。加快城市产业生态转型是实现城市生态文明,将城市建设成为"集约高效的生产空间""宜居宜业的生活空间""山清水秀的生态空间"的根本出路。要根据不同地区城市的特点,建构循环社会型城镇化发展模式,推进城市产业生态转型,在发展中实现人与自然的和谐。对中国城市产业生态转型进行综合评价,分析中国城市产业生态转型状况及其存在的主要矛盾,并进行典型城市产业生态转型模型研究,得出现有模型问题、改进方向、适用性特征等,是设计可行的产业生态转型模型的前提。借鉴国外城市产业生态转型的经验,特别是实事求是分析国

外主要国家在不同的城镇化阶段产业生态转型存在的问题、治理措施及效果，对于中国城市产业生态转型的模式与路径选择设计具有重要的参考价值。

（三）市民化不是靠市民身份转变和收入分配改革，关键是要打破农业转移人口生产体制

农民向市民的身份转变，是中国新型城镇化过程中需要重点解决的问题。农业转移人口要想市民化，首先是住房问题，然后是子女教育、医疗和社会保障问题等，牵涉到许多方面，这就造成了农业转移人口市民化难度大。实现农业转移人口市民化要完善公共服务制度，深化户籍制度改革，畅通农业转移人口利益表达渠道，建立适应农业转移人口市民化趋势的公共财政分担机制。另外，农业转移人口真正地融入城市，不是靠市民身份，不是靠收入分配改革，关键是要打破农业转移人口生产体制，即中国"世界工厂"的发展模式，动员最广大的廉价劳动力推进经济增长，这是造成农业转移人口收入水平低、市民化困难的经济根源。

（四）县域城镇化与农业现代化协调发展是富裕农民"主抓手"

"郡县治，天下安"，全面建成小康社会离不开县域经济发展。自从2002年党的十六大第一次明确提出"壮大县域经济"之后，中央连续提到了"县域经济"，"十二五"规划把增强县域经济发展活力作为独立内容进行阐述。县域经济是农业经济、工业经济、服务经济和城镇化交汇点，县域是城镇化带动农业现代化发展实现"富农"的重点层面。县域城市发展水平和质量的提高，以及发挥县域城市作为技术、资本、人才向农业、农村的流入载体作用，是实现农业现代化和富裕农民的"主抓手"。

（五）全面贯彻以人为本的发展理念，创新顶层设计理论规划整体性城镇化格局

中国需要批判地借鉴西方城镇化的理论与实践经验，对过去以物为本的

城镇化发展进行全面反思,将全面提高城镇化质量和水平作为城镇化发展目标,将新型工业化作为城镇化的核心动力,将农业转移人口市民化作为城镇化的核心内容,将建设城市生态文明、促进农业现代化富裕农民作为重要任务。要进行城镇化顶层设计理论创新,切实落实以人为本的新型城镇化理念,对城镇化格局进行全面、整体性的重新规划,使之形成全域性城镇化网链体系,从宏观层面保障以人为本的新型城镇化道路的实现。未来中国新型城镇化建设,将遵从"公平共享""集约高效""可持续"三个原则,按照"以大城市为依托,以中小城市为重点",逐步形成辐射作用大的城市群,促进以人为本的新型城镇化发展。以人为本的新型城镇化,重点在于从城乡分治真正走向城乡统筹发展,在制度和保障措施的基础上进行顶层设计,构建和实施城乡公共服务一体化、城乡产业布局一体化、城乡生态文明建设一体化和城乡建设规划一体化。

第二章 "人本"城镇化的核心：市民化

　　改革开放以来，随着经济总量的快速增长与产业的不断升级与发展，农村出现了大量剩余劳动力。为了谋求更好的生活水平，农村剩余劳动力持续不断地进入城市从事非农就业，进而对城镇化进程产生了巨大的推动力（周智，2012）。但是，户籍制度改革滞后于城镇化进程的要求，而且城乡二元结构下大量进入城镇的农业转移人口尽管被统计为城镇人口，却无法享有与城镇居民均等的待遇，导致农业转移人口的市民化进程发展缓慢且发展程度偏低。更为严重的是，在制约市民化进程的城乡二元结构尚未得以有效解决的情况下，城市内部又产生了以城镇原居民与农业转移人口为主体的新二元结构，限制了城镇化质量的提升，对城市社会的和谐安定也产生了一定的消极影响（魏后凯、苏红键，2013），从而形成了制约农业转移人口市民化进程的双重二元结构。为解决这一问题，党的十八大报告提出："加快改革户籍制度，有序推进农业转移人口市民化，努力实现城镇基本公共服务常住人口全覆盖。""十三五"规划建议进一步提出："促进有能力在城镇稳定就业和生活的农业转移人口举家进城落户，……健全财政转移支付同农业转移人口市民化挂钩机制，建立城镇建设用地增加规模同吸纳农业转移人口落户数量挂钩机制……把社会事业发展重点放在农村和接纳农业转移人口较多的城镇。"党的十九大报告更是提出"以城市群为主体构建大中小城市和小城镇协调发展的城镇格局,加快农业转移人口市民化"。农业转移人口市民化进程的快速推进,对于新型城镇化战略的顺利实施、潜在内需的有效拉动具有重要的现实意义,而且新型城镇化反过来也会推动农业转移人口的市民化进程,为其提供新的机遇。因此,有序推进农业转移人口市民化的前提是,对农业转移人口市民化的背景与现状、相关理论、机制、存在问题、市民化程度及对策进行较为系统的研究,本章拟基于不同视角研究农业转移人口融入城市的长效机制,并提出相应的政策建议。研究思路如图 2-1 所示。

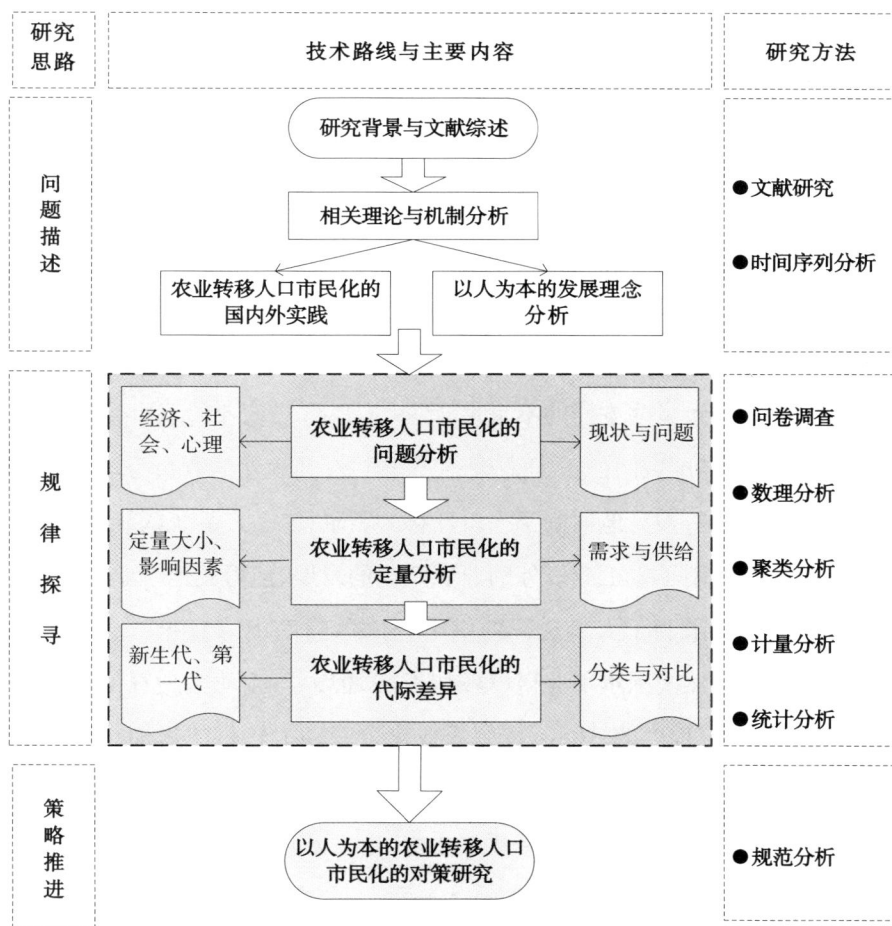

图 2-1 研究思路图

本章首先依据农业转移人口市民化的研究背景与文献回顾,对农业转移人口市民化的相关理论与现实问题进行分析,并就市民化的实践经验与政策进行了系统梳理,基于实地问卷调研的数据样本,分别就农业转移人口市民化的需求、供给、定量分析以及代际差异进行了较为系统的研究,最后提出以人为本理念下进一步促进农业转移人口市民化的政策建议。

第一节　市民化的研究背景与文献回顾

一、研究背景

新中国成立初期,考虑到当时的国际背景和历史条件,出于综合国力提升与工业化进程快速推进的目的,中国实施了以重工业为发展重心的工业化战略。为了保证重工业战略的顺利实施与有效推进,中国政府制定了以户籍管理制度、农产品统购统销政策与人民公社制度为主的一系列有利于重工业发展的制度设计。以上制度的实施为新中国成立初中国重工业的发展起到积极的促进作用,但导致了两方面的不良后果:一是户籍与就业的双重管制,限制了人口在产业间与区域间的正常流动,使得农村存在大量的剩余劳动力,却不得不留在农业领域,人为地抑制了人口迁移的需求;二是产品统购统销政策导致的产业压制,限制了重工业以外的非农产业的发展,使得其他产业的劳动力需求偏低,人为地限制了人口迁移的供给(杜鹰、白南山等,1997)。因此,在改革开放之前,虽然中国重工业得以较快发展,但人口流动率一直偏低,人口流动性受到了一定程度的抑制。按照农业剩余劳动力转移的规模、速度及对经济社会的影响程度,本章将农业剩余劳动力转移的历史进程划分为两个阶段:一是从 1949 年至 1978 年改革开放之前,这一阶段转移进程较为缓慢;二是从 1979 年至今,改革开放导致劳动力转移与城镇化进程的互动作用,相对于前一阶段,这一阶段属于较快转移时期(陈廷煊,1999)。

(一) 改革开放前的缓慢转移期

依据城镇化与农业剩余劳动力转移的各自变化特征,可以将1949年至实行改革开放以前(1978年12月)的30年划分为三个不同时期:第一阶段为1949—1957年,这一时期城镇化与农业剩余劳动力转移保持基本同步且较快发展;第二阶段为1958—1963年,这一时期为"大跃进"与经济调整阶段,首先因为"大跃进"导致了农业剩余劳动力的"急剧转移",后又表现为剩余劳动力向农村回流的"逆向转移"现象;第三阶段为1964—1978年,这一阶段表现为农业剩余劳动力缓慢转移。

1. 1949—1957年农业剩余劳动力转移与城镇化同步较快发展阶段

1949年新中国刚成立,百废待兴,城市数目仅为69个,县域与乡镇的数目也仅约为2000个,城镇化水平极低,城市人口的比重仅为10.64%,仅为5765万人,而农村人口的比重达到将近90%。1949年至1952年,处于新民主主义向社会主义的过渡时期,城市中存在大量失业人口,农村经济受到严重破坏,大量失去生存条件的农民也进入城市寻找生活出路,所以这三年主要是国民经济恢复时期。中国政府一方面进行农村土地制度的改革,实现"耕者有其田",对农村经济进行了恢复,从根本上解决了农民生活无着落的问题;另一方面在城市中实施扩大就业的刺激政策,随着国民经济的恢复与发展,较大限度地减少了失业与无业人数。三年中,进入城市就业的农村剩余劳动力人数约达300多万,占同一时期城市就业总数的30%。因而,农村劳动力占全社会劳动力总数的比重由1949年的91.50%降低为1952年的88%,三年共下降3.50个百分点。1952年,农业劳动力占全社会劳动力总数的比重为83.50%,城镇化水平由1949年的10.64%提升为1952年的12.50%,三年共上升1.86个百分点。[①]

---

① 国家统计局:《中国统计年鉴1984》,中国统计出版社1984年版,第82、107—109页。

1953—1957 年为第一个五年计划建设时期,确立了以建立中国社会主义工业化的基础为主要任务,推进以 156 个大规模重点建设项目为中心、由 694 个大中型建设项目构成的工业化进程,因此对农业剩余劳动力的需求有了较大增长。与此同时,农村农业生产的迅速恢复和较快发展,使得农业劳动生产率得到了较快提升,使得农业剩余劳动力向城市工业的大量转移具备了现实可能。这一时期是中国计划经济体制的形成阶段,由 1954 年开始,逐步建立了全国范围内的统一的劳动力招收与调配制度,农村剩余劳动力的转移基本上没有受到户籍制度的制约与阻碍。因此,这一时期农村剩余劳动力的转移有了相对较快的增长,平均每年进入城市的农村剩余劳动力达到 165 万余人。五年间全社会劳动力总数增长达 11.30%,非农产业的劳动力总数的增长高于平均水平,为 23.40%,说明人口在逐渐由农业领域向非农领域转移。非农产业的劳动力总数占全社会劳动力总数的比重由 1952 年的 16.50% 提升至 1957 年的 18.80%,上升了 2.30 个百分点,其中城市劳动力总数占全社会劳动力总数的比例也由 12% 增加至 13.50%,增加了 1.50 个百分点;农业劳动力总数占全社会劳动力总数的比例由 1952 年的 83.50% 降低至 1957 年的 81.20%。因而,城镇化水平由 1952 年的 12.50% 提高到 1957 年的 15.39%,上升了 2.89 个百分点,城镇人口总数也由 1952 年的 7163 万余人增加到 1957 年的 9949 万人。[①]

2. 1958—1963 年农业剩余劳动力转移与城镇化波动变化阶段

1958 年开始的"大跃进"运动,农业剩余劳动力向城市非农产业转移的规模逐步扩大。1958 年,非农产业劳动力总数为 11110 万余人,比 1957 年增加了 6648 万余人,增幅为 1.49 倍;农业劳动力总数大幅减少,同比下降 3819 万余人。1958 年至 1960 年间,城镇劳动力总数增长了 2914 万余人。1960 年,城镇劳动力总数增加为 6119 万余人,相对于 1957 年上升了 90.90%;同年,城

---

① 国家统计局:《中国统计年鉴 1984》,中国统计出版社 1984 年版,第 82、107—109 页。

镇劳动力总数占全社会劳动力总数的比重提升至 23.70%,相应地,农业劳动力总数占全社会劳动力总数的比重降低为 76.30%。① 这三年期间,城镇化水平由 1957 年的 15.39% 提升至 1960 年的 19.75%,三年期间共提高 4.36 个百分点,从而带动 1960 年城镇人口提高至 13073 万余人。但需要说明的是,农业剩余劳动力向城镇的大规模转移,并非由农业劳动生产率的提高导致的剩余农产品供给的真实增长,而是因为在"大跃进"运动中,追求工农业生产高速率与高指标、工业冒进,从而使社会总投资大幅增加,尤其是三年间的基础设施投资总额大幅提升,达 1006 亿元,是"一五"计划时期相应数值的二倍,引起国内总需求的非常规增长,进而对劳动力产生了"虚假需求",而对农业产量的"浮夸风"导致了对农产品产出的过高估计,进一步形成了农业劳动力在农村的"虚假剩余",从而使得劳动力发生了大幅度与大规模的转移。尤其是,此次劳动力的转移创造了有史以来发生的农村内部劳动力由农业领域向非农领域转移的最大规模纪录。在党的八届二中全会之后的农村人民公社化进程中,形成了"一平二调三收款"的"瞎指挥"与"共产风",无偿调拨 5000 万余人的原农业生产合作社的劳动力大炼钢铁,大力兴办工业与其他非农产业,直接导致农村非农劳动力总数由 1957 年的 1257 万余人增加为 1958 年的 5810 万余人,增加 453 万余人,增幅达 3.60 倍,与此同时农业劳动力总数占全社会劳动力总数的比例则由 1957 年的 81.20% 降低为 1958 年的 58.20%。针对"大跃进"活动导致的诸多问题,1958 年 12 月召开的党的八届六中全会决定纠正"高指标、瞎指挥与共产风",将一部分劳动力退回到农业领域,农业劳动力总数占全社会劳动力总数的比例在 1959 年、1960 年分别提高至62.20%、65.70%。② 但城市仍然聚集了大量劳动力,城市人口增加过快过多,导致了城市基础设施的严重不足以及城市商品供给尤其是农产品供给严重短缺。另外,由于农业劳动力的总数大幅减少,造成了农产品产量严重下降,对

---

① 国家统计局:《中国统计年鉴1984》,中国统计出版社 1984 年版,第 82、107—109 页。
② 国家统计局:《中国统计年鉴1984》,中国统计出版社 1984 年版,第 82、107—109 页。

国民经济与社会生产力造成了巨大损害。同年《中华人民共和国户口登记条例》的出台,标志着严格控制人口流动的政策由此开始,城乡分割的二元结构由此开端。因此,由 1961 年开始,中国政府大幅度调整国民经济结构,进行劳动力的"逆向转移",大幅减少原先从事农业生产的城市职工,并促使其返回农村从事农业生产。1961—1963 年三年间,城市职工总数共减少 1940 万余人,其中逆向转移的劳动力总数为 1300 多万人。与此同时,农村从事非农生产的劳动力人数剧减,由 1960 年的 2745 万余人降低至 1963 年的 71 万余人,均返回农业领域从事农业生产。为了进一步解决"大跃进"时期带来的市镇建制增加过多、城镇人口比重相比当时农业生产水平与工业生产的实际需要仍然过大的问题,1962 年中共中央、国务院决定进一步调整市镇建制,1963 年又出台了市镇设置的新标准。城市数目有了较大幅度的减少,由 1961 年 12 月的 208 个降低至 1963 年 6 月的 179 个;城镇化水平由 1960 年的 19.75%下降为 1962 年的 16.49%,直至 1963 年的 16.83%,共降低了 2.92 个百分点;城市人口总数由 1960 年的 13073 万余人下降为 1962 年的 11159 万余人,直至1963 年的 11646 万余人,共减少了 1427 万余人。①

3. 1964—1978 年农业剩余劳动力缓慢转移与城镇化停滞时期

1961 年开始进行的非常规的劳动力"逆向转移"取得了较好效果,政府开始逐步加强对农业剩余劳动力流向城市的限制,逐步形成了城乡分割的招工制度与户籍制度,从而导致农业剩余劳动力的转移速度非常缓慢,1964—1969 年间甚至处于停滞状态。这一时期,城市中大多数青年被下放至农村从事农业劳动,而农村劳动力向城市的转移大多因为非经济因素的作用,主要包括城市大中专院校的录取学生、城市郊区土地被征用的失地农民、婚迁、政府安排的城市就业、复员军人转业以及落实政策返城的人员等因素。因此,城市劳动力总数占全社会劳动力总数的比重仅由 1964 年的 17.40%增加至 1969

---

① 国家统计局:《中国统计年鉴 1984》,中国统计出版社 1984 年版,第 84、107—109 页。

年的 17.50%,仅上升 0.10 个百分点。与此同时,当时农村正经历"文化大革命"动乱与"四清"运动,认为农村中发展非农产业是资本主义倾向,甚至被批判为走资本主义道路,导致农村中非农产业的发展遭到严重抑制,使得 1969 年农村非农产业劳动力总数仅为 283 万人,农业劳动力总数占全社会劳动力总数的比重也由 1964 年的 82.50%减少为 1969 年的 81.60%,仅下降了 0.90 个百分点。[①] 有些人口学专家的观点是,中国城乡人口数量的自然变动应以 1964 年为分界,在 1964 年以前农村人口出生率与自然增长率均低于城市,而从 1964 年开始,农村人口出生率与自然增长率均高于城市。这一分界变化表明,在 1964 年以前人口城镇化的影响因素中自然变动具有较大正面作用,而在 1964 年以后自然变动对人口城镇化起负面作用,人口城镇化也由此逐步演变为农村人口不断迁移至城市的变化过程。[②]

直至 1970 年以后,农村剩余劳动力向城市转移的速度由停滞恢复为缓慢,1970—1978 年间,城市劳动力总数占全社会劳动力总数的比例由 1969 年的 17.50%增加为 1978 年的 23.90%,共增加 6.40 个百分点。这一时期,农村非农产业得到了较快发展,农村工业产值由 1970 年的 26.60 亿元增加为 1978 年的 211.90 亿元,共上升了 185.30 亿元,增幅近 7 倍。此外,农村非农产业劳动力总数占农村劳动力总数的比重也由 1970 年的 1.10%上升为 1978 年的 9.20%,共上升 8.10 个百分点。

1964—1978 年期间,农业劳动力总数占全社会劳动力总数的比重由 1963 年的 82.40%下降为 1978 年的 70.50%,共下降 11.90 个百分点。但是在这一阶段,城镇化进程基本处于停滞状态,城镇化水平仅由 1963 年的 16.83%上升至 1978 年的 17.92%,15 年间仅仅增加 1.09 个百分点。

总之,从 1949 年至 1978 年的 30 年间,农业剩余劳动力向城市的转移历经了新中国成立初期的较快发展、1958 年之后的曲折与波动以及 1964 年之

---

① 国家统计局:《中国统计年鉴 1984》,中国统计出版社 1984 年版,第 84、107—109 页。
② 田雪原:《大国之难——当代中国的人口问题》,今日中国出版社 1997 年版,第 163 页。

后的缓慢增长,一方面反映了人口的流动应与当时的经济社会发展及产业发展状况相适应,另一方面也反映了政府对人口流动的干预会导致人口的盲目流动,会产生较为严重的后果。农业总产值占社会总产值的比例由 1949 年的58.60%下降为 1978 年的 22.90%,而农业劳动力总数占全社会劳动力总数的比例仅减少为 70.50%,农村劳动力仍滞留在农业领域。城市劳动力总数占全社会劳动力总数的比重直至 1978 年也仅为 23.70%。不管农业剩余劳动力流向城市还是流向非农产业,对比农业总产值占社会总产值的比例下降程度,两个转移程度均表现为偏低的状态,劳动力转移的进程相对滞后,应当说,相对于工业化而言人口城镇化的进程严重滞后。另外,城镇人口总数占全社会人口总数的比例由 1949 年的 10.60%增加为 1978 年的 17.92%,与城市劳动力总数占全社会劳动力的比重 23.70%相差 5.78%,人口城镇化的进程落后于农业劳动力的非农化进程,出现了第一代农业转移人口。

（二）改革开放后的快速转移期

1978 年 12 月,党的十一届三中全会决定实施改革开放战略,与前一时期相比,农业剩余劳动力的转移与城镇化进程进入了一个新的阶段,尤其是 20世纪 80 年代中期以来,农村剩余劳动力开始大规模向非农产业(主要是当地乡镇企业)以及城市(异地)转移(胡枫,2007)。这一时期基本上可划分为以下五个阶段:

1. 1979—1988 年农业剩余劳动力转移的乡镇企业主导时期

在这一时期,农村经济体制发生了重大变革,实施了土地家庭联产承包责任制与农产品的生产以市场为取向的改革。农民从事农业生产的积极性与收益得以显著提高,农业劳动生产率也得到了极大提升,一方面,解决了粮食不足的问题;另一方面,也是最重要的方面即农民得到了自由支配其劳动的权利(Zhu Nong,2002;林毅夫,2003)。从某种程度上说,农民有了自由选择职业的权利,不再被限制在农业生产领域,从而使得农业剩余劳动力转化为非农领域的劳动力成为了可能。因此,农业剩余劳动力大规模流向城市,流向非农产业。由于对农产品统购统销制度的改革,允许农民在自带口粮的前提下落户县城之下的集镇。此外,对农民居住地迁移的限制也放松了,农民可以在不同产业间、不同地区间自由流动,可以自由地进入城市就业、定居及生活。与此同时,如建筑、纺织、环卫、采矿等城市与工矿区的一些行业,均存在较为严重的招工难问题,具有较大的劳动力需求,使得农业剩余劳动力的非农产业转移有了现实基础。因此,1978—1988 年间城市劳动力总数占全社会劳动力总数的比例由 1978 年的 23.70%上升至 1988 年的 26.30%,城市劳动力总数增加了 4753 万余人。

农业经济制度的变革导致农业劳动生产率的提升,从而进一步推动了农村非农产业的快速发展。因为当时全社会总供给小于总需求,物质产品的生产与供给较为短缺,而国营/国有企业的改革相对滞后,从而为乡镇企业的异军突起提供了较为广阔的发展空间与市场机遇。此外,一系列促进乡镇企业发展的相关政策措施得以实施,乡镇企业得到了较好的政策支持,获得了蓬勃发展。1979—1988 年期间,乡镇企业的总产值由 493.07 亿元增加为 1988 年的 6495.66 亿元,增幅达 13 倍。乡镇企业取代了城市,成为农业剩余劳动力转移的主力军与重要渠道,农村非农产业劳动力总数占农村劳动力总数的比例由 1978 年的 9.20%上升为 1988 年的 19.40%,共上升了 10.20 个百分点。与此同时,农业劳动力总数由 1978 年的 28373 万余人增加至 1988 年的 32308 万余人,但农业劳动力总数占全社会劳动力总数的比重也由 1978 年的 70.50%下降为 1988 年的 59.30%,降低了 11.20 个百分点。这一时期,城镇化进程显著加快,城镇化水平由 1978 年的 17.92%上升至 1988 年的 25.81%。[1] 这是继 1958 年"大跃进"运动之后的又一次农业剩余劳动力的大规模大幅度转移。不同之处在于,此次农业剩余劳动力的转移是建立在农产

---

[1] 国家统计局:《中国统计年鉴 1994》,中国统计出版社 1994 年版,第 83—88 页。

品供给的大幅增长与农业劳动生产率的较大提升的基础上的转移,也是农村乡镇企业的蓬勃发展产生的劳动力需求大规模增加,进而对农业剩余劳动力产生了巨大拉力而产生的转移,城乡居民收入及生活水平有了显著提高,有力地推动了农村经济乃至国民经济的较快发展。

2. 1989—1991 年农业剩余劳动力转移的回流调整时期

受经济周期波动的影响,继前一阶段乡镇企业带来的经济快速发展之后,宏观经济进入收缩阶段,也进入了加大改革与治理整顿的新阶段。受经济增速下降的影响,农业剩余劳动力的转移出现了向农业回流的现象。一部分农村乡镇企业关闭、停产、合并、转让,城镇中的建筑业与服务业等行业的劳动力需求萎缩,造成了相当一部分的已转移的农村剩余劳动力又回到农村从事农业生产。

1989—1991 年三年期间,城市劳动力总数占全社会劳动力总数的比重不升反降,由 1988 年的 26.30% 下降到 1991 年的 26.10%,下降了 0.20 个百分点;同时,农村非农产业劳动力总数也出现了一定程度的下降,1989 年与 1990 年分别降低 178.70 万人与 102 万人,主要是因为劳动力需求一方的减少所致。1991 年,乡镇企业缓慢回暖,农村非农产业劳动力总数增加 344.30 万余人,仅比 1988 年增长了 63.60 万余人。因此,农业劳动力总数由 1988 年的 32308 万余人上升至 1991 年的 34878 万余人,人口城镇化水平由 1988 年的 25.81% 增加至 1991 年的 26.37%,仅增加 0.56 个百分点。与此同时,农业劳动力总数占全社会劳动力总数的比重也由 1988 年的 59.30% 增加至 1991 年的 59.80%,也仅上升 0.50 个百分点。[①]

3. 1992—1996 年农业剩余劳动力转移的迅猛扩张时期

这一时期,农业剩余劳动力的转移进入了一个前所未有的全方位大规模的崭新阶段。1992 年之后,因为经济得以保持高速持续增长,大力提高了农

---

① 国家统计局:《中国统计年鉴 1994》,中国统计出版社 1994 年版,第 83—88 页。

业剩余劳动力流向非农产业和城市的转移力度。在东部地区 20 世纪 80 年代乡镇企业得以高速发展的前提下,中部与西部地区的农村乡镇企业也以较快的发展速度得以蓬勃发展。从 1993 年开始,中部与西部地区的农村乡镇企业的发展速度超过了东部地区相应的发展速度。[①] 1990—1994 年间,农村乡镇企业的总产值大幅度增加,由 1990 年的 9581.10 亿元上升至 1994 年 42588 亿元,上升了 344.50%。农村乡镇企业吸纳的就业人数出现了大幅度增长,农村非农产业劳动力总数由 1991 年的 9609.10 万余人上升至 1993 年的 12345 万余人,增加了 2735.9 万余人,上升幅度达 28.47%。1994 年之后,农村非农产业劳动力总数又有了进一步上升。1991 年至 1996 年间,农村非农产业劳动力总数占农村劳动力总数的比重由 1991 年的 20.70% 增加至 1996 年的 28.80%,增加了 8.10 个百分点,而农业劳动力总数占农村劳动力总数的比重也由 1991 年的 79.30% 降低至 1996 年的 71.20%,降低了 8.10 个百分点。同时,农业劳动力总数占全社会劳动力总数的比重由 1991 年的 60% 降低至 1995 年的 52.20%,降低了 7.80 个百分点。伴随市场化改革的持续深入,城市生活消费品市场与就业市场逐渐纳入市场化与商品化轨道,社会保障制度也逐步向社会化均等化方向转轨,农村剩余劳动力在不同地区间的流动获得了更大的自由。尤其是 20 世纪 80 年代后期之后,不同地区间的发展差距逐渐拉大,城乡收入水平间的差距也呈逐渐扩大的趋势,农村剩余劳动力的跨地区流动得到了进一步的推动。因此,农村剩余劳动力向城镇的跨地区转移有了较为明显的增加。1992 年与 1993 年跨省转移的人数分别占农村剩余劳动力转移总数的 17.10% 与 19.40%,形成了农村剩余劳动力特有的跨地区流动的"民工潮"。

20 世纪 90 年代以后,农村剩余劳动力流向城镇主要表现为流向小城镇。东部地区的农村乡镇企业在 20 世纪 80 年代的基础上,逐步发展规模经营,通

---

① 韩保江:《乡镇企业吸纳劳动力边际递减与剩余劳动力反梯度转移》,《经济研究》1995 年第 7 期。

过建立"农民商城""乡镇工业城""乡镇工业小区"等不同形式,进行新的小城镇创建,促进农村非农产业不断向小城镇聚集,形成了农村城镇化与农村工业化的同步发展。因此,1994 年 9 月,国家建设部等六部委经国务院批准,联合发出了《关于加强小城镇建设的若干意见》,决定为推进农村经济的全面发展,采取以小城镇建设为主抓手的重要举措。1992—1996 年间人口城镇化较快发展,人口城镇化水平由 1992 年的 27.46%上升至 1996 年的 30.48%,上升了 3.02 个百分点。[①]

4.1997—2002 年农业剩余劳动力转移的缓慢增长时期

20 世纪 90 年代中后期,中国处于计划经济体制向市场经济体制的转轨期,出现了大量下岗职工,对农业剩余劳动力的顺利转移带来了诸多不良影响。因此,在下岗人员再就业、城镇新增劳动力就业以及农业剩余劳动力进城务工"三峰叠加"造成城镇就业压力逐步增大的严峻形势下,一些城市对用人单位在农业剩余劳动力的招用方面采取多种限制性措施,农业剩余劳动力转移的增速降低,到 2000 年外出务工的农业剩余劳动力仅为 7849 万余人,年均增加仅 170 万人左右,农业剩余劳动力转移进入缓慢增长期。

经过多年的经济体制改革,消费品市场与生产资料市场已基本市场化与一体化,基本不存在市场分割的问题,但劳动力市场因为诸多原因仍存在较为严重的地区、产业与城乡分割现象,影响了劳动力市场的效率与公平。因此,自 2000 年开始,国家计委、劳动保障部等 7 个部委联合进行了城乡统筹就业的试点工作,意在不断打破城乡就业领域的诸多不合理的限制,逐渐向一体化的城乡劳动力市场转变。以上劳动力就业市场的改革,被写入 21 世纪的第一个国民经济和社会发展五年计划。"十五"计划纲要对农村剩余劳动力在城市或乡镇就业的不利于就业市场正常发挥作用的限制性政策一律给予取消,进一步引导农业剩余劳动力在不同城乡间及不同地区间的正常有序流动。

---

① 国家统计局:《中国统计年鉴 1997》,中国统计出版社 1997 年版,第 85 页。

2001 年 3 月,国务院批转公安部决定执行小城镇的户籍管理制度改革,提出在县域建成区及其建制镇,只要符合住所合法固定、生活来源或职业稳定条件的农村剩余劳动力人员及与其共同生活的直系亲属,都可以在自愿申请情况下取得所在城镇的常住户口,同时在小城镇居住并已获得常住户口的农业剩余劳动力,可在维持其承包土地经营权不变的情况下,依法有偿将土地的使用权进行市场转让,并且对落户小城镇的农业剩余劳动力再就业、居住、子女教育等公务服务方面享有同当地城镇居民同样的权利,也履行一样的城镇居民义务。在以上政策的作用与引导下,农业剩余劳动力的转移实现了补偿性反弹,2001 年农村剩余劳动力转移总数为 8399 万人,2002 年总数为 10470 万人,分别同比上升 550 万人与 2071 万人。

5.2003 年至今农业剩余劳动力转移的快速稳定增长时期

党的十六大以来,为了提高农民收入、推进城乡统筹发展,国家对剩余劳动力转移采取了更为积极的引导政策。2003 年、2004 年国务院连续两年下达通知,要求对农村剩余劳动力转移的进城就业环境进行切实改善,进一步做好服务与管理工作,农村剩余劳动力转移由此进入了快速稳定增长的时期,2008 年农业剩余劳动力转移总数已达 22542 万人,较 2002 年增加了 12072 万人,增幅达 215.30%。

由于受世界金融危机的影响,中国外需大幅减少,进出口总量呈现负增长,对于农村剩余劳动力的需求量也相应大量减少,同时也由于对于农业转移剩余劳动力在市民待遇、工资收入与公共服务领域不公正待遇,故而 2009 年以来,东部发达地区出现了"民工荒"现象,出现了劳动力的结构性短缺问题。

在四万亿的基础设施投资以及各地对农业剩余劳动力转移与入户的创新实践等连续性的政策激励与大力引导之下,农业剩余劳动力的转移并未受民工荒的影响,继续稳步增长。至 2012 年,农业剩余劳动力转移总数达到 26261 万人,同比上升 983 万人,同比增长 3.90%,几年间年均约增加 600 万人。另外,自 2003 年农业剩余劳动力的转移进入快速稳定增长的阶段以来,

2004—2011 年间城镇中农业剩余劳动力总数占城镇人口总数的比重基本保持稳定,约维持在 21.50% 的水平,2012 年此比例上升为 21.90%;同时,城镇中农业剩余劳动力对城镇化率的贡献度不断提升,由 2002 年的 7.80% 提升至 2012 年的 11.50%,上升速度约为年均 0.37 个百分点。

2013 年,中国农业剩余劳动力的转移总量进一步上升,约为 2.69 亿人,同比上升 633 万人,同比增长 2.40%;2014 年,中国农业剩余劳动力的转移总量达 2.74 亿人,同比上升 501 万人,同比增长 1.90%。2014 年 7 月 30 日,国务院通过了关于解决农业剩余劳动力转移的身份问题的重要文件《关于进一步推进户籍制度改革的意见》,意味着自 1958 年实施了 56 年之久的《中华人民共和国户口登记条例》退出了历史舞台,是继 20 世纪 80 年代家庭联产承包责任制之后对农民的又一次"解放",标志着农村人口与城市人口的巨大的户籍福利差距从此开始逐步终结。2015 年农业剩余劳动力的转移总量为 27747 万人,比上年增加 352 万人,同比增长 1.30%。2015 年 10 月 21 日,国务院正式颁布《居住证暂行条例(草案)》,标志着限制农业剩余劳动力转移的关键因素的户籍制度改革的进一步深入,对于公民自由居住权的实现及人力资源的有效流动具有重要的实践意义。2016 年农业剩余劳动力的转移总量为 28171 万人,比上年增加 424 万人,同比增长 1.50%,增速比上年加快 0.20 个百分点。2016 年 7 月 27 日,国务院出台了《关于实施支持农业转移人口市民化若干财政政策的通知》(国发〔2016〕44 号),强化了地方政府尤其是人口流入地政府的主体责任,提出"建立健全支持农业转移人口市民化的财政政策体系,将持有居住证人口纳入基本公共服务保障范围,创造条件加快实现基本公共服务常住人口全覆盖"。

应当说,自 1949 年新中国成立以来的农业劳动力转移的进程在总体上与中国经济社会发展的阶段相适应,且随着经济实力的不断增强,特别是改革开放以来,农村居民的生活水平与收入有了极大提高,2016 年农村居民的人均纯收入达 12363 元,较 1978 年的 134 元增加了 12229 元,增幅达 912.61%;农村贫困人口也大幅减少,2016 年农村贫困人口总数达 4335 万,较 1978 年的 7.70 亿减少了 72665 万,年均减贫 1863.21 万人,贫困发生率也由 1978 年的 97.50%降低至 2016 年的 4.50%,共下降了 93 个百分点。

改革开放以来,中国经济总量保持了较为平稳的高速增长,成为世界第二经济大国,国内生产总值(GDP)由 1978 年的 3645 亿元增长至 2016 年的 74.40 万亿元,"人口红利"是重要原因之一,归功于劳动力比重较高且价格低廉。[1] 然而人口红利的作用不可持续,自 2010 年中国农业转移人口总量的增速持续下降,农业转移人口正从理论上的无限供给转变为现实中的有限供给,人口红利在逐渐消失,农村剩余劳动力不再表现为取之不尽的劳动力"蓄水池",而且随着老龄化社会的来临,农业转移人口中中青年劳动力的比重也逐渐下降,2010 年 40 岁以下劳动力占农业转移人口总数的比重约为 65.90%,这一比重在 2014 年已降低至 56.50%,并且呈持续下降的趋势。2012—2016 年,16—40 岁农业转移人口的年龄构成中,处于 16—20 岁、21—30 岁、31—40 岁的农业转移人口占比也在持续下降,分别下降了 1.60 个、3.30 个和 2.50 个百分点。农业转移人口中适龄劳动力比重下降的趋势越发明显。

同时,经济转轨过程中遗留了许多计划经济的体制因素,经济增长已形成粗放式特征。随着经济进入新常态的中高速增长阶段,经济发展仍然处在关键战略机遇阶段,在经济增速放缓、工业尤其是制造业产能过剩、投资回报率降低、净出口难以恢复原先的高水平等宏观环境下,经济发展的主要拉动力只能是扩大内需,扩大内需的最大潜力则是新型城镇化,而农业转移人口的市民化对于新型城镇化而言如同洞见症结。受限于户籍制度等原因,2011 年中国城镇化进程进入中期发展阶段,常住人口城镇化率达到了 51.27%,然而户籍人口城镇化率只有 35%左右,其中约有 16%的人口是"被城镇化"(王琛,2014),其增长速度落后于常住人口城镇化率的增长速度。究其原因,主要是

---

[1] 张士杰、李勇刚:《城镇化质量、动力因子与新型城镇化的路径选择——基于中部六省的实证研究》,《华东经济管理》2016 年第 12 期。

以往的城镇化道路是一条以物为本、规模扩张之路,忽视了人的全面与持续发展,新型城镇化的核心是人的城镇化(李克强,2014)。而以人为本的新型城镇化的首要任务应是推进在城市长期居住且已实现稳定就业的农业转移人口市民化进程。

因此,农业转移人口的市民化一直是中国社会主义现代化进程中的关键战略问题,事关"三农"问题与全面建成小康社会的大局,也是以人为本的最好体现,更是新型城镇化加快发展的着力点。农业转移人口为中国经济社会的快速发展作出了重要的贡献,但始终被排除在城市社会之外,在劳动报酬、社会保障、子女教育等诸多方面都未得到应有的市民待遇。2016 年年底,全国常住人口城镇化率、户籍人口城镇化率分别为 57.40% 和 41.20%,比 2012年年末分别提高 4.80 和 5.90 个百分点。今后一个时期中加快农业转移人口市民化,要深化户籍制度改革,降低落户门槛,拓宽落户通道,确保到 2020 年中国户籍人口城镇化率提高到 45% 左右。本书认为,在农业转移人口市民化意愿逐渐降低的当下,只有对农业转移人口市民化问题进行系统研究,才能更好地了解与掌握在新型城镇化进程中如何推动农业转移人口的市民化进程,提升新型城镇化的质量。

二、文献回顾

自 1978 年改革开放以来,伴随着经济社会不断发展,工业化与非农化的水平得以显著提高,城市经济与乡村经济的发展差距逐渐增大,城乡收入的较大差别使得大量农村剩余劳动力从农业生产领域脱离,进入非农领域就业,中国的城镇化水平得以快速提升,从而形成了农民工这一不同于一般民工的特殊群体。农民工是中国社会经济结构转型和体制转轨时期出现的一个独特的而又引起广泛关注的过渡性群体(刘传江,2006)。可以说,中国改革开放的40 年历史,也是农村剩余劳动力脱离农业进城就业定居生活的历史。虽然计划经济时代形成的城乡人口流动"壁垒"已被打破,但是农业转移人口仍然无法畅通无阻地越过由户籍制度形成的城乡间存在的有形与无形"户籍墙"，以及与户籍制度相伴随的城镇基本公共服务方面的居民与农业转移人口差别的歧视制度，无法实现由农民向市民的转变。因此，在城乡二元结构尚未得以根本消除的前提下，城市内部又产生的以城镇原居民与农业转移人口为主体的新二元结构进一步严重影响了城镇化质量的提高与社会和谐发展（魏后凯、苏红键，2013）。社会和谐发展过程中城市与农村人口转移需要解决的首要问题不是绝大多数学者所说的"农民市民化"问题，而是"农民工市民化"问题（刘传江、徐建玲，2007）。

党的十八大报告以"农业转移人口"替代了1983年被首次提出并一直使用的"农民工"概念。2009年12月5—7日召开的中央经济工作会议首次正式提出"农业转移人口"这一概念，提出"要把解决符合条件的农业转移人口逐步在城镇就业和落户作为推进城镇化的重要任务"，之后"推进农业转移人口市民化"多次在中共中央、国务院的有关文件以及国家领导人的一些讲话中出现，而真正为人们所认知的却是党的十八大报告中所提及的"有序推进农业转移人口市民化"（朱冬梅、袁欣，2014）。国家"十二五"规划明确提出"稳步推进农业转移人口转为城镇居民"，国家"十三五"规划建议更是进一步指出"促进有能力在城镇稳定就业和生活的农业转移人口举家进城落户"，党的十九大报告明确提出"加快农业转移人口市民化"。以上对于农业转移人口市民化的一脉相承反映出农业转移人口市民化对于新型城镇化、经济发展方式转变与深化改革的重要性，也充分说明了其本身即是"以人为本"新型城镇化的重要内容与最好诠释。

近年来，农业转移人口市民化问题受到国内学者的高度重视，在对国外劳动力迁移与社会融合理论的引入与研究的基础上，众多学者对此问题展开了大量的研究（肖云、邓睿，2015；杨晓东、武永祥，2015）。农业转移人口市民化问题涵盖了经济学、人口学、社会学等多学科多领域知识，众多学者结合中国国情拓展了农业转移人口市民化的现实背景与理论基础，从不同角度展开研究,主要集中在对其内涵界定、进程测度、问题障碍、实现路径四个方面的分析与研究。[①] 本节试图从以上四个方面对农业转移人口市民化的诸多研究成果进行相对全面的综述,以期为本章下文的研究及相关研究的深入开展提供借鉴。

(一) 内涵界定

1. 农业转移人口内涵的界定

农业转移人口的内涵界定是对农业转移人口市民化进行内涵界定的前提与基础。现研究对于农业转移人口内涵的相关分析较少,较为一致的做法均是将农业转移人口与农民工进行区别,一方面对原先的农民工的内涵进行了丰富和发展,另一方面也进一步体现了该内涵的实时性(朱冬梅、袁欣,2014)。已有研究主要从身份、职业、年龄、在城市务工时间等方面对农业转移人口进行内涵的界定,一般认为农业转移人口为户口在农村,在城市生活工作的农村剩余劳动力。刘传江、程建林(2007)认为农业转移人口介于市民与农民之间,是在城市从事工人职业的农民。李强、龙文进(2009)进一步认为农业转移人口的生活方式、思想行为均与在农村生活的农民与在城市生活的城市居民存在一定差异,尽管他们进入城市但并未被城市体系所接纳。除了在城市务工的农村剩余劳动力,夏怡然(2010)认为由于婚嫁、投亲、经商等原因进入城市生活的外来人口也应属于城市户籍制度内的群体,因为他们相对容易获得市民身份。潘家华、魏后凯(2013)主编的《中国城市发展报告》从狭义与广义两个角度分别对农业转移人口进行了内涵界定,认为从狭义的角度来看,农业转移人口这一概念是对原有农民工概念的替代;从广义的角度来看,农业转移人口包括两方面含义:首先是由农村转移到城镇定居生活的人口,属于空间转移,包括进城务工经商、随迁、失地等群体;其次是从农业转移

---

① 胡枫:《中国农村劳动力转移的研究:一个文献综述》,《浙江社会科学》2007 年第 1 期。

到非农就业的人口,属于产业转移,包括进城务工经商、进入城镇就业以及在农村从事非农产业工作的群体。基于上述观点,邱鹏旭(2013)也认为农业转移人口的内涵比农民工的内涵更加丰富,农业转移人口也可以划分为两类：一类是户籍在农村,但已从农村迁移到城镇就业定居生活或在农村与城镇之间流动的尚未完成转移的农业人口；另外一类是原先为农村剩余劳动力,现已在城镇就业定居生活且已获得城镇户籍的已完成转移的农业人口。

此外,按照进入城市务工的时间进行划分,学界还将农业转移人口划分为老一代农业转移人口(即通常所说的老一代农民工)与新生代农业转移人口(即通常所说的新生代农民工),认为两者间存在着较大差别,并对新生代农业转移人口的内涵进行了界定。[①] 王春光(2003)认为新生代农业转移人口仍属于农村流动人口范畴,该群体年龄不超过 25 岁并在外务工经商。廖海敏(2007)将年龄在 16 周岁以上且在 1980 年以后出生的、文化程度在高中或中专水平的农业转移人口群体定义为新生代农业转移人口。韩俊、崔传义、金三林(2009)对其从年龄、户籍与就业时间等方面进行了界定,认为新生代农业转移人口是 20 世纪 80 年代以后出生的、具有农村户口并曾经在外打工 6 个月以上的农村流动人口,对于廖海敏(2007)的界定,该界定强化了农业转移人口"务工时限"与"流动人口"的特征,更符合新生代农业转移人口的本质特征与内涵。

本书认为,农业转移人口是随着经济社会发展水平与农业生产效率的提升,由农业领域中分流出来,为谋求更好的生活水平且在非农领域就业达 6 个月以上,但由于诸多因素并未转变农民身份的特殊群体。对于已经取得城镇户口的农业转移人口,认为其已不再是农业转移人口,而是城镇居民。

2. 农业转移人口市民化的界定

农民市民化主要指农民外出打工,在城市中居住生活进而转变为市民的

---

① 林娣:《新生代农民工市民化的社会资本困境与出路》,《社会科学战线》2014 年第 6 期。

全过程。由于诸多因素尤其是户籍制度的限制,大部分农民外出打工,并长期在城市中居住,却并未转变为市民,由此产生了农业转移人口这一特殊群体。因此,农业转移人口的市民化通常被认为属于农民市民化进程的第二阶段。①曾芬钰(2003)较早地对农业转移人口的市民化问题进行了研究,认为城镇化会推动市民化进程。刘传江、周玲(2004)认为农业转移人口市民化是指务工或经商的农业转移人口通过诸多努力进而克服各种市民化障碍最终逐渐转变为城市居民的过程和现象,包含职业身份的转变、自身素质的提高以及市民身份的社会认同。王桂新(2008)认为,农业转移人口市民化是指农业转移人口取得城市户籍,在经济生活、居住条件、政治参与、社会关系、心理认同等方面享有与城市居民均等的待遇。有些学者进一步总结,认为在农业转移人口的职业与社会身份向城市居民转化的过程当中,其应当逐步获得在城市生存与生活的能力、城市居民的基本资格与权利、被城市所接受以及具备市民所具有的基本素质,即农业转移人口市民化是其职业、社会身份、行为意识与素质四个方面不断向市民转化的过程(郑杭生,2005;刘传江,2006)。周小刚、陈东有(2009)与郧彦辉(2009)均认为农业转移人口市民化是涉及经济体制、制度变迁、社会意识、社会结构以及心理等多层次的转换过程,这一过程是一个持久、动态的整合过程。农业转移人口市民化首先表现为实现制度市民化,必须破除户籍制度的严格限制;其次是经济市民化,在正规的劳动力市场就业,居有所居;再次是社会与文化市民化,在生活方式、价值观念上城镇化,应采用主客观不同指标去衡量(胡杰成,2010;申兵,2011;国务院发展研究中心课题组,2011;姜义平,2012;余京津,2012)。田园(2013)和魏后凯、苏红键(2013)均认为农业转移人口市民化是指农民由农村进入城市就业定居生活而且逐步成为新市民的过程。这个过程不是简单完成职业和身份的转换,而是让农民在城市能够扎根落户,成为真正意义上的市民,让农业转移人口在城镇能够享

---

① 魏后凯、苏红键:《中国农业转移人口市民化进程研究》,《中国人口科学》2013 年第 7 期。

受与城镇居民均等的公共服务,而且确保进城农业转移人口在住房、就业、医疗、教育、养老等方面享受与城镇居民同等待遇与完全平等的社会权利。年似水(2013)、金三林(2013)、金中夏(2013)、刘海军和谢飞燕(2013)等学者对农业转移人口市民化内涵的观点基本相同,均认为市民化归根结底是人的市民化,是一个动态过程。刘荣(2014)认为农业转移人口市民化不能一蹴而就,必须通过接受现代城市文明,提升素质并发展相应能力,当具备城市市民的基本素质后才能形成市民性。王琛(2014)认为农业转移人口市民化过程不仅仅要实现生活消费习惯、理念等的市民化,更是相关利益主体诸如中央政府、地方政府、企业、农业转移人口利益重新分配以及寻找平衡点的过程,归根结底就是利益分享机制的再造过程。

研究背景的不同导致学术界对于农业转移人口市民化的界定不尽相同,虽然尚未形成得到广泛认可的内涵界定,但是对于农业转移人口市民化应当包含的主要因素还是达成了广泛认可,即六大要素分别为非农就业、经济收入尚可、居住条件得以改善、参与民主政治生活更为主动、社会保障与公共服务的待遇市民化、自身文化水平与素质不断提升,从而最终实现农业转移人口向城市居民的转变进而获得市民身份,并且更多地体现为农业转移人口在主观上从生活方式、社会认同、思想观念等方面不断融入城市,并非简单的市民数量的增加,而是质的改变,是以人为本的市民化进程。

表2-1 农业转移人口市民化内涵的不同界定

研究者	内涵与标准
郑杭生(2005)	生存职业、社会身份、自身素质、意识行为
王桂新等(2008)	经济生活、居住条件、政治参与、社会关系、心理认同
郧彦辉(2009)	人口素质、经济收入、行为取向、生活方式、思维理念
申兵(2011)	获得城市居民的公共服务、实现职业和社会身份的双转变
国务院发展研究中心课题组(2011)	社会接纳、经济立足、文化交融、身份认同

续表

研究者	内涵与标准
姜义平（2012）	主观指标（价值观、自我及社会认同） 客观指标（生活水准、生存环境、社会保障、文化素质、民主权利）
余京津（2012）	生活方式、生活能力、社会认同
魏后凯等（2013）	政治权利平等、社会身份转变、经济生活条件改善、公共服务全覆盖、广泛的社会认同、综合文化素质提高

（二）进程测度

农村剩余劳动力流向城市对迁入地、迁出地以及不同区域间经济社会的发展均具有积极的作用（Hare,1999；Simon,1992；白南生等,2002；Johnson,2003）。农村劳动生产率的提升导致大量剩余劳动力的出现,而农村尤其是农业领域无法吸纳这些剩余劳动力,必然使得劳动力出现大幅度移动,带来农业转移人口流向城市,因此"三农"问题解决的最终出路在于促进农业转移人口实现市民化（赵美英,2007；欧阳力胜,2013）。此外,随着人口红利即将进入刘易斯拐点,经济新常态下农业转移人口的市民化将释放出巨大的潜在消费需求能量,对中国经济发展方式的转变乃至全球经济的再度平衡有着不可估量的影响（蔡昉,2011）。据有关专家测算,中国城镇化水平每上升1%,就能够增加7万亿元人民币的消费与投资需求（王琛,2014）。而且,通过农业转移人口的市民化进程,可以进一步增加劳动力的实际供给总量、提高劳动生产率,从而实现国民经济潜在增长率的目标与效果（蔡昉,2014）。

中国农业转移人口市民化进程缓慢,并且与城镇化相脱节（王春光,2006；王竹林,2009）。与西方发达国家不同的是,中国人口城镇化的进程同农业转移人口的市民化进程是不同步的,并未做到西方国家的同步化,从而使得农业转移人口在快速集聚至城镇参与非农领域的就业与生活的同时,其市民化的进程却严重滞后,使得进城的农业转移人口同城镇原居民之间的诸多矛盾加剧,城乡二元结构没有得到优化的同时,城镇内部逐步形成了城镇居民与农业转移人口的社会分层与对立这一新的二元结构(黎智洪,2013)。因而对中国农业转移人口的市民化进程的分析和评估十分重要,学者们对于农业转移人口的测度进行了大量研究。马用浩、由彦平(2004)认为农业转移人口市民化的指标体系应该涵盖生活质量、行为方式、思想观念、社会权利、人口素质、社会参与等诸多方面,但仅是对指标体系的构建进行了探讨,并没有将该指标体系应用于市民化进程的测算。由于缺乏可行性较强的方法,学者们将不同领域的方法应用于此领域进行了丰富的试探性研究。[①] 刘传江、程建林(2008)引入了几何平均法,将收入水平、个人素质、自我认同、城市居住时间四个指标的几何平均数作为农业转移人口市民化的个体综合指标,得到第一代农业转移人口与新生代农业转移人口的市民化程度分别为 31.30% 与50.23%,分别处于农业转移人口市民化的初期与中间阶段,推进市民化仍然面临诸多障碍。该研究为后续的实证研究提供了较好的思路,但在方法选择与结果的可信度方面仍需要商榷。王桂新、沈建法、刘建波(2008)修正了之前的测度方法,首先构建了经济生活、居住条件、社会关系、政治参与和心理认同五个维度的评价指标体系,然后运用综合指标法,采用上海市的微观调查数据测算农业转移人口的市民化程度,得到上海市农业转移人口的市民化程度为 53.90%。尽管该研究对刘传江、程建林(2008)采用的几何平均法进行了完善,但是文中假设五个维度的指标权重相等,且均设为 0.20 的做法并不合理,因为对于农业转移人口的个体而言,经济生活与居住条件是其市民化过程中最为重要与关切的两个指标,这两个指标的权重应高于其他三个指标。刘传江、程建林、董延芳(2009)构建了四个维度的指标体系,采取了主观评价的层次分析法,运用专家打分进而计算得出老一代农业转移人口的市民化程度达到42.03%,而新生代农业转移人口的市民化程度略高,达到45.53%。尽管该研究修正了王桂新、沈建法、刘建波(2008)的指标权重均等的不足,但在层

---

① 魏后凯、苏红健:《中国农业转移人口市民化进程研究》,《中国人口科学》2013 年第7 期。

次分析方法运用中的专家打分会因为专家的知识背景及个人偏好的不同使得打分的主观性较强,进而影响最终结果的精确性。正因为以上原因,使得该方法较难对影响农业转移人口市民化的各个因素进行定量分析,无法得到较为可行的对策建议。沈映春等(2013)运用综合指标评价法,采用北京市的微观调查结果,计算得到北京市农业转移人口的市民化程度达到48.20%,达到接近"半"市民化的水平。周密、张广胜、黄利(2012)运用 Biprobit 模型,采用余姚与沈阳两地的微观调查数据,测算得出两地的新生代农业转移人口的市民化程度分别为 62% 和 81%。由于以上研究采取的离散选择模型可以较好地测算微观调查数据,而且能够较好地处理调查问卷的测算偏差问题,所以接受程度较高,之后的研究很多沿用了这种方法。学者们逐渐意识到以上方法测出的结果带有很强的主观性,缺乏说服力,需要不断进行改进(饶亚会,2015)。随着社会调研的不断深入,获得的微观调查样本及数据也越来越多,较多的学者选择基于离散变量的 Logistic 回归模型用于分析农业转移人口的市民化程度的大小及其影响因素(黄锟,2011;孙战文、杨学成,2013;赵艳,2014;张龙,2014),如表 2-2 所示。

表 2-2 农业转移人口市民化程度的不同测算

研究者	年份	地区	有效问卷	测算方法	市民化程度
刘传江、程建林(2008)	2005	武汉市	436 份,其中第一代 304 份,新生代 132 份	市民化意愿与收入差距乘积的平方根	第一代为 31.30%,新生代为 50.23%
徐建玲(2008)	2005	武汉市	436 份	因子分析法	55.37%
王桂新等(2008)	2006	上海市	1026 份	等值赋权	53.90%
刘传江等(2009)	2005	武汉市	436 份,其中第一代 304 份,新生代 132 份	专家赋权	老一代为 42.03%,新生代为 45.53%
周密等(2012)	不详	沈阳、余姚	余姚 296 份 沈阳 287 份	Biprobit 模型	余姚新生代为 62%,沈阳新生代为 81%
沈映春(2013)	2012	北京	491 份	综合指标评价法	48.20%

(三) 问题障碍

农业转移人口的市民化进程严重滞后于人口城镇化进程,从而导致非永久性持续的城乡迁移现象的存在,对中国经济社会的可持续发展将造成较为显著的负面影响。[①] 而且,从农业转移人口的群体特征、农业转移人口流入地及其相互交叉的多个独立视角分别观察,农业转移人口市民化过程中存在着农业转移人口市民化能力与市民化意愿之间的矛盾、农业转移人口市民化需求与地方政府城镇化动力之间的矛盾以及农业转移人口市民化的社会收益与社会成本分担之间的矛盾等三重难题,这三重难题的存在与发展,将对农业转移人口市民化的进程与未来趋势产生不可忽视的直接影响(徐世江,2014)。中国在特定历史背景下形成的以"农民非农化"+"农业转移人口市民化"为基本路径的"两步转移"的农业转移人口市民化模式,制造了同城不同权的公民权利壁垒,导致了虚假城镇化率,限制了内需的扩大,影响了城市活力(张卫、何雨、王树华,2013)。学界对农业转移人口市民化进程的问题及障碍进行了大量研究,大致可以分为制度约束、资本缺失、成本代价、融入障碍与代际差异等五种不同观点。[②]

1. 制度约束

户籍制度、土地制度以及就业市场不完善阻碍劳动力迁移(Heaan,1999;Roberts,1997;Johnson,2003)。户籍制度同土地制度之间的关系非常密切,从某种意义上说户籍制度设立的初衷是限制农民的活动,使得他们无法随意离开土地进行非农领域的生产经营活动,从而导致他们的身份难以改变(许经勇,2013)。正是户籍制度的这种限制与约束,形成了城市户口与农村户口的差别,进而让农业转移人口难以被城市社会所接纳,难以形成对城

---

① 胡杰成:《农民工市民化问题研究》,《兰州学刊》2010 年第 8 期。

② 朱冬梅、袁欣:《有序推进农业转移人口市民化问题研究综述》,《城市发展研究》2014 年第 11 期。

市的家园意识,从而使得其迁入城市的动因转化仅仅为追求经济利益,不再考虑长久性与可持续性,可以说户籍制度已成为农业转移人口市民化的关键瓶颈(杨风,2011;胡文静,2013)。而且,户籍改革并不仅仅是表面上的户口"农转非"的问题,户籍还附着许多衍生的利益问题(宋仁登,2012)。农村土地所有权归属模糊化,土地制度改革的相对滞后,土地的"退出权"得不到足够的保障,农民难以完全舍弃对于其非常重要的土地。国务院发展研究中心课题组(2011)的一项抽样调查结果充分说明了这一点,调研显示,选择保留承包地用以自家耕种的农业转移人口的比例为46%,选择将土地承包权有偿流转的农业转移人口的比例为27.20%,选择土地入股获得分红的农业转移人口比例仅占10.40%;为了取得城市户口而愿意有偿放弃土地承包权的农业转移人口比例仅为6.60%,愿意无偿放弃土地承包权的农业转移人口的比例更是低至2.60%。黄锟(2011)通过对新生代农业转移人口的入户调查结果的分析认为,与假设城乡二元制度不存在的理想状况进行比较,由于附着在户籍上就业方面的歧视等形成的制度性歧视,造成农业转移人口的实际就业率降低,实际收入也因而下降,对其市民化的能力具有较强的限制作用。由于农业转移人口社会保障的政策缺陷及其所涉及的各主体之间的利益冲突,其社会保障制度缺失,仍然处在相对混乱的多种制度模式并存、政策实施效果不理想、农业转移人口社会保障权益明显受损的状态,从而进一步增加了农业转移人口进入劳动力市场的竞争风险,低收入、高成本的状况使得进城的农业转移人口生存受到挤压,仅停留在追求生存需求的层次上,即使转化为市民,也只能是城市中的贫民,为城市带来很多不稳定因素(任丽新,2009;宋雅松,2011)。中国的城市住房保障制度都是针对具有城市户籍的低收入家庭制定的,由于农业转移人口的"身份"、城乡二元户籍制度以及过高的"户口"门槛,住房问题严重影响着农业转移人口定居城市,户籍藩篱致使农业转移人口的社会公共服务缺失,就业空间有限(王凯、侯爱敏、翟青,2010;李仕波、陈开江,2014)。

2. 资本缺失

农业转移人口市民化的实现程度依赖于其城市定居生活的物质资本、城市社会参与的权利资本、城市发展能力获得的人力资本以及城市融合的社会资本等因素，由于制度供给不足以及农业转移人口自身具备的人力资本、物质资本、社会资本较为短缺，从而导致农业转移人口市民化陷入多重资本贫乏的困境（王竹林，2010）。复杂的劳动回报率较高，但也往往对劳动者的技能与文化素质有较高的要求，因而技能与文化素质较低的劳动力往往不得不从事回报率较低的简单重复劳动，这就很容易解释农业转移人口为何大多从事简单再生产操作与体力劳动，且从事的行业主要以建筑业、制造业以及低端服务业为主（宋艳萍，2007）。农业转移人口较低的人力资本限制了其职业转化的空间，朱明芬（2007）的研究进一步证明了农业转移人口每增加一年的受教育年限，职业转移的概率将提升 1.35 倍。而且，刘林平、张春泥（2007）构建的农业转移人口工资水平决定模型的分析结果显示：人力资本变量对农业转移人口工资水平的解释力约占该模型解释力的 46.50%，人力资本对农业转移人口的工资水平具有显著的正面影响。李强、龙文进（2009）通过对 2007 年北京市 52 个社区 802 份农业转移人口的调查数据的分析，发现影响农业转移人口留城或返乡意愿的诸多因素中作用最为显著的因素是教育水平，并且进一步证明了农业转移人口的人力资本水平越高，其留城的意愿或者说市民化的意愿越强。

社会资本是指社会成员之间的关系网络，是一种可利用有价值的资源或社会资本。[1] 社会资本对于农业转移人口而言，是其在城市就业定居生活的过程中，帮助其生存与发展的十分重要的资本或关系网络，这些资本或关系网络对于农业转移人口的市民化具有非常显著的促进作用（周密等，2012）。然而，进城务工的农业转移人口往往只拥有以血缘、地缘为主的传统社会资本，

---

[1] 林娣：《新生代农民工市民化的社会资本困境与出路》，《社会科学战线》2014 年第 6 期。

使其较难摆脱固有的狭隘性与封闭性,难以融入城市社会,现代型社会资本的缺乏进一步限制了其各方面能力的可持续拓展,需要重新构建新的社会资本(肖日葵,2008)。马九杰、孟凡友(2003)以迁移距离与进城时间反映社会资本,运用深圳市146份农业转移人口的问卷调查数据分析,认为迁移距离并不是持久性迁移的主要障碍,迁移距离越远的农业转移人口表现出的持久迁移意愿越强。叶静怡、周晔馨(2009)将社会资本划分为原始与新型社会资本,认为原始社会资本如家庭人数、婚姻状态、城市就业的同学与亲戚人数与规模等不影响农业转移人口的收入水平,而新型社会资本如在就业城市的送礼花费、收入中用于亲友聚会费用所占比例等与其工资收入正相关,该研究进一步说明农业转移人口进城就业后新型社会资本的重新构建将对其经济地位产生一定影响,而且也支持了刘林平、张春泥(2007)的观点。林娣(2014)由社会资本的结构性角度入手,将社会资本划分为契约型、组织型与私人关系型三种类型,认为新生代农业转移人口均缺乏这三种社会资本,从而造成其市民化能力较为低下。

农业转移人口市民化进程涉及居住、社会保障、公共服务、子女教育及其市民化完成后城市人口增加导致的城市公共支出增加,以上均需要中央与城镇地方政府投入大笔资金,而且农业转移人口数以亿计,政府尤其是地方政府的财力有限,短期内难以筹集数额巨大的市民化资金,这是农业转移人口市民化面临的最大困难(简新华,2011)。

3. 成本代价

成本分担机制则是农业转移人口市民化能否顺利进行的关键,而且农业转移人口市民化成本具有分层异质性、主体多元性和动态累积性特征,其产生的根源是其劳动的制度性贬值与基本权利尤其是发展权的缺失(谌新民、周文良,2013)。纯粹从成本角度分析,农业转移人口的市民化成本分为私人成本与社会成本两个部分。① 其中,私人成本是市民化过程中农业转移人口自

① 纪春艳、张学浪:《新型城镇化中农村转移人口市民化的成本分担机制构建——以利益相关者、协同理论为分析框架》,《农村经济》2016 年第 11 期。

身所支付的费用,包括搬迁、生活用品的购置等,而社会成本则是市民化过程带来的新增加的城市社会保障、基础设施建设等公共费用的支出。由于农业转移人口市民化成本的界定、机制、测度方法及选用数据等方面存在不一致的情况,其市民化成本的测算结果相差较大,从 1.50 万元到 10 万元不等。张国胜(2009)按照不同地区、类型进行分类,分别估算农业转移人口在城市中的住房成本、生活成本、教育成本、社会保障成本、基础设施成本等五项指标的人均值,测算结果表明:内陆地区两代农业转移人口市民化的社会成本均低于东部沿海地区,其中,内陆地区第一代农业转移人口市民化的社会成本是 6 万元,第二代农业转移人口市民化的社会成本是 5 万元,东部沿海地区的相应值分别为 10 万元与 9 万元。中国发展研究基金会(2010)的研究报告认为,农业转移人口市民化的平均成本约为 10 万元。国务院发展研究中心课题组(2011)基于对郑州、重庆、嘉兴、武汉 4 个城市的实地调查,分析测算出每完成 1 名农业转移人口的市民化,按照 2010 年的不变价格计算,政府需要承担约 8 万元的公共支出。申兵(2012)通过测算得到,如果按照城镇居民平均标准在就业扶持、社会保障、住房改善、子女义务教育、公共卫生与计划生育等方面为农业转移人口提供均等的公共服务的话,那么"十二五"时期宁波市农业转移人口市民化的人均成本将为 13507.40 — 25507.40 元之间。魏后凯(2013)进一步认为,2030 年之前中国约有 3.80 亿农业转移人口需要完成市民化进程,如果按照 10 万元的人均市民化成本计算,共需支出近 40 万亿元的社会成本。傅东平、李强、纪明(2014)认为,个人成本、企业成本与政府成本三方面成本构成了农业转移人口的市民化成本,因此应构建政府、企业和个人"三位一体"的成本分担机制,应以政府分担为主,企业和个人分担为辅,同时还需要处理好中央政府与地方政府、地方各级政府、政府与社会、企业与个人的关系,如表 2-3 所示。

表 2-3 农业转移人口市民化成本的不同测算

研究者	市民化测算成本
住建部调研组报告（2006）	小城市 2 万元；中等城市 3 万元；大城市 6 万元；特大城市 10 万元
中国科学院报告（2005）	公共支付成本：1.50 万元
张国胜（2009）	东部沿海地区：第一代，10 万元；第二代，9 万元；内陆地区：第一代，6 万元；第二代，5 万元
中国发展研究基金会（2010）	10 万元
国务院发展研究中心课题组（2011）	8 万元
申兵（2012）	13507.40—25507.40 元
魏后凯（2012）	10 万元

4. 融入障碍

在农业转移人口市民化的进程中,其城市融入机制非常重要,然而中国农业转移人口在城市融入方面出现了针对农业转移人口的制度异化、经济限制、生活隔离与心理排斥,这势必会阻碍社会融合与危害社会稳定,进而影响农业转移人口的正常市民化(张国胜,2007)。农业转移人口与城镇居民的磨擦性互动,其主要原因是制度性歧视,但也可能是农业转移人口的自身素质与活动条件的限制而引起的其对城市生活的不适应所导致的(朱力,2001)。农业转移人口需要进行城市适应,即经济、社会与心理依次递进的三个层次的城市适应,而农业转移人口的城市适应只停留在经济层面,社会层面与心理层面尚未涉及,制度性与政策性因素制约了农业转移人口城市适应的深入(朱力,2002)。农业转移人口在市民化过程中遭到的排斥包括来自城市社会与居民的群体性偏见与认识和观念上的自我排斥,如果因各种社会原因一直无法融入城市的制度和生活体系,他们中相当一部分人又不愿或无法回归农村社会就会在两难与困惑中形成"双重边缘人"的自我认同(唐斌,2002)。李怀玉(2010)通过对郑州农业转移人口城市融合的实地调查,发现农业转移人口面临诸多心理障碍导致其无法在心理和意识上融入城市,主要表现为城乡双重身份导致的尴尬心理、择业困难形成的心理悲观、社会资源缺乏带来的心理排斥与心理剥夺感、自信与自卑造成的矛盾心理等，以上心理障碍导致农业转移人口在城市公民意识、法制意识、公共意识、权利意识等方面存在一定不足，难以做到主动融入城市，对城市的归属感有限。王春光（2010）认为，农业转移人口历经了从"第一代"到"第二代"和"新生代"、从"离土不离乡"到"离土又离乡"、从"暂住"到"常住"再到"居住"的实质性转变，农业转移人口尤其是新生代农业转移人口在城市融入方面面临着三大难以化解的张力：政策的"碎步化"调整与其愈发强烈的市民化需求间的张力、市民化需求与其市民化能力间的张力、中央城镇化政策与地方政府落实城镇化措施间的张力。如果新生代农业转移人口长期处在这样的张力中，会使其在城市社会中构建出不同于城市主流的社会圈子，将会导致更大结构张力的"半城镇化"问题的出现。董延芳、刘传江（2012）认为农业转移人口在城镇的生存与发展需要一定的关系网络，因此在血缘、地缘的基础上建构了以群体成员同质性为特征的社会网络与生活圈，从而表现出一种群体性特征的自我隔离与自我保护。此外，由于生存方式与生活观念的诸多差异，城市社会及居民对农业转移人口群体没有给予足够的尊重、理解和接纳，某种程度上将农业转移人口视为"二等公民"，这种偏见与歧视进一步挫伤了农业转移人口主动适应城市社会并转变行为方式和价值观念的主动性（钱正武，2011）。因此，应建立"流动人口社会融合政策指数"（从城市的流动人口相关政策角度测量流动人口的社会融合状况）、"流动人口社会融合总体指数"（从流动人口个体角度评价流动人口的社会融合状况）和"流动人口社会融合个体指数"（从整个城市流动人口总体角度评价流动人口的社会融合状况），从而为设计流动人口或者流动人口社会融合方面的调查问卷提供参考（黄匡时，2011）。

5. 代际差异

伴随中国经济社会的发展与城镇化进程的推进，新生代农业转移人口（1980年以后出生）逐渐成为农业转移人口群体的主体，其主要特征也逐渐成为农业转移人口群体的整体重要特征(吴漾,2009)。刘传江、徐建玲(2007)认为由于受教育水平、人生经历与外部环境的不同,新生代与老一代农业转移人口在价值观、文化素质、思想意识、人生阅历与日常行为方面表现出较为明显的差别,并且认为新生代农业转移人口是易于且急需市民化的群体。已有研究对于农业转移人口代际差异的研究成果,主要可以分为以下五个方面:

第一,关于农业转移人口群体特征的代际差异分析。李舒丹(2010)认为,男性是农业转移人口群体的主体,老一代农业转移人口群体中女性比例比新生代农业转移人口群体中女性比例要低;农业转移人口群体文化程度主要为初中水平,相比于老一代农业转移人口而言,新生代农业转移人口的文化程度或受教育水平具有较大程度的提升。此外,就婚姻状况而言,新生代农业转移人口的已婚比例比老一代农业转移人口要低很多(刘雅萍,2008)。第二,关于农业转移人口就业选择的代际差异分析。杨竹、陈鹏(2009)发现农业转移人口群体的代际更替,将导致发展型非经济动机比例不断提高而生存型经济择业动机比例逐渐减少。换句话说,新生代农业转移人口更关注发展理性,而老一代农业转移人口则主要关注生存理性(刘成斌,2007)。周可、王厚俊(2009)的研究进一步证实了农业转移人口在择业动机方面的显著代际差别,老一代农业转移人口的择业动机主要是经济因素,通过外出务工寻求更高的经济收入从而改善家庭和自身的生活条件与福利水平,而新生代农业转移人口的择业动机中不仅涵盖经济目标,还包括自身发展与提升的需要。甄月桥、陈蔚、葛列众(2007)进一步研究发现,两代农业转移人口在择业观念、务工目的、择业途径、就业满意度及维权行动等多方面表现为较明显的代际差异,新生代农业转移人口不同于老一代农业转移人口主要是亲戚朋友介绍工作,而是越来越倾向于通过正规途径寻找工作。第三,关于农业转移人口城市融入的代际差异分析。何军(2011)通过研究发现,受教育水平对老一代农业转移人口城市融入的作用较为显著,而社会资本对新生代农业转移人口融入城市的作用更为显著。何军(2012)又进一步分析发现,农业转移人口在行为方式方面的城市融入程度最高,而且老一代农业转移人口的城市融入程度比新生代农业转移人口更高。刘传江、徐建玲(2007)通过研究发现,影响农业转移人口市民化意愿的主要因素是农业转移人口的年龄,且年龄越大,未来归属城市的倾向程度越低。因而,新生代农业转移人口较老一代农业转移人口对市民化更为期待,应是市民化进程主力军。[①] 倡传振、崔琳琳(2010)的研究进一步验证了以上结论,即两代农业转移人口在城市融入意愿、动机、能力以及群体特征等方面均存在较为明显的差别,新生代农业转移人口在城市融入的取向方面较老一代农业转移人口更为明显。第四,关于农业转移人口职业期望的代际差异分析。周可、王厚俊(2009)认为老一代农业转移人口返乡从事非农领域生产的意愿较新生代农业转移人口而言更为强烈,而新生代农业转移人口中希望留在大城市工作的比例高于老一代农业转移人口。第五,关于农业转移人口土地流转行为的代际差异研究。何军、李庆(2014)分析了两代农业转移人口土地流转行为差异,结果表明农业转移人口基于对未来收入的预期作出是否进行土地转移的决策,人力资本越高的农业转移人口,土地转移的倾向更显著;新生代农业转移人口保留土地的概率低于老一代农业转移人口,而且土地转移的倾向与经济收入和生活水平为正向关系,此外,进城务工的时间长短也将对农业转移人口土地转移的倾向产生正向影响。

(四) 实现路径

国内学术界关于农业转移人口市民化的路径观点基本趋于一致,即当前的中国国情和城乡二元结构并不能沿用国外的"一步转移理论",中国的农业转移人口市民化道路必须采取积极稳妥、有步骤有效率的方式,即通过"农民非农化"和"农业转移人口市民化"两个阶段进行(张卫、何雨、王树华,2013)。

---

① 简新华:《新生代农民工融入城市的障碍与对策》,《求是学刊》2011 年第 1 期。

针对农业转移人口市民化过程中会面对城市不愿宽留、农民不敢眷留、素质不避汰留、成本不奢际留、体制不胜积留、政法不撑苛留的多维困境(余传杰,2014),学界进行了大量的研究,并提出了许多建设性建议,归纳来说,即农业转移人口市民化必须解决好农村退出、城市进入、城市融合三个环节的问题。①

1. 农村退出

农村土地制度改革的相对滞后问题是农村退出环节着重需要解决的核心问题。农村土地制度的进一步改革首先必须确保农民的土地承包经营权、宅基地使用权以及房产权利,弱化农村集体土地所有权,进一步强化土地承包权,构建以土地承包权为核心的农业土地产权制度;基于完整意义上的土地承包权,建立更为规范的农用地流转制度与农用地征地制度(黄锟,2011)。还需要明确的是,农村土地制度并不是农业转移人口向城市转移与市民转化的障碍,它们是农民最重要的财产与保障,是农业转移人口市民化的重要支撑与后盾(姚婷、傅晨,2013)。应该说,各地政府就此进行了很多具有创新意义的尝试,通过积极采用多元化的土地流转方式,鼓励农民互换、出租、转包、入股等方式实现土地的正常流转,推动农业转移人口的市民化进程。② 重庆市实行的"3 年过渡""3 项保留"和"5 项纳入"的做法取得了较好的效果,可以为其他地区提供较好的参考与借鉴,"3 年过渡"为农业户口转化为城镇户口之后,允许其继续保留承包地、宅基地的使用权与收益权的期限最长可达 3 年;"3 项保留"为允许其继续享受原先的计划生育政策,保留农村各项补贴以及林地使用权;"5 项纳入"为转化身份之后其住房、就业、医疗、教育、社保等公共服务均纳入城镇居民保障体系,与原先的城镇居民享有均等的公共服务(宋仁登,2012)。

---

① 邓秀华:《新生代农民工问题及其市民化路径选择》,《求索》2010 年第 8 期。

② 姚婷、傅晨:《农村土地制度改革与农民工市民化——兼论广东农村集体建设用地流转立法的积极意见》,《广东农业科学》2013 年第 8 期。

2. 城市进入

城市进入环节关键需要解除农业转移人口市民化的最显性的限制——户籍制度。[①] 户籍制度的改革首先应放开其对农业转移人口转化为市民的行政性控制与限制，取消户籍的二元体系，实行统一的一元化的居民身份制，逐步剥离原先依附于户籍制度的各种资源分配与福利权利功能，逐渐剥离"隐形户籍墙"，使得户籍制度还原为其应该具有的人口登记及管理功能（刘传江、程建林，2009）。国内许多城市与地方政府探索了各具特色的多种户籍制度的改革模式，如"居住证模式""投资入户模式""准入与计划并行模式""务工迁移模式""亲属投靠模式"等，但具体地区的户籍制度改革必须与当地社会经济发展的实际相适应（段成荣，2008）。党的十八大报告进一步明确了要加快户籍制度改革，蔡昉（2013）认为户籍制度的改革需要有实质性突破，而且必须遵循三个重要原则：中央政府提出户籍制度改革目标和时间表，给地方政府设定完成改革的截止日期，做到目标明确地推进改革；区分中央政府、地方政府在户籍制度改革中需要承担的各种责任，尤其是财政责任，做到责任分担地推进改革；按照中央的要求，地方政府制定户籍制度改革路线图，做到因地制宜地有序推进改革。

3. 城市融合

农业转移人口生存环境的市民化与生存保障的社会化是城市融合环节中着重需要解决的问题，从根本上解决农业转移人口在城市中的住房、就业、社会保障、教育等现实问题。[②] 迟福林（2013）认为农业转移人口市民化的实质就是公共服务实现均等化的过程，即实现个人融入企业、家庭融入社区、子女融入学校、群体融入社会的"四个融入"。其中，就业是农业转移人口在城市中得以生存的最大保障，张国胜（2007）认为应建立城乡统一的劳动力市场，健全工会组织，进一步加强劳动信息网络、劳动监察与劳动仲裁队伍的建设，

---

① 黄锟：《深化户籍制度改革与农民工市民化》，《城市发展研究》2009 年第 2 期。

② 李强：《社会学的"剥夺"理论与我国农民工问题》，《学术界》2004 年第 4 期。

推动就业信息化;鼓励地方政府与劳动用工单位向农业转移人口开放技能培训与教育培训项目,提升其工作技能与文化素质。国务院发展研究中心课题组(2011)认为,还应建立适用于农业转移人口的全面城镇保障性住房体系,加强廉租房、公租房、经济适用房的建设力度与公平分配的公开透明程度,建立针对农业转移人口的住房补贴制度,积极鼓励农业转移人口进行"以土地承包权换住房"或"以宅基地换住房"的财产权利的置换,并做到规范公正。王竹林(2008)认为,应加大农业转移人口社会保障制度的改革力度,必须按照农业转移人口收入水平低、流动性大与向城镇逐步转移等特点,创新行之有效的中间过渡方案,分层分类地将农业转移人口纳入统一的城镇社会保障体系中。另外,对于农业转移人口的子女教育问题,必须对当前逐级划片的管理模式进行改革,实行更为科学的属地管理模式,力争实现农业转移人口的子女能够享受到与城市居民的子女均等的受教育权利。关于农业转移人口市民化的成本难题,有学者提出应探索居民、企业、政府三方分担市民化成本的合理可行性机制,蔡昉(2014)提出应充分利用各项改革带来的总体净收益,农业转移人口的市民化成本可由各级政府进行分摊,应该是一种可以有效深化改革的方法,将有利于减轻由某个政府独自承担巨额的市民化成本的巨大压力,达成改革的激励相容,更好地推进农业转移人口的市民化进程。

(五) 研究述评

总地来说,国内学者在农业转移人口市民化的内涵、进度、障碍与路径等方面取得了非常丰硕的研究成果,在很多方面达成了共识,如普遍认为中国农业转移人口市民化的进程其实是"农民—准产业工人—产业工人—市民"的过程,市民化进程受到制度性壁垒、农业转移人口人力资本和社会资本的缺乏、农业转移人口在城市受到的被排斥与自我排斥以及巨额的市民化成本等问题的困扰与束缚。因此,必须解决好农村退出、城市进入与城市融合三个关键环节的重要问题,构建合理可行的市民化成本的"农业转移人口、企业、政府"三方分担机制。但也存在一些不足与问题：

1. 以人为本的农业转移人口市民化的综合分析相对缺乏

现研究大多关注农业转移人口市民化的需求或供给方面，仅周密、张广胜、黄利（2012）与韩帅（2013）分别从需求与供给两方面对农业转移人口市民化进行了探索性的研究。本书认为，以人为本的农业转移人口市民化应分析农业转移人口的需求与供给，对农业转移人口市民化的综合分析应包括三个重要方面：第一是需求与供给的平衡性分析；第二是经济、社会与文化的适应性分析；第三是城市融合的可持续性分析。基于上述观点，本章试图首先由农业转移人口的市民化需求与供给均衡的角度出发，采取联立方程模型，通过实地调研获取数据，不仅可以避免层次分析方法中指标权重的主观性，比单方程模型的测算更为准确，还可以对单个微观个体的市民化程度进行一定预测。此外，采取联立方程模型的好处在于，不仅从需求角度来考察农业转移人口的市民化，而且可以结合农业转移人口的市民化供给从供求均衡的角度进行分析，研究供需缺口，进而为地方政府提供政策参考。

2. 农业转移人口市民化进程测度有待加强

由于研究方法与样本量的不同，农业转移人口市民化进程的测算结果差别较大。① 究其原因，主要是因为：第一，缺乏样本量足够的研究数据。虽然国家统计局自 2008 年开始每年发布农民工统计监测调查报告，但是由于农业转移人口规模庞大，统计监测调查报告中数据只能进行一般性的统计分析，因此大多数的研究只停留在宏观制度层面的探讨与分析。还有一些学者通过实际调查问卷获取了一些研究数据，但调查的内容有限，无法进行农业转移人口的综合分析。第二，缺乏较好可行性的方法。前文已提及，几何平均法过于简单，指标评价法与层次分析法的主观性太强，离散模型的应用范围较小。因此，本章试图结合统计局发布的宏观数据与本项目实际调研获取的数据，运用

---

① 魏后凯、苏红健：《中国农业转移人口市民化进程研究》，《中国人口科学》2013 年第5 期。

二元 Logistic 模型对农业转移人口的市民化需求进行分析,采用有序响应 Probit 模型对农业转移人口的市民化供给进行分析,最后采用需求可识别的 Biprobit 模型测算农业转移人口的市民化程度,并对其中影响因素进行定量分析。

3. 对农业转移人口代际差异的研究有待深入

已有文献对于农业转移人口代际差异的研究,大多选取农业转移人口市民化进程中的某一具体维度,并未对其进行系统性与全面性的研究。[①] 本章拟在对农业转移人口市民化进程进行测算的基础上,将市民化进程与代际差异结合起来,对农业转移人口市民化的代际差异进行影响因素分析以及原因分析。农业转移人口的市民化过程属于劳动力迁移的范畴,而劳动力迁移的影响因素较多,因此本章拟建立农业转移人口的劳动力迁移决策模型,对可能的劳动力迁移的影响因素进行初步分析,为指标的选取提供理论依据,同时也避免指标选取的主观性。此外,试图在实际调研的问卷数据的基础上,将分位数回归模型应用于农业转移人口代际差异的内部原因分析,应用于老一代农业转移人口与新生代农业转移人口差异的内部因素的分位数回归,寻求产生两代农业转移人口分化为不同群体的内部原因以及不同影响因素作用强度的定量大小,为农业转移人口市民化的政策制定提供参考。

农业转移人口的市民化事关"三农"问题与全面建成小康社会的大局,也是"以人为本"新型城镇化加快发展的重要着力点。农业转移人口市民化的问题如不能得以良好解决,势必会影响中国深化改革与经济发展方式转变的大局。本节首先对新中国农业转移人口问题的形成与发展历程进行了较为系统的分析,其次对已有研究进行了较为全面的回顾,并就本章的研究重点做了相应介绍。

农业转移人口市民化的现实基础问题是对当前这一难题的科学研判,必须对农业转移人口市民化相关的理论进行较为系统的梳理,寻求解决这一难

---

① 刘传江、程建林:《我国农民工的代际差异与市民化》,《经济纵横》2007 年第 7 期。

题的理论基础,进而分析当前这一难题的现状,从而为后续研究提供分析依据与数据参考。因此,下一节将围绕农业转移人口市民化的理论依据与现实问题展开研究。

第二节 市民化的理论分析与现实问题

一、理论分析

如刘易斯的乡—城人口流动理论所述,中国是典型的具有二元经济结构特征的农业大国:传统农业作为其中一元,存在着人口红利问题,剩余大量劳动力;城市工业作为另外一元,相对强大,对劳动力有需求。但是中国的情况是城市无法实现无限就业、农业本身也会随着城市工业的发展而发展,农业转移人口的市民化也会随着经济社会的不断发展而出现不同的变化。从社会结构的角度来看,1949—1957年间中国的二元结构符合弹性特征,1958—1983年间则表现为刚性,1984年以后则表现为弹性与刚性兼具的半弹性半刚性特征,或者称为三元分治的社会结构,原因是农业转移人口群体在城市中已经发展为一个相对独立的社会管理单位与社会结构单元(甘满堂,2001)。不同的经济社会结构,农业转移人口的自由移动以及自由定居并转化为市民身份的可能性存在不同,其市民化进程也会不同。因此,下文将分为三个不同阶段进行分析:

(一) 自由迁移阶段(1949—1957年)

新中国成立初期,在政治体制与经济体制相继完成变革之后,农村农业生产的迅速恢复和快速发展,使得农业劳动生产率得到了较快提升,考虑垄断竞争市场这一现实条件,假设在恩格尔定律的作用下,由于当时中国政府对城乡间的人口迁移执行的自由迁移政策,所以农村剩余劳动力选择进入城市定居并成为市民,而不再留在农村。

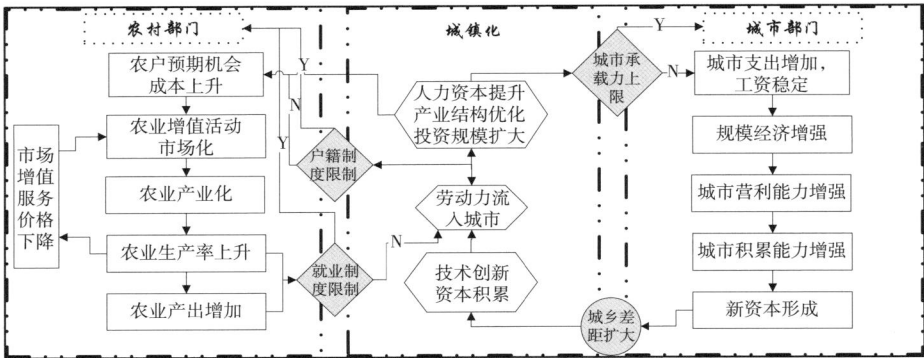

图 2-2　农业转移人口市民化的理论分析

如图 2-2 所示,首先,农村剩余劳动力流向城市将带来城市总支出与城市劳动力供给量的显著增加,进而增加就业量。并且因为没有导致城市工资水平的较快增长,从而一般价格水平较为稳定,因而规模报酬处于递增阶段,使城市生产率提高,城市盈利能力也获得提升,城市积累能力持续增强,形成了新的资本。而且伴随着资本的不断积累,技术创新不断出现,导致投资增加,产生新的劳动力需求的上升,使得更多的农村剩余劳动力进入城市。其次,农村剩余劳动力迁入城市后从事非农领域的就业,可以获得较之农业领域就业更高的收入水平,导致还在从事农业领域生产的农民机会成本增加,基于下降成本的考虑,必然会减少生产的风险与范围,专注于自身擅长的某一农业领域特定范围从事专业化生产,通过市场购买的方式获得相关的农业产品或服务,持续扩大农业产品或服务的市场容量,使得农业产业化进程得以加快推动,从而农业生产率得以提升,出现更多的剩余劳动力,农业剩余劳动力不断在城市涌现得以实现,城镇化水平得以显著提高。

因此,城市经济的增长导致城市中就业需求量的增加,引起农村剩余劳动力产业间的转移,社会生产效率获得提升,城镇化水平伴随着农业转移人口的市民化进程的推进而同步快速提升。然而,由于当时"大跃进"运动的开展以及优先发展资本密集型的重工业战略的实施,城市对农业剩余劳动力的需求并未得以持续增加,所以城市经济并未得以持续快速增长,反而是农民的盲目流入使得城市人口增加过快,超过了城市能够承载的人口上限,没有形成农村剩余劳动力迁入同城市、农村发展的累积性发展机制,使得城镇化进程停滞。为了解决城市无法吸纳进入城市谋生的农民的问题,中国政府开始逐步控制人口迁移,分别于 1953 年、1954 年、1955 年、1957 年对农民盲目流入城市,1957 年 12 月正式颁布了《关于制止农村人口盲目外流的指示》,严格制止农民进城,标志着自由迁移阶段的结束,进入了限制迁移阶段。

(二) 限制迁移阶段(1958—1983 年)

1958 年之后,由于"大跃进"运动急于向全民所有制过渡,中国国民经济社会的发展遭受巨大困难,城镇自身的劳动力出现了就业困难、粮食供应与生活设施极度短缺的问题,更无法为农村进城人员提供充分的就业与生活机会。在这种情况下,1958 年 1 月,中国政府出台了《中华人民共和国户口管理条例》,明确将户口分为"非农业户口"与"农业户口"两类,标志着城乡分割的户籍制度的产生。应当说,户籍制度的出台是不得已而为之,否则在城镇中将出现大量非正规部门的就业,势必会造成非常严重的社会问题,此与户籍制度相联系的是,封闭的二元就业制度也相应出现,城镇中的非农业户口采取统包统配的高就业—低工资制度,而农村中农业户口则采取无条件的自然就业制度,依附于户籍制度,在其他公共服务方面也出现了二元化,如城镇居民的生活必需品采取计划供应以及系列福利制度,而农村居民生活必需品及福利由所在集体(公社、大队或乡、村)提供。

但是,限制迁移的政策以及户籍制度的出台,固化了人口的正常流动,即使农业生产率有了提升,但大量的农业剩余劳动力被人为地滞留在农业领域,农业剩余劳动力无法流向城市,没有形成城市部门和农业部门的累积性增长机制,城镇化的进程受到极大影响(如图 2-2 所示)。此外,由于农村人口的不断增长,人均耕地资源不断减少,并且由于农业生产技术的进步,亩均劳动力的需求量逐渐减少,农村滞留了数量极大的剩余劳动力,造成了农村大量的贫困人口的出现,农村剩余劳动力的职业转移与地域转移的动机越来越强烈,而且城市经济发展也处于较低的水平,形成了较为严重的经济社会问题,改革的呼声越来越强烈。

(三) 半自由迁移阶段(1984 年至今)

在积累多年的农业剩余劳动力问题逐渐凸显的压力下,始于 20 世纪 70 年代末的农村经济体制改革,即土地家庭联产承包责任制的实施,农业生产率得以进一步提升,使得农业剩余劳动力的转移成为可能。与此同时,由于城市实行充分就业和各种福利待遇政策,城市部门内部也存在较为严重的显性与隐性失业问题,虽然农村存在数量庞大的劳动力供给,城市部门却无法进行有效吸纳,也就是说,农业部门的推力极大,但城市部门的拉力远远不足,在这种情况下,根据市场需求,滞留在农村的剩余劳动力利用农产品价格调整等政策而积累的农业剩余,在农村大力发展非农产业,在工农业产品的比较利益相差较为悬殊的情况下,寻求工业利益的分享,进而形成了中国农村独特的以乡镇企业为代表的农村非农化浪潮。总的来说,农村非农化是中国经济社会结构在特定情况下出现的一种独特现象,成为农业剩余劳动力转移的一条新途径,在 20 世纪 80 年代这种模式被概括为"离土不离乡"模式,缓解农业剩余劳动力对城市的冲击发挥了重要作用,最终被政府所采纳。

正是基于乡镇企业的发展,以及商品经济的不断发展与改革开放的持续深入,人口迁移也逐步采用市场机制。1984 年,中国废除了限制农村居民进入城市就业的规定,但户籍制度仍然执行。对外开放尤其是出口导向型经济的发展,为人口迁移(主要迁往沿海地区)提供了外部推动力,产生了大量的劳动力需求,从农村土地上释放出的大量剩余劳动力自发地以各种方式进入城市就业,人口大规模地进行乡城流动,但是进城就业的农业转移人口虽然从事非农领域的生产,但仍是农民身份,当时的经济社会发展阶段及相对特殊的国情导致了农业转移人口这一特殊群体的出现,因此,中国农村剩余劳动力转化为市民需要经历两个阶段:先由农民转为农业转移人口,再由农业转移人口转化为市民。

虽然城市对农业转移人口是"经济吸纳,社会拒入",但大量农村劳动力进入城市,将导致城市消费需求的大幅增加,投资需求随之增加,从而推动城市规模的扩大以及城市数量的增加。此外,改革开放之后,中国行政部门逐渐形成了一种具有"M"型特征的行政组织结构(Qian et al.,1993)。在这种"M"型的行政组织结构下,中央政府采用了以 GDP 和财政收入等经济增长目标作为主要考核指标的相对绩效考核机制与激励方式,导致地方政府官员形成了政治晋升博弈(皮建才,2009)。因此,随着城市规模的不断扩大,为了达到城市经济的发展与承载更多的城市人口等目的,城市需要新增大量的基础设施建设投资,城市资本存量随之上升,引起劳动力和资本在产业内部与不同产业间完成了重新优化配置,体现为企业的优胜劣汰与产业结构的优化,从而导致城市综合竞争力不断提升,且具有更强的劳动力与资本吸纳能力,实现了城市部门经济发展与要素配置的累积性变化,最终表现为人力资本的提升、产业结构的优化及投资规模的扩张。然而,官员晋升激励通过土地财政的传导作用,虽然促进了经济增长,但摊大饼式的扩张方式导致经济增长表现为粗放特征,经济增长绩效的提升因而受到抑制(李勇刚、张士杰,2014)。

此外,因为诸多制度性因素的作用,城市劳动力市场具有分割性的特点,农业转移人口在正规部门很难获得就业机会,只能从事一些城镇居民不愿从事的脏、累、险的工作,所以大多数农业转移人口是以城市暂住人口的身份在非正规部门进行就业,从而形成了包括农业、农村非农产业、城市正规行业与城市非正规行业在内的四部门经济(朱农,2001)。但是,由于根深蒂固的城乡二元利益与制度格局,地方政府在现有考核机制下担心无力承受市民化的社会成本而延缓了制约农业转移人口市民化的就业制度、户籍制度、社会保障制度以及城乡土地制度等的综合改革,使得农村转移人口的市民化进程相对于土地城镇化而言较为缓慢。

　　总之,中国经济社会发展的特殊性与阶段性,使得中国劳动力转移更多地表现为四元经济的特征。随着改革开放带来的农业生产率的提高与要素流动性的增强,在恩格尔定律作用下从事农业领域生产的劳动力转移,把农村剩余劳动力从土地中解放出来,是从农业领域中脱离的剩余劳动力由较低效率的农业领域转移到较高效率的非农领域,引起劳动力向城市的不断聚集,实现了劳动力要素的空间重置与优化配置,并且人口和经济活动的地理集中与空间聚集产生了外部性经济,城市发展进入规模经济阶段,推动投资需求增加与城市规模扩大,而在城市规模优化和投资需求拉动的作用下,实现了资本、技术等其他资源的优化配置,从而促进劳动力、资金等要素在城市集中并形成聚集效应,城市经济发展的同时带动农民收入的提高及农业生产率的提升,进一步加强资源在城市的聚集程度,从而推进区域一体化进程(杨开忠,2001)。

　　但是由于户籍等制度与文化理念等因素的制约,绝大多数农业转移人口无法转变为真正的城市市民,上述一体化机制无法得到充分发挥,而且由于不同区域间公共服务水平的差距逐渐增大,吸收农业转移人口的发达地区享受农业转移人口创造的 GDP 与税收,却不为其提供与本地居民同样的公共服务,且城市居民对农业转移人口存在社会排斥与社会剥夺,两者之间无法形成社会认同,产生了很大的负面性问题。① 一方面形成了农业转移人口流入的发达地区的累积性的正向因果循环,以及农业转移人口流出的欠发达地区的累积性的反向因果循环,区域发展不协调程度不断加大;另一方面也使得农业转移人口市民化进程受到了极大限制,农业转移人口不仅在其供给上存在不足,也出现了市民化意愿逐渐降低的情况。因此,推进农业转移人口市民化必须走以人为本的道路,下文将对农业转移人口的现状进行分析,找出其市民化的问题所在。

---

① 刘传江、周玲:《社会资本与农民工的城市融合》,《人口研究》2004 年第 5 期。

二、现实问题

(一) 农业转移人口的现状分析

新中国成立后,随着经济社会的不断发展,中国出现了大幅度劳动力的乡—城流动,城镇人口总数由 1949 年的 5765 万人增加至 1978 年的 17245 万人,再至 2016 年的 79298 万人,增幅达 13.76 倍,年均增加量高达 1267.81 万人;乡村人口总数由 1949 年的 48402 万人增加至 1978 年的 79014 万人,再至 2016 年的 58973 万人,增幅仅达 1.22 倍,年均增加量仅为 182.26 万人,其中 2011 年城镇人口总数首度超过乡村人口总数,标志着中国进入以城镇人口为主的时期。应当说,从劳动力流动与城乡人口总数的变化趋势中,充分反映出中国已由新中国成立后的农业社会进入工业社会,农业领域无法承担其剩余劳动力蓄水池的作用,农业转移人口由农村到城镇的空间转移、由农业到非农领域的产业转移均表现为不可逆转性。

表 2-4 中国城乡人口数量及比重(1949—2016 年)

年份	城镇人口总数 (万人)	城镇人口 比重(%)	乡村人口总数 (万人)	乡村人口 比重(%)
1949	5765	10.64	48402	89.36
1950	6169	11.18	49027	88.82
1951	6632	11.78	49668	88.22
1955	8285	13.48	53180	86.52
1960	13073	19.75	53134	80.25
1965	13045	17.98	59493	82.02
1970	14424	17.38	68568	82.62
1971	14711	17.26	70518	82.74
1972	14935	17.13	72242	82.87
1973	15345	17.20	73866	82.80
1974	15595	17.16	75264	82.84
1975	16030	17.34	76390	82.66
1976	16341	17.44	77376	82.56

续表

年份	城镇人口总数（万人）	城镇人口比重（%）	乡村人口总数（万人）	乡村人口比重（%）
1977	16669	17.55	78305	82.45
1978	17245	17.92	79014	82.08
1979	18495	18.96	79047	81.04
1980	19140	19.39	79565	80.61
1981	20171	20.16	79901	79.84
1982	21480	21.13	80174	78.87
1983	22274	21.62	80734	78.38
1984	24017	23.01	80340	76.99
1985	25094	23.71	80757	76.29
1986	26366	24.52	81141	75.48
1987	27674	25.32	81626	74.68
1988	28661	25.81	82365	74.19
1989	29540	26.21	83164	73.79
1990	30195	26.41	84138	73.59
1991	31203	26.94	84620	73.06
1992	32175	27.46	84996	72.54
1993	33173	27.99	85344	72.01
1994	34169	28.51	85681	71.49
1995	35174	29.04	85947	70.96
1996	37304	30.48	85085	69.52
1997	39449	31.91	84177	68.09
1998	41608	33.35	83153	66.65
1999	43748	34.78	82038	65.22
2000	45906	36.22	80837	63.78
2001	48064	37.66	79563	62.34
2002	50212	39.09	78241	60.91
2003	52376	40.53	76851	59.47
2004	54283	41.76	75705	58.24
2005	56212	42.99	74544	57.01
2006	58288	44.34	73160	55.66
2007	60633	45.89	71496	54.11
2008	62403	46.99	70399	53.01
2009	64512	48.34	68938	51.66

年份	城镇人口总数 (万人)	城镇人口 比重(%)	乡村人口总数 (万人)	乡村人口 比重(%)
2010	66978	49.95	67113	50.05
2011	69079	51.27	65656	48.73
2012	71182	52.57	64222	47.43
2013	73111	53.73	62961	46.27
2014	74916	54.77	61866	45.23
2015	77116	56.10	60346	43.90
2016	79298	57.35	58973	42.65

资料来源:《中国统计年鉴2017》。

另外,城镇人口比重与乡村人口比重与城乡人口总数的变化呈现一致性变化。城镇人口比重由1949年的10.64%增加至1978年的17.92%,再至2016年的57.35%,增幅达5.39倍,年均增加0.81个百分点;乡村人口总比重由1949年的89.36%降低至1978年的82.08%,再至2016年的42.65%,年均降低为0.68个百分点,其中2011年城镇人口比重(51.27%)首次超过乡村人口比重(48.73%),如图2-3所示。

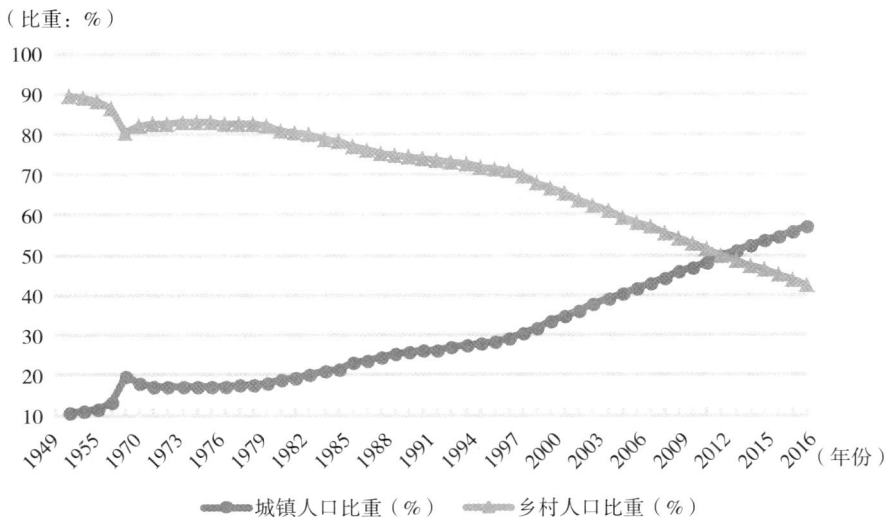

图 2-3 中国城乡人口比重变化(1949—2016年)

由图 2-3 可得,城乡人口比重的变化与第一章中关于中国劳动力转移的阶段划分基本吻合,1949 年至 1960 年城镇人口比重有较为显著的增长,1960 年至 1971 年又出现了下降,1971 年至 1980 年均基本保持不变,而 1981 年至 2016 年一直处于稳定增长阶段。应当说,改革开放后,出口导向战略的实施,使得国内生产需求尤其是工业生产需求大幅上升,随着限制劳动力迁移政策的取消,农业转移人口完成了由农村进入城市的空间转移,城乡人口比重的变化也很好地说明了这一点。

随着改革开放后,以提高收入水平为目的的农业转移人口大量进入城市,城镇居民人均可支配收入与农村居民人均收入也发生了显著变化。城市居民人均可支配收入由 1978 年的 343.40 元增加至 2016 年的 33616.20 元,增幅达 97.89 倍,年均增加 875.6 元;农村居民人均收入由 1978 年的 133.60 元增加至 2016 年的 12363.40 元,增幅达 92.54 倍,年均增加 313.58 元;城乡收入差距一直呈扩大趋势,在 2004 年、2005 年间出现了小幅下降,之后继续扩大,直至 2009 年达到最大值,两者比值为 3.33,之后进入缓慢下降阶段。城乡收入差距进一步促进了农村剩余劳动力由农村进入城市。城镇就业人员数由 1978 年的 9514 万人增加至 2016 年的 41428 万人,增幅达 4.35 倍,年均增加 818.31 万人;乡村就业人员数由 1978 年的 30638 万人增加至 2016 年的 36175 万人,增幅仅为 1.18 倍,年均增加 141.97 万人;自 2002 年开始,城镇就业人员数相对于乡村就业人员数增长速度较之 1978—2001 年间更快,直至 2014 年城镇就业人员数首次超过乡村农业就业人员数,随后差距逐渐拉大。以上数据充分说明了农业转移人口已经完成了由农业到非农产业的产业转移。

表 2-5　中国城乡居民人均收入及城乡就业人员数量(1978—2016 年)

年份	城镇居民人均 可支配收入(元)	农村居民人均 收入(元)	城镇就业 人员数(万人)	乡村就业 人员数(万人)
1978	343.40	133.60	9514	30638
1980	477.60	191.30	10525	31836

年份	城镇居民人均可支配收入(元)	农村居民人均收入(元)	城镇就业人员数(万人)	乡村就业人员数(万人)
1985	739.10	397.60	12808	37065
1990	1510.20	686.30	17041	47708
1995	4283.00	1577.70	19040	49025
1996	4838.90	1926.10	19922	49028
1997	5160.30	2090.10	20781	49039
1998	5425.10	2162.00	21616	49021
1999	5854.00	2210.30	22412	48982
2000	6280.00	2253.40	23151	48934
2001	6859.60	2366.40	24123	48674
2002	7702.80	2475.60	25159	48121
2003	8472.20	2622.20	26230	47506
2004	9421.60	2936.40	27293	46971
2005	10493.00	3254.90	28389	46258
2006	11759.50	3587.00	29630	45348
2007	13785.80	4140.40	30953	44368
2008	15780.80	4760.60	32103	43461
2009	17174.70	5153.20	33322	42506
2010	19109.40	5919.00	34687	41418
2011	21809.80	6977.30	35914	40506
2012	24564.70	7916.60	37102	39602
2013	26955.10	8895.90	38240	38737
2014	29381.00	9892.00	39310	37943
2015	31790.30	10772.00	40410	37041
2016	33616.20	12363.40	41428	36175

资料来源:《中国统计年鉴2017》。

以上从总体上对中国农村剩余劳动力的迁移状况进行了分析,下面着重分析农业转移人口的具体状况,主要包括规模、特征、流向、收支、居住以及社会保障等。由于自2009年开始,国家统计局才开始对农业转移人口每年定期发布各项数据,之前关于农业转移人口的数据零散不全,故本章将分析2008—2016 年期间农业转移人口的具体情况。

1. 规模变化

由表 2-6 可知,国家统计局的抽样调查结果显示,从总量上看,2016 年中国农业转移人口总量为 28171 万人,比 2008 年增加了 5629 万人,上升了24.97%,主要得益于经济社会发展带来的劳动力需求的大幅增长。而从变化情况上看,2008—2010 年农业转移人口总量呈上升趋势,2010 年达到最大值 1245 万人,2010 年之后则表现为连续下降趋势。在 2010 年同比增速比上一年增长 3.49 个百分点,2011 年、2012 年、2013 年、2014 年和 2015 年同比增速分别比上一年降低 1 个、0.50 个、1.50 个、0.50 个和 0.56 个百分点,2016 年比 2015 年多增长 0.20 个百分点。农业转移人口总量的这种变化趋势一是由于经济增速的变化,2010—2016 年,GDP 增长率由 10.40%连续下降至 6.70%,导致非农产业劳动力需求的下降;二是由于人口结构的变化,在 2010 年之后中国进入了深度的老龄化社会,农业人口的劳动力潜力在逐渐降低。

表 2-6　中国农业转移人口数量及变化(2008—2016 年)

年份	数量(万人)	同比增长量(万人)	同比增长率(%)
2008	22542	—	—
2009	22978	436	1.93
2010	24223	1245	5.42
2011	25278	1055	4.36
2012	26261	983	3.89
2013	26894	633	2.41
2014	27395	501	1.86
2015	27747	352	1.30
2016	28171	424	1.50

资料来源:《2009—2016 年全国农民工监测调查报告》。

2. 基本特征

从性别、年龄结构、受教育程度与技能培训四个方面来分析农业转移人口基本特征的变化情况。从性别看,农业转移人口中男性占比由 2009 年的 65.10% 上升为 2016 年的 65.50%,而女性占比由 2009 年的 34.90% 下降至 2016 年的 34.50%。从年龄看,以青壮年为主。其中,16—30 岁占比由 2009 年的 61.60% 下降至 2016 年的 36.80%,而 31—40 岁占比则由 22.30% 上升为 22.50%,41—50 岁占比则由 11.90% 上升至 25.60%,50 岁以上占比更是由 4.20% 上升至 15.10%,农业转移人口平均年龄上升至 2016 年的 39 岁。从受教育程度看,高中及以上文化程度比重占比由 2008 年的 21.80% 上升为 2016 年的 25.20%,共上升 3.40 个百分点。从是否接受技能培训看,接受过技能培训的人数占比由 2009 年的 48.90% 下降至 2016 年的 32.90%,虽然比例下降,但接受过技能培训的人数总数是增加的。而且,随着时间的推移,技能培训的针对性更强,2016 年接受非农业职业技能培训的人数占比为 30.70%,接受过农业技能培训的人数占比为 8.70%,均参加过农业与非农业职业技能培训的人数占比达 6.50%。因此,2009 年至 2016 年间,农业转移人口的男性占比逐渐上升,平均年龄随着老龄化社会的到来而逐渐上升,受教育程度与技能培训的接受程度逐步优化。

3. 就业流向

外出农业转移人口中,2016 年跨省流动人数占比为 45.30%,虽然比 2013 年提高 0.50 个百分点,但低于 2008 年(53.30%)6.50 个百分点,一方面是因为区域发展差距缩小,中西部经济社会发展水平不断提高,对劳动力的需求增长快于东部地区的劳动力需求增长;另一方面是随着农业转移人口向东部地区的不断流入,导致东部地区的人口承载力不断下降,就业竞争压力增大,且外出务工成本逐步上升,农业转移人口的流动趋向理性化,更多人选择成本较低的省内流动。

分区域看,2016 年东部地区外出农业转移人口跨省流动占比 17.80%,比

2015 年提高 0.40 个百分点,但比 2008 年(20.30%)低 2.50 个百分点;中部地区外出农业转移人口跨省流动占比 62%,比 2015 年下降 0.50 个百分点,比 2008 年(71%)低 9 个百分点;西部地区外出农业转移人口跨省流动占比 52.20%,比 2015 年下降 1.30 个百分点,比 2008 年(63%)低 10.80 个百分点。区域农业转移人口的流动变化进一步反映了农业转移人口流动逐渐走向理性化,逐渐符合三大区域经济社会发展水平的对比。此外,农业转移人口自营就业方式比重与第三产业从业比重呈逐步上升趋势。

表 2-7　中国外出农业转移人口地区分布构成(2008 年、2016 年)

年份	区域	东部地区(%)	中部地区(%)	西部地区(%)
2008	省内	79.70	29	37.00
	省外	20.30	71	63.00
2016	省内	82.20	38	47.80
	省外	17.80	62	52.20

资料来源:2009—2016 年全国农民工监测调查报告。

4. 收支与居住

2016 年,农业转移人口人均月收入为 3072 元,比 2008 年的 1340 元增加 1732 元,增幅达 129.25%。分地区看,2016 年在东部地区务工的农业转移人口人均月收入 3454 元,比 2008 年 1352 元增加 2102 元,增幅达 155.47%;2016 年在中部地区务工的农业转移人口人均月收入 3132 元,比 2008 年 1275 元增加 1857 元,增幅达 145.65%;2016 年在西部地区务工的农业转移人口人均月收入 3117 元,比 2008 年 1273 元增加 1844 元,增幅达 144.85%。

表 2-8　中国农业转移人口分区域月均收入及增幅(2008—2016 年)

年份	东部地区(元)	增幅(%)	中部地区(元)	增幅(%)	西部地区(元)	增幅(%)
2008	1352	—	1275	—	1273	—
2009	1422	5.20	1350	5.90	1378	8.30

续表

年份	东部地区（元）	增幅（%）	中部地区（元）	增幅（%）	西部地区（元）	增幅（%）
2010	1696	19.20	1632	20.90	1643	19.20
2011	2053	21.00	2006	22.90	1990	21.10
2012	2286	11.35	2257	12.51	2226	11.86
2013	2693	17.80	2534	12.27	2551	14.60
2014	2966	10.20	2761	9.00	2797	9.60
2015	3213	8.30	2918	5.70	2964	6.00
2016	3454	7.40	3132	7.70	3117	5.20

资料来源:2009—2016年全国农民工监测调查报告。

2015年外出农业转移人口月均生活消费支出为人均1012元,比2012年的733元增加279元,增长38.06%。其中,人均月居住支出为475元,比2012年的356.69元增加118.31元,增幅达33.17%,居住支出占生活消费支出的比重为46.90%,比2012年的48.66%下降了1.76个百分点。

外出农业转移人口中,2015年在单位宿舍居住的占28.70%,比2009年下降5.20个百分点;在生产经营场所和工地工棚居住的占15.90%,比2009年下降2个百分点;租赁住房的占37%,比2009年提高2.40个百分点;外乡从业回家居住的农业转移人口占14%,比2009年提高4.7个百分点;在务工地自购房的农业转移人口占1.30%,仅比2009年提高0.50个百分点。

此外,农业转移人口从雇主或单位处得到住房补贴的比例增加。2015年,外出农业转移人口中,46.10%由雇主或单位提供免费住宿,比2009年下降3个百分点;7.90%从雇主或单位处得到住房补贴,比2009年提高0.50个百分点。

5.社会保障

农业转移人口的社会保障水平逐步提升。2016年,被拖欠工资的农业转移人口占比仅为0.84%,比2008年下降3.26个百分点,从农业转移人口比较集中的几个行业看,2016 年制造业、建筑业、批发和零售业、交通运输仓储和邮政业被拖欠工资的农业转移人口比重分别为 0.60%、1.80%、0.20% 和 0.40%。2016 年,外出农业转移人口年从业时间均达 10 个月,平均每月工作天数为 24.90 天,比 2009 年降低了 1.13 天,每周工作时间超过 44 小时的人数占比为 78.40%,比 2009 年降低了 11.40 个百分点。2016 年,农业转移人口与雇主或单位劳动合同的签订比重达 35.10%,比 2009 年降低了 7.70 个百分点。

2016 年,农业转移人口养老保险、工伤保险、医疗保险、失业保险和生育保险的参保率分别为 16.70%、26.20%、17.60%、10.50%、7.80%,比 2009 年分别提高了 9.10、4.40、5.40、6.60、5.50 个百分点,其中养老保险的参保率提升最大。外出农业转移人口虽然在工伤、医疗与住房公积金方面的参保率高于本地农业转移人口,但在养老、失业与生育方面的参保率却低于本地农业转移人口。此外,制造业参保率始终最高,2014 年工伤保险参保率达 34.20%,而建筑业参保率维持在较低的水平,尤其是工伤保险的参保率一直在 15% 左右,仅为制造业相应参保率的 43.86%。

(二) 农业转移人口市民化的问题分析

综合前面的理论分析,本书认为农业转移人口的市民化包括六个层面:农村向城市的空间转移;农业向非农产业的产业转移;农村户口向城市户口的身份转换;农村生活方式向城市生活方式的方式转变;农村文化向城市文化的文化认可与融合;农村社会网络向城市社会网络的社会认同。只有完成了以上六个层面的相应过程,农业转移人口方能真正实现市民化进程。而由于历史、制度及机制等方面的原因,中国农业转移人口实际上只完成了空间转移与产业转移,其市民化过程并不完全,主要表现为政策机制、农村需求、城市供给、社会心理与个体决策五个方面的问题与矛盾。

1. 城乡二元体制与区域一体化发展的矛盾

前文已提及,受限于自新中国成立后逐步形成的城乡二元结构,进而形成了城乡分割的发展体制,虽然非农产业的发展驱动了人口流动,带来了产业发展与人口聚集,形成了剩余劳动力大量向城市移动的浪潮,但这一过程并未形成真正意义上的城镇化,而是形成了大规模的具有季节性特征的人口流动,演变为"伪城镇化"。农村大量剩余劳动力的跨领域跨区域流动对于流入区域的经济增长与区际差距的缩小有着极大的促进作用,然而绝大部分农业转移人口因为诸多原因无法成为真正的城市居民,使得上述良性机制并未得以有效发挥。同时,由于城乡二元体制以及区域发展的不协调的存在,不同区域之间在公共支出、社会保障、子女教育等公共服务方面的差距逐步扩大,形成了非良性的累积因果效应,对区域一体化发展的现实要求产生了一定的负面效应。主要表现为:吸收农业转移人口的发达地区享受其创造的 GDP 与税收,却并未提供均等的公共服务,造成越是发达的区域发展越好,财政收入越高,投资与产业发展越旺盛,对劳动力的需求也越大的局面,从而吸引更多的剩余劳动力流入,形成了累积性的正向因果循环;相应的,农业转移人口流出区域由于人力资源的快速大量流失,造成经济发展缺乏必需的人力资源与税收创造力不足,投资与产业发展越低迷,对劳动力的需求越小的局面,使得剩余劳动力进一步外流,形成了累积性的反向因果循环,加剧了区际发展的差距以及不协调程度。此外,城乡二元结构也会使得城市与乡村之间出现非良性的累积因果效应,导致区际、城乡双重差距的产生,从而形成了城乡二元体制与区域一体化发展的矛盾。

2. 农村空心化与农业转移人口市民化意愿低的矛盾

如前文所述,伴随工业化与城镇化的迅速发展,在恩格尔定律作用下,大量农村剩余劳动力尤其是青壮年劳动力不断离开农村外出城市就业生活,留在农村的常住人口不断减少。由于土地制度与宅基地的限制,人口空心化逐渐发展为人口、土地、产业以及基础设施的农村整体空心化,长此以往将对农村经济社会的发展乃至全国经济社会可持续发展造成严重阻碍,因此迫切需要推动农业转移人口的市民化进程,这也是从根本上解决农村空心化的关键举措。然而,中国社科院的一项调查显示,农业转移人口的市民化意愿较低,其中"60后""70后"的第一代农业转移人口的市民化意愿仅为20%,而被视为市民化主力的"80后"第二代农业转移人口的市民化意愿也仅为25%,而且如果市民化需要放弃承包土地的话,市民化意愿更是降低至10%。

享受市民红利则必须舍弃农民身份,而相对于非农户口,农业户口的优势在于拥有承包土地与农村宅基地使用权的权利。农业转移人口市民化意愿低,其实是不愿用土地换户口,无法判断市民户口带来的权利增值是否能够大于或至少匹配土地给其带来的权利。因此,农村空心化与农业转移人口市民化意愿低的矛盾只能有赖于达到权利的均等化,即土地权利的基本保障与进城后的基本服务与公共权利能够使得农业转移人口作出市民化决策。

3. 城市人口承载力弱与农业转移人口公共服务需求的矛盾

2015年,在农业转移人口中,地级以上城市的流入人数达11190万人,占农业转移人口总数的66.30%,比2014年上升2个百分点,比2009年上升了3个百分点。流入地级以上城市的剩余劳动力在不断增加,导致以上城市常住人口快速增长,达到甚至超过了城市的承载力,出现了不同程度的"城市病"。尤其是北上广深等特大城市,每年常住人口的增加量高达40万—50万人,等同于中小城市的人口规模。2016年年末,北京、上海、广州、深圳的常住外来人口分别为808万人、980万人、534万人、786万人,外来人口所占比例分别为37.20%、40.50%、38%、66%。为了容纳增加的大量人口,城市蔓延式发展,形成了城市中的棚户区与贫困人群,一方面对城市原有居民的公共服务水平造成了负面影响,另一方面农业转移人口的公共服务需求也并未达到基本要求,其公共服务的需求长期未得到满足,造成了较为严重的经济社会问题。虽然农业转移人口的流入城市因为劳动力资源充裕而获得了较快的经济增长与较高的财政收入,但同样是因为其流入至城市,使得城市的可持续发展能力受到了严重挑战。城市承载力相对于流入的大量农业转移人口而言相对较弱,其与农业转移人口的基本公共服务的需求之间的矛盾,已成为农业转移人口市民化进程必须面对且迫切需要解决的又一关键问题。

4. 社会融入障碍与角色错位的矛盾

前文已提及,由于城乡二元体制的存在,城市与乡村形成了两种截然不同的发展模式与社会生态,形成了具有不同特征的城市文明与乡村文明。大量农业转移人口进入城市,一方面面临着城市文明与乡村文明的冲突,另一方面也对原有市民的福利水平产生了一定的负面影响,从而使得农业转移人口在城市中受到了不同程度的"群体性偏见"。户籍制度抬高了农业转移人口市民化的门槛,其进城落户定居成为真正意义上的市民还有诸多体制与政策障碍,仍被认为是城市的"过客",表现为针对农业转移人口的制度异化、生活隔离、经济限制以及心理排斥,无法享受均等化的市民待遇,即使获得了市民身份,也依然受到原有市民群体的社会排斥,无法融入城市的社会网络。在市场失灵以及组织低效的情况下,社会网络成为农业转移人口在城市中就业生活、获取城市资源进而与原有市民进行竞争的主要手段与途径,当其原有的、在农村社会构建的初级社会网络无法提供预期的城市资源时,农业转移人口在城市中再构建符合该群体要求的特有的社会网络,其市民化进程表现为"身体进城"到"权利进城"再至"精神进城"的分列式状态。

5. 自由处置资产的权利与市民化成本的矛盾

造成农业转移人口在城市中的竞争弱势的原因,除了其自身在人力资本(如受教育水平、技术技能等)、社会资本(关系网络、迁移距离、进城时间等)等因素以外,一个十分重要的原因是其不能真正自由地处置"财产",特别是承包土地、宅基地与自有房产,无法按照其意志将以上财产有效地投入市场。实际上,农业转移人口拥有的以上财产的所有权并不完全,需要经由国家征用转变为国有资产再进入市场。应该说,农业转移人口对于土地、房屋的自由处置权并未获得足够的认可,因此无法作为完全的自由、独立的市场主体,进而对农业转移人口的市场地位造成了不良影响,导致其在市场中的弱势地位。从某种意义上说,农业转移人口实际上拥有较为充裕的市民化资本,只是由于诸多因素的制约导致其市民化资本无法进行市场交易,使得农业转移人口群体中具有较强的市民化意愿的人员无法依照自身意愿凭借自身能力完成市民身份的转变。

农业转移人口的市民化需要较高的成本,既然其自身无法实现,就只能依靠于在其迁移中获得较大收益的流入城市政府。农业转移人口市民化进程较为缓慢,其中一个原因就是地方政府在现有机制下,无心承担其市民化成本,即使有心承担,也因为地方财政的限制而担心无力承受。

第三节　人口市民化的需求与供给分析

本节首先进行农业人口市民化需求与供给的问卷调查,分析样本农业转移人口的相关特征;其次,基于市民化需求与供给的内涵界定,对市民化需求及供给进行定量分析,并分析影响其需求与供给的因素,为农业转移人口市民化程度的测算提供依据。

一、样本选择与特征分析

本书农业转移人口市民化问卷的调研地点是安徽省,安徽省是农业转移人口流出大省,2014 年农村从业劳动力总数为 3363.80 万人,其中农业专业人口所占比例达 55%,外出农业转移人口总数为 1320.30 万人,在本省务工的比例仅占 27.20%,外出务工地主要集中在长三角等发达地区,其中江浙沪三地的占比达 59%。2016 年安徽省农业转移人口总量为 1878.40 万人,其中外出农业转移人口人数为 1380.10 万人,比 2015 年增加 8.70 万人;本地农业转移人口人数为 498.40 万人,比 2015 年增加 11 万人。因此,以安徽外出务工的农业转移人口为例研究其市民化需求与供给，具有一定的代表性与典型性。本节所采用的数据来源于2014—2015年在安徽南部、中部与北部多个地区进行的问卷调查。调查小组由安徽财经大学区域经济学硕士点研究生以及经济学院本科生创新团队的成员组成，按照随机抽样的原则，调研方式采取面对面访谈法（随机访问，确定是调研对象后进行访谈），调查对象为不同年龄的农业转移人口，对受访的农业转移人口的基本情况、收入情况、就业情况、支出情况、居住情况、居住意愿、享受公共服务、业余文化生活情况、土地情况、市民化意愿情况、社会参与情况11个方面进行较为系统的调查，调研问卷的具体内容详见附录。本次调查共发放900份问卷，收回问卷870份，问卷回收率为96.67%，剔除29份不合格问卷，有效问卷为831份，问卷有效率为95.52%。为更为细致地分析农业转移人口的市民化进程，本节首先对样本的具体特征进行定量分析，共分为人口特征、家庭特征、职业特征、居住特征、社会制度保障与社会参与六个方面。

（一）人口特征

1. 以男性为主，平均年龄与全国平均基本一致

831个样本的性别结构为：男性为567人，占比达68.23%，比全国平均水平高1.23%；女性为264人，占比达31.77%。其中，相比于新一代农业转移人口，老一代农业转移人口中男性所占比例较高，34岁以上的农业转移人口中男性占比为70.12%。这是因为很多就业岗位大多需要男性劳动力，同时女性因为家庭原因，即需要照顾子女与老人而选择留在农村，外出务工的人数较少。

从年龄结构上看，831位受访者的平均年龄约为38岁，比全国平均水平低0.30岁。其中新生代农业转移人口人数为329人，占比达39.59%；16—24岁为121人，占比为14.56%；25—34岁为208人，占比25.03%。老一代农业转移人口人数为502人，占比达60.41%；45—54岁占31.00%，

35—44 岁占 23.90%,55 岁以上占 5.40%。老一代农业转移人口仍是农业转移人口的主力军。

2. 以初中文化为主,新一代农业转移人口受教育程度较高

在受访的 831 位农业转移人口中,初中以下文化占比为 24.79%,初中文化占比为 41.03%,高中及以上占比为 34.18%。而且,新一代农业转移人口文化程度相对较高,高中以上文化占比达 41.30%,老一代农业转移人口的该比值仅为 6.20%。此外,通过不同年龄段的受教育程度的对比,可以清楚地看到,农业转移人口的受教育程度与年龄呈显著的反向关系。

3. 大多已婚,农业户口比重较高

从受访者的婚姻状况看,已婚者为 640 人,占比达 77.02%;未婚者为 176 人,占比达 22.98%。而从受访者的户籍状况看,拥有农业户口的农业转移人口人数为 680 人,占比为 81.83%;而非农户口者仅为 151 人,占比达 18.17%。

(二) 家庭特征

1. 子女随迁比重较低

在 831 位受访者中,举家迁移比重仅为 29.12%,非举家迁移占比达 70.88%,在一定程度上会给农业转移人口市民化进程带来阻碍。

从已婚受访者的配偶就业看,夫妻在同一城市中就业的比例最高,其人数为 238 人,占比达 28.64%,其中在同一单位就业的人数为 107 人,占比达 12.88%。此外,配偶在老家的人数为 225 人,占比为 27.08%;配偶在其他城市就业的人数为 102 人,占比为 12.27%;无配偶的人数为 159 人。

从子女随迁的情况看,受访者子女留在老家的比例最高,其人数为 236 人,占比达 28.40%。此外,子女在自己就业城市的人数为 152 人,占比为 18.29%;子女在配偶就业城市的人数为 184 人,占比达 22.14%;其他情况的人数为 87 人,占比为 10.47%;无子女的人数为 172 人,如表 2-9 所示。

表 2-9 样本子女随迁情况构成

单位:%

	在老家	在配偶就业城市	在自己就业城市	其他地方	无子女
举家外出	18.60	18.60	27.27	19.01	16.53
非举家外出	32.43	23.60	14.60	6.96	22.41
频率	28.40	22.14	18.29	10.47	20.70

2. 家庭收入与消费水平较低

从受访者的家庭年纯收入看,3 万元以下的比例最高,其人数为 282 人,占比达 33.94%;而 3 万—4.9 万元的人数为 250 人,占比为 30.08%;5 万—7.9 万元的人数为 189 人,占比为 22.74%;8 万元以上的人数为 110 人,占比达 13.24%。由以上数据可知,农业转移人口的家庭纯收入相对较低。

从受访者的消费支出看,外出农业转移人口的家庭消费水平偏低,家庭月消费水平在 1500 元以下的人数占比为 48.26%,1500—2000 元的人数占比为 20.70%,2000—2500 元的人数占比为 10.83%,2500—3000 元的人数占比为 5.17%,3000—3500 元的人数占比为 6.62%,3500—4000 元的人数占比为 2.77%,4000 元以上的人数占比为 5.66%。而 2014 年城镇人均月消费已达 2239 元。

3. 家庭承包地大多自种

在 831 位受访者中,家庭承包地没有流转而选择自种的比例最高,占比达 39.83%;而委托亲友代种的人数为 151 人,占比为 18.17%;转租给别人种的人数为 222 人,占比为 26.71%;无承包地的人数为 127 人,占比为 15.28%。可见,农业转移人口家庭承包地的流转进程较为缓慢,一定程度上也会限制其市民化进程。

(三)职业特征

1. 大多未参加过技能培训

在技能培训方面,831 位受访者中未参加过任何形式的技能培训的人数为 403 人,占比为 48.50%;而当过学徒工或参加过自费培训、企业组织的或政府组织的培训中一项的人数为 397 人,占比为 47.77%;参加过其中两项的人数为 28 人,占比为 3.37%;参加过其中三项的人数仅为 3 人,占比仅为 0.36%。

从参加技能培训的年龄结构来看,新生代农业转移人口的比例较高,占比为 34.70%,而老一代的比例为 42.40%。

2. 省内流动为主

从受访者的就业区域来看,在中部地区就业的比例最高,并且集中在本省。在 831 位受访者中,中部地区就业的人数占比为 62.45%,其中安徽省内就业人数为 486 人,占比为 58.48%;在东部地区就业的人数占比为 35.14%,西部地区就业的人数占比为 2.41%。此外,从安徽省内的就业地点来看,在地级市就业的人数比例最高,占比为 26.96%,而在省会城市就业的人数占比为 12.15%,在县级市就业的人数占比为 9.15%,在建制镇就业的人数占比为 10.23%,如表 2-10 所示。

表 2-10　样本就业地域分布

就业地域	百分比(%)	有效百分比(%)	累积百分比(%)	比重
东部地区	35.14	35.14	35.14	292
西部地区	2.41	2.41	37.55	20
中部地区	62.45	62.45	100.00	519
其中,省内:	58.48	58.48	—	486
省会	12.15	12.15	12.15	101
地级市	26.96	26.96	39.11	224
县级市	9.15	9.15	48.26	76
建制镇	10.23	10.23	58.49	85

3. 从事建筑业比重最高,东部地区从事服务业较其他地区更高

从受访者的从事行业来看,制造业、建筑业等体力劳动为主的行业的比重仍较高,其中建筑业的从业比重最高,占比达 30.93%,制造业的从业占比达 22.86%,餐饮与家庭服务业的从业占比为 12.76%,商业的从业占比为 10.95%,交通运输业的从业占比为 4.93%,其他行业的从业占比为 17.57%。

从受访者从事行业的地区来看,虽然流入不同区域的受访者从事的行业仍是以建筑业与制造业为主,但某些行业还存在明显的地区差别,东部地区从事商业、餐饮与家庭服务业、交通运输业等服务业的人数占比为 36.17%,而西部与中部地区的该比值分别为 25.00% 与 18.78%,如表 2-11 所示。

表 2-11 样本从事行业及地域分布构成

单位:%

行业	西部地区	中部地区	东部地区	比重
制造业	20.00	24.32	20.48	22.86
建筑业	40.00	31.27	29.69	30.93
商业	5.00	9.27	14.33	10.95
餐饮和家庭服务业	15.00	6.02	18.09	12.76
交通运输业	5.00	3.49	3.75	4.93
其他	15.00	19.88	13.65	17.57

4. 半数以上从事体力型工作

从受访者的职业类型来看,从事体力型工作的人数比例最高,占比达 62.58%,而从事技术型工作的人数占比为 25.63%,从事管理型工作的人数占比为 11.79%。

从受访者的月平均工资水平来看,月平均工资在 3001—5000 元的人数比例最高,占比达 50.78%,而 3000 元以下的人数占比为 27.80%,5001—7000 元的人数占比为 15.76%,7000 元以上的人数占比为 5.66%。此外,从事体力型工作的受访者月平均工资偏低,3000 元以下的人数占比为 36.92%,而技术型与管理型工作的人数占比分别为 15.49% 与 6.12%,如表 2-12 所示。

表 2-12　样本月平均工资分布构成

单位:%

职业类型	3000 元以下	3001—5000 元	5001—7000 元	7000 元以上
体力型为主	36.92	50.58	10.58	1.92
技术型为主	15.49	55.87	24.41	4.23
管理型为主	6.12	40.82	24.49	28.57
频率	27.80	50.78	15.76	5.66

（四）居住特征

1. 以单位或雇主提供住宿为主

在 831 位受访者中,单位或雇主提供的集体宿舍仍是农业转移人口的主要居住选择,占比达 39.71%,租赁住房的人数比重也较高,占比为 33.57%。选择自购房产的人数比重较低,占比仅为 14.79%,其中,选择自购商品房的人数比重为 7.70%,选择自购经济适用房或两限房的人数比重为 7.09%。此外,选择政府提供的廉租房的人数比重为 1.32%,选择其他居住形式的人数比重为 10.61%,如表 2-13 所示。

表 2-13　样本居住形式构成

居住形式	百分比(%)	有效百分比(%)	累积百分比(%)	比重
自购商品房	7.70	7.70	7.70	64
自购经济适用房或两限房	7.09	7.09	14.79	59
政府提供的廉租房	1.32	1.32	16.11	11
租赁房屋	33.57	33.57	49.68	279
单位提供的集体宿舍	39.71	39.71	89.39	330
其他	10.61	10.61	100	88

2. 同住人员以工友或朋友为主

在 831 位受访者中,部分农业转移人口就近就业,回家居住的人数为 106

人,占比为 12.76%;选择自己单独居住的人数为 99 人,占比为 11.91%;选择与家人同住的人数为 308 人,占比为 37.06%;而和工友或朋友同住的人数为 318人,占比为 38.27%。由以上数据可知,和工友或朋友同住的人数比例最高。

3. 多数倾向于未来定居城镇

在 831 位受访者中,未来倾向于回到家乡所在的城镇或周边小城镇定居的人数比重最高,占比达 33.10%,而打算在就业城市定居的人数占比为27.68%,准备回到农村定居的人数占比为 26.84%,还没想好的人数占比为12.38%。由以上未来定居意愿的数据可以看出,农业转移人口愿意留在就业所在城市长久定居的比例偏低,市民化的难题在于其最愿意定居的家乡城镇不能提供足够多的就业机会,没有能力留住这些农业转移人口,而就业城市虽有能力留住,但生活成本较高,农业转移人口不愿定居,如表 2-14 所示。

表 2-14　样本未来定居意愿

定居意愿	百分比(%)	有效百分比(%)	累积百分比(%)	比重
在就业的城镇定居	7.22	7.22	7.22	60
在就业的城市定居	20.46	20.46	27.68	170
回家乡的城市定居	23.47	23.47	51.15	195
回离家近的小城镇定居	9.63	9.63	60.78	80
回农村定居	26.84	26.84	87.62	223
还没想好	12.38	12.38	100.00	103

(五) 制度保障

1. 享受住房政策较少

城市居民可以享受到的住房政策,如住房补贴、住房公积金、就业城市的经济适用房或两限房、老家的经济适用房或两限房、就业城市的廉租房或公共租赁房、老家的廉租房或公共租赁房等。在 831 位受访者中,享有一项的人数为 508 人,占比达 61.13%;享有两项的人数为 20 人,占比为 2.41%;享有三项及以上的人数为 16 人,占比为 1.93%;未享受任何一项的人数为 287 人,占比为 34.54%。由以上数据可以看出,虽然国家加大了对农业转移人口居住保障的投入,但其享受的政策待遇仍远落后于城市居民。

2.参保率偏低

中国当前的社会保险主要包括城镇职工基本医疗保险、工伤保险、失业保险、生育保险、城镇职工养老保险等。在 831 位受访者中,享有一项的人数为 228 人,占比为 27.44%,且大多为工伤保险;享有两项的人数为 77 人,占比为 9.27%;享有三项的人数为 43 人,占比为 5.17%;享有四项的人数为 21 人,占比为 2.53%;享有五项的人数为 60 人,占比为 7.22%;未享受任何一项的人数为 402 人,占比为 48.38%。

3.子女大多选择在老家接受教育

在 831 位受访者中,选择子女在老家接受教育的农业转移人口比重最高,人数为 414 人,占比达 49.82%;子女在就业城市的公办学校接受教育的人数为 137 人,占比为 16.49%;子女在就业城市民办学校接受教育的人数为 72 人,占比为 8.66%;其他情况的人数为 208 人,占比为 25.03%,如表 2-15 所示。

表 2-15　样本子女接受教育情况

子女接受教育情况	百分比（%）	有效百分比（%）	累积百分比（%）	频数
在老家学校接受教育	49.82	49.82	49.82	414
在就业城市公办学校接受教育	16.49	16.49	74.97	137
在就业城市民办学校接受教育	8.66	8.66	58.48	72
无子女者	25.03	25.03	100	208

4.对农村承包地与宅基地具有较强的保留意愿

在 831 位受访者中,如果进城定居,从农村承包地的处置方式来看,选择保留承包地进行有偿流转的人数占比为47.65%,选择保留承包地自己耕种的人数占比为26.35%,选择承包地入股分红的人数占比为6.62%,选择获得城镇户口但需有偿放弃承包地的人数占比为6.38%,选择获得城镇户口可无偿放弃的人数占比为1.20%,其他情况的人数占比为11.79%。

从农村自有房产或宅基地的处置方式来看,选择保留自有房产或宅基地的人数占比达62.82%,选择进行有偿流转的人数占比为13.60%,选择获得城镇户口但需有偿放弃的人数占比为3.37%,选择用自有房产或宅基地置换城市住房的人数占比为9.99%,其他情况的人数占比为10.23%。由以上数据可以看出,农业转移人口对农村承包地、农村自有房产与宅基地具有较强的保留意愿。

5. 城市户籍的吸引力较弱

在831位受访者中,选择"愿意留在城里"的人数占比仅为15.28%;表示选择"不愿意留在城里"的人数占比达48.74%;选择"无所谓"的人数占比为23.71%,相信"这种状况相信会改变"的人数占比为12.27%。由以上数据可知,农业转移人口留城意愿不强,城市户籍的吸引力偏弱,如表2-16所示。

表 2-16　假如不提供城镇户籍样本留城意愿

留城意愿	百分比(%)	有效百分比(%)	累积百分比(%)	频数
愿意	15.28	15.28	15.28	127
不愿意	48.74	48.74	64.02	405
无所谓	23.71	23.71	87.73	197
相信会改变	12.27	12.27	100	102

（六）社会参与

在831位受访者中,从参与社区活动的需求来看,想参加社区活动的人数占比为32.73%,不想参加的人数占比为21.78%,持无所谓态度的人数占比为45.49%,从一定程度反映出农业转移人口并未融入城市生活。从关注时事新闻来看,经常收看时事新闻的人数占比为 40.79%;偶尔收看的人数占比为 39.11%;极少收看的人数占比为 20.10%。从工友因权益侵犯是否同去上访的态度来看,积极参加的人数占比为 36.34%;表示同情但不参加的人数占比为 38.51%;劝阻的人数占比为 12.03%;持无所谓态度的人数占比为 13.12%。应当说,以上数据在一定程度上反映出,农业转移人口较为关注时事新闻,但社会参与度不高,维权意识与法制观念较为淡薄。

二、市民化需求分析

(一) 市民化需求的内涵

农业转移人口的市民化需求是其具有主动成为城镇居民并定居城镇的市民化意愿,而且通过外在与内在条件的努力能够实现其市民化意愿。需要进一步说明的是,农业转移人口的市民化需求由市民化意愿与市民化能力两个重要要素构成,其中市民化意愿是指农业转移人口具有较强的成为市民并定居城镇的主观意愿,其受城镇适应性、对未来的规划、城镇与农村的发展差异以及市民化的成本收益考量等因素的影响,而市民化能力是指在现有政策条件与农业转移人口自身综合实力的条件下,其具备的较好的定居城镇、适应城镇与融入城镇的能力,受城镇定居条件、落户条件以及农业转移人口在城镇可持续发展能力等诸多因素的影响。

由于进行了问卷调查,市民化意愿可以通过农业转移人口对于相关问题的回答而较为容易获得,其市民化能力较难直接测度,本书认为假设不存在市民化的政策阻碍的情况下,当农业转移人口的年收入等于城镇非私营单位就业人员的年平均工资时,那么其就具备了在城市长期定居并获得可持续发展的能力,即市民化能力。因此,农业转移人口市民化需求的测度可以根据其市民化意愿与收入水平进行确定。

（二） 市民化需求的测度

农业转移人口的市民化需求分为两类:第一类是选择永久定居城镇,即具有极强的市民化意愿也具有较强的市民化能力的农业转移人口,可能有些也成功获得市民身份,有些因为外在因素的影响还尚未获取市民身份;第二类则是具有潜在的市民化需求,但却选择暂时不永久定居城镇的农业转移人口,其中包括两种情况:一是具有市民化意愿却不具备完全的市民化能力,具备在城镇可持续发展的能力但受到某些客观因素制约,从而未选择永久定居城镇的部分农业转移人口;二是同时具有市民化意愿与市民化能力,却因为某些主客观原因未选择永久定居城镇的部分农业转移人口。以上两种需求是市民化的有效需求,只有有效需求才符合市民化需求的内涵要求,"是否希望转为城镇户口"只是市民化意愿,因此本节研究的市民化需求主要研究前面两类需求,通过识别有效需求,研究各因素对有效需求的影响,进而构建计量模型,测度农业转移人口的市民化需求。

关于农业转移人口市民化的有效需求的识别,本节分为三个层次进行,如表2-17所示,具体过程为:第一层次,让受访者回答"是否定居城市"的问题(1),如果选择①,则判断其具有市民化需求;如果选择②,判断其不具有市民化需求;如果选择③,则需进一步判断,进入第二层次;第二层次,让受访者回答"希望定居在何处"的问题(2),如果选择②,则判断为其不具有市民化需求;如果选择①,则判断其具有市民化意愿,需判断是否具有市民化能力,进入第三层次;第三层次,让受访者回答"收入水平是否达到希望定居城镇市民的平均水平"的问题(3),如果选择①,则认为其具备市民化能力。

通过以上三个层次的识别,在831个样本中,528人符合市民化需求的要求。由此对需求方程的因变量进行设定,不具备市民化需求的样本赋值为0,具有市民化需求的样本则赋值为1。

表 2-17 农业转移人口市民化需求的直接识别

编号	问题内容	识别目的	答案选择	频数
（1）	是否定居城市	区分已定居者与未定居者	①在就业城镇/家乡城镇定居；②农村；③没想好	①＝505 ②＝223 ③＝103
（2）	希望定居在何处	挖掘潜在需求	①城镇；②农村	①＝69 ②＝44
（3）	收入水平是否达到希望定居城镇市民的平均水平	排除无效需求	①是；②否	①＝23 ②＝46

（三）农业转移人口市民化需求交叉表分析

首先对具备市民化需求的 528 个样本进行单变量分析,采用基于 Pearson 卡方检验的交叉表法。参考王桂新(2008)、黄庆玲(2014)运用该方法对农业转移人口相关问题的研究,结合本书所做的调查问卷,下文分别从农业转移人口的人口特征、家庭特征、职业特征、居住条件、社会制度保障以及社会参与六类共三十个变量分析 6 类因素对市民化需求的影响,分析结果见表 2-18、表 2-19、表 2-20、表 2-21、表 2-22 与表 2-23。

1. 人口特征与市民化需求的关系

由表 2-21 可知,人口特征中性别、年龄、婚姻状况与文化程度等指标均在 1%水平下表现为显著关系,说明在统计意义上,以上因素与市民化需求密切相关。农业转移人口中男性的市民化需求比例低于女性,老一代农业转移人口由于其传统农民的典型特征,具有较浓的恋土情结,且思想大多非常保守,而新生代农业转移人口几乎未从事过农业生产,受教育程度与思想开放度均较高,故其市民化需求比例均高于老一代农业转移人口(刘传江、徐建玲,2007)。此外,农业转移人口中已婚者的市民化需求比例高于未婚者,这与举家迁移比例低有关,文化程度低的农业转移人口的市民化需求比例低于文化水平高者。

表 2-18 受人口特征影响的市民化需求比较

变量	分类	有市民化需求		无市民化需求		χ^2	Sig.
		数量	比例(%)	数量	比例(%)		
性别	男	340	60.00	227	40.00	9.836	0.002
	女	188	71.20	76	28.80		
年龄	16—24 岁	83	68.60	38	31.40	49.990	0.000
	25—34 岁	159	76.40	49	23.60		
	35—44 岁	136	68.30	63	31.70		
	45—54 岁	135	52.30	123	47.70		
	55 岁及以上	15	33.30	30	66.70		
婚姻状况	未婚	135	76.70	41	23.30	17.887	0.000
	已婚	382	59.70	258	40.30		
	其他	11	73.30	4	26.70		
文化程度	初中以下	105	50.97	101	49.03	34.964	0.000
	初中	207	60.70	134	39.30		
	高中	87	74.40	30	25.60		
	中专(高职)	44	74.60	15	25.40		
	大专及以上	85	78.70	23	21.30		

注:Sig.为显著性,显著性水平均选取 5%(下同),当 Sig<0.1 时,拒绝 H_0 假设(H_0:假设两因素相互独立)。

2. 家庭特征与市民化需求的关系

由表 2-19 可知,家庭特征中配偶就业情况、子女随迁情况、承包地情况以及家庭年纯收入四个因素均在 1% 水平下表现为显著关系,表明在统计意义上,以上因素与市民化需求密切有关。由于夫妻均在同一城市甚至是同一单位就业,工作与生活方式更为接近,且降低了协商与定居成本,故夫妻双方就业地点越接近,市民化需求的比例也就越高,这也是子女随自己迁移样本的市民化需求比例为何高于其他情况的原因。承包地作为农民的最重要的财产之一,是其在退出城镇的最后保障,因此,有承包地样本的市民化需求的比例低于无承包地的样本。由于家庭年纯收入越高,其对生活方式与生活水平的要求则更高,市民化的意愿与能力也就越强,故家庭年纯收入越高的样本的市民化需求的比例高于家庭年纯收入较低的样本。

另外,"是否举家外出"在5.102%水平下表现为较为显著关系,表明在统计意义上该因素与市民化需求较为相关,由于举家外出比未举家外出,迁移成本与定居成本较低,决策成本也相对更低。因此,举家外出的样本的市民化需求比例高于未举家外出的样本。农业转移人口在外月均生活消费支出这一指标在9.041%水平下表现为显著关系,但是不同消费水平的样本的市民化需求比例并未表现出明显的规律性。

表 2-19　受家庭特征影响的市民化需求比较

变量	分类	有市民化需求		无市民化需求		χ^2	Sig.
		数量	比例(%)	数量	比例(%)		
是否举家外出	是	168	69.40	74	30.60	5.102	0.024
	否	360	61.10	229	38.90		
配偶就业情况	无配偶	122	76.70	37	23.30	34.416	0.000
	在老家	110	48.90	115	51.10		
	在其他地方就业	67	65.70	35	34.30		
	在同一城市就业	156	65.50	82	34.50		
	在同一单位就业	73	68.20	34	31.80		
子女随迁情况	无子女	133	77.30	39	22.70	21.901	0.000
	其他	58	66.70	29	33.30		
	在老家	135	57.20	101	42.80		
	在配偶就业城市	105	57.10	79	42.90		
	在自己就业城市	97	63.80	55	36.20		
承包地情况	无承包地	94	74.00	33	26.00	8.385	0.039
	自种	200	60.40	131	39.60		
	委托亲友代种	99	65.60	52	34.40		
	转租给别人种	135	60.80	87	39.20		

变量	分类	有市民化需求		无市民化需求		χ^2	Sig.
		数量	比例（%）	数量	比例（%）		
家庭年纯收入	3 万元以下	156	55.30	126	44.70	12.850	0.005
	3.1 万—5 万元	166	66.40	84	33.60		
	5.1 万—8 万元	131	69.30	58	30.70		
	8 万元以上	75	68.20	35	31.80		
在外月均生活消费支出	1000 元以下	105	61.40	66	38.60	9.041	0.050
	1001—1500 元	137	59.60	93	40.40		
	1501—2000 元	116	67.40	56	32.60		
	2001—2500 元	65	72.20	25	27.80		
	2501—3000 元	26	60.50	17	39.50		
	3001—3500 元	32	58.20	23	41.80		
	3501—4000 元	18	78.30	5	21.70		
	4000 元以上	29	61.70	18	38.30		

3.职业特征与市民化需求的关系

由表 2-20 可知,职业特征中技能培训、城市就业年限、从事行业三个因素均在 1%水平下表现为显著关系,表明在统计意义上,以上因素与市民化需求密切相关。由于技能培训增加了农业转移人口的人力资本,使其具备更高的技能水平与素质,从而拥有更强的就业竞争力,市民化能力得以提升,故接受技能培训越少的样本的市民化需求比例越低。城市就业年限越长,其在城市中的关系网络及对城市生活的适应性更强,故市民化的需求比例高于就业年限短的农业转移人口。由于从事建筑业的样本劳动强度较大、工资弹性较低,对城市生活的适应性也较差,因此其市民化需求的比例低于从事商业的样本。

职业类型、月工资收入、工作时间三个因素均在 5%水平表现为显著关系,表明在统计意义上以上因素与市民化需求相关。从事管理型工作的样本的市民化需求比例高于从事体力型工作的样本;月工资水平越高,农业转移人口的市民化需求比例越高,这是由于工资水平的高低直接决定了其市民化能力的强弱。此外,就业满意度、就业地域分布两个因素并未通过10%水平下的显著性检验,表明这两个指标对市民化需求不产生显著影响。

表 2-20 受职业特征影响的市民化需求比较

变量	分类	有市民化需求		无市民化需求		χ^2	Sig.
		数量	比例(%)	数量	比例(%)		
技能培训	没有参加过	237	58.80	166	41.20	13.058	0.005
	参加过一项	264	66.50	133	33.50		
	参加过两项	24	85.70	4	14.30		
	参加过三项	3	100.00	0	0		
目前务工城市就业年限	不足1年	37	63.80	21	36.20	6.962	0.073
	1—4年	266	67.70	127	32.30		
	5—10年	153	61.00	98	39.00		
	11年及以上	72	55.80	57	44.20		
职业类型	体力型为主	309	59.40	211	40.60	10.22	0.006
	技术型为主	151	70.90	62	29.10		
	管理型为主	68	69.40	30	30.60		
月工资收入	3000元以下	134	58.00	97	42.00	6.353	0.026
	3001—5000元	276	65.40	146	34.60		
	5001—7000元	86	65.50	45	34.40		
	7000元以上	32	68.10	15	31.90		
工作时间	6小时以下	35	66.00	18	34.00	7.165	0.024
	6—8小时	149	60.80	96	39.20		
	8—9小时	177	69.40	78	30.60		
	9小时以上	167	60.10	111	39.90		
就业满意度	很不满意	14	66.70	7	33.30	1.789	0.775
	不太满意	127	64.10	71	35.90		
	无所谓	88	62.00	54	38.00		
	基本满意	272	62.80	161	37.20		
	很满意	27	73.00	10	27.00		

变量	分类	有市民化需求		无市民化需求		χ^2	Sig.
		数量	比例（%）	数量	比例（%）		
从事行业	制造业	118	62.10	72	37.90	18.138	0.006
	建筑业	148	57.60	109	42.40		
	商业	71	78.00	20	22.00		
	餐饮和家庭服务业	74	69.80	32	30.20		
	交通运输业	23	56.10	18	43.90		
	农业	10	47.60	11	52.40		
	其他	84	67.20	41	32.80		
就业地域分布	东部	197	67.20	96	32.80	2.692	0.260
	中部	319	61.60	199	38.40		
	西部	12	60.00	8	40.00		

4. 居住条件与市民化需求的关系

由表 2-21 可知，居住因素中外出就业居住形式与同住人员情况两个因素均在 1% 水平下表现为显著关系，表明在统计意义上，以上因素与市民化需求密切相关。由于居住廉租房的样本过少，自购商品房、居住经济适用房或两限房的样本的市民化需求比例高于租房或居住集体宿舍的样本，这是由于居住成本是农业转移人口市民化成本中的重要部分，故在就业城市已拥有房产的样本的市民化成本较低，其市民化需求的比例越高。而同住人员状况中，就近就业的选择回家住的样本仍居住在农村，其市民化需求相对较低；而在就业城市与家人同住的样本的市民化需求比例高于独居的样本，这是因为家庭成员一起居住，其融入城市的愿望与市民化能力较强。此外，居住满意度并未通过 10% 水平下的显著性检验，表明在统计意义上该因素与市民化需求没有显著关系。

表 2-21　受居住条件影响的市民化需求比较

变量	分类	有市民化需求		无市民化需求		χ^2	Sig.
		数量	比例（%）	数量	比例（%）		
居住形式	自购商品房	47	73.40	17	26.60	50.956	0.000
	自购经济适用房或两限房	43	72.90	16	27.10		
	政府提供的廉价租房	10	90.90	1	9.10		
	自己租的房屋	206	73.80	73	26.20		
	单位提供的集体宿舍	188	57.00	142	43.00		
	其他	34	38.60	54	61.40		
居住满意度	很不满意	20	71.40	8	28.60	0.911	0.823
	不满意	94	64.40	52	35.60		
	一般	366	62.90	216	37.10		
	很满意	48	64.00	27	36.00		
同住人员	自己住	60	60.60	39	39.40	16.070	0.001
	和家人同住	218	70.80	90	29.20		
	和朋友或工友同住	197	61.90	121	38.10		
	回家住	53	50.00	53	50.00		

5. 制度保障与市民化需求的关系

由表 2-22 可知,制度保障中子女教育情况、参保率、自有房产或宅基地的处置方式、留城意愿四个因素在 1% 水平表现为显著关系,表明在统计意义上以上因素与市民化需求密切相关。可能是因为让子女在就业城市的民办学校接受教育的样本的经济能力较强,其市民化能力较高,因此其市民化需求的比例高于其他形式。由于社会保障可以让农业转移人口在城市中定居提供更好的保障,故参保率越高的样本的市民化需求的比例也就越高。选择有偿放弃自有房产或宅基地的样本的市民化需求的比例明显高于保留自有房产或宅基地的样本。通过"假设不提供城镇户口情况下的农业转移人口留城意愿",

可以看出,对城镇户口越在意的样本的市民化需求的比例越低。同样,对承包土地越在意的样本的市民化需求的比例越低。承包地处置方式这一因素未通过5%水平下的显著性检验。此外,享受的住房政策这一因素在10%水平下不显著,表明在统计意义上该因素与市民化需求无关。

表2-22 受制度保障影响的市民化需求比较

变量	分类	有市民化需求		无市民化需求		χ^2	Sig.
		数量	比例(%)	数量	比例(%)		
享受的住房政策	没有	193	67.20	94	32.80	4.383	0.223
	一项	311	61.20	197	38.80		
	两项	15	75.00	5	25.00		
	三项及以上	9	56.30	7	43.80		
子女教育情况	在老家学校接受教育	217	52.40	197	47.60	48.017	0.000
	在务工地民办学校接受教育	59	81.90	13	18.10		
	在务工地公办学校接受教育	94	68.60	43	31.40		
	无子女者	158	76.00	50	24.00		
参加的社会保险数量	一项	153	67.10	75	32.90	24.725	0.000
	两项	50	64.90	27	35.10		
	三项	26	60.50	17	39.50		
	四项	12	57.10	9	42.90		
	五项	50	83.30	10	16.70		
	没有	237	59.00	165	41.00		
承包地处置方式	保留承包地,自己耕种	121	55.30	98	44.70	12.568	0.028
	保留承包地,有偿流转	257	64.90	139	35.10		
	入股分红	38	69.10	17	30.90		
	给城镇户口,无偿放弃	9	90.00	1	10.00		

变量	分类	有市民化需求		无市民化需求		χ^2	Sig.
		数量	比例(%)	数量	比例(%)		
承包地处置方式	给城镇户口,有偿放弃	34	64.20	19	35.80	12.568	0.028
	其他	69	70.40	29	29.60		
宅基地或房产处置方式	保留,备将来用	315	60.30	207	39.70	6.943	0.139
	有偿流转	79	69.90	34	30.10		
	给城镇户口,有偿放弃	21	75.00	7	25.00		
	置换城里的住房	55	66.30	28	33.70		
	其他	58	68.20	27	31.80		
如不提供城镇户口留城意愿	愿意,无论如何要留在城里	110	86.60	17	13.40	49.483	0.000
	不愿意,干些年再回去	216	53.30	189	46.70		
	无所谓,可以两边跑	133	67.50	64	32.50		
	相信这种情况会改变	69	67.60	33	32.40		

6. 社会参与与市民化需求的关系

由表 2-23 可知,社会参与中社区管理参与度、时事新闻的关注度两个因素均通过 5% 水平下的显著性检验,表明在统计意义上,以上因素与市民化需求密切相关。农业转移人口参与社区管理的愿望越强,表明其越想融入城市社会,其市民化需求的比例越高。同样,样本越关注时事新闻,表明其对于城市生活越向往,其市民化需求的比例自然越高。此外,"面对工友邀请上访维权的态度"这一因素并未通过 10% 水平下的显著性检验,表明在统计意义上,该因素与市民化需求没有显著关系,这可能与农业转移人口整体维权意识较弱且法制观念较为淡薄有关。

表 2-23　受社会参与影响的市民化需求比较

变量	分类	有市民化需求		无市民化需求		χ^2	Sig.
		数量	比例（%）	数量	比例（%）		
参与社区管理愿望	想	195	71.70	77	28.30	11.626	0.003
	不想	107	59.10	74	40.90		
	无所谓	226	59.80	152	40.20		
是否收看时事新闻	很少	98	58.70	69	41.30	8.403	0.015
	偶尔	226	69.50	99	30.50		
	经常	204	60.20	135	39.80		
对待工友邀请上访维权态度	积极参加	196	64.90	106	35.10	4.183	0.242
	表示同情，但不参加	2191	59.70	129	40.30		
	劝阻他们别去	65	65.00	35	35.00		
	无所谓	76	69.70	33	30.30		

（四）研究变量与模型

1. 变量选择

（1）因变量

因变量是农业转移人口的市民化需求，考察指标为"是否存在市民化需求"。样本中具有市民化需求的比例约为 63.54%。基于样本的基本特征可知，性别、年龄、婚姻状况以及受教育程度对农业转移人口的市民化需求具有较强影响，而就业分布对市民化意愿的影响较小。因此，年龄越小、婚姻状况为已婚且受教育程度越高的样本的市民化需求越大。

（2）自变量

有关农业转移人口市民化需求的专门研究较少，但是关于农业转移人口市民化进程或意愿的影响因素的研究较多，上述研究大多均认为诸多因素会对农业转移人口的市民化意愿产生影响，如自身因素、经济因素、制度因素、社会因素以及家庭因素等（张龙，2014；李练军、曹小霞，2014；佟星

以人为本的中国新型城镇化道路研究

格、王丽丽,2014)。以上影响农业转移人口的进程或意愿的因素,也会同样影响其市民化的需求。因此,市民化需求模型中的自变量应包括人口特征、家庭特征、职业特征、居住条件、制度保障以及社会参与6类因素30个变量。

按照市民化需求的交叉表分析结果,筛选出对其具有显著影响的变量。由表2-18—表2-23的卡方检验结果可得,居住满意度、就业满意度、就业地区分布、工友邀请上访的维权态度、享受的住房政策5个变量的P值分别为0.82、0.78、0.26、0.24、0.22,均大于10%水平下的统计显著性,表明在统计意义上,以上5个变量对市民化需求具有不显著影响,可以剔除。将余下的25个自变量纳入回归模型,依据问卷的选择设置不同的变量类别、赋值及影响属性,如表2-24所示。

表 2-24 变量类型、定义及预期影响方向判别

变量类别	变量名称	变量赋值	影响属性
人口特征	性别	男=1,女=2	—
	年龄	16—24岁=1,25—34岁=2,35—44岁=3,45—55岁=4,55岁及以上=5	-
	受教育程度	初中以下=1,初中=2,高中=3,中专(职高)=4,大专及以上=5	+
	婚姻状况	未婚=1,已婚=2,其他=3	—
家庭特征	是否举家外出	是=1,否=2	—
	配偶就业情况	无配偶=0,在老家=1,在其他地方打工=2,在同一城市打工=3,在同一单位工作=4	+
	子女随迁情况	在自己务工城市=4,在配偶务工城市=3,在老家=2,其他=1,无=0	+
	家庭年纯收入	3万元以下=1,3.1万—5万元=2,5.1万—8万元=3,8万元以上=4	+
	承包地情况	自种=1,委托亲友代种=2,转租给别人种=3	+
	在外就业月均生活消费支出	1000元以下=1,1001—1500元=2,1501—2000元=3,2001—2500元=4,2501—3000元=5,3001—3500元=6,3501—4000元=7,4000元以上=8	+

150

变量类别	变量名称	变量赋值	影响属性
职业特征	技能培训情况	没有参加过=0,参加过一项=1,参加过两项=2,参加过三项=3	+
	城市就业年限	不足1年=0,1—4年=1,5—10年=2,11年及以上=3	+
	就业行业	工业=1,建筑业=2,商业=3,餐饮和家庭服务业=4,交通运输业=5,其他6	+
	职业类型	体力型为主=1,技术型为主=2,管理型为主=3	+
	工作时长	6小时以下=1,6—8小时=2,8—9小时=3,9小时以上=4	−
	平均月收入	3000元以下=1,3001—5000元=2,5001—7000元=3,7000元以上=4	+
居住条件	居住形式	自购商品房=1,自购经济适用房或两限房=2,廉租房=3,自租房屋=4,集体宿舍(包括建筑工棚)=5,其他=6	−
	同住人员	自住=1,和家人同住=2,与朋友或工友同住=3,回家住=0	+
	社会保险数量	无=0,一项=1,两项=2,三项=3,四项=4,五项=5	+
	子女教育	在老家学校接受教育=1,在务工地民办学校=2,在务工地公办学校=3,无子女和其他情况=0	+
	承包地处置方式	保留承包地,自己耕种=1;保留承包地,有偿流转=2;入股分红=3;给城镇户口,有尝放弃=4;给城镇户口,无偿放弃=5;其他=0	+
	宅基地或房产处置方式	保留农村宅基地和房产,备将来用=1,;有偿转让=2;给城镇户口,有偿放弃=3;置换城里的住房=4;其他=0	+
	不提供城镇户口条件下留城意愿	愿意,无论如何都要留在城里=1;不愿意,干些年再回去=2;无所谓,可以两边跑=3;相信这种情况会改变=4	−
社会参与	社区参与	想=1,不想=2,无所谓=3	−
	是否经常收看时事新闻	很少=1,偶尔=2,经常=3	+

2. 模型构建

因为市民化需求属于二分类变量,本节进行 Logistic 回归分析。对因变量"市民化需求"进行赋值,若存在市民化需求,则赋值为 1,即 $Y_D = 1$;若不存在市民化需求,则赋值为 0,即 $Y_D = 0$。假设 $Y_D = 1$ 发生的概率等于 P,那么回归方程为:

$$\text{Logit}(P) = \ln\left(\frac{P}{1-P}\right) \sum_{k=1}^{m} \alpha_i x_{ik} \qquad (2\text{-}1)$$

其中 $P/(1-P)$ 为发生比,此处表示市民化需求与否的发生比,将式 $(2\text{-}1)$ 做进一步整理,可得:

$$P = F\left(\alpha_0 + \sum_{k=1}^{m} \alpha_i x_{ik}\right) = \frac{1}{1 + \exp\left(-\alpha_0 - \sum\limits_{k=1}^{m} \alpha_i x_{ik}\right)} + \mu \qquad (2\text{-}2)$$

其中,P 表示市民化需求存在的概率,m 表示影响 P 的因素个数,α_0 表示截距,α_i 代表回归系数,X_{ik} 为自变量,表示影响市民化需求的第 k 种因素,μ 表示随机扰动项。

(五) 计量结果分析

1. 模型检验

运用 SPSS 19.0 对样本进行 Logistic 回归分析。将上文中得到的 25 个自变量代入 Logistic 回归方程,进行系数的显著性检验,可得模型 1;进一步采取向后 Wald 法,去除显著性在 10% 水平以上的自变量,最终可得模型 2。如表 2-25 所示,由模型 1、模型 2 的 Nagel Kerke R^2 与 Hosmer and Lemeshow 两个检验的结果可知,模型 1、模型 2 对数据的拟合效果较为理想,但是在模型 2 中婚姻情况、配偶就业、子女随迁情况与承包地情况等 10 个自变量表现为不显著,因此,下文主要讨论模型 2。

表 2-25 市民化需求的 Logistic 回归结果

变量类别	变量名称	模型 1			模型 2		
		系数	Wald	Exp（B）	系数	Wald	Exp（B）
人口特征	性别	0.465**	5.948	1.592	0.459***	7.177	1.583
	年龄	-0.249***	6.959	0.779	-0.300***	15.195	0.741
	受教育程度	0.229***	6.994	1.257	0.200***	8.617	1.246
	婚姻状况	-0.156	0.306	0.856	—	—	—
家庭特征	举家外出	-0.286	2.313	0.751	-0.339*	3.613	0.712
	配偶就业	0.086	1.290	1.090	—	—	—
	子女随迁情况	-0.016	0.042	0.984	—	—	—
	家庭年纯收入	0.213***	4.732	1.237	0.246***	8.190	1.279
	生活消费支出	-0.091*	3.350	0.913	-0.108**	5.482	0.898
	承包地情况	-0.078	0.825	0.925	—	—	—
职业特征	技能培训	0.188*	2.498	1.207	0.191*	2.576	1.211
	城镇就业年限	-0.038	0.129	0.962	—	—	—
	从事行业	-0.041	0.906	0.960	—	—	—
	职业类型	0.150*	2.184	1.161	0.161*	2.589	1.165
	工作时长	0.223**	5.835	1.250	0.189**	5.732	1.198
	月平均工资水平	-0.047	0.143	0.954	—	—	—
居住条件	居住形式	-0.276***	14.722	0.759	-0.303***	20.693	0.738
	同住人员	0.103	1.346	1.108	—	—	—
制度保障	社会保险数量	-0.001	0.000	0.999	—	—	—
	子女教育情况	0.162*	2.356	1.064	0.167*	2.678	1.110
	承包地处置方式	0.174*	2.942	1.077	0.178*	3.950	1.085
	宅基地或房产处置方式	0.140*	3.240	1.041	0.151**	5.910	1.085
	如不提供城镇户口情况下的留城意愿	-0.153	2.695	0.858	-0.159*	3.053	0.853
社会参与	社区参与	-0.287***	9.180	0.751	-0.278***	9.322	0.757
	是否经常收看时事新闻	-0.026	0.051	0.975	—	—	—

变量类别	变量名称	模型 1			模型 2		
		系数	Wald	Exp（B）	系数	Wald	Exp（B）
截距		2.074	3.337	7.960	2.480	11.015	11.936
模型检验	Nagel kerke R^2	0.186	0.165				
	Hosmer and Lemeshow	$\chi^2 = 10.041$	$\chi^2 = 11.229$				

注：*、**、*** 分别代表10%、5%、1%统计水平下通过显著性检验，下同。

2. 回归结果分析

模型2中，样本的性别、年龄、受教育程度等15个自变量至少在10%水平下通过了显著性检验，表明以上自变量对市民化需求具有较为显著的影响，其中，年龄、受教育程度、外出居住形式、社区管理参与的显著性水平最高。此外，15个自变量分布在所有的六个类别中，进一步说明了各种因素会对市民化需求产生综合性的影响。而且，15个自变量与其影响属性并未保持完全一致，如性别、家庭在外月平均生活消费支出、工作时长对市民化需求的影响与影响属性正好相反。下文将对各类自变量影响市民化需求的情况进行逐一分析。

（1）人口特征类别中，除了婚姻情况未通过10%水平下的统计显著性检验，性别、年龄以及受教育程度均进入了模型2，而且均在1%水平下表现为显著关系，表明以上3个自变量对市民化需求具有显著影响。其中，性别自变量对市民化需求的影响系数的大小为0.459，而且女性样本比男性样本的市民化需求更强，与预期的影响属性呈反向关系。年龄自变量对市民化需求的影响系数的大小为-0.300，表明新生代样本比老一代样本的市民化需求更强，与预期的影响属性保持一致。受教育程度自变量对市民化需求的影响系数的大小为0.220，表明受教育程度越高的样本的市民化需求越强，与预期的影响属性保持一致。

（2）家庭特征类别中，除了配偶就业、子女随迁、承包地情况未通过10%

水平下的显著性检验,举家外出、家庭年纯收入、在外月平均生活消费支出均进入了模型 2。其中,举家外出自变量对市民化需求的影响系数的大小为 -0.339,并且在 10% 水平下表现为显著关系,与预期的影响属性保持一致。家庭年纯收入自变量对市民化需求的影响系数的大小为 0.246,并且在 1% 水平下表现为显著关系,与预期的影响属性保持一致。在外月平均生活消费支出自变量对市民化需求的影响系数的大小为 -0.108,并且在 5% 水平下表现为显著关系,但与预期的影响属性呈反向关系,即家庭在外月平均生活消费支出越少,其市民化需求越强,可以理解为家庭在进行储蓄增强其市民化能力。

(3)职业特征类别中,除了城市就业年限、从事行业类型、月平均工资水平并未通过 10% 水平下的显著性检验,技能培训、职业类型、工作时长进入模型 2。其中,技能培训与职业类型对市民化需求的影响系数的大小分别为 0.191 与 0.161,并且均在 10% 水平下表现为显著关系,与预期的影响属性保持一致。工作时长对市民化需求的影响系数大小为 0.189,并且在 5% 水平下表现为显著关系,但与预期的影响属性呈反向关系,即工作时间越长,样本的市民化需求越强,这可能是由于工作时间越长,其获得的工资收入则越多,市民化能力则越强。

(4)居住条件类别中,除了同住人员未通过 10% 水平下的显著性检验,居住形式进入模型 2。其中,居住形式对市民化需求的影响系数的大小为 -0.303,并且在 1% 水平下表现为显著关系,与预期的影响属性保持一致。

(5)制度因素类别中,除了参与社会保险数量未通过 10% 水平下的显著性检验,子女教育、承包地处置方式、自有房产或宅基处置方式、如不提供城镇户口情况下的留城意愿均进入模型 2。其中,承包地处置方式、子女教育、如不提供城镇户口情况下的留城意愿对市民化意愿的影响系数的大小分别为 0.178、0.167、-0.159,并且均在 10% 水平下表现为显著关系,与预期的影响属性保持一致。自有房产或宅基地处置方式对市民化需求的影响系数的大小为 0.151,并且在 5% 水平下表现为显著关系,与预期的影响属性保持一致。

（6）社会参与类别中,除了是否经常收看时事新闻未通过 10% 水平下的显著性检验,社区管理参与进入模型 2。社区管理参与对市民化需求的影响系数的大小为-0.278,并且在 1% 水平下表现为显著关系,与预期的影响属性保持一致。

三、市民化供给分析

（一） 市民化供给的内涵与测度指标

农业转移人口的市民化供给是指为满足其市民化需求以及缓解其就业给城镇带来的社会问题,城镇政府为其提供市民身份,与城镇居民享受同样的劳动报酬、居住条件、子女教育以及社会保障等市民权利,完成其市民化过程。前文已提及,作为农业转移人口市民化的供给主体,城镇政府通常会通过设定一些市民化的标准来对农业转移人口进行筛选,有条件地满足市民化需求,其目的大多是为了预防城镇人口过多导致超过城镇承载力而导致不同程度的城市病,如广东省、上海市等地试行的积分入户与居住证制度。当然,市民化供给的条件设置是各城镇政府根据城镇发展的实际情况与现实需要,拟定不同的落户指标,选择不同的条件偏好,自然也提供不同的市民化供给。如果从经济角度分析,城镇政府愿意提供市民化供给的初衷肯定是为了推动城镇更好地发展,希望通过接受市民化供给的农业转移人口在该城镇工作稳定且收入较高,对城镇发展的贡献较高,所以这一类的农业转移人口肯定是城镇政府市民化供给的首选,然而现实情况是农业转移人口就业流动频繁,2008 年当前单位的平均工龄仅为 3 年,高流动性已成为其就业的重要特征,在一定程度上限制了市民化供给(白南生、李靖,2008)。

基于以上分析,本书认为农业转移人口的工作稳定性对于市民化供给具有较强影响,故首先分析其工作稳定性的影响因素;其次,基于市民化供给的角度,对影响其工资决定的因素进行分析。假设城镇政府会为具有较强经济能力的农业转移人口提供市民化供给，而一旦其年工资收入水平达到城镇非私营单位的年平均工资水平时，市民化供给就会为其提供。

（二）影响工作稳定性的因素分析

1.因素选择

已有研究通常选择职业流动次数这一指标来衡量工作的稳定性，当就业人员的工作单位发生一次变动，即认为其做了一次职业流动。因变量选为农业转移人口职业的流动次数，按照调查问卷的相关问题，采用"近三年变换的工作单位数量"来反映职业流动次数。城乡二元体制阻碍了农业转移人口进入并参与城镇劳动力市场的正常化竞争，其就业因而出现诸多问题，使得其无法在某地长期稳定工作，制度因素是造成农业转移人口群体高职业流动性的重要原因（李培林，1996）。但是对于农业转移人口个体而言，造成其就业的高流动性的原因可能千差万别，如性别、年龄、家庭状况、受教育水平、城镇就业时间、工资收入水平等均会导致其频繁变换工作。农业转移人口年龄越大、受教育程度越低、城镇就业时间越短、工资收入水平越低、就业类型与行业越偏向体力繁重的工作，其职业流动越频繁（王超恩、符平，2013）。基于以上分析，同时结合问卷的相关情况，职业流动次数用以代表被解释变量，解释变量则用性别、年龄、婚姻情况、受教育水平以及城镇就业年限代表。

2.模型构建

以农业转移人口的职业流动次数作为因变量，对于此类计数数据一般采用负二项回归模型或泊松分布模型来进行拟合。然而，泊松回归模型对于因变量的要求较高，要求其均值必须等于方差，即满足等离散性的特征，现实中大多计数变量的方差均大于其均值，均为过度离散，那么这种情况下就无法采用泊松分布模型，其估计结果会存在偏差较大的问题，因此需要采用负二项回归模型（吴愈晓，2011）。经过对样本数据的统计运算，得到农业转移人口的职业流动次数的均值为是0.85，而其方差为1.23，方差明显大于均值，即存在过度分散,泊松回归模型不适用。此外,样本中近三年内有较大比例的农业转移人口并未出现职业流动,即职业流动次数等于零,可能会存在"零堆积"的现象。因此,本节最终选用零膨胀负二项回归模型(Zero-Inflated Negative Binomial,ZINB)。

3. 回归结果分析

由表2-26所示的ZINB模型的回归分析结果可知,Voung 统计量的值为6.73,而出现比该统计量更大值的概率为0,因此ZINB模型的采取是合适的。而且,性别、技能培训均未通过10%水平下的显著性检验,受教育程度、城镇就业年限分别通过了10%、1%水平下的显著性检验,且系数大小分别为-0.367、-0.536,表明受教育程度提高、城镇就业年限的增长对于样本职业流动次数的降低具有显著影响。年龄与婚姻情况分别通过了1%、5%水平下的显著性检验,且系数大小分别为0.128、-0.245,表明年龄较大、未婚样本的职业流动越频繁。

通过对样本数据进一步分析可以发现,样本就业的重要特征为不确定性与短期性。主要表现为:近三年发生过职业流动的样本数为388个,其中,35岁以上的样本占比为59.79%,35岁以下的样本占比为40.21%。而且,样本中有6.98%的农业转移人口刚参加工作,工作时间不足1年,年龄大多不到24岁,多数未发生过职业流动。总体来看,老一代样本的职业流动更为频繁,这与其人力资本水平低于新生代样本有关。在受教育程度方面,新生代样本中高中以上文化程度的占比达41.30%,而老一代样本该比例仅为6.20%;在职称或技术级别方面,新生代样本中具有职称或技术级别的占比达34.95%,而老一代样本该比例仅为21.71%。此外,农业转移人口中的婚姻状况及在城镇就业年限均对其职业流动次数有显著的影响。已婚样本就业观念更为理性,也更愿意为家庭在就业方面作出牺牲,通常会选择较为稳定或离家较近的工作,职业流动的可能性较低。同时,在目前就业城镇工作的时间越长,关系网络发展的越好,对该城镇的适应性越强,发生职业流动的可能性越低。

表 2-26　采用 ZINB 模型的样本职业流动性的分析结果

参数	系数	标准误	Z 值	P 值	95%置信区间	
常数	-1.246	0.211	-5.92	0.000	-1.659	-0.8333
性别	0.074	0.084	0.88	0.379	-0.0906	0.2394
年龄	0.128	0.042	2.86	0.002***	0.0377	0.2025
婚姻	-0.245	0.095	2.58	0.010*	0.0572	0.4307
受教育程度	-0.367	0.034	-1.94	0.052*	-0.1342	0.0007
城镇就业年限	-0.536	0.059	-9.09	0.000***	-0.652	-0.4206
职称或技术级别	0.136	0.046	2.97	0.003**	0.0462	0.2256
技能培训	-0.033	0.083	-0.4	0.692	-0.1951	0.1295

注:Vuong test of zinb vs.standard negative binomial:z =5.42　Pr>z = 0.000。

(三) 影响工资水平的因素分析

1. 工资决定理论

(1)人力资本与工资水平

人力资本理论认为,工资水平取决于受教育程度、职业培训以及工作经验等个体的微观因素,而且将人力资本分成学校正规教育得到的一般人力资本与工作经验以及职业技能培训形成的特殊人力资本。一般人力资本的代理变量通常选择就业人员的受教育年限,而特殊人力资本的代理变量一般选择工作年限。农业转移人口的工资水平受到人力资本的较强影响,如受教育程度、工作经验与职业培训等,而且两者呈现出正向关系(原新、韩靓,2009;王子、叶静怡,2009;严善平,2007)。

(2)社会资本与工资水平

相比于人力资本理论,社会资本理论更加注重就业人员社会网络的作用,认为社会资本对其工资水平具有显著影响,而且两者也呈正向关系。社会网络在农业转移人口职业配置中起着重要作用(章元、陆铭,2009)。按照网络社会关系的强度理论,强关系是一种需要社会参与者感情投入较多、相互间的互动频率较高、亲密程度与互惠交换程度较强的关系,而农业转移人口在劳动力市场表现为弱关系,存在着就业渠道不畅、获取信息能力较弱的问题(郑英隆,2005),从而造成其在寻找工作的过程中,忽视弱关系的构建与强化,过度依靠原先在农村建立的农村关系网络的强关系,造成社会资本积累缓慢,工资收入水平较低。

(3)职业流动与工资水平

有观点认为,就业人员的工作时间增加会带来特殊人力资本的相应增加,工作的变动会使得增加的特殊人力资本减少,进而使其工资水平降低(刘士杰,2011)。工资匹配理论则持相反观点,该理论认为,劳动力市场上劳动力需求与供给双方的雇佣关系刚建立之初,劳动力供给一方可能会有意隐瞒其自身有关该工作的技能水平与生产效率,雇佣关系是在不完全信息的情况下签订的,导致工资水平与劳动者的实际生产效率并不匹配;而伴随雇佣关系的延续,劳动者的实际生产效率信息将暴露,劳动力的需求方会进行工资调整,使得工资水平与劳动者的实际生产效率匹配(Jovanovic Boyan,1979)。因此,为了寻求潜在工资的增长,劣质"匹配"的劳动者将会发生频繁的职业流动。

基于以上三种不同的工资理论,同时结合问卷的相关情况,选取性别、年龄、婚姻情况、受教育程度、社会网络关系[①]、技能培训、职称或技术级别、城镇就业年限、从事行业、日均工作时长、职业流动、职业类型、就业地区分布[②]等12个自变量作为解释变量。

2. 计量模型分析

在前文的研究中,已将农业转移人口的月均工资划分为四个档次且分别赋值:第一档,月均工资在3000元以下,赋值为1;第二档,月均工资为3001—5000元,赋值为2;第三档,月均工资为5001—7000元,赋值为3;第四档,月

---

① 将农业转移人口工作寻找渠道中的"亲友介绍"(原有的乡村关系网络)设置为强关系,并赋值为1;而将"自己寻找""上网求职""中介机构"等城市关系网络设置为弱关系,并赋值为0。

② 就业地区分布按照东部、中部、西部进行划分,并分别赋值为3、2、1。

均工资为7000元以上，赋值为4。以上工资水平的数据存在着明显的递增且有序的关系，对于此种关系的数据通常采用有序响应Probit模型。相比普通的二值响应模型或多项式模型，该模型能够更为充分地利用数据中的信息（朱明芬，2007）。采用样本数据，使用STATA软件，计算得到有序响应Probit模型的分析结果（见表2-27）。

表2-27 样本工资水平的有序响应Probit模型结果

变量	系数	标准误差	z	P>z	95%置信区间	
性别	-0.676	0.09	-7.49	0.000***	-0.8525	-0.4990
年龄	-0.148	0.046	-3.22	0.001***	-0.2377	-0.0578
婚姻状况	0.422	0.114	3.71	0.000***	0.1987	0.6444
受教育程度	0.336	0.040	2.89	0.037**	-0.0429	0.1149
社会网络关系	0.202	0.08	2.53	0.011**	0.0458	0.3586
技能培训	0.196	0.077	1.25	0.021**	-0.0542	0.2462
职称或技术级别	0.064	0.046	1.40	0.162	-0.0256	0.1532
城镇就业年限	0.139	0.055	2.50	0.012**	0.0302	0.2473
职业流动	0.017	0.038	0.45	0.650	-0.0575	0.0922
从事行业	0.005	0.020	0.24	0.810	-0.0351	0.045
职业类型	0.591	0.063	9.42	0.000***	0.4681	0.7141
日工作时长	0.044	0.045	0.98	0.328	-0.0447	0.1335
就业地区分布	0.233	0.076	3.05	0.002***	0.0831	0.3823
cut1	0.824	0.384			0.0708	1.5769
cut2	2.449	0.390			1.6844	3.2134
cut3	3.396	0.397			2.6179	4.174
似然比卡方统计量（自由度=13）			229.10***			

由表2-27可知，受教育程度、技能培训、城镇就业年限等代表人力资本的变量对样本的工资水平具备正向的影响。以上三个变量均通过了在5%水

平下的显著性检验,且影响系数的大小分别为 0.336、0.196、0.139。而职称或技术级别对样本工资水平的影响表现为不显著关系,即对市民化供给表现为不显著关系,这可能是因为样本中没有职称和技术级别的占比达 73%,因而未能反映出如理论分析的正向关系。社会网络关系通过了 5% 水平下的显著性检验,且影响系数的大小为 0.202,表明社会网络关系越强,样本的工资水平越高,其对市民化供给具备正向影响。职业类型方面,从事体力劳动的样本通过强关系找到工作比例为 53.10%,而从事管理性、技术性工作的样本通过强关系找到工作的比重分别为 49.00%、49.30%,说明依靠强关系找到的工作大多为劳动力市场的中低层次,以血缘、地缘为主的传统社会网络具有固有的狭隘与封闭性。就业地区分布通过了 1% 水平下的显著性检验,且影响系数的大小为 0.233,表明就业地区分布不仅对工资水平具有显著影响,对市民化供给也具有显著影响。

第四节　市民化程度的定量评价

一、测度模型选择

虽然有学者认为农业转移人口的市民化进程涉及多个主体,如农业转移人口、其就业的企业、流出及流入政府、就业城镇市民等其他利益相关者,但具有市民化需求的农业转移人口与为其提供市民化供给的城镇政府是市民化进程中最重要也最为关键的两个主体,应当说,市民化进程的成功与否取决于以上两个主体的选择,即市民化需求与市民化供给均衡。因此,本节通过构建供需均衡的联立方程对农业转移人口的市民化程度进行测度,由于"市民化需求是否存在"与"市民化供给是否存在"两个被解释变量均服从于 0—1 分布,所以经典形式的联立方程无法解决此问题。Probit 模型、局部可观察的Biprobit 模型以及需求可识别的 Biprobit 模型均属于广义线性模型,均可用以解决此问题,需求可识别的 Biprobit 模型的效果最优(李锐、朱喜,2007;黄祖辉、刘西川、程恩江,2009)。因此,令 y_D^* 代表市民化需求的隐含变量,y_D 代表市民化需求是否存在的决策变量,y_S^* 代表市民化供给的隐含变量,y_S 代表市民化供给是否存在的决策变量,x_1 代表市民化需求影响因素的解释变量,x_2 代表市民化供给影响因素的解释变量。由此,构建联立模型如公式(2-3)所示:

$$\begin{cases} y_D^* = \beta_1 x_1 + \varepsilon_1, 若 \, y_D^* > 0, y_D = 1, 否则 \, y_D = 0 \\ y_S^* = \beta_2 x_2 + \varepsilon_2, 若 \, y_S^* > 0, y_S = 1, 否则 \, y_S = 0 \end{cases} \quad (2\text{-}3)$$

当且仅当 $y_D = 1$,$y_S = 1$ 时,即市民化需求和市民化供给同时存在,农业转移人口才能完成市民化进程。假设 ε_1、ε_2 均服从联合正态分布,且 $E(\varepsilon_1) = E(\varepsilon_2) = 0$,$\mathrm{var}(\varepsilon_1) = \mathrm{var}(\varepsilon_2) = 1$,同时 $\mathrm{cov}(\varepsilon_1, \varepsilon_2) = \rho$。

再令 $P(y_D = 1 \mid y_S = 1)$ 代表农业转移人口的市民化程度,即用市民化需求和市民化供给同时存在的发生概率代表其市民化程度。而在需求可识别的 Biprobit 模型当中,y_D 可观察得到,其模型为:

$$P(y_D = 1) = P(y_D^* > 0) = P(\varepsilon_1 > -\beta_1 x_1) \quad (2\text{-}4)$$

$$P(y_S = 1 \mid y_D = 1) = P(y_S^* > 0) = P(\varepsilon_2 > -\beta_2 x_2) \quad (2\text{-}5)$$

虽然市民化需求的方程可观察且可进行单独估计,但是对市民化供给的方程进行估计可能会出现样本偏差,需要对样本数据进行审查,可采用极大似然法进行估计。因此,对公式(2-4)与公式(2-5)进行联合估计,其对数似然函数如公式(2-6)所示:

$$\ln L(\beta_1, \beta_2, \rho) = \sum_{i=1}^{n} \{ y_D y_S \ln F(\beta_1 x_1, \beta_2 x_2; \rho) + y_D(1 - y_S)$$
$$\ln[\varphi(\beta_1 x_1) - F(\beta_1 x_1, \beta_2 x_2; \rho)] + (1 - y_D)\ln\varphi(-\beta_1 x_1) \}$$
$$(2\text{-}6)$$

其中,$\varphi(*)$ 为单变量的累积正态分布函数。

因此,本节通过上述联立方程来进行农业转移人口的市民化程度测算,主要有以下三个方面的原因:第一是市民化需求与市民化供给需要联立方程模型才能分别表示;第二是联立方程模型可以涵盖所有样本信息,可以反映是否存在市民化的所有信息,能够规避有偏估计;第三是与以往研究忽视政府在市民化供给中的作用不同,联立方程增加了政府的市民化供给条件,更加符合实际,分析结果更为可信。

二、变量选择

(一) 影响市民化需求的因素

前文对于市民化需求的影响因素已进行定量分析,得到了性别、年龄、受教育程度、举家外出、家庭年纯收入、在外月均生活消费支出、技能培训、职业类型、日工作时长、居住形式、子女教育、承包地处置方式、宅基地处置方式、如不提供城镇户口条件下的留城意愿、社区管理参与15个变量对农业转移人口市民化需求有显著影响。其中,年龄、受教育程度、务工地居住形式、社区参与的影响最为显著;并且,有显著影响的15个变量涉及所有六类变量,表明农业转移人口的市民化需求受到各种因素的综合影响。另外,通过显著性检验的15个变量与预期并不完全一致,性别、家庭在外月平均生活消费支出、工作时长对农业转移人口市民化需求的影响与预期相反。

(二) 影响市民化供给的因素

本书认为,工作稳定并且工资收入较高的农业转移人口将获得市民化供给。前文对于市民化供给的影响因素已进行定量分析,得到受教育程度、城镇就业年限、技能培训、社会网络关系与就业地区分布对市民化供给具有较为显著的影响。

(三) 识别变量

为确保联立方程模型的可估计性,需要分别为市民化需求与市民化供给方程选定识别变量。选择居住形式作为市民化需求方程的识别变量,因为从前文的分析中得到,居住形式对市民化需求的影响系数的大小为-0.303,并且在1%水平下表现为显著关系。通常来说如果农业转移人口已在城镇购置房产,则表明其市民化需求较为强烈。选择职业类型与社会网络关系作为市民化供给方程的识别变量,这是因为前文的分析已得到相关结论:社会网络关系通过了5%水平下的显著性检验,且影响系数的大小为0.202,表明社会网络关系越强,样本的工资水平越高,其对市民化供给具备正向影响。职业类型方面,从事体力劳动的样本通过强关系找到工作比例为53.10%,而从事管理性、技术性工作的样本通过强关系找到工作的比重分别为49.00%、49.30%。

三、计量模型分析

(一) 供需方程分析

采用STATA软件,运用样本数据,表2-28列出了Biprobit模型的估计结果。下文将对市民化需求方程与市民化供给方程分别进行具体分析。

表 2-28　需求可识别的 Biprobit 模型的分析结果

变量	需求方程			供给方程		
	系数	标准差	P 值	系数	标准差	P 值
性别	0.274	0.110	0.013**	-0.699	0.137	0.000***
年龄	-0.204	0.050	0.000***	-0.045	0.062	0.47
受教育程度	0.161	0.051	0.001***	0.104	0.053	0.046**
举家外出	-0.169	0.113	0.135	—	—	—
技能培训	0.093	0.094	0.323	0.031	0.11	0.776
城镇就业年限	-0.061	0.063	0.337	0.201	0.075	0.007***
职称或技术级别	—	—	—	0.04	0.059	0.498
职业类型	0.02	0.083	0.805	0.409	0.083	0.000***
日工作时间	0.119	0.056	0.033**	—	—	—
就业地区分布	—	—	—	-0.159	0.11	0.149

续表

变量	需求方程			供给方程		
	系数	标准差	P 值	系数	标准差	P 值
家庭纯收入	0.123	0.051	0.015**	0.507	0.057	0.000***
社会网络关系	0.122	0.100	0.022**	0.128	0.115	0.003***
居住形式	−0.213	0.043	0.000***	−0.054	0.043	0.213
城镇户口在意程度	−0.05	0.059	0.402	−0.072	0.065	0.268
承包地处置方式	0.086	0.107	0.437	−0.059	0.091	0.516
宅基地处置方式	−0.098	0.111	0.372	0.1	0.096	0.296
社区参与	−0.098	0.057	0.087*	—	—	—
常数项	1.334	0.509	0.009***	−1.397	0.527	0.008***
/athrho	−0.107	0.078	0.007***			
rho	−0.107	0.077	0.007***			
似然比	−764.275					

由市民化需求的方程可知,性别对市民化需求具有显著的正向影响,女性农业转移人口的市民化需求高于男性,与城镇化供给偏向于男性不相匹配。对于年龄因素而言,年龄越小,城镇化需求越大。受教育水平对市民化需求也具有显著的正向影响,受教育水平越高的农业转移人口市民化越强,而且市民化供给也倾向于文化程度较高的农业转移人口,与周密(2012)得到的"高等文化程度的农业转移人口回乡倾向高于留城倾向"结论正好相反。本书认为,农业转移人口受教育程度越高,拥有较高的人力资本使得其较容易寻找工作,且生产效率与构建社会网络关系的能力越好,对城市的适应性更强,智力型、技术型的农业转移人口受到的用人歧视也较少,且更容易被城市所接受。农业转移人口的工资收入水平直接决定其市民化能力,从事体力劳动的农业转移人口的劳动时间将直接决定其劳动报酬。关于社会网络关系的分析同市民化的供给方程中的相关分析类似,社会网络关系越强,就业竞争力更强。居住问题是农业转移人口定居城镇需要解决的重要问题,若已在就业城镇购置房产或者家庭收入水平较高,其市民化的需求也较强。农业转移人口参与社

区管理的热情越高,其市民化需求也就越强。

由市民化的供给方程可知,农业转移人口的性别对市民化供给具有显著的负向影响,市民化供给偏向于为男性农业转移人口。受教育程度、社会网络关系与职业类型对市民化供给具有显著的正向影响。农业转移人口市民化供给能力受到社会网络关系的正向影响。

检验市民化供给方程的 rho 回归元可以发现,供给方程通过了 1% 水平下的显著性检验,表明在统计意义上市民化需求方程对市民化供给方程具有显著的影响。也就是说,市民化供给受市民化需求的影响程度较高,可以理解为,虽然诸多因素会对市民化供给产生不同程度的影响,但基于理性经济的视角,农业转移人口的市民化供给的前提是其具有市民化需求。

(二) 市民化供需矛盾分析

将表 2-28 的结果代入联立方程模型中,经过计算可得,基于样本的农业转移人口的市民化程度为 36.89%,而市民化需求为 63.54%,缺口达 26.65%,显然与市民化供给偏低有关。国内一些学者也对农业转移人口市民化程度进行了测度,如刘传江(2008)得到的武汉市第一代农业转移人口与新生代农业转移人口的市民化进程分别为 31.30% 与 50.20%。若以二者的均值 40.75% 为农业转移人口的市民化程度的话,高于本节得到的市民化程度 36.89%。此外,王桂新等(2008)、沈映春等(2013)采用综合评价体系法分别得到上海市、北京市的农业转移人口的市民化程度为 53.90%、48.20%,也高于本节得到的结果。

之所以市民化程度的测算值差别较大,本书认为有以下两个方面的原因:第一是测度方法不同,已有研究采取的几何平均法过于简单、不够全面,指标评价法虽然在指标选取较为全面,但指标权重的赋值的主观性较强,本节采取需求可识别的 Biprobit 模型,指标选取非常全面,并且避免了权重主观赋值可能带来的计算误差;第二是研究对象即样本的选择不同。本节选取的皖籍农业转移人口作为研究对象,其就业地区分布较广,而以上三个均研究的是较为发达的较大城市的市民化程度,其市民化程度明显高于其他吸纳农业转移人口较少的地区,因此,本节得到的市民化程度的测算值是更为平均的结果。

以上有关市民化程度、市民化需求与供给的测算结果进一步表明,在农业转移人口具有较强的市民化需求,但是并未获得足够的市民化供给,导致市民化的供需失衡,进而使得其市民化进程存在较为突出的供需矛盾的问题。相对于农业转移人口的市民化供给而言,其市民化需求较为旺盛,但并未被纳入城镇化的有效需求之列。因为户籍、土地等城乡二元体制的制约,农业转移人口群体在流向城市就业生活的过程中,进入了城镇的物质空间,却并未被视为该城镇的居民,也并未为其提供与城镇居民均等的权益,而是仅仅将其限制在经济领域的边缘,使其只能在次级劳动力市场寻找工作,难以进入城镇化的有效市场,自然也就难以完全参与到城镇的劳动分工之中,始终游离于城镇经济、社会与文化的正常轨道之外,最终变成生活在城镇的"边缘人"(李强,2005;王春光,2006)。2001—2013年安徽省的城镇人口和非农户籍人口的变化进一步验证了此观点,2013年安徽省城镇人口比2001年增加1090万人,但非农户籍人口只增加了349万人,非农户口转化率仅为32.01%,而且增加的非农户籍人口中的一部分是调整行政区划而增加的农转非人口,所以,实际的非农户口转化率可能更低。

此外,农业转移人口的市民化需求存在结构失衡的问题。样本数据表明,在农业转移人口定居意愿的调查中,未来定居省会或地级市的比例达46.70%,而未来定居县域中心镇或小城镇的比例仅为16.80%,需求结构的失衡与农业转移人口的就业路径保持一致,相比于小城镇,大城市意味着较高的工资收入与较高的就业几率,但是同国家的城镇化政策与市民化供给能力并不匹配,从而造成农业转移人口的市民化程度偏低。1980年,中国政府提出"控制大城市规模,合理发展中等城市,积极发展小城市"的城镇发展方针,开启了小城镇的数量型扩张浪潮(方创琳,2009)。但是,小城镇扩张型模式逐

（单位：万人）

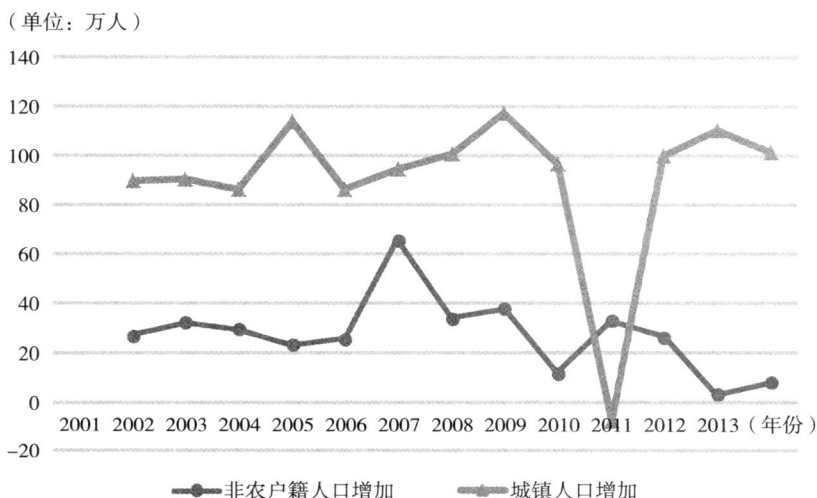

图 2-4 安徽省城镇人口和非农户籍人口的变动情况（2001—2013 年）

资料来源：《安徽省统计年鉴 2002—2014》。

渐暴露出较多问题，受限于小城镇较低的极化效应与集聚效益，企业生产规模难以有效扩大，对劳动力需求的增长空间有限，小城镇能够提供的就业空间受限；城镇功能区缺乏科学规划，基础设施建设滞后，公共服务水平较低且职能不健全，较低的城镇化水平难以承担市民化产生的各项成本，大城市的作用逐渐被重视，对大城市规模的限制也逐渐放松（韩帅，2013）。城镇体系的结构也逐渐发展为小城镇、大城市等各类城镇同步发展的模式，构建了较为完整的城镇体系，但一方面小城镇无法完成大量农业转移人口的市民化，而大城市人口的过度集聚，农业转移人口的市民化需求远远大于其市民化的供给能力。所以，农业转移人口市民化的需求结构与供给结构均存在一定的失衡，进而使得其市民化进程进展缓慢。

第五节 市民化的代际差异分析

农业转移人口外出在城镇就业，经济基础与生活水平不断提升，逐步试图融入城市并实现身份转换,在这一过程中,该群体会因为自身素质与市民化意愿、能力等因素的差异而分化并产生代际差异,尤其是老一代农业转移人口与新生代农业转移人口亚群体之间的差异性特征。其中,老一代农业转移人口是指 1980 年以前出生、为寻求更高的经济收入而进入非农领域就业的劳动人口,而新生代农业转移人口是指 1980 年后出生、为寻求较好的个人发展与更高的经济收入而从事非农领域工作的劳动人口。本节将通过构建农业转移人口迁移决策模型,分析两代农业转移人口市民化的具体差异,并分析造成代际差异的原因。

一、迁移决策模型的构建

作为高流动性的群体,农业转移人口为了追求收入最大化或成本最小化,将对诸多影响其迁移决策的因素进行综合分析,从而在比较权衡之后最终进行是否迁移(进城就业生活)的决策。通常来说,农业转移人口对迁移前后的成本与收益进行综合考量,但是在实际决策过程中,对于一些不属于成本与收益范畴却可能对其迁移产生较大影响的因素,如社会关系网络、城市歧视度等,也会被纳入成本—收益的分析体系之中。因此,本节将基于成本—收益分析的视角对农业转移人口的迁移决策进行理论分析,为指标体系的构建提供相应的理论依据。

本书认为,农业转移人口迁移的成本主要包括以下五个方面:第一是为迁移到就业城镇而放弃原先从事农业生产可以获得的机会成本(C_1);第二是往返就业城镇与家乡之间的通行成本(C_2);第三是在就业城镇的各种生活成本(C_3);子女在外接受教育等均作为成本计入生活成本之中;第四是迁移过程中直接发生的各种成本(C_4);第五是不进行迁移时在家乡所发生的一系列成本(C_5)。而其迁移的收益主要包括以下两个方面:第一是迁移前的实际劳动所得(S_1),主要为在农村从事各种劳务所能获得的收入;第二是迁移之后在就业城镇从事非农领域劳动所能获得的(预期)工资收入或经济收益(S_2),生活环境的改善与子女受教育质量的提升等在城镇生活带来的隐性收益均纳入 S_2 之中。

对于迁移之后的预期工资收入或经济收益，可用下列公式表示：

$$S_2 = W_0 + \alpha E \tag{2-7}$$

其中，W_0 代表农业转移人口在城镇就业的基础工资，α 代表其人力资本转化为收入的比例系数，E 代表其拥有的人力资本。

而农业转移人口迁移至城镇的机会成本分为以下四种情况：第一是家庭其他成员自种承包地且预期收益为 α_0，此时迁移的机会成本为 0；第二是流转承包地给他人耕种，收取土地流转收益为 α_1；第三是承包地既不自种也不流转，处于荒废状态；第四是没有承包地，其机会成本也为 0。其中，$\alpha_0 > \alpha_1 > 0$。因此，以上四种情况可以表示为：

第一种情况和第四种情况：

$$C_1^1 = C_1^4 = 0 \tag{2-8}$$

第二种情况：

$$C_1^2 = a_0 - a_1 \tag{2-9}$$

第三种情况：

$$C_1^3 = a_0 \tag{2-10}$$

并且有：

$$S_1 = a_0 \tag{2-11}$$

往返就业城镇与家乡之间的通行成本虽然与选择的交通方式有关，此处为计算简便，认为距离是通行成本的唯一变量，且与通行成本正相关，因而有：

$$C_2 = k \times L \tag{2-12}$$

其中，k 为通行成本系数，即单位距离所需花费的交通成本；L 为家乡到就业城镇的距离。

因此，农业转移人口外出就业的净收益为：

$$Y = S_2 - S_1 - C_1 - C_2 - C_3 - C_4 + C_5 \tag{2-13}$$

迁移过程产生的净现值可通过净收益在时间序列的求和得到，见式

(2-14)：

$$Y_{mn} = \sum_{i=1}^{n} \frac{S_2 - S_1}{(1+r)^t} - \sum_{i=1}^{n} \frac{C_1 + C_2 + C_3 - C_5}{(1+r)^t} - C_4 \qquad (2-14)$$

其中，t 代表时间，r 代表贴现率。

式（2-14）对时间 t 求积分，可得农业转移人口的迁移决策模型：

$$Y_{mn} = \int [(S_2 - S_1) - (C_1 + C_2 + C_3 - C_5)] e^{rt} dt - C_4 \qquad (2-15)$$

将以上各式联立，可得：

$$Y_{mn} = \int [(w_0 + \alpha E - a_0) - (C_1 + kL + C_3 - C_5)] e^{rt} dt - C_4$$

$$(2-16)$$

由公式（2-16）可知，受教育程度、承包地处置方式、就业的基础工资、就业城镇与家乡的距离以及生活成本的变化会对农业转移人口的迁移决策产生重要影响。其中，受教育程度对其的影响程度较高，而且呈正向关系，即受教育程度的水平越高，其越有可能作出迁移决策；承包地处置方式因为对迁移的机会成本有较大影响，因而也会对迁移决策具有重要影响。在承包地处置方式中，家庭成员承包地自种与农业转移人口没有承包地的两种情况下迁移的机会成本最小，故迁移的动机最强，而将家庭承包地进行流转给他人耕种收取租金的情况下迁移的动机次之，将家庭承包地荒废的情况下迁移的机会成本最大，故其迁移的动机最弱；在城镇就业的基础工资与迁移决策也呈正向关系，即基础工资水平越高，其迁移的动机越大，应当说，城镇就业经济收入的高低直接决定了其迁移的收益；就业城镇与离家乡的距离也会对迁移决策产生影响，而且呈反向关系，因为该距离会通过影响通行成本而影响迁移的动机，且该距离越小，迁移的动机越强；迁移前后的生活成本也会对迁移决策产生较大影响，而且呈反向关系，即迁移之后的生活成本相比迁移前的生活成本增加越多，则迁移带来的净收益增加越小，迁移的动机越弱。

二、数据特征分析

本节采用的数据来源于第三节中的 831 份问卷,由于本节研究涉及变量较多,交叉筛选后,最终选取的有效样本为 756 份。按照前文关于新老农业转移人口的界定,将样本划分为两类子样本:第一类子样本为 1980 年之前出生的老一代农业转移人口群体,第二类子样本则为 1980 年之后出生并且年龄在15 岁以上的新生代农业转移人口群体。进行代际差异分析的前提是两个子样本必须相互独立,因此需要判断两个子样本的独立性,选取年龄、受教育程度、承包地处置意愿、居住意愿、进城意愿、社会参与程度等因素进行样本的独立性检验,具体的检验结果如表 2-29 所示。

表 2-29　样本代际基本特征独立样本检验结果

变量	新生代(=245)	老一代(=511)	T 值	P 值
年龄	27.11	44.52	8.476	0.0052
受教育程度	9.334	7.328	−5.227	0.0017
承包地处置	0.065	0.1277	−9.641	0.0141
居住意愿	−24.963	−7.523	−6.539	0.0000
进城意愿	35.621	11.225	7.553	0.0041
社会参与	0.3643	0.2855	5.213	0.0000

注:受教育程度的计算公式为:Y=文盲×1+小学×5.5+初中×8.5+高中×11.5+中专×12.5+大学×15.5。

由表 2-29 中的 T 值与伴随概率 P 值可知,两个子样本的独立性较强,即老一代与新生代子样本在年龄、受教育程度、承包地处置意愿、居住意愿、进城意愿以及社会参与方面均表现出显著的差异特征。因此,农业转移人口市民化的代际差异可以因通过独立性检验而进一步细化分析。

(一)人口学特征

756 名样本数据中,性别结构为:男性农业转移人口为 541 人,比例为

71.56%,而女性为 215 人,比例为 28.44%;年龄结构为:15—25 岁的人数为 106 人,26—35 岁的人数为 139 人,36—45 岁人数为 213 人,46—55 岁人数 为 237 人,56—65 岁人数为 54 人,66 岁以上的人数为 7 人(见图 2-5)。由 图 2-5可知,36—45 岁与 46—55 岁年龄阶段的样本人数较为接近而且比例 最大。根据前文对农业转移人口代际的界定,老一代农业转移人口的人数为 511 人,而新生代的人数为 245 人。

样本数据中已婚的人数为 85 人,比例为 11.24%;而未婚的人数为 668 人,比例为 88.36%;其他未明情形的人数为 3 人,比例为 0.397%。受教育程 度的特征为:群体教育水平较低,初中文化程度及以下的人数最多,比例为 69.18%。就业行业的特征表现为:样本中的大多数均从事建筑行业与工业行 业,其中,从事建筑行业的人数为 394 人,比例为 52.12%,从事工业行业的人 数为 302 人,比例为 39.94%。

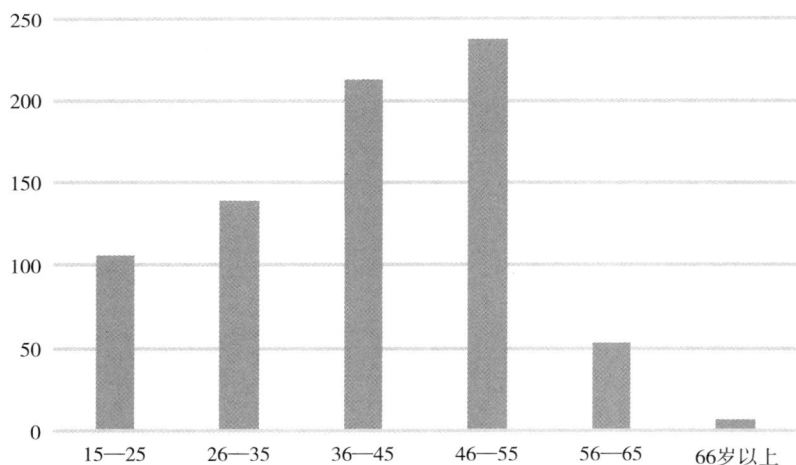

图 2-5 样本群体的年龄结构图

(二) 家庭经济特征

农业转移人口外出就业的主要目的是获得更高的工资收入用以提升生活

水平。样本数据表明，在工资收入方面，农业转移人口的月均工资收入约为4000元，而且收入差距较大。具体的收入水平结构（如图2-6所示）为：月均收入水平低于3000元的人数为213人，比例为28.17%，其中老一代有126人，比例为16.67%，而新生代有87人，比例为11.50%；3000—4000元的人数为236人，比例为31.22%，其中老一代有155人，比例为20.50%，新生代有81人，比例为10.72%；4000—5000元的人数为147人，比例为19.44%，其中老一代有108人，比例为14.29%，新生代有39人，比例为5.15%；5000—6000元的人数为77人，比例为10.19%，其中老一代有59人，比例为7.81%，新生代有18人，比例为2.38%；6000—7000元的人数为30人，比例为3.97%，其中老一代有19人，比例为2.51%，新生代有11人，比例在1.46%；高于7000元的人数为53人，比例为7.01%，其中老一代有44人，比例为5.82%，新生代有9人，比例为1.19%。

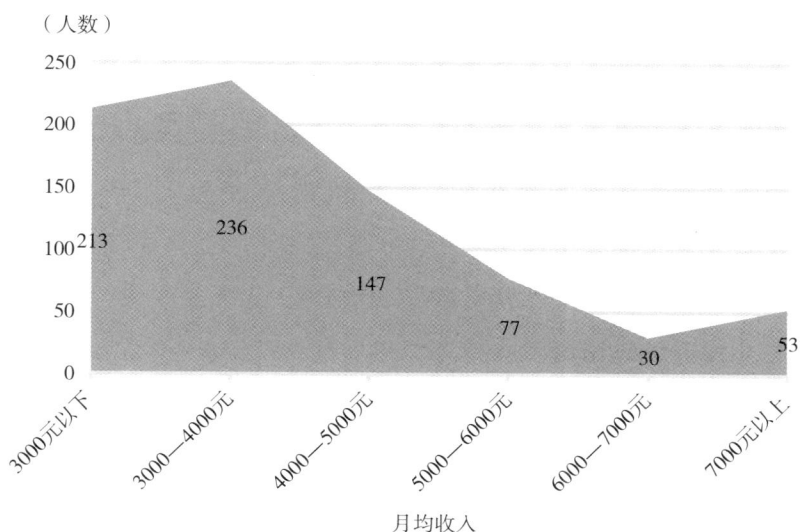

图2-6　样本群体月收入面积图

根据不同收入水平阶段的老一代农业转移人口与新生代农业转移人口的人数占比，将其作为权重乘以相应的收入水平，可以得到两个不同亚群体的月

均工资收入,具体表达式为:

$$W = \sum_{i=1}^{6} w_i \lambda_i \qquad (2-17)$$

其中,$w_i = 1500 + 1000i$,$i = 1,2,3,4,5,6$。

将已知数据代入式(2-17),可得:$W_{old} = 4151.66$元,$W_{young} = 3732.65$元。

在生活消费方面,大多数样本为了节约,消费支出较低。具体的消费支出结构(如图2-7所示)为:月均支出低于1000元的人数为198人,占比为26.19%,其中老一代有146人,比例为19.31%,新生代有52人,比例为6.88%;1000—1500元的人数为186人,比例为24.61%,其中老一代有130人,比例为17.20%,新生代有56人,比例为7.41%;1500—2000元的人数为157人,比例为20.77%,其中老一代有97人,比例为12.83%;新生代有60人,比例为7.94%;2000—2500元的人数为75人,比例为9.92%,其中老一代有46人,比例为6.08%,新生代有29人,比例为3.84%;2500—3000元的人数为44人,比例为5.82%,其中老一代有28人,比例为3.70%,新生代有16人,比例为2.12%;3000—3500元的人数为37人,比例为4.89%,其中老一代有24人,比例为3.17%,新生代有13人,比例为1.72%;3500—4000元的人数25人,比例为3.31%,其中老一代有16人,比例为2.12%,新生代有9人,比例为1.19%;高于4000元的人数为34人,比例仅为4.49%,其中老一代有24人,比例为3.17%,新生代有10人,比例为1.32%。

根据不同消费支出阶段的老一代农业转移人口与新生代农业转移人口的人数占比,将其作为权重乘以相应的消费支出水平,可以得到两个不同亚群体的月均消费支出,具体表达式为:

$$P = \sum_{i=1}^{8} p_i \alpha_i \qquad (2-18)$$

其中:$p_i = 250 + 500i$,$i = 1,2,3,4,5,6,7,8$。

将已知数据代入式(2-18),可得:$P_{old} = 1687.38$元,$P_{young} = 1803.06$元。

由家庭经济特征的分析结果可得,农业转移人口群体的收入水平整体较

（人数）

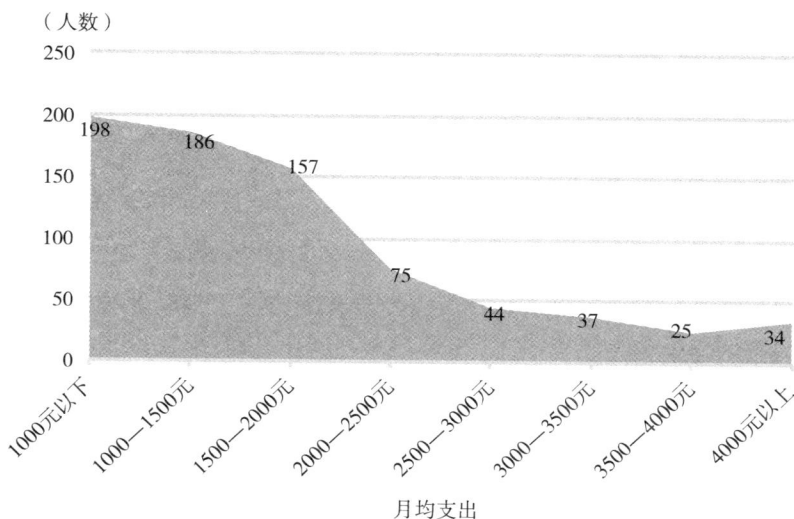

图 2-7 样本群体月平均支出面积图

低,消费能力仍显不足,低于中国城镇居民月均支出(2014 年为 2120.75 元),高
于农村居民月均支出(2014 年为 728.67 元),略高于中国居民月均收入(2014
年为 1383.83 元),由此可以看出,扩大内需可以从农业转移人口群体入手。

而且,农业转移人口群体的代际差异较为明显。从月均收入水平来看,老
一代亚群体的月均收入水平高于新生代亚群体,且高出约 400 元;从月均消费
支出来看,老一代亚群体反而比新生代亚群体要低,且低出约 120 元。由此可
以看出,就业年限、熟练程度与技能水平对工资收入水平发挥正向影响,而成
长环境与消费观念对消费支出也发挥着较为显著的影响。

（三）就业城镇的生活特征

农业转移人口群体在就业城镇的居住形式的选择大多为就业单位提供的
简易宿舍或集体宿舍,因居住人数较多从而人均居住面积较低,而且该群体对
就业城镇的居住条件抱有较低的期望,在就业城镇住房条件改善的选择问题
的回答中,最期望的改善方式是希望就业单位能够提供更加舒适与卫生的集

体宿舍。究其原因,可能包括以下三个方面:首先,该群体在外就业的话语权不足,无法为其争取更好居住条件;其次,该群体外出就业的主要目的是能够获得较高收入的工作,而对居住条件的好坏大多选择忍受;最后,该群体在就业城镇希望能够最大限度地降低支出,而就业单位提供的免费或较低成本的集体宿舍就成为不二选择。以上的解释也可以通过该群体对就业城镇的居住满意度问题的回答得到证明,居住满意度的回答中,"很满意"选择的人数比例为9.87%;"一般"选择的人数比例为61.33%;"不满意"选择的人数比例为21.64%;"很不满意"选择的人数比例为7.16%。由以上数据可以看出,农业转移人口群体的居住满意度尚可,当然这与该群体对居住条件的期望不高有着较大的关系。另外,关于该群体居住形式的统计结果表明,该群体中自租住房的样本中老一代的比例为43.68%,新生代的比例为56.32%;住在单位提供的简易宿舍或集体宿舍样本中,老一代农业转移人口的比例为58.03%,而新生代的比例为41.97%,以上数据说明,新生代亚群体在居住条件的改善方面的意愿相比老一代亚群体更为强烈。

除了居住条件与支出,更能反映农业转移人口群体的生活水平与代际差异的因素是食物消费的支出情况,此处采取食品消费支出占日常消费支出的比重作为衡量指标,并且采用较为常用的恩格尔系数反映该群体的生活水平与质量。样本的月均食品消费支出的统计分析结果表明,农业转移人口在外就业月均食物支出约为600元,且消费水平表现为群体性偏低的特征,其曲线图表现为"左偏"(见图2-8)。月均食物支出低于300元的人数为109人,比例为14.42%,其中老一代有79人,比例为15.46%,新生代有30人,比例为12.24%;300—600元的人数为242人,比例为32.01%,其中老一代有167人,比例为32.68%,新生代有75人,比例为30.20%;600—900元的人数为170人,比例为22.49%,其中老一代有109人,比例为21.33%,新生代有61人,比例为25.31%;900—1200元的人数为127人,比例为16.8%,其中老一代有88人,比例为17.22%,新生代有39人,比例为15.92%;1200—1500元的人数为 48 人,比例为 6. 35%,其中老一代有 29 人,比例为 3. 84%,新生代有 19 人,比例为 7. 59%;1500 — 1800 元的人数为 24 人,比例为 3. 17%,其中老一代有 16 人,比例为 3. 13%,新生代有 8 人,比例为 3. 27%;1800—2100 元的人数为 20 人,比例为 2. 65%,其中老一代有 12 人,比例为 2. 35%,新生代有 8 人,比例为 3. 27%;高于 2100 元的人数为 16 人,比例为 2. 12%,其中老一代有 10 人,比例为 1. 96%,新生代有 6 人,比例为 2. 45%。

根据不同食物消费支出阶段的老一代农业转移人口与新生代农业转移人口的人数占比,将其作为权重乘以相应的食物消费支出水平,可以得到两个不同亚群体的月均食物消费支出,具体表达式为:

$$SPXF = \sum_{i=1}^{8} x_i \eta_i \qquad (2-19)$$

其中:$i = 1,2,3,4,5,6,7,8$;$x_i = 300_i - 150$。

将已知数据代入式(2 - 19),可得:$SPXF_{old} = 712. 30$ 元,$SPXF_{young} = 782. 98$ 元。

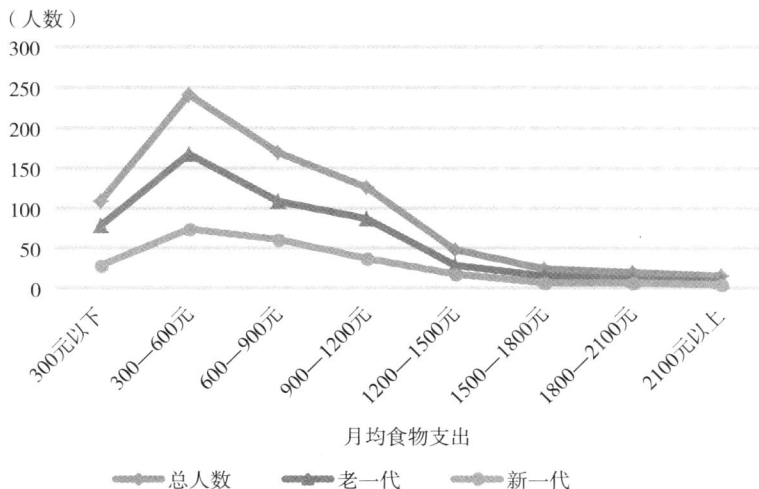

图 2-8 样本群体月均食物支出折线图

按照恩格尔系数等于食品支出总额与消费支出总额的比值,分别将农业

转移人口不同代际的月均食品支出与月均消费的数据代入,计算可得不同代际的新生代农业转移人口的恩格尔系数分别为:

$$e_{old} = \frac{SPXF_{old}}{P_{old}} = 0.4430 \ , \ e_{young} = \frac{SPXF_{young}}{P_{young}} = 0.4273$$

由上述计算结果可知,不同代际的农业转移人口均处于小康水平,且新生代农业转移人口相比于老一代而言,其恩格尔系数较低,表明其生活水平与质量高于老一代农业转移人口。

三、市民化的代际差异分析

(一) 人力资本差异比较

从受教育程度来看,样本中初中文化程度以下的人数为 238 人,比例为 31.48%;初中文化程度的人数为 305 人,比例为 40.34%;高中学历的人数为 109 人,比例为 14.42%;中专以上文化程度的人数为 53 人,比例为 7.01%;大专及以上的人数为 51,比例为 6.75%。

从职称或技术等级来看,样本中新生代亚群体中不具有技术等级的人数占比为 78.32%,而老一代亚群体该比值为 86.46%;新生代亚群体中没有职称但拥有职业技能证书的人数占比为 8.64%,而老一代该比值为 5.57%;新生代亚群体中技术级别为初级、中级与高级的人数占比分别为 6.19%、4.33% 与 2.52%,而老一代则分别对应为 3.81%、2.96% 与 1.20%。由以上数据可以看出,新生代亚群体比老一代亚群体的职称或技术等级略高,虽然老一代亚群体技能水平及熟练度高于新生代,但其对技能认证方面的重视度不足。

从技能培训来看,样本中新生代亚群体中并未接受过任何培训的人数为 46 人,比例为 6.08%,而老一代中的相应人数为 77 人,比例为 10.19%;新生代中当过学徒工的人数为 193 人,比例为 25.53%,而老一代中的相应人数为 415 人,比例为 54.89%;新生代中自费参加过技能培训的人数为 38 人,比例为 5.03%，老一代中的相应人数为 62 人，比例为 8.20%；新生代中参加过政府组织的培训的人数为 84 人，比例为 11.11%，而老一代中的相应人数为 279 人，比例为 36.9%；新生代中参加过企业组织的培训的人数为 172 人，比例为 22.75%，而老一代中相应人数为 308 人，比例为 40.74%。

应当说，农业转移人口群体在拥有人力资本方面表现为较大的代际差异性，老一代亚群体虽然受教育程度与拥有的职称或技术等级证书不如新生代，但接受技能培训比新生代更为频繁，故其技术水平、技能熟练度与工资收入均高于新生代。

（二）社交网络差异

农业转移人口在城镇就业的关系网络局限于亲戚、老乡与朋友，较少与就业城镇的居民进行交流，使得其社交网络扩展有限，而且，这种沿用农村社会形成的关系网络，使得其更难融入城市生活，为城市社会所排斥。此外，通过对样本进行统计学分析发现，农业转移人口外出就业所在的企业单位较少开展党团组织的相关活动，主要是因为农业转移人口的政治参与性较弱，因而参与的次数较少，从而导致其在党团活动中也无法与所在城镇的党团员进行必要且有益的接触，对其构建城镇新的关系网遇到较大阻碍，新生代亚群体在政治参与的积极性方面要好于老一代亚群体。其中，新生代子样本中党员或团员的人数为 74 人，比例为 9.79%，而老一代子样本中党员或团员的人数为 53 人，比例为 7.01%，并且新生代的党团员经常参加党团员活动的比例为 5.83%，比老一代的相应比例高出 2.66 个百分点。

此外，农业转移人口群体的业余文化生活较为单一，没有融入城市生活当中。其中，以聊天打发时间的人数为 427 人，其中新生代的人数为 84 人，比例为 11.11%；以和工友一起打牌的人数为 251 人，其中老一代的人数为 206 人，比例为 27.25%；以上网的人数为 193 人，比例为 25.53%，其中老一代的人数为 58 人，比例仅为 7.67%。由以上数据可以看出，农业转移人口群体与城镇居民交流的宽度与频率均较低,而且代际差异较为明显,老一代亚群体主要是通过聊天来打发时间,而新生代亚群体则更倾向于上网,更易于接受并使用新的媒介工具与外界进行交流与联系。

（三）就业与职业差异

从就业渠道来看,样本寻找工作的渠道大多为自己寻找、亲戚或朋友介绍,较少通过正式的就业平台寻找工作。其中,自己寻找工作的比例为51.23%;亲戚朋友介绍工作的比例为34.61%;通过网络寻找工作的比例仅为4.12%;其他途径的比例为10.04%。另外,样本的就业稳定性较好,其中,并未更换过就业单位的人数为326人,比例为43.12%;更换过1个就业单位的人数为299个,比例为39.55%;更换过2个就业单位的人数为74人,比例为9.79%;更换过3个就业单位的人数为42人,比例为5.56%;更换过4个及以上就业单位的人数为15人,比例仅为1.98%。

从就业单位的类型来看,大多数就业去向为民营企业,比例为48.96%,其次是国有企业,比例为14.58%,进入中外合资或外资企业的人数最少,比例仅为6.77%,其他情况的比例为29.69%。

从就业行业的分布来看,样本就业行业的分布较为集中,其中,从事建筑业人数最多,有351人,比例为46.43%,其中新生代有159人,比例为21.03%,老一代有192人,比例为25.4%;从事工业的人数次之,有238人,比例为31.48%,其中新生代有128人,比例为16.95%,老一代有110人,比例为14.53%。农业转移人口群体在就业行业方面的代际差异较小。

从日工作时长来看,大多数样本的日工作时长为7个小时及以上,其中,日工作时长大于9小时的人数有96人,比例为12.7%,其中新生代有12人,比例为4.90%,老一代有84人,比例为16.44%;日工作时长为8—9小时的人数有347人,比例为45.90%,其中新生代有57人,比例为23.27%,老一代有280人,比例为54.79%;日工作时长为7—8小时的人数有211人,比例为

27.91%,其中新生代有 104 人,比例为 42.45%,老一代有 107 人,比例为 20.94%;日工作时长为 6—7 小时的人数有 62 人,比例为 8.20%,其中新生代有 38 人,比例为 15.51%;日工作时长为 5—6 小时的人数有 30 人,比例为 3.97%,其中新生代有 21 人,比例为 8.57%;日工作时长小于 5 小时的人数有 20 人,比例为 2.65%,其中新生代有 13 人,比例为 1.72%。

根据不同日工作时长阶段的老一代农业转移人口与新生代农业转移人口的人数占比,将其作为权重乘以相应的日工作时长,可以得到两个不同亚群体的日工作时长,具体表达式为：

$$WT = \sum_{i=1}^{6} wt_i \times \sigma_i \qquad (2-20)$$

其中,σ_i 代表权重,$i=1,2,3,4,5,6$。

将已知数据代入式(2-20),可得：$WT_{old} = 8.2437$ 小时,$WT_{young} = 7.3082$ 小时。

(四) 社会参与及权益维护差异

从参与选举的情况来看,农业转移人口群体也表现为较大的代际差异。外出到城镇就业后不再返回家乡进行选举活动的比例达 86.41%,由这一比例可以看出,绝大多数的样本对民主选举、民主管理等并不关心,其中新生代的比例为 57.33%,老一代的比例为 29.08%。从参与就业单位与居住社区管理的相关活动来看,新生代样本对参与居住社区的管理活动抱有认同态度的人数为 107 人,比例为 14.15%,加入就业单位工会的人数为 48 人,比例为 6.35%;而老一代样本中对参与居住社区的管理活动抱有认同态度的人数为 277 人,比例为 36.64%,加入就业单位工会的人数为 102 人,比例为 13.50%。农业转移人口群体中对时事新闻较为关注且谈论关系国家大事的比例中新生代的比例为 17.31%;而对党的路线方针政策不太关注的比例为 67.20%,其中新生代的比例为 40.08%。以上数据充分表明,农业转移人口群体在进行社会参与从而保障自身权利方面存在较大的代际差异,虽然该群体进行社会参与的渠道与手段较为单一,但相比于新生代亚群体而言,老一代亚群体具有更强的社会参与程度。

从权益保护的情况来看,在合法权益受到伤害时,老一代亚群体中有55.48%的样本会选择罢工,而也有38.09%的样本会因为害怕受到进一步的伤害而选择沉默;当工友或亲友的合法权益受到伤害时,新生代亚群体中有21.33%的样本会积极进行抗议维权,从以上数据可以看出,在对权益保护方面,虽然新生代亚群体较之老一代亚群体更为主动与积极,但农业转移人口群体在权益保护方面仍欠缺合法合理的权益保护的意识与方式。

(五) 发展取向代际差异

农业转移人口群体因为自身素质与家庭情况的差别,从而在未来发展取向方面也表现出较大的代际差异。从未来的居住意愿来看,样本中选择未来回到农村定居且改善居住条件的人数为202人,人数最多,比例为26.74%,其中,新生代有59人,比例仅为7.80%,老一代有143人,比例为18.94%;选择未来回到家乡的城镇定居的人数为221人,比例为29.22%,其中,新生代有145人,比例为19.18%,老一代有76人,比例为10.04%。关于样本不愿意进行户口转变的原因的调研结果如图2-9所示。

由图2-9可知,农业转移人口不愿意转换户籍的主要原因是在城镇就业生活压力较大(比例达41.17%),其就业目的只是获得更高的收入水平而不是定居城镇,而且不愿意放弃在农村的相应经济资源,特别是对其具有最大作用的土地资源。样本中非常抵触转变户籍的人数为24人,比例为3.17%;不太愿意转化户籍的人数为506人,比例为66.93%;对转换户籍持非常积极态度的人数为226人,比例为29.89%。因为国家的惠农政策以及附属在农业户籍上的相关福利,因此,农村政策福利是第二大原因,比例达36.54%;第三大原因是土地因素,比例为19.92%;最后是生活习惯方面的原因,比例

（百分比：%）

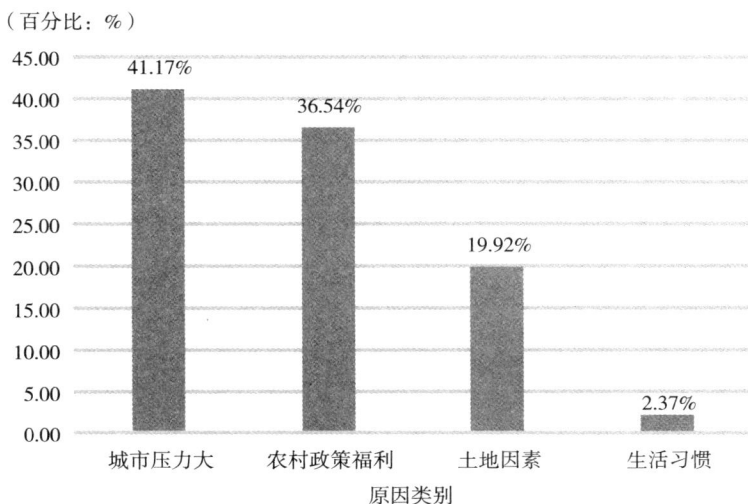

图 2-9　样本不愿意转换户籍的原因

仅为 2.37%。

因此，农业转移人口群体的市民化意愿并不强烈。由以上关于原因的分析可知，大多数农民不愿意转化户籍的原因是城市生活与农村政策福利，而不是学界最为关注的土地问题。此外，还有一些农业转移人口对转化户籍不太积极的原因是由于在城市中受到不同程度的排斥，心理成本较高，难以形成对城市的适应性，一定程度上说明城镇文明并未普及到以人为本的城镇化要求的程度。

（六）市民化进程差异

1. 测度方法

本章第五节已采用需求可识别的 Biprobit 模型对农业转移人口的市民化程度进行测度，为了进一步突出农业转移人口的代际差异，在参照蔡昉（2004）采用歧视系数衡量外部制度因素与张鹏（2011）劳动力市场性别歧视的分析方法的基础上，本节引入工资歧视系数，并且采用基于改进的常数替代弹性

（Constant Elasticity of Substitution,CES）生产函数对农业转移人口群体在劳动力市场中受到的歧视程度进行测度,从而比较农业转移人口群体市民化进程的代际差异。

CES 生产函数有两个基本假设:固定替代弹性与固定不变的资本投入及劳动力总量。其一般形式为:

$$F(x_1,x_2) = A \times (a_0 + a_1 \times x_1^b + a_2 \times x_2^b)^{\frac{1}{b}} \quad (2-21)$$

式(2-21)中,X_1 与 X_2 均为要素投入。对式(2-20)进行改进,得到:

$$Y_i^{-\beta} = \alpha_1 L_{1i}^{-\beta} + \alpha_2 L_{2i}^{-\beta} + \alpha_3 K_i^{-\beta} \quad (2-22)$$

式(2-22)中,Y_i 代表某区域第 i 年的 GDP,K_i 代表某区域第 i 年的资本存量,L_{1i} 代表某区域第 i 年城镇职工总人数,L_{2i} 代表某区域第 i 年农业转移人口总数,其余均为参数。需要说明的是,β 取值的合理弹性估计值处于区间 [0.5,3],为易于计算,本节取 $\beta=2$;关于资本量 K_i,由于难以直接查找到某区域不同年度的资本存量,采用账面盘存法进行资本存量的测算,测算公式如下:

$$K_t = I_t + (1 - \delta)K_{t-1} \quad (2-23)$$

其中,δ 表示资本折旧率。I_t 通过查找统计年鉴直接获得,取 $\delta=6\%$(张军、吴桂英、张吉鹏,2004),在剔除价格波动后即可得到不同年度的资本存量。

式(2-22)两端对 L 求导,可得城镇职工工资的计算公式为:

$$W_{1i} = \frac{\partial Y_i}{\partial L_{1i}} = \alpha_1 Y_i^{\beta+1} L_{1i}^{-\beta-1} \quad (2-24)$$

同理可得,农业转移人口工资的计算公式为:

$$W_{2i} = \frac{\partial Y_i}{\partial L_{2i}} = \alpha_2 Y_i^{\beta+1} L_{2i}^{-\beta-1} \quad (2-25)$$

若劳动力市场不存在工资歧视时,城镇职工的工资将与农业转移人口的工资相等,此时有:

$$Y_i^{*-\beta} = \alpha_1 L_{1i}^{*-\beta} + \alpha_2 L_{2i}^{*-\beta} + \alpha_3 K_i^{*-\beta} \quad (2-26)$$

而劳动力总数并未发生变化,即:

$$L_{1i} + L_{2i} = L_{1i}^* + L_{2i}^* \qquad (2-27)$$

$$W_{1i}^* = W_{2i}^* \qquad (2-28)$$

将以上各式联立,可得:

$$L_{2i}^* = \frac{L_{1i} + L_{2i}}{1 + (\frac{\alpha_1}{\alpha_2})^{\frac{1}{1+\beta}}} \qquad (2-29)$$

而现实情况是劳动力市场存在针对农业转移人口的工资歧视,那么工资歧视系数为农业转移人口的理想工资与实际工资之间的差值,可得工资歧视系数的计算公式如式(2-30)所示:

$$d = \frac{W_{2i}^*}{W_{2i}} = \{\frac{Y_i^*}{Y_i} \cdot \frac{L_{2i}}{L_{2i}^*}\}^{1+\beta} \qquad (2-30)$$

2. 市民化进程测度

收集相关数据并进行整理,通过回归可得参数 α_1、α_2、α_3 的值,然后计算出 L_{2i} 的大小,代入式(2-30)可得工资歧视系数的值,如表 2-30 所示,且所得参数均通过了检验。

表 2-30 安徽省农业转移人口的工资歧视系数

年份	2009	2010	2011	2012	2013
安徽省	1.55	1.41	1.59	1.68	1.62
皖北地区	1.53	1.47	1.52	1.58	1.57
皖中地区	1.61	1.49	1.64	1.69	1.65
皖南地区	1.48	1.35	1.57	1.66	1.53

资料来源:《安徽省统计年鉴》(2000—2014)。

由表 2-30 与图 2-10 可知,2009—2013 年间,安徽省劳动力市场中农业转移人口的工资歧视系数总体呈上升趋势,虽然 2010 年较 2009 年略有下降,但 2012 年却达到最大值,2013 年又小幅下降,这与经济结构的调整及农业转移人口就业政策的变化密切相关。2009—2013 年农业转移人口工资歧视系数的均值为 1.57,表明若劳动力市场不存在针对农业转移人口的用工歧视的话,农业转移人口的工资水平将上升 57%,进一步表明用工歧视在较大程度上减少了该群体的收入水平,降低了该群体的福利水平。将表 2-33 中的相关数据绘制为曲线图,如图 2-10 所示:

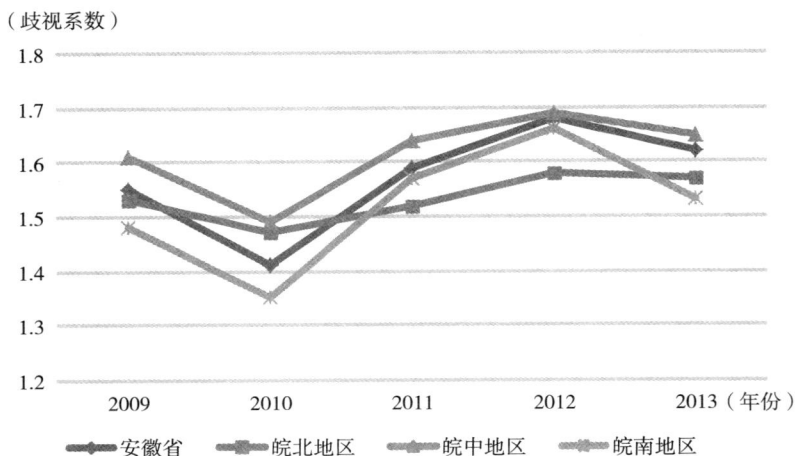

（歧视系数）

图 2-10　安徽省劳动力市场歧视系数

资料来源:《安徽省统计年鉴》(2000—2014)、《安徽省情》及安徽省各地级市统计公报。

在得到工资歧视系数之后,可通过该系数、市民化意愿以及市民化能力对市民化进程进行测度。其中市民化能力可以用月均收入和月均支出两个指标来进行衡量,具体公式如下:①

$$N = \sqrt{(B_1 - B_2)^2 + (C_1 - C_2)^2} / B_2 \times 100\% \qquad (2\text{-}31)$$

式(2-31)中,N 代表农业转移人口市民化能力;B_i 和 C_i 分别代表不同群体的月均收入与月均支出(i 为 1 时代表市民,i 为 2 时代表农业转移人口)。

---

　　① 农业转移人口的市民化过程是农业转移人口群体同市民群体不断接近并融合的过程,此处将这两个群体抽象为两个不同的点,并将群体的收入水平看作横坐标,群体的支出水平看作纵坐标。因此,可根据以上两点的距离与农业转移人口群体的收入水平的比值来测算该群体的市民化能力。

因此,可得农业转移人口的市民化进程的计算公式,如式(2-32)所示:

$$S = [0.8 \times \sqrt{A \times N} + 0.2(d - 100\%)] \times 100\% \qquad (2-32)$$

式(2-32)中,S 为市民化进程的程度,且 $0 \leqslant S \leqslant 1$;$A$ 代表市民化意愿,此处用前文调研样本中得到的农业转移人口群体中愿意进行户籍转换进而成为市民的人数比例。

按照式(2-32)即可计算得到农业转移人口的市民化进程的程度,计算结果如表2-31所示:

表 2-31　样本市民化进程的测度结果

代际	市民化意愿(%)	市民化能力(%)	市民化进程(%)
老一代	22.66	52.60	40.02
新生代	39.18	57.50	50.37

资料来源:根据《安徽省统计年鉴(2014)》相关数据整理计算。

由表2-31可知,样本中市民化进程表现出较为明显的代际差异,老一代亚群体的市民化进程比新生代的市民化进程低了10.35个百分点,其中市民化意愿的代际差异为16.52个百分点,市民化能力的代际差异为4.90个百分点。

进一步分析市民化意愿的代际差异对市民化进程差异的影响[1]可知,农业转移人口市民化意愿的代际差异对其市民化进程的差异具有重要影响,其影响的程度为77.12%;而市民化能力的代际差异对其市民化进程的差异的影响程度为22.88%。进一步表明,较之农业转移人口的市民化能力,其市民化意愿在市民化进程中具有更为重要的作用,因此,要加快推进农业转移人口

---

[1]　注:因为在市民化进程的测算公式中,市民化意愿和市民化能力这两个指标相互对称且均为一次变量,为易于分析,此处对农业转移人口市民化意愿的代际差距对市民化进程差异的影响大小进行粗略估算,即为 $\dfrac{39.18\% - 22.66\%}{(39.18\% - 22.66\%) + (57.50\% - 52.60\%)} \times 100\% = 77.12\%$,同理可得有关市民化能力的代际差异对市民化进程差异的影响大小。

以人为本的中国新型城镇化道路研究

的市民化进程,最为重要的就是科学稳妥地提升其市民化意愿,只有让该群体在心理上愿意进入城镇就业、转化户籍并成为市民,才能更为有效地推进市民化进程,才能使得市民化进程的质量有所保证。而要提升市民化意愿,则必须做好市民化供给,而且应该着力改善影响市民化意愿的相关因素,由前文关于市民化需求影响因素的分析结果可知,15个变量对市民化意愿造成不同程度的影响,其中年龄、受教育程度、务工地居住形式、社区参与的影响最为显著,而对于市民化供给来说,受教育程度、就业城镇的居住形式以及社会参与是农业转移人口流入城镇可以调整并加以提高的。

此外,农业转移人口市民化进程的代际差异的结果也表明,新生代亚群体的市民化进程要快于老一代亚群体,未来该群体的市民化的侧重点可以放在新生代亚群体方面,通过新生代亚群体的快速市民化带动老一代亚群体的市民化进度。

四、市民化代际差异的原因分析

导致农业转移人口市民化产生代际差异的因素较多,可以划分为内部原因与外部原因。其中,内部原因主要是该群体的自身因素的差别产生了群体分化进而产生了老一代亚群体与新生代亚群体,而外部原因主要是该群体自身因素之外的相关因素,如社会因素与文化因素等,对该群体市民化进程造成了代际差异。因为外部因素的相关数据较难取得,定量化难度较大,因此本部分对外部原因的分析采取定性分析,而内部原因的分析则采用调研的样本数据进行定量分析。

(一)内部原因分析

1.影响因素选取

老一代与新生代两个亚群体之间在诸多自身因素方面具有一定程度的差异,如工资收入、居住意愿、土地处置方式以及市民化意愿等方面,以上差别会

190

导致其市民化意愿与市民化能力产生差别从而形成不同的市民化需求，面对的市民化供给也不尽相同，从而使得农业转移人口市民化产生代际差异。因此，分析农业转移人口两个亚群体的差异化特征可以用以分析代际差异的内部原因。由前文有关市民化的代际差异分析的结果可知，对代际差异具有显著影响的因素有：第一是收入水平（Sr）：因为就业时间、技术水平与技能熟练程度的差异性使得收入水平出现了代际差异，从而使得市民化意愿与能力也出现了代际差异；第二是文化水平或受教育程度（Wh）：由于新生代亚群体的成长环境与受教育环境优于老一代亚群体，导致在市民化进程中形成了其生活观点与思维方式的代际差异；第三是年龄（Nl）：年龄是农业转移人口群体内部分化的重要原因、分类依据与指标；第四是婚姻情况（Hy）：前文已进行分析，已婚者需要更多考虑家庭因素，而未婚者的市民化意愿更为强烈，此处将婚姻作为虚拟变量，且已婚赋值为 1，未婚（含离异）赋值为 0；第五是性别（Xb）：前文已进行分析，男性样本的市民化意愿较强，此处将性别也作为虚拟变量，且男性赋值为 1，女性赋值为 0；第六是承包地处置方式（Cbd）：承包地作为农业转移人口最重要的财产性资源，该群体具有一定程度的"亲地情怀"，对市民化意愿的代际差异具有较强影响；第七是社会参与（Sh）：社会参与度越高，其市民化意愿越强，且新生代亚群体的社会参与度较强；第八是居住情况（Jz）：居住条件对市民化意愿与市民化能力均会造成一定影响；第九是消费状况（Xf）：消费水平主要表明农业转移人口的消费习惯，与其市民化成本也密切相关；第十是进城就业年限（Jc）：进城就业年限越长，对城市生活的认知则会更准确，其市民化意愿才更真实，市民化能力也会因为经济基础的增强而提升，同时现有的市民化供给政策也倾向于就业年限更长的农业转移人口。

2. 模型构建与结果分析

将市民化程度（Smh）设为因变量，首先分析其与农业转移人口代际间的分布关系。将新生代亚群体与老一代亚群体分别按相差 3 岁为分档标准进行细分测度,可以得到每一分档对应的两个不同亚群体的市民化程度,然后采用SPSS 软件绘制三维密度的分布图(见图 2-11)。同时,为了更为直观地观测,分别绘制老一代亚群体市民化程度与新生代亚群体的正态 P-P 图,如图 2-12 所示。由图 2-11 与图 2-12 中可知,农业转移人口群体呈现出较为明显的左偏分布;新生代亚群体的市民化程度表现为非正态分布的特征,呈现出较为明显的右偏分布;而老一代亚群体也表现为非正态分布的特征,呈现出较为明显的左偏分布。

此外,如图 2-11 所示,新生代亚群体的市民化程度在区间[0.450,0.500]、老一代亚群体的市民化程度在区间[0.350,0.425]的分布密度比其他区间较大,而且密度函数表现为凹凸不平的特征,表明两个区间内的市民化程度具有较大的差异性。因此,这种分布的非正态性通常采用分位数回归分析法,比普通最小二乘法(Ordinary Least Square,OLS)更为合适,因为在左偏分布或右偏分布的情况下,分位数回归法可以更好地反映出分布的特征性,估计系数也会更为稳健。

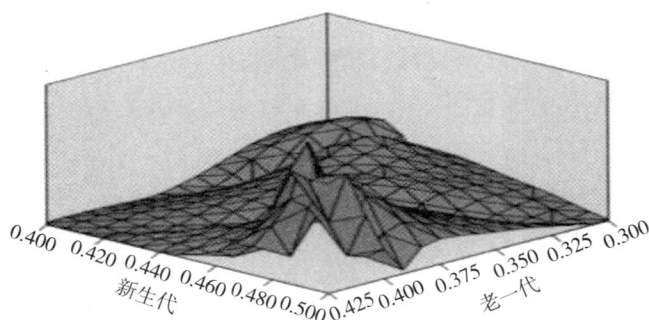

图 2-11 样本不同代际的市民化程度的三维密度分布图

分位数回归法对普通最小二乘法的因变量条件期望进行了修正,估计过程引入分位点,因而可以更为有效的获得因变量与自变量分位数之间的线性关系,可以更好地得到分位点变化情况下自变量对因变量造成的影响的过程与相应变化趋势。分位数回归法的分析步骤为:

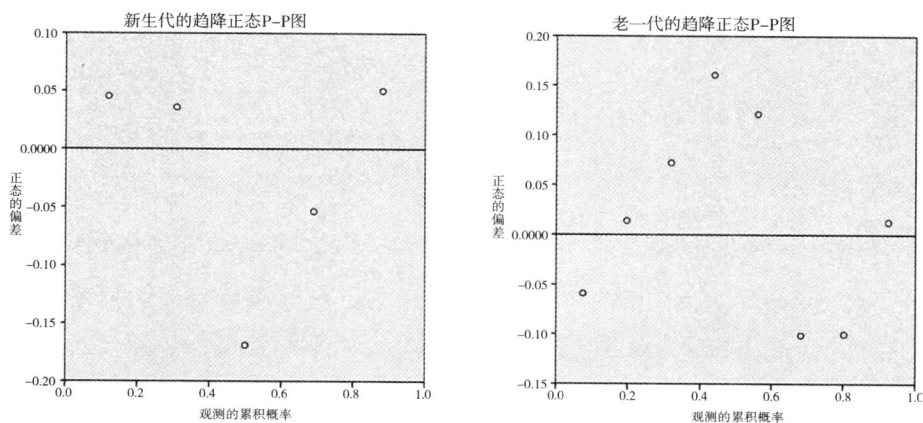

图 2-12 样本不同代际的市民化程度趋降正态 P-P 图

假设某一随机变量的分布方程如式（2-33）所示：

$$F(y) = prob(Y \leqslant y) \qquad (2-33)$$

按照分位数的定义，Y 的 θ 分位数的表达式为：

$$Q(\theta) = \inf\{y : F(y) \geqslant \theta\} \qquad (2-34)$$

其中，$0 < \theta < 1$。分位数回归的过程即是最小化加权误差的绝对值之和的过程，其计算公式为：

$$\min_{\mu \subset R}\left\{ \sum_{i:Y_i \geqslant \mu} \theta \,|\, Y_i - \mu \,| + \sum_{i:Y_i < \mu} (1-\theta)\,|\, Y_i - \mu \,| \right\} \qquad (2-35)$$

此外，假定条件均值函数的表达式为：

$$E(Y|X=x) = x_i'\beta \qquad (2-36)$$

因而，可以得到分位数回归方程的表达式为：

$$\hat{\beta}_\theta = \arg\min_{\beta \subset R^K}\left\{ \sum \theta \,|\, Y_i - x_i\beta \,| + \sum (1-\theta \,|\, Y_i - x_i\beta \,|) \right\} \qquad (2-37)$$

基于上述方法，将以上影响因素设为自变量，市民化程度设为因变量，则可构建农业转移人口市民化同其影响因素之间的线性模型，具体如式（2-38）所示：

$$Smh_i = \alpha_0 + \alpha_1 Sr_i + \alpha_2 Wh_i + \alpha_3 Cbd_i + \alpha_4 Sh_i + \alpha_5 Jz_i + \alpha_6 Xf_i +$$

$$\alpha_7 Jc_i + \alpha_8 Nl_i + \alpha_9 Hy_i + \alpha_{10} Xb_i + \varepsilon_i \tag{2-38}$$

其中,α_i 表示各自变量所对应的回归参数,ε_i 表示随机扰动项。

在自变量给定的情况下,因变量与分位点的条件分位数为:

$$Quant_\theta(Csh_i \mid X_i) = \beta^\theta X_i \tag{2-39}$$

最小化加权误差的绝对值之和,可得分位数回归的参数估计模型:

$$\hat{\beta}^\theta = \arg\min_{\beta \subset R}\Big\{ \sum_{Csh_i \geq \beta^\theta X_i} \theta \mid Csh_i - \beta^\theta X_i \mid +$$

$$\sum_{Csh_i < \beta^\theta X_i} (1 - \theta) \mid Csh_i - \beta^\theta X_i \mid \Big\} \tag{2-40}$$

对相关数据进行整理之后,采用 Eviews 软件分别对样本中新生代亚群体与老一代亚群体的市民化及相关参数进行分位数回归分析,分析结果分别见表 2-32 与表 2-33。

表 2-32　样本新生代农业转移人口市民化分位数回归分析结果

自变量	分位点对应的估计参数				
	$\theta = 0.10$	$\theta = 0.25$	$\theta = 0.50$	$\theta = 0.75$	$\theta = 0.90$
收入水平	0.00177** (0.0035)	−0.00463** (0.0041)	−0.0154*** (0.0062)	0.02331** (0.0038)	0.04016** (0.0027)
受教育程度	0.0215** (0.0538)	0.02081* (0.0446)	0.01326** (0.0324)	0.03578** (0.0353)	0.0469*** (0.0279)
年　龄	0.0152 (0.0832)	−0.0074** (0.0728)	0.0128 (0.0440)	0.00255* (0.0425)	0.0147 (0.0091)
婚姻情况	0.0038* (0.0732)	0.0029 (0.0655)	0.0035** (0.0148)	0.0194 (0.0183)	0.00056 (0.0446)
性　别	−0.0251 (0.0532)	−0.0195 (0.0717)	−0.0164 (0.0494)	−0.0188 (0.0323)	−0.0293 (0.0085)
承包地处置	0.0374* (0.0937)	0.0482 (0.0830)	0.0309 (0.0752)	0.0197 (0.0506)	0.0053 (0.0634)
社会参与	0.0197* (0.0033)	0.0155** (0.0047)	0.0162** (0.0028)	0.02073*** (0.0079)	0.02140** (0.0063)
居住情况	0.0373* (0.0531)	−0.0281 (0.0612)	−0.0354** (0.0719)	0.0407 (0.0425)	0.04162** (0.0328)

续表

自变量	分位点对应的估计参数				
	$\theta = 0.10$	$\theta = 0.25$	$\theta = 0.50$	$\theta = 0.75$	$\theta = 0.90$
消费情况	0.00324 (0.0323)	−0.00258 (0.0192)	−0.0831 (0.0786)	0.0133 (0.0470)	0.0245 (0.0584)
城镇就业年限	0.0008 (0.0441)	0.0014 (0.0734)	0.0055 (0.0632)	0.00603* (0.0377)	0.0037 (0.0593)
常数项	0.7632* (0.0265)	0.8944** (0.0148)	0.6791 (0.0227)	0.8114** (0.0350)	0.6583*** (0.0442)
伪决定系数 R^2	0.1156	0.1487	0.1341	0.1229	0.1060

注:(1) ***、**、*分别表示该参数在1%、5%、10%水平下表现为统计显著;(2)括号中数值是标准误差。

表2-33 样本中老一代分位数回归分析结果

自变量	分位点对应的估计参数				
	$\theta = 0.10$	$\theta = 0.25$	$\theta = 0.50$	$\theta = 0.75$	$\theta = 0.90$
收入水平	0.0137* (0.0421)	0.0244** (0.0231)	0.0193*** (0.0742)	−0.0176* (0.0329)	0.02812** (0.0621)
受教育程度	0.0155** (0.0339)	0.0306* (0.0694)	0.0248*** (0.0938)	0.0377* (0.0415)	0.0421** (0.0347)
年 龄	−0.0041** (0.0339)	0.0038 (0.0492)	−0.0024 (0.0531)	0.0047 (0.0731)	0.0093 (0.0665)
婚姻情况	0.0132 (0.0314)	0.0143 (0.0125)	0.0086 (0.0633)	0.0098 (0.0567)	0.0166 (0.0659)
性 别	−0.0133* (0.0523)	−0.0241 (0.0237)	−0.0287 (0.0390)	−0.0260 (0.0702)	−0.0109 (0.0457)
承包地处置	0.0227** (0.0433)	0.0193*** (0.0514)	0.0246 (0.0175)	0.0396* (0.0689)	0.0469 (0.0392)
社会参与	0.00129 (0.0068)	0.00235 (0.0043)	0.0197 (0.0031)	0.0183 (0.0049)	0.0153 (0.0075)
居住情况	0.00914 (0.0053)	0.0132 (0.0328)	0.0168 (0.0617)	0.00923 (0.0913)	0.0143 (0.0416)
消费情况	0.0064 (0.0007)	0.0189 (0.0018)	0.0230 (0.0093)	0.0185 (0.0075)	0.0133 (0.0086)
城镇就业年限	0.0083** (0.0719)	0.0076 (0.0643)	0.0093* (0.0547)	0.0061* (0.0329)	0.0071 (0.0293)

续表

自变量	分位点对应的估计参数				
	$\theta = 0.10$	$\theta = 0.25$	$\theta = 0.50$	$\theta = 0.75$	$\theta = 0.90$
常数项	0.5911 (0.0165)	0.6247 (0.0247)	0.5894 (0.0176)	0.6355 (0.0350)	0.6121 (0.0152)
伪决定系数 R^2	0.1635	0.1740	0.1257	0.1396	0.1891

注:(1) ***、**、* 分别表示该参数在 1%、5%、10% 水平下表现为统计显著;(2) 括号中数值为标准误差。

由表 2-32 与表 2-33 的分析结果来看,不同影响因素对于新生代与老一代亚群体的市民化具有不同程度的影响,而且同一因素在不同的分位点上表现出的作用程度也有较大差异。

从年龄因素来看,与老一代亚群体相比,年龄对新生代亚群体的影响更为显著。在老一代亚群体中,年龄在其各分位点均表现为较弱的显著性,仅在 $\theta = 0.10$ 分位点上表现出显著性,而在新生代亚群体中,年龄则在 $\theta = 0.25$ 与 $\theta = 0.75$ 两个分位点上表现出显著性,以上数据表明年龄对老一代亚群体市民化的影响程度弱于新生代亚群体,且老一代亚群体中其对市民化程度较低的样本的市民化进程的影响较大。

从婚姻因素来看,相比老一代亚群体,婚姻因素对新生代亚群体的影响程度更为显著,且新生代亚群体中婚姻因为在 $\theta = 0.10$ 和 $\theta = 0.50$ 两个分位点上表现出显著性,而且参数也表现出逐渐增加的趋势,而婚姻因素对老一代亚群体的影响程度在各观测分位点上均不显著。以上结果主要是因为新生代亚群体中大多数均未婚,婚姻在其市民化进程中会产生较大影响,而老一代亚群体中未婚的较少,因而婚姻因素对其市民化进程的影响较小。

从性别因素来看,性别在新生代亚群体中表现为不显著性,而在老一代亚群体中表现出较强的显著性,且在 $\theta = 0.10$ 的分位点较为显著,表明性别对老一代亚群体的影响程度高于新生代亚群体。此外,在农业转移人口年龄较小时,用人单位或企业对性别没有表现出较强的偏向性,但是当其年龄较大时,用人单位或企业却对其表现出较强的偏向性。

从收入水平因素来看,收入水平不论在新生代亚群体还是老一代亚群体中均表现为显著,而且回归系数随分位点的变化而变化。在新生代亚群体中,回归系数表现为分位点的不断上升,回归系数则表现为先下降后上升的变化趋势。具体情况为,在 $\theta = 0.10$ 至 $\theta = 0.25$ 分位点之间呈下降趋势,直至在 $\theta = 0.25$ 至 $\theta = 0.50$ 之间其值小于 0,表明收入因素对于新生代亚群体中市民化程度较低的样本的影响程度较低;而当 $\theta = 0.50$ 分位点之后,回归系数则不断上升,表明当分位点上升至一定数值后,收入因素对于新生代亚群体中市民化程度较高的样本的影响程度较大。进一步表明,提高收入水平对于促进新生代亚群体市民化进程的影响程度对于不同市民化程度的样本而言具有不同的促进作用。同样的,在老一代亚群体中,收入因素表现出较强的显著性,但与其对新生代亚群体的作用不同的是,随着分位点的上升,老一代亚群体的回归参数表现出先升后降再升的变化趋势,具体情况为:在分位点 $\theta = 0.10$ 至 $\theta = 0.50$ 之间回归参数先升后降,然而在分位点 $\theta = 0.50$ 至 $\theta = 0.90$ 之间则先降后升,并且在分位点 $\theta = 0.90$ 时回归参数值达到最大值。由回归参数的变化可知,收入因素对于老一代亚群体中市民化程度较低与较高的群体的影响程度较大,而对于市民化程度处于中间水平的群体的影响程度反而较小。

从受教育程度因素来看,文化水平不论在新生代亚群体还是老一代亚群体中均表现为显著。新生代亚群体中,受教育程度分位数的回归参数由 $\theta = 0.10$ 的 0.0215 变化至 $\theta = 0.90$ 的 0.0469,表现出较大的波动性,由分位点 $\theta = 0.10$ 至 $\theta = 0.50$ 阶段不断下降,$\theta = 0.50$ 之后又逐渐上升,表明受教育程度对于市民化程度较高的群体的影响更为显著,其次是市民化程度较低的群体,市民化程度处于中间水平的群体最低。同样的,在老一代亚群体中,分位数的回归参数也表现为较大的波动性,由分位点 $\theta = 0.10$ 的 0.0155 上升至 $\theta = 0.90$ 的 0.0421,增加幅度相比于新生代亚群体分位点回归参数的变化幅度更大,而且分位数的回归参数同样表现出先升后降再升的变化趋势,由分位点 $\theta =$

0.25 至 $\theta=0.50$ 的阶段不断下降,$\theta=0.50$ 之后又逐渐上升。综合来看,受教育程度对农业转移人口群体的市民化进程均表现出较强的显著性与差异性,而且,其对老一代亚群体的影响程度比新生代亚群体更大。

从承包地处置方式来看,老一代亚群体的分位数的显著性比新生代亚群体更强,新生代亚群体的分位数仅在分位点 $\theta=0.10$ 表现出显著性,而老一代亚群体则在分位点 $\theta=0.10$、$\theta=0.25$ 与 $\theta=0.75$ 均表现出更高的显著性。因此,承包地处置方式对于新生代亚群体市民化的影响并不显著,而对老一代亚群体则具有重要的影响,且对市民化程度较低的老一代样本的影响程度更大。

从城镇就业年限因素来看,老一代农亚群体的分位数的显著性也比新生代亚群体更强,新生代亚群体的分位数仅在分位点 $\theta=0.75$ 表现出显著性,而老一代亚群体则在分位点 $\theta=0.10$、$\theta=0.50$ 与 $\theta=0.75$ 均表现出更高的显著性。因此,城镇就业年限对于新生代亚群体市民化的影响并不显著,而老一代亚群体的回归参数则表现出先降后升再降再升的变化趋势,且在分位点 $\theta=0.50$ 处达到极值。因此,城镇就业年限对新生代亚群体的影响程度较老一代亚群体要低,且在老一代亚群体中该因素对市民化程度较低的样本的影响程度较市民化程度较高的样本要更加显著。

从社会参与因素来看,新生代亚群体的分位数的显著性较老一代亚群体更强,老一代亚群体的分位数在不同分位点均表现为不显著,而新生代亚群体中的分位数则在不同的分位点均表现出显著性,而且随着分位点的变化,回归参数呈现出递增的变化趋势,表明社会参与因素对老一代亚群体的影响程度较小,而对新生代亚群体的影响程度较大,而且对市民化程度较高的新生代样本的影响程度较市民化程度较低的新生代样本更大。

从居住条件因素来看,新生代亚群体的分位数的显著性较老一代亚群体更强,老一代亚群体的分位数在不同分位点均表现为不显著,而新生代亚群体中的分位数则在分位点 $\theta=0.10$、$\theta=0.50$ 与 $\theta=0.90$ 均表现出较强的显著性,且回归参数在分位点 $\theta=0.10$ 之后下降,在分位点 $\theta=0.25$ 与 $\theta=0.50$ 上该值小于 0,表明居住条件对市民化进程造成了负面影响,而在分位点 $\theta = 0.50$ 之后该值上升且最终高于分位点 $\theta = 0.10$ 的回归参数值。因此,居住条件因素对老一代亚群体的影响程度较小,而对新生代亚群体的影响程度较大,而且对市民化程度较高的新生代样本的影响程度较市民化程度较低的新生代样本更大。

(二) 外部原因分析

1.政策变迁因素

制度变迁主要会影响农业转移人口群体的市民化供给进而会影响其市民化需求,且会对不同特征的群体中不同个体产生不同影响,进而使得该群体内部出现分化,最终产生农业转移人口市民化的代际差异。前文已对中国人口流动及农业转移人口的相关政策变迁进行了梳理,从农业转移人口市民化的代际差异的角度进行分析,可以将相关政策变化划分为四个不同阶段:第一阶段为 1978—1989 年,改革开放之后,经济体制改革拉开序幕,社会生产率因为制度变革而得以释放与提高,城乡发展差距逐渐增大,使得城市产生了大量的劳动力需求,农村尤其是农业领域也产生了大量的劳动力供给,但因为劳动力政策的限制,并未使得劳动力的供需相等,直至 1986 年允许国营企业招收农业转移人口的相关政策出台,农业转移人口开始了大量流动,并逐渐形成了相对独立的群体。这一阶段中,国家的重心在农村经济发展与改革方面,老一代农业转移人口虽然外出务工,但仅是为了提高生活水平,其主要精力仍在农村的相关事务上,农忙时仍回到农村从事农业生产,因而不能称为真正意义上的纯粹的农业转移人口。第二阶段为 1990—1996 年,城乡经济差距进一步拉大,农业转移人口大量流入城市,且因为工资收入与从事农业生产所获收入的差距也在逐渐增大,因而出现了小范围的承包地转给他人种植的现象,但因为农业产出率较低,所以并未市场化,大多是委托亲戚朋友代种。在去除土地的后顾之忧之后,该群体进入城镇就业生活的意愿逐渐增强。这一阶段中,出现了新生代的农业转移人口,农业转移人口也不再是农忙回乡,而是演变为每年回家过年,形成了中国特有的春运现象。第三阶段为 1997—2000 年,金融危机的爆发使得城市经济出现问题,对劳动力的需求大幅减少,农业转移人口在城市中的就业竞争力逐渐增大,失业加剧,对农业转移人口的规范性流动的相关政策陆续出台,市民化供给由此收紧。第四阶段为 2001 年至今,农业转移人口对国家经济社会发展的重要作用逐渐被认识,鼓励并积极引导农业转移人口进入城镇就业生活,相关制度政策不断完善,进入了推动农业转移人口市民化进程的时期。

从以上不同阶段的政策变化可以看出,政策的制定实施必须与经济社会发展的实际情况保持一致,而且不同的政策会对不同特征的农业转移人口产生不同的影响,因为老一代亚群体很早就外出就业,受教育水平偏低,而且具有较强的农村生活特征与观念,对于城市生活与观念的适应性也相对较差,所以相关推动农业转移人口市民化的政策对于新生代亚群体的作用较之老一代亚群体要更强。

2. 社会变迁因素

农业转移人口群体中的老一代亚群体在农村生活时间较长,具有亲地情怀,虽然他们中的部分人已经慢慢脱离农业生产与农村生活进入了非农领域与城市生活,但是因为在城市中工作生活受到了在工作条件、居住条件、社会福利条件以及权益保障等诸多方面的不公正待遇,因此仅仅将在城市就业当作是谋求生活水平提高的手段,既未获得对城市的归属感也未形成对城市文化的认同,因此尽管具有相对较强的市民化能力,城市也偏向于为其提供市民化供给,但是其市民化意愿并不强烈。而新生代亚群体对农村生活特别是亲地情怀没有老一代亚群体那么强烈,他们中的部分人甚至从未从事过农业生产,受教育程度较高,且具有较为开放的理念,在城镇就业并不仅仅为了提高生活水平,更多地是追求个人的发展,对于城市生活与城市文化的适应性较强,因此,新生代亚群体的市民化意愿较为强烈,但是由于城镇就业年限较短、技术水平与技能熟练度不高且工资收入水平相对较低,其市民化能力较弱。

随着经济的发展,城乡二元体制在社会的发展与文化变迁的同时也产生了城乡不同的生活理念与文化观念,对农业转移人口群体的市民化进程产生了重要的影响,从而也导致了老一代亚群体与新生代亚群体在市民化进程中的代际差异。

第三章 "人本"城镇化的道路：
生态与可持续发展

第一节 中国城镇化进程与生态环境保护

城镇化通常被用来衡量一个国家或地区的发展状况,党的十九大报告在对中国过去五年的工作进行总结时提出:中国城镇化年均提高 1.20 个百分点。但是随着中国年均城镇化率的增加,由城镇化所带来的环境方面的问题也日趋明显。一个健康的城镇化发展进程也是我国可持续发展战略的重要组成部分。

本节主要研究中国新型城镇化建设的效率问题以及城镇化建设与环境保护的关系。首先根据中国的城镇化建设情况和数据的可获取性选择合适的评价模型和研究指标,通过分析我国产业转型的评价指标体系,进一步了解中国城市产业生态转型的可实施性和其在实施过程中可能面临的难点,再探究中国各地区新型城镇化建设效率的高低问题。

一、相关研究理论

在过去的几十年里,城镇化对于推动中国经济快速发展具有十分显著的作用。关于中国城镇化的理论研究得到了前所未有的丰富拓展,在促进城镇化的进一步发展、加快城镇化步伐节奏以及提出新型城镇化的特色理论方面作出了积极和卓越的贡献。

(一) 新型城镇化的内涵

党的十八大报告指出必须在科学发展观的引导下,可持续发展新型城镇化建设。新型城镇化是对传统产业进行产业结构升级的过程,并且新型城镇化要求在对人口、资金、资源进行整合的过程中要保证各个系统协调发展。所以,在进行新型城镇化建设时要统筹兼顾,实现经济和环境和谐发展,而不能以牺牲环境为代价来实现经济的短暂发展。

新型城镇化的发展必然会引发如何安置拆迁户、如何保障失地农民的权益和低收入群体的生存等一系列社会问题。应该对这些问题给予特别关注,统筹兼顾,并且在此基础上进行改革创新,实现城乡之间共同发展和进步,更加科学地发展新型城镇化。在新的历史发展时期,为了顺应时代的发展要求,中国提出了新型城镇化建设,新型城镇化主要是吸取了传统城镇化的经验,然后在此基础上加以创新来实现城镇化的新型转变。

新型城镇化与传统城镇化的区别在于新型城镇化归根结底是人的城镇化,要有以人为核心的发展思想,重点构建一个生态宜居,大中小城市、城镇等相互联通、互相促进的发展体系。党的十九大报告提出,"以城市群为主体构建大中小城市和小城镇协调发展的城镇格局"。所以,在建设新型城镇化的过程中要注意协调发展,在以人为核心的建设过程中,注重城镇化改革的质量,克服城镇化进程中可能带来的问题,注意保护环境和资源节约,不能把损坏自然环境作为城镇化发展的代价。

新型城镇化的创新之处在于产城一体化、注重生态文明、城乡统筹、基础设施的完善、极大提高了人们的精神文化生活、公共服务公平充足并且以高技术含量的产业作为支撑。"以人为本"的新型城镇化注重发展质量,能够满足人民美好生活的需求,使更多的农村人口拥有了基础设施完善、公共服务充足以及社会保障健全的生活环境,人民的物质生活较以前大大提高,开始注重精神文明建设,社会整体和谐而美好。在国家发改委发布的《2019 年新型城镇化重点任务》中也提到要推动城乡的融合发展,讲到注重提高城市的品质和魅力,这是新型城镇化"以人为本"的重要体现。新型城镇化是符合我国基本国情,实现广大人民美好愿望的伟大建设,所以应更要注重其发展质量和效率。

(二) 新型城镇化的动力机制

为了对新型城镇化的效率进行评价,必须对推动城镇化发展的主要动力进行了解,为此需要构建新型城镇化的动力机制。一个合理的动力机制是保证新型城镇化高效发展的重要前提,因此在研究新型城镇化的效率之前,有必要了解推进新型城镇化发展的主要动力。

新型城镇化的发展必须依靠一定的动力推动才能实现发展,因此,城镇化的动力机制是由这些动力和能够维持和改善这些动力的各种关系和制度的综合系统组成的。新型城镇化发展的动力主要来自政府的宏观调控、经济环境、生产要素的流动、技术进步。政府的宏观调控引导、推动和支持着新型城镇化的发展。具体表现为政府根据制定的相应方针政策对城镇化加以引导,并且在必要的时候给予支持,为新型城镇化建设创建良好的外部环境。

在中国城市化建设的过程中,推动其发展的动力源到底是什么? 是政府、市场还是它们的共同作用? 新型城镇化建设要协调发展,其动力机制也要协调推进。本书认为城镇化的动力机制是一种包含各种城镇化发展中的推动力以及相互作用的综合系统。政府的宏观调控保证了新型城镇化的整体改革走向的正确性;经济环境的发展为新型城镇化建设提供保障;生产要素的流动与技术进步促进了新型城镇化的改革进程,与城镇化进程相辅相成。

经济环境对城镇化的影响一方面表现为三大产业的繁荣带动了经济的持续快速发展,从而促进了城镇化的发展;另一方面表现为城镇化发展为产业发展提供了丰富的劳动力,支持了产业的发展,这种相互促进的效应使得城镇化和产业发展之间形成了"产城融合"的形式。除此之外,随着经济的快速发展,服务行业对于劳动力的需求将不断增大,劳动力必然会逐渐向城镇聚集,进而推动城镇化的进程,劳动力的相对剩余问题可以通过服务业的发展来解决。在新型城镇化建设过程中,生产要素的流动是在保证各种投入要素充足的条件下,通过对劳动力、资本、技术、资源等投入要素充分利用来推动新型城镇化建设的快速发展。由于技术进步在新型城镇化发展过程中充当着源动力,因此,在进行新型城镇化建设时要不断提高劳动者的技能、加快推进科技进步,为城镇化建设提供可持续的技术支持。

政府制定相关政策方针为新型城镇化建设提供方向和良好的发展环境,并在必要时候给予经济、技术等各方面的支持。经济环境对城镇化的动力作用在于经济的发展是城镇化的前提,一个良好稳定的经济环境为城镇化提供了发展保障。另外,城镇化的发展也使得城镇产业的劳动力更加丰富和充足,为产业发展提供动力,从而促进了经济的增长。所以,这样相互促进的效应是城镇化发展的重要动力机制。生产要素的流动以及技术进步对城镇化的影响一方面表现为资本、劳动力以及技术等投入要素的流动使其在城镇化进程中能够充分发挥其价值。例如,在经济快速发展社会不断进步的背景下,城镇服务业的劳动力缺口由更多的农村人口补上,劳动力向城镇聚集,推动了城镇化建设。另一方面,技术的进步也为中国新型城镇化提供源动力,因此,我们在进行新型城镇化建设时要从了解其动力机制出发,保证各动力源协调发展和进步,提高劳动者技能,积极促进科技发展,使得我国新型城镇化发展既有充足的劳动力,也有技术促进、经济保障以及政府支持,使动力机制健康高效运作。

从上述分析中可以看出,政府、经济、人口、制度和技术在新型城镇化建设中都发挥了很大的推动作用,是推动城镇化发展的动力机制的重要组成部分,建设高质量的新型城镇化发展过程离不开一个包括政府、经济、人口、制度和技术的相互作用的综合体系。

二、新型城镇化效率评价研究

（一）效率评价理论

1.效率理论的发展

效率反应的是生产过程中投入与产出之间的相对关系,它是衡量经济系统运营效果的重要指标,并且包含了对评价要素的市场竞争水平、投入产出情况、资源配置效率等方面的统一度量。鉴于效率问题一直都是经济学领域热门讨论与研究的话题,众多学者们围绕效率问题进行了大量研究,但是关于效率问题的具体定义在学术和理论界却始终没有达到统一。从发展历程上看,效率理论的发展大致经历了古典经济学效率理论、边际经济学效率理论、福利经济学效率理论、新福利经济学效率理论、萨缪尔森效率理论、法约尔的前沿效率理论等阶段。从第一发展阶段来看,亚当·斯密首次在《国富论》一书中提出了古典经济学的效率理论。古典经济学的效率理论认为:市场中的价格能够有效地配置资源,促进资源从边际效益低的地方流向边际效益高的地方,从而提高社会整体的资源配置综合效率,但这一理论的缺陷在于它忽略了社会资源的有限性、稀缺性和地域倾斜性,即社会资源总是集中掌握在少数人手中,由少部分人把持和控制。边际经济学流派的效率理论则主要是从资源的边际效用变化情况这一角度出发来研究效率问题,这一理论是建立在利益均衡原理基础上的。当资源从一个部门转移到另一个部门时,资源流入部门的配置效率会降低,资源流出部门的配置效率会提高。福利经济学理论则主要是从效率和公平两大标准出发对资源配置效率和社会福利效率进行研究。效率标准是指:如果能够有效分配有限的社会资源,使资源的整体经济效益得到有效发挥,那么将会实现社会福利经济效益的最大化;若未能有效配置社会资源,使得社会经济效益最大化,则会导致市场失灵。公平标准是指:如果每个人在社会实践生活中所获得的收入相同,这也会实现社会福利经济效益最大化,当一个经济系统内部达到了均衡状态,在这种状态下如果要增加一部分人的利益必须通过减少另一部分人的利益来实现,这种均衡状态被称为帕累托最优状态。新福利经济学理论从这一视角出发来研究效率问题。由于假设条件过多且要求严苛,在现实生活中并不存在能达到帕累托最优状态的诸多条件。萨缪尔森在其效率评价理论中提出一种观点:不存在浪费就是有效率,在一个经济体的运行过程中,如果必须通过减少某一种物品的生产这一途径才能增加另一种物品的生产,那么这种经济体或经济模式的运行是有效率的。有效率的经济系统能够有效实现社会资源配置效率的最大化。在对经济运行系统进行效率评价的同时需要考虑资源配置的公平性。法约尔提出的前沿效率理论建立在一定前提的假设基础上,从前沿生产函数出发来研究经济运行效率问题,并从前沿生产函数出发,计算出生产前沿面,进而得出所能达到的最大生产可能性边界。当一个经济体系的产出越接近生产前沿面时,表明该经济系统的产出效率越高。

2. 效率的测度

有关经济体系运行效率的测度方法,不同学者曾经采用过不同评价方法,但是不同的测度方法得到的效率水平难以归一化和标准化,使得用某一具体标准统一衡量效率水平成为难题。数据包络分析方法(DEA)可以有效地解决这一问题,可以对经济体系运行的效率进行有效和基本准确的测度,优先解决在多投入多产出系统中的效率评价问题。DEA 于 1978 年由美国著名运筹学家查恩斯(Charnes)和库珀(Cooper)等人针对非参数"相对效率"提出的。[1]数据包络分析方法的主要原理是通过线性规划方式对决策单元的有效性进行评价,然后根据评价结果获得有效的管理信息。数据包络分析方法的中心思想是尽可能以较少的投入获得尽可能多的产出,进而实现投资效益最大化,数据包络分析方法相对效率评价的根本目的是达到最大的产出投入比,即最大

---

[1] A.Charnes,W.W.Coope,"Management Models and Industrial Applications of Linear Programming",*Management Science*,1951,4(1),pp.38-91.

化投资效益。DEA 的两种基本模型分别为:产出导向型和投入导向型。

规模报酬不变模型(Charnes & Cooper & Rhodes,CCR)假设决策单元处于规模报酬不变的情况下,用来衡量总效率。CCR 模型的函数基本表达式如下所示:

$$
\begin{cases}
\max \dfrac{u^T y_0}{v^T x_0} \\[2mm]
\text{s.t.} \dfrac{u^T y_0}{v^T x_0} \leqslant 1 \\[2mm]
u \geqslant 0, v \geqslant 0
\end{cases}
\tag{3-1}
$$

规模报酬可变模型(Banker & Charnes & Cooper,BCC)是假设决策单元 DMU 处于规模报酬可变情况下,用来衡量纯技术和规模效率的模型。

BCC 模型的函数基本表达式如下所示:

$$
\begin{cases}
\min \theta = V_p \\[2mm]
\sum_{j=1}^{n} x_j \lambda_j + S^- = \theta x_0 \\[2mm]
\text{s.t.} \sum_{j=1}^{n} y_j - S^+ = y_0 \\[2mm]
\sum_{j=1}^{n} \lambda_j = 1, \lambda_j \geqslant 0, j = 1,2,\cdots,n
\end{cases}
\tag{3-2}
$$

当 $\theta^* = 1$,且 $S^{-*} = 0$、$S^{+*} = 0$ 时,DMU_{J0} 为 DEA 有效;当 $\theta^* = 1$,且 $S^{-*} \neq 0$、$S^{+*} \neq 0$ 时,DMU_{J0} 为弱 DEA 有效。

在进行 DEA 效率评价时,CCR 模型和 BCC 模型的侧重点有所区别。CCR 模型主要是建立在规模报酬不变的基础上,并在此模式下研究决策单元的技术效率,BCC 模型则是建立在规模报酬可变的基础上,研究决策单元的纯技术效率。在对决策单元进行效率评价时,CCR 和 BCC 模型由于受到一定约束条件的限制,所以存在局限性。利用 CCR 模型和 BCC 模型得出的结果与实际情况是有一些偏差的。

传统的 DEA 理论进行效率评价分析的前提是假设不存在非期望产出的条件,其中假设在生产过程中的产出对于社会都是有价值的,但是在日常生产过程中无法避免会出现一些非期望产出。因此,在生产过程中应该严格控制非期望产出的数量,从而促进整个经济系统运行时达到帕累托最优状态,使得经济的运行效率达到最优。由于非期望产出的效率问题不能通过建立一般的 DEA 模型进行很好地解决,在此情况下,国外很多学者对此进行了全面研究,针对该问题提出了许多解决方法,具体方案如下:

(1)海伦(HaiLu,2001)为代表的学者们认为可以通过将非期望产出放进投入变量进行处理,非期望产出的投入数量与效率值成反方向,非期望产出的减少代表效率提高,但是这种方法的结果与实际情况存在偏差,不能精确反应实际效率水平。

(2)塞福德(Seiford,2012)为代表的学者通过函数转换将非期望产出转换为负产出、线性转化、非线性转化三种普通的产出。这种处理方法使得非期望产出的效率评价结果与实际情况比较吻合,但它的局限性在于这种方法只适用于规模报酬可变条件下存在非期望产出的经济体系。

(3)法勒(Fare,2007)为代表的学者们通过引入距离函数的方法对非期望产出结果进行效率评价,但其缺陷在于忽略了变量的松弛性问题,导致计算结果在一定程度上背离了实际情况。

从度量的方向和角度两个层面来看,DEA 模型包括径向和角度的、非径向和角度的、径向和非角度的、非径向和非角度的四种类型。从径向和角度两方面出发,传统 DEA 模型由于没有考虑投入和产出的松弛性,导致计算结果一般与现实情况存在差异。

（二） 新型城镇化效率评价研究现状

对于城镇化经济运行效率的研究,从研究进度和深度来看,国外一直领先于国内,其中以查尔斯(Charnes)为代表的国外学者就曾经根据中国 1983 年和1984年的28个重要城市的经济运行情况,对其经济运行的效率情况进行分析。随着新型城镇化建设步伐的推进,有关城镇化的效率评价问题逐渐引发了国内一众学者的深切关注。国内学术界对于新型城镇化效率的研究主要围绕以下三个层面展开:一是如何测定和评价全要素生产率以及城市体系内部的经济运行效率。以郭庆旺和王志刚为代表的一众学者认为技术进步是推动我国经济进步和城镇化快速发展的重要因素,技术进步推动我国全要素生产率增长,且生产效率的提高对于拉动全要素生产率增长的影响甚微。二是集中研究土地资源的利用效率问题。其中主要是从单个投入要素的效率出发对经济体系的内部作用机制和运行原理进行研究。国内从事这方面研究的学者主要有钟太洋、吴郁玲、程楠等人。[①] 三是集中研究城镇化效率与其水平之间的关系问题。2005年,为解决城镇化效率问题,以刘建徽为代表的学者通过采用效率评价分析方法进行了实证研究,为了更有效地解决与完善这一问题,之后的学者通过构建随机前沿模型的方式进行效率评价。

在对新型城镇化进行研究的过程中,更多的学者认识到了效率的重要性,在进行新型城镇化建设的过程中,需要将效率放到首位。作为城市生产和发展投入要素的人口、资金、资源等生产要素在城镇化的发展过程中逐渐向城镇聚集,在生产系统中进行生产以及与其他系统沟通交流,为新型城镇化的迅速发展和全国的经济增长提供支持。同时完善了城镇系统内部的空间布局结构,经济结构得到优化升级,各项公共基础设施更加健全完备,城镇居民的生活环境和生存质量得到改善提高。在研究新型城镇化的进程中,更多的学者意识到效率评价这一问题的关键性和重要性,因此,在进行新型城镇化建设的过程中,需要将提高效率放在研究的中心和重要位置上。作为城市生产和发展的投入要素,人口、资金、资源等一系列生产要素在城镇化的发展过程中逐

---

① 杨奎、张宇、赵小凤、文琦、钟太洋:《乡村土地利用结构效率时空特征及影响因素》,《地理科学进展》2019年第9期。吴郁玲、周勇:《中国土地利用比较优势与用地结构调整策略研究》,《国土资源科技管理》2010年第6期。

渐向城镇聚拢,在生产体系中进行生产的同时与其他系统沟通交流,为新型城镇化的迅速发展和全国经济的快速增长提供动力和支持,与此同时完善和扩大了城镇系统的空间区域结构,使得经济结构得到优化升级,各项公共基础设施更加健备齐全,城镇居民的生活条件得到了质的改善和提高。由于每个国家的资源禀赋条件、文化意识形态、政策环境以及投入要素的稀缺程度不同,导致每个国家的产出量水平也存在差别。由于各国对于城镇化进程的理解认知程度不同,因此在选取指标时国别之间也会存在差异。

在评价新型城镇化效率水平时,本节主要是从经济体系的投入要素数量与其产出量之间的权衡对比关系出发来研究经济系统运行的效率。为了统筹兼顾新型城镇化建设,发展循环经济,需要把可持续发展这一要素纳入新型城镇化的效率水平测度中,通过将经济产出、生态产出以及社会各层面的产出包含在需要考虑的范畴内,统一衡量总产出。通过计算中国城镇化的发展速度、水平以及质量高度得出我国城镇化的运行效率。根据帕累托最优理论,以最小的投入获得最大的产出并且实现经济、生态、社会三种效益的统一结合是当前新型城镇化发展建设的方向,它决定着新型城镇化发展的效率情况。因此,在推进新型城镇化过程中要合理优化配置资源、促进城乡协调统一发展、促进人与自然和谐共处。

(三) 我国新型城镇化效率的影响因素研究

1.影响新型城镇化效率的因素

在进行新型城镇化建设时,城镇化进程的推进过程受很多因素的制约和影响。李郇(2005)和戴永安(2010)认为地理位置、政府干预、人口密集度、产业的结构组成状况在城镇化进程及其发展效率中起关键作用。[1] 通过计量统

---

[1] 李先锋、李郇、杜志威:《快速城镇化地区外来人口入户时空特征与影响因素分析——基于 2010—2015 年东莞积分入库全样本数据》,《地理科学》2019 年第 5 期。戴永安、张支祥:《中国城市群内部与外围的效率差异及其影响因素——基于 DEA 模型的分析》,《当代经济研究》2017 年第 1 期。

计分析方法,以周冲(2013)为主要代表的学者对影响安徽省城镇化进程的因素以及各因素之间的关系进行比较分析,认为工业增加值、第二产业产值、农业机械总动力对城镇化进程推进的作用比较显著,其他因素对城镇化进程的影响总体而言不显著。[1] 梁超(2013)认为人口的密集程度、产业结构的配置和组成状况、政府在城镇化进程中承担的职责、城市和工业的规模以及国外商人的投资情况是影响新型城镇化效率的重要因素。因此,本书认为经济因素、人口因素、制度因素、技术因素和区位因素是影响城镇化进程的主要因素。

第一,经济因素。首先,由于经济的快速发展和科技的进步,社会平均劳动生产率得到了极大提高,出现了劳动力冗余情况。随着经济的快速发展,第二三产业也得到了迅速发展的机会,农村劳动生产力开始逐渐向城镇转移,为推动第二三产业的繁荣发展提供了充裕的生产力资源,加快推动了产业结构的转型和优化升级,加速了城镇化进程。其次,伴随着农村劳动生产力逐渐向城镇聚合,城镇人口数量不断扩大,极大地刺激了城镇居民的商品需求的同时,也对城镇房地产行业的发展起到了巨大的推动和促进作用,推进了城镇商品经济和生产服务的迅速发展,加速了城镇化进程。

第二,人口因素。随着经济的快速增长,城镇的生产服务和基础设施建设更为健全完善,人民对新型城镇化的生活更加向往,进一步促进了城镇化进程的推动。此外,生产交流过程中产生的知识、资本、劳动力和技术等生产要素的外溢、产业结构的优化和明确分工也不断推动着城镇化建设进程的发展。最后,随着经济整体水平的提高,第三产业及相关服务业的快速发展增加了对于劳动力资源的需求,随着城镇化进程的推进,大量剩余劳动力转移到了城市,农村劳动力相对过剩的问题得到了有效改善和解决,同时第二三产业部门的劳动力需求不足问题也得到了有效解决,新型城镇化建设进程飞速发展。劳动力在各地区间发生区位转移同样影响新型城镇化建设的进程。在发达国

---

① 吴玲、周冲:《宿州市创新型农业现代化先行区建设研究》,《宿州学院学报》2018 年第 8 期。

家进行新型城镇化建设时,随着先进技术不断被引入农业生产部门,农业的劳动生产率逐渐得到提高,吸引劳动力不断由农村转移到城镇,从第一产业转移到第二三产业,人民劳动收入不断提高,进而推动第三产业发展,劳动力的分布格局和结构层次发生改变,推动着城镇化建设进程的向前发展。在人口要素上,城镇化的进程受劳动力转移的数量和劳动力素质、观念、技术技能的影响较大。转移的劳动力在生产过程中主要是以非农业生产的投入要素发挥作用,对于第二三产业的发展起到了重要的促进作用。在新型城镇化发展进程中,劳动力不仅从农村转移到城镇,他们的素质、技术技能、知识在转移过程中进一步得到了提高,促进新型城镇化建设更好更快地发展。

第三,制度因素。政府推行的各种政策对于新型城镇建设同样具有重要影响。在新型城镇化建设进程中,土地、劳动力、资本、技术、资源禀赋的功能在政府相应的政策支持下得到了充分的发挥。制度对新型城镇化建设的影响可以分为直接、间接两个方面,直接影响是指那些关系到劳动者切身利益、关系到城市对劳动者的吸引力,以及劳动者在城镇中的生存现状的政策,它直接影响劳动力的流动情况。间接影响是指政府分别从企业和社会入手制定一些能够对新型城镇化建设发挥间接作用的政策。制度经济学中指出经济体制的有效程度决定了经济社会的发展和繁荣程度,有效的制度将会促进经济有效全面发展,无效的社会制度将会阻碍经济发展水平的提高和经济的高效运行。在建立新型城镇化的进程中,有效的社会制度将会推动和促进城镇化建设向前进步发展,不合适的社会制度会抑制和妨碍新型城镇化效率的提高。

第四,技术因素。技术是推动社会进步的第一生产力和最关键要素之一。科技水平的提升、知识的不断更新、技术的飞速进步加快推动了社会的发展,在推动新型城镇化建设的过程中也发挥着日益重要的作用。随着科技的日新月异,各个行业对于劳动力的需求结构和层次也在不断发生着变革,导致劳动力在第一二三产业中的布局情况和分布层次发生了质的转变,具体表现为:劳动力资源逐渐从第一产业向第二三产业转移,加速推动产业结构的转型和优化升级,进而推动新型城镇化进程。为了适应信息时代的发展节奏,劳动者必须提高自己的知识水平、职业技能以及专业素质,同时将它们应用到经济生产领域中,从而更好地推动新型城镇化发展进程。

第五,区位因素。在新型城镇化发展进程中,由于我国幅员辽阔,国土面积广阔,地理区位的相异分布也会对城镇化进程产生不同影响。在我国东部沿海地区,地理位置相对优越,容易获取技术、劳动力、资本、信息及其他类型的资源禀赋,区位条件优越,经济、技术、资本、劳动力、知识等要素禀赋都能与国外进行交流,劳动力的生产效率和单位产出得到大幅提高,推动了城市化进程。

2. 新型城市化进程效率低下的原因

中国幅员辽阔、人口基数庞大,但是由于各地区地理位置不同、地域差异较大,在新型城镇化建设进程中,应该认清影响资源配置不合理和地域发展不平衡的因素,从而为推动新型城镇化进程提供重要的理论支撑,并从中探索城镇化建设合理的发展方式。影响新型城镇化效率水平的因素主要有:

第一,发展观念的偏差。在新型城镇化进程中,社会对经济发展质量的关注度容易被对经济增长速度的关注度所掩盖,在发展观上存在一定偏差。为了追求更高更大的经济效益,通常缺少对新型城镇化发展方向的正确引导。在大小城市建设的资源投入数量上比较极端,没有考虑到对大小城市进行均衡发展。地方政府部门出于提高经济效益的目标,不惜以牺牲生态环境为代价来提高经济发展速度、增加产出,包括允许污染中的企业进行生产,加剧环境污染程度。为了获得更高产出,在不考虑地域特色的情况下照搬其他地区的建设思路和方法,降低本地经济的运行效率,造成经济缺乏竞争活力以及经济发展出现畸形,进而抑制城镇化发展进程。

第二,体制因素。由于中国一段时期内实施计划经济体制,整个国民经济系统和市场经济内部的运行效率较为低下,新型城镇化的建设进程受到了严重制约。改革开放以后,市场经济体制逐渐在中国建立,但是仍存在一些缺陷,需要继续完善。这些缺陷在某种程度上对新型城镇化建设进程的推动起到了制约作用。新中国成立以来,为了与中国经济的发展节奏相适应,土地因素作为影响中国城镇化发展进程中最重要的因素之一,虽然经历了一系列改革,但仍然不够完善,不能满足中国新时代背景下对经济新形势的发展要求,另外户籍制度和社会保障制度的日益健全完善,使得农村人口向城镇迁移受到了各种条件的限制,迁移难度增大,城镇化建设进程放缓。

第三,人口因素。中国是当今世界上人口最多的国家,农村人口占比较大,在一定程度上对我国城镇化发展进程起到了阻碍作用,这也决定了我国城镇化发展进程的任务艰巨。计划生育政策的实施大大加快了中国城镇化建设进程的步伐,增加了第二三产业对劳动力资源的需求,产业结构调整转型与优化升级的速度加快,但是劳动力的整体素质和质量层次并不是很高。因此,中国新型城镇化的发展严重受制于人口基数较大和劳动力素质水平较低等因素。

第四,环境因素。在新型城镇化建设进程中,为了追求经济的粗放集群发展,中国忽略了对生态环境污染的治理,最终导致资源无效消耗过大,环境污染严重加剧,经济运行效率受到多重制约,比较低下。在推动新型城镇化的建设进程中,要注重对生态环境的影响,特别是对环境污染、资源耗损的关注与治理,促进城镇化建设向着又好又快的方向发展。

(四) Super-SBM 模型

1. Super-SBM 模型

DEA 效率分析法是由托恩(Tone)于 2002 年在 SBM 的基础上提出的,该模型的原理是将松弛变量引入 DEA 模型,然后从不同角度和径向出发,分析投入产出松弛程度的影响结果。为形成帕累托边界,将决策单元(DMU)分为有效率的决策单元和无效率的决策单元两种形式。此模型也用相对有效的技术前沿包络投入产出数据集,依据数据包络分析的基本思想,为了解决投入和产出的松弛性问题,将松弛变量放进 Super-SBM 模型的目标函数中求解,这是与其他模型在处理方法上的主要区别。同时由于该模型在求解过程中不需要提前设定生产函数,也无须考虑量纲问题,可以直接通过软件求解,因此 Super-SBM 模型也可以解决决策单元的产出不足和投入冗余问题。以规模报酬不变的 Super-SBM 模型为例,如式(3-3)所示:

$$\rho* = \min \frac{1 - \dfrac{1}{m}\displaystyle\sum_{k=1}^{m} \dfrac{s_k^-}{x_{i0}}}{1 + \dfrac{1}{s}\displaystyle\sum_{r=1}^{s} \dfrac{s_r^+}{y_{r0}}} \tag{3-3}$$

$$\text{s.t.} \begin{cases} x_0 = X\lambda + s^- \\ y_0 = Y\lambda - s^+ \\ \lambda \geq 0, s^- \geq 0, s^+ \geq 0 \end{cases}$$

2. 基于 Super-SBM 模型的新型城镇化效率评价分析

Super-SBM 模型的效率评价效果要优于传统的 DEA 模型。其优点主要表现为能有效解决非期望产出问题、为投入产出松弛性问题提供了解决思路、解决了效率值均为相对有效的 DMU 排序问题,由于具有非定向和非角度的特性,在角度和非径向的选取问题上克服了传统 DEA 模型的不足。

新型城镇化体系包含了对经济、社会、环境各方面的综合考察,作为一个多投入多产出的系统。Super-SBM 模型能够有效评价新型城镇化体系的效率;同时由于 Super-SBM 模型能够对不同量纲级别的指标进行评价,无须统一量纲处理,因此可以降低直接对新型城镇化系统中的所有指标进行求解分析的难度。通过模型计算得出的效率值只能是相对效率而非绝对效率,不存在系统最优效率。传统的 DEA 模型无法对效率值同时为 1 的情况进行排序,但是 Super-SBM 模型可以有效解决这一问题,对各地区的效率水平进行综合评价,这简化了对不同地区经济运行效率进行比较分析的过程。

3.指标选取

（1）指标选取原则

在研究过程中,选择合理的数据对于提高计算结果准确性具有重要意义,在选取指标时要严格遵循相关指标选取原则,慎重选择数据,具体包括以下几个方面:

第一,科学性原则。为充分体现科学发展观,必须从科学的角度出发对城镇化建设效率进行综合评价。为了正确评价我国城市化发展现状,在构建评价指标体系的过程中,要突出科学性原则,构建出完整准确地能综合反映我国城镇化发展效率的指标体系,提高评价结果的科学性。

第二,可操作性原则。在对指标体系进行综合评价的过程中,所选择的指标应该具有代表性,可以全面反映城镇化建设各方面成果。同时要根据实际情况选择指标,选择一些可操作性较好、可执行水平较高的指标,剔除相关不可操作的指标。

第三,真实性原则。为了保证构建的指标体系具有科学性、客观性,选取的数据必须真实可靠,能真实反映城镇化建设进程的各个方面。

（2）指标选取说明

在选取指标时,立足于前人研究的基础上,充分考虑经济、社会、生态、环境等方面的效益,根据指标选取相关原则,构建了包含影响城镇化建设效率的投入指标和产出指标在内的综合体系,同时将非期望产出问题包含在考虑范围内。

①投入指标

现代西方经济学流派的一般观点认为:劳动力和土地作为在生产过程中的基本要素投入,对于生产效果而言是最重要的指标。劳动力:主要由劳动质量、劳动时间、劳动强度以及就业人数等指标共同构成。劳动力反映了生产过程中劳动的实际投入量。随着经济发展,虽然劳动力素质和质量在不断提高,但是社会必要劳动时间在缩短。因此,为了更好地反映劳动力就业状况,可将就业人数作为衡量劳动力的指标。就业人数的单位:万人。土地:由于在新型城镇化建设进程中,需要土地进行投资设厂、为居民提供居住场所,因此要将土地要素纳入投入到要素指标。在进行新型城镇化运行效率评价时,要对建成区土地面积进行测算。度量单位是:平方公里。

②产出指标

以深入分析新型城镇化建设内涵为立足点,产出指标由期望产出指标、非期望产出指标共同构成。其中经济产出、社会产出以及生态产出是期望产出。非期望产出则是以工业固体废弃物为主要代表的产出。经济产出:通过计算第二、三产业增加值,即非农业产业增加值,作为衡量我国经济运行效率的指标。非农业产业增加值的计算单位:%。社会产出:作为反映一个社会发展状况的指标,通常选择城镇化率对城镇化发展程度进行研究。城镇化率单位:%。生态产出:新型城镇化发展进程是可持续的发展,同时也是人与自然和谐统一共存的发展。为了对新型城镇化发展质量进行综合考察,需要将生态产出纳入产出指标体系中。可将建成区绿化覆盖率作为生态产出指标。建成区绿化覆盖率单位:%。非期望产出:若在经济发展过程中,出现一些"有害"的产出阻碍了城镇化建设进程的发展,即将这些"有害"产出定义为非期望产出。在非期望产出问题的研究中,主要研究对象是工业固体废弃物。该指标能充分体现我国的节能减排降耗政策。工业固体废弃物单位为:万吨。

(3)样本数据及来源

样本数据为全国 30 个省区市 2000—2017 年的投入产出数据(不包括台湾、香港、澳门等)。为了综合评价新型城镇化建设效率,将全国分为东部、西部、中部,有利于对城镇化发展效率进行对比分析。样本数据来源主要是:中华人民共和国国家统计局、历年国家统计年鉴,统计公报以及各省市的统计年鉴。为了处理缺失数值,通常取上下两年的均值来代替所缺失年份的数值。

投入指标 ─┬─ 土地　　　　建成区面积(公顷)
　　　　　├─ 劳动力　　　城镇就业人口数量(万人)
　　　　　└─ 资本　　　　城镇固定资产投资(万元)

期望产出指标 ─┬─ 经济方面　　非农产值第二、三产业产值(亿元)
　　　　　　　├─ 社会产出　　城镇率城镇常住人口占比(%)
　　　　　　　└─ 生态产出　　建成区绿化覆盖率(%)

非期望产出 ──→ 环境产出 ──→ 工业固定废弃物排放量(万吨)

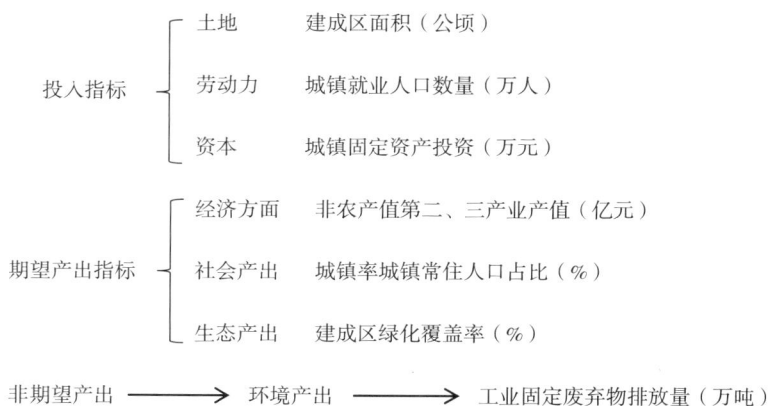

图 3-1　全国投入产出指标

三、我国城镇化发展现状

新中国成立初期,由于当时中国还是一个以农村人口为主的国家,农村人口占据全国人口的大多数,城镇化率仅为 10.6%,城市人口不到 6000 万人,到 2011 年中国的城镇人口首次超过 50%,城市人口开始超过农村人口。根据卫计委发布的统计数据,2018 年中国的常住人口城镇化率达到了 59.58%,人口统计中有 8.30 亿的城镇常住人口,说明新时代中国已经进入了城镇人口居多的时代,从一个以农村人口居多的农业大国进入以城市和城市人口为主的国家。本节根据统计数据,重点分析新中国成立后中国的城镇化进程。

图 3-2 是从新中国成立以来中国的城镇化率折线图,虽然部分年份较上一年的城镇化率下降了,但是从总体上来看,呈明显上升趋势,从图中来看,2000 年以后城镇化率的上升趋势更加明显,说明中国的城镇化建设卓有成效。右边是全国城镇人口的折线图,其变化趋势与城镇化率是相对应的,总体都呈上升趋势。

根据中国经济增长的阶段,从以下六个阶段来具体分析我国的城镇化进程,分别是 1949 年到 1957 年、1958 年到 1962 年、1963 年到 1965 年、1966 年

全国城镇化率（%）

城镇化率（%）
59.58

城镇化率

1949 1952 1955 1958 1961 1964 1967 1970 1973 1976 1979 1982 1985 1988 1991 1994 1997 2000 2003 2006 2009 2012 2015 2018（年份）

全国新增城镇人口（万）

1949 1952 1955 1958 1961 1964 1967 1970 1973 1976 1979 1982 1985 1988 1991 1994 1997 2000 2003 2006 2009 2012 2015 2018（年份）

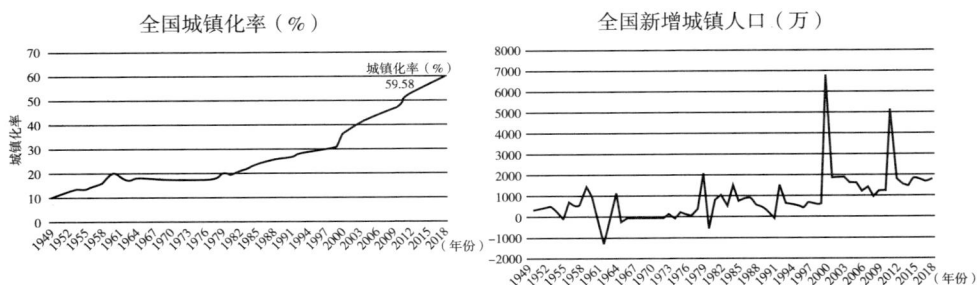

图 3-2　新中国成立后我国城镇化率以及新增城镇人口

到 1976 年、1976 年到 2000 年和 2001 年至今。1949 年到 1957 年是国民经济的恢复发展时期和社会主义改造时期。这一时期经济有所恢复，三大改造基本完成，所以城镇化率有缓慢上升趋势。1958 年到 1962 年，中国共产党进行了一系列探索，有成功，也有像"大跃进"这样的运动，所以中国的城镇化率有一定的上升，1960 年没有发展，甚至有一定的下降。1963 年到 1965 年这个阶段，中国经济发展遇到了严重的阻碍，党内出现左倾错误，以及遇到经济发展困难，城镇化进程缓慢。期间的城镇化建设基本是停滞甚至有后退趋势。1976 年到 2000 年是社会主义发展的重要时期，改革开放为中国经济带来极快增长，与此同时，中国的城镇化建设也得到发展，是城镇化建设恢复和增长的宝贵时期，城镇人口有一定幅度的增加，开始趋于稳定。2001 年以后，中国经济发展迅速，2011 年的城镇化率较 2000 年增长了 3.77%，之后也有明显的增长趋势。

由图 3-3 可以看出，2000 年到 2018 年全国城镇化率平均水平都超过 30%，其中东部地区的城镇化率年平均水平最高，均在 40% 以上，并且远远超过全国的平均水平。中部地区的年平均城镇化率次之，2009 年以前高于全国平均水平，2000 年到 2003 年和全国水平基本持平，2010 年以后中部的城镇化率年平均水平落后于全国平均水平，而西部地区的城镇化率最低，2000 年以来均低于全国水平。由此可以看出，中国的城镇化建设各个地区之间均存在差异性,东部地区与西部地区的城镇化建设差距较大。

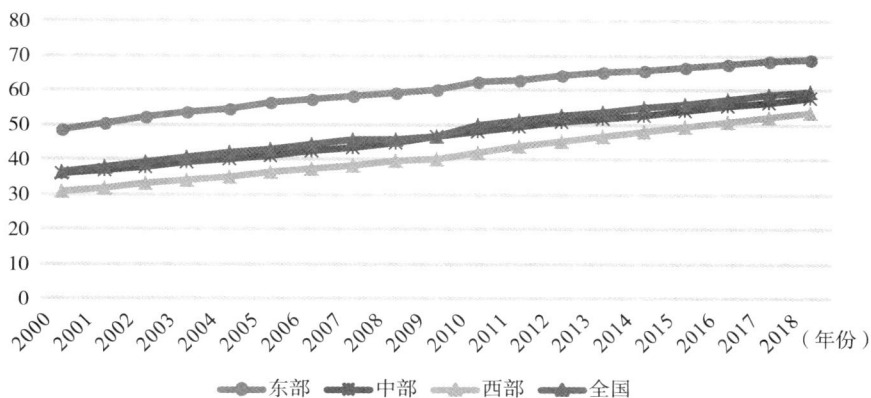

图 3-3 中国城镇化率年均水平(**2000—2018 年**)

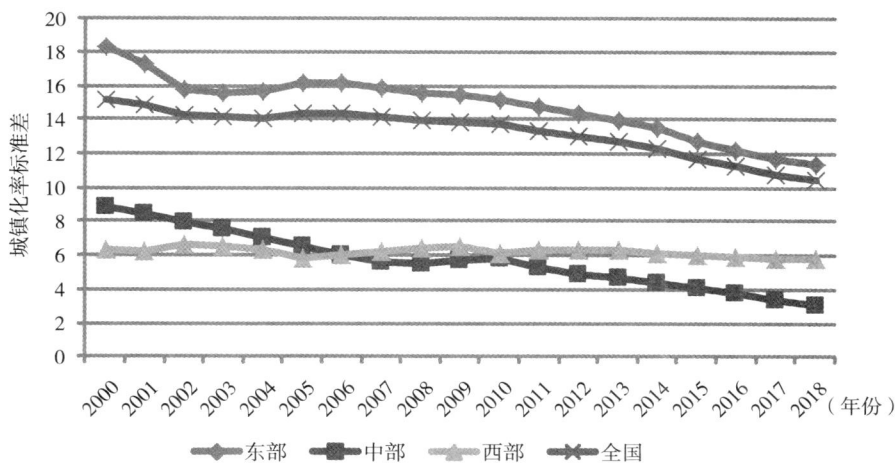

图 **3-4** 我国各省城镇化率年均水平的标准差

由全国各地区城镇化率的标准差可以看出,总体趋势是下降的,说明各地区之间的城镇化率的差异性在减小,东部地区由于各省的地理位置、资源禀赋等不同,经济发展速度的不同,标准差较大,城镇化水平差异较大。中部地区的标准差下降的快,从 2006 年开始中部地区的标准差为三个区域中最低的,说明中部地区各省市城镇化建设的趋同特征更加明显。中部地区和西部地区的城镇化率年平均水平都低于全国的城镇化率年均水平的标准差,各省市之间的城镇化建设差别不大。

综合以上对全国城镇化率、东中西部之间城镇化率年平均水平以及标准差的分析,可以看出中国的城镇化建设发展迅速,但是东部、中部和西部之间的城镇化建设还存在显著差异性,但从整体来看,标准差的下降趋势表明中国各省市的城镇化建设的差异性在减少,可以总结出中国城镇化发展的几点特征:

(一) 城镇化发展有趋同的特征

由于各个地区的地理位置、资源禀赋以及人文教育等方面具有差异性,新型城镇化建设的进程也有所不同,但是各级政府积极采取相关措施来减少各区域城镇化进程的差距,所以总体来说全国各地区的城镇化进程有趋同的特征。但是这种趋势也会给地方发展带来一些问题,例如城市间的产业结构的相似性带来的重复建设问题、资源浪费问题。在新型城镇化建设的过程中要始终坚持以人为本,可持续发展的核心价值,各地应因地制宜,合理开发建设。

(二) 城镇化发展具有明显的计划性和功利性

政府的宏观调控是城镇化建设的推动力之一,在一定程度上能够保证新型城镇化进程的健康发展。但是,政府的计划性建设政策,应在尊重自然规律、遵循事物发展内部作用机制的基础上,统筹规划,否则反而会扩大城镇化建设的负面影响,阻碍经济增长。

(三) 城镇化面临诸多挑战

随着经济的繁荣和增长,城镇化成为一种必然趋势。城市面积扩大,城镇人口的增加,与此同时,在这样的城镇建设过程中也会带来一系列问题,例如空气污染、水污染、交通拥挤或者是垃圾处理等。所以,中国以"以人为本"为理念的新型城镇化建设正面临诸多挑战。除了政府应该积极采取措施克服挑战外，民众也应积极配合我国的新型城镇化建设。

四、中国环境现状

环境为人类生存提供的外部世界，承载着一切人类发展所需要的物质条件。然而因为人类生产活动速度过快，过度依赖自然环境提供的物质，没有节制地使用和消耗自然资源，使得生态环境在日益变差。中国是人口大国，所以在进行人类活动的同时，应更加注重环境问题。随着经济社会的发展，中国面临的环境问题日益严重，例如大气污染、水污染、土地污染、能源消耗速度快等。尤其在改革开放以后，我国经济发展进入新的阶段，由此带来的各种各样的环境问题就更加严重。马克思主义的生态文明观强调了自然的客观规律，他揭示了人类发展和自然演变之间的内在统一，人本身就是自然的产物，所以在进行人类活动时要尊重自然规律，自然环境的破环终将抑制社会的进步。我国出现的一系列环境问题都是人类在实现经济中增长过度追求自己的利益，而没有长久发展的意识，为了生产总值的增加，肆意开采资源，耗损能源，给自然环境也带来严重影响。

随着人们生活节奏的加快，快捷便利的一次性用品越来越受到人们的喜爱，不仅造成资源的浪费，还为这些垃圾处理增添负担，使得我们生存的环境状况日益严重。截至 2018 年，中国二氧化硫排放量全球排名最高，一些经济发展较好的城市，如北京，近些年的空气质量很差，相关指标远远超过全球标准，为居民生活带来很大的麻烦，越来越多的人出门必须带上防雾霾口罩，大气污染问题形势险峻。

环境效益是国家或地区在发展过程中不容忽视的部分，尤其在进行中国新型城镇化建设的过程中，不能只关注其经济效益。在中国的新型城镇化建设中，通常会出现很多环境问题，其中工业"三废"问题是最典型的。废水、废气以及固体废物的排放量成为环境治理的难题，这样环境问题的出现与中国的可持续发展战略相悖,也必将影响中国的新型城镇化建设的步伐。

（单位：亿吨）

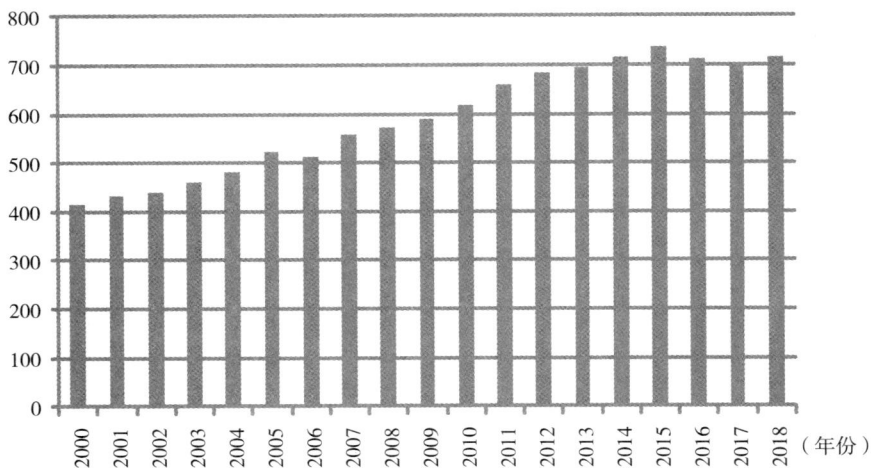

图 3-5　中国废水排放量（2000—2018 年）

（单位：亿立方米）

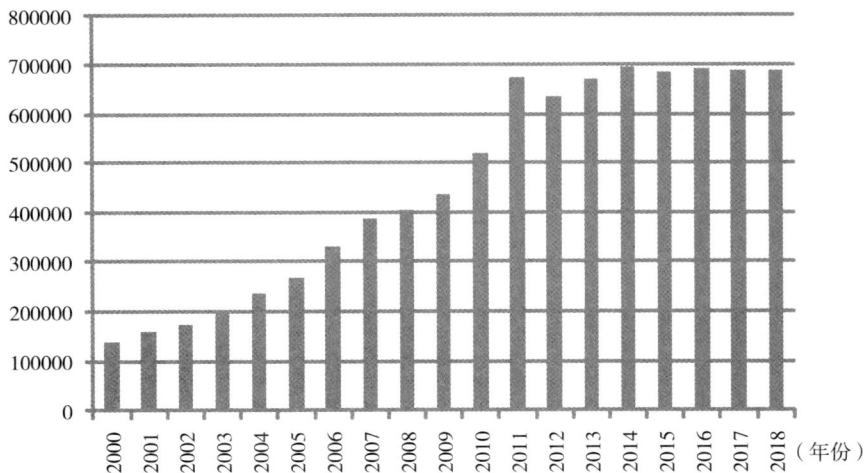

图 3-6　中国工业废气排放量（2000—2018 年）

（单位：万吨）

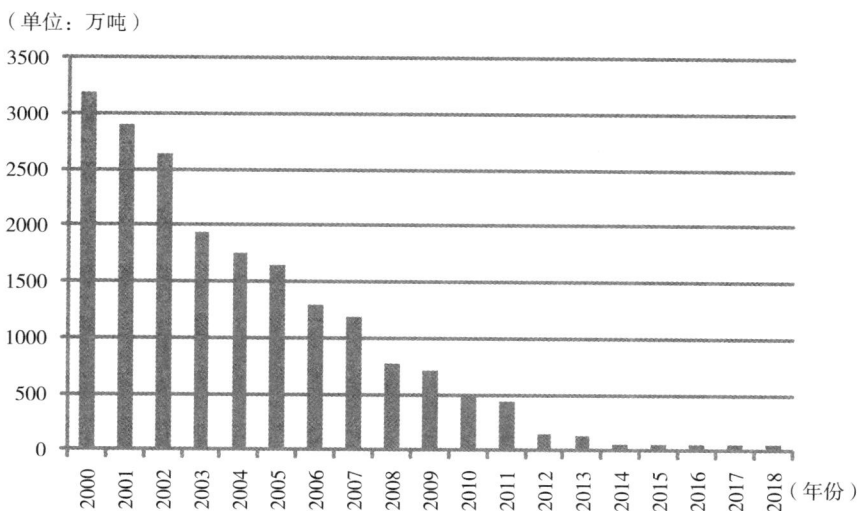

图 3-7 我国工业固体废物排放量（2000—2018 年）

（一）水环境污染

水资源是人类活动中必不可少的一种资源,城镇的建设、企业生产活动以及居民生活等都离不开水资源。相对来说,城镇居民的用水需求较大,而产生的污水也较多,城市污水的排放问题变成了城镇化建设中附带的难题之一。中国也高度重视水资源的保护,政府出台了一系列政策,针对各行各业都有设立污水排放标准。图 3-5 是中国 2000 年到 2018 年的污水排放量情况,可以看到,在 2015 年以前总体呈上升趋势,污水排放量是逐年增加的,2010 年到 2017 年中国的污水排放较前一年都有减少,这主要是中国生态保护意识更强,污水排放标准的严格执行,环境治理的投入等原因,使得污水排放有所下降。所以,要继续加强水污染的治理,进一步加大在污水治理上的投入,企业也要有环保意识,减少工业废水的排放。

（二）大气环境污染

大气污染主要有以二氧化碳为主的碳氧化物以及以二氧化硫为主的硫氧

225

化物,还包括空气中的粉尘、悬浮物等。不仅会对人类生命系统产生直接的危害,还会对天气和气候造成影响。据每年的环境监测和数据统计,工厂产生的废气、汽车尾气的排放等会对大气造成严重的污染。而目前,每年的废气排放量还在上升。图3-6是中国在2000年到2018年的工业废气排放数据,从该图可以看出,2000年以后中国的工业废气排放是增加的。然而从20世纪中叶开始,随着城镇化进程的推进,城镇人口逐渐增多直至超过农村人口,汽车尾气排放量大幅度增加,工业生产活动增多,资源耗费量大,与此同时产生的废气也多,现已对环境造成了严重的污染。

(三) 固体废物污染

固体废物污染是除了上述的水污染、大气污染外对环境的另一种污染,最主要的固体污染源有一般固体废物、生活垃圾。固体废物如果处理不好,也会对水质、土地以及空气质量产生污染,从而威胁到人类的身体健康。图3-7显示了我国工业固体废物的排放,整体来看呈下降趋势,2000年的工业固体废物排放达到3000万吨以上,但是2015年的工业固体废物倾倒丢弃量仅55.80万吨,其中2011年对工业固体排放量指标有新的修订,本节用一般工业固体废物倾倒丢弃量来替代工业固体排放量指标。可以看到,随着新型城镇化的建设,工业固体废物的排放减少了,这是一个正向效应的体现。固体废物不易处理,有些工业固体废弃物本身具有其危害性,所以若能对工业固体废物进行有效地利用,一方面能减少其对环境的污染,另一方面也减少企业解决固体废物的成本,扩大了工业生产的经济效益。

通常用熵函数来衡量系统的混乱程度,熵值与混乱程度呈正比,即熵大的系统混乱度高,熵小的系统混乱度低。[①] 也有研究学者通过研究证明,对于一

---

① 欧阳婷薄、朱照宇、匡耀求、黄宇生:《城市环境熵模型的建立及其在城市化环境影响评价研究中的应用》,《生态环境》2007年第6期。

个生态系统，经济发展快其造成的负面影响越大，其熵值就大。[①] 城镇化建设对环境的影响是不可恢复的，所以，基于热力学第三定律的基本原理，可以用熵值理论来讨论城镇化建设对环境的效应。在建立模型的时候，假设所研究地区的环境变化只和城镇人口的增加有关；假设城镇人口的增加对地区环境变差的影响是直接导致的。所以，可以建立如下模型：

$$CH = \frac{dH}{dC} \qquad (3-4)$$

其中，C 是衡量地区城镇化水平的指标，用人口城镇化率来替代。H 表示环境水平的指标，用废水排放量、废气排放量以及一般工业固体废物排放量表示。该式表示值的大小可以用来衡量中国新型城镇化建设对环境的影响程度。模型的经济意义为当该式取值为正数时，说明中国新型城镇化建设对所研究的环境指标的影响是负向的，即城镇化建设会使得该环境指标变差；当该式取值为负数时，说明中国新型城镇化建设对所研究环境指标的影响是正向的，即城镇化建设会使得该环境指标变好。

基于本节研究的三个环境指标，将公式（3-5）的基本模型进行变换，表示如下：

$$CH_i^t \frac{\Delta H_i^t}{\Delta C^t} \quad i = gfs 、gfq 、gfw \qquad (3-5)$$

表 3-1 中国城镇环境熵统计表（2000—2017 年）

年份	废气排放环境熵	废水排放环境熵	固废排放环境熵
2000	0.000001	0.000001	0.169266
2001	0.004125	0.018433	0.153455
2002	0.006739	0.028456	0.139472
2003	0.011034	0.039585	0.10193

① Penane K.K. , " Energy , Entrapy , Environment：Why is Protection of the Environment Objectively Difficult?" , *Ecological Economics* , 1995 , 13 , pp.89-92.

续表

年份	废气排放环境熵	废水排放环境熵	固废排放环境熵
2004	0.018077	0.059122	0.092257
2005	0.02376	0.107404	0.086455
2006	0.035019	0.100992	0.067389
2007	0.045402	0.115178	0.06169
2008	0.048252	0.104193	0.039256
2009	0.054099	0.088226	0.035401
2010	0.06919	0.095012	0.023921
2011	0.097398	0.080566	0.020412
2012	0.090318	0.060096	0.00478
2013	0.096464	0.034195	0.003974
2014	0.100972	0.024305	0.000195
2015	0.099338	0.011559	0.000001
2016	0.100064	0.017932	0.000097
2017	0.099747	0.014745	0.000049

基于上述环境熵模型,熵值的正负符号反映城镇化建设对环境的影响,熵为正则为负面影响,为负则为正面影响。根据表3-1的环境熵计算结果,在研究年份区间内,全国废水排放环境熵、废气排放环境熵都为正号,固体废物排放环境熵也为正号,所以,可以认为在中国城镇化进程中,总体上没有使废水、废气排放情况得到好转,反而使得城镇化建设对废水排放、废气排放的负面效应影响了环境状况。但是观察固体废物排放的环境熵,其值虽然很小,但全部为正,说明城镇化建设对中国固体废物的排放没有起到正向的效应,城镇化的建设对减少中国固体废物的排放缺少推动作用。

环境熵的正负符号表明城镇化建设对所研究的环境指标的影响是正向或者负向,而其绝对值的大小则表示正面或者负面影响的程度,其影响程度随着绝对值的增大而增强,随之减少而减弱。绝对值为1,说明有显著影响,绝对值接近于零时,可以认为环境指标的变化与城镇化的影响无关。根据表3-1

的计算结果来看,中国工业废水和工业废气的排放的环境熵值都接近于零,且符号为正,说明城镇化水平的提高对中国废水及废气的排放是负面影响,但是影响作用不大,换句话说,随着城镇化率的增长,只会小幅度地加深中国的水污染和大气污染。固体废物环境熵的值也接近于零,且符号为正,说明城镇化的建设并未增加固体废物的利用率,减少其排放,在今后的城镇化建设进程中,应该加强对固体废物的再循环利用。

综合以上分析,中国的城镇化建设对工业固体废弃物排放、工业废水以及废气的影响均为逆向影响,不利于环境改善。为了更全面地分析中国的城镇化建设和环境保护,本节分别以北京、上海代表城镇化进程较快的地区;以安徽代表中部地区;以江苏代表华中地区以及以广西代表沿江沿海地区来研究其"三废"排放环境熵。

表 3-2　北京市城镇环境熵统计表(2002—2018 年)

年份	废气排放环境熵	废水排放环境熵	固废产生环境熵
2002	0.103167	0.001428	0.159208
2003	0.104263	0.002856	0.123559
2004	0.102071	0.000001	0.194857
2005	0.106456	0.005712	0.052261
2006	0.097685	0.013299	0.05705
2007	0.082436	0.018912	0.063612
2008	0.064479	0.029464	0.060302
2009	0.061844	0.08289	0.061957
2010	0.059498	0.074363	0.061129
2011	0.048743	0.091918	0.001714
2012	0.046215	0.081845	0.055336
2013	0.04195	0.090194	0.037482
2014	0.036853	0.102087	0.019687
2015	0.032007	0.104064	0.000001
2016	0.008223	0.13254	0.023056
2017	0.000001	0.068106	0.011528
2018	0.004111	0.100322	0.017263

由表 3-2 可知,北京市废气排放环境熵值均为正数,只有个别年份的熵值是接近于零的,所以从整体来看,北京新型城镇化建设对工业废气有负面影响。因此,在城镇化建设进程中尤其要注意产生的固体废物对北京环境的危害。

综合以上分析,北京城镇化建设对环境的影响是不稳定的,易受到相关政策活动的影响。北京经济发展迅速、人口密度大、车辆多,均使得其空气质量不如中国其他地区,因此在其城镇化的建设中尤其需要注意北京的环境保护问题。

表 3-3　上海市城镇环境熵统计表(2002—2018 年)

年份	废气排放环境熵	废水排放环境熵	固废产生环境熵
2002	0.08468	0.009312	0.028185
2003	0.087944	0.018624	0.022365
2004	0.081415	0.000001	0.034004
2005	0.094472	0.037248	0.010734
2006	0.087698	0.029842	0.013185
2007	0.079261	0.027588	0.081351
2008	0.070616	0.030454	0.087702
2009	0.065134	0.039277	0.020377
2010	0.06281	0.062451	0.055589
2011	0.063136	0.088492	0.093148
2012	0.057065	0.092291	0.086825
2013	0.052128	0.0896	0.111296
2014	0.048502	0.09435	0.000001
2015	0.041661	0.108424	0.02278
2016	0.015651	0.105155	0.022863
2017	0.000001	0.076211	0.198777
2018	0.007825	0.090683	0.11082

上海作为中国的第一大城市,2018 年上海市的城镇化率达到了 88.10%,城镇化水平高,更要注重其可能产生的环境问题。

由表 3-3 可知,上海环境熵值的绝对值均小于 1,城镇化对所研究的环境指标的影响程度不大,其中废气排放环境熵值都大于零,说明城镇化对上海废气排放的影响是负向的,城镇化未能使上海空气质量向好的方向发展。废水排放环境熵值均呈现微小正值,说明上海地区废水排放量会因为城镇化建设而加剧,但程度较低。而固体废物排放环境熵值大多为正,说明城镇化可能会使得上海固体废物增加,从而可能对环境有一定的影响。

表 3-4　安徽省城镇环境熵统计表(2002—2018 年)

年份	废气排放环境熵	废水排放环境熵	固废产生环境熵
2002	0.011038	0.093496	0.476366
2003	0.058519	-0.133952	0.008735
2004	0.000001	0.086583	0.045946
2005	0.063608	-0.119382	0.000246
2006	0.072476	0.031775	0.000001
2007	0.07668	0.020607	0.022855
2008	0.070335	-0.096128	0.022329
2009	0.067971	0.107329	0.025252
2010	0.070958	0.036836	0.011164
2011	0.083378	0.016333	0.023673
2012	0.060894	0.000001	0.00897
2013	0.080268	0.008378	0.031601
2014	0.065737	0.002094	0.014625
2015	0.070581	0.004188	0.02028
2016	0.080436	0.027346	0.005218
2017	0.005519	0.090039	0.26115
2018	0.061603	0.125536	0.02159

表 3-4 为安徽省的环境熵值,第一列的废气排放量环境熵的值大多数都为正数,表示安徽空气环境会受到其城镇化建设的影响而变差;第三列的值都大于零,说明在安徽这几年的城镇化进程中,城镇化对固体废物的影响也是负向的;对于废水排放,其环境熵值也基本全部为正,从其趋势来看,废水排放问题受城镇化的影响有逐渐变好的趋势。整体来看,固体废物排放环境熵值均

小于1,表明虽然城市化建设会加大安徽固体废物的产生,但是这样的影响并不会很深。对于废水排放,环境熵值的绝对值也全部小于1,但其绝对值基本全部大于废气排放环境熵数值,说明对于中部地区的安徽省来说,其城镇化的建设对该省废水排放的影响比对固体废物产生量的影响大。因此,安徽地区的环境指标受城镇化的影响还是较大的,应特别注重对固体废物的产生和处置的问题以及废气排放污染大气的问题。

表 3-5　广西省城镇环境熵统计表(2002—2018 年)

年份	废气排放环境熵	废水排放环境熵	固废产生环境熵
2002	0.011038	0.093496	0.476366
2003	0.058519	0.133952	0.008735
2004	0.000001	0.086583	0.045946
2005	0.063608	0.119382	0.000246
2006	0.072476	0.031775	0.000001
2007	0.07668	0.020607	0.022855
2008	0.070335	0.096128	0.022329
2009	0.067971	0.107329	0.025252
2010	0.070958	0.036836	0.011164
2011	0.083378	0.016333	0.023673
2012	0.060894	0.000001	0.00897
2013	0.080268	0.008378	0.031601
2014	0.065737	0.002094	0.014625
2015	0.070581	0.004188	0.02028
2016	0.080436	0.027346	0.005218
2017	0.005519	0.090039	0.26115
2018	0.061603	0.125536	0.02159

　　广西地区在中国南方沿海,与东部的广东省、西部的云南省、贵州省以及中部的湖南等多省接壤,具有地理位置上的发展优势。但是广西地区经济不发达,城镇化建设低于全国的平均水平,2018 年的城镇化率仅 50.22%,在全国各省市的城镇化率中排名 27 位。

　　由表 3-5 可知,广西地区的废水、废气以及固体废物的排放均受到城镇化建设的负面影响。其中,对固体废物而言,其环境熵值均大于零,说明广西地区的城镇化建设不能有效改善固体废物污染问题。废气排放和废水排放的环境熵值都是正值,但是废水排放环境熵的绝对值更大,说明广西地区的城镇化建设对水污染状况的影响程度更大,个别年份的熵值为微弱正值。

表 3-6　江苏省城镇环境熵统计表(2002—2018 年)

江苏	废气排放环境熵	废水排放环境熵	固废产生环境熵
2002	0.095466	−0.083144	0.112529
2003	0.097494	0.073031	0.166886
2004	0.085145	0.075993	0.058172
2005	0.098489	0.015947	0.001579
2006	0.092664	−0.003986	0.001163
2007	0.094606	−0.007972	0.001441
2008	0.090722	−0.000001	0.001724
2009	0.071782	−0.092893	0.059111
2010	0.067638	0.137183	0.058642
2011	0.041769	−0.064736	0.001772
2012	0.039306	0.074025	0.000619
2013	0.033789	0.069521	0.000309
2014	0.030342	0.076983	0.000001
2015	0.000001	0.046521	0.354001
2016	0.005551	0.057518	0.178284
2017	0.044136	0.052026	0.001195
2018	0.011102	0.06852	0.002572

由表 3-6 可知,江苏省环境熵值的绝对值基本上都小于 1,城镇化对环境指标的影响程度不大,其中废气排放环境熵、废水排放环境熵和固体废物产生量的熵基本大于零,说明江苏省城镇化建设加大了废气和固体废物的排放,对环境造成了负面的影响,因此江苏省环境污染程度会因为城镇化建设而加剧,城镇化建设对江苏地区环境的治理是消极的,其中 2002 年、2006 年至 2009 年、2011 年的废水排放环境熵的数值为负,表明在这些年份城镇化建设对废水排放起到了明显的负向作用,通过新型城镇化的建设会改善废水排放状况。

五、我国城镇化效率评价

为了对全国的城镇化效率水平进行综合评价,采用超效率 SBM 模型将全国 30 个省区市 2002—2011 年的城镇化投入与产出的数据纳入评价体系,对各地区城镇化的效率水平进行综合测算,结果如表 3-7 所示。

表 3-7　全国各地区的效率值及排名(2002—2011 年)

地区	2002 年		2005 年		2008 年		2011 年		2002—2011 年排名
	效率	排名	效率	排名	效率	排名	效率	排名	
北京	0.40	12	0.4	12	1.03	9	0.60	7	7
天津	1.08	6	2.27	1	1.27	3	0.63	6	4
河北	0.33	14	0.24	18	1.1	7	0.37	9	15
辽宁	0.27	21	0.17	25	0.11	29	0.15	28	28
上海	1.23	3	1.14	5	1.25	4	3.64	1	2
江苏	1.09	5	1.21	4	1.13	6	0.20	20	9
浙江	1.01	9	0.35	13	0.39	11	0.21	19	12
福建	1.05	8	1.01	9	0.3	13	0.31	11	8
山东	0.26	22	0.15	28	0.18	24	0.17	25	26
广东	1.01	10	1	10	1.07	8	0.17	26	11
海南	9.27	1	1.64	2	2.08	1	1.83	2	1
安徽	0.31	20	0.28	15	1.59	2	0.32	10	9
江西	0.31	18	0.26	16	0.20	21	0.28	13	18
河南	0.14	30	0.1	30	0.08	30	0.14	29	30
湖北	0.19	28	1.01	8	0.31	12	0.17	24	17
湖南	0.33	15	0.22	21	0.14	27	0.17	27	25
吉林	1.06	7	1.04	6	0.24	16	1.04	4	5
山西	0.24	25	0.20	23	0.21	20	0.22	17	24
黑龙江	0.37	13	1.03	7	0.18	25	0.20	21	14
内蒙古	0.24	23	0.16	27	0.22	19	0.41	8	22
广西	0.33	16	0.19	24	0.16	26	0.19	22	20
重庆	0.22	27	0.17	26	0.20	22	0.22	18	27

续表

地区	2002 年		2005 年		2008 年		2011 年		2002— 2011 年 排名
	效率	排名	效率	排名	效率	排名	效率	排名	
四川	0.14	29	0.13	29	0.12	28	0.14	30	29
贵州	0.24	24	0.23	20	0.25	15	0.28	14	21
云南	0.31	19	0.21	22	0.19	23	0.19	23	23
陕西	0.32	17	0.24	17	0.26	14	0.29	12	16
甘肃	1.13	4	0.30	14	0.23	17	0.25	16	13
青海	1.25	2	1.46	3	1.16	5	1.23	3	3
宁夏	1.00	11	0.63	11	0.59	10	0.82	5	6
新疆	0.24	26	0.23	19	0.23	18	0.26	15	19
平均	0.85	—	0.59	—	0.55	—	0.50	—	

由表 3-7 反映的数据可知,中国新型城镇化效率水平总体下降,从 2002 年整体效率水平的 0.85 下降到 2011 年的 0.50。其根本原因在于随着中国产业结构比例失调问题加剧,部分行业出现产能过剩现象,而且环境和生态因素对经济发展水平的制约也在不断加深,部分地区生态环境恶化状况严重,促使中国大幅提高在环保治理和环境保护方面的投入,环保投资在全国 GDP 中所占比重也日益提高。在环保投资方面的投入力度越高,意味着中国新型城镇化建设效率相对越低。从地区发展差异性来看,海南省的城市化发展效率相对最高,水平最优;河南省的城市化发展水平相对落后,效率较低。

海南省的城镇化发展效率一直排列全国前两名,2002 年其城镇化效率水平为 9.27,2003 年达到 4.77。2004 年至 2011 年间,城镇化效率值也保持在 2 左右。从常住人口这个角度看,上海市的城镇化效率水平不断提高,从 2002 年到 2011 年间,新型城镇化建设效率一直大于 1;在 2005 年至 2008 年间,效率水平虽有微弱下降,但仍然保持在全国城镇化效率水平的前 5 名,而在 2010 年、2011 年,城镇化建设效率迅速超过前 3 名,成为全国城镇化效率最高的城市。自 2002 年至 2005 年,北京市的新型城镇化效率水平长期维持在 40%

上下;自 2006 年至 2008 年,北京的城镇化效率值呈大幅上升趋势,到 2008 年突破 1,表明其城镇化发展进程加快,呈现超效率状态;2008 年之后,虽然又回落到 40%左右,但是 2011 年,效率水平又快速提高,恢复到高位,呈现上升趋势。

通过不同区域之间的比较可知,产业结构的优化升级显著提高了城镇化效率水平。在产业结构调整升级的初始阶段,城市中工业和服务业的增加值在生产总值的比重上升,表明经济体系中工业、交通物流等服务业相较农业而言发展速度较快,未来城市的就业、经济、社会消费水平必然会被带动,但是长期下去,随着工业化发展进程的推进,不可避免会造成污染物的大量排放。在产业结构转型升级的过程中,产业结构高级化会成为一种发展趋势,低耗能高产出的第三产业在生产总值中所占比重不断扩大,工业加工制造业以及对环境会造成大量污染的第二产业比重开始降低。城镇化将发展到了一个新阶段,并会以较高的效率向前推进。

表 3-8　我国城市化过程的特点及问题

城市化进程阶段	产业结构格局及其特征	环境问题
初期阶段	产业结构格局是"一二三",农业作为主要经济部门是本阶段的特点,农村人口比例较高,农业的生产力水平和农产品的商品率都低;轻型加工类产业以及资源密集型工业为本阶段工业的主要类型	生产力水平低下是初期阶段最主要的特点,城市的市场逐步形成,这就推动了农用地规模的扩增,出现了"高投入低产出"的现象,自然环境中的草地、森林等生态系统开始遭到破坏,随之而来的水土流失、土地荒漠化等一系列生态环境问题,本阶段城市的生态系统开始遭到一定程度的破坏
中期阶段	产业结构格局是"二一三"或"二三一",该阶段的主要特征是城市规模不断扩张,工业的主导产业以资源密集型和加工型产业为主要类型的产业,农业产业剩余劳动力不断在城镇和农村之间流动;第三产业的发展比较快速,该产业主要以服务为主要特征	由于资源密集型的重工业快速发展,带来了饮用水水源和大气污染的环境问题;城市规模不断扩大的同时人口密度也在不断增大,加重了城市的负担,城市生产方式的不断更新,导致了原有文化和习俗在一定程度上出现衰退。这个阶段城市的发展速度达到最高峰但是随之带来了环境和生态的破坏

续表

城市化 进程阶段	产业结构格局及其特征	环境问题
后期阶段	产业结构格局是"三二一",生产过程中的技术管理在不断改进并不断创新,而工业产业对劳动者数量需求下降,但对其素质要求较高。在这个阶段,农业的发展开始呈现萎缩的状态。第三产业十分发达,接收了大量来自农村的剩余劳动力,第三产业在国民经济总产值中成为主导力量	城市的空气质量下降,城镇居民生活用水的水质水量以及水源是比较突出的问题,可持续发展理念也不断深入人心,保护生态环境的意识不断提高,治理环境污染的能力也得到长足发展,使城市的发展步入生态环境不断得到改善的阶段

表 3-9　东中西地区的效率值及排名(2002—2011 年)

地区	2002		2005		2008		2011		平均 排名
	效率	排名	效率	排名	效率	排名	效率	排名	
东部	1.55	1	0.87	1	0.9	1	0.75	1	1
中部	0.37	3	0.52	2	0.37	2	0.32	3	3
西部	0.49	2	0.36	3	0.33	3	0.39	2	2

依据以上表 3-8、表 3-9 反映的数值来看,我国东、中、西部三大地区的效率水平均值各异,具体比较结果如图 3-8 所示。

由图 3-8 反映的趋势走向来看,各地区城镇化的平均效率水平总体在 0.50 上下波动。东部地区从时间跨度上看虽有下降趋势,但总体处于较高水平,且呈现上升趋势。而上海、天津、海南、青海等省的效率值均都大于 1,相对效率水平于全国范围而言都处于前沿,表明这些城市在提高经济发展水平的同时也注重建立环境保护意识。中西部地区的发展效率水平一直保持在 0.50 上下,相对不高。从效率值的地域分布形态来看,东部和中部地区在中国整体城镇化发展的过程中表现出了较大的地域不平衡。以 2002 年为分界点,效率水平的省份分布呈现产异化特色。从 2002 年来看,在东部省份中只有辽宁、山东、河北、北京四大地区的相对效率水平小于 1,剩余的 7 个省份都大于 1,某几个省份的效率水平尤其高,但是中部地区只有吉林省的效率值大

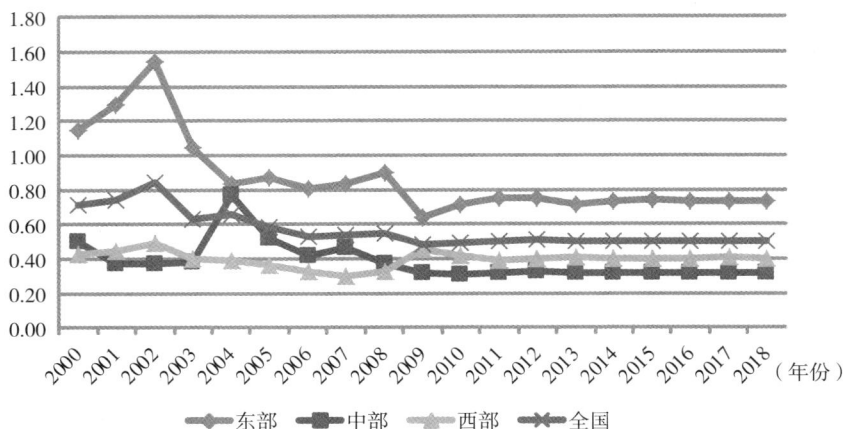

图 3-8　不同地区城镇化效率均值比较

于 1,剩下的省份都小于 1。2002 年之后,效率值的区域分布差异逐渐减小。

从发展水平的地域差异性来看,不仅东部地区与中、西部地区的地域差异较大,而且东部地区的内部差异程度也在逐步扩大,这可能与辽宁省、山东省的相对效率水平值较低有关。西部地区除了个别城市效率值大于 1,大部分城市效率水平都较低,在全国排名靠后。究其原因,主要是西部地区的区域位置落后以及资源环境现状较为恶劣。但在此条件下,西部的城镇化效率水平能够基本与全国整体水平持平,表明西部地区的城镇化发展效率与本身的资源条件而言是相对较高的。与此相反,中部地区集中了天然的地理位置以及资源禀赋优势,但是效率水平在各年份的平均值不高,表明城镇化发展效率一般,与西部地区相比,在同样的投入水平下产出较低,说明中部地区的各项资源要素没有得到合理的有效利用,资源配置有待优化,配置效率有待提高。有几大城市的相对效率水平在东部地区较为领先,都超过了 1,但是其地域辐射带动作用较小,对周边城市的影响较小,没有促进其经济快速发展,进而推动新型城镇化进程。由此导致城镇化内部差异较大,总体水平较低。且东部地区工业产业区较多,在新型城镇化发展建设过程中必须考虑污染治理和环境保护因素,否则大型工业化城市在城镇化建设进程中会产生较多的非期望产出,造成城镇化整体效率水平较低。

从时间跨度来看,以东部地区为例,城镇化发展效率有较大波动。表现为在 2002 年达到了较高水平,之后逐年下降。这反映的是规模效益的逐渐变小。首先,通过对某一具体年份效率水平进行分析表明,相对有效的中东部地区占了很大比重,这表明区位优势在新型城镇化发展过程中具有重大决定性作用。其次,东部地区中辽宁省的排名较为靠后,这主要是因为在测算新型城镇化效率过程中加入了非期望产出工业固体废弃物排放这一因素。辽宁省作为我国重要的重工业基地,固体废弃物排放量因此相对较大,在以生态环境作为考察标准的情况下,新型城镇化发展效率相对较低。再次,以中部地区为例,其新型城镇化发展的整体波动幅度较大,且效率水平相比东部地区而言较低。虽具备优良的资源禀赋条件,要素资源投入数量较充足,但产出水平匮乏。从 2002 年至 2011 年间,中部大部分省市均存在效率不足问题。总体来说,中部地区的新型城镇化发展效率水平较低,区域内各省市总体差异不大,但受制于各项资源禀赋条件以及地理区位因素的制约,其效率值远低于东部地区。

总体来说,新型城镇化平均效率值介于 0.40—0.50 之间,且在这一区间内波动,远低于全国的平均效率水平。此外,该地区存在内部发展不均衡不充分问题。比如青海省在评价的年份中其发展效率水平年年大于 1,在西部地区中是效率较高的省份,在资源整体分布不均且相对匮乏的西部地区,青海省城镇化发展进程中的经验与优势值得其他西部地区的省市学习。

表 3-10 三大区域的效率值及排名情况

三大热点	2002		2005		2008		2011		综合排名
	效率	排名	效率排名	效率排名	效率排名	效率排名	效率排名	效率排名	
长三角地区	1.11	2	0.9	1	0.92	1	1.35	1	1

续表

三大热点	2002		2005		2008		2011		综合排名
	效率	排名	效率排名	效率排名	效率排名	效率排名	效率排名	效率排名	
环渤海地区	0.47	3	0.65	2	0.74	2	0.38	3	2
泛珠三角地区	1.44	1	0.54	3	0.5	3	0.4	2	3

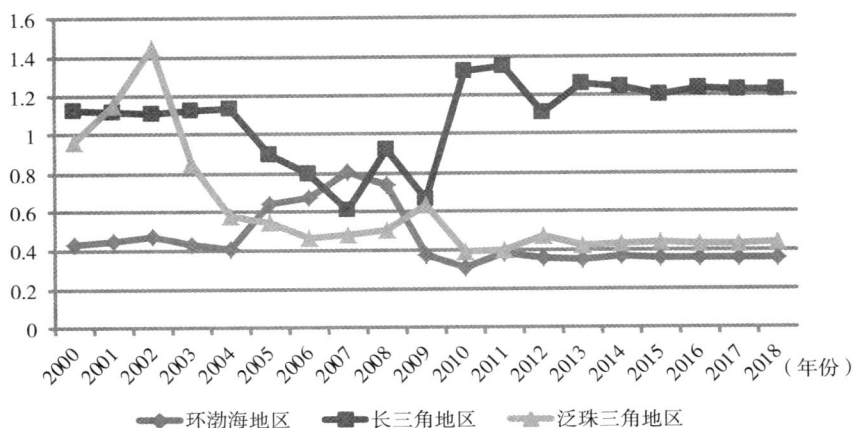

图3-9 三大热点区的历年效率值(2002—2011年)

本节中的环渤海地区包括辽东半岛、山东半岛、京津冀三省二市。五省二市在我国北方地区是经济发展的引擎,在全国范围内发挥着集聚、服务和带动作用。以北京和天津两个直辖市作为发展中心,以周边城市为辐射带动区域的环渤海地区。在2012年,其地区生产总值高达13.20万亿人民币,增长率高达10.2%,在我国对外开放的沿海发展战略中占有及其重要的位置。但是,由表3-10及图3-9可知,环渤海地区历年新型城镇化效率水平都小于1,处于低效率发展阶段,2004年到2007年效率水平有过短暂的提升,到2007年效率值实现突破,超过0.80。但从2008年以后,效率水平迅速下降。城镇化效率水平的低下以及环境的不断恶化主要是由于环渤海地区内部发展结构失调以及地域发展不平衡不协调,加上各省份的资源分布和匹配状态不一致,造成了城镇化建设水平落后的地区城乡间代际发展不平衡,这对促进服务业的发展造成了障碍,造成了高耗能的经济增长模式无法得到优化和改善。因此环渤海地区城镇化的发展进程在受到区域创新力度不足因素的制约时,还面临着环境污染程度加剧、治理难度上升以及能源资源开发利用过度和约束加强等压力。因此,要加快推进环渤海地区新型城镇化发展进程,发挥其作为龙头的领先带动作用,加速地区间产业结构转型和优化升级,提高区域生产效率水平。

长三角地区聚集了一系列的大中小型城市和城镇,是我国城镇集中度最高,城镇最密集的地区。长三角地区设有直辖市 1 个、省辖市 15 个、县级市 40 多个、建制镇 1000 多个,已经初步形成特大城市、大城市、中等城市、小城市、县镇和乡镇六级的城镇化体系,这成为区域经济一体化和社会总体发展的空间依托。长三角地区整体发展效率呈现"U"型,2007 年效率值最低为 0.61,除了 2002 年、2007 年,其余年份长三角地区的效率水平都高于环渤海地区和泛珠三角地区。从 2002 年起,全国整体城镇化建设效率呈下降趋势,但长三角地区近年来发展效率迅速突破 1.20,是全国城镇化效率水平的 2 倍多,处于高效发展阶段。但是,随着经济结构转型升级步伐加快,高耗能产业企业的堆叠出现加剧了环境污染程度,工业污染日益严重,资源能源紧缺的同时资源重复利用率不高,还出现了不少加剧环境恶化的公共事件,这些事件都成为制约长三角地区经济健康高速有序发展的因素。在推进城镇化发展的过程中,要注重转变经济发展方式、调整经济结构,推动工业发展模式向环境友好型发展模式转变,减少环境污染,发展绿色能源,最终确立绿色的、有效率的发展路径。在推动新型城镇化发展的进程中,需要转变资源消耗型和简单加工型产业竞争过程中的旧模式,在资源、效益、发展体系方面需要具备可持续发展的理念,通过进行不同的功能定位来解决同构竞争的问题,将制造业和服务业作为核心驱动力量,开发新型绿色集约型能源,最终确定健康有序的城镇化发展道路。

在当前经济全球化和区域内经济两级分化格局日益突出的趋势下,促进区域之间的协调合作,共享经济资源,取长补短,就能在一定程度上缩小区域间经济发展差异,促进全国经济整体发展效率的提高,推动全国经济健康有序稳定发展。以 2003 年作为分界点,2003 年以前长三角区域各省市之间经济发展水平差异较小,从 2003 年成立泛珠三角合作区后,各省市间巨大的经济差异,体现在资金、人才、市场、信息、自然资源、自然条件和历史基础等各个方面,这些因素在不同区域上有着截然不同的分布和差距,各地区在经济发展的状况上也体现出一定的差异,这极大地影响了区域经济的合作与协调发展,影响和谐社会的建设,新型城镇化效率值迅速下降,并滑入无效率区域。

第二节　产业结构扭曲视角下中国城市生态效率评估

经济增长和环境保护是中国当前以及未来发展的主力方向,两者能否实现"共赢"的关键在于产业的耦合协调,借助产业结构调整实现城市绿色发展更是中国绿色发展的重要环节。本节利用中国 2003—2016 年 286 个地级市的面板数据,采用包含非期望产出的全局参比超效率 SBM 模型测度中国城市生态系效率,进而以空间滞后模型考察产业结构高度化和产业结构合理化对生态效率的影响,同时探究资源依赖扭曲产业结构及经济发展的异质性对生态效率的影响。研究显示:产业结构高度化对生态效率存在显著的促进作用,而产业结构合理化与生态效率并不存在显著的相关关系;较高的自然资源依赖扭曲产业结构高度化,将削弱产业结构高度化对生态效率的提升效果,但并不影响产业结构合理化与生态效率的相关关系;随着经济发展水平的提升,由于产业结构高度化的扭曲对生态效率的抑制作用会有所降低,而产业结构合理化对生态效率的影响表现出显著的异质性。总体上,现阶段中国产业结构高度化对改善城市生态效率的贡献要远大于产业结构合理化。本节据此提出,中国在大力进行产业结构调整的过程中,应在强调产业结构高度化的同时,积极突破制约产业结构合理化效应的限制条件,降低对资源产业的过度依赖,着力促进资源密集型主导产业向技术密集型主导产业方向发展。

一、问题提出

建设生态文明,是关系人民福祉、关乎民族未来的长远大计。着力推进绿色发展、循环发展、低碳发展是实现人与自然和谐共生的根本遵循。党的十八大以来,中国加快推进生态文明顶层设计和制度体系建设,制定了四十多项涉及生态文明建设的改革方案,从总体目标、基本理念、主要原则、重点任务、制度保障等方面对生态文明建设进行全面系统部署安排。中国政府高度重视资源型城市可持续发展问题,2013 年国务院发布《全国资源型城市可持续发展规划(2013—2020 年)》,将资源型城市定义为以本地区矿产、森林等自然资源开采和加工为主导产业的城市,并明确中国拥有 262 个资源型城市,占全国城市总数的 40%。资源型城市作为基础能源和重要原材料的供应地,以资源依赖性的经济发展模式为典型特征,20 世纪 80 年代以来,由于开发强度过大,资源综合利用水平低,同时忽视生态环境保护,资源型城市相继进入成熟期和衰退期,被迫陷入"矿竭城衰"甚至"矿干城亡"的窘境。[①] 随着中国经济从高速增长阶段转向高质量发展阶段,如何平衡资源型城市在资源开发、经济发展和生态保护之间的矛盾,从而实现经济与资源环境的协调发展是资源型城市可持续发展即将面对的严峻挑战。

实际上,经济增长与资源环境保护共融的关键在于产业间的耦合协调与技术创新,这在发展中国家体现为持续的结构调整,更为具体表现在产业结构优化升级。当前,中国正处在转变发展方式、优化经济结构、转换增长动力的

---

① 张麟、刘光中:《城市系统效率的差异及对我国城市化进程的影响》。

攻坚期,产业结构在持续演进和动态优化的过程中将推动经济持续增长。但是值得考虑的是,在产业结构带来"结构红利"的同时,资源依赖的程度势必会影响产业结构升级对资源型城市环境与经济协调发展的促进作用,然而对于产业结构状况的衡量包含合理化和高度化两个阶段,那么资源依赖对产业结构转型升级的不同阶段影响状况如何?这种影响在不同的经济发展水平下是否存在差异?这是中国经济实现转型发展过程中所必须面临的问题,对环境与经济可持续发展这一人类生存的永恒话题所提出的时代要求而言,这是一个值得深入探究的现实问题。

关于资源依赖、产业结构和生态效率的研究主要围绕三个方面展开。第一,产业结构对环境污染和环境效率的影响。一部分文献侧重于对产业结构影响环境污染的研究,如科尔(Cole,2000)研究得出土地价格、劳动力和资本的价格决定了一个国家制造业中污染行业的比例,而降低制造业行业中污染产业的比例有利于降低污染排放;安特韦勒等人(Antweiler et al.,2001)进一步从贸易的视角论述了国别之间的结构效应有利于降低污染排放。何和王(He and Wang,2012)研究利用中国地级市的面板数据分析了经济结构变动会提高粉尘和二氧化硫的排放,但会降低氮氧化合物的排放,其影响效应在不同的发展阶段存在异质性;邵等人(Shao et al.,2016),李等人(Li et al.,2019)从中国省级制造业结构升级的视角研究其低碳减排效应。另一部分研究偏向于探索产业结构对生态效率的影响,如韩等人(Han et al.,2018)利用中国2006—2015年的省域数据,研究了产业结构水平对生态经济效率的作用,得出近十年来中国产业结构水平和生态经济效率均有所提高,两者之间存在着正相关关系。熊等人(Xiong et al.,2019)利用中国省级面板数据检验产业结构对产业能源效率的影响,结果表明调整省际产业结构能有效提高产业能源效率。

第二,资源依赖与经济增长关系的研究。自然资源禀赋一直被认为是促进经济增长的动力和基础,自阿蒂(Auty,1993)提出"资源诅咒"以后,众多学者开始注意到一个拥有丰富自然资源的国家或地区反而会比自然资源相对匮乏的国家或地区的经济发展更加缓慢。萨克斯和华纳(Sachs and Warner, 1995)通过实证检验"资源诅咒"假说,结果发现自然资源出口占 GDP 的比重与地区经济增长呈现稳健的负相关关系,自然资源富裕地区较高的产品价格对出口导向型的增长模式具有制约作用;布尔特等人(Bulte et al.,2005)认为政府制度建设存在缺陷的资源富裕地区存在"资源诅咒"的现象;吉尔菲森(Gylfason,2001a)回顾了自然资源和经济增长之间的关系,强调自然资源富裕的地区对外资具有"挤出"效应,从而抑制了本地经济增长;吉尔菲森(Gylfason,2001b)通过进一步研究发现荷兰病(the Dutch Disease)、寻租(Rent Seeking)、过分自信(Overconfidence)和忽视教育(Neglect of Education)是导致"资源诅咒"产生的主要原因;萨拉·马丁和萨勃拉曼尼亚(Sala-I-Martin and Subramanian,2013)通过对尼日利亚(Nigeria)的研究指出"资源诅咒"的根本原因在于制度弱化(Impair Institutional Quality),制度弱化源于寻租行为,而寻租行为又是由丰富的资源禀赋导致的;吉尔菲森和佐格(Gylfason and Zoega,2006)阐述了自然资本会挤出人力资本,损害储蓄和投资,导致实际利率下降和增长速度放缓。

第三,资源依赖对产业结构的影响。这方面的研究结论主要体现为"资源诅咒"中的"荷兰病"效应。赫尔斯曼(Hirschman,1958)、希尔(Seer,1964)等人较早提出自然资源对地区产业结构的影响,一般情况下,自然资源丰富的发展中国家其工业化和经济发展速度较慢。最为典型的事实是 20 世纪 60 年代的荷兰因发现海岸线蕴藏丰富的天然气迅速成为以出口天然气为主的国家,这导致其他产业萎缩、创新水平下降,从而失去国际竞争力。后来布朗斯韦勒和布尔特(Brunnschweiler and Bulte,2009)、佩格(Pegg,2010)通过实证研究证实了"荷兰病"效应,世界上 57 个主要的自然资源出口国中,只有加拿大、澳大利亚和挪威是发达国家,但这些国家依然存在"荷兰病"效应,其背后的原因是自然资源的出口带动了本国货币的升值,降低了制造产业的劳动力水平;里卡多·豪斯曼(Ricardo Hausmann,2003)也解释了自然资源产业的丰裕会增加可贸易部门的投资风险,提高利息率,引起可贸易部门和不可贸易部门间相对价格频繁变动,从而使非资源产业萎缩,不利于产业结构的转型升级。

通过以上综述不难发现,现有文献对产业结构、环境效率或经济增长和资源依赖之间的两两关系开展了较为丰富的探讨,但是鲜有将产业结构、生态效率和资源依赖三者纳入同一分析框架进行实证研究的成果。从逻辑上看,经济增长的资源集约和环境友好程度取决于构成经济总体中各个产业集约程度和产业结构特征,即产业结构对环境与经济的协调发展影响密切,同时若一个国家或地区的经济增长对自然资源过度依赖,将形成资源产业"一业独大"的产业结构模式,导致大部分生产要素流入资源型产业,从而阻碍新产业的孕育发展,扭曲产业结构的合理化和高度化,进而影响环境与经济协调发展。因此,将产业结构、生态效率和资源依赖纳入同一分析框架显然有利于全面地了解产业结构影响环境与经济协调发展的内在机制。此外,在不同的经济发展水平下,上述关系可能会呈现出显著的异质性,但已有文献尚未从这个层面展开探讨。

针对以上研究的缺陷与不足,本节从理论和实证两个层面,从资源依赖的崭新视角对产业结构合理化和高度化对城市生态效率的影响机制进行系统考察。首先,在"资源诅咒"等理论假说的基础上构建一个能够刻画产业结构、生态效率和资源依赖三者之间关系的理论框架,同时考虑到经济发展阶段的异质性,对其内在的传导机制进行进一步阐释。其次,有别于现有研究多侧重产业结构的整体效应,使用的衡量指标较为单一的缺陷,本节从产业结构高度化和产业结构合理化两个角度描述了产业结构调整对生态效率的影响差异。最后,本节采用2003—2016年中国286个地级市的面板数据,使用空间面板滞后模型及其交互项模型对提出的理论假说进行检验,同时进行稳健性检验,并基于中国面临的现实状况提出相关政策建议。

二、理论假说

一般而言,产业结构调整主要体现为产业结构高度化和产业结构合理化。其中,产业结构高度化一方面表现为地区主导产业替换,即产业从劳动密集型转向技术密集型,从污染密集型转向绿色环保密集型,如产业从第二产业中的石油化工、钢铁等重工业转向第三产业中的计算机开发等高端制造业;另一方面表现为产业内部技术含量的提升,目的在于改进生产效率。[①] 很明显,产业结构高度化不论从地区主导产业替换的角度还是从产业内部技术含量提升的角度看,都有利于抑制高耗能产业的进一步扩张,提升产业附加值并实现节能减排,从而改善生态效率。产业结构合理化则反映了产业间的协调程度,即产业中劳动、资本等生产要素在产业间的合理流动程度,产业结构合理化的程度越高代表产业间生产要素分布越合理,因此产业结构合理化有利于促进各产业部门间良性协调发展,进一步促进本地区的经济发展。但生态效率不同于经济增长,前者更加关注经济增长与生态环境的协调发展。若产业结构中生产要素的调整转向环境友好型,则表现为生态效率的改善;反之,生产要素调整转向非环境友好型将会表现出生态效率的恶化,两者的关系无法确定。由此提出理论假说1:

假说1:在其他条件不变的情况下,产业结构高度化显著提升生态效率水平,产业结构合理化与生态效率的相关关系情况无法确定。

如前文所述,一个地区的产业结构水平与该地区的自然资源禀赋存在密切的相关关系(Ricardo Hausmann,2003)。特别是在资源丰富的地区,资源密集型、污染密集型的资源产业通常是一个地区主导产业,其他产业将围绕这一主导产业而存在,生产要素不断流向主导部门形成资源部门对经济要素特殊的"吸纳效应",进而使得一个地区产业结构呈现出"单一产业"的形态。现有文献已表明资源部门具有比较优势,能吸引更多的物质资本和人力资本流入,

---

① Cui, L. B., Zhu, L., Springmann, M., Fan, Y., "Design and Analysis of the Green Climate Fund", *Journal of Systems Suence and Systems Engineering*, 2014, 23(3), pp.266-299.

由于资源部门的发展与繁荣将资源型区域锁定在资源及资源加工、服务部门,制约了资源部门向制造业这样的能够带来报酬递增、生产率较高产生的部门转化,形成"挤出效应",不利于产业结构调整(Gylfason and Zoega,2006)。因此可以说,自然资源禀赋本身对经济增长是一种先天优势,但经济对资源过度的依赖容易"挤出"人力资本、技术创新等促进经济增长的核心要素,并且诱发"锁定效应",而且这种"锁定效应"还是自我加强的,阻碍了要素的流动和其他产业的孕育发展,扭曲了产业结构的合理化和高度化,从而弱化产业结构调整改善生态效率的效果。① 另外,考虑到产业结构高度化和产业结构合理化在改善生态效率方面的差异,本节预测较高的自然资源依赖度将削弱产业结构高度化对生态效率的提升效果,但对于产业结构合理化与生态效率的相关关系依然无法明确。由此提出理论假说2:

假说2:在其他条件不变的情况下,一个地区过度依赖自然资源将扭曲产业结构的合理化和高度化,削弱产业结构高度化对生态效率的提升作用,但无法明确产业结构合理化与生态效率的相关关系。

自然资源丰裕的地区在不同经济发展阶段下,产业结构调整的方向和速度存在较大差异。鲍德温等人(Baldwin et al.,2005)和张和林(Zhang and Lin,2012)的研究表明,澳大利亚、智利和挪威等国并不存在显著的"资源诅咒"效应,产业结构调整的方向除了受到资源依赖程度的影响外,还受到人均国民生产总值、技术等因素的影响。随着一个地区经济的发展(以人均GDP衡量),该地的产业发展将逐渐从劳动密集型转向资本密集型,并进一步转向技术密集型,表现出更高的生态效率夏尔玛(Sharma,2011)。同时,较高经济发展水平下的资源型城市更有条件利用资源优势促进高新技术产业发展,从而对经济增长和环境保护产生双重提升效应。因此认为,当一个地区经济发展水平到达一定阶段后,原有的"资源诅咒"将变为"资源福音",减缓资源依赖对产

---

① Prud' homme R., & Lee C.W., "Size,Sprawl,Speed and the Effitiency of Cities", *Urban Studies*,1999,36(11),pp.1849-1858.

业结构调整的抑制作用。① 另外,考虑到产业结构高度化和产业结构合理化
在改善生态效率方面的差异,本节认为随着经济发展水平的提升,资源依赖对
产业结构高度化改善生态效率的抑制效应会有所降低,但无法确定产业结构
合理化与生态效率间的相关关系。由此提出理论假说3:

假说3:在经济发展的不同阶段,产业结构调整对改善生态效率的程度不
同,经济发展水平的提升将减缓资源依赖对产业结构高度化的扭曲对生态效
率的抑制作用。

三、数据和方法

(一) 核心变量的测算

1.区域生态效率测算

自1992年联合国里约环境与发展大会通过的《21世纪议程》首次将可
持续发展和 Environmentally Friendly 纳入全人类的发展议程上来,中国在
2007年中国共产党第十七次全国代表大会也首次提出要建设生态文明,形
成资源节约环境友好的产业结构、增长方式和消费结构。斯加特格和斯顿
(Schaltegger and Sturm,1990)首次提出生态效率(Eco-efficiency)的概念,定义
为一定时期经济增长和环境负荷的比值。中国经济已步入"新常态"发展阶
段,经济发展正在由片面追求增长速度的粗放型模式向寻求环境与经济协调
发展的内涵型模式转变,而生态效率反映了资源节约和环境友好等绿色发展
的核心要义,无疑是反映绿色发展模式的有效指标。

本节将借助生态效率的内涵,利用中国286个地级市2003—2016年面板
数据,选取城市建设用地面积、城市用水总量、全社会用电量、年末就业人员总
数、固定资产投资总额分别作为土地、水、用电、劳动力和资本五种要素资源的

---

① Zhang Z.X.,"Cost-Effective Analgss of Carbon Abatement Options in China's Eleetricity Sector",*Energy Sowrces*,1996,20,pp.385-405.

投入,选取市辖区工业绿化面积、市辖区建成区绿化覆盖率、人均国内生产总值三个指标作为经济效益的产出,同时将工业废水排放量、工业二氧化硫排放量、工业烟尘排放量作为衡量环境负荷的产出指标。借鉴宋等人(Song et al.,2019)、胡等人(Hu et al.,2019)、博蒙特等人(Beaumont et al.,2019)采取的效率测算方法,以考虑非期望产出的全局参比超效率 SBM–DEA(Global–US–SBM–DEA)模型来测算生态效率。

从时间趋势来看,2016 年中国地级市生态效率的平均值为 0.349,整体高于 2003 年的 0.192,表明中国地级市生态效率水平在研究期间整体呈现为提升的态势。从区域比较来看,中国地级市生态效率一直表现为"南低北高"不均衡的空间分布状态。因此,本节在资源依赖视角下考察产业结构转型升级对中国城市生态效率影响的基础上,将进一步通过探究不同经济水平下生态效率的发展趋势和发展格局。

2. 产业结构度量指标

本节的核心解释变量是产业结构,依据李等人(Li et al.,2019)的划分方法,产业结构是各产业的构成及各产业之间的联系和比例关系,包括产业结构高度化和产业结构合理化两个方面的内容。产业结构高度化是指产业结构重心的动态演进过程,其显著特征是从第一产业向第二、第三产业逐次转移的过程,尤其是在 20 世纪的信息化带动下,产业结构高度化主要表现为第二产业向第三产业的演进,根据配第—克拉克定理,将产业结构高度化指标定义为第三产业与第二产业的比值,表达式为:

$$ais = \frac{Y_3}{Y_2} \qquad (3-6)$$

其中,Y_2 和 Y_3 分别表示第二产业和第三产业的产值。显然,ais 越大,产业结构更加高度化,第三产业优势更明显。

此外,产业结构合理化是指产业间的协调程度,反映要素投入结构和产出结构之间的耦合程度,即产业结构偏离度:

$$theil = \sum_{i=1}^{3} \left| \frac{Y_t/L_i}{Y/L} - 1 \right| = \sum_{i=1}^{3} \left| \frac{Y_i/Y}{L_i/L} - 1 \right| \qquad (3-7)$$

其中,Y 表示产值,L 表示从业人员,$i=1,2,3$,分别表示第一、第二和第三产业。当经济处于均衡状态时,各产业的生产效率趋同,此时有 $Y_i/L_i = Y/L$,即 $theil = 0$。因此,$theil$ 越小,则说明生产要素在各产业间的配置效率和耦合质量较高,产业结构越合理。

依据式(3-6)、式(3-7)可以测算出中国 2003—2016 年 286 个地级市的产业结构高度化和产业结构合理化指标。图 3-10 分别展示了产业结构高度化、产业结构合理化与生态效率关系的散点图,显然,产业结构高度化与生态效率之间的拟合线具有正斜率,产业结构合理化与生态效率之间的拟合线呈现为较小的负斜率。可以初步判断,产业结构高度化对生态效率改善可能具有显著的正向影响,而产业结构合理化对生态效率改善可能有微弱的负向影响。对此,后文将采取更为严格的计量模型以此验证两者间的关系。

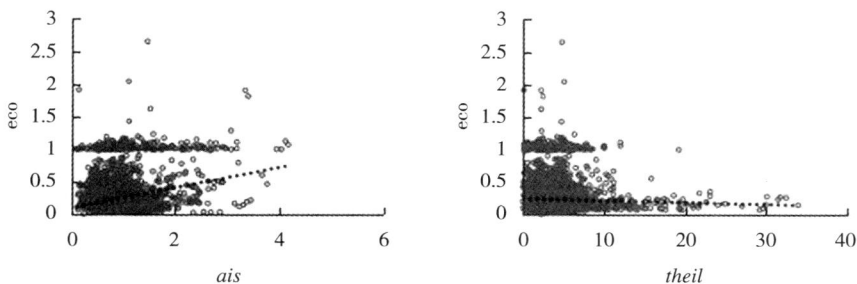

图 3-10 产业结构升级与生态效率的相关性

(二) 计量模型设定

1. 产业结构对生态效率影响的检验模型

已有研究表明,生态效率(Yang and Yang,2019)和产业结构(Wang et al.,2019)两者均存在显著的空间相关性,在设定计量模型时若采用普通最小二乘法(OLS)则会忽略空间溢出效应。因此,本节在通过 Moran's I 指数进行空间相关性检验的基础上,使用空间面计量模型来研究产业结构升级和生态效率之间的关系。空间计量模型能够捕捉各类空间溢出效应,一般分为空间滞后模型、空间误差模型和空间杜宾模型。基于假说1,分别构建空间滞后模型(SLM)和空间误差模型(SEM):

$$eco_{it} = \beta_0 + \tau eco_{it-1} + \rho_1 \sum_{i=1}^{n} w_{ij} eco_{jt} + \beta_1 ais_{it} + \beta_2 theil_{it} + \delta \sum_n X_{it} + \mu_t$$

$$(3-8)$$

$$eco_{it} = \beta_0 + \tau eco_{it-1} + \beta_1 ais_{it} + \beta_2 theil_{it} + \delta \sum X_{it} +$$

$$\psi + \mu_t, \mu_t = \delta \sum_{i=1}^{n} w_{ij} \mu_t + \varepsilon_t \qquad (3-9)$$

其中,i 表示地级市城市,t 表示年份;μ_t 表示时间固定效应,β_1、β_2、δ 表示一系列待估系数。w_{ij} 表示空间权重矩阵,本节根据相邻地区地理距离的倒数($w_{ij} = 1/d_{ij}$)、两地区的实际人均 GDP 的差值大小($w_{ij} = \dfrac{I(d_{ij} \leq d^*)}{abs(rpgdp_i - rpgsp_j)}$)两种方法构建地理距离空间权重矩阵、经济距离空间权重矩阵,将采用经济距离空间权重矩阵的模型放在稳健性检验部分。X_{it} 代表一系列与生态效率相关的控制变量,本节主要选择了政府规模($gover$),用政府公共财政支出与地区生产总值的比值衡量;金融发展水平($banking$),用存贷款总和占地区生产总值的比重衡量;社会消费程度($consumer$),用社会消费品零售额占地区生产总值的比重衡量;投资开放程度(fdi),用实际利用外商投资总额占地区生产总值的比重衡量;人口密度($density$),用年末人口数与区域面积的比值衡量;环境规制强度($regulation$),用熵值法处理多指标的环境规制变量得到环境规制的综合指标衡量。[①]

[①] 本节选取的用来计算环境规制的指标包括:(1)工业烟尘去除率,用工业烟尘去除量/工业烟尘产生量计算得到;(2)工业二氧化硫去除率,用工业二氧化硫去除量/工业二氧化硫产生量计算得到;(3)生活污水处理率;(4)工业固体废物综合利用率;(5)生活垃圾无害化处理率。限于篇幅,使用熵值法处理过程未予以展示,存留备索。

2. 纳入资源依赖的检验模型

基于理论假说 2,为检验资源依赖扭曲产业结构的状况下如何影响生态效率,本节加入资源依赖和产业结构高度化和产业结构合理化的交互项,构建如下含交互项的空间滞后模型:

$$eco_{it} = \beta_0 + \tau eco_{it-1} + \rho_1 \sum_{t=1}^{n} w_{ij} eco_{jt} + \beta_1 ais_{it} + \beta_2 theil_{it} +$$

$$\beta_3 res_{it} \times ais_{it} + \delta \sum X_{it} + \mu \qquad (3-10)$$

$$eco_{it} = \beta_0 + \tau eco_{it-1} + \rho_1 \sum_{i=1}^{n} w_{ij} eco_{jt} + \beta_1 ais_{it} + \beta_2 theil_{it} +$$

$$\beta_4 res_{it} \times theil_{it} + \delta \sum X_{it} + \mu_t \qquad (3-11)$$

其中,res 为资源依赖指标,反映某一地区经济对于自然资源的依赖程度,即资源型行业在整个行业中的作用和地位,借鉴格里菲森和佐格(Gylfason and Zoega,2006)和萨克斯和华纳(Sachs and Warner,2005)的测算方法,采用采掘业从业人员数与年末总人口的比重衡量。若式(3-10)中 β_3 显著为负,则说明资源依赖扭曲产业结构高度化对生态效率产生抑制作用,反之则为促进作用。同理,式(3-11)中的 β_4 反映资源依赖扭曲产业结构合理化对生态效率的影响。同理可以构建出包含交互项的空间误差模型,这里不再赘述。

3. 经济发展阶段异质性检验模型

针对假说 3,进一步检验产业结构在经济发展的不同阶段对生态效率的影响是否存在差异,通过加入实际人均 GDP 和资源依赖、产业结构的交互项,构建包含交互项的空间滞后模型:

$$eco_{it} = \beta_0 + \tau eco_{it-1} + \rho_1 \sum_{i=1}^{n} w_{ij} eco_{jt} + \beta_1 ais_{it} + \beta_2 theil_{it} +$$

$$\beta_3 res_{it} \times ais_{it} + \beta_5 pgdp \times res_{it} \times ais_{it} + \delta \sum X_{it} + \mu_t \quad (3-12)$$

$$eco_{it} = \beta_0 + \tau eco_{it-1} + \rho_1 \sum_{i=1}^{n} w_{ij} eco_{jt} + \beta_1 ais_{it} + \beta_2 theil_{it} +$$

$$\beta_4 res_{it} \times theil_{it} + \beta_6 pgdp \times res_{it} \times theil_{it} + \delta \sum X_{it} + \mu_t$$

$$（3-13）$$

其中,$pgdp$ 表示某一地区的实际人均 GDP。若式(3-12)中 β_5 显著为正,则说明随着经济水平的提升,资源依赖对产业结构高度化改善生态效率过程的抑制效应会有所减弱,反之则增强,同理,式(3-13)中 β_6 反映随着经济水平的提升,资源依赖对产业结构合理化改善生态效率的抑制效应的影响。

（三）数据说明

本节使用中国 2003—2016 年 286 个地级市的面板数据,数据来源于《中国统计年鉴》《中国城市统计年鉴》。其中,国内生产总值、人均国内生产总值均以 2003 年不变价格进行平减处理,价格指数则用 2003—2016 年的历年 GDP 缩减指数构造,由于地级市层面 GDP 缩减指数的缺失,将采用地级市所在省份的 GDP 缩减指数替代。对于统计资料中缺失的数据则采用向前(或向后)插值法进行补齐,以确保面板数据的完整性。表 3-11 报告了各变量的描述性统计情况。

表 3-11　各变量的描述性统计

Variable	Obs	Mean	Std.Dev.	Min	Max
eco	4004	0.2260	0.2559	0.0011	2.6547
ais	4004	0.8378	0.4208	0.0943	4.1656
theil	4004	4.0365	2.8699	0.0596	33.8785
resour	4004	5.7910	9.5348	0.0000	58.1274
pgdp	4004	28717	29228	1892	253193
gover	4004	0.1503	0.1127	0.0116	2.3488
banking	4004	2.0576	1.0291	0.5081	13.5303
consumer	4004	0.3462	0.1102	0.00003	3.8352
fdi	4004	0.0286	0.0394	0.0000	0.4181
desity	4004	421.4086	325.5433	4.7000	2661.5400
regulation	4004	0.6487	0.1716	0.1541	0.9834

四、实证分析

（一）空间相关性检验

首先计算出中国286个地级市的生态效率、产业结构高度化、产业结构合理化和资源依赖四个指标在2003—2016年间的空间相关系数，通常的做法是计算变量的全局Moran's I指数。Moran's I指数的取值区间为$[-1,1]$，越接近1，表示正相关明显；越接近-1，表示负相关明显；越接近于0，表示空间关联越弱。从表3-12可以看出，四个指标均表现出显著、稳定的空间正自相关性，即较高的生态效率的地区更倾向于集聚在一起，较低生态效率的地区倾向于集聚在一起。同样，产业结构高度化（或产业结构合理化、资源依赖）程度高的地区倾向于集聚在一起，而产业结构高度化（或产业结构合理化、资源依赖）程度低的地区倾向于集聚在一起。这一结果也表明对于空间计量模型的设定是合适的。

表3-12　中国生态效率、资源依赖、环境规制的 Moran's I 指数（2003—2016 年）

变量	*eco*			*res*			*ais*			*theil*		
年份	Moran's I	Z 值	P 值	Moran's I	Z 值	P 值	Moran's I	Z 值	P 值	Moran's I	Z 值	P 值
2003	0.019	4.657	0.000	0.044	9.541	0.000	0.045	9.558	0.000	0.054	11.591	0.000
2004	0.023	5.309	0.000	0.049	10.476	0.000	0.043	9.222	0.000	0.053	11.449	0.000
2005	0.028	6.236	0.000	0.056	11.877	0.000	0.024	6.681	0.000	0.025	5.996	0.000
2006	0.027	6.004	0.000	0.056	11.866	0.000	0.028	6.212	0.000	0.056	11.752	0.000
2007	0.027	6.164	0.000	0.058	12.144	0.000	0.021	4.785	0.000	0.059	12.337	0.000
2008	0.042	9.066	0.000	0.056	11.766	0.000	0.018	4.33	0.000	0.033	7.912	0.000
2009	0.041	8.798	0.000	0.057	12.023	0.000	0.022	5.156	0.000	0.06	12.646	0.000
2010	0.041	8.816	0.000	0.061	12.841	0.000	0.017	4.041	0.000	0.031	7.564	0.000
2011	0.045	9.577	0.000	0.065	13.584	0.000	0.017	4.189	0.000	0.03	7.518	0.000
2012	0.04	8.569	0.000	0.064	13.347	0.000	0.000	1.55	0.061	0.03	6.849	0.000
2013	0.027	6.126	0.000	0.068	14.134	0.000	0.019	4.523	0.000	0.027	6.294	0.000

续表

变量	*eco*			*res*			*ais*			*theil*		
2014	0.029	6.387	0.000	0.065	13.576	0.000	0.025	5.664	0.000	0.009	6.233	0.000
2015	0.033	7.227	0.000	0.06	12.691	0.000	0.027	6.109	0.000	0.016	6.557	0.000
2016	0.038	8.165	0.000	0.063	13.297	0.000	0.032	7.19	0.000	0.042	10.235	0.000

(二) 产业结构对生态效率的影响

基于前文设定的模型形式,接下来的实证结果将以空间滞后模型式(3-8)为基础,在模型中依次加入控制变量、时间固定效应、地区固定效应以控制其他因素的影响、时间趋势和地区差异。表3-13报告了产业结构对生态效率影响的检验结果,包括总效应(main)和直接效应(LR_Direct),其中模型1为不包含控制变量的回归结果,模型2为纳入控制变量和时间效应的回归结果,模型3纳入控制变量和地区效应,模型4纳入控制变量同时包含时间和地区效应。可以看出,模型1—模型4的结果稳健,本章在后续的讨论中将重点讨论纳入控制变量的同时包含时间和地区效应的回归结果。

模型4结果显示,产业结构高度化(*ais*)对生态效率的影响系数在1%的置信水平下显著为正,验证了假说1。其影响系数的经济含义是:在其他因素不变的情况下,产业结构高度化每提高1个单位,能带动生态效率提高0.0741个单位。这充分说明了在考虑地级市生态效率存在空间相关性的条件下,中国地级市层面的产业结构高度化的确存在改善生态效率的作用。这一结果可以从产业结构高度化的两个内涵予以解释。一方面,产业结构高度化表现为地区主导产业替换,如产业从劳动密集型转向技术密集型,从污染密集型转向绿色环保密集型,提升了生态效率;另一方面,产业结构高度化表现为产业内部技术含量的提升,通过提升产业内部的生产率进一步实现了地区整体生态效率的提升。因此,产业结构高度化有利于提升产业的附加值、实现节能减排,进一步改善生态效率。

产业结构合理化($theil$)对生态效率的影响系数并不显著，这表明产业结构合理化并不存在改善地区生态效率的效应。这一结果可能的原因是，产业结构合理化是对产业间协调程度的测度，生产要素在产业间的流动使产业结构从相对不合理向相对合理的方向发生转变，在带动产业部门间协调发展的同时促进地区经济增长。但生态效率强调经济增长和生态环境的协同作用。产业中生产要素的调整是否向着环境友好型发展决定生态效率的改善与否。本章的研究样本中 2003—2007 年属于中国经济高速发展阶段，产业中的生产要素多转向污染密集型的制造业行业，产业结构的合理化可能表现为生态效率的下降。这一情况直到 2007 年才得以改善，所以在 2008—2016 年产业结构的合理化可能表现为生态效率的提升。两种完全相反效应的叠加，可能表现为产业结构合理化在改善地区生态效率上未呈现出显著性效应。

表 3-13　产业结构对生态效率影响的检验结果

	空间滞后模型（FE）							
	Main	LR_Direct	Main	LR_Direct	Main	LR_Direct	Main	LR_Direct
Model	模型 1	模型 1	模型 2	模型 2	模型 3	模型 3	模型 4	模型 4
ais	0.0158 *** (2.7305)	0.0161 *** (2.6959)	0.0154 *** (2.6521)	0.0156 *** (2.6186)	0.0169 *** (2.9444)	0.0173 *** (2.9031)	0.0741 *** (9.9504)	0.0751 *** (9.7179)
$theil$	0.0001 (0.2995)	0.0001 (0.2667)	0.0001 (0.1553)	0.00004 (0.1173)	0.0002 (0.3915)	0.0001 (0.3614)	−0.0008 (−1.2989)	−0.0008 (−1.3883)
$gover$			−0.0525 (−1.6136)	−0.0492 (−1.5785)	−0.0184 (−0.6359)	−0.0156 (−0.5559)	0.4866 *** (12.9930)	0.4946 *** (13.6441)
$banking$			−0.0011 (−0.1993)	−0.0012 (−0.2271)	0.0052 (1.0037)	0.0052 (1.0114)	−0.0013 (−0.3096)	−0.0015 (−0.3660)
$consumer$			−0.0433 (−1.4028)	−0.0432 (−1.4574)	−0.0279 (−0.9179)	−0.0280 (−0.9543)	−0.4710 *** (−13.1761)	−0.4747 *** (−13.8863)
fdi			0.0684 (0.6701)	0.0753 (0.7386)	0.0397 (0.4190)	0.0470 (0.4914)	1.5047 *** (15.2777)	1.5216 *** (15.5622)
$desity$			0.0002 *** (5.1090)	0.0002 *** (4.9119)	0.0002 *** (5.2646)	0.0002 *** (5.0838)	−0.00003 *** (−2.7463)	−0.00003 *** (−2.6265)
$regulation$			0.0167 (0.6447)	0.0159 (0.6464)	0.0561 *** (2.9497)	0.0563 *** (2.9998)	0.0229 (0.7568)	0.0228 (0.8047)
时间效应	YES	YES	YES	YES	NO	NO	YES	YES

续表

	空间滞后模型（FE）							
	Main	**LR_Direct**	**Main**	**LR_Direct**	**Main**	**LR_Direct**	**Main**	**LR_Direct**
地区效应	YES	YES	NO	NO	YES	YES	YES	YES
Observations	4004	4004	4004	4004	4004	4004	4004	4004
R-squared	7.7264	7.7264	7.7264	7.7264	7.7264	7.7264	7.7264	7.7264
Number of id	286	286	286	286	286	286	286	286
LogL	2487	2487	2503	2503	2488	2488	367	367

注：括号内为 Z 值；括号内的假定值：*** p<0.01，** p<0.05，* p<0.1。

从模型 4 中控制变量回归系数来看，政府规模（$gover$）对生态效率具有显著的促进作用。通常，政府公共财政支出越高，越能有效缓解市场失灵而导致的垄断和信息不对称问题，有利于改善生态效率；同样，投资开放程度（fdi）对生态效率有显著的促进作用，说明"污染天堂"假说在中国并不成立，外资在促进当地经济规模扩张的同时其技术效应和结构效应会促进当地生产技术和产业结构向绿色环保方向发展，从而促进当地生态效率提升；社会消费程度（$consumer$）对生态效率有显著的抑制作用，可能的原因是消费越多，消耗的资源、产生的非期望产出越多，不利于生态效率；人口密度（$density$）对生态效率也具有显著的抑制作用，可能的原因是人口密度较高会带来"拥挤效应"，破坏生态效率。除此之外，环境规制（$regulation$）、金融发展水平（$banking$）对生态效率不存在显著的影响效果，可能的原因是这两个变量对生态效率的影响存在非线性效应。

（三）资源依赖扭曲产业结构对生态效率的影响

表 3-14 报告了纳入资源依赖与产业结构交互项的模型回归结果，目的在于检验假说 2，即考察资源依赖扭曲产业结构情况下对生态效率产生的影响，回归结果包括总效应（main）和直接效应（LR_Direct）。其中模型 1 为含资源依赖和产业结构高度化交互项但不含控制变量的回归结果；模型 2 为含资

源依赖和产业结构合理化交互项但不含控制变量的回归结果;模型3为含资源依赖和产业结构高度化交互项同时包含控制变量的回归结果;模型4为含资源依赖和产业结构合理化交互项同时包含控制变量的回归结果。可以看出,模型1—4的结果稳健,本章将重点讨论模型3和模型4的结论。

模型3结果显示,产业结构高度化对生态效率的影响系数在1%的置信水平下显著为正,影响系数为0.0215,与表3-14的结论一致,同样验证了假说1。同时,资源依赖和产业结构高度化的交互项对生态效率的影响系数在10%的置信水平下显著为负,这表明资源依赖扭曲了产业结构高度化,在产业结构高度化改善生态效率中产生了抑制效应,验证了假说2。对这一结果可能的解释是,资源禀赋是决定地区初始产业布局的重要因素,自然资源丰裕地区往往倾向于优先发展资源型产业,进而会通过"荷兰病"效应扭曲产业结构高度化,弱化产业结构高度化改善生态效率的效果。① 同样地,资源依赖和产业结构合理化的交互项对生态效率的影响系数并不显著,这表明资源依赖在产业结构合理化改善生态效率中并未起到显著效应。对这一结果可能的解释是,自然资源丰裕地区虽然倾向于优先发展资源型产业,但并不一定会扭曲产业结构合理化,又加上产业结构合理化对生态效率无显著影响效应,所以资源依赖并不会影响产业结构合理化和生态效率之间的关系。

综合以上研究结果,产业结构和资源依赖及产业结构的交互项系数均符合预期。可以证明产业向高端技术行业转型升级越快,越有利于改善生态效率,但产业间的协调程度对生态效率并不存在显著的改善效应。同时,产业结构调整的程度与资源依赖程度有着密切的关联,较高的自然资源依赖过度扭曲产业结构高度化从而抑制其改善生态效率的效果,但不会影响产业结构合理化和生态效率之间的关系。

---

① Elgin C., Oztunali O., "Pollution and Informal Economy", *Economic Systens*, 2014, 38137, pp.333-349.

表 3-14　纳入资源依赖的模型检验结果

	空间滞后模型（FE）							
	Main	LR_Direct	Main	LR_Direct	Main	LR_Direct	Main	LR_Direct
Model	模型 1	模型 1	模型 2	模型 2	模型 3	模型 3	模型 4	模型 4
ais	0.0222*** （3.2379）	0.0224*** （3.1905）	0.0157*** （2.7123）	0.0160*** （2.6782）	0.0215*** （3.1322）	0.0217*** （3.0878）	0.0153*** （2.6400）	0.0156*** （2.6079）
theil	0.0001 （0.3220）	0.0001 （0.2905）	0.0004 （0.4450）	0.0003 （0.4164）	0.0001 （0.1745）	0.0001 （0.1377）	0.0002 （0.2709）	0.0002 （0.2363）
res×ais	−0.0012* （−1.7391）	−0.0012* （−1.6981）			−0.0012* （−1.6645）	−0.0011 （−1.6221）		
res×theil			−1E−05 （−0.3438）	−1E−05 （−0.2659）			−4E−06 （−0.2239）	−3E−06 （−0.1421）
gover					−0.0532 （−1.6360）	−0.0535* （−1.6830）	−0.0525 （−1.6137）	−0.0529* （−1.6707）
banking					−0.0015 （−0.2594）	−0.0014 （−0.2649）	−0.0011 （−0.1959）	−0.0011 （−0.1976）
consumer					−0.0423 （−1.3709）	−0.0409 （−1.3368）	−0.0434 （−1.4084）	−0.0420 （−1.3677）
fdi					0.0709 （0.6951）	0.0706 （0.6678）	0.0681 （0.6676）	0.0673 （0.6368）
desity					0.0002*** （5.0681）	0.0002*** （5.2710）	0.0002*** （5.1008）	0.0002*** （5.3052）
regulation					0.0171 （0.6622）	0.0194 （0.7668）	0.0167 （0.6444）	0.0190 （0.7491）
时间效应	YES	YES	YES	YES	YES	YES	YES	YES
地区效应	YES	YES	YES	YES	YES	YES	YES	YES
Observations	4004	4004	4004	4004	4004	4004	4004	4004
R-squared	7.7264	7.7264	7.7264	7.7264	7.7264	7.7264	7.7264	7.7264
Number of id	286	286	286	286	286	286	286	286
LogL	2488	2488	2487	2487	2505	2505	2503	2503

注：括号内为 Z 值，括号内的假定值，*** p<0.01，** p<0.05，* p<0.1。

（四）经济发展阶段的异质性检验

表 3-15 报告了产业结构在经济发展的不同阶段下对生态效率改善的结果，目的在于检验假说 3。模型 1—4 的结果稳健，因此本章在后续的讨论中将重点讨论模型 3 和模型 4，其中模型 3 为含资源依赖、产业结构高度化交互

项和人均 GDP、资源依赖、产业结构高度化三者交互项的回归结果,模型 4 为
含资源依赖、产业结构合理化交互项和人均 GDP、资源依赖、产业结构合理化
三者交互项的回归结果。

表 3-15　不同经济发展阶段的异质性检验结构

	空间滞后模型(FE)							
	Main	**LR_Direct**	**Main**	**LR_Direct**	**Main**	**LR_Direct**	**Main**	**LR_Direct**
Model	模型 1	模型 1	模型 2	模型 2	模型 3	模型 3	模型 4	模型 4
ais	0.0246 *** (3.6089)	0.0249 *** (3.5506)	0.0161 *** (2.7686)	0.0163 *** (2.7322)	0.0240 *** (3.5196)	0.0243 *** (3.4639)	0.0157 *** (2.7076)	0.0160 *** (2.6729)
theil	0.0001 (0.1545)	4E−05 (0.1170)	0.0004 (0.4600)	0.0003 (0.4319)	−2E−06 (−0.0040)	−2E−05 (−0.0473)	0.0002 (0.2843)	0.0002 (0.2501)
res×ais	−0.0032 *** (−4.1107)	−0.0031 *** (−4.1143)			−0.0032 *** (−4.1221)	−0.0031 *** (−4.1266)		
res×theil	1E−07 *** (6.3572)	4E−05 *** (6.7405)					−0.0001 ** (−2.1118)	−0.0001 ** (−2.0831)
pgdp×res×ais			−0.0001 ** (−2.1060)	−0.0001 ** (−2.0769)	1E−07 *** (6.5698)	1E−07 *** (6.9723)		
pgdp×res×theil			3E−09 ** (2.1763)	3E−09 ** (2.2109)			4E−09 ** (2.2418)	4E−09 ** (2.2810)
gover					−0.0500 (−1.5456)	−0.0497 (−1.5806)	−0.0513 (−1.5765)	−0.0511 (−1.6183)
banking					−0.0023 (−0.4178)	−0.0021 (−0.3724)	−0.0016 (−0.2760)	−0.0013 (−0.2254)
consumer					−0.0455 (−1.4851)	−0.0461 (−1.4397)	−0.0428 (−1.3871)	−0.0432 (−1.3465)
fdi					0.0693 (0.6830)	0.0665 (0.6970)	0.0638 (0.6254)	0.0611 (0.6334)
desity					0.0002 *** (5.3297)	0.0002 *** (5.5280)	0.0002 *** (5.1459)	0.0002 *** (5.3404)
regulation					0.0093 (0.3602)	0.0106 (0.4107)	0.0154 (0.5943)	0.0167 (0.6465)
时间效应	YES	YES	YES	YES	YES	YES	YES	YES
地区效应	YES	YES	YES	YES	YES	YES	YES	YES
Observations	4004	4004	4004	4004	4004	4004	4004	4004
LogL	2508	2508	2489	2489	2526	2526	2506	2506

注:括号内为 Z 值,括号内的假定值: *** p<0.01, ** p<0.05, * p<0.1。

模型 3 结果显示,产业结构高度化对生态效率的影响系数在 1% 的置信水平下显著为正,影响系数为 0.0240,与表 3-13、表 3-14 的结论一致,验证了假说 1。资源依赖和产业结构高度化的交互项对生态效率的影响系数在 1% 的置信水平下显著为负,验证了假说 2。另外,人均 GDP、资源依赖和产业结构高度化三者交互项对生态效率的影响系数在 1% 的置信水平下显著为正,这说明产业结构高度化改善生态效率在不同的经济发展条件下呈现出显著的区域异质性,即随着经济发展水平的提升,将减缓由于资源依赖扭曲了产业结构高度化,从而抑制产业结构高度化对生态效率改善的作用,验证了假说 3。值得注意的是,模型 1 的结果显示,资源依赖和产业结构合理化的交互项对生态效率的影响系数在 1% 的置信水平下显著为负,且人均 GDP、资源依赖和产业结构合理化三者交互项对生态效率的影响系数在 1% 的置信水平下显著为正。这说明产业结构合理化虽然不能显著改善生态效率,但在不同的经济发展条件下也呈现出显著的异质性。

(五) 模型形式的确定

在估计空间面板模型的参数之前,除了确定空间相关性,还需要确定空间计量模型的具体形式。第一步,估计不含空间权重矩阵的非空间模型,根据 LM Spatial Lag、Robust LM Spatial Lag、LM Spatial Error、Robust LM Spatial Error 判断选用 SAR 或是 SEM。若 LM Spatial Lag 较 LM Spatial Error 更显著,则选择 SAR 模型,如果 LM Spatial Lag 较 LM Spatial Error 均显著且无差异,则由 Robust LM Spatial Lag 和 Robust LM Spatial Error 的显著性确定。如表 3-16 所示,LM Spatial Lag 较 LM Spatial Error 更显著,故本节将重点关注 SLM 模型的分析结果。第二步,与传统面板模型一样,空间面板模型还需要通过 Hausman 检验,判断空间面板数据模型采用固定效应或是随机效应。同时考虑到地区个体差异和时期因素对结果可能产生的偏差,在判断为固定效应模型时将采用时间和个体双向固定效应模型进行参数估计。需要说明的是,本节所有实证结果均通过 Hausman 检验,选择固定效应模型,后文不再赘述。

表 3-16 LM 统计量检验

	空间地理距离权重矩阵	空间经济距离权重矩阵
LM Spatial Lag	112.584***(0.000)	4.711**(0.030)
Robust LM Spatial Lag	18.338***(0.000)	15.612***(0.000)
LM Spatial Error	95.521***(0.000)	2.267(0.132)
Robust LM Spatial Error	1.275***(0.259)	13.167***(0.000)

注:括号中为假定值,***、**、*分别指在1%、5%、10%水平下显著。

(六) 变换空间权重矩阵的稳健性检验

为了验证纳入资源依赖以及经济发展阶段异质性下产业结构对生态效率影响的稳健性,本节更换了空间权重矩阵,采用经济距离空间权重矩阵进行空间计量回归的检验,结果如表 3-17 所示。稳健性检验结果显示表 3-13、表 3-14和表 3-15 的结果是稳健的。

已有不少文献探讨了产业结构与生态效率的关系。然而,一个地区对资源的依赖程度会扭曲产业结构从而改变其对生态效率的影响;同时,不同经济发展阶段也存在区域异质性。但到目前为止,鲜有研究对此展开分析。本节通过测算中国2003—2016 年 286 个地级市的生态效率、产业结构高度化和产业结构合理化指标,系统阐释了产业结构调整对中国城市生态效率的影响机制。进一步引入资源依赖和经济发展指标,检验资源依赖对产业结构的扭曲从而造成对生态效率的影响效应,以及经济发展不同阶段下这一影响效应的异质性,得出以下实证结论:(1)从基准回归来看,产业结构高度化对生态效率存在显著的促进作用,而产业结构合理化与生态效率并不存在显著的相关关系。(2)从资源依赖扭曲产业结构的视角来看,较高的自然资源依赖将削弱产业结构高度化对生态效率的提升效果,但并不影响产业结构合理化与生态效率的相关关系。因此,对资源依赖程度较低的城市来说,通过产业结构高

表3-17 变换空间权重矩阵的再次检验

空间自回归模型(FE)

Model	Main (1)	LR_Direct (1)	Main (2)	LR_Direct (2)	Main (3)	LR_Direct (3)	Main (4)	LR_Direct (4)	Main (5)	LR_Direct (5)
ais	0.0159*** (2.7445)	0.0162*** (2.7088)	0.0223*** (3.2497)	0.0225*** (3.2013)	0.0159*** (2.7363)	0.0161*** (2.7012)	0.0249*** (3.6409)	0.0251*** (3.5820)	0.0163*** (2.8076)	0.0165*** (2.7704)
theil	3E-05 (0.0818)	2E-05 (0.0411)	4E-05 (0.1030)	2E-05 (0.0636)	0.0001 (0.1553)	0.0001 (0.1166)	-3E-05 (-0.0777)	-5E-05 (-0.1237)	0.0001 (0.1663)	0.0001 (0.1280)
res×ais			-0.0012* (-1.7387)	-0.0012* (-1.6974)			-0.0032*** (-4.2007)	-0.0032*** (-4.2057)		
res×theil					-3E-06 (-0.1324)	-1E-06 (-0.0474)			-0.0001** (-2.0437)	-0.0001** (-2.0121)
pgdp×res ×ais							1E-07*** (6.5905)	1E-07*** (6.9899)		
pgdp×res ×theil									4E-09** (2.2116)	4E-09** (2.2485)
gover	-0.0528 (-1.6205)	-0.0494 (-1.5858)	-0.0536 (-1.6439)	-0.0537* (-1.6912)	-0.0528 (-1.6205)	-0.0531* (-1.6778)	-0.0504 (-1.5544)	-0.0500 (-1.5896)	-0.0516 (-1.5855)	-0.0514 (-1.6275)
banking	-0.0015 (-0.2603)	-0.0016 (-0.2899)	-0.0018 (-0.3225)	-0.0018 (-0.3304)	-0.0015 (-0.2582)	-0.0014 (-0.2622)	-0.0027 (-0.4857)	-0.0024 (-0.4410)	-0.0019 (-0.3383)	-0.0016 (-0.2884)
consumer	-0.0436 (-1.4130)	-0.0435 (-1.4681)	-0.0426 (-1.3794)	-0.0412 (-1.3455)	-0.0437 (-1.4162)	-0.0422 (-1.3755)	-0.0458 (-1.4930)	-0.0463 (-1.4473)	-0.0431 (-1.3968)	-0.0435 (-1.3559)

续表

空间自回归模型（FE）

	Main	LR_Direct	Main	LR_Direct	Main	LR_Direct	Main	LR_Direct	Main	LR_Direct
fdi	0.0608 (0.5931)	0.0676 (0.6613)	0.0634 (0.6186)	0.0630 (0.5938)	0.0607 (0.5918)	0.0597 (0.5634)	0.0604 (0.5929)	0.0575 (0.6010)	0.0565 (0.5511)	0.0536 (0.5547)
desity	0.0002*** (5.1622)	0.0002*** (4.9629)	0.0002*** (5.1188)	0.0002*** (5.3253)	0.0002*** (5.1567)	0.0002*** (5.3650)	0.0002*** (5.3818)	0.0002*** (5.5801)	0.0002*** (5.2027)	0.0002*** (5.3972)
regulation	0.0182 (0.7023)	0.0174 (0.7071)	0.0186 (0.7185)	0.0209 (0.8245)	0.0182 (0.7022)	0.0205 (0.8083)	0.0106 (0.4095)	0.0118 (0.4600)	0.0170 (0.6556)	0.0183 (0.7077)
时间效应	YES	YES	YES	YES	YES	YES	YES	YES	YES	YES
地区效应	YES	YES	YES	YES	YES	YES	YES	YES	YES	YES
Observations	4004	4004	4004	4004	4004	4004	4004	4004	4004	4004
R-squared	7.7264	7.7264	7.7264	7.7264	7.7264	7.7264	7.7264	7.7264	7.7264	7.7264
Number of id	286	286	286	286	286	286	286	286	286	286
LogL	2499	2499	2501	2501	2499	2499	2522	2522	2502	2502

注：括号里为 Z 值，括号里的假定值：*** p<0.01，** p<0.05，* p<0.1。

度化可以改善生态效率。(3)从经济发展水平的异质性来看,随着经济发展水平的提升,资源依赖对产业结构高度化提升生态效率的抑制效应会有所降低;同时,产业结构合理化也表现出显著的异质性特征。

第三节 环境规制的倒逼机制与中国城市经济绿色转型

环境规制政策和生态效率分别作为中国经济增长的重要推力和目标函数,两者能否达到"双赢"的效果,是实现资源型城市绿色转型、高质量发展的关键。本节在对"资源诅咒"命题的内涵进行规范阐释的基础上,利用中国2003—2016 年 286 个地级市面板数据为研究样本,运用基于全局参比的非期望产出超效率 SBM 模型(Global Undesirable Super-efficiency Slack-Based Measure,Global-US-SBM)和熵值法分别测算出生态效率水平和环境规制综合指数。采用空间面板杜宾模型(Spatial Durbin Model,SDM)对环境规制影响生态效率存在的"波特假说"、资源依赖影响生态效率存在的"资源诅咒"假说进行实证检验,并结合中介效应模型进一步验证资源依赖能否成为环境规制影响生态效率的中介变量。

一、问题提出

新时代背景下,中国区域发展格局发生巨大转变,不同类型的城市面对的经济基础、资源禀赋和社会生态环境具有较大差异。中国政府高度重视生态文明建设,截至 2017 年,已批准环境保护相关公约或议定书 30 多项,涉及经济发展、环境保护的方方面面。"波特假说"的提出让更多的学者和政策制定者意识到,适当的环境规制力度可以提升企业在市场上的竞争力,提高生产效率,从而为地区的绿色经济发展提供相应的改善路径(Porter,1998)。根据世界货币基金组织(International Monetary Fund,IMF)公布的数据,2017 年中国的国内生产总值全球排名第二,但人均国内生产总值仅为 8643 美元,仅为卢森堡的 8%、美国的 14.50%,因此中国政府的经济发展愿望十分强烈,高度重视环境规制政策的制定和实施。各地开始将环境质量改善状况纳入政绩考核体系,环境规制不仅要为经济发展留有适当空间,更要以生态环境的持续改善为终极目标。生态效率指在一定时期增加的经济价值与增加的生态环境负荷的比值(Schmidheiny and Timberlake,1992),强调经济与环境的协调发展,是对在发展中保护,在保护中发展的最佳诠释。而对于资源依赖引发的"资源诅咒"命题,早在 2013 年 11 月中国国务院就印发了《全国资源型城市可持续发展规划(2013—2020 年)》,将资源型城市定义为以本地区矿产、森林等自然资源开采、加工为主导产业的城市,并规划了 262 个资源型城市,这类资源型城市在新中国成立以来,累计生产原煤 529 亿吨、原油 55 亿吨、铁矿石58 亿吨、木材 20 亿立方米,为中国的工业体系和国民经济发展作出了历史性贡献。但 21 世纪以来,伴随着中国现代制造业、互联网产业、高科技产业的快速发展,资源型城市将面临着严重的"经济转型难""环境治理难"等问题,由于产业发展对资源依赖性较强,采掘业占二次产业的比重超过 20%,导致人才、资金、科技等要素集聚能力弱,严重制约经济与资源环境间的协调发展。这类城市该如何破解"资源诅咒"之难,既是中国经济实现高质量发展的关键,也是资源依赖型城市推进经济绿色转型的必经之路。与此同时,环境规制政策作为实现中国经济绿色转型的重要推动力,其实施力度的大小也会影响本地资源依赖水平。环境规制是政府部门为减少环境污染和改善环境质量而对企业等经济主体的排污行为进行约束的强制性措施,有效的环境规制不仅可以满足公众的环保诉求,同时能够有效促进地区产业结构调整,倒逼一个地区的资源密集型、污染密集型产业进行清洁生产改造,减缓对当地自然资源的依赖程度,推动经济向绿色发展的方向转型,从而实现生态效率的提升。因此,对资源依赖、环境规制和生态效率进行研究意义重大。

相关研究主要包括两个方面:一是对环境规制影响经济发展、环境状况的研究。伴随着"污染天堂"和"波特假说"的提出,环境经济领域关注的核心命题之一就是论证环境保护和经济增长两者之间是"双赢"还是"对立"关系?但近年来对不同国家、不同地区、不同时段的样本进行研究得到不同的结论,使对两者间关系的争论越来越激烈。传统的古典经济学理论和早期的实证研究认为,严格的环境规制政策将会增加企业的治污和排污成本,降低企业的竞争力和生产率,抑制经济增长。例如,乔根森(Jorgenson,1990)、威尔科克森(Wilcoxen,1990)研究发现美国1973—1985年的污染排放成本超过政府购买商品和服务总成本的10%,使得国民生产总值下降了19.10个百分点;巴贝拉(Barbera,1990)、麦康奈儿(Mcconnell,1990)针对20世纪70年代美国五种高污染行业(如造纸、化工等),发现环境规制造成美国制造业生产率下降了10%—30%。但是"波特假说"的提出系统地阐述了环境保护和经济增长的"双赢"关系,波特(Porter,1991)提出适当的环境规制能刺激企业投资于环境技术的改造和环境管理的创新,在生产过程中催生"创新补偿"(Innovation Offsets)效应,获得市场上的竞争优势;波特(Porter,1995)、范德林(Van der Linde,1995)通过案例分析提出环境规制实质上是对企业施加了创新的压力,有利于促进企业的技术改进,而且带来的创新效应会超过企业的成本效应,进而促进全要素生产率的提升,提高企业的生产率和市场竞争力;贾菲(Jaffe,1997)、拉马纳坦等人(Ramanathan et al.,2017)的实证检验也表明适当的环境规制能刺激创新、促进生态创新、提高市场绩效,验证了"波特假说";元等人(Yuan et al.,2017)引入生态效率的概念对中国制造业的"波特假说"检验,发现环境规制对技术创新和生态效率具有非线性的影响;米等人(Mi et al.,2018)通过对中国1999—2016年省级面板数据实证分析认为只有多维度环境规制政策才能对区域发展具有显著的促进作用。

二是对资源依赖是否存在及其对经济发展影响的研究。在奥蒂(Auty,1993)提出"资源诅咒"概念之前,多数经济学家认为良好的自然资源禀赋是经济增长的动力和基础。① 罗斯丹尼-罗丹(Rosenstein-Rodan,1943)在研究东部(Eastern)和欧州东南部(South-Eastern Europe)的经济发展过程中提到,一个拥有丰富自然资源的贫困国家或地区,能参与到国际分工中实现经济的快速增长;墨菲等人(Murphy et al.,1989)也论证了相对落后地区可以借助自然资源禀赋实现多部门联合工业化,带动整个地区经济的发展。而奥蒂(Auty,1993)则认为一个拥有丰富自然资源的国家或地区反而会比自然资源相对匮乏的国家或地区的经济发展更加缓慢,在此之后,萨克斯和华纳(Sachs and Warner,1995)通过一系列实证对"资源诅咒"这一假说进行检验,得到自然资源出口占 GDP 的比重与地区经济增长呈现稳健的负相关关系,原因可能在于自然资源丰裕地区产品的价格相对较高从而制约了出口导向型增长;布尔特等(Bulte et al.,2005)认为仅在政府制度建设存在缺陷的资源富裕地区存在"资源诅咒"的现象;度姆佛(Dwumfour,2018)和拖-盖亚姆菲(Ntow-Gy-amfi,2018)以 2000 年至 2012 年 38 个非洲国家为样本同样证实了"资源诅咒"假说的存在。进一步地,还有相关文献对其背后的影响机制进行探究,盖亚佛森(Gylfason,2001a)回顾了自然资源和经济增长之间的关系,强调自然资源是通过"挤出"外资而抑制经济增长的;盖亚佛森(Gylfason,2001b)进一步讨论了"资源诅咒"的主要来源是荷兰病、寻租、过分自信、忽视教育四个主要因素;盖亚佛森(Gylfason,2006)和索伊加(Zoega,2006)阐述了自然资本会挤出人力资本,损害储蓄和投资,导致实际利率下降和增长速度放缓。

综上所述,既有文献对环境规制和资源依赖对生态效率的影响进行了一定研究,这些成果主要特征在于:现有研究关注到环境规制对生态效率、资源依赖对生态效率的影响关系,但对环境规制影响资源依赖的路径特征并未予以足够重视,鲜有将三者纳入同一框架体系进行理论与实证研究,且尚未关注

① Stauffer D.,"Simple Tools for Forecast of Population Ageing in Dereloped Countried's Based on Extrapolations of Human, Fertility and Migration", *Experimental Gerontology*, 2002, 37(8-9), pp.1131-1136.

到资源依赖的中介效应。从逻辑上看,环境规制作为政府一项以非市场途径对环境资源利用的直接干预政策,能通过"遵循成本"①"创新补偿"等途径影响生态效率,也能通过"替代效应""补偿效应"等途径影响资源依赖水平。而自然资源作为经济生产过程中投入品,又是造成"资源诅咒"的直接原因。同时,现有研究较多针对国家或省域宏观层面进行研究,较少以城市作为研究对象。

基于上述分析,本节将从理论和实证两个层面,从资源依赖这一崭新视角对环境规制影响地区生态效率的机制进行系统考察。具体而言,首先,采用2003—2016 年 286 个城市数据,采用基于全局参比的非期望产出超效率 SBM 模型测算地区生态效率,利用熵值法计算环境规制综合指数,在此基础上使用面板空间杜宾模型和中介效应模型对环境规制影响地区生态效率的内在传导机制进行检验,规范地提出环境规制政策能通过直接、间接影响两条路径"倒逼"经济发展实现绿色转型。

二、理论假说

一般而言,环境规制对生态效率的影响效应,涵盖了环境规制对经济发展和生态环境两方面的内容。但现有文献研究和理论阐述只考虑了环境规制对经济发展或对生态环境的影响机制,未能从环境规制对生态和经济协调发展的角度进行理论及实证研究。关于环境规制对经济发展的影响机制,存在两条影响路径:

第一条为,根据"遵循成本"理论,环境规制在短期内会压缩企业的利润空间。同时"污染天堂"假说也证明,在短期内较严格的环境规制将提高企业的生产成本,引致企业从本地区迁出至环境规制更为宽松的地区(Conrad and Wastl,1995),而企业的迁出不利于本地经济发展。从短期看,环境规制对区

---

① 廖普明:《基于马尔科夫链状态转移概率矩阵的商品市场状态、预测》,《统计与决策》2015 年第 2 期。

域经济发展具有抑制作用。

第二条为，根据"创新补偿"理论，从长期来看环境规制将"倒逼"企业增加清洁生产研发投入，转变生产方式，弥补"遵循成本"的负面效应，同时达到改善环境的作用。根据"波特假说"指出适当的环境规制能激发企业的研发创新活力，从而降低生产成本，提升生产效率（Porter，1991），实现当地经济发展。即长期来看，环境规制将实现"经济效应"和"环境效益"的"双赢"局面。因此，综合环境规制对经济发展的长期和短期影响机制，两者之间可能呈现出"U"型特征。

关于环境规制对生态环境的影响机制，主要存在正向促进的路径。这得益于环境规制是以生态环境的持续改善为终极目标，并且长期内环境规制推动企业采用"净化"技术，同样有利于改善生态环境。马盖特和维斯库存斯（Magat and Viscusi，1990），拉普朗特和力斯通（Laplante and Rilstone，2004）分别以加拿大魁北克省和美国的纸制品行业为研究对象，分析了纸制品行业在环境规制冲击下污染物排放量的变化趋势，结果均表明环境规制降低了污染物的排放量。因此，从短期和长期看，环境规制对生态环境均表现为正向促进作用。

综上所述，环境规制对经济发展短期为抑制作用，而长期为促进作用，环境规制对生态环境始终为促进作用。由此，结合生态效率的内涵在于经济和环境的协调发展，本节认为短期内环境规制抑制生态效率的提升，但长期内环境规制将改善生态效率。由此提出理论假说1：

假说1：在其他条件不变的情况下，环境规制对生态效率存在显著的"U"型曲线关系，即随着环境规制水平的提高，生态效率会呈现先下降后上升的变化趋势。

通常认为，资源依赖度是指一个国家或地区经济发展对自然资源的依赖程度，其涉及一个国家或地区的产业结构、就业结构、技术水平等各个方面，也可以说是一个国家或地区的资源型产业在整个产业中的作用强度。已有文献的研究结论表明,对自然资源和资源型产业的过度依赖会对经济发展产生不利影响。例如非洲国家、中国西北部城市都属于资源丰富地区,经济发展的表现却难以令人满意。基于此,本节认为,丰裕的自然资源并不总能成为经济发展的"福音",若开发不当则会变成经济发展的"诅咒",其具体的传导机制可总结为:其一,寻租。在产权不明晰、市场不完善的条件下,自然资源越丰富的地区越可能产生"寻租""腐败""机会主义"等负面问题,破坏资源产业发展的良性循环运转,从而对经济产生不良影响。其二,"荷兰病"。指20世纪的荷兰因发现海岸线蕴藏丰富的天然气迅速成为以出口天然气为主的国家,而导致其他产业萎缩、创新水平下降,国内其他部门失去国际竞争力。因此自然资源越丰富的地区,分配给资源部门的劳动力和资本就越多,对其他贸易产品的供给就越小,导致制造业部门和贸易部门的萎缩,从而对经济产生负面影响。其三,过分自信。由于自然资源的先天优势,使得当地居民存在有"安全感"的错觉,过分自信而不重视教育和创新,只关注眼前的利益而忽视长远发展,从而对经济产生负面效应。其四,忽视教育。单一的资源型经济结构严重缺乏人力资本积累的动力,没有人力资本的投入就无法获得额外的收入补偿,而且还会"挤出"大量的高技能、高水平劳动力。因此自然资源丰富的地区缺乏劳动力培养的积极性,导致人力资本质量较低、科技创新水平也较低,拉低了经济增长的速度(Gylfason,2001)。由此本节提出理论假说2:

假说2:在其他条件不变的情况下,资源丰裕地区的资源依赖对生态效率存在显著的抑制作用,即随着资源依赖水平的提高,生态效率表现为下降趋势。

由假说1和假说2可以看出,资源依赖、环境规制都对生态效率产生影响。环境规制对生态效率的影响可以概括为直接和间接两种机制(如图3-11所示):其一,环境规制可以通过"遵循成本""创新补偿"等机制多个途径对生态效率产生直接影响,即假说1的内容;其二,环境规制可以通过影响资源依赖水平的途径间接影响生态效率,具体的传导过程为:环境规制强度的大小通常代表了一个地区降污处理技术的水平高低,能通过"替代效应"和"补偿效应"直接影响一个地区土地、水等自然资源的投入量和使用量,改变一个地区对自然资源的依赖水平。一方面,环境规制政策会"倒逼"企业从污染性的生产活动转向高科技、创新型的生产活动,降低资源型生产要素的投入;另一方面,环境规制会引致企业生产要素投入比例发生改变,降低企业对资源型生产要素的依赖程度,这两种作用机制都会改变地区的资源依赖水平。通过假说2知道,地区的资源依赖水平会影响地区生态效率,因而,环境规制会通过影响资源依赖水平而对生态效率施加间接影响,由此本节提出理论假说3:

假说3:资源依赖在环境规制对生态效率的影响过程中表现出显著的中介效应。

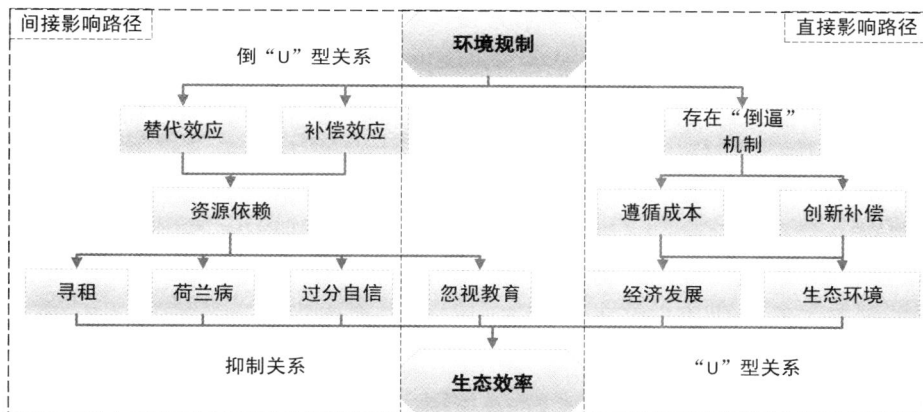

图3-11 资源依赖、环境规制与生态效率的作用机制

三、研究设计

基于上述理论假说,本节将采用中国2003—2016年286个地级市的空间面板数据进行实证检验。具体分为两个操作步骤:首先对假说1和假说2进行检验,即验证环境规制和资源依赖对生态效率的影响效应;然后检验环境规制是否能够通过资源依赖对生态效率产生间接影响,即考察资源依赖是否充当了环境规制影响生态效率的中介变量,同时也考察了环境规制对资源依赖的影响效果;最后,通过改变空间权重矩阵和划分研究样本进行稳健性检验。

(一) 计量模型设定

1. 环境规制和资源依赖对生态效率影响的检验模型

已有研究表明,资源依赖(Chu et al.,2019)、环境规制(Li and Wu,2017)和生态效率(Yang and Yang,2019)都存在显著的空间相关性,在设定计量模型时若采用普通最小二乘法(Ordinary Least Square,OLS)则会忽略空间溢出效应,因此,本节将采用空间面板模型开展实证研究以探究资源依赖、环境规制、生态效率是否存在相邻地区间相互"模仿"和"传染",其中空间面板模型就能够捕捉各类空间溢出效应,一般分为空间滞后模型(Spatial Auto - Regressive Model,SAR)、空间误差模型(Spatial Error Model,SEM)和空间杜宾模型 SDM。基于理论假说 1 和假说 2,构建如下的空间面板模型:

$$eco_{it} = \beta_0 + \rho_1 \sum_{i=1}^{n} w_{it} eco_{jt} + \beta_1 res_{it} + \rho_2 \sum_{i=1}^{n} w_{ij} res_{jt} + \beta_2 reg_{it} + \beta_3 reg2_{it} +$$

$$\rho_3 \sum_{i=1}^{n} w_{ij} reg_{jt} + \delta \sum X_{it} + \lambda \sum_{i=1}^{n} w_{ij} X_{jt} + \mu_i + \varepsilon_{it} \qquad (3-14)$$

其中,i 表示地级市城市,t 表示年份;eco_{it} 表示生态效率指标,采用基于全局参比的非期望产出超效率 SBM 测算。res_{it} 表示资源依赖度指标,借鉴盖亚佛森和索伊加(Gylfason and Zoega,2006)的测算方法,以采掘业从业人员与年末总人口之比来度量,该比值数据表示在某一地区经济体对于资源的依赖程度,即资源型行业在整个行业中所占据的作用大小和地位高低。reg_{it} 表示环境规制指标,采用熵值法处理得到环境规制综合指标。基于前文理论机制表明环境规制对生态效率存在"U"型曲线关系假说,本节还引入了环境规制的二次项 $reg2_{it}$。w_{it} 表示空间权重矩阵,根据相邻地区距离的倒数($w_{ij} = 1/d_{ij}$)、是否有公共边界(若两地相邻则 $w_{ij}=1$,否则 $w_{ij}=0$)两种方法依次设定出空间地理距离权重矩阵、空间邻接权重矩阵,在后文中若不明确交代空间权重矩阵的形式,则默认为空间地理距离权重矩阵。X_{it} 代表一系列与生态效率相关的控制变量,选取人口密度(density),用年末人口数与区域面积的比值衡量;投资开放程度(fdi),丰裕的自然资源倾向于使人变得保守,会对对外开放产生一定的抵触心理,而节能减排相关技术的创新离不开对外开放制度的贯彻落实,采用实际利用外商投资总额占地区生产总值的比重衡量投资开放程度;产业结构水平(service),资源丰裕的地区更善于发挥其以资源为基础的经济体系优势发展第二产业,但以工业为主的第二产业对能源资源的消耗和污染物的排放远远超过第三产业,从而影响该地区的生态效率,将第三产业生产总额与第二产业生产总额的比值作为衡量指标;社会消费程度(consumer),消费水平高的地区将消耗更多的能源和资源,进而产生更多的污染物,伴随消费水平的提高带来的环境成本将影响生态效率,采用社会消费品零售额占地区生产总值的比重衡量;金融发展水平(banking),用存贷款总和占地区生产总值的比重衡量。μ_i 表示地区固定效应、ε_{it} 表示随机扰动项。另外,β_1、β_2、β_3、δ 表示一系列待估系数。

2.资源依赖的中介效应检验模型

基于理论假说3,为了进一步检验资源依赖在环境规制影响生态效率的过程中是否表现出显著的中介效应,将进一步采用的中介效应模型并基于空间面板模型展开实证研究:

$$Y_{it} = c + \beta_1 X_{it} + \sum_{i=1}^{n} \gamma control_{it} + a_i + v_t + \varepsilon_{it} \qquad (3-15)$$

$$M_{it} = c + \beta_2 X_{it} + \sum_{i=1}^{n} \gamma control_{it} + a_i + v_t + \varepsilon_{it} \qquad (3-16)$$

$$Y_{it} = c + \beta_3 X_{it} + \beta_4 M_{it} + \sum_{i=1}^{n} \gamma control_{it} + a_i + v_t + \varepsilon_{it} \qquad (3-17)$$

基本思想是,第一步对模型(3-15)进行回归,用以检验自变量 X 对因变

量 Y 的政策效应,回归系数 β_1 显著意味着自变量 X 的政策效应显著,否则停止中介效应的传导路径检验;第二步对模型(3-16)进行回归,用以检验自变量 X 是否通过中介变量 M 对因变量 Y 产生影响,如果 β_2 系数显著,说明自变量 X 对中介变量 M 有显著的影响作用;最后对模型(3-17)进行回归,β_3 与 β_4 分别反映了自变量 X 与中介变量 M 对因变量 Y 的直接与间接影响效应;综合 β_2 与 β_4 的系数的共同显著性便可以判断出中间传导路径的存在性,而不论 β_1 的显著性如何。

因此,本节将生态效率作为因变量 Y,资源依赖作为中介变量 M,环境规制作为自变量 X,在式(3-14)综合模型的基础上,设定基准模型(3-18)和中介模型(3-19):

$$eco_{it} = \alpha_0 + \pi_1 \sum_{i=1}^{n} w_{ij} eco_{jt} + \alpha_1 reg_{it} + \alpha_2 reg2_{it} + \pi_2 \sum_{i=1}^{n} w_{ij} reg_{jt} +$$

$$\phi \sum X_{it} + \pi_3 \sum_{i=1}^{n} w_{ij} X_{jt} + \nu_i + \zeta_{it} \qquad (3-18)$$

$$res_{it} = \eta_0 + \theta_1 \sum_{i=1}^{n} w_{ij} res_{jt} + \eta_1 reg_{it} + \eta_2 reg2_{it} + \theta_2 \sum_{i=1}^{n} w_{ij} reg_{jt} +$$

$$\kappa \sum X_{it} + \theta_3 \sum_{i=1}^{n} w_{ij} X_{jt} + \upsilon_i + \xi_{it} \qquad (3-19)$$

若式(3-14)中 β_1、β_2、β_3 显著,且式(3-19)中 η_1、η_2 显著,则说明资源依赖充当了环境规制影响生态效率的中介变量,且环境规制对资源依赖具有影响效应。

(二) 指标测度方法

1. 生态效率指标测度

正如前文所述,生态效率指在一定时期增加的经济价值与增加的生态环境负荷的比值(Schmidheiny and Timberlake,1992),即在某个经济区域内"以较少的资源消耗和环境污染,生产具有竞争力的产品和服务以满足人类需要和改善生活"(Hinterberger et al.,2000)。其内涵在于不威胁生态环境的同时实现区域经济发展,因而符合可持续发展的核心理念,是对经济、资源和环境协调可持续发展的有效测度工具(Fet,2003),因此本节借助生态效率的概念衡量中国经济绿色发展。已有文献主要讨论生态效率的测度[1](Franckx,2015;Song and Wang,2017)和影响因素分析(Wang and Song,2017;Song et al.,2018)等。本节在已有研究基础上采用 Global-US-SBM 模型测度面板数据的生态效率。该模型不仅考虑了环境污染这种"非期望产出",进一步采用超效率的方法,可对同一考察期前沿面上的 DMU(Decision Making Unit)进行对比,同时全局参比法是将不同考察期的同一样本视为不同的 DMU 并混合成一个集合,在此集合基础上构建出一个新的前沿面作为统一基准值进行测算,将各期样本混合进行处理的方法实现了对各地区生态效率水平更全面和准确的测度,模型设定如下:

假设存在 n 个 DMU,每个 DMU 有 m 个投入指标、r_1 个期望产出和 r_2 个非期望产出,向量形式记为 $x \in R^m$,$y^d \in R^{r_1}$,$y^u \in R^{r_2}$;令 $X = [x_1, \cdots, x_n] \in R^{m \times n}$、$Y^d = [y_1^d, \cdots, y_n^d] \in R^{r_1 \times n}$ 和 $Y^u = [y_1^u, \cdots, y_n^u] \in R^{r_2 \times n}$。规模报酬可变的非期望产出超效率 SBM(US-SBM)模型表示如下:

$$\rho_{kt} = \min\rho = \frac{1/m \sum_{i=1}^{m} (\bar{x}/x_{ik})}{1/(r_1 + r_2)(\sum_{s=1}^{r_1} \bar{y}^d/y_{sk}^d + \sum_{q=1}^{r_2} \bar{y}^u/y_{qk}^u)}$$

s.t.
$$\bar{x} \geqslant \sum_{j=1,j\neq k}^{n} x_{ij}\lambda_j$$
$$\bar{y}^d \leqslant \sum_{j=1,j\neq k}^{n} y_{sj}^d\lambda_j$$
$$\bar{y}^u \geqslant \sum_{j=1,j\neq k}^{n} y_{qi}^u\lambda_j$$

[1] Lutz,Catherine A.,"Lanywaye and the Politics of Emotion",*Marx and the Politics of Abstraction*,Brill,2011.

$$\sum_{j=1, j \neq k}^{n} \lambda_j = 1$$

$$\lambda_j \geq 0, \bar{x} \geq x_{ik}, \overline{y^u} \geq y^u \geq y_{qk}^u, \overline{y^d} \leq y_{qk}^d$$

$$j = 1, \cdots, n(j \neq k) \quad i = 1, \cdots, m$$

$$s = 1, \cdots, r_1 \qquad q = 1, \cdots, r_2 \qquad\qquad (3\text{-}20)$$

其中,$y_{sk}^d, y_{qk}^u, x_{ik}, \lambda_j$分别代表第 k 个决策单元的第 s 个期望产出、第 q 个非期望产出、第 i 个投入和第 j 个线性组合的系数。通过求解式(3-20)的线性规划结果,测算得出中国 2003 — 2016 年 286 个地级市的生态效率水平。本章选用的要素投入数据有:(1)土地要素投入,用城市建设用地面积表示;(2)用水要素投入,用城市用水总量表示;(3)用电要素投入,用全社会用电量表示;(4)劳动力要素投入,用年末就业人员总数表示;(5)资本要素投入,用固定资产投资总额表示。期望产出指标包括市辖区工业绿化面积、市辖区建成区绿化覆盖率和人均国内生产总值三个指标。非期望产出指标包括工业废水排放量、工业二氧化硫排放量和工业烟尘排放量三个指标。

2. 环境规制指标测度

环境规制通常被认为是政府提升经济效益、环境效益,促进技术进步的重要手段(Porter,1991),但不同的环境规制工具得到的经济效益、环境效益不尽相同,已有文献较多采用单一指标衡量环境规制,如用某种污染物排放密度(Cole and Elliiott,2003)、某种污染物的排放量(Levinson and Petrin,1996)[1]、环境规制政策的多少(Low and Yeats,1992)、人均收入水平(Mani and Wheeler,2003)等作为环境规制的衡量指标,但是单一指标的度量并不能全面准确度量环境规制政策效应。本节采用熵值法构建中国地级市环境规制水平综合测度指标,模型设定如下:

第一步,建立理想方案。针对样本数据 $A = [a_{ij}]$,设立:$u = \{u_1, u_2, \cdots,$

---

① Booth H., "Demographic Forecasting: 1980 to 2005 in Review", *International Journal of Fore-castrny*, 2006, 22(3), pp.547-581.

u_n} ,其中,$u_i^0 = \begin{cases} \max\{a_{ij}\} & \text{当 } a_{ij} \text{ 为效益型指标} \\ \min\{a_{ij}\} & \text{当 } a_{ij} \text{ 为成本型指标} \end{cases}$

第二步,建立相对偏差模糊矩阵 $R = \begin{Bmatrix} r_{11} & r_{12} & \cdots & r_{1p} \\ r_{21} & r_{22} & \cdots & r_{2p} \\ \cdots & \cdots & \cdots & \cdots \\ r_{n1} & r_{n2} & \cdots & r_{np} \end{Bmatrix}$,其中,$r_{ij} =$

$\dfrac{|a_{ij} - u_i^0|}{\max\{a_{ij}\} - \min\{a_{ij}\}}$,n 为样本总数,p 为指标总数。

第三步,计算各评价指标的权数 $w_j(j=,1,2,\cdots,p)$ 。由变异系数法可知:

$v_j = s_j / \bar{x}_j , w_j = v_j / \sum\limits_{j=1}^{3} v_j$ 。

第四步,建立综合评价模型 $F_i = 1 - \sum\limits_{j=1}^{3}$,且若 $F_t < F_s$ 时,则第 s 个城市的环境规制水平高于第 t 个城市。

基于上述步骤,选取如下五个指标测算中国 2003—2016 年 286 个地级市的环境规制综合指数:(1)工业烟尘去除率,用工业烟尘去除量/工业烟尘产生量计算得到;(2)工业二氧化硫去除率,用工业二氧化硫去除量/工业二氧化硫产生量计算得到;(3)生活污水处理率;(4)工业固体废物综合利用率;(5)生活垃圾无害化处理率。

(三) 数据说明

基于数据的可得性和可比性,本章采用中国 2003—2016 年 286 个地级市的面板数据,数据来源于《中国统计年鉴》《中国城市统计年鉴》及各省(自治区、直辖市)统计年鉴,其中人均国内生产总值、固定资产投资总额以 2003 年为不变价格进行平减处理。对于统计资料中缺失的数据,采用向前(或向后)插值法进行补齐。表 3-18 对各变量进行描述性统计,表 3-19 报告了变量的方差膨胀因子(Variance Inflation Factor,VIF)检验结果,所有变量的 VIF 最大仅 1.38 远小于 10,结合相关系数分析,各变量间的最大相关系数值为 0.3640,①因此不用担心变量间存在多重共线性。图 3-12 展示了三个核心变量研究期间的动态变化趋势。可以看出,中国整体环境规制水平和生态效率水平呈现出显著且稳定的上升趋势,资源依赖水平先缓慢提升,随后表现为显著下降的态势。以长江为分界线将研究区域划分为长江以南和长江以北,环境规制强度从 2003 年呈现的"南强北弱"状态演变为 2016 年"北强南弱"的状态,生态效率水平在 2003 年和 2006 年均表现为"南低北高"的状况。值得关注的是,中国整体的资源依赖程度从 2003 年到 2016 年有微弱减轻,且表现为"南轻北重"的局面。

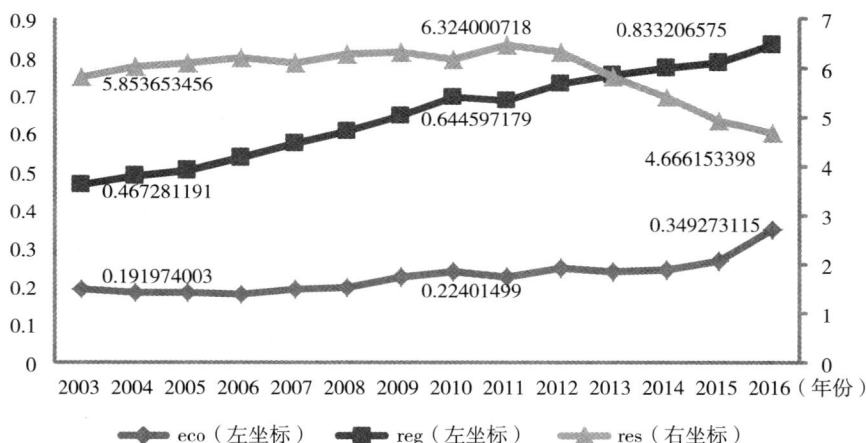

图 3-12　中国 2003—2016 年三个核心变量时间趋势

表 3-18　各变量的描述性统计

Variable	Obs	Mean	Std.Dev.	Min	Max
eco	4004	0.226	0.256	0.001	2.655
res	4004	5.791	9.535	0.000	58.127
er	4004	0.649	0.172	0.154	0.983

---

①　限于篇幅,各变量相关系数表未予以列示,存留备索。

续表

Variable	Obs	Mean	Std.Dev.	Min	Max
density	4004	421. 409	325. 543	4. 700	2661. 540
fdi	4004	0. 029	0. 039	0. 000	0. 418
service	4004	0. 844	0. 529	0. 094	19. 214
consumer	4004	0. 346	0. 110	0. 000	3. 835
banking	4004	2. 058	1. 029	0. 508	13. 530

表 3-19　各解释变量的方差膨胀因子 VIF

	res	*er*	*density*	*fdi*	*service*	*consumer*	*banking*	*Mean*
VIF	1. 1000	1. 20	1. 1600	1. 1300	1. 2700	1. 2600	1. 3800	1. 2100
1/VIF	0. 9094	0. 8303	0. 8647	0. 8817	0. 7864	0. 7928	0. 7260	0. 8273

四、实证分析

(一) 空间自相关检验

在对全国城市样本进行估计之前,需要检验被解释变量的空间相关性。通常,Moran's I 指数的取值区间为[-1,1],越接近于1,表示正相关明显;越接近于-1,表示负相关明显;越接近于0,表示空间相关性越弱。生态效率、资源依赖和环境规制三个变量的全局 Moran's I 指数结果如表 3-20所示,三个变量均存在显著的空间正自相关性,设定空间计量模型是合适的。

表 3-20　中国生态效率、资源依赖、环境规制的
Moran's I 指数(2003 — 2016 年)

Variable	*eco*			*res*			*reg*		
Year	Moran's I	Z-Value	P-Value	Moran's I	Z-Value	P-Value	Moran's I	Z-Value	P-Value
2003	0. 019	4. 657	0	0. 044	9. 541	0	0. 032	7. 056	0
2004	0. 023	5. 309	0	0. 049	10. 476	0	0. 028	6. 24	0
2005	0. 028	6. 236	0	0. 056	11. 877	0	0. 048	10. 13	0
2006	0. 027	6. 004	0	0. 056	11. 866	0	0. 052	10. 905	0

续表

Variable	eco			res			reg		
2007	0.027	6.164	0	0.058	12.144	0	0.058	12.131	0
2008	0.042	9.066	0	0.056	11.766	0	0.076	15.622	0
2009	0.041	8.798	0	0.057	12.023	0	0.077	15.84	0
2010	0.041	8.816	0	0.061	12.841	0	0.08	16.371	0
2011	0.045	9.577	0	0.065	13.584	0	0.047	9.934	0
2012	0.04	8.569	0	0.064	13.347	0	0.045	9.603	0
2013	0.027	6.126	0	0.068	14.134	0	0.055	11.507	0
2014	0.029	6.387	0	0.065	13.576	0	0.07	14.374	0
2015	0.033	7.227	0	0.06	12.691	0	0.064	13.259	0
2016	0.038	8.165	0	0.063	13.297	0	0.077	15.887	0

使用空间面板模型对样本数据估计之前,需要确定空间计量模型的具体形式。第一步,估计不含空间权重矩阵的非空间模型,根据 LM Spatial Lag、Robust LM Spatial Lag、LM Spatial Error、Robust LM Spatial Error 判断选用 SAR 或是 SEM。本章通过检验拒绝了不存在空间滞后或空间误差的原假设(如表 3-21 所示),故选用空间计量模型。第二步,设定模型为 SDM 并进行 Wald 检验和 LR 检验,判断能否拒绝将 SDM 简化为 SAR 或 SEM 的原假设。第三步,通过 Hausman 检验,判断空间面板数据模型采用固定效应或是随机效应。考虑到地区个体差异和时期因素对结果可能产生的偏差,在判断为固定效应模型时将采用时间和个体双向固定效应模型进行参数估计。同时,为了结果的稳健性,本节还报告了非空间 OLS、非空间面板模型固定效应的估计结果。

表 3-21 LM 统计量检验

	空间地理权重矩阵	空间邻接权重矩阵
LM Spatial Lag	138.356***(0.000)	2.966*(0.085)
Robust LM Spatial Lag	6.167**(0.013)	6.980***(0.008)

	空间地理权重矩阵	空间邻接权重矩阵
LM Spatial Error	241. 241 *** (0. 000)	8. 466 *** (0. 004)
Robust LM Spatial Error	109. 052 *** (0. 000)	12. 479 *** (0. 004)

注:括号里的值是标准误, *** 、** 、* 分别表示显著性水平为1%、5%、10%。

(二) 资源依赖和环境规制对生态效率影响结果

表 3-22 报告了资源依赖、环境规制对生态效率的影响结果。未考虑空间效应的模型 1 和模型 2 中资源依赖的估计系数并不显著,说明不考虑空间相关性可能会导致估计偏差。而考虑空间效应的模型 3 和模型 4 表现出更强的显著性,后文将重点讨论包含控制变量的空间杜宾模型检验结果。从模型 4 看出,环境规制的一次项对生态效率在 1% 的显著性水平下为负,环境规制的二次项对生态效率在 1% 的显著性水平下为正,说明环境规制与生态效率之间确实存在 "U" 型关系,验证了假说 1。当环境规制水平小于 0.4281 (0.3801/(2×0.4439))的拐点值时,环境规制会对生态效率有抑制作用,此时的环境规制政策力度相对较低,这一阶段也属于中国经济发展的起步阶段 (2003—2010 年),高昂的生产成本对生态效率具有一定的抑制作用。而当环境规制水平高于 0.4281 的拐点值时,环境规制对生态效率表现出显著的促进作用,此时环境规制政策力度较大,这一阶段也属于中国经济处于快速增长阶段(2010 年以后),科学技术的进步以及减排处理设备的利用都对提升生态效率发挥了有效的作用。

从资源依赖对生态效率的影响看,该系数在 10% 的显著性水平下为负,说明资源依赖对生态效率确实存在抑制作用,验证了假说 2。2003—2016 年间的中国确实存在 "资源诅咒" 的现象,这一阶段中国大部分城市凭借着丰富的自然资源和地理优势,大力发展工业和制造业,虽然创造了经济增长速度 10% 左右的 "奇迹",但也因此 "挤出" 了高科技创新产业和创新型劳动力资

以人为本的中国新型城镇化道路研究

源,导致中国生态环境的恶化,以及经济发展与生态环境的失衡,抑制了生态效率的提升。

从模型4中控制变量的结果来看,人口密度($density$)对生态效率具有显著的提升作用,这一点值得注意,人口密度的增大并未抑制生态效率的提升,反而具有一定的促进作用。人口扩张带来的"集聚效应"超过了"拥挤效应",通过"匹配""学习""共享"机制实现生态效率的改善。同样,产业结构($service$)对生态效率也具有显著的提升作用,一般而言,第三产业相对于第二产业具有更高附加值的同时也更加绿色环保,对环境的破坏程度较低,所以进行产业结构调整,实现产业结构合理化甚至高级化都有利于改善生态效率。除此之外,fdi、$consumer$、$banking$ 三个变量对生态效率的影响效果不显著。

表 3-22　资源依赖、环境规制对生态效率的影响

Variable	非空间 OLS	非空间普通面板模型（FE）	空间杜宾模型（FE）	空间杜宾模型（FE）
	模型 1	模型 2	模型 3	模型 4
	eco	eco	eco	eco
res	0.0003 (0.0004)	−0.0016 (0.0011)	−0.0020* (0.0011)	−0.0019* (0.0011)
er	−0.7223*** (0.1467)	−0.3638*** (0.1011)	−0.4823*** (0.1016)	−0.4439*** (0.1015)
$er2$	0.7668*** (0.1168)	0.3239*** (0.0822)	0.4092*** (0.0827)	0.3801*** (0.0828)
$density$	−0.0001*** (0.0000)	0.0002*** (0.0000)		0.0002*** (0.0000)
fdi	1.3447*** (0.0998)	0.0176 (0.1064)		0.0759 (0.1059)
$service$	0.0921*** (0.0079)	0.0145 (0.0060)		0.0129** (0.0058)
$consumer$	−0.4306*** (0.0375)	−0.0468 (0.0321)		−0.0369 (0.0314)

	非空间 OLS	非空间普通面板模型(FE)	空间杜宾模型(FE)	空间杜宾模型(FE)
	模型 1	模型 2	模型 3	模型 4
banking	0.0145 *** (0.0042)	−0.0014 (0.0058)		−0.0008 (0.0058)
Constant	0.4061 *** (0.0472)	0.2331 *** (0.0386)		
Observations [*N*]	4004[286]	4004[286]	4004[286]	4004[286]
R−squared	0.1737	0.0006	0.0114	0.0003
Log−likelihood [*F*]	[105.00]	[26.90]	2500.31	2522.91
Hausman test		380.79	−1.57	−226.35
Wald test [*P*]			5.17[0.1596]	35.79[0.0000]
LR test [*P*]			15.59[0.0014]	41.26[0.0000]

注:括号里的值是标准误, *** 、 ** 、 * 分别表示显著性水平为 1%、5%、10%。

(三) 资源依赖的中介效应检验结果

本部分将综合式(3-18)、式(3-19)验证假说 3,即检验资源依赖是否充当了环境规制影响生态效率的中介变量,同时也考察环境规制对资源依赖的影响。表 3-23 报告了资源依赖在环境规制影响生态效率机制中的中介效应检验结果。从模型 1 的估计结果看,不纳入资源依赖指标的情况下,环境规制的一次项对生态效率在 1% 的显著性水平下为负,其二次项对生态效率在 1% 的显著性水平下为正,说明环境规制与生态效率之间存在“U”型关系,同样支持假说 1 的观点。当环境规制水平小于 0.4291 的拐点值时,环境规制对生态效率具有抑制作用,而当环境规制水平高于 0.4291 的拐点值时,环境规制对生态效率表现出显著的促进作用。这一拐点值与表 3-22 中模型 4 得到拐点值 0.4281 几乎一致,说明环境规制对生态效率存在显著且稳定的“U”型关系。模型 1 中控制变量的估计结果与表 3-22 中模型 4 的估计结果一致。

从表 3-23 模型 4 的估计结果看,环境规制的一次项对资源依赖在 1% 的显著性水平下为正,而其二次项对资源依赖在 1% 的显著性水平下为负,说明环境规制与资源依赖之间表现为倒"U"型的关系。当环境规制强度未达到 0.4740 的拐点值时,环境规制会对资源依赖有促进作用,而当环境规制水平超过 0.4740 的拐点值时,环境规制对资源依赖表现出显著的抑制作用。值得注意的是,环境规制对资源依赖的拐点值明显高于环境规制对生态效率的拐点值 0.4291,表明环境规制对生态效率的直接影响更容易实现。

综合以上检验结果,表明资源依赖是环境规制影响生态效率过程中的一个中介变量,达到一定阈值后的环境规制能通过抑制资源依赖水平,进一步提高生态效率,验证了假设 3。

表 3-23　资源依赖在环境规制影响生态效率中的中介效应检验

	空间杜宾模型(FE)	非空间OLS	非空间普通面板模型(FE)	空间杜宾模型(FE)	非空间OLS	非空间普通面板模型(FE)
	模型 1	模型 2	模型 3	模型 4	模型 5	模型 6
Variable	eco	eco	eco	res	res	res
er	−0.4511 *** (0.1015)	−0.7243 *** (0.1466)	−0.3722 *** (0.1010)	4.0026 *** (1.5099)	−7.2866 (5.7310)	5.1670 *** (0.0010)
er2	0.3871 *** (0.0827)	0.7686 *** (0.1167)	0.3315 *** (0.0821)	−3.7944 *** (1.2308)	6.3079 (4.5617)	−4.6639 *** (0.0004)
density	0.0002 *** (0.0000)	−0.0001 *** (0.0000)	0.0002 *** (0.0000)	0.0000 (0.0005)	−0.0037 *** (0.0005)	0.0002 (0.7210)
fdi	0.0810 (0.1059)	1.3490 *** (0.0996)	0.0261 (0.1063)	−3.1140 ** (1.5755)	15.0340 *** (3.8915)	−5.2301 *** (0.0010)
service	0.0131 ** (0.0058)	0.0912 *** (0.0078)	0.0146 ** (0.0060)	−0.0552 (0.0868)	−3.2131 *** (0.3031)	−0.0791 (0.3800)
consumer	−0.0400 (0.0313)	−0.4345 *** (0.0371)	−0.0488 *** (0.0321)	1.6463 *** (0.4660)	−13.6802 *** (1.4506)	1.2017 (0.0120)
banking	−0.0005 (0.0058)	0.0146 *** (0.0042)	−0.0012 (0.0058)	−0.1316 (0.0866)	0.2521 (0.1640)	−0.1351 (0.120)
Constant		0.4106 *** (0.0468)	0.2256 *** (0.0382)		15.7452 *** (1.8281)	4.5684 *** (0.0000)

续表

	空间杜宾模型(FE)	非空间 OLS	非空间普通面板模型(FE)	空间杜宾模型(FE)	非空间 OLS	非空间普通面板模型(FE)
	模型 1	模型 2	模型 3	模型 4	模型 5	模型 6
Observations	4004	4004	4004	4004	4004	4004
R-squared	0.0012	0.1736	0.0002	0.0038	0.0910	0.0000
Log-likelihood [*F*]	2521.1832	[119.94]	[26.88]	−8290.1301	[57.15]	[274.40]
Hausman test	−276.35		335.11	53.50		−14.40
Wald test [*P*]	35.10 [0.0000]			14.29 [0.0463]		
LR test [*P*]	40.49 [0.0000]			21.16 [0.0035]		

注:括号里的值是标准误, *** 、** 、* 分别表示显著性水平为 1%、5%、10%。

五、稳健性分析

(一) 变换空间权重矩阵的再次检验

为了进一步验证资源依赖在环境规制影响生态效率过程中的中介效应,本章变换了空间权重矩阵,采用空间邻接矩阵进行空间面板计量回归,如表 3-24 所示,依然支持假说 1、假说 2 和假说 3 的结论。

表 3-24 变换空间权重矩阵的检验结果

	空间杜宾模型(FE)	空间杜宾模型(FE)	空间杜宾模型(FE)	空间杜宾模型(RE)
	Model 1	Model 2	Model 3	Model 4
Variable	*eco*	*eco*	*eco*	*res*
resour	−0.0019* (0.0011)	−0.0018* (0.0011)		
er	−0.3615*** (0.1015)	−0.3236*** (0.1019)	−0.3221*** (0.1017)	3.9483** (1.5626)

续表

	空间杜宾模型（FE）	空间杜宾模型（FE）	空间杜宾模型（FE）	空间杜宾模型（RE）
	Model 1	Model 2	Model 3	Model 4
$er2$	0.3241*** (0.0823)	0.2966*** (0.0827)	0.2963*** (0.0826)	−3.9697** (1.2640)
$density$		0.0002*** (0.0000)	0.0002*** (0.0000)	−0.0002 (0.0005)
fdi		0.0584 (0.1039)	0.0598 (0.1038)	−2.6529* (1.5350)
$service$		0.0145** (0.0058)	0.0148** (0.0058)	−0.1310 (0.0898)
$consumer$		−0.0323 (0.0313)	−0.0350 (0.0313)	1.0277** (0.4810)
$banking$		−0.0002 (0.0058)	0.0003 (0.0058)	−0.2459*** (0.0863)
$Observations$	4004	4004	4004	4004
$R-squared$	0.0195	0.0037	0.0083	0.0021
$Log-likelihood$	2496.4704	2517.3813	2515.3020	−9276.0821
$Hausman\ test$	65.12	48.88	38.21	0.82
$Wald\ test[P]$	53.49[0.0000]	83.27[0.0000]	83.27[0.0000]	34.94[0.0000]
$LR\ test[P]$	65.22[0.0000]	93.17[0.0000]	93.27[0.0000]	48.83[0.0000]

注:括号里的值是标准误，***、**、*分别表示显著性水平为1%、5%、10%。

（二）分资源型城市、非资源型城市的再次检验

中国资源型城市和非资源型城市在经济发展阶段和城市化进程中存在明显差异,本节将依据中国国务院颁布的《全国资源型城市可持续发展规划(2013—2020年)》,将中国286个城市划分为97个资源型城市和189个非资源型城市,采用具有时间固定效应和个体固定效应的空间杜宾模型进一步探讨环境规制、资源依赖对生态效率的影响。表3-25为资源型和非资源型城市的检验结果。

表3-25 资源型和非资源型城市的检验结果

Variable	资源型城市				非资源型城市			
	模型 1	模型 2	模型 3	模型 4	模型 5	模型 6	模型 7	模型 8
	eco	eco	eco	res	eco	eco	eco	res
resour	-0.0041*** (0.0013)	-0.0034*** (0.0013)			0.0046** (0.0020)	0.0043** (0.0020)		
er	-0.5362*** (0.1727)	-0.5276*** (0.1734)	-0.5538*** (0.1732)	10.6032** (3.5296)	-0.4440*** (0.1239)	-0.2310* (0.1254)	-0.2160* (0.1254)	3.3330*** (1.2064)
er2	0.4700*** (0.1455)	0.4481*** (0.1461)	0.4812*** (0.1459)	-10.2846*** (2.9714)	0.3683*** (0.0992)	0.2069** (0.1005)	0.1960* (0.1005)	-2.4023** (0.9670)
density		-0.0001 (0.0001)	-0.0001 (0.0001)	-0.0008 (0.0020)		0.0002*** (0.0000)	0.0002*** (0.0000)	-0.0000 (0.0003)
fdi		0.1539 (0.1624)	0.1471 (0.1609)	-6.8799** (3.2925)		0.0030 (0.1408)	-0.0112 (0.1407)	-3.6482*** (1.3545)
service		-0.0018 (0.0066)	-0.0015 (0.0067)	-0.0177 (0.1358)		0.0747*** (0.0144)	0.0742*** (0.0144)	-0.1578 (0.1389)
consumer		-0.1871* (0.0957)	-0.2126** (0.0956)	6.1613** (1.9469)		-0.0451 (0.0330)	-0.0402 (0.0330)	1.2042*** (0.3169)
banking		0.0023 (0.0136)	0.0033 (0.0136)	-0.1600 (0.2771)		-0.0023 (0.0064)	-0.0030 (0.0064)	-0.1251** (0.0617)
Constant								
Observations [N]	1,358[97]	1,358[97]	1,358[97]	1,358[97]	2,646[189]	2,646[189]	2,646[189]	2,646[189]

289

续表

	资源型城市				非资源型城市			
	模型 1	模型 2	模型 3	模型 4	模型 5	模型 6	模型 7	模型 8
R-squared	0.0053	0.0643	0.1110	0.0012	0.0148	0.0012	0.0007	0.0049
Log-likelihood	805.5855	812.2859	808.0583	-3285.0761	1710.9066	1754.6790	1752.1601	-4238.7595
Hausman test	9.55	-15.38	885.26	-27.42	-3.33	-350.47	-676.17	-3.50
Wald test[P]	6.64 [0.0842]	23.01 [0.0034]	23.01 [0.0017]	27.36 [0.0003]	7.41 [0.0600]	21.43 [0.0061]	20.40 [0.0048]	18.10 [0.0115]
LR test[P]	12.66 [0.0054]	23.88 [0.0024]	23.98 [0.0011]	29.33 [0.0001]	13.72 [0.0033]	27.04 [0.0007]	25.92 [0.0005]	21.19 [0.0035]

注:括号里的值是标准误,***、**、*分别表示显著性水平为1%、5%、10%。

从表 3-25 对资源型城市进行估计的结果来看,资源型城市样本的检验结果与对中国 286 个城市进行回归系数得出的主要结论是一致的,具体来说,一方面,从模型 1 和模型 2 看,环境规制的一次项对生态效率在 1% 的显著性水平下为负,其二次项对生态效率在 1% 的显著性水平下为正,环境规制与生态效率两者之间表现为"U"型关系。当环境规制水平小于 0.5887 的拐点值时表现为抑制作用,超越该拐点则表现出显著的促进作用。同时,从模型 3 的估计结果看出,在不考虑资源依赖对生态效率影响的情况下,环境规制的一次项对生态效率在 1% 的显著性水平下为负,其二次项对生态效率在 1% 的显著性水平下为正,拐点值为 0.5754。但值得注意的是,上述结果中环境规制一次项和二次项系数的绝对值都大于全部城市样本回归的系数,说明资源型城市中环境规制对生态效率存在具有更强的"U"型关系。另一方面,资源依赖对生态效率的影响系数在 1% 的显著性水平下为负,系数绝对值 0.0034 大于全部城市样本中资源依赖对生态效率的回归系数 0.0019,说明资源型城市中资源依赖对生态效率存在具有更强的抑制关系,"资源诅咒"的现象更为显著。从模型 4 的估计结果看,环境规制的一次项对资源依赖在 1% 的显著性水平下为正,其二次项对资源依赖在 1% 的显著性水平下为负,环境规制与资源依赖之间表现为显著的倒"U"型关系。当环境规制水平低于 0.5155 的拐点值时,环境规制会对资源依赖有促进作用,超越该水平将表现出显著的抑制作用,验证了资源型城市样本中资源依赖依然作为环境规制影响生态效率的中介变量。值得注意的是,在资源型城市中,环境规制对资源依赖的间接影响更容易实现,环境规制在达到一定强度之前,由于促进了资源依赖程度对生态效率产生抑制作用,随着环境规制程度的加强,达到一定的阈值后将通过直接和间接两种方式改善生态效率水平,一方面由于环境规制水平的提高直接促进生态效率,另一方面会通过制约资源依赖间接提升生态效率。同时上述结果中环境规制一次项和二次项系数的绝对值都大于全样本回归的系数,说明资源型城市中环境规制对资源依赖存在更强程度的倒"U"型关系。

从表 3-25 对非资源型城市得到的结果看,模型 5 和模型 6 表明环境规制对生态效率同样表现为显著的"U"型关系。当环境规制水平小于 0.5582 的拐点值时,环境规制抑制生态效率的改善,超越该拐点值表现为显著的促进作用。从模型 7 不考虑资源依赖对生态效率影响的结果看,当环境规制水平小于 0.5510 的拐点值时,环境规制会对生态效率有抑制作用,而当环境规制水平高于该拐点值时,环境规制对生态效率表现出显著的促进作用。上述结果中环境规制一次项和二次项系数的绝对值明显小于全部城市样本和资源型城市样本回归的系数,说明非资源型城市中环境规制对生态效率存在较弱的"U"型关系。值得注意的是,与资源型城市的区别在于,资源依赖对生态效率的影响系数在 5% 的显著性水平下为正,说明非资源型城市中资源依赖对生态效率表现为促进作用,不存在"资源诅咒"而表现为"资源福音"的现象。最后,从模型 8 的估计结果看出,环境规制的一次项对资源依赖在 1% 的显著性水平下为正,其二次项对资源依赖在 5% 的显著性水平下为负,环境规制与资源依赖存在倒"U"型关系。当环境规制水平小于 0.6937 的拐点值时,环境规制会对资源依赖有促进作用,而当环境规制水平高于该拐点值时,对资源依赖表现出显著的抑制作用,验证了非资源型城市样本中资源依赖也是环境规制影响生态效率的中介变量。值得注意的是,环境规制对资源依赖的拐点值大于环境规制对生态效率的拐点值时,说明非资源型城市中环境规制对生态效率的直接影响更容易实现。而且上述结果中环境规制一次项和二次项系数的绝对值都小于全部城市样本以及资源型城市样本的回归系数,说明非资源型城市中环境规制对资源依赖的倒"U"型关系程度较弱。

本节将环境规制、资源依赖和生态效率纳入同一框架体系,首先在"波特假说""资源诅咒"等理论假说的基础上对三者的内在传导机制进行理论阐释,进而采用 2003—2016 年中国 286 个地级市的面板数据,基于面板空间杜宾模型和中介效应模型对理论假说进行全面系统的实证检验,同时通过变换空间权重矩阵、将研究样本划分为资源型和非资源型城市进行稳健性检验,得到如下结论:第一,对全部城市样本进行研究的结果表明,环境规制对生态效率存在显著的"U"型关系,环境规制对资源依赖存在显著的倒"U"型关系,即达到一定阈值的环境规制则具有显著提升生态效率、同时抑制资源依赖的"双重效应"。当环境规制水平超过一定阈值后,首先对生态效率表现出显著的促进作用,随着环境规制水平的进一步提高,将同时表现出对资源依赖的抑制效应,环境规制对生态效率的直接影响更容易实现。第二,环境规制对生态效率存在直接影响和间接影响。一方面,环境规制可以通过"遵循成本""创新补偿"的途径直接影响生态效率;另一方面,环境规制还会通过影响资源依赖对生态效率产生间接影响,即资源依赖充当了环境规制影响生态效率中介变量的角色。并且这种中介效应呈现出非线性特征,当环境规制强度较低时,环境规制会提升资源依赖水平,抑制生态效率水平,而当环境规制强度超过一定阈值后,环境规制会抑制资源依赖水平,同时提升生态效率。第三,资源型城市与非资源型城市的检验结果存在差异。其中,资源型城市验证了"资源诅咒"假说,而非资源型城市存在"资源福音"现象。在资源型城市,环境规制达到一定阈值后对提升生态效率、抑制资源依赖水平的作用较强;在非资源城市,环境规制政策的实施对提升生态效率、抑制资源依赖水平的作用较弱。

本节的研究结论具有如下启示:第一,随着中国环境规制政策力度的不断加大,其可以表现出提升生态效率、抑制资源依赖水平的"双重效应"。因此,中国应该继续加强环境规制政策实施的力度,提高政府对污染性经济活动的监管力度。同时,制定多样化的环境规制政策,充分调动企业的创新积极性,从"创新补偿"的角度增加环境规制的有效性,利用"倒逼机制"加快经济的绿色转型。第二,由于当前中国政府的官员选拔和晋升依然是以 GDP 增长为主要的考核标准,并未将"绿色 GDP"的概念真正落到实处,因此将绿色经济增长指标作为中国政府官员政绩考核的重要参考依据,将对于改善城市生态效率、实现经济绿色转型具有重要意义。第三,只有资源型城市存在"资源诅咒"现象,不同的地区实施环境规制政策的效果存在异质性。因此,针对资源型城市和非资源型城市,应该结合不同城市的实际情况制定差异化的环境规制政策,因地制宜施行相关环保制度,有效发挥环境规制的"倒逼效应"。在资源型城市,应该提高环境规制政策力度,实现降低资源依赖水平和生态效率改善的"双赢"目标;而在非资源型城市,资源依赖对生态效率改善具有推动作用,因此在实施环境规制政策时要处理好其抑制资源依赖和提升生态效率互相"矛盾"的关系。第四,环境规制、资源依赖与生态效率均存在显著的空间自相关性。因此,地方政府要想实现有效的经济绿色转型目标,需要建立地区间环境规制政策的协同联合机制,结合空间布局制定环境规制政策,实现对环境的联合监管和联合治理。

第四章 "人本"城镇化的协调：农业现代化同步发展

第一节 城镇化与农业现代化协调发展的背景与现状

本章的研究目的是较为系统地探讨和研究以人为本的新型城镇化进程中的城镇化与农业现代化协调发展，以探索中国不同区域（层面）实现城镇化与农业现代化协调发展的基本规律，并给出理论。本节作为开篇之论，主要是提出本章所要研究的问题，综述该问题的国内外研究现状。

一、研究背景与问题的提出

党的十八大报告指出，在今后的一段时期内，必须坚定不移地走"新四化"道路，通过深入融合工业化和信息化，促进工业化和城镇化的良性互动，推动城镇化和农业现代化的协调发展，从而实现"四化"同步发展。李克强总理进一步指出，中国当前提出的"四化"和以前的"四化"在内容上虽有差异，但总体目标都是为了促进中国经济更好的发展。中国目前面临着农村人口众多、城乡发展差距扩大等重大问题，因此，是否能够牢牢把握新型城镇化和农业现代化协调发展的关系，对中国全面建成小康社会有着重大影响。

目前,中国农业现代化水平远远落后于工业化和城镇化,集中表现为薄弱的农业基础,逐渐拉大的城乡收入差距,突出的"三农"问题。"四化"同步发展的短板依然在于农业现代化,所以,要想实现农业现代化就必须积极发挥城镇化对农业现代化的促进作用,只有促进城镇化和农业现代化的协调发展,才能提高农村和农民的自我发展能力,缩小城乡之间的差异。中国走的是"农业支持工业""农村支持城市"的发展道路,城镇发展速度明显高于农村,这也带来了较为棘手的"半城镇化"和"农村空心化"等问题。① 解决这些矛盾需要同时推进新型城镇化和农业现代化,使二者协调发展。

近年来,从各省市的"十二五"和"十三五"发展规划中可以看出城镇化与农业现代化协调发展已经成为各地区经济发展的重要战略,《中原经济区规划》的批准更是直接证明了这一点。虽然中国很多地区在推进城镇化与农业现代化协调发展上已经取得了一些成绩并积累了丰富的经验,但是在现实推进过程中依然存在很多问题。例如:城镇化的发展和农业现代化的推进之间存在严重的脱节问题、城镇化与农业现代化之间缺乏明确的协调发展路径且各地区之间存在明显的同质性、各地区在制定城镇化与农业现代化协调发展政策时还存在一定程度的科学性等。

城镇化与农业现代化协调发展一直是多个学科领域的重要研究课题,也是中国学术界以及各级政府始终关注的焦点问题。近年来,学术界对城镇化与农业现代化协调发展问题开展了十分广泛的理论研究,取得了较为丰富的理论成果,这些理论成果为本章研究奠定了雄厚的学术基础。但是笔者在对以前学者的研究成果进行总结后发现,前人在研究城镇化与农业现代化协调发展的问题上大多使用的是定性分析,缺乏实证研究,即便有少数的定量研究,方法也过于简单。从而导致对城镇化与农业现代化协调发展的空间差异分析不深入,未能准确地探寻适合本地区现实情况的城镇化与农业现代化协

---

① 刘彦随、刘玉:《中国农村空心化问题研究的进展与展望》,《地理研究》2010 年第 1 期。

调发展驱动机制。而科学地制定相应的差别化政策,就能有效地推动本地区城镇化与农业现代化协调发展。因此,无论从理论上还是从现实情况看,本节的研究都具有十分重要的现实意义和研究价值。

总之,以人为本的新型城镇化必须解决"留在农村的这部分人"的发展问题,即必须使这部分人能够充分享受城镇化带来的好处,真正实现农村居民富裕化。而这一重大现实问题的解决,必须靠全面实现农业现代化才能完成。因此,要想实现农业现代化必须积极发挥城镇化对农业现代化的促进作用,促进城镇化和农业现代化的协调发展,提高农村和农民的自我发展能力,缩小城乡之间的差异。

二、国内外研究综述

(一) 农业现代化方面的研究

1.国外关于农业现代化方面的研究及其概念的界定

关于农业现代化的理论研究,美国经济学家约翰·梅尔依照农业技术的性质将传统农业向现代农业的转变过程划分为三个阶段;舒尔茨提出了改造传统农业,建立发挥要素资源配置作用的现代农业;而弗农·拉坦则将农业发展过程中要素禀赋的相对稀缺性看作是农业技术与变革的先导。他们所提出的每一类特色农业的发展都有着独特的理论支撑,主要以比较优势理论、竞争优势理论、技术创新理论和农业产业化理论为代表。刘易斯在二元经济结构理论中提出工业的发展是实现产业转型升级,实现经济增长的重要推手。而农业剩余劳动力的非农转化,走农业现代化的道路,能够促使二元经济结构的削减,从而实现工农业两个部门的协调推进。在这之后费景汉、拉尼斯等学者在刘易斯的理论假设基础上,完善了农村剩余劳动力转移的二元经济思想,进一步提出以工促农,农业反哺由传统农业向商业化农业转型的现代化农业发展方式。

针对农业现代化的基本内涵,随着时间的推移,中国研究学者的理解认知也可谓由浅入深,不断深入。20世纪50年代,部分学者单纯地将农业现代化理解为工业技术在农业生产中的应用,他们认为只要实现机器设备、工业生产技术在农业中的广泛应用,就可以逐步实现农业现代化进程;20世纪80年代,随着对外交流进程的逐步拓展和现代农业的发展,现代经营管理理念被引入农业现代化。20世纪90年代至今,随着市场经济体制的不断深入,不同学者开始从农业发展的角度方面探究农业现代化进程,农业现代化被赋予了更深一层的时代内涵,突出表现在以下几个方面:

(1)动态论。顾焕章、王培志(1997)认为农业现代化是一个具体的、历史的范畴。他们提出:随着时代的发展,技术水平的进步与人们认知水平的不断加深,农业现代化将被赋予更为全面的内容与更为深刻的内涵。① 柯炳生(2000)认为农业现代化的水平程度只是同时期农业科技水平的映照,相对的,它们因时而异各不相同,不存在一个一以贯之、放置任何时期都存在的农业现代化的基准模式。

(2)系统论。以邓宏海(1981)为代表的这类学者从系统论的角度出发,把农业生产当作一个综合性的发展路径,由农业生态系统、农业技术系统与农业经济系统共同构成。值得注意的是,这种观点区别于以往将农业现代化看作是工业技术在农业生产过程中单一运用的认识,将其看作是一种糅合生态、经济、技术、管理等方面的统一体,这就要求未来农业发展路径不应只是单纯地注重农业科学技术水平的提升与先进农业工具的应用,更为重要的是促进农业生产过程中各要素的集成使用,从而促进社会生态效益与农业经济效益的协调一致。李果仁(1992)、谢永良、任志祥(1999)等进一步指出:正是由于农业发展过程中,各要素系统循环往复,彼此相互联系发展,最终将促进农业的再生产与社会生态的再生产,进而实现现代农业的永续发展。②

---

① 顾焕章、王培志:《论农业现代化的涵义及其发展》,《江苏社会科学》1997年第1期。
② 谢永良、任志祥:《农业现代化及其评价方式》,《农业现代化研究》1999年第3期。

（3）过程论。雷海章(1991)、刘巽浩(1994)、徐更生(1993)认为通过现代科技手段与工具,辅之以科学的管理经验,通过更为科学高效的方式与手段,提高农业生产者的科学文化素质等方式手段就能实现农业现代化。范晋明(1997)指出农业现代化表面上是经济与技术发展的过程,是传统农业粗犷的生产方式向现代集约化生产方式转变的过程,本质上是社会文化的体现。张仲威(1994)、梁荣(2000)等在前人的基础上提出农业现代化不应仅仅局限于农业生产领域方面,更为重要的是通过农业现代化这一实现过程,带动区域农业、农村、农民等要素的转型升级,实现区域内农业系统的全方位、全过程的现代化。

（4）多维论。这类学者的内容主张与过程论学者主张相类似,认为实现农业的现代化发展不应该仅局限于农业本身,而是通过农业的现代化实现相关要素领域及生产部门的协同发展,学术界又将这一主张称为广义农业现代化理论。同时根据不同的指标划定,不同学者对于农业现代化的内涵界定有所区别:韩士元(1999)指出农业现代化的基准不仅包括农业生产部门的绩效水平,与之密切相关的农村经济发展水平,农村居民就地城镇化水平指标也应在这一过程中得以反映;黄国桢(2000)认为农业现代化并不是一个单一的概念,而是包含了农业产业、农业环境、农民等三大主体的同时现代化。梁荣(2000)将农业生产力、生产关系及上层建筑等一系列农业生产运动对应关系要素归结于农业现代化实现内涵基准;郑星、张泽荣、路兴涛(2003)从实现农业现代化的基建保障出发,提出农业产业化、农业信息化等农业现代化发展目标。

（5）可持续发展论。即可持续发展理论。20世纪末,由于农业生产的生态坏境出现恶化,生物技术开始在农业生产中得以应用。部分学者对农业现代化产生了新的思考,他们认为,只有可持续发展的农业才是现代农业,因此农业现代化被赋予了可持续发展的新内涵。王利民、傅金戈、刘玉祥等(1999)提出农业现代化是运用先进的生产技术及管理经验,在不损害生态环境的前提下,实现土地等农业生产要素资源的持续利用,从而实现生态效益与农业生产经济效益相统一。牛若峰(2001)认为农业现代化不仅要结合先进的技术设备,使用先进的生物技术去改革传统农业,借鉴前卫的管理理念去组织农业生产,还要在不断提高农业生产综合效率的同时注意对生态环境的保护,保证农业生产的可持续性。

2.农业现代化发展水平的空间差异研究

近年来,中央政府不断提高"三农"投入,农业在中国的基础性地位越来越显著,但是中国传统的农业发展模式已经无法满足经济不断发展的需求,改变落后的农业发展水平,建设现代农业的呼声越来越高。刘晓越(2004)对中国2001年之前的农业现代化发展水平进行了定量分析,研究表明总体上中国的农业现代化发展进度缓慢,尚有三分之二的预定目标没有完成;从区域上来看,中国的农业现代化具有明显的区域差异;从国内外来看,中国农产品总体产量较大,但是人均拥有量却远远低于发达国家。其后,蒋和平等(2005)采用多指标评价模型对全国省市农业现代发展水平进行了实证研究,研究表明中国的农业现代化发展水平自东向西呈现梯形分布,具有明显的区域差异,但是总体向好。具体而言,成熟阶段的农业现代化占总体农业的3%左右,发展期的农业现代化占总体农业的42%左右,起步期的农业现代化占总体农业的55%左右。王国敏、周庆元(2012)采用同样的方法对中国农业现代化发展水平进行了评价,同样得出中国农业现代化发展水平呈现梯形非均衡的结论,并建议不同地区的农业现代化发展要根据本地区实际发展情况选择适合自己的发展模式。还有不少学者对中国某一特定区域的农业现代化发展水平进行了评价,如赵景阳(2007)和傅晨(2010)都通过构建指标体系,对山东省和广东省的农业现代化发展水平进行了定量分析。结果表明:近十年以来,山东省和广东省建设现代农业都取得了较大进展,但是区域内部农业现代化发展水平均不平衡。

3.农业现代化发展道路研究

全球学者都在积极探索农业现代化的发展模式,在长期通过对多个国家的农业现代化发展道路进行研究对比后,日本和美国学者提出了农业现代化的三种发展模式——日本模式、美国模式和西欧模式。

(1)日本模式。郭春华(2006)指出日本是一个土地资源严重缺乏的国家,日本国土面积狭小,人口众多,可用于农业耕作的土地较少。日本的土地租金较高,农业生产成本较高,且农业用地供给弹性较小,提高农业产量的主要途径就是提高亩产。所以在日本的农业现代化建设中,生物技术和科学技术被广泛应用于农作物基因改造和农业生产过程中;其次农业生产的基础设施建设也是日本实现农业现代化的重要手段。(2)美国模式。与日本相比,美国的土地资源十分丰富。美国国土面积广阔,耕地面积众多,而且人口稀少,人均耕地拥有量较多。因此在美国的农业生产中,先进的大型机械化设备被广泛使用,在机械化价格下降的同时劳动力价格却在上升,所以用机械化代替人力从事农业生产成为必然趋势。美国农业现代化的显著特点就是机械化水平较高。(3)西欧模式。西欧模式介于日本模式和美国模式之间,可以看作是二者的有机结合,西欧模式更具有一般性。西欧国家的耕地面积虽然比美国少,但是却不像日本那样稀少,同时劳动力又不短缺,因此西欧的农业现代化既注重使用生物技术和科学技术去改良农作物品种,又注重使用先进的机械化设备,既节省了人力成本又提高了农业生产效率。郑高强等(2008)在分析和比较中国农业资源禀赋条件现状与国外几种农业现代化模式异同之处后得出:中国农业现代化必须走符合国情、符合地域优势的、有中国区域特色的农业现代化道路,对于国外模式只能借鉴而不可照搬。同时,从生产关系的角度阐述了中国农业现代化的选择要符合地域实际情况,走适合自己的农业现代化道路。东部地区经济发达,对外交流密切,适宜走"外向主导型"农业现代化道路,中部地区适宜发展工业现代化和农业现代化相结合的农业现代化模式,西部地区适宜发展具有自身特色的农业现代化。[①]

---

① 郑高强、付静、钟海国:《中国特色农业现代化道路模式的选择》,《农业现代化研究》2008 年第 4 期。

陈友福(1995)率先指出,农业现代化的本质应该是以人为本,即农业生产既要高效高产还要做到低耗能低污染,农业生产既要满足人民需求又要做到环境友好。在研究总结了国外农业现代化发展模式后,根据中国各地域不同地貌和经济发展水平,提出了"山地园艺型""平川型""城郊型"三种农业现代化模式。顾焕章、王培志(1997)在研究了中国农业现代化发展历程后认为,中国的农业现代化具有明显的中国特色,是集科技、管理、机械设备为一体的现代化,并建议中国的农业现代化发展要随着市场经济的发展不断作出合理的调整,使工业现代化和农业现代化协调发展,同时要发挥农民在农业生产中的主体作用,循序渐进地将中国传统农业改造成现代化农业。蒋和平(2009)认为现代农业应该超出农业自身范畴,现代农业应该是一个交叉产业,是和其他产业具有高度关联的基础性产业。因此他提出中国农业现代化的建设应该在不同地区、不同时间上进行不同程度的推进,同时要注意建设农业产业链,使农业不断向外延伸发展。

(二) 城镇化与农业现代化协调发展的相关研究

1. 城镇化对农业现代化发展的推动作用研究

一些学者指出,解决"三农"问题的关键在于加快中国的城镇化建设和农村现代化建设,胡鞍钢(2003)也通过实证分析表明加快城镇化发展利于第一产业劳动力向第二三产业转移并带动居民消费的增加,是解决"三农"问题的关键点。薛庆根(2004)认为随着中国经济的快速发展,"三农"问题日益凸显,从农业、农民和农村三方面,运用聚集经济等原理说明发展城镇化可以促进农村经济发展、农业现代化和农民收入增长以及劳动力转移。马晓河(2004)认为解决"三农"问题的关键还是在于加快城镇化发展,解决"三农"问题需要将短期对策和长期战略相结合。宋元梁、肖卫东(2005)曾对中国城镇化发展与农民收入增长之间的关系进行了研究,实证分析表明,随着中国城镇化水平的提高,农民收入也随之增加,长期以来两者的相互作用更加显著与稳定。另外,城镇化加快了农村的现代化和产业化的发展,加快了农村经济的发展和进步。增加了农民收入,提高了农民素质,因此,农村城镇化是实现农村现代化的核心战略和必经之路(杨瑶等,2006)。[①] 厉以宁(2012)则对城镇化与民间投资进行了研究,他认为,在城镇化发展过程中,民间资本大量进入基础设施建设,基础设施的建设也给农民工提供了大量的就业岗位,直接增加了农民收入。陆铭、陈钊(2004)、程开明、李金昌(2007)、陈钊、陆铭(2008)等学者则持有不同意见,他们认为城镇化建设虽然使农民收入增加,但是中国城乡二元机制却使很多经济政策无形中向城市倾斜,最终导致城乡居民收入差距不断扩大。

2. 农业现代化发展对城镇化建设的支撑作用研究

缪尔达尔(1957)提出农业生产部门是在经济长期发展过程中起决定性作用的部门,农业现代化的发展需要依靠农业生产效率的提高和农业剩余产品的增加。舒尔茨(1960)认为加快经济增长的重要推动力是现代农业,传统农业对经济的贡献是很有限的。同时他提出,对于经济的增长,人力资本远比物质资本重要得多。科恩(2006)则对发展中国家的城镇化现状进行了分析,并预测了未来发展趋势,认为发展中国家的城镇化发展要有雄厚的农业基础保障。强调在中国城镇化的进程中应该重视农业的基础地位的学者有朱灵(Ling Zhu,2011)、彼得·博特利耶(Pieter Bottelier,2007)、曹广忠、耿长春、陶然(Guangzhong Cao,Changchun Geng and Ran Tao,2008)等。

国内一些学者如胡培兆(2003)认为只有当农业人口比例与城市人口比例相当时,农业改革才能有质的变化。当农业人口在总人口中的比例低于30%时,也会带动农业现代化的实现,而农业现代化的实现又会反过来促使农业人口减少。洪银兴(2007)指出,虽然城乡二元结构存在,但是并不能阻止农村剩余劳动力向工业化部门转移,农业现代化的建设依然是城镇化建设的

---

① 杨瑶等:《对农业产业化、农村城镇化、农村现代化的再思考》,《中国农村教育》2006 年第 22 期。

关键。城镇化除了要容纳农村转移人口之外,还要破除城乡二元结构,努力实现彻底改变农村落后状态的目标。伍国勇(2011)则强调在中国建设现代多功能农业,他从中国的基本国情、人类发展需求、生态环境、技术进步等方面,阐述了随着经济社会发展而不断拓展的现代农业的多功能性,他认为农业现代化未来的重要发展方向之一就是实现农业的多功能性。刘谟炎(2011)、长子中(2011)、韩长赋(2011)等学者认为中国的城镇化和工业化在发展过程中对农业现代化并没有发挥应有的促进作用,农业现代化的发展速度还有待提高,这样才能充分发挥农业的基础性作用。郭强、李荣喜(2003)利用实证方法对中国农业现代化发展水平进行了评价研究,类似的利用指标对农业现代化发展水平进行定量研究的还有蒋和平、黄德林(2006)、谭爱花(2011)、王国敏、卢婷婷(2012)。①

3.城镇化与农业现代化协调发展的必要性

1776 年,亚当·斯密在其《国富论》一书中初次阐述了农业和工业、城市和乡村协同发展的二元经济思想。19 世纪初,空想社会主义希望通过农业和工业的协调发展促进城市和农村的共同发展,以此来实现共产主义。

19 世纪中叶,马克思和恩格斯在研究欧洲一些国家的城镇化发展时,发现这些国家的城市和乡村存在着巨大的发展差距。据此,马克思和恩格斯提出了城乡互动发展的三个阶段:第一阶段是农村处于社会发展的首要地位,城市孕育于乡村中。第二阶段是随着工业化的不断发展,城市超越乡村居于社会主导地位。工业发展的效率明显高于农业,但是这也导致了城乡发展差距的不断扩大以及对立。第三个阶段是城市与乡村由对立逐渐走向融合,城乡发展表现出相互依赖、相互渗透的新特征。恩格斯认为,在第三阶段,城市与

---

① 蒋和平、黄德林:《中国农业现代化发展水平的定量综合评价》,《农业现代化研究》2006年第 2 期。谭爱花:《基于可持续发展的农业现代化目标的构建》,《生态经济》2011 年第 9 期。王国敏、卢婷婷:《我国东部地区农业现代化发展水平的定量测评与实证分析》,《上海行政学院学报》2012 年第 6 期。

乡村之间的融合表现为城市和乡村是兼具对方某些特点的新的社会。城乡融合这一理论在社会实践中也得到了很好的证明,第二次世界大战之后,西方一些国家的城市出现了超高速发展,人口急剧向城市流动,又由于城市承载力有限,导致城市各种问题突出,城市生活环境开始恶化,在这种情况下城市人口又开始向城市郊区和附近乡村回流,这种现象被称为"逆城镇化"①。所以在中国的城镇化建设过程中,要始终坚持马克思主义理论的指导,同时要结合中国国情,做到农业现代化建设与城镇化建设相互补的协调发展。

英国城市学家霍华德于 1898 年提出了"田园城市"理论,探讨了空间统筹的田园城市,最早提出空间统筹的城乡一体化建设。20 世纪 60 年代,芒福德在霍华德的理论基础上进一步探索了田园城市理论的实践价值,他提出可以以现有城市为主体,在其周边建立许多新的较小的经济主体,形成众星拱月的发展模式,这样既能帮助周边乡村的发展,又能分散主城市的过多职能,缓解城市压力,实现城乡的共同发展。1989 年,麦基通过对亚洲地区国家长达30 多年的研究发现,亚洲国家城市和农村之间的发展逐渐呈现融合的趋势,城乡之间的空间界限趋于消失,生产活动也呈现并存的局面。在空间理论上,日本学者岸根卓郎在 20 世纪 90 年代提出了"城乡融合设计",该理论主要针对的是日本工业与农业发展之间、城市发展与乡村发展之间存在的矛盾而提出的,该理论期望设计出一种能跳脱出城乡界限和工农业界限的融合社会。

发展经济学的二元结构理论构建了发展中国家处理城乡发展关系的基础框架,它主要探索了发展中国家在处理城乡关系、农村剩余劳动力转移、社会产业结构调整、环境保护等方面的一系列问题,在处理发展中国家的城乡发展关系上具有指导性意义,因此对中国的城乡协调发展也具有借鉴价值。J.H.伯克(J.H.Boeke,1953)在《二元社会的经济学和经济政策》一书中首次提出了"二元经济"概念,该书研究了东印度的社会经济结构,研究发现东印度既具

---

① 见 http://baike.so.com/doc/9564636-9909572.html。

有传统的经济成分又具有飞地经济成分。经过长期发展,众多学者不断丰富了二元理论,主要包括刘易斯的二元经济理论、费景汉-拉尼斯的二元经济论、乔根森的二元结构模型。刘易斯的二元经济理论认为在经济发展不充分的国家,社会经济主要由传统经济部门和现代经济部门组成,随着工业现代化的发展,传统部门的劳动力会无限向现代部门转移,最终全部转移到现代部门,二元社会最终会变为一元社会。费景汉-拉尼斯的二元经济论认为,保持工农业发展的协同增长对社会经济发展是至关重要的。提高农业生产率、增加农产品剩余,释放农村剩余劳动力有助于促进经济持续发展,避免由于工业快速发展导致经济结构失衡。乔根森的二元结构模型是在费景汉-拉尼斯的二元经济论的基础之上进行的改进,他认为工业资本积累不能以掠夺农业为代价,只有当农业人口转移的速度同农业剩余速度和工业技术增长速度同步时,二元结构才能成功向一元结构转变。20 世纪六七十年代,在刘易斯模型无法解释很多发展中国家存在城市劳动力过剩但同时农村劳动力还在向城市转移的现象的背景下,托达罗(Todaro,1969)对刘易斯模型进行了改进,从而解释了这种现象。

国内一些学者结合中国的国情也探讨了城镇化与农业现代化的关系。辜胜阻(2012)在《反思当前城镇化发展中的五种偏向》一文中指出城镇化要与农业现代化相协调,加快城乡统筹,通过现代化释放更多劳动力,促进城乡互动协调发展。[①] 夏春萍(2010)指出城镇化与农业现代化之间存在着复杂的交叉关系,城镇化的发展会提高农业剩余劳动力的释放速度,同时城镇化会反哺农业,为农业发展提供资金,助力农业规模化生产和结构调整。反过来,农业发展对城镇化同样重要,农业是城镇化发展的根本保障,农业现代化发展为城镇化建设供给了大量劳动力。南江波(2004)认为农业现代化是国民经济现代化的有机组成部分,没有城镇化的协同推进,农业现代化不可能在其内部单

---

① 辜胜阻、杨威:《反思当前城镇化发展中的五种偏向》,《中国人口科学》2012 年第 3 期。

独完成。郑鑫(2005)认为工业化的实现需要协调好农业现代化与城镇化之间的关系,他们之间的关系实质上就是第二三产业与第一产业之间的交叉关系,是一种相互依存、相互渗透但又相互矛盾的关系。要保证两者的协调发展,就需要政府的参与,以避免两者的不同步,消除两者之间的矛盾。吴文倩(2007)认为农村城镇化和农业现代化是相互依存、相互渗透、相互促进的,他们在本质上是相同的,都是建设新农村的重要方法。刘玉(2007)通过研究发现,农业现代化与城镇化是不可分割的两个部分,它们相辅相成、互相促进,农业现代化为城镇化的发展提供支撑,城镇化的建设为农业现代化的实现提供技术和资金的支撑。崔慧霞(2012)认为农业现代化的发展是城镇化建设的强力支撑,城镇化的发展同样会促进农业现代化的发展,二者相辅相成、缺一不可。应该加快发展现代农业、促进工农协调发展、城乡共同繁荣。总之,城镇化在促进农业现代化发展的同时,农业现代化又反过来促进城镇化的建设,城镇化与农业现代化是相互统一的,是同一事物的两个方面,不可孤立不可分割。

4. 城镇化和农业现代化之间的关系的实证研究

国内有部分文献对城镇化和农业现代化之间的关系进行了实证分析。占纪文(2011)利用福建省 1978—2009 年的经济数据,在建立 VAR 模型的基础上,进行格兰杰因果检验、脉冲响应分析和方差分解分析,对其关系进行了实证研究。结果表明,城镇化和农业现代化并不互为格兰杰原因,城镇化是农业现代化的格兰杰原因而农业现代化不是城镇化的格兰杰原因,农业现代化虽然不是城镇化格兰杰原因但是却对城镇化发展起到推动作用。夏春萍、刘文清(2012)结合中国 1978—2009 年的样本数据,在建立 VAR 模型的基础之上,采用协整分析、脉冲响应、方差分解等方法对两者之间的关系进行了实证研究。研究结果显示农业现代化和城镇化之间存在互动关系,在长期关系上,虽然农业现代化对城镇化具有正向影响,但是城镇化对农业现代化的影响更大。徐大伟(2012)等利用实证分析方法得出,农业现代化的建设是城镇化的重要支撑,同样,城镇化的建设又为农业现代化的发展提供技术资金。

王贝(2011)的研究与占纪文的结论正好相反,王贝研究发现农业现代化是城镇化的格兰杰原因,反之不然。且农业现代化和城镇化在长期存在协整和均衡关系。谢杰(2012)利用门槛模型考察了中国城镇化在农业现代化进程中的门槛效应,表明只有超过一定门槛后,城镇化才能促进农业现代化发展。苏发金(2012)研究发现中国的工业化、城镇化和农业现代化之间存在着不同程度的相互影响关系。尚欣(2012)以吉林省为例,采用距离协调度模型研究了农村城镇化和农业现代化之间的协调关系。分析表明,2001—2010年吉林省农村城镇化和农业现代化两个子系统呈上升发展态势,两者协调发展度以年10.84%速度上升。但是,2005年和2010年受农业税减免和自然灾害影响,农村城镇化发展度下降很多,导致这两年农村城镇化和农业现代化之间的协调度及发展度下降。

5. 城镇化与农业现代化协调的影响因素研究

郭剑雄(2003)认为技术进步、结构转变和制度变迁是农业现代化的基本决定因素,而这些因素的成长强烈依靠城镇化的持续深入推进,因此,城镇化的发展将推动农业现代化的实现。中国科学院可持续发展战略研究小组(2005)指出城镇化是农业现代化的必要条件。随着城镇化的发展为乡村居民提供了大量的就业岗位,广泛吸纳了第一产业劳动力,导致第一产业劳动力不断减少,耕地出现流转,向少数人手中集聚,为农业规模化发展创造了条件。同时研究发现,只有当农村居民数量少于35%时,农业种植的土地价值才能达到市场化的"门槛"成本,土地流转才能更好地实现,农业现代化的实现才有可能。张晓露(2006)指出,城镇化带动了第二三产业的发展,第二三产业在技术、服务、融资渠道、管理、机械设备等方面的软硬件发展为农业现代化的实现提供了外部支持。同时随着农业现代化向前推进,农产品的集约化程度越来越高,但是消费者的消费需求也在不断多元化,这就要求农业生产在注重生产效率的同时还要注重生产质量。钱丽等(2012)在分析"三化"协调发展作用机理的基础上,通过构建"三化"耦合协调度评价模型和指标体系,检验耦合协调度的影响因素。研究结果表明:基础教育水平的提高、产业结构的优化以及 R 经费投入对城镇化与农业现代化耦合协调度的提升具有积极影响,而农村金融支持和经济发展水平对他们之间的耦合协调度的影响并不明显。

6.城镇化与农业现代化协调发展的驱动机制研究

早期的城乡互动机制研究可以追溯到发展经济学家托达罗、赫希曼等。托达罗从人口迁移的角度分析认为一个劳动者主要是根据他对城市的收入预期来决定是否迁入城市,而不是实际货币收入。他对城市的收入预期越大,迁移的动力越强。此外,赫希曼(1958)对一个经济体内部差异进行了研究,提出"极化—涓滴效应"学说,他认为一个经济体的内部分为经济发达区和不发达区,两个区域之间存在着互动影响,经济发达区对不发达区产生的负向作用被称为"极化效应",有利作用被称为"涓滴效应"。赫希曼认为,在区域经济发展中,经济发达地区对不发达地区的积极带动作用将越来越明显,所以涓滴效应最终会成为主导效应。柯福艳(2011)认为要推动城镇化与农业现代化同步协调发展,城镇化在发展过程中就必须与农业发展形成良好的互动机制,帮助农业发展在基础建设、土地流转、农产品质量提高、农产品深加工、农业生产管理理念等方面取得突破进展,同时政府部门应该最大限度地发挥自己的政府职能,提供充分的公共服务保障。王喜明(2007)认为城镇化与农业现代化是相互依托、相互促进的关系,两者必须协调互动发展。在城镇化与农业现代化协调发展的过程中,政府必须要在发展理念、科学定位、资源配制和制度创新等方面发挥主导作用。蒲清泉、杨梅枝(2004)认为城镇化建设可以促进农业产业结构调整,城镇化建设是解决"三农"问题的重要出路,城镇化是中国农业产业一体化的有力依托,城镇化是吸纳农村剩余劳动力的重要途径,城镇化建设有助于农民整体生活水平和素质的提高。徐合雷等(2009)以新疆为例探讨了城镇化和农业现代化之间的互动机制。指出城镇化是经济发展的必然产物,天生包含集聚、创新、辐射、协调四个基本功能。在农村与城市的互动过程中,城市的技术、文化、资金会向农村流动,促进农村发展;农村的劳动力、原始材料会向城市流动,支撑城市发展。因此农业现代化与城镇化是不可分割的有机统一体。龙景奎等(2010)以苏北徐州为角度,研究表明农业现代化为城镇化提供大量的农业产品、充足的人力资源、提供必需的土地和资金;而城镇化可以吸纳农村大量剩余劳动力,能够扩大农产品市场空间,促进农业的商品化和市场化、促进农业产业结构的调整,促进农业生产结构的高级化、能够拉动农业经营向规模化发展,为推进农业现代化打牢基础,从而带动农业现代化的发展。

7. 城镇化与农业现代化协调发展的空间差异研究

罗富民(2012)在地理二元经济理论下,研究了发达地区工业发展与城镇化进程对欠发达农业现代化的影响。研究发现,随着区域经济的融合发展,发达地区的城镇化和工业现代化起初会对欠发达地区的农业生产产生不利影响,但是随着融合发展的深度不断增加,这种不利影响最终会逐渐消失,取而代之的是积极的促进作用。周世军(2012)认为中西部地区城镇化与农业现代化的协调发展关键是做好承接东部产业转移,因为产业转移的推进势必会吸纳大量农村剩余劳动力回流和非农就业,从而加速城镇化进程;城镇化的不断推进以及产业转移由低端业态向更高端业态跃迁,会使农村土地经营规模化、集约化,以及农产品的市场化,最终会促进农业的现代化。吴振明(2012)在系统论的基础上建立了"三化"整体发展水平的指标体系,构建了系统协调状态测度模型,进而对中国西部地区进行实证分析,结果发现:西部地区城镇化与农业现代化之间总体协调水平较低。从空间分布来看,甘肃、贵州、青海、西藏等地区经济发展协调度较高,但是整体经济发展水平较低,这些地区经济发展属于典型的低水平协调发展。而四川、内蒙古、广西、云南、重庆等地区协调度相对较低,但这些地区是西部经济相对发达地区,处于高水平不协调发展阶段。依据西部地区的实际状况,继而其提出了促进其城镇化与农业现代化协调发展的对策。西部地区农业现代化和城镇化的实现对工业化的发展具有高度依赖性,因此大力发展工业现代化是根本措施;同时要坚持工业反哺农业,城市反哺乡村的道路政策,切实推进农业现代化的发展。金虎斌(2012)以中原经济区为研究对象,实证检验了城镇化与农业现代化之间的关系,研究显示:只有促进农业现代化的发展才能实现城镇化与农业现代化的协调发展。

8. 不同地区城镇化与农业现代化协调发展的政策研究

2011年国庆前夕,国务院下发《关于支持河南省加快建设中原经济区的指导意见》,这标志着中原经济区建设上升为国家战略。因此,不少学者对河南省的城镇化与农业现代化协同发展进行了大量研究。如耿明斋(2011)认为新型城镇化为农业现代化的实现破除了原有的空间边界约束,保证农民原有的权益是新型城镇化的基本要求,只有在此前提下才能进一步加快解决农民"进得去"城市和"出得来"农村两大难题。根据空间和功能结构特征,中原经济区应划分为五大城市板块,各个板块之间以及各板块内部应该充分考虑城市建设的空间、规模、功能、交通等城市形态的实现问题。王建国(2011)认为没有城乡协调发展的强力支撑,中原经济区的建设将会成为无本之木、无源之水。中原城市群的建设要以郑州大都市为核心,以周边中小城市和城镇为支撑,以城乡协调发展为根本路径,优化中原城市群布局,为中原经济区的顺利建设和健康发展提供强有力的支撑。张合林(2011)提出要建成中原经济区首先要推进新型城镇化建设,其次要加快农业现代化建设。农业现代化的建设首先要巩固中原经济区在全国的农业基础性地位,其次要出台优惠政策保证主产区粮食产量稳步提高和粮农收益稳步提高;积极发展一批以粮食为原材料的农产品深加工企业,延长产业链、提高农业生产附加值;创新产业政策,鼓励土地流转,促进农业生产规模化、集约化。在新型城镇化建设上,要始终坚持统筹城乡发展,推动农业现代化建设和新型城镇化建设相互融合,促进生产要素在城乡之间自由合理流动。蔡世忠(2011)在研究中原经济区"三化"协调发展时,提出了城镇化和农业现代化协同发展的政策建议。一要加快构建现代农业产业体系,为城镇化和农业现代化协同发展打牢基础。二要政策导向发展适度规模经营,如建立土地流转基金,积极扶持种粮大户和农业公司,降低其经营风险,提高其生产积极性。三要统筹城乡发展,主要内容包括:在教育上,打破边界限制,实现教育公平;在政府职能上,政府要完善自己的职能,将服务范围不断向农村扩大;在社会保障上,打破城乡二元结构,使农村居民也能享受平等的社会保障。四要走新型城镇化道路,新型城镇化道路的建设必须符合中原经济区实际情况,建设城乡统筹发展,工农业相互补充,产业结构优化的新型城镇化。关于河南省城镇化和农业现代化协同发展的政策研究比较典型的文献还有闫雷(2011)、徐君(2012)、王发曾(2012)等的论述。由于2012年11月国务院正式批复皖北地区纳入中原经济区规划,在促进皖北地区城镇化与农业现代化协同发展的建议措施中,江学清提出:有序推进富有合力的区域城镇体系构建。强化现有城市发展;加快推进小城镇发展。加快农业现代化建设,使农业生产逐项集约化、机械化、高效化。破除协同发展的相关制约;如改革和完善相关制度,包括土地制度、户籍制度、建立健全社会保障制度;合理配置和利用城乡土地资源;加大资金支持力度;提高人口素质等。徐合雷等(2009)针对新疆地区的城镇化和绿洲生态农业现代化之间的研究,提出新疆地区城镇化的建设应该考虑农业现代化的发展,两者的协调发展有利于实现"稳边固边"的战略目的。姜会明、王振华(2012)对吉林省的"三化"进行了实证研究,指出吉林省城镇化建设的基础是首先要实现农业现代化,因此要把农业现代化建设放在首要位置。同时指出,城镇化是一个优势平台,具有丰富的信息、资金、技术等资源,要将这些资源充分转移到农业现代化建设中去。只有实现了要素合理流动和市场配置,农业现代化的建设才能实现,城镇化的建设才能有序开展。

第二节　城镇化与农业现代化协调
发展的经验借鉴

城乡协调发展问题一直是国际关注热点之一,很多国家在统筹城乡发展中取得了重大进展,因此本章首先以发达国家美国、日本和德国为例,分析这三个国家在城镇化与农业现代化协调发展方面的经验,这对于推进中国城镇化与农业现代化协调发展,有一定的借鉴意义。

城镇化和农业现代化是经济社会发展到一定阶段的必然产物,许多国家在推进城镇化和农业现代化协调发展上已经进行了卓有成效的实践探索,本节选取美国、日本和德国这三个各有特色的国家做样本来进行剖析,美国是目前世界上最强大的发达国家,日本是较快实现城镇化、农业现代化协调发展的国家,而德国城乡一体化虽然起步较晚,但是发展速度比其他国家快。

一、美国城乡统筹发展经验

（一） 美国统筹城乡发展效果

美国如今已实现工业化、城镇化与农业现代化发展,基本完成城镇化进程,截至 2011 年年底,美国城镇化率为 82.40%,位列世界第八。由于美国独特的先决条件以及政府的政策推动,使美国统筹城乡发展效果显著,呈现出以下特点。

1. 实现多个城乡一致

一是城乡居民收入水平的大体一致,根据美国调查局的调查数据显示,美国城乡居民收入排名不相上下,一直是交替而变,差距微小,其城市内工人和乡村农民收入比也缩小成 1∶1,实现了城乡协调发展。二是社会保障完全一致,现今美国城乡居民享受相同的社会福利和政策,无任何差别,不会因为地区不同而享受的待遇有所差别,实现人口自由流动。三是基础设施建设的基本一致,生活在乡村的居民不会感到不方便,甚至乡村的舒适程度还大于城市,使得现在美国开始出现逆城镇化现象。

2. 形成三大城市群

美国通过构建以城市群为特点的城乡体系来加速城乡一体化,目的是培育大城市带动周边小城市和乡村的发展,打破城乡边界,实现资源的整合利用,统一布局来建设重大项目。如今美国已形成三大城市群,第一个是东北部大西洋沿岸的波士顿—华盛顿城市群,以纽约为中心,是美国人口密度最高的地区,也是美国最大的贸易中心和国际金融中心,同样也是美国的生产基地;第二个是中部五大湖沿岸地区的芝加哥—匹斯堡城市群,该城市群是北美最大的制造中心;第三个则是圣地亚哥—旧金山城市群,它分布于美国西南部太平洋沿岸,作为科技之城闻名于世界,这种城市群的构造可通过城市间的优势互补使美国城乡一体化实现更好更快发展。

(二) 美国城乡统筹发展措施

1.郊区化发展方式

美国是当今世界第一大强国,它的经济水平高于其他任何国家,在城乡统筹发展上也走在世界前列。其城镇化进程历经四个阶段,分别是城镇化初始阶段、城镇化快速发展阶段、城乡一体化阶段以及重新城镇化阶段,在重新城镇化阶段美国人口从大城市分流到各个郊区,郊区成为居民各项活动的主要场所,也逐渐成为美国的发展重心之一。期间美国政府出台了一系列措施不断促进郊区的发展,包括支持交通设施的建设、推出住宅向郊区扩散的优惠政策以及政府对郊区公共设施的投资,由此城乡矛盾在很大程度上得到了缓解,促进了美国城乡一体化的进程。如今美国致力于建设多中心的城市空间结构,构建都市化城镇体系,即改善环境质量和空间利用率,使中心城市和郊区功能各有侧重但又紧密结合,更加注重区域间的相互协调,在互动中谋求共同发展,使边缘城市逐渐发展起来。

2.构建城镇一体化来促进农业发展

在美国20世纪30年代政府出台《农业调整法》[1],目的是增加农民收入,

---

[1] 李超民:《美国农业稳定的保障:常平仓与〈农业调整法〉》,《福建农业大学学报》(社会科学版)2001年第3期。

让城镇支持农村的发展,同时政府每隔五年还会出台一项专门针对农业发展的法案,加大城镇高素质人才对农业的研究,将科研成果迅速转化为可应用农业领域的高科技,运用生物工程和卫星定位等新技术,通过促进产学研一体化来构建新型农业科教技术体系,逐步实现粮食播种和征收的机械化和现代化,使农业生产能力大幅度提升。

3. 乡村基础设施的完善

美国为促进乡村的发展,特别重视基础设施的建设,例如对大型电力系统的投资,为其他硬件设施的建造奠定基础,使得城乡基础设施基本保持一致。政府城乡建设相关部门还改善乡村地区的网络通信状况,让城乡实现信息的无间隙对接。同时,美国对乡村的交通设施做了极大改善,例如大量铁路和公路的修建,实现高速公路和高速铁路的大力发展,加上国会通过的一系列法案对高速公路网给予的法律保障,使人们能够在郊区工作生活又不与大都市脱节,为农业的规模化经营创造了条件,这也是美国城市一体化建设的首要环节之一,因为在美国城镇化进程的每个阶段,都无法离开交通基础设施的支撑,在城镇化初期由于美国对欧洲先进技术的引进,使交通技术飞速发展,促进了美国西部开发,人口大规模向西迁徙,使西部地区城市快速发展;在城镇化加速阶段,城镇人口数量大大超过乡村,这受益于城郊电车的发展和铁路网的建造;在郊区化阶段,由于公路网的建立和汽车的大量普及,郊区得到发展,城镇化水平显著提高。在如今的城乡一体化阶段,因为交通系统的进一步完善,使郊区经济和城市经济实现同步发展,城市在郊区的辐射效应明显,城镇融合发展。联邦政府除去建设这些基础设施外,还把重心放在垃圾和污水的处理建设上,避免乡村居民的后顾之忧,因为这是普通村民和单个乡镇无法依靠自我力量妥善处理的事情。

4. 工业化、产业化、信息化和农业现代化协调推进

在协调推进城乡发展时,美国更加注重工业化、产业化、信息化与城镇化的协调发展,避免了走入只简单进行城镇化建设的误区,以工业化、产业化和

信息化作为城镇化发展的内在动力。首先美国工业化起步于棉纺织业,它的农产品加工业在工业化进程中发挥重要作用,工业化的发展不仅促使制造业、采矿业起步,还提高了农业生产效率,为第二产业和第三产业节约了劳动力资源。同时美国还注重产业布局优化和产业转型升级,制定优惠郊区税收政策,鼓励企业在郊区的建立和从城市迁往郊区,形成产业发展与城镇化的良好互动,为城镇化的长期稳定健康发展提供有效途径。最后通过对传统产业进行信息化改造,加大产业的创新力度,提高产业竞争力,提升了城镇化的发展水平。

5.农村金融体系的支持

美国拥有比较完备的农村金融体系,包括商业银行体系、合作金融体系、政策金融体系以及农业保险体系,四种金融机构分工相对独立,其中商业银行将生产经营类的中短期贷款提供给农民;合作金融体系中的联邦土地银行系统为个体农场主提供长期贷款,联邦中期信用银行系统为农村信用合作社提供贷款;合作社银行系统为农业生产活动和项目提供服务,如水利建设;农业保险体系为农业提供多种类保险服务,其中包括补贴支持、再保险和税收支持。美国农村金融服务体系以市场为主导,相互良性竞争,在政府引导下又相互补充,共同支持农业的发展,极大地促进了城镇化进程。

6.缩小城乡教育差距,完善社会保障体系

城镇化进程中美国为改善教育不公的现状,在统筹城乡发展时推进社区教育,出资建立社区学院和公立学校,力求教育机会平等,其社区学院有两项基本任务一是免费培养两年制大学新生,二是为适应社会的发展需要。除去对高端人才的培养,美国政府为促进农业现代化发展,还建立农民教育体系,开设农民培训中心,让农民学习前沿的农业知识,使他们将科技技术更好地应用于农业。同时政府还帮助弱势群体解决住房贵和住房难问题,以及对乡村医疗加大资金投入,为乡村居民设立比城市居民保费低的医疗保险,鼓励医疗基金组织向乡村倾斜,还为弱势群体提供免费医疗。

（三）美国城乡统筹发展政策支持

1. 农业政策

美国政府在统筹城乡发展进程中为促进农业发展提出一系列重要政策，一是前期通过立法来规定政府对农业提供直接补贴和间接补贴，直接补贴是为保证农民收入直接给予现金，间接补贴包括农业降息贷款和农业保险补贴，这些都是为了保证农民从事农业生产，提高农民收入，而在1996年实施的《美国联邦农业发展与改革法》①中联邦政府对农产品提出新的补贴方式，即将市场因素考虑进农业生产中。二是美国根据自身国情颁布了产权明晰的土地租佃制度，进一步区别了土地的经营权和所有权，促进了土地的规模化经营，为农业机械化创造了条件。三是对农产品实行税收减免，联邦政府于1980年颁布的《联邦农作物保险法案》规定政府对农作物保险免征所有赋税，到1996年的《美国联邦农业发展与改革法》规定减免销售税、农业企业所得税，这些法案的主要目标都是为增加农民收入。联邦政府出台的政策主要方向是市场化改革，这一向市场化转变的主要表现为在逐渐降低销售贷款补贴的同时增加直接补贴和反周期补贴，减少对市场的干预，利用价格优势扩大国际市场份额，提高美国农业的国际竞争力。

2. 实行无户籍制度

美国构建了一套具有特色的人口管理体系，即在美国境内并不存在户籍制度，而是利用"社会安全号"来控制和管理人口，但是并不限制人口流动。所有公民享受同等的权力和义务，他们可自由选择在城市或乡村生活，美国的城乡人口自由流动多源自于它的双向自由迁徙制度，这不仅使公民拥有自由选择生活地方的权力，还可实现劳动力要素的市场配置，提高了美国的社会生产率。在实行人口管理时，美国还运用了发达的信息系统，这样可随时查到一

---

① 李国祥：《美国联邦政府农业发展与改革新政策》，《世界农业》1997年第1期。

个人的行踪,保证了社会的稳定。

(四) 美国统筹城乡发展对中国的启示

1.完善基础设施建设势在必行

目前中国城乡居民生活水平有很大差距,原因之一就是乡村基础设施还不完善,所以完善城乡基础设施的建设已经成为当务之急。中国应加大城乡公共服务体系的创新,对于公共服务项目应合理统一布局,特别是与居民日常生活相关的通过自我力量无法解决的问题,如实现供水供电以及垃圾处理的公共服务建设一体化,优化城乡资源配置,实现资源共享和优势互补。其中从美国的城镇化进程中可以看出,发达的交通运输网络如今已经是城乡一体化的基础,它方便了城乡人口的融合,打破了地域界限,加快了农村人口向城市的转移,因此中国应加大对农村的交通设施如铁路和公路的投资,让城乡交通系统实现有效衔接,为居民在城乡间方便快捷往来提供可能。同时不可忽略的还有乡村公共信息网络系统的构建,因为在互联网时代背景下,只有建立多层次多元化的网络系统,人们才能打破空间的限制实现信息共享,政府也可利用"互联网+"搭建农业整合平台推进农业产业转型升级。

2.政府和市场共同推动工业化、城镇化和农业现代化协调发展

美国比较完善的市场经济体系推动了城镇化进程,但是联邦政府也实行宏观调控,如制定了一系列的土地政策、公路法案和城市计划,推动城乡均衡发展。本来农业具有自身的薄弱性,易受自然灾害的影响,所以从事农业生产的风险性很大,同时中国市场经济还很不完善,农业的发展更离不开政府的干预。政府应对易亏损的农业活动提供资金支持,致力于构建新型农村服务体系,为农业建立统一的行业标准,加快农业的国际化步伐。不可忽略的是工业化、城镇化与农业现代化应协调推进,实现共同发展,一是因为城镇化是工业化的产物,两者的互动可加快城镇化的发展步伐,否则会出现很多社会问题;二是由于城镇化与农业现代化能相互促进,城镇化实现的前提是农业实现现

代化,若农业生产率低下而劳动力缺失,不仅给农村带来毁灭性的灾难,而且不利于城市的稳健发展;三是源于农业现代化释放的剩余劳动力需要工业化的实现来吸收,而工业化所需要的农村生产力要以农业现代化提高农业产出为前提,所以城乡一体化的实现需要工业化和农业现代化的同步推进。因政府力量有限,市场能为工业化、城镇化与农业现代化提供充分的资金和其他资源,中国应引导市场力量参与到城镇一体化的建设中来,完善城乡市场体系,形成统一的市场机制和市场体系,支持农业发展。

3. 提高农村受教育水平,重视技术创新

从美国统筹城乡发展的成果经验来看,教育公平的实现在城乡一体化进程中是不可或缺的。因为城乡一体化的实现要以农业现代化的实现为前提,而农业现代化的实现则需要文化素质高的农业经营者,这就需要以完善的教育体系为支撑。如今中国农民普遍受教育水平较低,没有一套完善的农村教育体系和农民培训体系,所以中国应在促进城乡教育公平的同时应加大对农民有针对的培训,考虑农民的实际需求,最重要的是将高等院校和科研机构的研究成果实际应用于农业,将产学研相结合,实现生产、科研与教育在资源优势与功能上的集成化与协同化,形成理论与实际相结合的教育模式。

中国应加快建立新型农业科技创新体系,重视高新科技在农业生产活动中的应用,例如生物技术、遗传工程以及计算机等技术,提高农业技术转化为生产力的速度,让农产品在国际上更加具有竞争优势。

4. 为农村发展提供金融支持

美国相互竞争又相互补充的农村金融服务体系促进了农业的发展,目前中国涉农银行机构的助农服务仍有欠缺,除去政策性金融机构的辅助,中国应借鉴美国的经验,通过提供财政补贴的方法来激励和引导商业性金融机构支持"三农",构建多层次的农村小额信贷市场,大力发展新型金融机构和组织如村镇银行、农村资金互助社和小额贷款公司,并加大政策扶持力度。村镇银行可以用批量设置的方法打开农村市场进而形成品牌效应,同时能通过网络

系统解决结算困难等问题,从而在规模化发展的基础上找到新的市场定位。小额贷款公司可以选择和商业银行合作,让商业银行提供技术人员和资金上的帮助,而小额贷款公司可以帮助商业银行开辟农村市场。

5.建造多中心城市格局,带动周边乡镇发展

中国应借鉴美国建造三大城市群带动周边城市发展的经验,构建多中心的城市格局,使这些大城市发挥辐射带动作用来引领周边乡镇的发展,最后形成经济发达和功能强大的城市群,降低居民的生活成本,让居民感觉到在大城市和周边城镇生活并无差异,从顶层出发统一安排布局,加强各级政府的相关合作交流,发展区域经济,同时注重大城市和乡镇的良好互动,让大城市和乡镇各自分工,最后实现优势互补。

6.改革户籍制度,实现真正的城乡一体化

如今中国仍然实行户籍管理二元结构即划分非农业与农业户口,这不仅造成了城乡人口资源的分割,而且不利于城镇化建设,造成了居民在就业和受教育机会的严重不平等,多少学生因非城市户口问题被拒绝于优秀学校之外,许多行业还规定只录用拥有本城市户口的求职者,这在很大程度上阻碍了城镇化进程,不能实现真正的城乡一体化,若想打破中国城乡二元结构,只有改革户籍制度,实现公平的公共服务资源配置。

二、日本缩小城乡差距经验

(一) 日本缩小城乡差距效果

日本在经历两次新农村建设后,加大了对农业生产和农民生活的政策支持,并且完善了社会保障制度,解决了和农民利益紧密相关的问题,提高了农业现代化水平,随之进入后工业化时代,城乡差距进一步缩小。截至2011年年底,日本的城镇化水平已达91.30%,位居世界第二,城乡差距基本不存在,在医疗、养老和教育方面城乡差异大多消失。日本国土面积狭小,且山地面积占全国面积的绝大比例,平原仅占24%,由于自然地理条件的限制,所以不得不实行经济分布和人口的高度集中,类似于美国,日本也形成三大都市圈,分别是名古屋、东京和大阪都市圈。如今由于日本农业现代化和人口郊区化的实现,使得城市与农村的界限越来越模糊,农民平均收入在2012年甚至超过城市居民的平均收入。同时农民收入的增加促进了农民消费的多元化,成为拉动日本经济增长的主力之一。

(二) 日本缩小城乡差距做法

1. 以工带农的发展模式

第二次世界大战结束后,日本为恢复经济向英、美等国借鉴经验,以牺牲农业为代价优先发展工业,虽然使经济实现快速发展,但是却导致了农村发展的严重落后,使得农村人口和资金大量流向城市,农业在很大程度上落后于工业,城镇与乡村之间的差别越来越明显。20世纪70年代日本开始重视农业领域的发展,利用工业反哺农业来提高农业劳动生产率,推动农业的产业化改造,实施的举措主要包括将工业快速发展积累的财政资金加大投入于农业和完善公共教育体系,在农业种植技术和设施上给予支持,还有将机械化的技术应用于农业来解放大量劳动力,将劳动力转移到工业中进一步促进城市工业发展,优化了劳动要素的合理配置。同时日本在1971年制定《农村地区引入工业促进法》,开始将城市工业引入农村建立分厂,带动农村工业的发展,使得农村在此期间逐渐转变为小城镇,而且也为农户带来其他就业机会,鼓励农户兼业化,提高农户的收入水平。

2. 推行相关政策和法律保护农业

尽管日本土地狭小,但是日本政府十分重视农业的发展,制定了有效的宏观政策来推动和扶持农业发展,采取一系列惠农措施,首先是为农业提供补助金和长期低息贷款;其次是对农产品实行保护政策,通过干预农产品的市场价格来保证农民的收入,以此来提高农业经营活动的积极性;最后是设立不同类别的贷款,来满足农业现代化的多种资金需求。

在不同时期,日本针对农业的不同发展要求也颁布了不同的法律,1961年颁布的《农业基本法》①是日本政府开始重视农业的标志,它的政策目标是提高农业劳动者的收入,来达到和其他产业从业者的相同生活水平,采取的政策手段是提高生产率、稳定价格、提供各种农产品和农村水利建设补贴以及改善农业结构等,其实质是用政治力量实施农业保护政策。后来在 WTO 体制下日本接受乌拉圭回合谈判的《农业协议》,并于 1994 年年末通过《新粮食法》,法律中规定日本将补贴生产的费用放在了农业基础设施上,由于出口导向型利益损失的出现,日本于 1999 年颁布了《食品、农业、农村基本法》②,其基本宗旨是促进本国农业的可持续发展和振兴农村区域,主要措施包括改善农业救济系统和推进多功能的支付财政体系等,努力实现城乡均衡发展。

3. 发挥民间组织作用,成立农协

日本农协是亚洲最成功的农业合作社之一,它的主要功能就是保护农民利益,提高农协全体组织成员的生活水平,排除其他资本对农民的剥削。日本政府于 1947 年颁布《农业协同组合法》③,鼓励农民组织联合起来成立农协,解决粮食问题。早期的农协多是在生产和流通领域的联合,经过多年发展,如今的农协不仅可以为农民提供技术上的指导和长期发展计划,还统一农产品的收购和销售,降低流通成本,增加农民的销售收入。最后,农协还成立专门的保险机构为农民分担农业生产风险和日常生活风险。日本政府正是通过农协发挥其政治功能,对主要农产品提供财政补贴,缩小了城乡差距。

4. 实施"一村一品"战略

日本平松守彦先生于 1979 年倡导发起"一村一品"运动,希望通过利用

---

① 见 http://baike.so.com/doc/28284796-29701569.html。
② 郭曦、齐皓天、钟涨宝:《日本第四次修订〈食品、农业和农村基本法〉及启示》,《中国人口·资源及环境》2016 年第 7 期。
③ 李中华:《日本〈农业协同组合法〉的解读与初探》,《农业经济》2002 年第 12 期。

本地资源优势打造含有自身特色的产品和产业，以此改变农村发展缓慢、人才外流的凋敝状态。它要求挖掘本地区标志性的产品和项目并加以培育，使其成为全国一流甚至世界一流，所谓"一品"就是指本区域具有比较优势的品种或品牌，吸引高素质人才参与到农村地区的建设中来，减少优秀人才的流失。日本以大分县为开端实施"一村一品"战略，立足当地的资源比较优势，以市场为导向，加大宣传力度，将大分县的香菇和麦烧酒打入国内和国际市场。"一村一品"战略的成功实施是因为日本鼓励农民寻找当地的特色产业或资源，将其发展成为本地区的标志性产业，以此来提高当地农民的收入和发展地方经济，在此过程中政府不仅提供生产资料和技术等服务，还积极完善公共服务基础设施，让农民能在学习后形成规模化生产。

5. 建立城乡一致的社会保障体系

第二次世界大战后日本加强农村地区的社会服务体系的构建，包括医疗保障制度和养老保险制度，在 1959 年日本政府颁布《国民健康保险法》，强制要求全国农户、个体经营者等无固定收入者都要加入，全民都要上交地方自治体一定的保险费，金额大小由收入水平决定；同年日本通过《国民年金法》，规定 20—60 周岁的日本农民和个体经营者要加入国民养老保险体系中，以此实现城乡一致的全民养老保险和医疗保险体系。除此之外，日本政府为应对农业自然灾害风险，建立了农业保险体系，对受灾农民提供政府补贴。

（三）日本缩小城乡差距对于中国的启示

1. 因地制宜，发展地方优势

从日本"一村一品"战略的成功实施可知，中国也应因地制宜地发展具有地方特色和竞争优势的农业产品或项目，减小内地城乡的不均衡。具体做法为：一是善于发现地区特色，与市场需求紧密结合，注重产品或项目营利性，让本地区农民积极参与进来，形成产业链，建立品牌效应；二是加大对农民的培训教育，更新农民的知识体系，培养新型产业带头人；三是政府要积极解决中国土地流转不畅的问题,降低由于信息不对称导致的高交易成本,实现农产品的规模化生产,并依法监管,不仅注重产品或项目的数量,更注重其质量,调动农民积极性,增强其抗风险能力;四是在发展经济的同时不忘生态环境的保护,在注重生态效益的前提下追求经济的高效益。

2. 工业化与农村现代化要一起抓

日本采取的是以工带农的方法来促进城乡一体化,这是因为在前期发展中忽略了农村的发展,经济发展水平虽有提高,但是城乡差距进一步扩大,地区发展严重不均衡,甚至还形成了"城市病",使城市出现交通拥堵、环境恶化和房价过高等问题。实际上工农发展并不是一种先后关系,中国应立足于本国国情,将工业化和农村现代化一起抓,农村不应一味地等着工业对自己的扶持,而应发挥自身主动性,提高基础教育水平,根据市场需求和区域优势,走适合自己特点的道路,使中国工业和农业并行发展、相互促进。

3. 以政府为主导,促进农村合作经济组织的发展

日本农协对日本农村经济发展产生积极影响,不仅使农民在农产品的经营上提高了收入,还为农村发展提供了充足的资金,缩小了日本城乡差距。目前中国的农村合作经济组织存在运行不规范、资金匮乏以及参与人数少的问题,所以我们应从日本农协的发展中借鉴经验。一是要发挥政府主导作用,制定相关政策和法律,鼓励农民专业合作社的成立和引导它的发展,根据不同类型农户的需要建立不同的合作社,明确各自的职责与作用。二是要扩大农民合作社的职能范围,加入信贷业务,解决农民资金短缺问题,同时与电子商务结合,通过网络将产品销售至外部地区。三是注重农民合作社人才的培养,依托农业类大学或职业教育学院,培养关键人才,促进农村合作社的可持续发展。

4. 完善中国农业法律体系

目前中国农业领域还未成立一套完备的法律体系,对于农业生产和农产品流通等过程出现的问题没有统一的解决办法,即使有解决途径也缺少相关

法律的支撑,所以中国应立足于中国国情加快对农业方面法律的建设和完善,让农业各环节有法可依,保障农民的基本权益,提高农业的生产效率。

首先,中国应健全农业补贴法律体系,将财政支出和农业现代化结合起来,根据不同的农业补贴性质分配不同比重的财政资金,增加对农业基础设施建设和农业生产方面补贴的法律规定,服从世界贸易组织的规则,丰富农民的农业补贴法律知识,提高法律的有效性和公平性。同时严格规定农业补贴程序,增加各个机构的问责机制,提高发放农业补贴的效率。由于中国农民对于农业补贴的法律缺少了解加上受教育水平普遍较低,所以很多农民申请补贴失败也是因为不了解再补贴申请的具体流程和具体条件,政府应加大对有关法制宣传,充分利用网络媒体加深农民的认知,使此类法规政策更好地为农户服务。对于可能出现的政府相关人员的滥用职权的情况,应建立相应监督机构,提高信息公开力度,保证补贴政策的全面落实。

其次,中国还应完善农业保险法律制度,修订《农业保险条例》①,将政府扶持和市场机制相结合,明确保险主体,并建立农业大灾保险法律制度,在面对突发性农业风险时,以政府为主结合多家保险公司,与农业再保险法律制度结合,为农户提供补偿。

三、德国城乡一体化经验

(一) 德国城乡一体化现状

如今德国的城镇化水平已在96%以上,它的主要特点一是虽然起步晚于英、法、美等发达国家,但是比其他国家发展速度快;二是人口分布均衡,没有人口过度集于大城市的现象,中小城镇反而承载大多人口,同时注重在大城市周围建立功能齐全的副中心城市,而且企业、行政部门和高等院校也分布均衡;三是注重协调发展,不仅是城乡之间地区的协调发展,而且是生态环境保

---

① 见 www.gov.cn/zwgk/2012-11/16/content-2268392.html。

护和经济水平提高的协调发展,德国十分注重对市民进行环境保护方面的教育,提高全民的环保意识,使得城乡居民享受相同的清新空气,同时减少了居民因环境恶化引发的各种疾病,提高了居民的健康水平;四是各个地区基础设施十分完善,注重便捷性和人性化;五是实现了城乡的无差别,福利无差别,待遇无差别,教育、医保和交通设施也无差别;六是注重对悠久历史文化的传承,对古城和文物利用法律加以保护,使整个德国都具有一种历史厚重感。

(二) 德国城乡一体化经验

1.科学规划城镇体系

德国《重建法案》的制定标志着其区域规划的开始,这大大加快了德国第二次世界大战灾后重建的进程,在 1949 年实施的《基本法》中联邦政府进一步规定了各个州政府和公民在区域重新规划中的责任与义务。1960 年伴随着《联邦建设法》的出台,科学的城乡规划管理体系开始建立,法律规定联邦政府指导全国城镇建设,各个州执行其下达的规划举措,但是土地使用规划需要州政府共同商讨决定,以便确立统筹框架,同时州和地方政府对于各个土地的具体用途具有较高的自主权,它们在经济发展、社会均衡和生态环保的原则下制定具体城市规划。值得一提的是公众也需要参与地方规划,规划程序的初步就是征求公众意见,由专门人员制定出来,而在公示后若公众不满规划会作出修订,这种公众参与的方式确保了规划制定的合理性和科学性。

2.践行"城乡等值理念"

第二次世界大战后世界百废待兴,德国不同于美国和日本优先发展城市,它以巴州为典型代表,奉行"城乡等值理念"走城乡协调发展之路。这种理念强调不以牺牲生态环境为代价,逐步实现城乡基础设施的等值化,所谓"等值"并非"等同",而是通过土地整治和完善公共服务基础设施等方式,在保持城乡各自特色的基础上缩小城乡差距,让城乡居民拥有同等质量的生活水平。为保证区域平衡发展和实现共同富裕,德国在其基本法中规定各州享有较高的自治权,贯彻的宗旨是在缩小地区差异的同时要实现可持续发展。以巴州为例,州政府首先制定《交通整体规划》统筹交通设施建设,延长铁路线,构建公路网,促进了城乡要素互动;另外政府还利用财政转移支付对经济基础薄弱的地区进行补贴,即将政府以税收形式筹集上来的部分资金转移到贫穷地区以缩小经济发展差距,给予经济结构越不协调的地区越多的补贴;同时还进行产业结构的调整,用税收优惠来吸引大企业的投资建厂,实现其工业化的转变,第三产业占国内生产总值的比重逐年上升;最后进行村庄更新建设和土地整理,费用主要由联邦政府承担,而且以生态环境的保护和顺应自然的要求为前提,因地制宜地进行土地规划。

3. 发展中小城镇

由于地域限制和均衡发展政策的实施,除去柏林、汉堡、慕尼黑和科隆这四大城市,人口多分布于中小城镇,如今更是每年均有许多人从大城市向中小城镇流动,所以德国的城镇化模式被称为"以中小城镇为主的高度城镇化",小城镇已然成为德国高度城镇化的代表。这些中小城镇的发展得益于都市圈的一体化建设和公共基础设施的建设,特别是交通设施的完善,最重要的是为削弱大城市的中心作用德国曾提出"去中心化"战略,将教育、医疗和行政设施分布在不同地区,而非集中在某个大城市,这些设施在每个地区都没有质的差异。在发展中小城镇时,德国政府十分重视城镇间的不同特色,比如比沃小镇建设成为旅游胜地,赫尔佐根·赫若拉赫小镇因出产著名品牌的体育用品而经济发达。政府还对城镇里的文化遗产加以修复和重建,在小镇建设时不忘对生态环境的保护,使得一些小镇景色优美、古色古香并绿草如茵。

(三) 德国城乡一体化对于中国的启示

1. 注重均衡发展

目前中国城乡发展呈现二元结构特点,发展差距过大,优质资源和完善的公共基础设施过度集中于大城市,乡村的产业发展水平和资源配置远远落后于城市,甚至出现农民看病难、出行难和子女上学难的现象,一些农民只靠农业经营活动获取的经济收入已经不能维持家里的基本生活,所以不少农民选择进城打工谋生。然而农民进城只是城镇化的一种表象,这反映的恰恰是中国农村的落后。大量农村人口涌向城市,导致城市出现了交通拥堵、住房紧张、空气污染以及就业困难等问题,而农村大量劳动力流失会使产业严重失衡,因其配套设施的不完善也吸引不了外面的人才,城市问题越来越多,农村越来越贫穷,城乡发展走入了恶性循环。中国应该学习德国的"城乡等值理念"①,推动城镇与乡村的均衡发展,确保城乡服务体系的公平,将经济重心从大城市逐渐转移到周边农村,建立发达的公路铁路交通网络将城乡联通起来,政府应继续出台一些政策保障农民的基本权益,对贫困地区还要加强财政政策支持力度,使农村改善生活条件。

2. 注重生态环保,走可持续发展之路

德国在进行城市建设时十分注重绿化,使得城镇环境优美、景色宜人,也使环保意识深入人心。具体措施如一些州和地方积极开发新能源,并利用高新技术实现资源的重复利用,同时促进产业结构的优化升级。中国应提高森林覆盖率,注重城市的环境保护,采取措施树立节能环保理念,坚持实施可持续发展战略,改变经济粗放型的增长方式,建立资源节约型和环境友好型社会。

3. 坚持科学规划

在加快推进城乡发展一体化时应坚持科学发展规划,首先保证城乡规划的合理性和合法性,遵循社会客观经济规律,追求差异化发展,对于不同地区要因地制宜进行不同的规划,不可千篇一律背离其发展要求,要避免重复建设问题;其次应学习德国严谨的规划程序,明确各级政府的规划职责,中央应将战略目标融入发展规划,地方应积极履行其相应职责;其次是要坚持以

---

① 见 www.tcncw.org.cn/bencandy.php? fid=45&id=94342。

人为本,提高公众参与城市建设的积极性,政府对他们提出的意见和建议要充分考虑。

第三节 城镇化与农业现代化协调 发展的富民效应研究

长三角地区是中国综合实力最强的经济中心,经济总量约占全国的1/5,土地肥沃,农业发展前景良好,城镇化与农业现代化的水平较高,因而研究长三角地区城镇化与农业现代化协调发展对农民收入的影响具有十分重要的实践意义。为此,本书首先从理论上分析城镇化与农业现代化协调发展对农民产生增收效应的成因,再利用长三角地区30个城市的经验数据进行论证,最后从空间相关性和空间异质性两个方面考察增收效应的空间特征。

改革开放以来,中国农民收入显著增加,农业生产日趋现代化,农村面貌焕然一新。但是,随着城镇化步伐加快,农民收入的增加速度不及经济发展的速度,也远远落后于城镇居民收入增加的速度,城乡居民收入差距加大。2001年,中国城乡居民收入绝对差为4494元,到2014年这一指标值扩大到18952元,城乡收入比一直在3:1左右。提高农民收入,缩小城乡差距是近年来学界政界力图解决的重大问题。为此,党的十六大提出统筹城乡发展的重要战略思想;在党的十六届三中全会上,又提出"五个统筹",并将统筹城乡发展放在首要位置;党的十七届三中全会正式提出统筹城乡的发展战略方针;党的十八届五中全会再次将协调发展、加快农业现代化步伐列入议题。统筹城乡协调发展已经成为中国当前以及未来一个时期的奋斗目标,其关键是统筹城镇化与农业现代化同步发展,将推进农村改革作为重中之重,同时提高农民的收入,缩小城乡居民收入差距,以扶持农业经济的迅速发展。在学术界,对城乡统筹和农民收入增长之间的关系也进行了相关研究,黄国华(2009)、王恩胡(2010)、黄世超(2014)等人的研究表明城乡非均衡增长因素与城乡收入差距呈现正比关系,城乡分割的二元经济结构是造成农民收入增速放缓的根本原因,刘慧娟、汪上、杨文兵(2013)等人的研究也指出城乡一体化是增加农民收入的战略选择。

目前国内外学者就城乡均衡发展与农民收入的关系以及城乡统筹过程中农民收入的影响因素进行了深层次的研究,但是忽略了城镇化与农业现代化均衡协调发展对农民收入的影响,城镇化与农业现代化协调发展作为城乡统筹的重要内容,其对周边地区的农民是否产生增收效应更是无人问津。在研究过程中考虑到新型城镇化是以城乡统筹为基本特征的城镇化,人的城镇化是其主要核心,而农民市民化和农民收入的增长是其实质,故本书将新型城镇化作为研究对象而非城镇化。

一、新型城镇化与农业现代化协调发展对农民增收效应的理论分析

新型城镇化与农业现代化协调发展对农民增收效应的空间特征主要指空间相关性和空间异质性,下文将从这两个方面分析增收效应的成因。

(一) 空间相关性成因分析

空间相关性是指本地区新型城镇化与农业现代化协调发展会对邻近地区的农民收入出现的"溢出效应"或者"竞争效应"。溢出效应是指本地区新型城镇化与农业现代化发展协调能够提高周围地区农民的收入,竞争效应是指本地区新型城镇化与农业现代化发展协调会减少周围地区农民的收入。

1.农村剩余劳动力转移对农民增收效应的影响

随着城镇化的快速发展,农村剩余劳动力不断转移到城市,农民进城成为农民工,非农化使农民工资性收入显著增加。新型城镇化下,国家不仅加强了对农民工的培训工作,农民工合法权益也能够被给予更好的保障,通过提升农

民工就业能力、增加就业机会,来提高其工资性收入。而中国农村劳动力的跨省市流动性大,新型城镇化与农业现代化协调发展的地区城乡居民收入差距小,农民工的工资水平相对较高,各项制度更加完善,更能吸引外省市的农民流入本市,因此会对外省市农民的工资性收入产生明显的"溢出效应"。而本省市新型城镇化与农业现代化协调发展对外省市农民的非工资性收入可能会带来负面作用的"竞争效应",这是因为外省市农民更加愿意进入本省市劳动力市场,对留在农村,并从事农业生产和其他的农业经营的意愿相对较弱,这就会降低农民的非工资性收入。

2. 农业技术进步对农民增收效应的影响

黄乐珊、孙泽昭、李红(2007),陆文聪、余新平(2013),王爱民、李子联(2014)等学者的研究显示,农业技术进步能够促进农民增收。在城乡互动协调发展的过程中,新型城镇化的过程也伴随着农业现代化。农村为城市提供要素支持和生产动力,城市的先进技术也会反哺农村,促进农业生产现代化,农业生产率快速提高。本省市新型城镇化与农业现代化协调发展,农业生产效率更高,农产品质量更加优良,种类更加多样化,更具竞争力,因此会迅速挤占外省市农产品市场,对外省市农民的非工资性收入产生"竞争效应"。同时,技术易于传播和模仿,外省市引进或发明该技术,这种学习效应使得外省市农民的工资性收入提高,这样就产生了"溢出效应"。

3. 土地利用集约化对农民增收效应的影响

改革开放以来,农村土地流动性不强,生产率较低,土地利用缺乏有效规制。在本省城镇化的推动下,一部分农村土地被征收用于城镇建设,农村人口向城镇集聚,城镇经济水平迅速提高,不仅吸纳外省农村人口进城,对外省农民工资性收入产生了"溢出效应",同时也使得本省农村人均耕地面积扩大。再加上农业现代化助力推进,农村土地流转市场被激活,农业进入规模化生产。农用地集约利用率提高,本省农民收入显著增加(韩啸等,2015),且家庭经营收入仍占主要份额(李先玲,2010),本省农业生产率高、农产品竞争力强,又会对外省农民非工资性收入产生"竞争效应"。①

综上所述,本省城镇化和农业现代化的发展对邻近省份的农民收入既会产生"溢出效应"也会产生"竞争效应"。总体来说,城镇化水平高的省份会对邻近省份的农民收入产生"溢出效应",农业现代化水平高的省份会对邻近省份的农民收入产生"竞争效应",城镇化与农业现代化协调发展必然会影响邻近地区的农民收入,这种作用的结果,受"溢出效应"和"竞争效应"程度大小的影响,本书在实证研究部分会对此作出结论。

(二) 空间异质性成因分析

空间异质性是指城镇化与农业现代化协调发展对农民增收效应在空间上的非均衡性,这种非均衡性的形成主要是由于各区域要素禀赋差异、地理环境以及经济水平差异形成的,城镇化与农业现代化协调度相同的区域所产生的增收效应也会不同。结合国内外研究成果,本书主要从宏观经济层面来研究城镇化与农业现代化协调发展对农民增收效应的空间异质性,包括经济发展水平、产业结构状态、人力资本投入三个方面。

1. 经济发展水平

经济发展水平的提高会通过劳动力市场和产品市场对农民收入产生影响,农民收入问题从本质上讲就是农民就业问题(蔡昉等,2005)。② 城镇化与农业现代化协调发展使得劳动力市场打开,当一地区经济发展水平提高,该地区的农产品需求会增大,消费水平会提升,工资水平会提高(骆永民等,2014),城镇化与农业现代化协调发展所产生的增收效应更明显。③ 此外,陈利(2015)等人指出经济集聚会提高资源利用率,规模化生产会形成经济发展

① 韩啸等:《土地流转与农民收入增长、农户最优经营规模研究——以湖北、江西山地丘陵区为例》,《农业现代化研究》2015 年第 3 期。李先玲:《基于农民收入结构的农村土地流转分析》,《特区经济》2010 年第 10 期。
② 蔡昉等:《经济增长成分变化与农民收入源泉》,《管理世界》2005 年第 5 期。
③ 骆永民等:《中国农村人力资本增收效应的空间特征》,《管理世界》2014 年第 9 期。

高地,并通过涓滴效应增加当地农民收入,而且不同强度的经济集聚和地理距离会对不同地区的农民收入产生影响。王春超(2009)、曹昆(2012)等学者的实证研究也表明外部经济环境的变化会对农民工就业产生很大影响,城市经济发展水平与农民收入之间存在明显的正相关关系。

2. 三次产业结构

统筹三次产业结构均衡发展是新型城镇化与农业现代化协调发展的重要内容,尤其是第二和第三产业的发展水平极大程度地影响着劳动力市场、农产品市场和资本市场的发达程度。只有三次产业足够发达,才能形成更加完善的劳动力市场和资本市场。而产业结构通过各种途径对城乡居民收入产生影响,进而形成城乡居民收入差距。魏君英等(2015)利用中国 1978—2013 年的数据分析表明产业结构变动能够明显增加城乡居民收入,对城乡居民收入差距影响显著且存在不均衡性。李小玉(2011)、卢冲(2014)、王亚飞(2015)等人的实证研究也表明产业结构与城乡居民收入差距存在紧密联系。这些研究表明产业结构能够对农民增收效应产生影响。

3. 金融发展

银行业、保险业、证券业等金融行业的发展为农民提供了资金支持和生产保障,大大改变了农业生产经营方式,必然会对农民收入产生影响。早在 20 世纪初,一批学者就对金融发展与农民收入之间的关系进行了大量研究,王虎(2006)等人提出金融的发展是通过资本积累、农村人力资本、产业结构变动、农村劳动力转移以及国家财政对农业的支持等各项渠道实现的,实证研究也证明金融发展对农民收入有促进作用,但是金融发展也显著拉大了中国城乡收入的差距。余新平(2010)、贾立(2010)、刘赛红(2012)、刘玉春(2013)、王小华(2014)等人的实证研究结果表明:农村金融发展与农民收入存在格兰杰因果关系,但是农村金融发展对农民收入的作用结果存在地区差异。

综上所述,随着经济环境的改变,新型城镇化与农业现代化协调发展对农民收入产生的增收效应不同。为此,本书在实证研究部分采用人均 GDP 作为经济发展水平的衡量指标、第一产业产值占 GDP 比重作为产业结构状况的衡量指标、金融发展指数作为金融发展情况的衡量指标,并将这三个变量作为转换变量(或门限变量)进入计量模型,后文将进行深入分析。

二、长三角地区新型城镇化与农业现代化协调发展的测度

本书所研究的长三角地区包括上海市、江苏省、浙江省以及合肥市、芜湖市、淮南市、马鞍山市、滁州市等安徽省五个城市,共 30 个城市,即通常所指的泛长三角地区,且经济上把江苏省分为苏南(苏州、无锡、常州、南京、镇江)、苏北(徐州、连云港、宿迁、淮安、盐城)、苏中(南通、扬州、泰州),把浙江省分为浙东(宁波、绍兴、舟山)、浙西(衢州)、浙南(温州、台州、丽水)、浙北(杭州、嘉兴、湖州)、浙中(金华)。改革开放以来,长三角地区的城市数量和规模不断扩大,城镇人口迅速增加,城市群功能逐渐完善,但存在空间分布密集,整体布局结构不合理等问题。在农业方面,长三角地区农业现代化整体水平近年来逐渐提高,但是也存在空间分布不均的问题。对此,下文将根据长三角地区城镇化及农业现代化发展的特点,分别构建评价指标体系,运用主成分分析法对长三角地区新型城镇化和农业现代化发展水平进行测度,进而测算出长三角地区新型城镇化与农业现代化协调发展程度(简称协调度)。

(一) 新型城镇化的测度

1. 评价指标体系构建

目前,较多学者使用城镇化率、非农人口占总人口的比重等单一指标来衡量城镇化发展水平。根据指标选取的完整性、可操作性以及数据的可获得性,本书从人口城镇化、经济城镇化、居民生活质量和基础设施建设四个层面来考察长三角地区新型城镇化发展水平,共选取了 20 项评价指标,具体见表 4-1。

(1)人口城镇化

人口城镇化是城镇化的直接结果,选用的指标有城镇人口比重、城镇人口

密度、二三产业就业人员占总就业人员的比重。

表 4-1 长三角地区新型城镇化指标体系

目标层	基准层	指标层(单位)
长三角地区新型城镇化综合发展水平	人口城镇化	城镇人口比重(%)
		城镇人口密度(人/公里^2)
		二三产业就业人员占就业人员比重(%)
	经济城镇化	人均 GDP(元)
		二三产业占 GDP 比重(%)
		二三产业 GDP 密度(万元/公里^2)
	居民生活质量	每千人口拥有卫生技术人员数量(人)
		每千人口拥有医院和卫生院床位(张)
		教育经费占 GDP 的比重(%)
		人均教育经费(元)
		万人拥有教学人员数量(人)
		每十万人口拥有在校大学生数(人)
		城镇居民人均可支配收入(元)
	基础设施建设	建成区所占比重(%)
		人均拥有建成区面积(米^2)
		人均拥有城镇道路面积(米^2)
		建成区绿化覆盖率(%)
		城镇每万人拥有公交车辆(标台)
		人均日生活用水量(L)
		人均公园绿地面积(米^2)

(2)经济城镇化

经济城镇化主要表现在国民生产总值的变化,选用的指标有人均 GDP、二三产业占 GDP 比重、二三产业 GDP 密度。

(3)居民生活质量

居民生活质量主要从医疗、教育、收入三个角度进行考察,故选取的指标有每千人口拥有卫生技术人员数量、每千人口拥有医院和卫生院床位、教育经费占 GDP 的比重、人均教育经费、万人拥有教学人员数量、每十万人口拥有在校大学生数、城镇居民人均可支配收入。

（4）基础设施建设

基础设施建设反映城市现代化建设水平，是新型城镇化对城市功能提出的新要求，具体指标有建成区所占比重、人均拥有建成区面积、人均拥有城镇道路面积、建成区绿化覆盖率、城镇每万人拥有公交车辆、人均日生活用水量、人均公园绿地面积。

2. 长三角地区新型城镇化综合水平测度

根据表 4-1 中各项指标，搜集 2008—2013 年相关数据（数据来源于历年《中国城市统计年鉴》《上海市统计年鉴》《安徽省统计年鉴》《江苏省统计年鉴》《浙江省统计年鉴》以及各城市统计年鉴），运用 SPSS 16.0 软件进行主成分分析及综合指数测算，得出长三角地区新型城镇化综合水平指数，见表 4-2。

由表 4-2 中数据可知，2008—2013 年长三角地区 30 个城市新型城镇化发展水平均呈现出波动起伏的状态，且波动幅度较大，有些城市新型城镇化综合指数波折增加，而有些城市波折减少，如上海市 2008—2013 年新型城镇化发展指数表现出"减增减增减"的特点，在 2012 年达到最高水平 11.87，是其他年份的两倍多；安徽省五市新型城镇化综合指数均波折减少；江苏省绝大多数城市新型城镇化综合指数波折增加；浙江省大部分城市新型城镇化综合指数波折减少。从区域分布来看，上海市、南京市、无锡市、合肥市、苏州市、杭州市等城市新型城镇化综合指数较大，而滁州市、盐城市、宿迁市、温州市、台州市、丽水市等城市新型城镇化综合指数较小，为负值，与新型城镇化综合指数较大的城市相差较远。新型城镇化综合指数的大小代表着新型城镇化发展水平的高低，分析表明长三角地区新型城镇化发展水平存在明显的时空差异性。

表 4-2 长三角地区新型城镇化综合水平(2008—2013 年)

年份 地区	2008	2009	2010	2011	2012	2013
上海	5.48	4.43	5.72	5.28	11.87	5.52
合肥	1.52	2.55	0.50	0.96	1.80	1.43
芜湖	0.97	1.61	0.18	0.08	-0.74	-0.10
淮南	0.54	0.88	-0.28	0.46	-0.25	0.31
马鞍山	1.00	1.54	0.58	-0.09	-0.73	-0.29
滁州	-2.91	-2.65	-3.14	-2.08	-6.39	-2.39
南京市	3.99	4.74	3.38	3.72	8.69	4.70
无锡市	2.26	2.04	2.36	2.40	6.12	2.83
徐州市	-0.92	-1.01	-0.78	-0.86	-2.72	-0.95
常州市	0.90	0.90	1.13	1.00	2.85	1.25
苏州市	1.78	1.56	2.17	1.92	5.75	2.64
南通市	-0.57	-0.83	-0.64	-0.18	-1.19	-0.41
连云港市	-1.55	-1.51	-1.59	-1.29	-3.49	-1.38
淮安市	-1.39	-1.42	-1.70	-1.08	-3.10	-0.98
盐城市	-2.31	-2.13	-1.96	-1.76	-4.88	-2.08
扬州市	-0.31	-0.47	-0.31	-0.15	-0.94	-0.36
镇江市	0.55	0.50	0.52	0.57	1.64	0.85
泰州市	-1.07	-1.15	-0.86	-0.81	-1.90	-0.89
宿迁市	-2.39	-2.27	-2.08	-1.93	-5.87	-2.23
杭州市	1.78	1.91	1.71	1.54	4.48	1.70
宁波市	0.41	0.15	0.91	0.68	3.01	0.63
温州市	-1.25	-1.61	-0.87	-1.13	-0.60	-0.99
嘉兴市	-0.58	-0.99	0.05	-0.45	0.39	-0.30
湖州市	-0.56	-0.48	-0.25	-0.47	-0.88	-0.52
绍兴市	-0.37	-0.81	-0.23	-0.63	-0.27	-0.53
金华市	-1.15	-1.35	-0.77	-1.24	-1.95	-1.38
衢州市	-1.37	-1.50	-1.36	-1.47	-4.62	-2.15
舟山市	0.29	0.24	-0.05	-0.23	0.58	-0.56
台州市	-1.05	-1.15	-0.73	-1.31	-2.18	-1.35
丽水市	-1.71	-1.72	-1.60	-1.45	-4.50	-2.02

（二）农业现代化的测度

1.评价指标体系构建

农业现代化是个复杂的系统,受城镇化、工业化、信息化影响较大。农业现代化发展水平的研究晚于城镇化发展水平的研究,目前学术界尚未提出统一的衡量农业现代化发展水平的指标体系,根据长三角地区农业发展特点以及数据的可获得性,本书从农业投入水平、粮食产出水平、经济产出水平、农民富裕程度四个方面构建出长三角地区农业现代化发展水平指标体系,共包含18个指标,见表4-3。

表4-3　长三角地区农业现代化指标体系

目标层	基准层	指标层（单位）
长三角地区农业现代化综合发展水平	农业投入水平	单位耕地面积农机总动力（千瓦/公顷）
		单位耕地化肥用量（吨/公顷）
		单位耕地用电量（千瓦时/公顷）
		有效灌溉率（%）
		劳均耕地面积（公顷）
		第一产业就业人数（万人）
	粮食产出水平	劳均粮食生产量（千克）
		劳均棉花生产量（千克）
		劳均油料生产量（千克）
		劳均水产品生产量（千克）
		劳均肉类生产量（千克）
	经济产出水平	农业劳动生产率（元/人）
		土地生产率（元/公顷）
		第一产业增加值比重（%）
		第一产业就业比重（%）
	农民富裕程度	农村居民家庭人均纯收入（元）
		农村居民人均生活消费支出（元）
		农村居民家庭恩格尔系数（%）
		人均耕地面积（平方米）

（1）农业投入水平

农业投入水平的高低直接影响农业产出水平的高低,农业投入包括劳动力、生产资料、生产设备等投入,该层面的指标有单位耕地面积农机总动力、单位耕地化肥用量、单位耕地用电量、有效灌溉率、劳均耕地面积和第一产业就业人数。

（2）粮食产出水平

长三角地区30个城市从事粮食生产的种类繁多,受地理气候条件制约,各城市种植的农作物存在较大差异,因此从粮食产出水平角度考察长三角地区农业现代化发展水平,有利于区分各城市之间的差别。具体指标有劳均粮食生产量、劳均棉花生产量、劳均油料生产量、劳均水产品生产量和劳均肉类生产量。

（3）经济产出水平

经济产出水平直接反映了农业现代化发展成果,主要表现在产出效率和农业就业情况。具体指标有农业劳动生产率、土地生产率、第一产业增加值比重和第一产业就业值比重。

（4）农民富裕程度

农民富裕程度的提高是农业现代化的最终目标,采取以下四项指标衡量,分别是农村居民家庭人均纯收入、农村居民人均生活消费支出、农村居民家庭恩格尔系数和人均耕地面积。

2.长三角地区农业现代化综合水平测度

根据表4-3中农业现代化指标体系各项指标,搜集2008—2013年相关数据,运用SPSS 16.0软件进行主成分分析及综合指数测算,得出长三角地区农业现代化综合水平指数,见表4-4。

表 4-4　长三角地区农业现代化综合水平（2008—2013 年）

地区＼年份	2008	2009	2010	2011	2012	2013
上海	0.85	0.81	-0.76	1.30	0.14	-0.36
合肥	0.07	-0.78	0.32	-1.35	0.58	0.87
芜湖	-0.25	-0.57	0.16	-1.09	1.08	0.83
淮南	-0.71	-1.09	-1.34	-1.11	-0.68	0.28
马鞍山	-0.51	-0.14	-0.33	-1.10	-0.32	0.24
滁州	-1.70	-1.64	-1.07	-1.67	2.83	-0.05
南京	0.37	1.06	-0.44	0.42	-0.70	-0.84
无锡	1.36	1.61	-0.52	1.50	-0.75	-0.57
徐州	-1.27	-1.34	-0.97	-0.96	1.18	-1.21
常州	1.20	1.19	-0.13	1.49	-0.88	-0.58
苏州	1.64	2.02	0.10	1.87	-0.37	-0.20
南通	0.04	0.43	-0.62	1.10	5.00	-1.12
连云港	-1.14	-0.98	-1.04	-0.91	1.06	-1.33
淮安	-0.98	-0.85	-0.85	-0.75	0.21	-1.31
盐城	-0.59	-0.06	-0.73	0.77	0.33	-1.45
扬州	0.47	0.95	0.05	1.32	-0.71	-0.78
镇江	0.15	0.31	-0.65	0.58	-0.77	-0.91
泰州	-0.26	-0.17	-0.39	0.06	-0.76	-1.15
宿迁	-1.32	-1.14	-0.45	-1.03	-0.65	-1.19
杭州	0.55	0.29	1.21	0.28	-0.39	0.69
宁波	0.66	0.40	0.65	1.38	-0.60	2.25
温州	-0.32	-0.71	-0.20	-0.66	-0.83	0.62
嘉兴	1.36	1.18	1.48	1.45	-0.91	0.53
湖州	0.53	0.61	3.50	0.62	-0.89	1.32
绍兴	0.38	0.31	3.44	0.13	-0.86	1.23
金华	-0.38	-0.63	-0.04	-0.75	-0.93	0.25
衢州	-0.93	-1.23	0.01	-1.19	-0.76	-0.09
舟山	2.20	2.07	1.12	0.78	1.56	3.91
台州	-0.23	-0.38	-0.53	-0.79	-0.49	0.61
丽水	-1.24	-1.52	-0.98	-1.69	-0.72	-0.50

与新型城镇化发展水平相比,长三角地区农业现代化发展呈现出不同的特点。上海市、南京市、无锡市、合肥市、苏州市、杭州市等新型城镇化发展水平较高的城市农业现代化综合指数较小,而滁州市、盐城市、宿迁市、温州市、台州市、丽水市等新型城镇化发展水平较低的城市农业现代化综合指数较大。与新型城镇化发展态势相同的是,农业现代化综合指数较大的城市与农业现代化综合指数较小的城市差距较大,且均呈现出波动起伏的趋势。上海市农业现代化综合指数呈现出先减小后增加的特点;安徽省五市和浙江省农业现代化综合指数均波动增加;而江苏省绝大多数城市农业现代化综合指数波动减小。

（三） 协调度的测算

1.协调度模型的构建及类型划分

协调是系统内部各要素之间"和谐一致、配合得当"的意思,它描述了系统内部各要素之间良性互动的关系。通常用协调度来度量系统之间以及系统内部各要素之间和谐发展的程度,它体现了系统有序发展的状态,是衡量协调状况好坏的标准。只有该项指标在合理的阈值范围内,系统之间或系统内部各要素之间才能保持正向发展关系,这种发展模式才是较优的发展状态。本书中新型城镇化与农业现代化协调发展程度（即协调度）主要是指新型城镇化系统与农业现代化系统之间相互配合、协调一致的水平和状态。参考部分学者的研究成果,本书将协调度定义为:

$$Z = (X + Y)/(X^2 + Y^2)^{1/2} \qquad (4-1)$$

其中,X 表示新型城镇化发展水平,Y 表示农业现代化发展水平,Z 表示新型城镇化与农业现代化协调发展程度（即协调度）。由公式可知:Z 由 X 和 Y 共同决定。当 X 和 Y 都为正值且相等时,Z 最大,为 1.414;反之,当 X 和 Y 都为负值且相等时,Z 最小,为 -1.414;其他情况下,Z 的值处于 -1.414 ——1.414 之间。协调度指数越大,协调程度越高。同时,为了直观地反映长三角

以人为本的中国新型城镇化道路研究

地区新型城镇化与农业现代化协调发展水平,结合相关研究成果,本书对协调度等级进行了划分(见表4-5)。

表4-5 新型城镇化与农业现代化协调度类型划分标准

协调类型	协调度划分标准			基本特征
	Z	X	Y	
1(优质协调型)	0≤Z≤1.414	X≥0	Y≥0	城镇化与农业现代化发展水平都为正,城市和农村发展协调,优化程度高
2(中度协调农业现代化滞后型)	0≤Z≤1.414	X≥0	Y≤0	城镇化发展水平高于农业现代化发展水平,城镇化发展过度,城市扩张过快
3(中度协调新型城镇化滞后型)	0≤Z≤1.414	X≤0	Y≥0	农业现代化发展水平高于城镇发展水平,且城镇化发展滞后于农业现城镇化,但协调度为正,城市发展趋于优化
4(低度协调农业现代化滞后型)	−1.414≤Z≤0	X≥0	Y≤0	城镇化发展水平高于农业现代化发展水平,可能会出现城镇化过度
5(低度协调新型城镇化后型)	−1.414≤Z≤0	X≤0	Y≥0	农业现代化发展水平高于城镇化综合水平且城镇化步伐滞后于农业现代化发展,协调度为负
6(失调滞后型)	−1.414≤Z≤0	X≤0	Y≤0	城镇化与农业现代化综合水平都很低,协调度为负,社会经济发展缓慢滞后

2.协调度及类型测算

根据公式(4-1),利用表4-2和表4-4中新型城镇化和农业现代化发展水平指数,测算得出2008—2013年长三角地区新型城镇化和农业现代化协调度指数(见表4-6)。由协调度指数指标数据可知,上海市、南京市、无锡市、常州市、苏州市、杭州市、宁波市和舟山市新型城镇化和农业现代化一直处于中高度协调发展;滁州市、徐州市、连云港市、淮安市、盐城市、泰州市、宿迁市、温州市、金华市、衢州市、台州市和丽水市新型城镇化和农业现代化一直处于低度协调发展甚至失调状态;其他城市大多数变化较大,如合肥市、芜湖市在2011年突然由中高度协调陷入低度协调状态,再如马鞍山市由前三年的中高度协调转入低度协调发展。可见长三角地区30个城市新型城镇化和农业现代化协调发展情况变化趋势各异且差距较大。

表4-6　长三角地区新型城镇化与农业现代化协调度(2008—2013年)

地区	2008 年	2009 年	2010 年	2011 年	2012 年	2013 年
上海	1.14	1.16	0.86	1.21	1.01	0.93
合肥	1.05	0.66	1.38	−0.23	1.26	1.37
芜湖	0.72	0.61	1.41	−0.92	0.26	0.87
淮南	−0.18	−0.15	−1.18	−0.54	−1.28	1.41
马鞍山	0.45	0.91	0.37	−1.08	−1.32	−0.13
滁州	−1.37	−1.38	−1.27	−1.41	−0.51	−1.02
南京	1.09	1.19	0.86	1.11	0.92	0.81
无锡	1.37	1.40	0.76	1.38	0.87	0.78
徐州	−1.40	−1.40	−1.41	−1.41	−0.52	−1.40
常州	1.40	1.40	0.88	1.39	0.66	0.48
苏州	1.41	1.40	1.04	1.41	0.93	0.92
南通	−0.94	−0.43	−1.41	0.83	0.74	−1.28
连云港	−1.40	−1.38	−1.38	−1.39	−0.67	−1.41
淮安	−1.39	−1.37	−1.34	−1.39	−0.93	−1.40
盐城	−1.22	−1.03	−1.29	−0.52	−0.93	−1.39
扬州	0.30	0.45	−0.83	0.88	−1.40	−1.32
镇江	1.22	1.38	−0.16	1.41	0.48	−0.05
泰州	−1.21	−1.14	−1.32	−0.92	−1.30	−1.40
宿迁	−1.36	−1.34	−1.19	−1.35	−1.10	−1.35
杭州	1.25	1.14	1.39	1.16	0.91	1.30
宁波	1.38	1.29	1.39	1.34	0.79	1.23
温州	−1.22	−1.32	−1.20	−1.37	−1.40	−0.31
嘉兴	0.53	0.12	1.03	0.66	−0.53	0.39

续表

地区	2008 年	2009 年	2010 年	2011 年	2012 年	2013 年
湖州	-0.02	0.17	0.93	0.20	-1.41	0.57
绍兴	0.01	-0.58	0.93	-0.78	-1.25	0.53
金华	-1.27	-1.33	-1.05	-1.37	-1.33	-0.81
衢州	-1.39	-1.41	-0.99	-1.41	-1.15	-1.04
舟山	1.13	1.11	0.95	0.67	1.29	0.85
台州	-1.19	-1.26	-1.40	-1.37	-1.19	-0.50
丽水	-1.39	-1.41	-1.38	-1.41	-1.15	-1.21

综合表 4-2、表 4-4、表 4-5、表 4-6 的数据,可以得到 2008—2013 年长三角地区新型城镇化与农业现代化协调度类型情况(见表 4-7)。根据协调度类型情况表,将长三角地区 30 个城市分为六个梯度,这六个梯度的地理分布见图 4-1。由表 4-7 可知,2008—2013 年长三角地区新型城镇化与农业现代化协调发展水平存在较大的时空变化。

表 4-7　长三角地区新型城镇化与农业现代化协调度类型情况(2008—2013 年)

地区	2008 年	2009 年	2010 年	2011 年	2012 年	2013 年
上海	1	1	2	1	1	2
合肥	1	2	1	4	1	1
芜湖	2	2	1	4	3	3
淮南	4	4	6	4	6	1
马鞍山	2	2	2	6	6	5
滁州	6	6	6	6	5	6
南京	1	1	2	1	2	2
无锡	1	1	2	1	2	2
徐州	6	6	6	6	5	6
常州	1	1	2	1	2	2
苏州	1	1	1	1	2	2

地区	2008 年	2009 年	2010 年	2011 年	2012 年	2013 年
南通	5	5	6	3	3	6
连云港	6	6	6	6	5	6
淮安	6	6	6	6	5	6
盐城	6	6	6	5	5	6
扬州	3	3	5	3	6	6
镇江	1	1	4	1	2	4
泰州	6	6	6	5	6	6
宿迁	6	6	6	6	6	6
杭州	1	1	1	1	2	1
宁波	1	1	1	1	2	1
温州	6	6	6	6	6	5
嘉兴	3	3	1	3	4	3
湖州	5	3	3	3	6	3
绍兴	3	5	3	5	6	3
金华	6	6	6	6	6	5
衢州	6	6	5	6	6	6
舟山	1	1	3	3	1	3
台州	6	6	6	6	6	5
丽水	6	6	6	6	6	6

三、研究设计

(一) 变量和数据选择

1. 被解释变量

综合观察本书的研究对象、各种变量的选取以及数据的可得性,采用长三角地区 30 个城市 2008—2013 年的面板数据进行深层分析。为了全方面的反映新型城镇化与农业现代化协调发展对不同类型农民收入的影响,本书将农民收入分为工资性收入和非工资性收入两大类。一般认为,农民收入主要来源于工资性收入、家庭经营收入、财产性收入和转移性收入,本书将后三类归为非工资性收入进行理论分析和实证研究。为了消除模型的异方差性、消除单位不同对参数的影响,增强模型的经济意义,将这两个变量取对数,并分别命名为 $\ln wi$、$\ln nwi$。

2. 解释变量

根据本书的研究设定,解释变量为新型城镇化与农业现代化协调发展程度(即协调度),记为 cd。

3. 控制变量

综合考察现有文献对农民收入影响因素的研究,本书第二部分新型城镇化与农业现代化协调发展对农民收入的影响路径以及数据的可获得性,本书选取以下指标作为控制变量:反映人均耕地占有量的人均耕地面积(单位:亩)、反映农村医疗服务水平的每千人拥有卫生技术人员数量(单位:人/千人)、反映经济发展水平的人均 GDP(单位:元)、反映产业结构状况的第一产业产值占 GDP 的比重(单位:%)、反映金融发展水平的金融发展指数(金融机构贷款存量占 GDP 的比重:%)、反映交通状况的公路密度(公路运营里程除以国土面积,单位:公里/平方公里)、反映农产品市场和农民工市场潜力的人口密度(人口除以国土面积,单位:人/平方公里)。分别记为 $land$、doc、gdp、fir、$fina$、$road$、pop,其中人均 GDP、公路密度、人口密度指标取对数,记为 $\ln gdp$、$\ln road$、$\ln pop$。

4. 门限变量(转换变量)

根据本书第二部分的理论分析,本书拟选用控制变量中的人均 GDP、第一产业产值占 GDP 的比重和金融发展指数作为门限变量(或转换变量),为了使回归结果更加精确,在使用某一变量作为门限变量时,就不再将其列入控制变量。

表 4-8　变量的描述性统计表

变量名	人均工资性收入的对数	人均非工资性收入的对数	协调度	人均GDP的对数	人均耕地面积	每千人拥有卫生技术人员数量	第一产业产值占GDP的比重	公路密度的对数	人口密度的对数	金融发展指数
文中表述	lnwi	lnnwi	cd	lngdp	land	doc	fir	lnroad	lnpop	fina
均值	8.6518	8.5914	-0.1539	10.77	31.26	3.90	7.54	0.15	5.93	22.7288
标准差	0.4587	0.3876	1.0959	0.54	101.77	1.58	5.05	0.51	0.95	50.4586
最小值	7.4255	7.8663	-1.41	9.4095	0.06	1.64	0.63	-2.52	2.780	0.0039
最大值	9.6046	9.5863	1.41	12.21	795.40	7.44	23.70	0.91	8.103	205.3400

（二）回归模型简介

1.静态面板回归模型

在不考虑空间特征的情况下,设定最基本的静态面板模型为:

$$Y_{it} = A_t + \alpha cd + \beta X_{it} + \varepsilon_{it} \qquad (4-2)$$

其中,Y_{it} 是被解释变量[lnwi,lnnwi]向量,A_t 为个体固定效应向量,cd 是解释变量向量,X_{it} 是控制变量向量,α、β 分别为解释变量和控制变量的回归系数,ε_{it} 是残差向量。所有向量的下标 i、t 分别表示个体和时间。经过 Wald 检验、B-P 检验、Hausman 检验,个体固定效应模型能更好地反映新型城镇化和农业现代化协调发展对农民增收效应的影响,故在后续回归结果分析中不再列出随机效应模型和 Pooled OLS 模型回归形式。因为面板模型回归结果对数据的方差非常敏感,无法忽视面板数据的自相关性,为了减小误差,本书在静态面板回归模型中进行了异方差和自相关性检验,并通过面板校正标准误差估计(PCSE)方法做了进一步的模型修正。

2.动态面板回归模型

根据新型城镇化与农业现代化协调度测算公式,协调度的大小取决于新型城镇化和农业现代化发展水平,而体现农业现代化发展水平的重要因素之一,就是农民收入,这其中明显存在内生性问题。另外,上述静态面板模型中也没有去考量变量间的动态关系,被解释变量中可能存在滞后性,因此需要对模型做进一步修正。布伦德尔(Blundell)和博德(Bond,1998)提出用系统广义矩估计(System GMM)来说明被解释变量间的动态特征。设定模型形式如下:

$$Y_{it} = c + \alpha_1 Y_{i,t-1} + \alpha_2 Y_{i,t-2} + \cdots\cdots + \beta cd_{i,t} + \chi X_{it} + \varepsilon_{it} \qquad (4-3)$$

其中,考察了被解释变量的滞后效应,具体滞后几阶要看滞后项的回归结果是否显著来定,α_1、α_2为滞后因变量的系数,β、χ分别为解释变量和控制变量系数,ε_{it}是残差向量。

3. 空间计量回归模型

根据 LM 等相关检验的结果,和前文个体固定效应模型相对应,在此使用空间面板滞后因变量模型研究淮河生态经济带新型城镇化与农业现代化协调发展对农民增收效应的空间相关性。该模型的一般形式为:

$$Y_{it} = c + \alpha \sum_{j=1}^{N} W_{ij} Y_{jt} + \beta X_{it} + u_i + \varepsilon_{it} \qquad (4-4)$$

其中,X_{it}、Y_{it}是解释变量和被解释变量向量,α为空间滞后回归系数,β为解释变量回归系数,u_i表示个体固定效应,W_{ij}是空间权重矩阵,运用绝对距离倒数计算得出。

4. 门槛面板回归模型

门槛面板回归模型是一种考察回归系数随某变量变化而变化的计量方法,这种方法的主要思想就是设定特定的门槛变量,分析解释变量的回归系数随门槛变量发生变化的情况。据此,本书确定了人均 GDP、第一产业产值占 GDP 的比重、金融发展指数这三个门槛变量,分析新型城镇化与农业现代化协调发展程度随这三个门槛变量变化对农民收入的影响,即 cd 回归系数随 $\ln gdp$、fir、$fina$ 变化而变化的情况。其模型形式设定为:

$$Y_{it} = \alpha_t + \beta X_{it} + \lambda X_{it}\{\gamma\} + e_{it} \qquad (4-5)$$

鉴于前文静态面板、动态面板和空间计量模型都采用个体固定效应形式,这里也用这一形式进行分析。其中,α_i 为个体的固定效应,X_{it}、Y_{it} 分别是解释变量和被解释变量,$X_{it}\{\gamma\} = X_{it}I_{it}\{\gamma\}$。虚拟变量的计算公式为:

$$I_{it}\{\gamma\} = \{q_{it} \leqslant \gamma\} = \begin{cases} I = 1, q_{it} \leqslant \gamma \\ I = 0, q_{it} > \gamma \end{cases} \qquad (4-6)$$

其中,q_{it} 为门限变量。β、λ、γ 为待估计参数。

四、回归分析

(一) 不考虑空间特征的回归结果分析

结合模型的拟合优度、变量的显著性、异方差性和自相关性等因素,在进行回归时有必要剔除某些控制变量,其中农民收入的静态面板回归剔除了 lngdp 变量,农民非工资性收入的动态面板剔除了 lnroad 变量,得到的回归结果见表4-9。根据静态面板和动态面板回归结果可知,协调度对农民工资性收入和非工资性收入影响不同,不同模型的回归结果也存在差异。具体来看,个体固定效应模型中协调度对农民工资性收入和非工资性收入都存在较为显著的负向影响,但模型存在显著的自相关性和异方差性,故采用 PCSE 方法进行了进一步修正。从 PCSE 的回归结果可以发现,协调度对农民工资性收入的影响由负变为正,对非工资性收入的影响依然为负。加入滞后因子做进一步考察时,农民工资性收入 SYS-GMM 模型中协调度变量系数较 PCSE 系数略有缩小,农民非工资性收入 SYS-GMM 模型中协调度变量系数略有增大。综合考察静态面板和动态面板回归结果,SYS-GMM 模型协调度变量的显著性水平较高,且回归系数处于 FE 和 PCSE 模型回归系数中间,回归结果更加可靠。即"协调度能够有效促进农民的工资性收入,对农民非工资性收入有一定的负向作用"这一结论具备较好的稳健性。

对于其他控制变量,可以发现许多变量在考虑滞后因子的作用时回归系数符号发生了变化。其中人均耕地面积对农民工资性收入和非工资收入的影响都由正值变为显著负值，每千人拥有卫生技术人员数量、人口密度对农民工资性收入的影响也由正值变为显著负值，第一产业产值占 GDP 比重、公路密度对农民工资性收入的影响由负值变为正值，而协调度和金融发展指数对农民收入的作用方向不变。根据基本的经济学理论，本书认为 SYS-GMM 估计结果更加有效，不仅是因为 SYS-GMM 估计几乎所有变量显著性水平较高，而且第一产业产值占 GDP 比重越高，可能是因为农业生产进入规模化、现代化，更多的农民进入农产品加工贸易市场，带来工资性收入的增加；公路密度提升使得农民进城务工更加便利，为农民提供了更多的就业机会，所以能够增加农民工资性收入；人口密度越大表明就业竞争更加激烈，而农民竞争力相对较薄弱，工资性收入必然会减少。

表 4-9　静态面板和动态面板模型回归结果

因变量 Y	lnwi			lnnwi		
回归方法	FE	PCSE	SYS-GMM	FE	PCSE	SYS-GMM
cd	−0.0481 ** (−1.96)	0.0384 *** (2.15)	0.0205 *** (5.29)	−0.0555 ** (−2.15)	−0.0283 *** (−9.8)	−0.0343 * (−1.93)
lngdp			0.1588 *** (8.10)			0.1955 *** (4.82)
land	$9.03e^{-06}$ (0.07)	0.0005 * (1.75)	−0.0001 *** (−5.48)	0.0002 (1.14)	0.0005 (1.63)	−0.0003 *** (−2.85)
doc	0.3150161 *** (8.65)	0.0178 (0.41)	−0.0058 (−0.55)	0.1606 *** (4.16)	0.0158 (0.41)	0.0525 *** (2.62)
fir	−0.0219 (−1.03)	−0.0494 *** (−7.76)	0.0040 (1.35)	−0.0362 (−1.62)	−0.0494 *** (−7.74)	−0.0553 *** (−2.71)
lnroad	−0.0718 ** (−2.10)	−0.0116 (−0.17)	0.0084 (1.32)			
lnpop	0.1474 *** (6.46)	0.1092 * (1.77)	−0.0331 *** (−8.62)	0.0675 *** (2.80)	0.1084 * (1.75)	0.0364 ** (2.46)
fina	0.0006 (0.17)	−0.0025 *** (−4.45)	−0.0009 * (−1.88)	0.0026 (0.70)	−0.0025 *** (−4.75)	−0.0035 *** (−3.78)

续表

因变量 Y	lnwi			lnnwi		
cons	6. 7005 *** (24.49)	8. 3557 *** (21.75)	−1. 3571 *** (−7.90)	7. 7644 *** (26.72)	8. 3664 *** (22.75)	2. 6754 *** (2.76)
L.y			0. 9987 *** (25.67)			0. 4557 *** (5.14)
R²	0. 7081	0. 9597		0. 4269	0. 9596	
LR（AR）	51. 81 ***		(22.535 ***)	54. 33 ***		(23.8557 ***)
F（Sargan）	53. 662 ***		(1.4277 **)	78. 038 ***		(−1.3326 **)

注:(1)回归方法中,FE、PCSE、SYS-GMM 分别表示个体固定效应静态面板回归、面板校正标准误差估计和系统广义矩估计;(2)*、**、*** 分别表示在 10%、5% 和 1% 显著性水平下显著;(3)括号内为 T 统计量;(4)R² 为模型的拟合优度;(5)LR(AR)和 F(Sargan)分别是个体固定效应模型和系统广义矩估计异方差和自相关检验的统计量值。

（二）空间相关性

根据空间面板滞后因变量模型的回归结果,协调度对农民工资性收入和非工资性收入的回归系数分别为 0.002223、0.726827,表明新型城镇化与农业现代化协调发展对本地区农民工资性收入增收效应影响较小,作用不显著,对本省农民非工资性收入增收效应影响较大,作用显著。空间权重矩阵和因变量的交乘项 W×y 对农民工资性收入和非工资性收入的回归系数分别为 0.735968 和 0.986961,说明本地区新型城镇化与农业现代化协调发展能显著增加相邻地区农民收入。两组系数相比,本地区新型城镇化与农业现代化协调发展对邻近地区农民收入的促进作用大于本地区。对于其他控制变量,人均 GDP、公路密度、人口密度对农民工资性收入和非工资性收入都有促进作用,人均耕地面积对农民工资性收入和非工资性收入都有抑制作用,每千人拥有卫生技术人员数量与农民工资性收入呈正相关关系,与农民非工资性收入呈负相关关系,而第一产业产值占 GDP 比重、金融发展指数与农民工资性收入均呈负相关关系,与农民非工资性收入呈正相关关系。具体情况见表4-10。

表 4-10　空间计量模型回归结果

因变量 y	lnwi	lnnwi
cd	0.002223（0.183070）	0.726827***（0.000000）
lngdp	0.174392***（3.610917）	0.037904***（2282.335266）
$land$	−0.000135**（−2.068515）	−0.124737***（−5856.396195）
doc	0.041071**（1.985588）	−0.026951***（0.000000）
fir	−0.022443**（−2.211680）	0.041415***（14977.932172）
ln$road$	0.000129（0.007752）	0.109424***（0.000000）
lnpop	0.024458*（1.871654）	0.011899***（1934.575726）
$fina$	−0.002330（−1.414973）	0.001672***（2335.088418）
W×y	0.735968***（14.181923）	0.986961***（1323166.599870）
R^2	0.9757	1.0000
LM（$robust$）	13.9182*** 12.3480***	0.0000*** 384.0277***

注:(1)LM 检验用于考察空间面板滞后因变量模型是否显著,robust 为稳健的检验统计量;(2)其他同表 4-9。

（三）空间异质性

根据理论分析,本书运用门槛面板回归模型设定了三个门槛变量进行空间异质性研究,计量结果见表 4-11 至表 4-13。

1. 以人均 GDP 对数（lngdp）为门槛变量的回归情况

从人均 GDP 对数的回归结果可以看出:新型城镇化与农业现代化协调发展对农民收入的影响受人均 GDP 对数的作用表现出明显的空间异质性。表 4-11显示,协调度对农民收入的影响在人均 GDP 对数为 lngdp1 和 lngdp2 处表现出阶段性特征,其中工资性收入为 10.468 和 11.412,非工资性收入为 10.466 和 11.408,由于数值相差较小,实际分析时不做细分。当人均 GDP 对数小于 lngdp1 和大于 lngdp2 时,协调度对农民收入的回归系数显著为正,即人均 GDP 对数处于这两个范围的地区协调度对农民收入有正向影响;当人均

GDP 对数处于这两者之间时,回归系数为负,即人均 GDP 对数在该范围的地区协调度对农民收入增长有抑制作用。且由于农民工资性收入回归系数的绝对值均略大于非工资性收入,故协调度对农民工资性收入的影响较大。具体来看:2008 年,人均 GDP 对数值小于 lngdp1 的地区有芜湖、滁州、淮南、苏北、苏中、浙南、浙中、浙西,其他地区人均 GDP 对数值均大于 lngdp1 小于 lngdp2。截至 2013 年滁州、淮南、宿迁、连云港地区人均 GDP 对数值小于 lngdp1,上海、杭州、苏南、浙东地区人均 GDP 对数值大于 lngdp2,其他地区这一指标值均处于 lngdp1 和 lngdp2 之间。

综合以上分析可知,长三角地区富裕城市和经济落后的城市,新型城镇化与农业现代化协调发展能促进农民增收,而经济发展水平中等的城市新型城镇化与农业现代化协调发展对农民增收有抑制作用,而且协调度对农民工资性收入的作用效果大于非工资性收入,经济发达地区协调度对农民收入的促进作用大于落后地区。

表 4-11 以 $\ln gdp$ 为门槛变量的回归结果

因变量 y	$\ln wi$	$\ln nwi$
cd×lngdp1	0.1023***(5.85)	0.08347**(2.52)
cd	−0.0510**(−2.73)	−0.0438**(−2.52)
cd×lngdp3	0.2195**(2.65)	0.1515**(2.64)
land	0.0000368(0.53)	0.0002***(3.38)
doc	0.2519***(6.05)	0.1049**(2.86)
fir	−0.0281(−1.57)	−0.0471*(−1.97)
lnroad	−0.03450(−1.04)	0.1232**(2.75)
lnpop	0.1404***(7.72)	0.0669***(4.23)
fina	0.0006(0.20)	0.0022(0.44)
_cons	7.0357***(26.37)	8.0661***(31.53)
Th_1	10.468	10.466
Th_2	11.412	11.408

因变量 y	lnwi	lnnwi
Th_3	10. 866	10. 865
F_1	10. 169	6. 210
F_2	44. 169***	8. 776**
F_3	0. 000	0. 000
R^2	0. 7601	0. 5078

注:(1)Th_1、Th_2、Th_3 分别为门槛面板回归中第一、二、三门槛值,F_1、F_2、F_3 为对应的 F 检验情况;(2)*、**、*** 分别表示在 10%、5%和 1%显著性水平下显著;(3)括号内为 T 统计量;(4)R^2 为模型的拟合优度。

2.第一产业产值占 GDP 比重

当以第一产业产值占 GDP 比重为门槛变量时,协调度对农民工资性收入和非工资性收入的影响截然不同,但两者都呈现显著的双门槛效应,具体数据见表 4-12。第一产业产值占 GDP 比重小于 3.37%和大于 7.75%时,农民工资性收入的回归系数为正值;第一产业产值占 GDP 比重处于 3.37%和 7.75%之间时,该回归系数为负值。大多数情况下,上海、苏南、温州地区第一产业产值占 GDP 比重低于 3.37%,苏北、浙西、滁州第一产业产值占 GDP 比重高于7.75%,这些地区协调度对农民工资性收入有积极影响,其他地区协调度对农民工资性收入有消极影响。而第一产业产值占 GDP 比重小于 9.42%和大于19.58%时,农民非工资性收入的回归系数为负值,处于这两者之间时为正值。苏北、徐州、舟山地区第一产业产值占 GDP 比重高于 9.42%低于 19.58%,这些城市协调度能增加农民非工资性收入,其他地区(其中滁州第一产业产值占GDP 比重在 19.58%之上的水平)协调度对增加农民非工资性收入有反向作用。

上述分析表明长三角地区以农业为主的城市和农业发展落后的城市,新型城镇化与农业现代化协调发展能提高农民工资性收入、抑制非工资收入;相反,农业发展水平中等的城市新型城镇化与农业现代化协调发展能提高农民非工资收入、对农民工资性收入有反方向作用。

表 4-12 以 *fir* 为门槛变量的回归结果

因变量 y	ln*wi*	ln*nwi*
cd×*fir*1	0. 1160 ** (2. 59)	−0. 1591 ** (−2. 31)
cd	−0. 1160 ** (−2. 68)	0. 1397 * (1. 98)
cd×*fir*3	0. 0378 ** (2. 99)	−0. 0215 * (−1. 31)
ln*gdp*	0. 6244 *** (5. 97)	0. 3095 *** (4. 37)
land	−0. 0002 ** (−2. 37)	0. 0001 (1. 25)
doc	0. 1463 *** (4. 58)	0. 0894 *** (3. 33)
ln*road*	−0. 0114 (−0. 51)	0. 1267 *** (3. 01)
ln*pop*	0. 0813 *** (3. 87)	0. 0326 ** (2. 35)
fina	−0. 0018 (−0. 68)	0. 0004 (0. 09)
_cons	0. 9085 (0. 96)	4. 7160 *** (6. 70)
Th_1	3. 370	9. 420
Th_2	7. 750	19. 580
Th_3	4. 490	14. 470
F_1	6. 218	12. 325 **
F_2	24. 713 ***	22. 069 ***
F_3	−0. 000	0. 000
R^2	0. 8446	0. 5423

注:同表 4-11。

3. 金融发展指数

表 4-13 显示了以金融发展指数为门槛变量时协调度对农民工资性收入和非工资性收入的回归结果,当金融发展指数小于 0. 013% 和大于 167. 870% 时,农民工资性收入的回归系数为正,当金融发展指数大于 0. 013% 而小于 167. 870% 时,农民工资性收入的回归系数为负数。截至 2013 年,南京、杭州、浙东、浙南、浙中、安徽省五市金融发展指数在 0. 013% 和 167. 870% 之间,这些地区协调度对农民工资性收入有抑制作用,其他地区(其中上海市金融发展指数高于 167. 870%)协调度能够促进农民工资性收入增长。再看农民非工资性收入的回归结果,当金融发展指数大于 0. 013% 时,金融发展指数的回归

系数才为正值,其他情况下该系数都为负。表明金融发展指数大于 0.013% 时,新型城镇化与农业现代化协调发展能才能促进农民非工资性收入的增长,这些地区主要有上海、南京、杭州、浙东、浙南、浙中、安徽省五市。

　　以上分析表明,长三角地区金融发展特别发达的上海市和较为落后的城市,新型城镇化与农业现代化协调发展能促进农民工资性收入的提高,而金融发展水平一般的城市新型城镇化与农业现代化协调发展对农民工资性收入有消极影响;只要金融发展达到一定水平,新型城镇化与农业现代化协调发展就能促进农民非工资性收入的提高。

表 4-13　以 *fina* 为门槛变量的回归结果

因变量 y	lnwi	lnnwi
$cd×fina$1	0.0806 *** (2.92)	−0.0641 * (−2.16)
cd	−0.0487 ** (−2.36)	−0.0762 * (2.10)
$cd×fina$3	0.9313 *** (3.81)	0.0374 * (−1.90)
lngdp	0.6390 *** (5.91)	0.3182 *** (4.01)
$land$	−0.0002 * (−1.82)	0.0001 (1.03)
doc	0.1395 *** (4.33)	0.0676 ** (2.69)
fir	−0.0061 (−0.4)	−0.0355 (−1.49)
ln$road$	−0.0158 (−0.86)	0.1345 *** (3.23)
lnpop	0.0765 *** (3.59)	0.0384 ** (2.69)
_cons	0.7956 (0.76)	4.9087 *** (5.65)
Th_1	0.013	0.008
Th_2	167.870	0.013
Th_3	0.017	0.010
F_1	9.658	3.490
F_2	17.619 ***	22.547 ***
F_3	−0.000	−0.000
R^2	0.8515	0.5078

注:同表 4-11。

为了搞清楚新型城镇化与农业现代化协调发展对农民增收效应的空间特征,本书从新型城镇化与农业现代化进程中的要素交换入手,结合现有农民收入的影响因素研究成果,从理论上对空间特征的成因进行了分析,并据此选择实证研究的相关变量。运用空间计量经济学的分析方法,对长三角地区2008—2013年的经验数据进行了相关分析,得出以下结论：

第一,2008—2013年长三角地区新型城镇化和农业现代化发展水平存在明显的时空变化,二者的协调发展程度也表现出较大的时空差异性。截至2013年,合肥、淮南、杭州、宁波等小部分城市已经实现优质协调发展,而大部分城市如马鞍山、滁州、南通、连云港、温州、台州、丽水等新型城镇化和农业现代化协调发展程度低,甚至处于失调滞后发展阶段。

第二,长三角地区农民收入不仅受新型城镇化与农业现代化协调发展程度影响,人均GDP、人均耕地面积、每千人拥有卫生技术人员数量、第一产业产值占GDP的比重、公路密度、人口密度和金融发展指数等变量与农民收入之间也存在较强的相关关系。

第三,新型城镇化与农业现代化协调发展能够显著促进农民工资性收入的提高,而对农民非工资性收入有一定的抑制作用;人均GDP能显著增加农民工资性收入和非工资性收入;人均耕地面积明显抑制农民工资性收入和非工资性收入;每千人拥有卫生技术人员数量能明显增加农民非工资性收入而对农民工资性收入的抑制作用不显著;第一产业产值占GDP的比重显著增加农民工资性收入而对农民非工资性收入的抑制作用不明显;公路密度因素对农民工资性收入的促进作用不明显,且与农民非工资性收入无明显的相关关系;人口密度与农民工资性收入存在明显的负相关关系,与农民非工资性收入呈现出较强的正相关关系;金融发展指数显著抑制农民非工资性收入,对农民工资性收入也表现出较强的抑制作用。

第四,新型城镇化与农业现代化协调发展对农民收入的影响存在显著的空间相关性,具体表现为对本省农民增收效应较为明显,对相邻城市的农民收入具有显著的促进作用,且对相邻城市农民收入的增收效应大于本地区。

第五,新型城镇化与农业现代化协调发展对农民收入的影响存在显著的空间异质性,具体表现受长三角地区各市人均 GDP、第一产业产值占 GDP 比重、金融发展三个要素影响呈现出不同的特征。其中:长三角地区富裕城市和经济落后的城市,新型城镇化与农业现代化协调发展能促进农民增收,而经济发展水平中等的城市新型城镇化与农业现代化协调发展对农民增收有抑制作用,而且协调度对农民工资性收入的作用效果大于非工资性收入;以农业为主的城市和农业发展落后的城市,新型城镇化与农业现代化协调发展能提高农民工资性收入、抑制非工资性收入;相反,农业发展水平中等的城市新型城镇化与农业现代化协调发展能提高农民非工资性收入、对农民工资性收入有反方向作用;金融发展特别发达的上海市和较为落后的城市,新型城镇化与农业现代化协调发展能提高农民工资性收入,而金融发展水平一般的城市新型城镇化与农业现代化协调发展对农民工资性收入有消极影响;只要金融发展达到一定水平新型城镇化与农业现代化协调发展就能促进农民非工资性收入。

第四节 城镇化与农业现代化协调发展的资源配置效应研究

安徽省作为一个农业大省,农业人口众多,随着社会经济的不断发展和生产力的不断提高,以及城镇化试点工作的有序推进,安徽省城镇化水平呈逐年上升的趋势,农村基础设施越来越完善,农民的生活水平也越来越高,城镇化建设取得了一定的成果。但安徽省城镇化与农业现代化之间还存在着不协调的地方,人口城镇化滞后、资源配置效率低下、资源浪费和环境污染严重,城乡一体化建设过程中还存在着很多问题。城镇化与农业现代化由不协调逐步走向协调发展的进程,实质上是一个资源在城乡之间流动,并不断提高资源配置效率的过程。所以本部分以安徽省作为研究对象,抓住解决城乡发展不协调问题的根源和重点,对安徽省城镇化和农业现代化协调发展的资源配置进行研究,有利于安徽省加快推进城乡建设一体化进程,对实现全面建成小康社会具有重大意义。本节首先对城镇化与农业现代化协调发展和资源配置的关系进行机理分析,然后,通过分别构建安徽省城镇化与农业现代化两个子系统评价指标体系和农业生产 DEA 模型,对两者的协调度和农业生产全要素生产率进行了测算,对安徽省城镇化与农业现代化协调发展和农业生产效率的现状进行分析。最后,通过构建城镇化与农业现代化发展协调度与农业生产效率之间的动态面板回归模型,对两者的关系进行了实证分析并得出结论。

一、文献综述

国外研究中,最早提及城镇化和农业现代化关系的研究有:刘易斯(1958)指出了在劳动力从传统产业向现代产业转移的过程中,它极大地促进了城市的经济发展。美国城市地理学家诺瑟姆(1975)指出城镇化分为三个阶段,早、后期提升缓慢,而中期城市人口比重可在几十年内突破 50% 直至上升到 70%,是城镇化的快速发展阶段。丹尼斯、陶洋(Dennis,Tao Yang,2013)通过对英国经济发展的研究指出,农业现代化一直是经济持续增长的重要动力,应该成为任何发展政策的重要组成部分。国内学者对城镇化与农业现代化的研究有:郑鑫(2005)认为农业现代化和城镇化是工业化的两个方面,两者是相互依存、相互制约的矛盾关系,并提出要解决两者发展不协调和不同步问题的关键就是政府的宏观干预,以保证两者协调发展。尹成杰(2012)认为要切实解决农业现代化和城镇化发展不协调问题,首先就是要明确和深刻认识城镇化和农业现代化的内涵问题,另外,还必须要从中国的国情出发,牢牢把握中国城镇化和农业现代化发展的特色,实事求是,创新发展理论和模式。程丹(2013)通过对中国城镇化和农业现代化的耦合关系进行研究,发现两者是相互影响、相互促进的统一关系,并从户籍制度、社会保障制度、农村教育投资、土地所有权、农产品加工等方面提出政策建议。张汉斌（2013）认为要重点关注五个现实问题：政府要继续加大对"三农"问题的支持力度、反对农民的"被城镇化"和农村"空巢"现象这两种错误倾向，要培育和发展社会主义农村新文化，突破"同质化"和创新发展路径以及结合区域主体功能区的具体发展战略，以促进城镇化和农业现代化协调发展和城乡一体化。赫修贵（2013）认为中国城镇化和农业现代化两者具有很高的关联度，主张协同推进城镇化和农业现代化，其实质就是如何实现人、资本和产业在城乡之间的集聚配置，认为协同推进中国城镇化和农业现代化过程中要注意十大警戒，根据中国的具体国情，提出协同推进中国城镇化和农业现代化的政策建议。赵宏海（2013）从经济学和地理学双重视角，阐述了城镇化和农业现代化的相关理论，并以安徽省为例，对安徽省从新中国成立以来的城镇化和农业现代化的发展情况进行了实证分析；同时，借鉴国内外协同城镇化和农业现代化的成功经验，因地制宜地提出如何促进安徽省城镇化和农业现代化协调发展的对策，认为要促进安徽省城镇化和农业现代化协调发展，关键是要坚持可持续发展原则，加快转变经济发展方式，统筹协调，构建科学合理的城镇化空间布局等。李静（2014）对中国1997—2012年城镇化和农业现代化发展的协调度进行研究，发现两个子系统从不协调走向协调，但是总体上的协调度仍然较低。谢天成（2015）以昆山市为例，对城镇化和农业现代化协调发展进行了研究，认为昆山市虽然已经基本上实现了农业现代化，但仍然存在着城镇化和农业现代化发展不协调问题。

从以上的文献中可以看出，现有的对中国城镇化和农业现代化这一问题的研究主要集中在城镇化与农业现代化之间的协调发展问题，但对如何促进城镇化和农业现代化协调发展、切实的解决两者发展过程中的矛盾没有进行深入分析，大多研究分析较宽泛。本部分将主要围绕如何驱使城镇资源向乡村流动，分别从资源配置效率、城镇化与农业现代化协调发展的资源配置方向以及资源配置的市场机制等方面，系统地对城镇化与农业现代化协调发展的资源配置问题进行研究。

二、机理分析

生产要素是指社会生产和经营活动所需要的各种社会资源,是维持国家经济运行和市场主体的基本要素,充分发挥各要素的有效性,使其始终处于最佳配置状态,以达到一系列制度安排的最佳经济效益。城市及农村资源的合理流动机制和生产要素的合理流动是指劳动力、土地、资本、技术、信息和其他城市及农村地区之间的生产要素,优化生产要素的使用,结合城市和农村要素市场,优化资源配置,提高要素生产率。城市和农村资源的合理流动和生产要素是缩小城乡差距、实现国民经济健康快速发展的内在要求。生产要素有很多种,这一节主要讨论劳动力、资本和土地。

(一) 劳动力要素合理流动效应

第一,城乡劳动力的合理流动可以加快农村剩余劳动力的转移。劳动安置将大大减少农村人口数量,为农村土地的有效集中和农业的规模和机械化创造条件。在推进农业现代化的过程中,农村劳动者也可以更好地参与市场竞争,形成新的行为和竞争规范,推进中国城镇化进程。第二,从农业部门到非农业部门、农村部门的劳动流程,是世界所有国家城镇化的必然模式。这也是经济增长和农业改革进程中国家最显著的特征之一。第三,政府在劳动力资源配置中协调城市和农村劳动力计划,消除户籍系统和其他阻碍城乡之间劳动力的合理流动的法律、法规和政策,并在城市和农村地区提高劳动力资源配置效率,有利于实现城乡一体化的市场标准化。

(二) 资本要素合理流动效应

在支持城镇化和农业现代化方面,强劲的资本投资至关重要。有三个主要来源:第一,财政基金;第二,金融基金;第三,私人基金。一是增加地方自治团体的农业投资,充分发挥财政基金的指导作用,实施优待政策和奖励政策,为城镇化和农业现代化提供财政支援,改革农业。二是确立地方财政基础,确立信用保证制度,改善工资和风险共享机制,带动城镇化和农业现代化的财政和民间资本投资,满足农村经济的多样化发展需求。

(三) 土地要素合理流转效应

首先,随着现代化程度的提高,现代农业对规模经济的需求与现有的承包农户制度之间的矛盾将日益加剧。其次,在土地资源有限的前提下,农业集约经营将提高土地生产力,为城镇化发展提供相应的土地供给,促进城镇化的发展。最后,建立一个在城市和农村地区统一的土地产权制度,明确城乡一体化土地自然人、企业法人,促进城乡土地的合理流通,有利于城镇化和农业现代化协调发展。

城镇化和农业现代化水平和协调的改善有助于有效地分配城市和农村资源。城镇化和农业现代化水平的提高和协调,可以缓解城乡矛盾,扩大农业经营规模,提高资源利用效率和要素生产率,走可持续发展之路。

城市规模的扩大和城市质量的提高,可以带动城市中第二产业和第三产业的发展,为农村剩余劳动力的就业和创业提供大量的机会,城镇化具有扩散效应。城镇化发展到一定程度时,将会出现城乡互动和发展耦合的趋势。城市人口和产业将向农村转移,基础设施将向农村扩展,公共服务将向农村扩展。先进的生产和生活方式也将传播到农村。同时,引导农民根据市场需求调整农业和农产品的结构,实现农业产业化和规模化发展。这些影响归根结底都是由于城镇化的发展,城镇化水平的提高促进了人力、土地、资本等资源在城乡之间更加有效合理的流动,大大提高了生产要素的利用率,引导着资源从低效率区域向高效率区域转移,最终使得资源配置达到帕累托最优状态。

农业现代化的改善体现在农业基础设施的现代化、农业管理方法的产业化、农业产业布局的区域化等方面。农业现代化水平的提高和更先进、完善的农业基础设施将有助于增强农民抵御各种自然灾害的能力，有利于农业资源的有效利用。农业生产工具的现代化可以使用先进的设备来代替人工劳动，特别是在生产前、生产和生产后期。机械化作业的大面积使用，大大降低了农业工人的体力，提高了劳动生产率，节约了劳动力资源，使这些劳动力资源可以流动到生产效率更高的部门。农业产品的生产、加工和流通的有机结合将有助于形成一体化的农业、生产、供应和销售，以及贸易、工业和农业的一体化。提高农业经营效率，增强农业抵御自然风险和市场风险能力的模式。至于农业产业的区域分布，当地和国际市场，可以根据自己的资源、地理位置和环境条件发展一个独特的和具有一定规模的农业支柱产业和拳头产业，从而促进农产品的优势产业的形成，提高农产品市场竞争力和市场份额。

城镇化和农业现代化协调发展能够促进农村将剩余劳动力转移到二三产业，减少农村直接从事农业生产人口的数量，然后提高人均资源在农村地区和农村劳动生产率，这有利于农村土地的循环并奠定了基础。城镇化和农业现代化协调发展也能促进农业的产业化，提高农民的运营效率，加强农业生产与大市场之间的联系，并促进各种农业服务部门和中介机构的建立来完全掌握市场情况，避免出现过剩的农产品和浪费资源以确保农产品价格的稳定。

三、安徽省城镇化与农业现代化协调发展的测度

本章首先总体分析城镇化和农业现代化协调发展指标体系，构建相应的描述和评价指标体系，然后用因子分析计算安徽省城镇化和农业现代化发展指数。在水平方向上，计算了 16 个城市的城镇化和农业现代化发展指数，并通过协调度模型对两者的协调发展进行了测量和判断。

（一）指标体系选择

1.指标体系选择原则

构建协调发展指标体系的原则如表4-14所示。

表4-14　构建协调发展指标体系的原则

科学性	它能够客观、科学地反映安徽省城镇化发展状况与农业现代化水平的相互关系以及各种指标因素
典型性	选择的指标应具有代表性，能够代表安徽在这一领域的发展
系统性	该指标可以全面反映安徽省城镇化和农业现代化协调发展的经济、社会、生活和环境等方面
可行性	该指标的内容应该简单明了，数据可用性强，以保证评价结果的准确性
可比性	指标应在一定时期内保持相对稳定，以促进评价结果的可比性，从而有利于建立省内各城市的协调地位

2.城镇化的指标体系与内容

根据数据的可获得性以及研究目的，本书以2000—2014年安徽省16个地级市为研究对象。由于巢湖市2011年划入合肥，数据难以获得，所以不予考虑。

城镇化水平的测度主要由城镇化率和非农业人口比例等单一指标来描述。本书选取四个层面和十四个具体指标作为衡量城镇化水平的基本依据，以更全面、更真实地反映城镇化水平。

第一层面：从人口的角度来看，城镇化的本质是人的城镇化。农村人口转移到城镇，在第一产业就业的人转移到第二、第三产业。主要选取的指标有城市人口密度、第三产业从业人员人数比重、城镇从业人数比重、非农人口比重等。

第二层面：从经济角度看，城镇化的进展不能与经济增长分离，而持续的经济增长应继续优化和调整产业结构。主要选取的指标有人均GDP、人均财政收入、第三产业占GDP比重、人均社会消费品零售额等。

第三层面：从生活水平的角度来看，农村居民们城市里不断改变工作方式,希望他们能过上更好的生活。这也是城镇化发展的第一目标。主要选取的指标有城镇居民家庭人均可支配收入、平均每万人拥有公共交通车辆、城镇固定资产投资等。

第四层面:从环境方面来看,城镇环境和卫生情况,这不仅反映出城市人口结构,更能反映出农村城镇的魅力。主要选取的指标有建成区绿化覆盖面积、园林绿地面积、工业废水排放达标率等。

3. 农业现代化的指标体系与内容

本书依据农业现代化的概念和客观标准,从以下五个层面提出农业现代化客观标准。

第一层面:农业基础设施和生产手段现代化。安徽省城镇化和农业现代化的协调发展,建设农业机械化、化学、水利管理、公园土地、信息化、技术、商业化、规模调整等重要基础,大大提高了土地的生产效率和劳动生产率。这里选择了一个可耕种的土地和耕地面积。

第二层面:农村农民富裕化。农业现代化的最终目标是增加农民的收入,繁荣农村的农业经济。这反映了土地的生产性、资本生产率、劳动生产率、工资和非农业经济收入,间接反映了物价指数、事业规模、第二产业、第三产业等,选择城市和农村居民的收入比市和农村居民的收入差距。

第三层面:农业环境保护。选择每公顷耕地化肥施用量指标等。

第四层面:农业经营管理现代化。选择农业就业占社会就业比重、农村人均农业总产值等指标来反映。

第五层面:农业物质装备现代化,选择农业机械化总动力和有效灌概率等指标来反映。

(二)研究方法

1. 因子分析法

所述因子分析是通过观察多个可变相关系数矩阵(或协方差矩阵)的内

部依赖性,找出能够将所有变量的主要信息进行合成的少数随机变量。因子之间不互相关联,所有变量可以表示共同因子的线性组合。原因分析的目的是减少变量的数量,使用若干因素代替所有变量来分析整体问题。设有 N 个样本,P 个指标,$X = (x_1, x_2, \ldots, x_p)^T$ 为随机向量,要寻找的公因子为 $F = (F_1, F_2, \cdots, F_m)^T$,则模型为:

$$X_1 = a_{11}F_1 + a_{12}F_2 + \ldots + a_{1m}F_m + \varepsilon_1$$
$$X_2 = a_{21}F_1 + a_{22}F_2 + \ldots + a_{2m}F_m + \varepsilon_2 \qquad (4-7)$$
$$\ldots$$
$$X_p = a_{p1}F_1 + a_{p2}F_2 + \ldots + a_{pm}F_m + \varepsilon_p$$

式(4-7)被称为因子模型。矩阵 $A = (a_{ij})$ 称为因子载荷矩阵,a_{ij} 为因子载荷,其实质就是公因子 F_i 和变量 X_j 的相关系数。ε 为特殊因子,代表公因子以外的影响因素所导致的(不能被公共因子所解释的)变量变异,实际分析时忽略不计。

对于所获得的公因子,需要观察哪个变量具有更大的负荷,并相应地解释共同因素的实际意义。但是,从分析得到的初期因子模型,在复杂的因子负荷队伍,合理解释因素很难,也是在这个时期,因子转换后会有更加合理的解释。

2. 协调度模型及类别判别

如果城镇化和农业现代化之间的差异在一定范围内,就可以进行调整。在农业现代化和城市开发的几个阶段,两者之间可能存在很大的差距,但如果双方之间的协调处于一定范围内,城镇化和农业现代化将继续保持积极的发展状态。参考部分学者对于协调度的定量研究,这里将协调定义为:

$$C = (A + B) / (A^2 + B^2)^{1/2} \qquad (4-8)$$

3. 安徽省城镇化与农业现代化发展新协调度的实证分析

(1)安徽省城镇化与农业现代化发展综合指数计算

使用上述的方法,利用统计分析软件进行城镇化水平测量指标和农业现代化开发指标的因素分析,以及选择了上述指标数据进行分析,以及使用共同因子法,确定分别选取五个公共因子和四个公共因子,为得到结果而使因素旋转。

从表4-15中可以看出,城镇化的前五个因子和农业现代化的前四个因子所解释的方差累计百分比都超过了85%,表4-16和表4-17分别为旋转后的载荷矩阵,增强因子的可解释性。

表4-15　方差解释

	主因子	特征值	方差贡献率	累积贡献率
城镇化	第一主因子(Z1)	5.002	35.728	35.728
	第二主因子(Z2)	3.031	21.649	57.377
	第三主因子(Z3)	1.505	10.748	68.125
	第四主因子(Z4)	1.399	9.996	78.121
	第五主因子(Z5)	1.148	8.202	86.322
农业现代化	第一主因子(Z1)	3.470	31.549	31.549
	第二主因子(Z2)	3.069	27.900	59.450
	第三主因子(Z3)	1.973	17.937	77.387
	第四主因子(Z4)	1.124	10.223	87.610

从表4-16、表4-17中可以通过具体数字得出更明确的结论:表4-16中第一个公共因子包含信息较多,主要反映人均GDP、人均社会消费品零售额、人均财政收入、城镇居民家庭人均可支配收入、城镇固定资产投资、建成区绿化覆盖面积和园林绿地面积等指标,第二个公共因子主要反映非农业人口比重、城镇从业人数比重、第三产业从业人数比重和平均每万人拥有公共交通车辆等指标,第三个因子主要反映城市人口密度,第四个公共因子主要反映和第三产业占GDP比重,第五个公共因子主要反映工业废水排放达标率。表4-17中第一个公共因子主要反映的是农业机械总动力、耕地面积、人均耕地量和第一产业占GDP的比重等指标,第二个公共因子主要反映的是社会人均GDP、劳均产值、第一产业从业人员比重和农民人均年纯收入等指标,第三

个公共因子主要反映的是单位耕地化肥施用量和有效灌溉率,第四个公共因子主要反映的是城乡居民收入比。

安徽 2000—2014 年各个地级市城镇化水平的综合评价得分的公式为:

$$A = 0.35728zx_1 + 0.21649zx_2 + 0.10748zx_3 + 0.099965zx_4 + 0.08202zx_5$$

$$(4-9)$$

采用同样的方法,计算出安徽各市历年农业现代化水平的综合评价得分 B 的公式为:

$$B = 0.31549zx_1 + 0.279zx_2 + 0.17937zx_3 + 0.10223zx_4 \quad (4-10)$$

表 4-16　旋转后的城镇化因子载荷矩阵

	成分				
	1	2	3	4	5
A4 人均社会消费品零售额	0.895	0.376	0.111	-0.001	0.078
A13 城镇居民家庭人均可支配收入	0.881	0.058	0.131	-0.228	0.139
A3 人均财政收入	0.849	0.434	0.023	-0.144	0.051
A1 人均 GDP	0.817	0.479	0.055	-0.210	0.062
A14 城镇固定资产投资	0.811	0.052	0.388	0.240	0.032
A10 园林绿地面积	0.623	0.218	0.093	0.525	0.193
A9 建成区绿化覆盖面积	0.616	0.264	0.515	0.392	0.089
A8 非农业人口比重	0.141	0.964	0.058	-0.040	0.013
A7 城镇从业人数比重	0.373	0.863	0.128	-0.019	-0.020
A6 第三产业从业人数比重	0.580	0.592	0.135	0.019	0.056
A12 平均每万人拥有公共交通车辆	0.216	0.549	0.442	0.200	0.358
A5 城市人口密度	0.142	0.114	0.895	-0.165	-0.033
A2 第三产业占 GDP 比重	-0.188	-0.093	-0.111	0.848	-0.121
A11 工业废水排放达标率	0.118	0.022	-0.006	-0.083	0.960

表4-17 旋转后的农业现代化因子载荷矩阵

	成分			
	1	2	3	4
B7 农业机械总动力	0.912	0.091	-0.033	0.248
B2 耕地面积	0.902	-0.113	-0.129	0.199
B1 人均耕地量	0.851	-0.019	-0.232	-0.056
B4 第一产业占GDP的比重	0.739	-0.581	-0.016	-0.063
B8 社会人均GDP	-0.307	0.869	-0.003	-0.017
B10 劳均产值	0.269	0.845	0.257	0.029
B9 农民人均年纯收入	0.048	0.834	-0.005	-0.314
B5 第一产业从业人员比重	0.558	-0.722	0.030	-0.127
B6 单位耕地化肥施用量	-0.096	0.104	0.961	0.078
B3 有效灌概率	-0.178	0.021	0.952	-0.025
B11 城乡居民收入比	0.183	-0.107	0.050	0.946

（2）安徽省城镇化与农业现代化发展协调度时序特征

利用上述计算数据,通过协调度模型公式计算出安徽省各年份城镇化与农业现代化发展协调度并得出曲线图(见图4-1)。

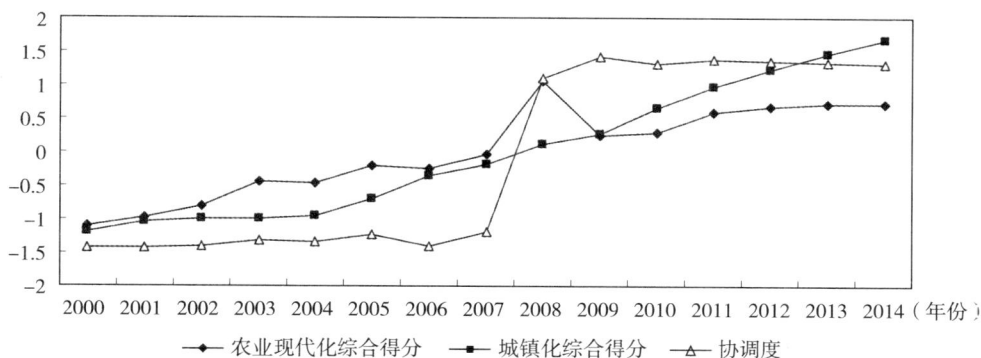

图4-1 安徽省城镇化与农业现代化综合指数与协调度变化图(2000—2014年)

安徽省2000—2014年城镇化和农业现代化两者的协调程度在不断提升,已经完成从失调滞后型向优质协调型的转变。2000—2007年,安徽省城镇化与农业现代化处于失调滞后型,虽然城镇化和农业现代化综合水平一直在不断提升,但发展水平仍然较低,其综合发展水平和两者的协调度均为负值,社会经济发展缓慢滞后。从 2008 年开始,安徽省农业现代化和城镇化水平有了质的飞跃,城市农村发展和谐,优化程度高。在 2008 年之前,安徽省农业现代化发展水平高于城镇化发展水平,两者的协调度越来越高。在 2008 年之后,城镇化发展水平高于农业现代化发展水平,农业现代化水平上升缓慢,两者的协调度呈现一个下降的趋势。

四、安徽省农业全要素生产率的测度

全要素生产率(Total Factor Productivity)是宏观经济学的重要概念,用来识别经济是投入型增长还是效率型增长,是提高农业生产总值的主要问题,主要是指技术进步、要素分配效率、制度机制、新经济改善等因素,主要依赖于资本、劳动、土地投入。接下来是很难的过渡,从总生产力的生产性定义来看,不是单纯地提出产出问题,而是为了避免"收获"的产生而提高产量。从生产开始,为了解决输出量和质量、总量、结构、成本、效率、生产和环境的矛盾,需要把重点放在解决资源错误部署问题上。同时,为了实现供求的有效率的收集,需要把重点放在需要的生产上。本节通过构建安徽省 2000—2014 年农业投入和产出的 DEA 模型,对安徽省农业全要素生产率进行测算,以对安徽省农业生产效率和农业资源配置效率进行实证分析。

(一) 指标选取与研究方法

1. 指标选取

效率性评价的第一步是构筑评价指标体系。评价指数系统是有机的整体,是根据一定水平的结构编制的多个相互连接的评估指标。应遵循以下选取原则:(1)简单:指示符简单,不应该过于复杂,而且不应该在评估过程中影响评估指标的大小;(2)独立性:相同级别的指示符彼此不重叠,没有因果关系;(3)代表性:每个指标都要与评价对象相关且能较好地反映其某些特征;(4)可行性:指标要符合客观实际且有稳定的数据来源,易操作。

基于农业投入和产出的特征以及评价指标的选取原则,最终选取了农林牧渔业总产值(万元)和农民人均年纯收入(元)作为产出指标,农林牧渔业从业人员(人)、农业有效灌溉面积(千公顷)、农用化肥施用量(吨)、农业机械总动力(万千瓦)、农作物播种面积(公顷)和农村用电量(万千瓦时)六个作为投入指标。农林牧渔业总产值是以货币形式表现的农林牧渔业所有物质产品的总量,反映的是一定时期内农业生产的总规模和总成果,是衡量农林牧渔业总体生产水平和发展速度的重要指标,也是经常被引用的指标。农村居民人均年纯收入可以用来观察农民实际收入水平,反映农业生产对改善农民经济生活的影响以及一个地区的农业经济取得的成果。

2.研究方法

Malmquist 指数最初由 Malmquist 于 1953 年提出,旨在分析不同时期的消费变化。从 s 期到 t 期,衡量全要素生产率增长的 Malmquist 指数的计算,如公式(4-11)所示:

$$m_0(q_s,x_s,q_t,x_t) = \left[\frac{d_0^s(q_t,x_t)}{d_0^s(q_s,x_s)} \times \frac{d_0^t(q_t,x_t)}{d_0^t(q_s,x_s)}\right]^{1/2} \qquad (4-11)$$

m_0 就是全要素生产率 TFP,d_0 就是投入导向的距离函数,在生产效率指数中,将此距离函数重新组合,可以证明,它等价于技术效率变化指数 ECH 与技术进步变化指数 TCH 的乘积,如公式(4-12)所示:

$$tfp_{it} = \alpha_i + \beta_1 cd_{it} + \beta_2 gdp_{it} + \beta_3 fa_{it} + \beta_4 nd_{it} + \mu_{it} \qquad (4-12)$$

从式(4-11)可知,方括号外面的比值是测算在 s 时期和 t 时期之间技术效率变化,方括号里面的部分表示的是技术进步变化指数的测算。所以公式(4-12)的两个部分又可以分别表示为公式(4-13)、公式(4-14)和公式(4-15):

$$ECH = \frac{d_0^t(q_t, x_t)}{d_0^s(q_s, x_s)} \tag{4-13}$$

$$TCH = \left[\frac{d_0^s(q_t, x_t)}{d_0^t(q_t, x_t)} \times \frac{d_0^s(q_s, x_s)}{d_0^t(q_s, x_s)} \right]^{1/2} \tag{4-14}$$

$$TFP = ECH \times TCH \tag{4-15}$$

在规模报酬可变 VRS 的假设前提下,技术效率变化指数 ECH 还可以进一步分解为纯技术效率变化指数和规模效率变化指数,如公式(4-16)、公式(4-17)和公式(4-18)所示:

$$PECH = \frac{d_{0v}^t(q_t, x_t)}{d_{0v}^s(q_s, x_s)} \tag{4-16}$$

$$SECH = \left[\frac{d_{0v}^t(q_t, x_t)/d_{0c}^t(q_t, x_t)}{d_{0v}^t(q_s, x_s)/d_{0c}^t(q_s, x_s)} \times \frac{d_{0v}^s(q_t, x_t)/d_{0c}^s(q_t, x_t)}{d_{0v}^s(q_s, x_s)/d_{0c}^s(q_s, x_s)} \right]^{1/2} \tag{4-17}$$

技术效率变化指数 $\qquad ECH = PECH \times SECH \tag{4-18}$

公式(4-17)的规模效率变化实际是两种规模变化测算值的几何平均。第一部分是相对于 t 时期的技术,第二部分是相对于 s 时期的技术。附加的下标 v 和 c,它们分别是相对于规模报酬可变 VRS 技术与规模报酬不变 CRS 技术。综上可得公式(4-19):

$$TFP = PECH \times SECH \times TCH \tag{4-19}$$

当 Malmquist 指数大于 1 时,说明全要素生产率 TFP 提高,生产效率得到改善;当技术进步变化指数大于 1 时,说明技术进步;反之,说明技术退步。

(二) 实证结果与分析

1. 农业全要素生产率

运用 DEAP 2.1 软件计算了安徽省 16 个地级市 2000—2014 年投入与产出的面板数据的 Malmquist 农业 TFP 指数并对其进行了分解,表 4-18 是安徽省农业全要素生产率及其构成的变化情况。

从横向上来看,安徽省在2000—2014年农业全要素生产率的平均增长率为7.60%,农业技术进步是其农业全要素生产率增长的主要原因,农业技术进步变化指数的平均增长率为7.90%,但技术效率变化指数却出现0.30%的负增长,其中,规模效率变化指数的负增长是导致技术效率变化指数出现负增长的主要原因,纯技术效率变化指数整体上没有发生变化。安徽省农业全要素生产率表现整体上呈增长态势的主要原因是农业技术的进步,因为农业科技进步可以在保持投入不变情况下增加农业产出,另外还能使农业生产的平均成本降低。同时,由于管理体制不健全和制度约束等问题的制约,安徽省农业全要素生产率虽然在15年间不断增长,但是由于农业纯技术效率和规模效率都出现了负增长,在很大程度上制约了农业生产效率的提高。可见,安徽省在以后的农业发展过程中,在重视农业技术研发和技术创新的同时,还要优化管理和注重制度创新,以提高安徽省农业生产的纯技术效率。另外,安徽省在农业发展过程中还要着重解决因为农业生产规模地不断扩张所带来的管理低效率的问题。

从纵向上来看,安徽省农业全要素生产率在这15年间虽然不断出现波动现象,但是总体上是呈现增长的态势。其中2003—2004年农业全要素生产率指数增长最快,平均增长率达到27.90%,技术进步指数平均增长24.90%,技术效率变化指数平均增长2.40%,农业技术进步仍然是推动安徽省农业TFP增长的主要原因。从图4-2中可以看出,安徽省农业全要素生产率在2000—2014年间呈现的是在波动中不断上升的趋势,在2002—2003年农业TFP指数有一个短暂的负增长,紧接着在2003—2004年农业TFP指数增长达到峰值,直到2014年,农业TFP指数都是伴随着农业技术进步指数的波动而变化,变化幅度很小,农业生产效率一直在稳步提升。其中,技术进步变化指数除了2002—2003年外,其他几年一直保持着正向增长,成为拉动农业全要素生产率增长的主要动力。而技术效率变化指数除了个别年份表现出正增长其他年份都处于负增长,制约了安徽省农业生产效率的改善。这说明技术进步对技术效率的影响存在滞后效应,安徽省在未来的农业生产过程中,在注重技术研发的同时,还要注重提高农民的科学素质,加大对农民的教育投入,做好农业技术的推广工作,将农业技术真正的转化成农业生产力。

表4-18　安徽省农业 Malmquist 生产率指数及其构成(2000—2014 年)

年份	技术效率变化指数	技术进步变化指数	纯技术效率变化指数	规模效率变化指数	Malmquist生产率指数
2000—2001	0.989	1.073	1.005	0.984	1.061
2001—2002	1.013	1.041	1.008	1.005	1.054
2002—2003	0.964	0.999	0.985	0.979	0.963
2003—2004	1.024	1.249	1.016	1.008	1.279
2004—2005	0.984	1.043	0.995	0.990	1.027
2005—2006	1.013	1.100	1.005	1.008	1.114
2006—2007	0.962	1.084	0.992	0.969	1.042
2007—2008	1.018	1.155	0.998	1.020	1.176
2008—2009	0.986	1.043	0.996	0.990	1.028
2009—2010	0.983	1.133	0.990	0.993	1.114
2010—2011	1.046	1.030	1.016	1.029	1.077
2011—2012	0.994	1.068	0.999	0.995	1.061
2012—2013	0.989	1.056	0.989	1.000	1.044
2013—2014	0.995	1.056	1.002	0.994	1.051
平均	0.997	1.079	1.000	0.997	1.076

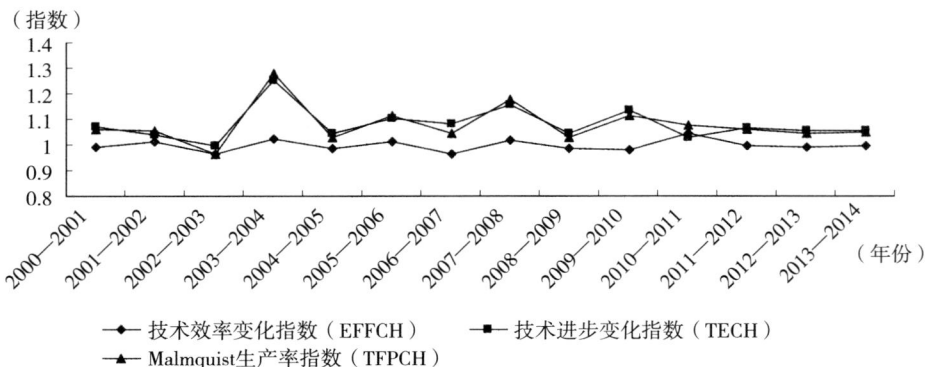

图 4-2　安徽省农业 TFP 指数及结构变动

五、安徽省城镇化与农业现代化协调发展对资源配置的影响分析

为了进一步研究和分析安徽省城镇化与农业现代化协调发展对资源配置的影响,本节构建了安徽省农业全要素生产率指数 TFP 与城镇化和农业现代化发展协调度之间的动态面板回归模型。

(一)指标选取

在指标选取方面,文中以安徽省各个地级市的农业全要素生产率 TFP 指数作为衡量农业资源配置效率的指标,为被解释变量(tfp),选取安徽省城镇化与农业现代化协调度作为衡量安徽省城镇化和农业现代化发展水平的指标,为解释变量(cd)。另外,本书选取三个影响农业全要素生产率的变量作为控制变量:选取安徽省各个市的 GDP 增长速度(gdp)来衡量地区经济发展水平,选取财政支农支出来度量不同地区财政支农政策的力度,用财政支出中的农林水务支出占地方财政支出的比重来表示财政支农力度(fa),除此之外,还考虑到受灾率(nd)对农业全要素生产率构成的可能存在影响。各变量的统计描述如表4-19所示:

表4-19 各变量含义及统计描述

变量	表示	样本数	均值	标准差	最小值	最大值
农业全要素生产率	tfp	240	1.066521	0.144433	0.337	1.78
城镇化与农业现代化协调度	cd	240	−0.15932	1.043901	−1.41421	1.413849
GDP 增速	gdp	240	15.23276	8.587376	−7.74379	56.96315
财政支农力度	fa	240	8.0967	3.859621	2.018994	18.90325
农作物受灾率	nd	240	29.33103	18.62707	0	86.05992

（二）模型的选取

本节选取农业全要素生产率为被解释变量,城镇化和农业现代化协调度为解释变量,GDP 增速、财政支农力度和农作物受灾率为控制变量,构建静态面板模型。

1.静态面板模型

$$tfp_{it} = \alpha_i + \beta_1 cd_{it} + \beta_2 gdp_{it} + \beta_3 fa_{it} + \beta_4 nd_{it} + \mu_{it} \qquad （4-20）$$

其中,$i=1,2,3\cdots16,t=1,2,3\cdots15$。

式（4-20）中,i 表示各个地市,t 表示时间。α_i 为截距项,表示各截面中不随时间变化的个体效应,μ_{it} 表示随机干扰项。tfp_{it} 表示第 i 个地级市第 t 年的农业全要素生产率,cd_{it} 表示第 i 个地级市第 t 年的城镇化和农业现代化发展协调度,gdp_{it} 表示第 i 个地级市第 t 年的 GDP 增速,fa_{it} 表示第 i 个地级市第 t 年的财政支农力度,nd_{it} 表示第 i 个地级市第 t 年的农业受灾率。β_1、β_2、β_3、β_4 均为各变量的参数估计值。

2.动态面板模型

上述静态面板模型并不能较好描述经济系统中的动态影响过程,因此,本书引入被解释变量农业全要素生产率的滞后一期值作为解释变量,构建如下的动态面板模型:

$$tfp_{it} = \alpha_i + \beta_0 tfp_{i,t-1} + \beta_1 cd_{it} + \beta_2 gdp_{it} + \beta_3 fa_{it} + \beta_4 nd_{it} + \mu_{it} \qquad （4-21）$$

其中,$i=1,2,3\cdots16,t=1,2,3\cdots15$。

在解释变量中加入被解释变量滞后一期值,会使模型不可避免地产生内生性问题,进而会导致参数估计值的有偏性和非一致性。

3.模型筛选

（1）静态面板模型筛选

静态面板模型包括固定效应模型、混合效应模型以及随机效应模型,针对不同类型的数据结构,选择合适面板模型以确保检验结果的准确性。

（2）结果对比分析

在确定随机效应模型之后,进一步采用一步差分 GMM、两步差分 GMM、一步系统 GMM 以及两步系统 GMM 对式(4-20)中的动态面板模型进行分析,并对以上五种估计结果进行对比分析,最终确定了较为准确的模型估计结果。模型对比分析结果如表 4-20 所示。

相比其他几种模型,模型 5 中样本值缺失较少,解释变量和各控制变量基本都能通过在 1% 显著水平下的检验以及各统计量检验。因此,本节以模型 5 中结果为主要分析依据,其他几种模型结果均作为对比依据。

表 4-20　各模型结果对比分析

	模型 1	模型 2	模型 3	模型 4	模型 5
	随机效应模型	一步差分 GMM	两步差分 GMM	一步系统 GMM	两步系统 GMM
L.tfp		-0.332^{***}	-0.351^{***}	-0.349^{***}	-0.373^{***}
		(-5.42)	(-6.19)	(-7.76)	(-6.46)
cd	0.005	0.014	0.011	0.001	0.003^{*}
	(0.48)	(1.20)	(1.21)	(0.09)	(-2.35)
gdp	0.002^{*}	0.001	0.001^{*}	-0.895^{***}	0.001^{*}
	(2.22)	(1.35)	(2.49)	(0.001)	(2.49)
fa	-0.005^{*}	-0.011^{**}	-0.011^{***}	-0.009^{**}	-0.008^{**}
	(-2.06)	(-3.05)	(-3.70)	(-3.05)	(-2.81)
nd	-0.003^{***}	-0.002^{***}	-0.002^{***}	-0.003^{***}	-0.003^{***}
	(-5.12)	(-5.11)	(-5.96)	(-5.98)	(-6.30)
样本数	240	208	208	224	224
Wald 检验值		80.44	1202.55	147.32	1620.25
Sargan 检验 P 值		0.0737	1	0.007	1
AR(2)检验 P 值			0.9919		

注: * p<0.05, ** p<0.01, *** p<0.001;L.tfp 表示农业全要素生产率的滞后一期。

（3）回归结果进一步分析

根据模型 5 中估计结果可知,城镇化与农业现代化的发展协调度的参数估计值为 0.03,这说明城镇化与农业现代化的发展协调度高,将会促进农业生产效率的改善,使得资源配置更加合理。一个地区的城镇化与农业现代化发展协调度越高,城乡之间矛盾越少,城乡一体化水平越高,农业生产结构越合理,农业生产的技术效率混合效率越高,自然会优化资源在城乡之间的流动,从而提高了农业全要素生产率。

其中,GDP 增速对农业全要素生产率的提高具有正向的促进作用,一个地区的经济发展水平越高,农业基础设施越完善,农业生产技术越先进,自然会提高农业生产效率;财政支农力度和农业全要素生产率之间呈反方向的关系,财政支出中的支农支出比例越大,相反会阻碍农业全要素生产率的提高,另外,本书选取的财政支农投入主要是农林水务事业支出,而在农业生产过程中,科技投入和技术进步对农业全要素生产率的影响更为显著。

本节先分析了城镇化与农业现代化协调发展的富民效应理论,介绍了中国农民收入和农业现代化的现状,然后分别从农业一二三产业融合对农民收入的影响、城镇化和农业现代化协调发展对农民的影响进行了分析,最后基于中部地区(县)进行了实证研究。其次,对安徽省城镇化与农业现代化协调发展的资源配置进行测度,构建发展的子系统指标体系,测算了安徽省 2000—2014 年城镇化与农业现代化发展的协调度,并通过运用 DEA 的 Malmquist 指数计算了安徽省农业全要素生产率指数,最后,建立了农业全要素生产率和城镇化与农业现代化发展的协调度之间的动态面板回归模型,对安徽省城镇化与农业现代化协调发展对资源配置的影响进行了研究。可以得到以下几点主要结论。

第一,2005—2014 年间,中国农业现代化水平不断提升,尤其在 2009—2011 年间,水平提升较为明显。并且中国东、中、西部和东北地区的农业现代化水平都在不断进步,尤其东北地区是发展最为迅速的地区。

第二,不同地区农业一二三产业融合与农民收入结构影响相同。东、中、西部和东北地区,农民的工资性收入与一二三产业融合度之间均呈显著的正相关关系,但家庭经营性收入与一二三产业融合度均呈负相关关系。东部与东北地区,一二三产业融合程度较好;中部和西部地区,一二三产业融合度有待提高。

第三,城镇化与农业现代化协调度、一二三产业融合度对农民收入具有显著的正向影响。其中同时提高农业现代化水平和城镇化水平都有助于增加农民收入,但单方面提高城镇化或单方面提高农业现代化不利于增加农民收入。说明了应通过同时促进城镇化和农业现代化来提高农民收入。

第四,基于中西部地区县的实证结果表明,人口城镇化、经济城镇化、农业现代化,对农民收入均具有显著的正向影响。其中人口城镇化的估计系数值最大,说明加快人口城镇化发展对县域农民增收的作用最大。

第五,在2000—2014年间,安徽省城镇化和农业现代化发展水平呈现阶梯状上升的趋势,一直在不断提高,两者的协调度也在不断得到优化,在2008年跨越门槛实现质的飞跃,完成从失调滞后型向优质协调型的转变。在2000—2008年,安徽省农业现代化发展水平高于城镇化发展水平,两者的差距在不断缩小,在2008年随着城镇化和农业现代化发展协调度跨越优质协调门槛后,城镇化发展反超农业现代化,并且在2008—2014年间,两者的差距越来越大,农业现代化发展的增长速度趋于平缓,城镇化发展速度加快。所以,在2009年之后两者的协调度有一个下降的趋势。

第六,通过测算安徽省15年间的农业TFP指数及其构成,发现安徽省农业全要素生产率一直在不断提高,农业生产效率在不断得到改善,农业生产过程中的资源配置效率也在不断得到优化。通过对农业TFP指数构成分析,可以看到,安徽省农业TFP指数一直随着农业技术进步变化指数的波动而变化。

第五章 "人本"城镇化的制度
体系设计与政策组合

本章在以物为本的城镇化目标取向分析的基础上,揭示以物为本的城镇化缺陷,借鉴中外城乡一体化制度设计,提出城乡一体的以人为本的新型城镇化推进制度。

第一节 "物质"城镇化的缺陷分析

城镇化是现代化进程的必由之路,是解决"三农"问题、实现乡村振兴的重要途径,有利于促进产业升级,推动城乡融合发展和城乡一体化,对于加快推进社会主义现代化具有重要意义。按照战略理念,城镇化发展类型可以分为以物为本和以人为本。以物为本的城镇化发展理念是指全面加强基础设施建设,建立一切以物质为中心的城市,其发展理念过于强调城市对发展要素的聚集,往往会导致各地区城镇人口持续增加、城镇规模不断扩大以及经济持续高速增长等问题的出现。在经济新常态背景下,要坚持新发展理念,走以人为本的城镇化道路,全面推进"五位一体"新型城镇化建设,促进中国经济持续健康发展。

一、以物为本的城镇化目标取向分析

（一）城镇化率快速提高

1.城镇化总体分析

2015年年末,中国总人口增加到137462万人(不包括香港、澳门、台湾地区),与2014年年末相比增长了680万人,其中城镇常住人口77116万,城镇化率高达56.10%[1]。2000—2015年期间,中国城镇化率总体上有了大幅度提升,呈现逐年递增趋势,由2000年的36.22%上升至2015年的56.10%,16年间共增长19.88个百分点,年均增长率达到1.24%,明显高于1990—2000年间的年均增长率0.98%,其中,2011—2015年连续五年突破50%的高水平。20世纪80年代初,发达国家城镇化比例达到70%—80%,总体上来看,中国城镇化仍具有很大发展空间。

（单位：%）

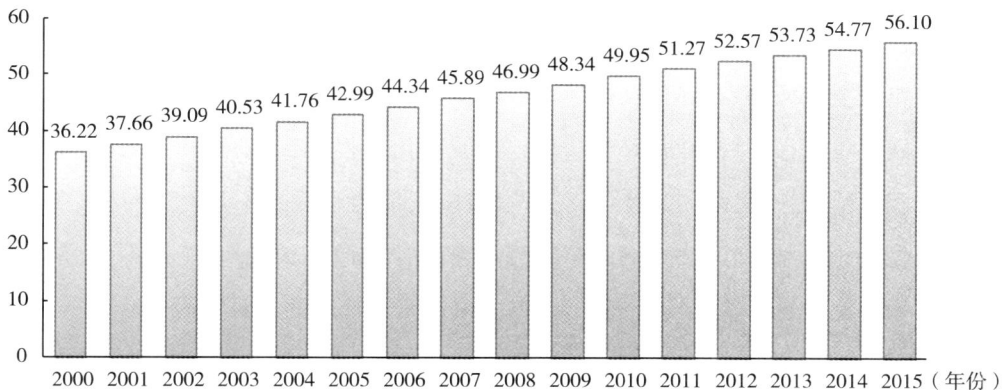

图5-1 中国城镇化率(2000—2015年)

2.城镇化区域分析

由于东部、中部、西部和东北各地区的经济基础、地理位置、政策环境等因

---

[1] 国家统计局:《中国统计年鉴2016》,中国统计出版社2016年版,第33页。

素不同,导致各地区城镇化率有其各自的特征。总体呈现东部地区城镇化率高、东北地区城镇化率较高、中部地区城镇化率较低、西部地区城镇化率低的空间分布格局。在 2000—2015 年期间,城镇化率增幅最大的两个省份是重庆和江苏,16 年间分别增长了 27. 85 个百分点和 25. 03 个百分点。增长幅度最小的两个省份是吉林和上海,16 年间增幅仅为 5. 63% 和 1. 49%。

（1）东部地区

东部十省份之间城镇化率差距较大,2000 年城镇化率最高的是上海 88. 31%,最低的是山东 35. 00%,两者相差 53. 31%。2015 年,东部十省份中城镇化率最高的依然是上海 89. 80%,河北处于最后一位,大约为 50. 00% 左右,两者相差 39. 80%。另外,从 2000 年到 2015 年,除了上海、北京两个直辖市外,其他省份城镇化率的增长幅度都超过了 10%,其中河北上涨幅度最大,高达 23. 92%。东部地区的城镇化发展之所以会出现这种情形,其中一个重要原因是上海作为中国的国际金融中心,工业化、信息化迅速发展,集聚了大量的财富、劳动力和高新技术,城市经济繁荣,市场活跃;另外上海的农业人口较少,导致了上海城镇化率大幅度上升。而山东、河北作为中国农业大省,农业人口基数较大,只有部分农村劳动力转移到城市,城市生活文化的价值观及其方式等难以在农村大面积扩散,制约了城镇化进程;工业基础较薄弱,经济基础相对落后,缺乏强劲的产业支撑,自身发展能力和后劲不足,特别是第三产业发展相对滞后,无法吸纳更多的劳动力;大城市的辐射带动能力不强,未积极稳妥地推进城镇化发展进程,导致城镇化率增长速度相对较慢。

（2）东北地区

2000 年东北三省城镇化率都超过 49. 00%,2015 年城镇化率均上升了 55. 00% 以上。2000—2015 年期间,东北三省城镇化率均未出现较大幅度增长,辽宁、吉林和黑龙江城镇化率分别增长了 13. 11%、5. 63% 和 7. 26%。辽宁、吉林和黑龙江三省的城镇化率增幅不大,但也取得了明显成效。具体来看,东北三省加速推进构建"三群一带"格局,充分发挥了城市群之间的集聚效应;加大老工业基地改造力度,产业向园区集中,人口向城市聚集,加快工业化和城镇化协调发展;城市发展环境和城市建设智能化水平明显提高。

（3）中部地区

中部六省在 2000 年城镇化率最高的是湖北 40.22%,最低的是河南仅有 23.20%。2015 年湖北城镇化率高达 56.85%,河南城镇化率却没有突破 50.00%,仅为 46.85%。城镇化率增幅最大的江西增加了 23.83%,增幅最小的湖北是 16.63%。由于中部六省多数都是农业大省,农业人口多,其地理位置、经济基础较差,相比于东部省份经济发展相对落后,城镇化进程相对缓慢;中部六省整体城镇化政策体制机制相对落后,难以适应中部六省城镇化快速发展的现实需求,城乡二元体制是城镇化进程中最大的困扰。

（4）西部地区

西部十二省份城镇化水平发展极不平衡,内蒙古和重庆城镇化率一直位列前两位。2000—2015 年期间,城镇化增幅最高的是重庆,上涨了 27.85 个百分点,其次是内蒙古增加了 17.62 个百分点,增幅最小的是西藏增加了 7.27 个百分点。在经济发展过程中,内蒙古和重庆享受了很多国家优惠政策,尤其是 2007 年重庆获批成为"全国统筹城乡综合配套改革试验区",有利于探索省级架构下的城乡统筹之路,加快推进城镇化进程。虽然重庆城镇化率的增幅最大,但与东部地区相比依然落后,与北京、上海等相比更是相差甚远。近年来,国家不断加大对西藏基础设施建设投入,促进了新农村建设和旅游业发展,然而西藏的城镇化发展相对缓慢,城镇化率增幅相对较低。此外,西藏、贵州、甘肃、云南等省份的城镇化率相对较低,反映了整个西部区域城镇化有很大的发展空间。

（二）城市规模不断扩大

1. 城市数量

改革开放至今,中国全面融入世界经济体系,经济持续高速增长,人民生活水平和社会发展水平大幅度提高。21 世纪以来,中国地级市数量逐渐稳定下来,日益成为地级行政区的主体。随着中国城镇化率的不断提高,城市已经成为大多数居民的主要生活空间,城市管理正逐步迈向数字化、网格化、智慧化。2000 年,中国有 263 个地级及以上城市,2014 年增长为 292 个,15 年间增加了 29 个新的城市(见图 5-2)。

（单位：个）

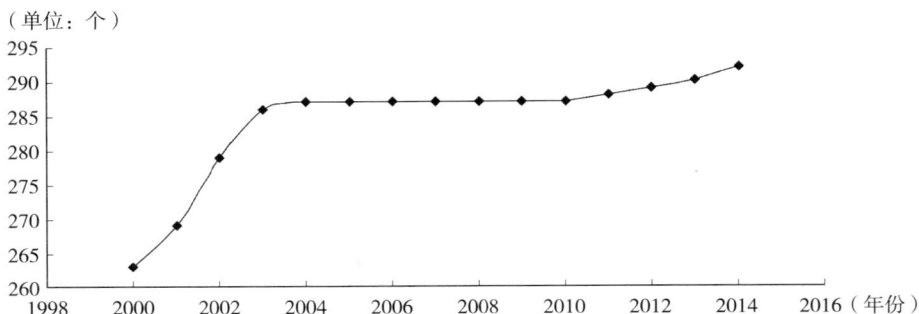

图 5-2　地级及以上城市数目变化趋势图

2014 年,东部、东北、中部和西部地区的地级及以上城市数量依次为 88 个、34 个、80 个和 90 个,①分别占总数的 30%、12%、27% 和 31%,其中广东、四川、山东、河南等省份的地级及以上城市数目最多,分别为 21 个、18 个、17 个和 17 个(见图 5-3)。地级市的发展提高了区域政府的行政效率,减少了行政

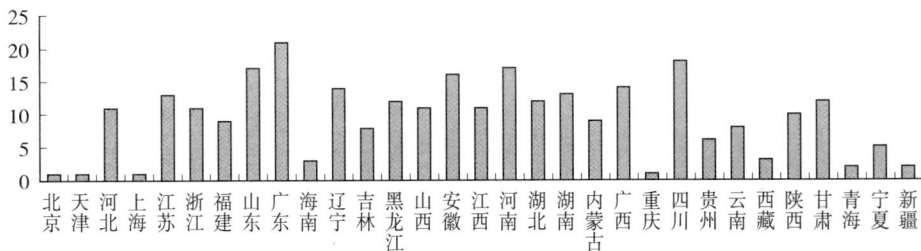

图 5-3　2014 年中国地级及以上城市数目分布图

---

①　国家统计局:《中国统计年鉴 2015》,中国统计出版社 2015 年版,第 843 页。

壁垒,实现了所辖县的同城化;有利于加快中心城市和周边地区的密切结合,推动区域之间的经济交流与合作,充分发挥中心城市的辐射带动作用,完善生产资料流通体系,带动整个区域经济社会发展。

2. 城市规模

中国的城镇化一直遵循着"严格控制大城市规模,合理发展中小城市,积极发展小城镇"的方针政策。城市规模可以分为产业规模和人口规模,若城市规模过小,会产生生产要素使用效率不高、土地资源浪费等现象;若城市规模过大,则会降低城市的集聚效应,存在边际收益递减问题。2013 年,中央城镇化会议指出应当对城市自身增长作出限制,强调"不是每个城镇都要长成巨人"。因此,城市规模的扩张是不可能毫无限制的,必须控制在一定范围内。

为了能够准确分析中国城市规模的变化,本书选择 70 个大中城市为研究对象进行分析。2000 年,上海的城区常住人口为 1136.82 万人,属于超大城市;北京、天津、武汉、广州、重庆 5 个城市的城区常住人口在 500 万以上 1000 万以下,属于特大城市;成都、西安、哈尔滨、沈阳 4 个城市的城区常住人口在 300 万以上 500 万以下,属于Ⅰ型大城市;南京、徐州、杭州、宁波、合肥等 33 个城市的城区常住人口在 100 万以上 300 万以下,属于Ⅱ型大城市;扬州、蚌埠、安庆、桂林、北海等 26 个城市的城区常住人口在 50 万以上 100 万以下,属于中等城市;只有大理的城区常住人口小于 50 万,属于小城市。[①]

2014 年,北京、上海、重庆的城区常住人口分别为 1261.9 万、1370.9 万、1943.9 万,属于超大城市;天津、南京、沈阳、杭州、广州、成都等 9 个城市的城区常住人口在 500 万以上 1000 万以下,属于特大城市;哈尔滨、长沙、深圳、青岛等 10 个城市的城区常住人口在 300 万以上 500 万以下,属于Ⅰ型大城市;太原、无锡、扬州、合肥、蚌埠等 34 个城市的城区常住人口在 100 万以上 300 万以下,属于Ⅱ型大城市;秦皇岛、丹东、锦州、安庆、九江等 14 个城市的城区

①　国家统计局:《中国城市统计年鉴 2001》,中国统计出版社 2001 年版,第 37—44 页。

常住人口在 50 万以上 100 万以下,属于中等城市。[1]

总体上看,北京、重庆两个城市不断调整优化产业结构,通过产业集聚引导人口集聚,加快城市由特大城市转变为超大城市。城市聚集效应是城市经济空间结构演化的基本表现形式,贯穿整个城市发展的全过程和各方面,推动着城市空间一体化和经济一体化发展。集聚效应的发展使得蚌埠、扬州、惠州等一些中等城市具有更好的经济效益和更多的就业机会,不断推动着人口和产业的集聚,从而变为特大城市。反过来,城市的快速发展也为农村人口向城市和非农产业转移创造了新的条件。

3. 建成区面积

在快速城镇化过程中,人们只注重速度与量的提高,往往产生城市规模扩张迅速、用地过度蔓延、生活成本加剧、城市环境恶化等现象。城市发展造成土地的供需矛盾日益突出,城市建成区的扩展战略影响着城市空间的可持续发展。

改革开放以来,伴随着各城市用地规模的不断增加,各城市的建成区面积总体上呈现递增趋势。2000—2014 年期间,中国 70 个大中城市的建成区面积均呈现持续增长趋势,根据各城市建成区面积的扩展速度,进一步划分为三种类型:

(1)快速增长型

主要包括宁波、泉州、惠州、青岛、济宁、深圳、重庆等 11 个城市,这些城市的征用土地面积相对较大,建成区面积扩展迅速。其中惠州市 2000 年建成区面积仅为 30 平方公里,2014 年增长到 242 平方公里,15 年间建成区的增长为813.33%,年均增长 16.15%。

(2)中速增长型

主要包括北京、沈阳、南京、无锡、杭州、合肥、厦门、武汉、成都等 39 个城市,这些城市的建成区面积呈现相对较小的扩展速度。以广西北海为例,2000

---

[1] 国家统计局:《中国城市统计年鉴 2015》,中国统计出版社 2015 年版,第 13—19 页。

年建成区面积为 31 平方公里,2014 年为 73 平方公里,15 年间增长了 42 平方公里,平均每年增长速度只有 6.30%。

(3)低速增长型

主要包括天津、太原、上海、大连、桂林、兰州等 20 个城市,这些城市的建成区面积在 21 世纪初期呈现缓慢增长。如丹东市,2000 年建成区面积为 49 平方公里,2014 年建成区面积为 53 平方公里,15 年只增长了 4 平方公里,平均每年的增长速度仅为 0.07%。

(三) 经济持续高速增长

改革开放以来,中国从计划经济走向市场经济,人民生活显著提高,经济实力持续快速增长,综合国力进一步提高,经济社会发展取得了长足进步。跨入 21 世纪,面临着全球化和知识经济时代的到来,中国经济进入大调整、大转折、大发展的重要时期。2000 年中国国内生产总值为 100280.1 亿元,增速为 8.40%;2015 年中国全年 GDP 为 685505.8 亿元,增速为 6.90%。[①] 与 2000 年数据相比,2015 年中国经济增长了 585225.7 亿元,增长速度减少了 1.50 个百分点。2015 年中国宏观经济增速放缓,但经济结构不断优化与转型升级,服务业已经成为经济增长和社会发展的双重稳定器。

2000—2015 年,中国经济年均增长速度为 9.50%。面对着国内外复杂的经济形势,年均增长速度有所放缓,但仍保持着 6%—8%的中高速增长。与全球或其他国家的经济增长速度相比,2015 年 6.90%的增长速度已经处于领跑状态。总体上,中国经济已经告别高速增长进入"常态增长"阶段,处于增长速度换挡期、结构调整阵痛期、前期刺激政策消化期"三期叠加"的重要发展阶段。经济发展进入新常态,是中国经济发展阶段性特征的必然反映,主动适应、把握、引领新常态,坚持以经济建设为中心,变中求新、新中求进、进中突

---

① 国家统计局:《中国城市统计年鉴 2016》,中国统计出版社 2016 年版,第 58 页。

破,有利于推动经济持续健康发展。

（单位：亿元）   （单位：%）

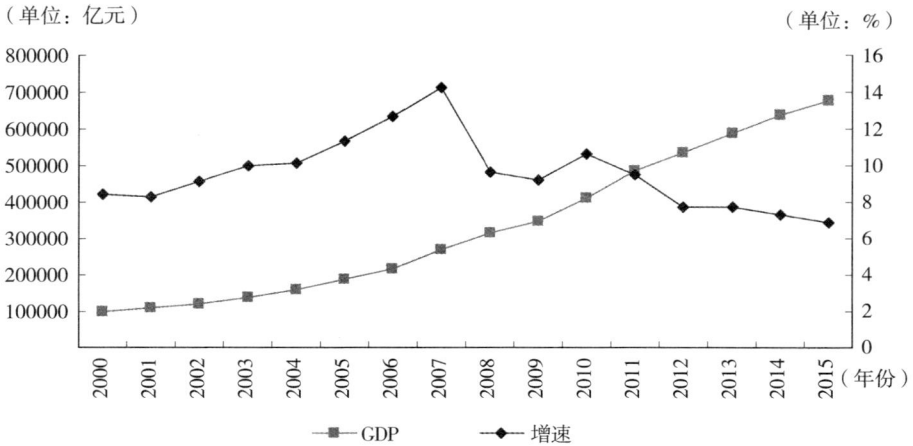

图 5-4 中国国内生产总值与增速

二、以物为本的城镇化缺陷分析

以物为本的传统城镇化发展理念往往被片面地理解为城镇人口的持续增加和城镇规模的不断扩张,主要发展单一规模等级城市,过于强调城市的生产要素集聚作用。通常不重视与其他规模等级城市之间的互动与联系,对城镇化与工业化、信息化、农业现代化之间的协调发展缺乏足够的重视,使得小城镇建设步伐难以与大中小城市保持同步。综上所述,以物为本的城镇化道路存在着许多缺陷和局限性,为国家经济社会发展带来了巨大阻碍和困扰。

（一）经济结构失衡

1. 三产结构失衡

（1）三次产业的结构偏离度

优化产业结构是发展地区经济的前提,产业结构合理化有助于充分利用区域资源,促进区域经济发展,提高区域经济实力。改革开放以来,中国产业结构沿着农业产出为主—工业产出为主—第三产业产出为主的方向优化升级,产业结构调整所带来效果显著,国民经济实力得到大幅提升(见表5-1)。

表5-1 中国三次产业产值及比重

年份	国内生产总值(亿元)			比重(%)		
	第一产业	第二产业	第三产业	第一产业	第二产业	第三产业
2000	14716.2	45326.0	39734.1	14.7	45.4	39.8
2001	15501.2	49262.0	45507.2	14.1	44.7	41.3
2002	16188.6	53624.4	51189.0	13.4	44.3	42.3
2003	16968.3	62120.8	57475.6	12.4	45.5	42.1
2004	20901.8	73529.8	66282.8	13.0	45.8	41.2
2005	21803.5	87127.3	76964.9	11.7	46.9	41.4
2006	23313.0	103163.5	91180.1	10.7	47.4	41.9
2007	27783.0	125145.4	115090.9	10.4	46.7	42.9
2008	32747.0	148097.9	135906.9	10.3	46.8	42.9
2009	34154.0	157850.1	153625.1	9.9	45.7	44.4
2010	39354.6	188804.9	180743.4	9.6	46.2	44.2
2011	46153.3	223390.3	214579.9	9.5	46.1	44.3
2012	50892.7	240200.4	243030.0	9.5	45.0	45.5
2013	55321.7	256810.0	275887.0	9.4	43.7	46.9
2014	58336.1	271764.5	306038.2	9.2	42.7	48.1
2015	60863.0	274278.0	341567.0	9.0	40.5	50.5

由表5-1可知,中国第一二三产业的产值结构由2000年的14.7:45.4:39.8调整为2015年的9.0:40.5:50.5,第一产业所占比重发生了明显变化,相对比值减少了5.70个百分点,下降幅度较大;而第二产业所占比重相对平稳,变化不显著,保持在40%左右水平,相对偏高;第三产业则加速推进,与2010年相比,2015年所占比重提高了10.70%,三次产业结构变化明显。

伴随着产业结构的快速调整,中国就业结构也出现了较大调整(见表5-2)。2000年三次产业就业结构为50.0:22.5:27.5,呈现出"一、三、二"

的就业分布格局。伴随着城镇化进程不断推进,三次产业的就业格局不断优化,大量劳动力退出第一产业,开始迈进生产效率相对较高的第二、三产业。2015 年中国三次产业就业结构调整为 28.3∶29.3∶42.4,第一产业就业比重变化显著,下降了 22 个百分点,下降幅度最大;第二产业、第三产业就业比重有所提高,第二产业提高了 6.80 个百分点,第三产业提高了 14.90 个百分点,呈现出"三、二、一"的就业分布格局,就业格局日益合理,就业结构持续优化。

表 5-2　中国三次产业就业人数及比重

年份	就业人数(万人)			比重(%)		
	第一产业	第二产业	第三产业	第一产业	第二产业	第三产业
2000	36043	16219	19823	50.0	22.5	27.5
2001	36399	16234	20165	50.0	22.3	27.7
2002	36640	15682	20958	50.0	21.4	28.6
2003	36204	15927	21605	49.1	21.6	29.3
2004	34830	16709	22725	46.9	22.5	30.6
2005	33442	17766	23439	44.8	23.8	31.4
2006	31941	18894	24143	42.6	25.2	32.2
2007	30731	20186	24404	40.8	26.8	32.4
2008	29923	20553	25087	39.6	27.2	33.2
2009	28890	21080	25857	38.1	27.8	34.1
2010	27931	21842	26332	36.7	28.7	34.6
2011	26594	22544	27282	34.8	29.5	35.7
2012	25773	23241	27690	33.6	30.3	36.1
2013	24171	23170	29636	31.4	30.1	38.5
2014	22790	23099	31364	29.5	29.9	40.6
2015	21919	22693	32839	28.3	29.3	42.4

综合表 5-1、表 5-2 可知,中国三次产业的产业结构与就业结构的结构性偏差较大。常用结构偏离度来描述产业结构与就业结构的偏离程度,即某产业的增加值比重与就业比重的比值与 1 之差。计算公式如下:

$$D_i = \frac{p_i}{e_i} - 1 \qquad\qquad (5-1)$$

其中,D_i 表示第 i 产业的结构偏离度,p_i 表示第 i 产业增加值占国内生产总值的比重,e_i 表示第一产业就业人数占总就业人数的比重。当 $D_i = 0$ 时,表明第 i 产业的产业结构与就业结构处于均衡状态,D_i 越趋于 0,产业结构与就业结构就越优化;当 $D_i > 0$ 时,表明第 i 产业的产业增加值比重处于相对优势,可通过吸收更多的劳动力,确保就业吸纳能力与产业发展保持一致;当 $D_i < 0$ 时,表明第 i 产业的产业增加值比重处于相对劣势,此时有大量劳动力剩余。

根据 2000—2015 年中国产业结构与就业结构有关数据,得到历年中国三次产业的结构偏离度(见表 5-3)。

表 5-3　2000—2015 年中国三次产业的结构偏离度

年份	第一产业	第二产业	第三产业	年份	第一产业	第二产业	第三产业
2000	-0.71	1.02	0.45	2008	-0.74	0.72	0.29
2001	-0.72	1.00	0.49	2009	-0.74	0.64	0.30
2002	-0.73	1.07	0.48	2010	-0.74	0.61	0.28
2003	-0.75	1.11	0.44	2011	-0.73	0.56	0.24
2004	-0.72	1.03	0.35	2012	-0.72	0.48	0.26
2005	-0.74	0.97	0.32	2013	-0.70	0.45	0.22
2006	-0.75	0.88	0.30	2014	-0.69	0.43	0.18
2007	-0.75	0.74	0.33	2015	-0.68	0.38	0.19

由表 5-3 可知,中国三次产业偏离度由 2000 年的-0.71、1.02、0.45 调整为 2015 年的-0.68、0.38 和 0.19。三次产业的偏离度逐渐趋近于零,有了很大程度的改进。自 21 世纪初期,第一产业偏离度基本维持在-0.7 左右;2004 年以前,第二产业偏离度基本维持在 1.0 左右,之后呈直线下降趋势;第三产

业结构偏离度整体呈现波动下降趋势。

第一产业结构偏离度总体维持在-0.70左右,表明第一产业存在大量剩余劳动力,且剩余情况基本保持不变,严重制约了第一产业劳动力的转移。第一产业作为劳动力净流出部门,存在的大量劳动力剩余现象对社会整体就业会产生巨大的冲击,因此应该积极采取措施提高第一产业剩余劳动力的转移速率。

第二产业结构偏离度一直大于零,表明第二产业在接下来的一段时间内,可以提供更多的就业岗位。自从2003年开始,政府不断加大经济力度调整,千方百计扩大就业,创造更多的就业机会,一定程度上增加了第二产业吸纳就业的能力,使得第二产业结构偏离度开始下降并得到改善。虽然第二产业具有一定吸纳劳动力的空间,但无法满足更多剩余劳动力的就业需求。

第三产业结构偏离度正向趋于零,表明第三产业依旧可以提供就业岗位,但其供应能力趋于饱和。2015年,第三产业的结构偏离度最小,仅为0.19,表明第三产业的产业结构与就业结构逐渐优化、趋于均衡,即第三产业吸纳就业的能力逐渐衰弱。20世纪末,由于第三产业对劳动者的素质要求不高,需要的资本含量与技术含量较低,迅速吸纳了大量剩余劳动力就业。当前阶段,虽然七大战略性新兴产业的就业弹性较高,具有很强的带动性,能够吸纳、带动大量劳动力就业,但吸纳空间正在逐步缩小。

(2)三产与区域经济发展协调性

随着协调、可持续发展等理念的提出,国内外许多学者开始建立或修正完善相关的协调度测算模型,常用的方法有距离型协调度、序参量功效函数协调度、模糊隶属函数协调度、灰色系统理论协调度、功效系数协调度等。

本节主要研究产业结构和区域经济两个子系统,因此,采用距离型协调度来测算产业结构与区域经济发展之间的协调度。距离型协调度又称为变异系数协调度,是指用系统间的特定距离来衡量系统之间的协调程度,基本公式为:

$$C - \left[\frac{f(x)g(y)}{(f(x) + g(y))^2} \right]^k \tag{5-2}$$

其中, C 表示系统的耦合度, k 表示调节系数, $f(x) = \sum_{i=1}^{m} a_i x_i'$ 表示经济结构系统的评价函数, $g(y) = \sum_{j=1}^{n} b_j y_j'$ 表示产业结构系统的评价函数, x_i' 和 y_j' 分别为原始数据经过标准化处理后的数据。

当 $C = 0$ 时,表示产业结构与经济系统之间处于无序状态;当 $C \in [0.3, 0.5]$ 时,表示产业结构与经济系统之间处于低度耦合阶段;当 $C \in [0.3, 0.5]$ 时,表示产业结构与经济系统之间处于拮抗耦合阶段;当 $C \in [0.5, 0.8]$ 时,表示产业结构与经济系统之间处于磨合耦合阶段;当 $C \in [0.8, 1]$ 时,表示产业结构与经济系统之间处于高度耦合阶段;当 $C = 1$ 时,表示产业结构与经济系统之间达到良性共生耦合。

由于耦合度只能反映产业结构与经济系统之间的作用强度,不能反映两个系统之间的综合协调发展水平。因此,本节建立耦合协调度模型,公式如下:

$$D = \sqrt{C \times T} \tag{5-3}$$

$$T = \alpha f(x) + \beta g(y) \tag{5-4}$$

其中, D 为协调度, T 为系统之间的综合协调指数, α 、 β 为待定系数,且 $\alpha + \beta = 1$,协调等级划分如表5-4所示。

表 5-4　协调度等级的划分

协调度	0—0.09	0.1—0.19	0.2—0.29	0.3—0.39	0.4—0.49
协调等级	极度失调	严重失调	中度失调	轻度失调	濒临失调
协调度	0.5—0.59	0.6—0.69	0.7—0.79	0.8—0.89	0.9—1
协调等级	勉强协调	初级协调	中级协调	良好协调	优质协调

鉴于产业结构与区域经济系统的复杂性,需要构建相应的指标体系,不仅可以反映区域经济的发展特点,还能准确衡量产业结构与区域经济发展的相互关系。根据上述理论模型,考虑数据的可获得性,本节建立经济系统和产业

结构系统两个系统耦合协调度指标体系。

经济系统主要从经济规模、经济质量两个方面来反映区域经济的整体发展水平。经济规模是反映一个国家和地区经济总量的指标,本节选取国内生产总值(亿元)、全社会固定资产投资总额(亿元)、财政收入(亿元)、社会消费品零售总额(亿元)和进出口贸易总额(亿元)等 5 个指标来反映区域经济发展的总体规模。经济质量的提高是技术进步的表现,体现了一个区域在经济效益、经济潜力、社会效益等方面的发展能力,本节选用人均 GDP、全社会劳动生产率、城镇居民消费水平来衡量区域经济质量。

产业结构系统主要从产业产值和产业就业两个方面来反映产业结构整体发展水平,产业产值结构用第一二三产业占国内生产总值的比重来衡量,产业就业结构用第一二三产业就业人数占全国就业人数比重来衡量。

通过上述方法计算得到 2000—2015 年中国产业结构与区域经济发展的耦合协调度,结果见表 5-5。从耦合度来看,2000—2015 年期间,产业结构与

表 5-5　产业结构与区域经济耦合协调度数值及等级

年份	耦合度	协调度	协调等级	年份	耦合度	协调度	协调等级
2000	0.3358	0.2172	中度失调	2008	0.8504	0.5912	勉强协调
2001	0.6436	0.3073	轻度失调	2009	0.9172	0.6374	初级协调
2002	0.9535	0.3869	轻度失调	2010	0.9201	0.6919	初级协调
2003	0.9618	0.4143	濒临失调	2011	0.9376	0.7572	中级协调
2004	0.8369	0.4277	濒临失调	2012	0.9664	0.8072	良好协调
2005	0.7953	0.4497	濒临失调	2013	0.9969	0.8601	良好协调
2006	0.7806	0.4798	濒临失调	2014	0.9967	0.8932	良好协调
2007	0.8169	0.5383	勉强协调	2015	0.9094	0.8747	良好协调

区域经济发展总体上处于有序发展状态。其中,2000 年产业结构与区域经济发展耦合度 C 为 0.3358,处于拮抗耦合阶段;2001 年、2005 年、2006 年耦合度 C 介于 0.5000—0.8000 之间,产业结构与经济系统之间处于磨合耦合

阶段;其他年份的耦合度 C 介于 0. 8000 — 1. 0000 之间,产业结构与经济系统之间处于高度耦合阶段。

从耦合协调度来看,2000 — 2015 年期间,产业结构与区域经济发展的耦合协调度呈上升趋势。在以物为本的城镇化道路上,中国的产业结构与区域经济发展之间处于失调阶段,大量的剩余劳动力聚集于第一产业,劳动生产率相对低下。另外,服务业发展十分缓慢,无法大量吸纳闲置的劳动力资源。随着新型城镇化进程的加快,通过发挥市场决定性作用,以信息化和管理创新为手段改造提升传统产业,以产业技术创新支撑和引领产业结构优化升级,坚持节约发展、清洁发展、安全发展,促进第一二三产业健康协调发展,中国的产业结构与区域经济发展正从失调阶段向协调阶段过渡。

2. 三产增长动力失衡

改革开放以来,投资已经成为中国经济增长最主要的动力之一,与消费、出口共同构成拉动经济发展的"三驾马车"。投资与经济增长的关系十分复杂,投资不仅可以促进大量农村剩余劳动力就业转移,还可以提高国民收入,刺激国内消费增长。其中固定资产投资作为资本积累的重要途径,是提高一个区域经济综合实力的基本手段和重要途径。

从时间趋势来看,随着各项经济政策逐步成熟以及宏观政策调控影响不断加深,2000 — 2015 年期间中国全社会固定资产投资总额平稳上升。2015年,全年全社会固定资产投资 562000 亿元,比上年增长 9. 80%。其中,固定资产投资(不含农户)551590 亿元,比上年增长 10. 00%。[1] 从 2002 年开始,中国经济进入新一轮的增长期,经济增长动力主要来自"高投入、高消耗、高污染、低效率"的投资马车。另外,投资占 GDP 的比重一直呈递增趋势,尤其是从 2006 年开始,投资占 GDP 的比重超过了 50%,2015 年高达 83%,可见投资

---

[1] 国家统计局:《中国统计年鉴 2016》,中国统计出版社 2016 年版,第 322 — 325 页。

对经济增长的贡献一直占主导地位。

（单位：亿元）　　　　　　　　　　　　　　　　　（比重：%）

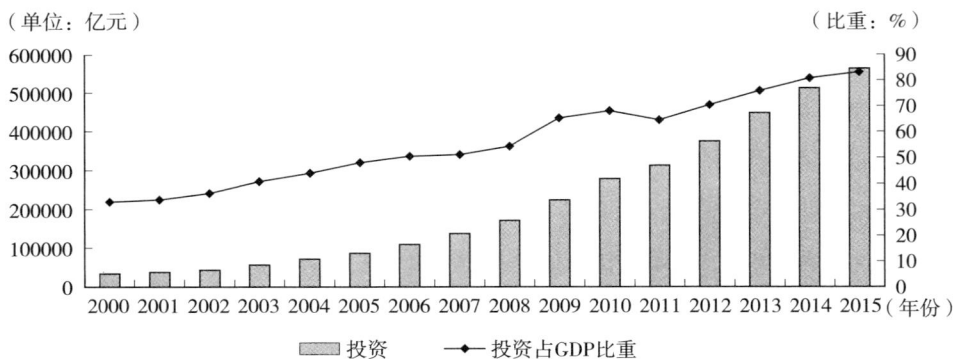

图 5-5　中国全社会固定资产投资及占 GDP 比重

　　由图 5-6 可知,2000—2003 年全社会固定资产投资增长率呈直线上升趋势,2003—2008 基本维持在 25% 左右,2009—2015 年呈现递减趋势。固定资产投资增长率与 GDP 增长率之间存在一致性,总体上固定资产投资增长率要大于 GDP 增长率,2009 年投资增长率与 GDP 增长率的差值达到最大(20.80%)。表明当前阶段中国经济增长过度依赖于投资,虽然固定资产投资对国民经济具有拉动作用,但并不意味着投资对经济增长具有决定作用。固定资产投资

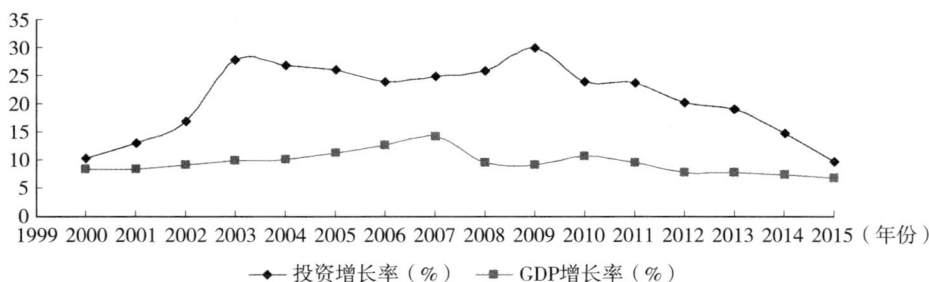

图 5-6　全社会固定资产投资增长率与 GDP 增长率

并不是越多越好,投资过度增长,会导致对生产资料的大幅度需求,引起物价上涨和人民生活水平下降,打破传统经济效益和结构的平衡,最终对经济增长产生抑制作用。

3. 增长模式失衡

1978 年以来,中国经济经历了长时期的快速增长,国民经济迅速发展、效果显著。在经济快速发展的同时,应该看到它所受到的根本约束。中国的淡水、耕地和草地等资源仅占世界平均水平的 1/4、1/3 和 1/2,而支持经济增长的煤炭、铁矿石、石油、天然气等重要资源的人均储量只有世界平均水平的 79%、42%、11% 和 4.50%。中国的经济增长主要以消耗大量资源为代价,造成了大量资源的浪费。

近年来,中国经济发展过快、过热,经济增长方式主要特点是出口导向和投资驱动,但其自身消费的力量十分有限。在投资驱动方面,中国固定资产投资的速度过快,2000—2015 年投资占 GDP 的比重由 33% 上升到 83%,尤其是房地产投资在固定资产投资和 GDP 中比重过高。各级政府都把房地产当作拉动本地 GDP 增长的支柱性产业,导致各种资源配置不合理,加剧了生产扩张与资源消耗、生产规模与环境恶化之间的矛盾。

虽然中国 GDP 增长速度快,但单位资源的产出效率、资源的综合利用率、再生资源的回收利用率比较低,污染排放强度和经济发展的交易成本高等现象依然存在。这种"高投资、高能耗、低效率、低技术进步"的经济增长方式是一种粗放型经济发展,已经到了需要刻不容缓地加以转变的关键阶段。中国应该加快传统产业转型升级,大力发展服务业特别是现代服务业,完善技术创新体系等方式调整经济结构,逐步从粗放型经济增长模式向集约型经济增长模式转变。

(二) 社会结构失衡

1. 城乡收入差距明显

改革开放以来,随着中国工业化、城镇化建设步伐的不断加快,中国经济社会发展成效显著,城乡居民收入水平显著提高、生活质量明显改善。虽然中国经济水平有了很大提高,但是公平与效率的矛盾往往被忽视,城乡居民的收入差距也在不断扩大。

第一阶段为城乡收入差距波动上升阶段(2000—2009年)。城乡居民收入比值由2000年的2.7869上升到2009年的3.3328,上升19.59%。随着科学技术飞速发展并迅速运用于生产实践,人力资本逐渐成为经济增长的主要推动力量,促使城镇居民收入水平相应提高,不断扩大城乡居民收入差距。2001年中国正式加入WTO,标志着中国对外开放进入一个全新的发展阶段。2004年金融业开始全面对外开放,通过不断完善对外开放政策,中国整体经济实力得到了快速提升。在全面对外开放的进程中,城镇居民比农村居民获益更多,造成城乡收入差异进一步扩大。随着经济社会发展和改革开放的不断深入,城镇居民在教育、医疗卫生、就业、保障性住房、社会保障等方面享有优先权,不利于缩小城乡收入差距。

第二阶段为城乡收入差距缩小阶段(2009—2015年)。城乡居民收入比值由2009年的3.3328下降到2015年的2.7311,下降了18.05%。近年来,随着新型城镇化和工业化进程的不断加快,越来越多的农民从土地上转移出来,开始由农村向城镇迁移。进城务工成为农民增收的重要途径,农村居民收入水平有了大幅度提升,能够有效缓解城乡居民收入差距过大的问题。另外,最低生活保障制度的不断完善,使农村贫困居民能够更好地享受经济发展成果,农村居民收入持续增长,进一步缩小了城乡居民收入差距。

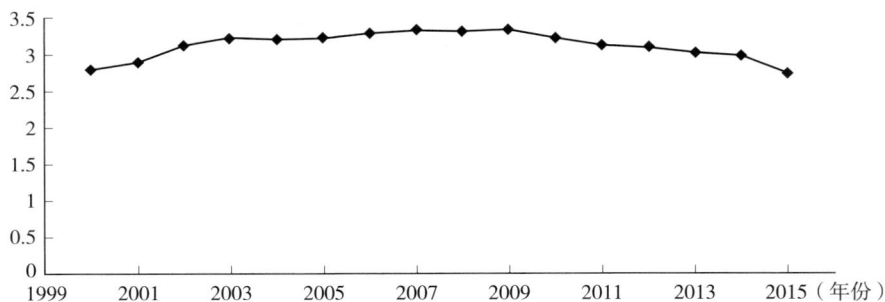

图5-7　2000—2015年全国城乡收入差距

总之,"十五""十一五"时期,中国国民经济持续快速增长,城乡居民收入水平得到较大幅度的提高,城乡居民收入差距进一步扩大。"十二五"时期,通过推进收入分配制度改革,促进了居民劳动生产率的提高和劳动报酬的增长同步,实现了居民收入增长和经济发展同步。中国经济增速下降和产业结构升级放缓了城镇劳动力需求,农业转移人口收入增速要快于城镇住户,进一步缩小了城乡收入差距。综上所述,在城镇居民收入差距和城乡收入差距缩小的共同推动下,未来中国城乡居民收入差距将逐步缩小。

2.城乡就业水平差异明显

中国是世界上最大的发展中国家,也是世界上第一人口大国。长期以来,中国就业面临着经济拉动就业能力较弱,第二产业就业吸纳能力较低,第三产业就业潜力不足,劳动者素质有待提高等突出问题,就业问题已经成为一个社会热点问题,直接关系到国计民生和社会稳定。改革开放以来,中国城镇化水平呈现出平稳上升的趋势,城镇化水平的提升必然会促进城镇就业人数的增长以及第二三产业的发展,反过来就业增长亦会不断促进城镇化水平的提升。

随着中国经济的快速发展和一系列就业促进政策的不断落实,从业人员显著增加,就业规模不断扩大。2000年全国GDP增长率达到8.40%,就业人数为72085万。① 21世纪以来,中国经济保持高速增长态势,带来了更多的就业机会。面临着复杂严峻的国际国内环境,2012年中国经济增长速度开始放缓,就业规模持续扩大,但就业人员增加量有所减少,就业总量矛盾仍然突出。2015年年末,全国就业人员77451万人,比2000年增加5366万人,年均增加335万人。全年城镇新增就业1312万人,年末城镇登记失业率为4.05%。全年全国农业转移人口总量27747万人,比上年增加352万人,增长了1.30%;外出农业转移人口16884万人,比上年增加63万人,增长了0.40%;本地农业转移人口10863万人,比上年增加289万人,增长了2.70%。

随着城镇化进程的不断加速,城乡就业结构得到持续改善。中国城镇化

① 国家统计局:《中国统计年鉴2001》,中国统计出版社2001年版,第807页。

率已从 2000 年的 36.22% 提高到 2015 年的 56.10%,增加 19.88 个百分点。与此同时,中国城镇就业人员从 23151 万人增加到 40410 万人,年均增加 1150.60 万人;乡村就业人员总量从 48934 万减少到 37041 万,年均减少 792.90 万人。[①] 城乡就业结构从 32.12∶67.88 调整为 52.17∶47.83。这表明中国城镇吸纳就业的能力已经超过农村,逐渐成为中国就业的主要阵地。而城镇化是一个全面系统工程,在实现城镇规模迅速扩张的同时,只有坚持城镇化与工业化协调发展,才能有效解决农村剩余劳动力就业问题,实现第一二三产业深度融合发展。

3.城乡保障水平不统一

社会保障是国家通过立法来保障全体社会成员的基本生活需求,主要用于维护社会稳定和调节经济运行,最终提高社会生活的质量。经过几十年的探索与完善,中国已经全面建成具有中国特色的社会保障体系。主要包括城市居民的社会保险、优抚安置、社会救助、社会福利和最低生活保障等城市社会保障;农村居民的最低生活保障制度、新型合作医疗制度、农村居民医疗救助制度、五保供养制度、自然灾害生活救助制度等农村社会保障。其中社会保障体系的核心部分是由医疗保险、失业保险、养老保险、工伤保险和生育保险五项组成的社会保险。

1998 年,中国成立了劳动与社会保障部门,城市社会保障政策逐渐变得更加规范化、法制化和社会化。养老保险事业发展迅速,覆盖范围逐步扩大,从 2000 年的 13617.40 万人上升到 2015 年的 35361 万人,参保人数不断增多,人均养老金也随之提高。2007 年国务院颁布《关于开展城镇居民基本医疗保险试点的指导意见》,2015 年已经实现全体城镇非农业居民的全面覆盖,达到与城镇职工医疗保险的衔接。2015 年参加城镇基本医疗保险人数 66570 万人,增加了 6823 万人。其中,参加城镇职工基本医疗保险、城镇居民基本医

---

① 国家统计局:《中国统计年鉴 2016》,中国统计出版社 2016 年版,第 102 页。

疗保险人数分别为 28894 万人和 37675 万人,分别增加了 598 万人和 6225 万人。国家进一步加大低保资金的投入力度,解决了城市贫困居民基本生存问题,2015 年共有 1708 万人享受城市居民最低生活保障。与此同时,其他各种社会保障体系也都得到进一步优化与完善。

由于受到"二元经济"结构的影响,广大农村居民无法享受社会保障政策。以"保基本、广覆盖、有弹性、可持续"为原则的新型农村养老保险制度的制定,加快了覆盖城乡居民社会保障体系的建设步伐,2015 年年末,参加城乡居民基本养老保险人数 50472 万人,增加 365 万人。但在一些落后的农村地区,新型农村养老保险制度的运作没有达到正规要求。2003 年《关于建立新型农村合作医疗制度的意见》的颁布,使得农村居民的医疗保险有所好转,但并不是所有的农民都能享受像城市居民一样同等的医疗保险。2015 年年末,参加城镇居民基本医疗保险人数 37675 万人,较 2014 年增加 6225 万人。虽然很多农村地区已经开展农村最低生活保障政策,中央财政也加大了对农村地区的资金投入力度,但难以构建全面覆盖城乡居民的社会保障体系。2015 年年末,全国共有 4903.20 万人享受农村居民最低生活保障,全年农村五保供养 517.50 万人,共资助 5910.30 万城乡困难群众参加基本医疗保险。

总之,从中国城市和农村社会保障的发展情况看,中国社会保障体制主要侧重于城镇户口的就业人员,往往忽视进城务工的农民。农村社会保障政策与城镇社会保障政策相比,仍存在着较大的差距。虽然大多数城市和地区已经建立了相对健全的社会保障体系,但是农村地区制度建设滞后、法制化水平不高、信息共享不够、管理体制分割等现象普遍存在,农村社会保障体系还不够健全。因此,建立和完善农村社会保障政策,是"以人为本"的城镇化的现实需要。

4. 城乡教育不均衡

改革开放以来,随着中国经济社会的快速发展,中国基础教育、中等职业技术教育以及高等教育事业取得了巨大成就。由于城乡二元经济结构长期存在,教育事业在蓬勃发展的同时遇到了许多问题,城乡教育差距不均衡现象依然存在,一些落后地区有逐渐加大的趋势。教育差距的程度往往比经济差距更为严重,已经成为一个十分严峻的社会问题,引起了党和政府的高度关注和重视。

城乡教育经费投入差距明显。教育经费总量、公共教育经费、生均教育经费等指标的投入是教育事业发展的基础和重要保障。《关于2015年全国教育经费执行情况统计公告》指出普通小学、普通初中的生均公共财政预算教育事业费支出存在明显的城乡差距。如2015年全国普通小学生均公共财政预算教育事业费为6901.77元,比上年的6128.99元增长12.61%。其中,农村普通小学生均公共财政预算教育事业费为6854.96元,比上年的6017.58元增长13.92%。全国普通初中生均公共财政预算教育事业费为9258.37元,比上年的8137元增长13.78%。其中,农村普通初中生均公共财政预算教育事业费为9195.77元,比上年的7906.61元增长16.30%。因此,不论是小学阶段还是初中阶段,农村的生均公共财政预算教育事业费均低于全国生均公共财政预算教育事业费平均水平,进一步说明了中国农村和城镇教育经费分配存在不均衡现象。

城乡师资水平差距显著。在基础教育环节,教师作为人力资本在教育教学活动中起着主导作用,师资水平是衡量教育水平高低的一个关键因素。目前广大农村地区教师较为紧缺,教师有效需求总量严重不足。2014年,全国小学教师中大专及以上学历的教师占比高达89.80%,城乡差距相差9.20%。全国小学教师中中级及以上职称教师比例为53.90%,城乡差距相差4.10%。全国初中教师中本科及以上学历的教师占比高达77.90%,城乡差距相差14.50%。全国初中教师中中级及以上职称教师比例为60.10%,城乡差距相差7.50%。农村教师队伍整体存在着年龄偏大、知识结构老化、知识面窄的问题。

城乡基础教育办学条件不均衡。长期以来,中国政府把有限的财力集中在城市的重点学校、窗口学校上,农村办学条件趋于恶化。虽然多数农村中小学在教学设施、学校基础建设方面得到明显改善,但城乡办学条件差距仍然存在。2014 年,全国小学生年人均购买仪器设备花费 913 元,同比增长 19.20%。其中农村人均花费 723 元,同比增加 149 元,增量高于城市小学。全国初中生年人均购买仪器设备花费为 1512 元,同比增长 16.20%。其中农村人均花费 1298 元,同比增加 195 元,增量高于城市中学。全国 39.10%、67.80%的小学、初中建立校园网,同比提高了 13.60 个百分点和 12 个百分点。全国 77.40%、95.50%的小学、初中接入互联网,同比提高了 9.30 个百分点和 3.10 个百分点。小学接入互联网比例城乡差异较大,农村小学只有 74.80%,城市小学高达 94.80%,城乡相差 20 个百分点。虽然全国义务教育学校基本办学条件不断改善,但城市与农村之间差距仍然很大。

5. 城乡社会稳定风险增加

改革开放后,中国政府从制度上放宽了对农民的控制,农民有了更多的自主性,但是制度性障碍仍然存在,城乡发展差距越来越大。公共资源和公共服务配置过度向城市倾斜,造成了农村居民与城市居民之间的不平等待遇,对城乡社会和谐与稳定造成了极大的伤害。

城市拥有各种现代化的通信设施、电信网络和传输工具,文化生活丰富,工业布局合理,农村水利设施年久失修,乡村小路破损严重,通信联络不畅,城乡居民生活水平差距巨大。改革开放以来,城乡居民收入水平大幅度提高,2015 年城乡居民收入比值为 2.7311,城乡居民收入差距仍然较大。沿海发达地区与西部地区的经济发展水平和人民生活水平存在较大差距。另外,劳动就业制度不平等,医疗保险、养老保险等社会保障制度不公平,文化、教育、交通、通信等基础设施不均衡现象仍然存在。

随着大量的青壮年劳动力、男性劳动力,以及文化程度相对较高和具有一定技术专长的劳动力不断涌入城市,城市交通拥挤不堪、电力短缺、供水困难、住房紧张等城市病日益明显,过度城镇化的压力持续增加。同时农业劳动力很可能会出现低素质、高年龄、女性化的趋势,对农业生产和农村劳动力的结

以人为本的中国新型城镇化道路研究

构素质产生一定负面影响。

总之,以物为本的城镇化带来了大量的人口不断涌入城市地区,促进了城市经济社会快速发展,但也给城市带来了一定压力。城乡就业收入差距不断扩大,不仅影响居民的正常生活,还影响城乡社会的稳定与发展。

(三) 生态环境失衡

1. 城镇生态环境失衡

(1) 工业污染

在城镇化建设进程中,由于绝大部分企业没有正常使用防治污染设施,各项管理规章制度不健全,产生的废气、废水、废渣严重污染了自然环境。21 世纪以来,中国经济社会快速发展,工业需求不断扩大,2014 年工业废水排放量年达到 205.30 亿吨,工业源化学需氧量排放量为 311.30 万吨,工业源氨氮排放量为 23.20 万吨,工业二氧化硫排放量为 1740.40 万吨,工业氮氧化物排放量为 1404.80 万吨,工业烟(粉)尘排放量为 1456.10 万吨。

随着中国经济持续高速发展,工业化、城镇化进程迅速推进,人民生活水平的不断提高,工业固体废弃物产量快速增加。2014 年,全国一般工业固体废物产生量、综合利用量、处置量、倾倒丢弃量分别为 32.60 亿吨、20.40 亿吨、8 亿吨、59.40 万吨,同比减少 0.60%、0.80%、3%、54.10%。全国一般工业固体废物贮存量为 4.50 亿吨,同比增加 5.60%。中国工业固体废弃物的综合利用量不断增加,综合利用率不断提升,从 2000 年的 45.90% 上升至 2014 年的 62.10%。与国际先进水平比较,中国工业固体废弃物的综合利用率还有很大的提升空间。

工业危险废物是工业生产的污染产物之一,具有腐蚀性、爆炸性、致癌性、毒性等,对人体健康和环境危害极大。伴随着中国工业化的快速发展,在规模效应、结构效应和技术效应机制下,危险废物污染事故频发、危险废物产生量居高不下、历史遗留危险废物长期大量堆存等问题仍然存在,危险废物污染防治压力日趋增大。2014 年,全国工业危险废物产生量、综合利用量、贮存量、处置量分别为 3633.50 万吨、2061.80 万吨、690.60 万吨、929 万吨,综合利用处置率高达 81.20%。

（2）交通阻塞

随着经济的快速发展和人民生活水平的日益提高,汽车数量急剧增加,已经由奢侈品转变成了大众消费品。交通拥挤与阻塞已经成为大中城市普遍存在的现象,增加了居民的出行时间和成本,影响了居民的正常生活。2015 年,中国生产汽车 2450.33 辆、销售汽车 2459.76 万辆,同比增长 3.30%、4.70%;生产和销售增速同比下降 4%、2.20%,总体呈现平稳较快增长的态势。

《2015 年度中国主要城市交通分析报告》显示,2015 年度中国十大"堵城"分别为北京、济南、哈尔滨、杭州、大连、广州、上海、深圳、青岛、重庆。虽然北京 2014 年 3 次实行单双号限行政策,但北京高峰拥堵延时指数为 2.06,平均车速 22.61 公里/小时,拥堵时间成本全国最高。严重的道路交通阻塞不仅会延误居民出行时间,还会增加交通事故发生频率。2015 年,全国共接报涉及人员伤亡的道路交通事故 21017 起,造成 72387 人死亡。

（3）大气污染

目前中国面临最严重的大气污染问题是雾霾,雾霾给居民的生活和出行带来了诸多不便。$PM_{2.5}$ 主要来自燃煤和燃油等能源,2015 年煤炭消费量占能源消费总量的 64%。2015 年,对全国 338 个地级及以上城市开展细颗粒物（$PM_{2.5}$）、可吸入颗粒物（PM_{10}）、二氧化硫（SO_2）、二氧化氮（NO_2）、一氧化碳（CO）和臭氧（O_3）六项指标的监测结果表明,PM_{10}、SO_2 和 NO_2 三项可比指标平均浓度同比分别下降 7.40%、16.10%、6.30%。从各指标平均浓度来看,SO_2、NO_2、CO 和 O_3 四项指标均达标,$PM_{2.5}$、PM_{10} 分别超过年均值二级标准 42.90%、24.30%。在监测的 338 个城市中,城市空气质量达标的城市占 21.60%,未达标的城市占 78.40%。

2015 年,包括北京,沈阳、深圳、南京等多个城市都遭遇到大范围的雾霾天气,其中北京有 179 个污染天,全年最后 46 天的 PM$_{2.5}$ 浓度比同期高出 75.90% 以上。同年 11 月底发布首个空气重污染橙色预警,12 月 8 日发布第一次霾红色预警,12 月 18 日发布第二次霾红色预警。虽然中国在大气污染治理方面取得了一定的成绩:2015 年 74 个重点城市 PM$_{2.5}$ 平均浓度同比下降 14.10%,但是大多数城市居民仍旧暴露在标准质量以下的空气环境里,这对人身健康造成严重影响,并且容易引发交通事故。

（4）垃圾围城

城镇化进程快速推进,城市规模不断扩大,城镇人口急剧上升,产生了大量的建筑垃圾、生活污泥和生活垃圾。部分城市通常采用简单的集中堆放方式处置城市垃圾,严重污染城镇生活环境,直接威胁居民身体健康。2014 年,全国城市生活垃圾清运量高达 17860 亿吨,无害化处理厂 818 座,无害化处理量 16394 万吨,其中采用卫生填埋方式处置 10744 万吨,采用焚烧方式处置 5330 万吨。粪便清运量 1552 万吨,粪便无害化处理量 692 万吨,生活垃圾无害化处理率高达 91.80%。

尽管中国在垃圾处理处置方面投入大量的人力、物力和财力,并取得了显著成效,但是城市生活垃圾总体处理能力较小、技术水平依然较低,垃圾处理处置形势十分严峻。在垃圾堆放和填埋过程中,普遍存在垃圾随意乱堆、乱放现象,没有对垃圾进行无害化、资源化处理,没有完全实现垃圾的安全填埋,无法利用填埋后的土地。另外,一些垃圾填埋场未实现达标排放,存在着严重的二次污染风险,会对周围的土壤、水体以及大气产生严重污染。

2. 农村生态环境失衡

（1）水污染

一直以来,我国都把环保工作重点放在大中城市,忽视了广大农村地区的生态环境,致使农村环境问题日益恶化。随着城镇化和工业化的快速发展、农业集约化程度以及农村生活方式的改变,畜禽养殖排放废物、生活垃圾、工业废弃物等严重污染农村水环境。由于大部分农村公共设施不健全,生活污水直排、随处泼洒,农村污水处理覆盖率不足,农村污水处理效率低下,农村污水排放量占污水排放总量的比例逐渐增大。随着城市环境治理力度的加大,许多重污染企业从城市向农村转移,加剧了农村水环境污染现状。

农村污水乱排放不仅影响了农村生态环境,也对流经的河流产生严重污染。2015 年,根据长江、黄河、珠江、松花江、淮河、海河、辽河、浙闽片河流、西北诸河和西南诸河等十大流域 700 个水质监测断面结果,其中 72.10%属于Ⅰ—Ⅲ类水质断面,有 8.90%属于劣Ⅴ类水质断面。十大流域水质总体为轻度污染,水质保持稳定。近岸海域 301 个海水水质监测点中,其中 70.40%的监测点达到国家一、二类海水水质标准,有 7.60%为三类海水,其他 21.90%为四类和劣四类海水。

长期以来,中国对农村地区生态环境保护缺乏针对性指导,农民文化水平不高,生态环保意识淡薄,农民对农村水污染危害的严重性和长期性认识不足。中国农村地区居民居住较为分散,无法对工业污水、生活污水、农业退水、畜禽养殖业废水等进行统一深度处理,加剧了农村水资源的面源污染。因此,农村水污染环境问题日益严重,不仅威胁农民饮用水安全和身体健康,也影响农村地区经济发展。

(2)农业污染

随着工业污染治理强度的增加,农业污染已成为水污染和空气污染的重要来源,严重影响水体、土壤和大气环境质量。中国是世界上最大的化肥、农药使用国,总体呈现明显的上升趋势。2014 年,全国化肥施用量 5995.90 万吨,其中 50%—70%的农田化肥通过各种途径流失到生态系统中。农药是农业生产中必不可少的生产资料,2014 年种植业农药使用量 30.92 万吨,80%—90%的农药流失到土壤、水体和空气中,严重污染生态环境。与欧美发达国家相比,中国化肥、农药利用率偏低,具有较大的发展空间。

农村水资源污染越来越严重,会对农业生产造成直接或间接的影响,制约着农业可持续发展。在农业生产过程中,为了充分利用水资源,大量未被处理的污水直接被用于灌溉,不仅加剧土壤和地下水污染程度,也导致农作物产量下降。2015 年,全国农作物受灾面积 21769.8 万公顷,其中绝收 2232.7 万公顷。2000—2015 年,第一产业增加值占国内生产总值的比重由 14.70%下降到 9.00%。

随着城镇化进程的不断推进,农业资源过度开发、农业投入品过量使用和农业内外源污染相互叠加等问题日益凸显,中国农业发展已经进入资源环境约束趋紧阶段。面对着生产经营成本快速上升、劳动力紧缺等严峻挑战,确保国家粮食安全和主要农产品有效供给的任务更加艰巨。

(3)土壤污染

随着中国农业和农村经济的快速发展,农业生态环境不断恶化,农村土壤污染越来越严重。土地污染在危害人们健康的同时,也给地区经济发展带来影响。由于农业土壤长期使用农药和化肥,致使土壤中积累了大量的 N、P 等营养盐,加速了土壤的酸化,破坏了土壤结构,土壤盐渍化现象越来越严重。

由于汞、镉、硒等无机污染物在土壤中长期聚集,全国土壤污染总超标率为 16.10%,其中:轻微污染占 11.20%、轻度污染占 2.30%、中度污染占 1.50%、重度污染占 1.10%。污染类型主要是无机型,占比 82.80%;少数是有机型、复合型。全国耕地土壤污染超标率高达 19.40%,耕地土壤污染十分严重。其中轻微污染占 13.70%,轻度污染占 2.80%,中度污染占 1.80%,重度污染占 1.10%,镉、镍、铜、砷、汞、铅、滴滴涕和多环芳烃为主要污染物,部分地区土壤污染较重,耕地土壤环境质量堪忧。

总之,随着中国农业现代化快速发展,农村的产业结构由自然和谐型逐渐转变为自然危害型,原有的自然生态循环系统遭到严重破坏。现有的环境管理体系无法有效治理生态环境污染,再加上生态建设和环境保护资金不足、治理力度不大,难以构建农村污染治理的市场化机制,导致农村污染治理效率低下。因此,加大农村生态环境综合整治力度,解决农村生态环境污染问题迫在眉睫。

以物为本的城镇化使得城镇常住人口规模明显扩大,常住人口城镇化率快速增加,城镇化水平呈加速提升态势;农村剩余劳动力有效转移,城市建设步伐不断加快。尽管以物为本的城镇化会带来经济、社会、文化、政治的巨大变化,有着深远而广泛地影响,但仍然存在着物本取向城镇化和城乡分割等诸多极其严重的问题。城镇化是自然历史发展规律,是现代化最基本的战略支撑所在,坚持走中国特色新型工业化、信息化、城镇化、农业现代化道路,坚持走符合发展规律的新型城镇化道路,是社会主义发展的必由之路。

城镇化是工业化发展的必然产物,应该也是经济发展的结果,而不是经济发展的手段。2015 年城镇化率高达 56.10%,以物为本的城镇化建设取得了显著成就的同时,也积累了很多亟待处理和破解的突出问题。以物为本的城镇化过于强调规模扩张而忽视产业发展,过于强调密度而忽视承载力,过于强调速度而忽视空间生态优化,过于强调发展而忽视以城乡差距扩大为代表的区域发展,导致了"城市病"、城市新居民"水土不服"、农村居民生活仍旧困难等诸多弊端。因此,坚持走以人为本的中国特色新型城镇化道路,推进城乡一体化的城镇化建设刻不容缓。

第二节 "以人为本"的新型城镇化制度体系

新型城镇化是解决"三农"问题的根本途径,是内需潜力和发展动能所在,是实现现代化的必由之路。制度创新是推动新型城镇化的关键要素,制度体系建设对推进新型城镇化建设发展具有十分重要的作用。新型城镇化的核心是人的城镇化,以人为本是新型城镇化的核心价值,探索建立以人为核心的新型城镇化建设发展的制度体系,消除制约新型城镇化发展的体制机制障碍,对于推动城乡区域协调发展、促进经济社会持续健康发展具有重大意义。以人为本的新型城镇化制度体系可以按照多个标准进行分类:按照城镇化主体,可以分为城市居民、转移就业人员和农村居民城镇化制度;按照城镇化区位,可以分为城市群(城市聚落)、城市和农村城镇化制度;按照城镇化要素,可以分为人口、土地、产业、空间城镇化制度;按照城镇化组成,可以分为经济、社会、政治、文化和生态城镇化制度(见图5-8)。本书以第一种分类为主要依据,结合第二三种分类中的一些重点要素(或内容)进行分析。

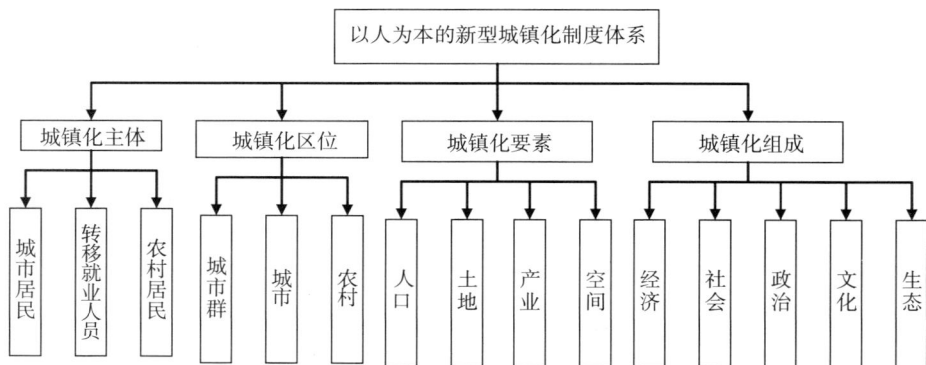

图5-8 以人为本的新型城镇化制度体系分类

一、以人为本的新型城镇化主体的制度体系

城镇化不仅仅是物的城镇化,更重要的是人的城镇化,以城市居民、农民工、农村居民为核心的社会群体是城市建设发展的主体。以人为本是新型城镇化的实质,实现"人的城镇化"是新型城镇化建设的出发点。加强以人为本的新型城镇化主体制度体系建设,有利于实现不同群体人的和谐发展,提升新型城镇化的发展质量,促进区域经济可持续发展。

(一) 创新城市居民制度体系

改革开放以来,随着工业化、城镇化的快速发展,城市经济发展水平相对发达,加快了农村剩余劳动力向城市转移的步伐,促进了经济结构优化升级,但也给城市居民的日常生活带来了一定影响。加快转变城市居民观念、完善城市居民最低生活保障制度、推进城市老年产业发展等,有利于促进城市健康

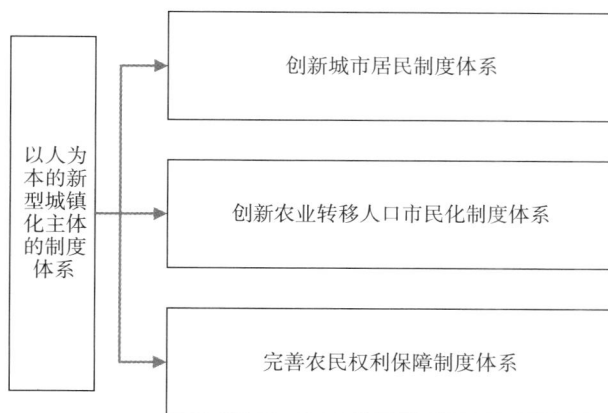

图 5-9 以人为本的新型城镇化主体的制度体系

发展,推动新型城镇化建设。

1. 转变城市居民观念

由于二元经济结构长期存在,城市管理部门和居民对农业转移人口具有一定的偏见和歧视。政府要扭转政策倾向,加强城市管理宣传教育,增加相关公益性广告比重,开展各类文化活动,改善农业转移人口的工作、生活、学习环境,丰富农业转移人口的业余文化生活,帮助农业转移人口提高素质,积极宣传农业转移人口为城市建设发展所做贡献,提倡全社会都关爱农业转移人口、重视农业转移人口。城市居民要尊重农业转移人口社会主体地位,突破思想观念障碍,开展城市居民与农业转移人口的联谊活动,改变城市居民对农业转移人口的消极印象,建立平等真诚的市民—农业转移人口关系。

2. 完善城市居民最低生活保障制度

加强政府、社会和个人力量的多方参与路径,加大基金会、公益性社会团体、民办非企业等培植力度,提供多元化、个性化、丰富化的社会服务,不断提高慈善公益捐赠数额,健全社会捐赠的资源渠道网络体系,保障公民基本经济安全的保险制度。加大公共财政的社会保障投入,加强中国扶贫基金会、中国人口福利基金会等非营利组织介入社会救助,加强社会福利、社会救助、慈善事业、社会保险制度建设,推进基本公共服务均等化。加强个案、小组和社区社会工作,调整社区权力与资源的分配,挖掘城市贫困者的能力与潜力,提供职业生涯规划服务,扩展城市贫困者的视野与见识,增强城市贫困者信心与信念。

3.推进城市老年产业发展

人口老龄化引起城市经济结构、产业结构、组织结构等发生变化,影响新型城镇化进程。综合考虑老年人食品和服装需求,开发具有高营养、易消化的老年特殊食品,加强社区老年照料、居家养老业、保健业、护理液、心理咨询等老年服务业规模化、品牌化发展。依托智慧城市建设,加强老龄服务产业发展规划,完善老年产业相关税收、价格等优惠政策,制定相关的行业标准,构建养老、孝老、敬老的政策制度体系。采用参股、合资、独资、合作等方式,鼓励社会资本参与合作,拓宽老龄服务产业融资渠道,鼓励金融机构创新产品和服务,建立养老机构综合管理保险制度。

(二)创新农业转移人口市民化制度体系

农业转移人口在城市建设中发挥着巨大作用,是新型城镇化建设的主体,已经成为城市人口的重要组成部分。伴随着中国新型城镇化进程的快速推进,农业转移人口无法享有城市住房保障制度、社会保险参保率低、随迁子女受教育权利受阻、劳动收入报酬较低。因此,在城乡二元经济社会体制背景下,要积极探索农业转移人口市民化的制度性安排,保障农业转移人口应享有的权利和待遇,促进中国特色新型城镇化可持续发展。

1.完善就业创业服务制度

就业是民生之本,只有农业转移人口工资收入稳定,才能解决医疗、教育、居住等问题。发挥农业转移人口的工会维权和组织程度,密切联系企业、产业发展政策,加快传统产业结构调整和转型升级,扶持新兴产业发展壮大,着力培育壮大新的产业增长点;优化中小企业经营环境,完善中小企业发展政策法规,保护农业转移人口的劳动权益,提高农业转移人口就业能力,实现劳动力市场资源的优化配置。转变各级政府职能与观念,加强对用人单位履行劳动合同的监督,发挥工会维权职能,完善最低工资标准制度,构建劳资合作发展的新机制。加大对农村剩余劳动力的职业培训,建设农业转移人口实训基地,加强农业转移人口劳动保护教育,构建关键利益相关者的共同教育培训机制,提升农业转移人口技能。大力改善农业转移人口就业环境,激发农业转移人口劳动积极性,建立健全农业转移人口工资支付保障机制。健全农业转移人口法律服务工作网络,维护农业转移人口自身合法权益。

2. 创新住房保障制度

住房是农业转移人口生活的基本条件,只有解决住房问题,农业转移人口才能安心建设城市。打破城乡二元户籍制度,完善农业转移人口相关住房支持制度,培育低租金、小户型的房屋租赁市场,提供标准化住房或住房补贴,构建"限价商品房、经济租用房、经济适用房、廉租房"的农业转移人口住房保障体系。适当调低农业转移人口群体购房首付款比例,给予农业转移人口住房福利金融支持,建立新型户籍制度配套政策,加大租赁补贴力度,提高住房租赁企业的专业化、规模化和集约化水平,提升住房公共服务质量,满足住房租赁需求。扩大农业转移人口实施住房公积金制度覆盖面,支持农业转移人口租赁和购买住房,建立农业转移人口住房公积金制度。多渠道筹集廉租房房源,加强保障性住房建设和供给,健全分配和运营监管机制,构建新型多层次需求的住房供应体系。

3. 营造社会融入环境

充分利用社会资源,为农业转移人口营造一个良好的生存和发展的社会环境,有助于推动新型城镇化建设。加强舆论引导,树立农业转移人口的榜样、典范,消除城市居民的偏见,倡导社会对农业转移人口的关怀,营造全社会平等对待农业转移人口的氛围。大力开展职业培训,加强纪律法律、职业品德、职业道德教育及社会公德的教育,提高农业转移人口遵纪守法意识。拓宽融入渠道,加强社区服务农业转移人口的职能,完善农业转移人口的社会参与机制,提升农业转移人口社会参与的广度与深度。加大法律援助力度,畅通举报投诉渠道,提高农业转移人口法律维权意识,避免农业转移人口犯罪,形成农业转移人口依法维权的良好氛围。

4.强化工作管理制度创新

随着农业转移人口大规模、大范围跨区域流动,现有农业转移人口市民化的工作管理制度无法满足现实需求,影响农业转移人口日常的生产生活,制约着新型城镇化发展进程。建立农业转移人口市民化的网络信息数据库,提高农业转移人口市民化的稳定性,构建农业转移人口市民化长效监督机制。加强农业转移人口党员队伍建设,增强农业转移人口党员的生机和活力,强化农业转移人口的组织纪律性,发挥农业转移人口党员先锋模范带头作用,提高农业转移人口党员队伍的纯洁性与整体素质。健全农业转移人口社区性组织,构建农业转移人口服务管理保障平台,加强社区基础设施建设,发挥城市社区社会融合功能,发展丰富多彩的社区文化生活,增强农业转移人口的归属感。创新工会组织形式,鼓励农业转移人口加入工会组织,创新农业转移人口市民化工作管理制度,维护农业转移人口合法权益。

(三) 完善农民权利保障制度体系

新型城镇化是农村人口向城镇集聚的过程,本质是实现农村人口的生活方式和生产方式的历史转变。农民是新型城镇化建设主体,解决好新型城镇化进程中农民权益保障问题,实现"农民"向"市民"的转变,直接关系到新型城镇化发展进程和区域经济社会可持续发展。

1.完善政策制度

政策在新型城镇化建设发展中起着非常重要的作用,农村政策的优化与调整能够激发农民积极性,促使农村经济快速发展。调整农村土地产权结构,平衡国家利益与农民土地权益,明确国家、集体、农民各自的产权权能,构建土地继承和转让等方面的监督机制,推进城乡土地政策一体化。建立城乡统一土地交易市场,推动农村土地承包经营权的有序流转,保障农民公平分享增值收益,合理提高农民的分配比例。转变财政投资观念,划定财政投资范围,规范财政投资行为,引导和鼓励社会资金进入,提供多元化的公共产品和公共服务,提高农民物质文明和精神文明水平。优化配置城乡之间的金融资源,增加信贷资金投入、农村金融产品,扩展金融网点和业务,创新农村金融业务和产品的审批制度,加强金融机构内部资金交易价格指导,培育多元化的农村金融需求主体,优化组合财政、信贷、保险业务,实现城乡金融统筹发展。

创造劳动力合理流动的公平环境,变革城乡分割的就业管理体制,完善公共就业服务平台和机制。全面推行劳动合同制度,增加劳动仲裁与诉讼提供机构,健全城乡一体化就业保障体系。正确处理培育发展新兴产业与改造提升传统产业之间的逻辑关系,积极主动参与产业分工与协作,发展农家乐、旅游观光等特色产业,创造宽松的多种所有制经济发展环境,拓宽剩余农村劳动力的转化途径。大力发展农村职业技术教育,构建种类齐全、丰富多彩的职业技术培训体系,提高农民就业能力。完善农村社会保障筹资机制,建立农村最低生活保障制度、农村医疗保障制度、农村社会养老保障制度,城乡社会保障衔接通道,形成层次不同、标准有别的社会保障制度。强化农村社会保障监督,建立专业化和现代化的高效组织,提高社会保障管理的效率,维护国家、集体、个人的权益。

2. 完善法律制度

确认农民应有权利,赋予农民主张权利方式,能够有效促进新型城镇化建设进程。完善农村土地法律制度,明确农村集体土地权属,赋予农民对承包土地的占有、使用等物权权能和对宅基地及房屋的完全产权。平衡、政府、征地主体和失地农民之间的利益关系,逐步提高征地补偿标准,构建征地补偿和土地利益分享机制,提高农民最低生活保障金。提高被征地农民的知情权和参与权,建立完备的行政和司法救济权,保证被征地农民及时有效获得救济。建立农村最低生活保障法律,以立法形式健全农村养老保障法律,完善农村合作医疗保障法律,健全农民社会保障体系。改进农村义务教育支持体系,建立城乡教师轮岗制度,鼓励民间资本投资职业教育,创新农民职业教育培训制度,提高农民文化教育水平。

3.完善政府制度

政府作为社会管理者和公共产品、公共服务的提供者,政府行为直接影响农民权益。利用论坛、微博、微信、新闻等多种方式赋予农民公众参与行政决策的启动权,积极拓展公众参与决策制定的空间,提高农民参与行政决策的积极能动性。建立决策解释制度和机制,提高政府的行政透明度,增加政府行政决策的适用性,实现政府与公众在决策信息上的对称。合理协调人权、财权以及事权之间的关系,减少政府部门职能交叉重复,推行政府管理信息化和自动化,改革地方政府行政运行机制。优化公共财政管理体制,扩大农村社会保障的覆盖面,深化农村行政体制改革。明确政府与农村社会中介组织之间的关系,推动农村市场中介组织发展壮大,改变农民组织化方式和程度,降低农民进入市场的交易成本。

加大农村基础教育、基本医疗、公共卫生、公共文化以及社会保障等财政投入,提高农村基本公共服务水平,调整各级政府财政分配体制,完善财政转移支付机制,构建公共财政支出均等化体制机制。支持和鼓励社会资本加入,推动公共服务供给主体多元化发展,推进公路、公交等基础设施向农村延伸,统一规划和布局公用基础设施,缩小城乡基础设施差距。加快农家书屋、农村电影放映等文化惠民工程加速建设,完善老年人、妇女、未成年人等社会群体的公共文化服务设施,构建公共文化设施网络全覆盖格局。

4.完善组织制度

加强农村社会组织化建设,有利于加快推进农村现代化,完善农民权益保障制度,推动新型城镇化的快速发展。划清乡镇政府与村民委员会之间的事务界限,逐渐引导村委会不断转变创新职能,适当放宽政府对农村社会的管控,加强非政府组织的组织管理作用。明确村党组织与村民自治组织间的职权范围,协调村党组织与村委会之间关系。发展专业农民合作经济组织,成立农村股份合作制企业,提高农业综合生产能力。最大限度地发挥农村独特的资源优势,有机融合农村集体与农民的共同资源,全面激活劳动和资本双重潜力,增强农民参与市场竞争能力,降低农民生产经营成本。

二、以人为本的新型城镇化区位制度体系

中国国土面积广大,不同区域的资源分布不平衡、经济发展水平存在较大差异。新型城镇化是实现现代化的必经之路,改革开放以来,中国城镇化进程持续快速推进,城镇化水平继续快速增长,不同地区的城镇化发展呈现出不同的特点。应该因地制宜,加强城市群、城市、农村等不同层面空间的制度体系建设,坚持走特色化、差异化的城镇化道路。

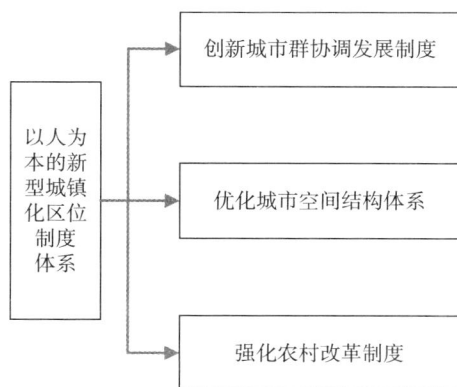

图 5-10 以人为本的新型城镇化区位制度体系

(一) 创新城市群协调发展制度

由于行政区划边界客观存在,城市群在快速发展过程中,城市群与城市群之间存在同质化竞争、资源错配等现象,城市群内部各城市之间互相竞争、相互博弈,资金、技术、政策、资源等经济要素无法自由流动。制度创新是城市群

区域经济社会发展的重要基础,加强城市群协调发展制度创新,协调各方利益,促进城市群整体快速发展。

1. 创新区域规划制度

中国区域规划编制与社会主义市场经济体制发展要求存在较大差距,存在区域规划编制的理念落后、方法单一、内容失效、实施体制不顺、实施法制缺失等问题。以科学发展观和区域协调发展战略为指导,创新区域规划理念,支持和鼓励各个行政主体参与规划制定,建立不同行政利益主体的区域规划机构。明确区域总体发展目标,积极推进主体功能区建设,科学合理有序开发区域资源,优化调整区域交通、能源、信息等基础设施布局,构建不同行政区之间产业合理分工格局,避免城市群不同区域恶性竞争的局面出现,推进城市群新型城镇化建设步伐。加快城市群区域规划的立法工作,构建完整的规划法规体系,建立城市群区域规划的权威机构,提高城市群区域规划的行政力度,完善城市群区域规划的财税体制,保障城市群区域规划的有效实施。

2. 创新利益分配制度

城市群内各区域之间存在市场割据、招商引资大战、重复建设等问题,各地方政府之间的利益主体关系既对立又统一。坚持"效率优先,兼顾公平"基本原则,树立地方政府合作竞争和连续博弈的观念,完善各利益主体的利益分配制度化,建立制度化的区域合作协调机制和利益补偿机制。合理均衡城市群产业要素分布,加快产业结构合理化与产业结构高级化,引导产业链在不同地区间加速集聚,构建科学合理的城市群产业分工体系。协调城市群规划编制和实施管理,推动城市群区域各城市间的生态保护、环境治理以及基础设施等协调联动发展,健全法律化、弹性化、透明化的城市群转移支付制度,探索城市群高层协调机制和务实推进机制,加快城市群一体化发展。

3. 创新市场制度

完善市场制度,发挥市场对资源配置的决定性作用,是实现城市群协调发展的根本途径。推动城市群产权市场一体化,加快推进资本市场、信息市场、物流市场、人才市场一体化发展,提升市场经济运行效率,构建资源有效配置的区域专业化分工格局。加大城市群各城市的融资范围,积极拓宽融资渠道,强化金融中介信息服务机构监管,构建专业化金融中介服务体系。构建产学研和科技开发的合作创新联合体,提升科技创新能力,推进科研成果转化,培育城市群统一的技术市场。加快城市群人口流动制度建设,完善城市群人才流通体系和人才市场。深化简政放权,推进政府行政管理体制改革,推动政府职能转变。加强户籍制度、社会保障制度、医疗制度、住房制度、就业制度、教育制度等改革创新,建立完善的市场经济制度。

(二) 优化城市空间结构体系

随着新型城镇化快速发展,城市产业结构不断优化升级,产业结构水平不断提高,城市职能的强度和专业化水平持续提高。遵循城镇化发展规律,优化城市空间结构,营造城市空间发展形态,完善区域协调发展长效机制,实现城市空间治理体系现代化。

1. 优化城市职能结构

伴随着城镇化的快速发展,城市职能分工更加专业化,城市职能不断变化。统筹政治、经济、社会、文化和生态等各个方面,不断优化城市空间布局,明确各城市职能定位,大力推进城市基础设施建设,突出城市鲜明特色,展现现代都市面貌。强化安全、环保、市场监管职能,提升城市综合服务功能和辐射功能,构建科学合理的城市职能体系,打造功能完善的现代化城市综合功能区,实现城市管理专业化与综合性统一。依靠科技、知识、人力等创新要素提高产业层次,加快城市产业转型升级,推动产业集约化、集聚化、集群化发展,提升产业发展层次与水平,促进城市职能结构的升级。

2. 加快城市基础设施建设

交通、能源、物流、信息等基础设施是城市空间结构优化的重要瓶颈,构建基础设施网络化空间格局能够提升城市整体实力。编制高度集成、有效衔接、充分融合的综合交通规划,优先发展公共交通,优化常规公交线网布局,探索公共交通多样化服务,完善公交换乘枢纽体系。加快交通基础设施项目建设,构建航空、铁路、公路、水路等现代化立体综合交通网络体系,形成智慧绿色高效的、内外部衔接顺畅的交通网络格局,提高交通运输能力和服务水平。支持有条件的城市打造成全国性、区域性和地区性综合交通枢纽城市,展现中心城市的功能形象和城市魅力,提高城市国际竞争力。加强关键信息基础设施安全保障,加快网络信息技术自主创新,探索互联网和实体经济深度融合发展路径,构建安全信息技术体系,拓展经济发展新空间。

3. 加快城市产业整合

产业转移、产业分工是优化城市空间格局重要桥梁,加快城市产业整合能够拓展城市产业发展空间,优化城市空间结构。积极培育城市新兴产业和新兴业态,打造高效益的产业链和产业集群,加快城市产业整合,构建现代化城市产业发展体系。通过高新技术改造传统农业,支持鼓励农村电商、休闲农业等新业态发展,拓展农业多种功能,延长农业产业链,重视培育新型农业经营主体,提高新型农业经营主体的规模化经营水平,探索农业与第二产业、第三产业的产业链融合模式。坚持高端化、集约化、规模化、生态化的发展方向,推进特色产业基地与加工园区建设。打造行业领先的大型龙头企业,扶持生物医学工程、新能源汽车产业、高端装备制造、节能环保产业等战略性新兴产业发展,打造高新技术化的现代工业体系。加快发展电子商务、金融服务业、现代物流业等生产性服务业,加快升级商贸流通业、房地产业、旅游产业、文化产业等生活性服务业,打造现代服务业新引擎。

（三）强化农村改革制度

中国是一个农业大国,农村人口所占比重较大,农村城镇化发展水平较低。现行制度不能满足农村经济发展需求,阻碍了农村城镇化建设发展。加强农村制度创新,能够促进城乡之间的良性互动,加快社会主义新农村建设。

1.健全农村土地管理制度

土地制度是农村的基础制度,是农村经济与农业的基础。坚持基本农田总量不减少、用途不改变,推进土地整理复垦开发,强化保护耕地的法定性和强制性,构建耕地保护利益补偿长效机制。加强规划统筹和政策引导,深化土地有偿使用制度改革,积极盘活存量建设用地,提高建设用地利用效率。完善相关法律法规和配套政策,严格界定农村集体经营性建设用地使用权流转范围,建立农村土地产权制度,规范土地承包经营权流转,构建建立城乡统一的建设用地市场,维护农民土地财产权益。完善农业支持保护制度,加快转变传统农业发展方式,发展多种形式的农业适度规模经营,引导新型农业经营主体多元融合发展,探索现代优质农业发展道路,不断提升农业质量效益和竞争力。

2.培育新型建设主体

重视新农村建设主体,积极培养新型农民,发挥新型农村合作经济组织带动农户功能,促进农村社会事业发展。科学规划培训机构的类型和布局,加强培训资金管理,明确补贴基本标准,建立健全培训与就业紧密衔接机制,完善劳动力培训机构动态管理机制。吸引外来投资企业主动参与,建立覆盖面更广的土地流转体系,创新金融信贷制度,壮大农村集体经济实力。强化农村集体经济发展,盘活和保护农村集体资产,建立农村综合产权交易市场,发展农业适度规模经营,激发各类资源生产要素活力,加快产权制度改革步伐。加快推进"互联网+"现代农业行动,推动农村资源市场化,探索发展集体经济有效途径,构建专业合作型、中介服务型、技术协作性、企业经营型等经济组织体系,全面推进社会主义新农村建设。

3.优化农村要素配置

优化农村要素配置能够加快新农村建设,加快城乡结构转型,促进新型城镇化发展。加快农村土地自由流转,解放农村劳动力,实现传统农业向现代农业转变,提高农业生产规模化程度,加快现代化农业示范区、农田水利设施、农产品基地等建设,改善农村公共服务设施、生活环境和村容村貌,推动城乡交通基础设施建设,减少城乡之间交易成本。建立健全农村发展专项资金,完善多元筹资机制,提高农村资金使用效率。创新农村基础设施的产权管理制度,确定农村基础设施投融资运行方式,提高农民群众参与新农村建设的主动性和积极性。保护和合理利用农用地,优化调整农用地结构,严格控制建设用地规模。增加农村教育投入力度,提高农业生产技术水平,降低农业生产成本,完善新型农村基本经营制度,增加居民实际福利水平。发展多样化的交易方式,采用现代化的物流营销模式,提高农产品交易速度,减少农产品物流损耗。

4.健全城乡一体化制度

深化户籍制度改革,推动农村人口不断向城市转移,实现城乡户籍管理一体化。建立完善城乡就业体制,消除就业制度的二元性,有效转移农村剩余劳动力,实现城乡劳动就业平等化。统筹土地利用和城乡规划,推进城乡一体化发展战略,加强城乡公共产品和公共服务体系建设,深化完善农村金融体制改革,建立健全城乡一体化发展的体制机制,推进城乡产业结构优化升级,构建城乡一体化发展新格局。坚持农业基础地位不动摇,充分发挥公益性农技推广机构主体作用,培育多元化市场主体,创新农业社会化服务方式,打造现代农业综合服务平台,构建立农业现代社会化服务体系。

三、以人为本的新型城镇化要素制度体系

(一) 中国特色城镇化理论政策指向

1.通过构建中国特色城镇化理论体系,解决中国城乡发展不平衡问题,实现城乡一体化的目标

党的十八届三中全会中提出:"城乡二元结构是制约城乡发展一体化的主要障碍。必须健全体制机制,形成以工促农、以城带乡、工农互惠、城乡一

体的新型工农城乡关系,让广大农民平等参与现代化进程、共同分享现代化成果。"因此,需要深入研究城乡发展不平衡问题,加深对城乡一体化的认识。

(1)中国城乡分治的现状与缺陷

城乡双重的二元结构形态。自改革以来,伴随着人口的不断流动,中国城乡的二元结构展现出一种新的状态,在外来人口就业和居住地区以及各类城镇,均显著存在着双重二元形态的结构,即存在静态和动态两种城乡二元结构形态。静态城乡二元结构,是指计划经济体制下对于农民与市民两种不同的户籍身份,以此建立的城市与农村、市民与农民两种制度体系。动态的城乡二元结构,是指对于本地居民与外来人口(大部分为农业转移人口但不局限于农业转移人口)两种不同的身份,就此实施的城市本地居民与外来人口两种权利不平等的制度体系,实施"城市分治、一市两策",使外来人口处于不平等地位。静态的城乡二元结构经过市场化改革之后形成了动态的城乡二元结构的新形态。静态城乡二元结构与动态城乡二元结构组合形成了中国的双重二元结构。各省市因为存在着来自全国各地的农业转移人口等外来人口,普遍存在着双重二元结构。尤其在沿海的发达地区和各大中城市,双重二元结构相互交织,城镇化和城乡一体化面临着很大的体制上的阻碍。促进国家治理体系和治理能力现代化中最突出的体制堡垒就是双重二元结构。

20世纪50年代,在政府主导的计划经济体制下产生了静态的城乡二元结构,静态的城乡二元结构的根本特点是城乡发展不均衡,农民与市民身份不平等,享受的权利不平等,所尽的义务也不平等。以歧视农民为突出点的城乡二元结构,将农民的生活限制在农村并且不允许其向城市流动,形成了一种静止状态的二元社会结构,被称为静态城乡二元结构。静态城乡二元结构从体制上歧视的对象是农民,往往被印上了农业户籍的身份。很长时间以来,中国在既定的城乡二元结构中不断地谋求突破。

20世纪80年代在市场力量和政府的作用的双重引导下产生了动态的城乡二元结构。根本特点是城市内部分治,外来人口与本市人口身份不平等,享受的权利不平等,所尽的义务也不平等。以歧视外来人口为出发点的二元结构,使得外来人口无法享受政府提供的公共服务,产生了这种随着人口流动而产生的动态的二元社会结构,即动态城乡二元结构。动态城乡二元结构从制度上歧视的对象是外来人口。城镇的外来人口主要由农业转移人口组成,但也存在其他非农业户籍的外地人员,这些人被统一印上了外来人口或流动人口的身份。自改革以来,中国各类城市在既定的动态城乡二元结构中谋发展。自党的十六大以来,国家高度重视并试图解决农业转移人口问题,但包括农业转移人口在内的外来人口始终未能真正融入城市成为平等的新市民,甚至成为城市重点管理的人口。

自改革以来,随着工业化和城镇化的发展,人口不断向城市集中,全国各类城市的外来人口持续快速增加,一些城市的外来人口甚至远远超过了本地人口。基于传统的城乡二元结构,市场化改革的力量又在城市产生了新的动态二元结构。全国各类城市特别是大中城市和经济发达地区的城镇,传统的静态城乡二元结构与改革以来出现的动态城乡二元结构相互交融在一起产生了双重二元结构。只要有外来人口的城镇都存在着双重二元结构,在外来人口大量集聚的大中城市,双重二元结构表现得尤为突出。双重二元结构是中国城镇化、城乡一体化发展面临的主要社会结构性障碍。

城乡收入差距大。中国城乡间发展不平衡已成为制约中国经济发展的重要原因,而城乡收入差距又是城乡发展不平衡的主要表现之一。自1993年改革开放以来,市场经济体制的逐步深化,使得中国经济高速发展,人民生活水平不断提高,贫富差距也在不断扩大。同时,城镇居民人均可支配收入的增长率水平高于农村居民人均纯收入增长率,二者的最高增长率均出现在1993—1994年间,为35.65%和32.49%,过大的收入差距容易引发社会矛盾,不利于中国和谐社会的构建。

表 5-6 1993—2014 年中国城乡居民收入差距汇总表

DMU	城镇居民人均可支配收入（元）	同比增长率（%）	农村居民人均纯收入（元）	同比增长率（%）	城乡收入差额（元）	同比增长率（%）
1993	2577.40	—	921.60	—	1655.80	—
1994	3496.20	0.3565	1221.00	0.3249	2275.20	0.3741
1995	4283.00	0.2250	1577.70	0.2921	2705.30	0.1890
1996	4838.90	0.1298	1926.10	0.2208	2912.80	0.0767
1997	5160.30	0.0664	2090.10	0.0851	3070.20	0.0540
1998	5425.10	0.0513	2162.00	0.0344	3263.10	0.0628
1999	5854.00	0.0791	2210.30	0.0223	3643.70	0.1166
2000	6280.00	0.0728	2253.40	0.0195	4026.60	0.1051
2001	6859.60	0.0923	2366.40	0.0501	4493.20	0.1159
2002	7702.80	0.1229	2475.60	0.0461	5227.20	0.1634
2003	8472.20	0.0999	2622.20	0.0592	5850.00	0.1191
2004	9421.60	0.1121	2936.40	0.1198	6485.20	0.1086
2005	10493.00	0.1137	3254.90	0.1085	7238.10	0.1161
2006	11759.50	0.1207	3587.00	0.1020	8172.50	0.1291
2007	13785.80	0.1723	4140.40	0.1543	9645.40	0.1802
2008	15780.80	0.1447	4760.60	0.1498	11020.20	0.1425
2009	17174.70	0.0883	5153.20	0.0825	12021.50	0.0909
2010	19109.40	0.1126	5919.00	0.1486	13190.40	0.0972
2011	21809.80	0.1413	6977.30	0.1788	14832.50	0.1245
2012	24564.70	0.1263	7916.60	0.1346	16648.10	0.1224
2013	26467.00	0.0774	9429.59	0.1911	17037.41	0.0234
2014	28843.85	0.0898	10488.88	0.1123	18354.97	0.0773

资料来源：中华人民共和国家统计局网站 www.stats.gov.cn。

优势发展资源向城市单向集中。城市一直是中国各类生产要素集聚的中心，城乡资源流动单向化、不均衡现象明显。从劳动和资本这两种基本生产要素的流动情况来看，改革开放以来，城乡之间的单向流动趋势明显。由于收入差距存在于劳动力区域间，引致劳动力跨地区迁移的现象尤为明显。统计数据显示，各个地区迁移人口中迁入城镇的比例均大于 80%，迁入乡村的比例在 15% 左右。与中国城乡的经济二元结构相似的是，中国金融发展也具有明显的二元结构特征:中国金融发展主要在城镇,大部分金融机构设立于城镇。近几年,随着国家对农村金融发展的重视,村镇银行等农村金融机构逐渐设立,农村金融的发展才逐渐进入正轨。

(2)城乡一体化的路径选择

国内外既有的相关理论研究表明,城乡发展不均衡到城乡一体化的变迁,是客观规律。无论是刘易斯的"二元结构理论"、赫希曼提出的"极化—涓滴效应学说"还是库兹涅茨对经济增长理论研究中提出的"倒 U 型假说"都揭示了发达地区和欠发达地区进而引申到城乡关系的发展规律,其结论都支持从城乡分治到城乡一体化的演进规律。研究城乡关系的历史,发现从城乡分治到城乡一体化的演进是客观经济社会发展的必然选择。从城乡分治以来,社会经济发展的历史就是城乡关系演进的历史。城乡关系是多元的、动态演化的,包括城乡区位关系、资源关系、利益关系和制度关系等(见图5-11)。城乡间的多元关系,不是孤立的,静态的,而是相互联系、动态演变的,伴随着城乡区位关系的相对变化,其他相关关系会呈现规律性变化,城乡利益会由最初的分离到不断融合,最终城乡实现一体化。但中国长期存在的城乡分治的二元结构特征已成为影响共享发展、影响全面建成小康社会的重大问题,迫切需要统筹城乡发展,形成城乡一体化的新格局。根据城乡关系演进规律,推进城乡一体化,主要依赖建立实现城乡要素双向流动、城乡资源的均衡配置、城乡产业发展有效互动等长效机制。

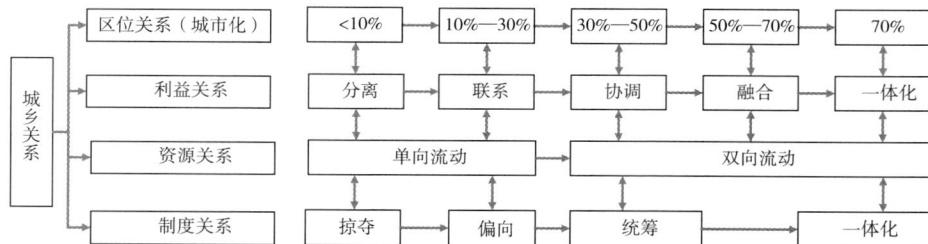

图 5-11　城乡关系演进规律

实现要素的双向流动。促进城乡一体化,应充分发挥市场机制的作用,逐渐消除影响生产要素自由流动的体制阻碍。在土地配置上,大力加强农民的土地承包经营权,促进土地依法有序流转;在资金配置上,加快完善和发展农村金融组织体系,构建良好的金融生态环境,规范发挥互联网金融等新型金融业态的活力,有效推进普惠金融发展;在人力资源配置上,建立健全城乡劳动者平等就业制度;将农业转移人口等外来务工人员纳入城镇公共服务体系,实现农业转移人口在劳动报酬、子女上学、公共卫生、住房租购等方面与城镇居民享有同等待遇;更好地完善户籍制度,推动农村转移人口有序转为城镇居民。

均衡配置城乡公共资源。城乡差距主要体现为基础设施和社会事业发展的差距。应调整公共资源在城乡之间的分配,扩大公共财政所覆盖的农村范围,促进城乡公共服务平等化。在教育事业上,健全农村义务教育经费保障机制,加快普及农村高中阶段教育,发展农村中等职业教育;在文化事业上,强化农村公益性文化服务基础设施建设,发展农村文化产业,丰富农民精神文化生活;在医疗卫生事业上,改善农村医疗卫生条件,培养农村医疗卫生人才;完善新型农村合作医疗制度,健全筹资机制。在社会保障制度上,按照广覆盖、保基本、多层次、可持续原则,加快健全农村社会保障体系,逐步提高保障标准。

城乡产业发展有效互动。相对于工业化生产的高效,农业产业生产效率较低,如果仅仅依靠市场力量,很难顺利实现农业产业的现代化,应进一步健全"以工促农、以城带乡"长效机制。目前中国发展已步入工业化中期,迈入工业反哺农业、城市支持农村的新阶段,当前现状迫切要求国家健全以工促农、以城带乡的长效机制,这样才能发挥城乡互动的优势,并带动农业的发展。在农业产业的发展上,要着眼于推动农村经营机制的转变,有序推进农村土地合理流转,支持农业合作社、家庭农场等新型农业主体做大做强,提高农业综合生产能力发展现代农业。

2. 通过构建中国特色城镇化理论体系,解决或缓解中国城镇化进程中的"城市病",实现城市可持续发展目标

自改革开放以来,中国经历了世界历史上规模最大、速度最快的城镇化进程,常住人口城镇化率由 1978 年的 18.00% 迅速上升到 2017 年的 58.52%,城市发展取得了举世瞩目的成就。大量的农业人口进城,虽然极大地带动了城市发展,提高了农业转移人口的收入水平,但也给中国城市在环境、空间、社会等层面带来一系列的负面影响。环境污染、城市贫困、交通拥堵、城市治安等问题将进入集中爆发期。正因如此,"城市病"开始引起党中央国务院的高度重视,并在"十二五"规划纲要中提出合理确定城市开发边界,规范新城新区建设,提高建成区人口密度,调整优化建设用地结构,防止特大城市面积过度扩张,预防和治理"城市病"。

所谓"城市病"是指由于城市人口—产业—交通运输等过度集中,规模过大,导致交通拥堵,环境污染,住房紧张,能源短缺,贫困分化等种种弊端,统称为"城市病"。"城市病"的出现,导致城市居民生活品质明显下降,幸福感大幅降低,因此,中国在推进新型城镇化过程中,必须充分认识到城市病爆发给城市社会经济发展带来的困扰,深入探究"城市病"出现的原因,借鉴国内外防治"城市病"的经验和思路,对于中国城市防治"城市病",促进城市持续健康发展具有十分重要的意义。

(1)中国"城市病"出现的原因

现有的研究成果表明,"城市病"作为城市发展过程中出现的一种消极和负面的弊病,是经济问题、社会问题和环境问题的空间重叠,也会因城镇化发展阶段不同而存在差异,因此,具有阶段性特征。

"城市病"不但表现为多样的症状,而且其中的内在病因也很复杂。许多"城市病"的出现既有客观必然性,也有城市的发展方式,即城市规划、建设、管理等多方面原因。

产生"城市病"的客观必然性。历史经验表明,欧美和拉美等发达或欠发达国家在快速城镇化进程中都曾遇到过"城市病"问题。尽管各国"城市病"的症状多样,程度不一,但它从酝酿、显现直到康复都有其内在的客观规律,而这一规律又直接地与城市的生命周期密切相连。在其发展过程中,城镇化具有呈"S"型的上升规律,而"城市病"则具有倒"U"型的升降规律。周加来等学者研究发现,在城镇化的快速发展阶段,城镇化率在 30%—50% 时,"城市病"处于显性阶段;城镇化率在 50%—70% 时,"城市病"有可能集中爆发。改革开放以来,中国工业化、城镇化进程不断加速,用短短 30 多年就走完了西方发达国家上百年的城镇化历程,这使得中国"城市病"问题更具复杂性。[1]

中国城市发展方式的偏差。毋庸置疑,多年来,中国城市在发展理念和发展方式上与国外存在较大的偏差。受以 GDP 为主的干部任用标准、考核机制的影响,很多城市急功近利,大搞形象工程、政绩工程,重数量轻质量,对与老百姓生活息息相关的基础设施建设等不够重视,甚至充耳不闻。这些官僚主义、形式主义、面子工程等为"城市病"的产生提供了温床。

经济社会发展的不平衡,大城市和中小城市之间、城市和乡村之间发展的不均衡,也是中国城市多年来在发展方式上存在的弊端,这些因素都成为了产生"城市病"的催化剂。大量人群之所以会单向涌入大城市,从根本上说是因为大城市在就业、医疗、教育、交通等方面具有中小城市无可比拟的优势。诚然,中国的一线城市集聚了过多的资源,但城市与城市之间资源发展的不平衡问题才是导致"城市病"的根源所在。

城市规划理念的落后。众所周知,城市规划是建设美好城市的基础,然而这么多年来中国在这方面还存着各种各样的问题亟须改善。很多城市没有成熟完善的管理理念和治理体系,特别是在面对城市快速发展的状况,城市管理手段和治理方式显得非常滞后;即使现在从国家政策层面强调城市规划的严

---

① 周一星:《关于中国城镇化速度的思考》,《城市规划》2006 年第 12 期。

肃性,但在具体执行过程中缺乏连续性,导致城市无序发展。尤其是当前中国的城市规划理念非常滞后,张传文等学者认为"中国城市出现不同程度'城市病'的原因,是由于中国很多城市规划多是在继续沿用20世纪30年代的雅典宪章所确立的功能主义城市规划思路,这一思路最核心的观点就是将城市解构成工作、居住、休闲、交通等几个方面,前三个方面通过最后的交通加以连接,从而形成了城市的单中心结构。对大型城市而言,这样的单中心结构非常要命。"片面强调功能分区的城市规划造成了城市建设的"摊大饼"以及居住区、工作区、活动区的分离,让不少城市居民每天在不同城区之间奔波,这必然会导致市民活动的时间成本和经济成本的增加,加重了对交通和资源环境的压力。

城市管理欠缺科学性。多年来,一些城市一直存在着管理者重管制、轻协商,重收费、轻执法等不良现象。城市管理者管理手段过于单一,主要依靠行政手段,而忽视了法律手段、经济手段和宣传教育手段等的综合运用,还停留在经验式管理、问题式管理等传统方式上,缺乏系统管理、目标管理和前置管理等现代管理手段;城市管理系统不健全或功能难以发挥,城市管理评价缺乏科学、系统、完整的城市管理评价指标和专业化评价机构。城市管理部门没有更多更好地提高服务质量和管理水平,而总是在想办法限制市民,限制各种服务对象,这种简单粗暴的传统管制思路不仅不能治病,同时也是"城市病"产生的根源所在。另外,中国城市政府和管理者在应用现代科学技术方面有所欠缺,在实现即时性、准确性和全面性的动态管理方面还不尽如人意,各部门之间信息资源整合度较低,从而影响到城市管理整体效能的提升。

(2)"城市病"有效缓解路径

突出城市定位,疏解非核心功能。"城市病"产生的原因复杂,但其根源在于人口和产业过度集中、优质资源和功能过度集中,造成的城市资源环境承载力与城镇化发展规模的匹配度失衡。城市的资源环境是有一定承载能力的,随着城市的不断扩张,城市的资源环境越来越不能适应城市的良好发展。

因此,防治城市病关键在于把疏解人口、产业与疏解城市非核心功能结合起来。具体措施是采取严控增量与疏解存量并存、"市场之手"与"政府之手"相结合的办法。一方面合理确定新增产业的"负面清单",严格审核非核心功能项目的批准;另一方面发挥市场在资源配置中的决定性作用,推动非核心功能转移到生产和运营成本更低、市场前景更好的地区。此外,积极引导教育、医疗等部分公共资源以及行政性、事业性服务机构向城市周边区域合理转移。

更新规划理念,重构城市结构。以健康城镇化为目标导向,做好城市基础设施配套、产业布局、空间开发等前瞻性规划。重点构建"多核多中心多圈层"的城市结构,优化调整城市空间及人口布局。传统城市的单中心结构,功能大都集中在市中心,这给交通带来巨大压力,不仅降低了城市运行效率,还加剧了城市污染。大城市应加快城市副中心的规划建设,提升基础设施建设和公共服务水平,实现基本公共服务均等化,但必须谨防副中心发展陷入"房地产化陷阱",防止房地产业过度发展、房价过高,因为这会削弱企业和人口流动的动力,以此增强卫星城的吸引力,推动典型单中心城市向"多核多中心多圈层"结构转变。

加快体制改革,科学管理城市。加快城市建设管理机制的转换和体制的改革。第一,应该建立健全城市的法律法规,增加城市建设与管理的针对性、权威性、约束性和监督性。第二,更加强化政府职能:公共服务、城市基础设施和城市应急体系;加快城市系统的硬件与软件建设,其中包括交通管道信息以及医疗卫生文体等的配套设施和人力资源的投入、加大服务供给等,从而建立起长久有效的城市科学管理机制。第三,对财税制度设计进行进一步的优化,将更多的财税自主能力给予地方政府,促使各级地方政府加大城市管理。第四,制定多元参与的制度,使得政府、企业、社会组织和个人成为的城市的建设者、管理者与监督者,建立漂亮的城市空间。第五,加强监督,由于城市的建设与发展中无法避免地存在着非理性的行为,因此需要调动整个社会都积极地参与监督,对于所有的非理性的和有害城市发展的行为给予制止。

强化理论研究,培育健康城市意识。防治城市病,关键在防。要有前瞻性眼光,培养健康的城市意识。第一,加强理论的研究,弄清楚健康城市的含义、基准、建设办法、保障方式、原则和主体。第二,加大宣传教育的力度,使得健康城市的这一观念植入人心,从而使群众知道健康城市应有的行为方式,最后使整个社会参与到城市建设。一般说来,伴随城市地区当中农业转移人口的增加,这些转移人口的受教育程度相对来说不是很高,大半人口都为低收入的群体,他们的首要需求是增加收入,对于城市生态环境的需求反而处于次要地位,所以需要引导这些转移人口的城市生活方式。

3.通过构建中国特色城镇化理论体系,重新构建城市建设理念,实现由"以物为本"向"以人为本"转变的目标

从理论上来看,传统发展经济学所主导的发展观是具有明显的物本倾向,主要侧重生存必须的物质财富和市场的收入效应,但是没有顾及人在社会和精神层面实现自由的条件。"以物为本"的发展战略表现就是把"物质经济增长"视为城市发展的关键,城市建设总是倾向于大投入、高消耗和追求规模扩张。这种"以物为本"的传统城镇化模式,主要依靠劳动和资本等物质生产要素的高投入、高消耗来实现的,较少考虑投入与产出比,产出绩效往往较低。而且"以物为本"的传统城市发展模式,需要投入各种各样的要素来促进增长。除了人力、物力和财力投入,还包括牺牲自然资源,容易造成生态环境的严重破坏。

中国改革开放四十多年,尤其是2000年以来,在加速推进城镇化进程中,存在片面地加快城镇化、增加城市规模以及土地城镇化快于人口城镇化等问题,"以物为本"倾向明显。但近年来城市生态环境恶化、城市交通拥堵、城市社会矛盾凸显等"城市病"越发严重,彰显"以物为本"传统城镇化模式不可持续,有必要深入探索"以人为本"的新型城镇化道路。所谓"以人为本"的城镇化,就是坚持共享发展理念,以实现人的全面发展为目标。

当前,中国传统的"以物为本"的城镇化过于追求资金投入、土地建筑、道路交通等物质和技术层面的内容,而对城镇化进程中最核心的"人"重视不够。因此,缓解"以物为本"城镇化带来的诸多问题,关键是让作为主体的"人"成为城镇化战略的出发点和落脚点,成为城镇化战略的核心,逐步构建"以人为本"的城镇化,回归城镇化的本质。

(1)产城融合夯实城镇化产业支撑

促进土地城镇化与人口城镇化的协调共进,除了破除相关的制度障碍,关键在于在城市空间催生更有效的产业,促进产业功能与城市功能有机结合,最终实现以城促产、以产兴城、产城融合,城乡一体的发展目标。要把城镇的产业功能、城市功能、生态功能融为一体,构筑宜居、宜业的产城融合发展格局。其关键在于全面落实产城融合发展理念,科学规划空间发展布局,统筹规划。以"调结构、转方式、促升级"为抓手,以新产业、新业态为导向,不断优化产业结构,促进产业集聚发展,构建现代产业体系,实现产业发展、城市建设和人口集聚相互促进、融合发展。

(2)"以人为本"解决农业转移人口市民化

"以人为本"的特征要求城镇化发展必须集聚一定规模的人口,促进人口向城市合理集聚,改变目前阻碍人口城镇化的诸多不合理因素,打破城乡二元体制,促进人口在乡村和城市之间双向流动。促进农业转移人口的市民化,增强农业转移人口对城市的认同感、责任感以及集体感,必须全面推进、全面发展:一是人口城镇化。就是缩小常住人口城镇化率与户籍人口城镇化率的差距。二是就业城镇化。主要解决人口与就业关系,为农业转移人口提供更多的就业机会。三是教育城镇化。旨在保障农业转移人口随迁子女学籍转接顺畅,全面提高教育质量。四是医疗城镇化。主要解决农业转移人口"看病难""看病贵",实现医疗卫生资源的合理布局和医疗卫生能力的提升。五是社会保障城镇化。实行城乡基本养老保险制度、基本医疗卫生保险制度、实业保险制度、生育保险制度等社会统筹。六是住房城镇化。为此要改革农村土地流转制度,实行保障性住房等城镇基本公共服务均等化。

（3）绿色发展打造健康城市空间

"以物为本"城镇化片面强调城镇化建设速度的提升以及规模的扩张,虽然城镇化率提升迅速,但同时也造成了城市无序蔓延、失地农民、城市空间结构混乱、生态环境破坏等问题,严重影响了社会稳定以及城镇化的合理推进。因此,要坚持绿色发展理念,体现集约高效发展的要求,追求人地关系之间的和谐共进,注重人类经济社会活动与生态环境协调发展的过程。在尊重自然的基础上,人类选择合理的行动方式,最终形成人与自然互惠互促的人居环境形态。同时,更加重视发展城镇化同消费环境资源之间的协调性,形成人与自然和谐共生。在城镇化进程中,以城镇化建设与人口、资源、环境、文化、产业、社会和谐的统筹兼顾为立足点,以建设文明生态为宗旨,以城镇人文生态环境优化、产业结构转型为动力,以循环、和谐、绿色、宜居为目标,全面建设绿色环境、健康经济、和谐社会、特色人文、低碳消费的生态化城市,谋求新型城镇人文环境、经济社会的健康、和谐、可持续发展。

4. 通过构建中国特色的城镇化理论体系,注重城市文化培育,实现城市文明现代化

伴随着中国城镇化进程的不断推进,城市逐渐成为生产、生活的复合体。在某种意义上,这一共同体以对城市文明的追求作为精神基础,建构制度、秩序等上层建筑,对引导现代城市走向文明、和谐、有序的价值功能日趋彰显。

"文明"的理解和指向具有多样性,其内涵包括"物"的文明、"人"的文明和"制度"的文明。城市文明首先是"物"的文明,即城市环境文明。城市是一种蕴含人类知识、智慧和创造力的人造物理空间,以保证城市居民生活安全,满足其娱乐、审美、文化等多方面需要为发展的基础条件。物化的城市环境为城市功能的实现提供着一定的物质依托。其次,城市文明是"人"的文明,即城市秩序文明。城市文明由生活在城市中的人创造。无论是文明家庭、文明社区、文明单位,还是文明城市都是由文明市民组成的,并通过他们的行为来体现。最后,城市文明还是"制度"的文明,即城市服务文明。城市社会是一个由制度构建的复杂系统。居民行为随需求和城市发展程度产生和演进。在城市的发展过程中,各种各样的组织、体制和机制应运而生,维系和调节各类生产交易活动,保证城市生活有序进行,城市发展不断向前。如果没有制度体系作为保障,城市将很快陷入混乱、停滞,最终被推向倒退,已有的文明也将不复存在。

当前,在中国的快速城镇化、现代化过程中,有必要深入反思城市发展过程中的不文明、不和谐现象,重构城市文明体系。

(1)现有城市文明的弊端

城市认同的共同价值虚化。文化认同作为民族和国家的一种文化形态,被迪尔凯姆称为"集体的良知","这种"集体的良知"是将人民团结起来的内在凝聚力,也是民族和国家发展的政治和文化源泉。城市文化认同是城市居民心理认识上的一致性和由此发展出的社会关系,其前提是城市居民有一个相互认可的共同价值,也就是说,价值认同是都市文化认同的基础。现代中国正处在经济发展与经济结构调整时期、城市社会正在经历转型,工业化与城镇化的快速推进以及全球化的急剧扩张,使得城市主体多样化和差异化,进而造成了城市主体的价值观念、社会信仰日趋多元化。尤其是在全球化背景下,随着外来强势文化的不断冲击,造成了城市既有文化秩序的破坏和都市文化生态的失衡,使得人们逐渐忘记了城市自身的文化根基,部分城市更脱离了传统乡村文明的深厚积淀,言必称美国吃汉堡、看韩剧。社会发展正向全球化、信息化、现代化高速迈进,社会转型打破了传统城市的稳定性和发展规律,也导致城市的固有文化价值认同逐渐松散、解体,造成了城市文化价值的真空地带。因而,城市社会固守多年的传统价值信仰也就面临着严重威胁。

城市制度文明有待优化。城市是一个高度复杂又动态稳定的系统。在受到外界因素影响时,城市中各构成要素通过相互作用而运转,不断调节各要素的平衡构成,由此保证城市稳定发展,促进城市演进。城市制度文明关键是看在既有城市制度框架下,实现城市资源的高效利用,促进城市健康稳定发展,持续提高城市居民的生活质量。但当前中国城市治理制度体现"单中心"的行政化特征,公众参与不足。在制度上,城市政府是城市治理的唯一主体,在城市管理中存在着观念落后的问题,城市治理缺乏人性化。对城市公共物品和公共服务方面关注度不足,投入力度小,导致城市发展财政投入欠缺、可持续发展能力低,公共产品及服务项目少、质量差,公共管理成本过高、管理效率低下,不能对外界的变化和居民的需求作出及时、有效的反应。

城市生态文明日益恶化。在传统"以物为本"的城镇化进程中,发展方式粗放,土地集约节约意识淡薄,造成资源浪费。现在全国很多地方政府修建新城区,但其中很多的"城市新区""开发区""工业园区"等区域都没有实现充分的发展,造成"空城""鬼城"现象凸显和加剧。同时,在城市经济增长就是城市发展的误区引导下,城市的自然生态环境日益恶化,交通拥堵、空气污染、酸雨蔓延、雾霾横行、排水不畅等生态恶化现象逐步从一线特大城市向二三线大城市蔓延。单纯追求经济短期快速增长的功利性发展目标具有盲目性和片面性,忽视了城市的可持续发展,使城市经济发展缺乏科学全面的规划和真正意义上的考量,重生产、轻污染或是先污染、后防治的思路都会给城市带来难以估量的破坏和损失。

(2)重塑城市文明的路径

强化文化认同,重铸城市精神。对于今天的城市居民而言,城市既是他们的生活场所,也是他们的精神家园。城市是市民认同的精神价值与共同追求。在某种意义上,人们的文明素养和道德理想塑造了城市的文明形态,人们的生活信念和意志品格浇筑出城市的文化特色,体现着城市居民人生境界的精髓。人们的精神素养、价值追求、审美趣味、文化习惯等决定着城市精神品位和精神气质。人与城市应该是一个和谐的整体。城市精神是一座城市的灵魂,其作为城市文化的核心内容,主导着文化前进的方向,也可以培育市民的精神面貌。因此,重铸城市精神是增强城市文化认同的有效途径。城市精神铸造要首先突出城市主体的人文性。人是城市社会的主体,是城市社会生产力的基本要素和城市发展中最活跃最主动的因素,更是城市精神塑造的主体。其次,注重城市德性培育。城市主体要有社会公德意识和责任意识,并将其融入城市精神的完善过程中,使之不断提高。最后,继承城市传统文化,发扬城市精神特色。城市精神具有时代性和历史性,不同的城市具有不同的文化积淀,都有独特的风土人情和社会风貌。城市精神要在继承城市传统的基础上铸造,形成不同的城市独特的文化符号和记忆,这样才能将继承和发展完美融合,兼顾城市精神发展的稳定性与创新性。

完善城市制度,彰显制度文明。城市治理制度调节和规范着城市生活,承担着对市民的思想观念和行为方式的引导和约束作用。只有保证治理制度健全,在城市发展进程中才能保证自然环境、经济基础、文化传统等资源的合理、有序、高效利用。合理的城市治理制度安排,首先,要完善城市发展的评价制度,从重视量的积累转移到重视质的提高;其次,强调制度目标和过程的合理性和一致性,最大限度地使城市居民都在公平、公正的制度背景下生产、生活,使每个人都能平等地享受到水平大体相当的社会福利,实现学有所教、劳有所得、老有所养、病有所医、住有所居;最后,加快完善基本公共服务均等化制度,保护贫困人口和弱势群体的权利,强调和重视市民尤其是弱势群体的各方面权利。

建设生态文明,实现人与自然和谐。城市是居民生产、生活的物理基础,城市环境的健康和谐对产业质量和居民幸福度有重要影响。故而,生态文明应该成为未来城市持续发展所必须具备的意识和准则。建设生态文明,首先,要牢固树立生态理念,少一点"人定胜天",多一点"顺其自然",让生态理念深入人心,能够显著地影响城市市民的生活方式,使其向人与自然和谐的方向发展,才能建设一个真正的生态文明城市。其次,强化生态制度建设。城市生态制度进一步完善是都市生态文明的基本保证,只有构建科学合理的生态制度,并落实其作用,真正运用生态制度来约束和规范都市人们的生产和生活,才能营造出发展与生态并重、人与自然和谐发展的都市环境。最后,坚持绿色发展理念。经济发展不能以浪费资源和牺牲环境为代价。大力提倡环保低碳的生产生活方式和绿色消费、绿色金融,能有效提高城市资源利用效率,鼓励产业创新资源利用模式,提高技术水平和产业科技含量,促进生态型产业经济结构的形成,最终走向人与自然、人与人、人与城市社会和谐共生的城市文明。

　　人是社会的主体,是社会制度的建设者,受社会制度制约。社会制度的实现是一个不断发展完善的动态过程,在加快新型城镇化进程中扮演着重要角色。户籍、土地、产业、空间等要素是推动新型城镇化的关键要素,积极探索户籍制度、土地制度、产业制度、空间规划制度等制度创新是加快新型城镇化可持续发展的必由之路。

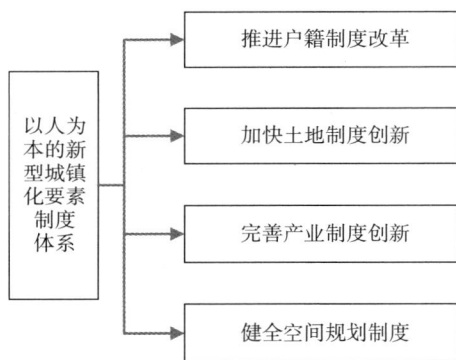

图 5-12　"以人为本"的新型城镇化要素制度体系

(二)推进户籍制度改革

　　户籍制度属于生产关系的范畴,中国户籍制度经历了户籍制度初步形成时期、户籍制度正式形成时期、户籍制度调整时期三个阶段。伴随着经济体制由计划转向市场,市场经济体制逐步建立并迅速发展,传统的户籍制度与新体制之间的矛盾日益凸显,阻碍了农业转移人口的职业转型、社会身份转型、生活方式转型以及思想观念和行为方式转型,严重束缚了生产力的发展。在新型城镇化建设过程中,亟须推进户籍制度改革,加快流动人口与户籍人口享受同等待遇,促进人口有序流动、合理分布、社会融合。

1.降低入户的门槛条件

一般来说,人口流动呈现城市规模越大,进入意愿越强的规律。城市规模越大,相应的配套设施及公共服务就越完善,创造的就业机会越多,对流动人口的吸引力越大。城市入户门槛具有明显的吸引投资和人才偏好等特征,进一步放宽和降低人口迁移的门槛条件,构建城乡之间的人口自由流动制度体系。按照"中心城区—县城—小城镇"的顺序制定阶梯式户籍制度,简化户口办事程序,建立完善以居民合法固定住所、经济来源以及职业等为依据的户口准入制度,鼓励新生代农业转移人口主动放弃农村宅基地和耕地等土地资源,建立城乡统一的户口登记管理制度,从而改变原来的"门槛式"户籍制度,使农业转移人口快速融合城市并在城市安家落户。

2.剥离户籍制度的附加功能

户籍制度本来是一种人口管理制度,在传统城乡二元户籍制度中,户籍制度被附加了政治权利、社会保障、住房福利、计划生育、就业权利、教育权利等方面的权利。现有户籍制度改革严重受制于就业、教育、医疗、社保等制度改革的滞后性,没有真正解决农业转移人口的市民化问题。坚持户籍制度改革,加快剥离户籍制度的各种福利功能,对不同地域、不同户籍性质的人员给予平等权利,逐步让农村居民在住房租购、社会保障、子女就学、公共卫生等方面与城镇居民享有相同待遇,引导有条件的农村居民整户转为城镇居民,确保农村居民有一个幸福生活的美好家园。

3.统筹户籍制度与农村土地制度联动改革

户籍制度改革是标,土地管理制度改革是本,户籍制度与农村土地制度在制度形成、制度功能等方面具有密切的内在关联,户籍制度与农村土地制度联动改革是新型城镇化发展的新动力。加快土地要素自由流动,打破户籍制度改革困境;转变农地经营权、承包权方式,实现土地的适度规模经营;明确界定集体产权,构建集体产权制度,推行土地股份制改革;实行农民私人所有、农村土地国家所有、集体所有合并,改革集体土地所有权制度,明确户籍制度与承包地之间的内在逻辑关系。制定统一规范的土地流转政策和措施,盘活农村建设用地资源和集体资产,建立健全农村土地流转机制和征地补偿机制,使土地的增值收益真正落到农民的腰包。

4. 完善农业转移人口积分入户政策

随着中国新型城镇化进程的不断加快,农业转移人口群体正从单一劳动力"独闯"向携妻带子的"家庭化"迁移转变,新生代农业转移人口逐渐成为农业转移人口的主体,在城市落户定居的意愿越来越强,定居的能力逐步提高。扩大农业转移人口积分入户的计划指标总量,有效评价农业转移人口积分制入户政策效果,建立健全农业转移人口融入城市的制度设计。适当降低高低学历的分值,提高农业转移人口的职业技能和文化水平,推行农业转移人口城市居民居住证制度,建立积分制信息共享工作机制,相应积分享有相应的住房、教育、就业、养老、社会救助、社会福利等权利,引导农业转移人口通过积分制入户城市和融入城市。

5. 合理设计户籍制度改革成本分担机制

户籍制度改革成本是影响户籍制度改革的重要因素,必须打破部门利益壁垒、地区利益壁垒,合理设计户籍制度改革成本分担机制,确保户籍制度改革的效益最大化。建立健全由中央政府、地方政府、企业和转户个人等共同参与的户籍制度改革多元化成本分担机制、多元化可持续的投融资机制,构建政府间财政转移支付制度。政府通过财政补贴、合理定价、特许经营权等收益约定规则,深化财税体制改革,推进房产税制的改革,积极盘活农村资产,鼓励民间资本和企业参与城镇化建设投资,加强职工的技能培训素质提升,激发社会资本力量推进增加公共服务供给,探索户籍制度改革公共成本转移承接机制。

(三) 加快土地制度创新

作为一种稀缺性资源,土地资源是新型城镇化建设发展的空间载体,是农民获得经济收入的主要来源,是解决"三农"问题的关键,土地制度创新是推进农业转移人口市民化、实现土地集约利用以及提升新型城镇化质量的前提。按照守住底线、试点先行、稳步推行的基本方针,遵循节约集约用地和保护农民利益的原则,推进农村土地确权登记颁证,完善土地价格形成的市场机制,优化配置土地资源,提高土地资源的集约节约利用水平。[①]

1. 土地产权制度创新

土地产权实质上是一个权利束,农村集体土地产权主体不明、产权关系不清是新型城镇化进程中土地资源浪费的根本原因。明确界定所有权、经营权以及承包权的权利边界及其相关关系,发展土地集中型、服务集中型等多种形式的适度规模经营,健全农地管理制度体系,构建培育新型农业经营主体的政策体系。坚持农村土地公有制,推进农村土地确权、登记、颁证,加快农村集体土地确权登记颁证数据的入库、更新,重组土地资源划分土地功能区,规范集体土地确权登记行为,发挥农村集体经济组织的特殊功能,通过出租、出让、抵押、入股等形式实现土地使用权的优化配置,建立城乡统一用地市场,实现城乡土地的"同地、同权、同价"。

2. 土地使用制度创新

土地使用制度改革是中国经济体制改革的客观要求。以土地利用总体规划、城乡总体规划为依据,按照集约化、科学化、市场化、规范化等原则合理开发建设,控制城乡建设用地规模,盘活城镇建设用地存量,优化城镇空间布局和形态。推广城乡建设用地的增减挂钩试点工作,整合农村土地资源,合理调整农村土地利用结构和布局,提高土地利用的集约化程度和土地利用效率。按照土地利用总体规划的目标,以保护资源和保障发展为目标,提升节约集约用地制度的法律地位,建立健全土地资源市场配置制度、总体规划管控制度、监测监管制度、计划调节制度、评价考核制度、标准控制制度等制度体系,构建

---

① 程楠:《对中国城市化过程中土地资源合理利用的探究》,《改革与战略》2008 年第 7 期。

节约集约用地长效机制,促进城镇化集约发展。

3.土地流转制度创新

伴随工业化和新型城镇进程不断加快,农田荒芜化、农民老龄化等现象日益突出,农村闲置土地越来越多,造成了土地资源严重浪费,严重阻碍了农村发展。加强非正式社会组织和农民协会建设,拓展农民社会关系网络,提高农民的社会地位和话语权。支持发展农业适度规模经营,完善土地支持保护制度,构建多元化的新型农业经营体系,实现农业产业化、现代化,农民工人化、富裕化。完善集体用地进入市场的法律法规,健全土地流转规范管理服务制度,规范土地承包经营权的流转程序,培育发展农村土地流转中介组织,加强土地流转价格监测和指导,建立城乡一体化的土地交易市场,探索农村建设用地流转模式,创新工商资本租赁农地监管机制,实现土地自由、有序、合法、有偿流转。

4.土地征用制度创新

在推进新型城镇化进程中,存在着入股土地评估不科学、土地产权不明确等现象,不同层次的产权人得不到相应的补偿。明确划定农村经营性和公益性建设用地的合理边界,建立经营性和公益性的农村土地征购制度,放开农村集体建设用地流转限制,形成城乡一体的建设用地市场。采用"公平补偿""适当补偿"等形式提高土地征用补偿的价格,建立健全征地补偿安置机制,增加农民在增值收益中的分配比例。坚持尊重农民意愿、保护农民权益前提,完善征地公告制度、征地听证制度、征地争议司法裁决制度,明确宅基地的保障功能与资产功能之间的关系,扩大宅基地置换、流转、转让、交易、继承、入股等权能,建立宅基地有偿使用和分配机制,探索宅基地权益保障的实现形式。

(四) 完善产业制度创新

推进新型城镇化建设是实现产业结构优化升级的必然要求,产业发展是新型城镇化建设的关键和基础,能够缩小区域发展差距,促进区域协调发展。

以产促城、以城兴产、产城融合是新型城镇化发展的必由之路。构建新型城镇化产业体系,杜绝城镇"有城无业"现象,有利于提高城镇化发展质量,实现以人为核心的新型城镇化建设目标。

1.建立产业支撑体系

遵循市场经济规律,依托高科技的支撑建设高效率的产业集群,培育壮大一批行业龙头企业,加强产业特色和专业化分工之间的协作能力,增强生产要素的集聚,提升区域产业竞争力。运用新的理念和发展方式,推动新兴产业加快发展,增强传统产业的内生动力,促进传统产业结构优化升级,着力延伸产业链条,加快构建现代化产业体系,探索可复制、可推广的产业振兴发展模式。树立先进理念,切实强化规划引导作用,持续增强产城融合动能,着力构建特色产业格局体系,全面提升城镇发展水平,促进科技创新和产业发展深度融合,构建产城融合的体制机制。

2.提升产业集群科技创新能力

重点推进新能源、生物医药、现代服务业、节能环保、高端装备制造等战略性新兴产业集群发展,增强产业集群发展的集聚效应。促进产业集群与国内外知名企业、科研机构、大专院校建立战略合作关系,引导或参与建立一批产业技术创新战略联盟,形成产学研协同创新机制。促进资本、信息、人才、技术等创新要素的自由流动,建立创新型、应用型、复合型的科研队伍,构建开放、共享、互动的创新网络,加强新产品领域科技成果转化,实现从要素驱动到创新驱动的动力转换。强化企业创新、创牌工程,建立科技政策导向,营造大众创业、万众创新的产业发展环境,提升产业总体技术水平。

3.注重产业优化布局

以产业布局和规划为先导,坚持节约集约用地,推动传统产业向中高端迈进,加快产业集聚步伐,实现形态高级化、布局合理化,最大限度地培育发展动力,稳步化解产能过剩矛盾。根据城乡规划、土地利用规划,科学制定园区发展总体规划,遵循循环经济发展理念编制产业规划,以项目攻坚为支撑,完善公共道路、市政雨排水、公共交通、通信等基础设施配套工程,建立网上交易、仓储、物流等公共服务平台,提升园区公共服务能力。实现经济健康、协调、可持续发展。以创新驱动为核心,科学合理布局产业项目,培育壮大各类创新空间,支撑和吸纳高端创新要素的集聚,健全各类新型产业服务空间,完善产业空间改革的各类政策体系,推动城市产业空间供给侧改革。

(五) 健全空间规划制度

规划是政府指导、调控、统筹区域经济发展的作战地图,是引领区域经济发展的发动机。发挥各级空间规划应有的管控作用,统筹各类空间性规划,提高规划制定的科学性、实施的稳定性、调整的严肃性、监督的规范性,推进"多规合一"是推进新型城镇化健康可持续发展的基础。

1. 深化多规合一

中国各项空间规划体系存在内容冲突、协调度低等问题,制约经济社会可持续发展。面对目前资源约束趋紧、生态环境恶化的形势,坚持国民经济社会发展规划、城乡规划、土地利用规划、生态环境保护规划、人口发展规划等协调统一,强化生态、农业、城镇三区管控,避免因部门分割带来的资源浪费和重复低效利用,构建"多规合一"实施项目的绩效评价考核体系。加强横向部门和纵向部门的协调,强化政府空间管控能力,实行规划编制、审批、监督三分离,发挥规划对空间资源配置的引领作用,建立新型城镇化工作联席会议制度,加快推进跨行业智慧数据平台建设,实现"一本规划、一张蓝图"。

2. 强化规划先导机制

坚持"以人为本、科学规划、立足当前、着眼未来"的原则,强化空间规划对城镇化发展的综合引导作用,加强对各种规划的宣传和引导,明确规划在新型城镇化建设中的作用和地位,促进资源要素优化配置、公共设施集约建设、城镇形态优化布局、产业发展有力支撑,健全空间规划实施管理机制,加强空间规划机构和队伍建设,开展空间规划成果展览活动,推进空间规划科学民主决策,强化空间规划实施监管,探究"有场无市、有市无场"的解决路径,构建空间规划先导机制。

3.构建规划基础平台

整合主体功能区规划、土地利用规划、生态环保规划、城乡规划等各类规划技术规范,制定协调各类规划的统一标准体系,推进各类规划数据坐标系统、数据格式、空间规划地图、用地分类标准等衔接和统一,构建统一共享的空间规划基础信息平台,构建空间规划管理信息系统,建立政民互动的空间规划公众服务平台,探索省、市、县三级空间规划共享协作机制,提升空间治理能力现代化水平,健全和完善数据交换共享、信息集成、权限管理等功能,实现空间规划信息系统的衔接融合。

4.打造多层级城镇发展体系

新型城镇化发展速度要与城市规模相适应,不能片面追求城市规模扩大,忽视农村发展;不能盲目建设小城镇,忽视小城镇产业发展。强化城市群的城镇化主体模式,发挥中心城市独特地位、统领地位的担当,增强核心城市的辐射带动能力,推动特色小镇错位发展,积极挖掘本区域的比较优势资源。明确各城市主体功能定位,优化和拓展城市发展空间,创新城市治理结构和管理方式,推动城市空间形态战略转型,优化城市间沟通协调环境,提升城市品位和居民文化素养,探索多层次协同合作治理机制,构建层次分明、功能互补多层级功能的城镇体系新格局。

四、以人为本的新型城镇化组成制度体系

城镇是经济、政治、文化、社会、生态等发展资源和要素的集聚空间,新型城镇化建设是一个极为复杂的系统工程,也是一个连续而有序的长期发展过程,涉及经济、政治、社会、文化、生态等各个领域,需要全社会相互协调和相互合作。新型城镇化不仅包含人口、土地、产业、空间等要素城镇化,还包含经济、政治、文化、社会、生态"五位一体"的城镇化(如图5-13所示)。加快"五

位一体"的新型城镇化制度创新,是加快新型城镇化建设的必然选择,有利于提升新型城镇化质量,促进经济持续快速健康发展。

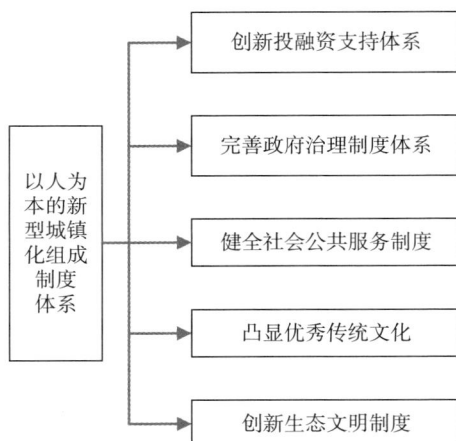

图 5-13 以人为本的新型城镇化组成制度体系

(一) 创新投融资支持体系

地方政府主要承担基础设施、公共服务的供给,是新型城镇化建设的主体。中国城镇化正处于快速发展阶段,城镇化水平和质量稳步提升,基础设施、公共服务需求大,需要巨额资金投入。地方政府融资渠道经历了地方融资平台、地方政府债务、土地财政以及 PPP(Public Private Partnership)模式等变迁过程,但地方财政收入和支出责任不匹配,新增地方债务难以满足现实需求,政府和社会资本合作模式难以落地,融资平台治理结构不健全等现象仍然存在,地方政府财力显得捉襟见肘,必须创新地方政府的投融资支持体系。

1. 优化投融资制度安排

优化原有投融资制度安排,构建多元化投融资渠道,能够形成稳定可持续的政策环境,打破城乡二元结构。发挥政府主导作用,摆脱对土地财政的过度依赖,建立社会资金准入和退出立法,提高地方财政性资金使用的规范化,优化巨额存量信贷资产结构,改革地方政府官员晋升考核机制,构建地方债务的有效管控机制。理顺新型城镇化中政府的投融资职能,均衡各级政府的财权和事权配置,规范政府财税征管权力,建立科学财政约束指标体系。改善新型城镇化的投融资期限结构,明晰和保护农地产权,开展农地产权的集约化、规模化经营,维护农民合法权益。大力引入民间资本,探索建立负面清单,建立政府监管与社会监督双层监督体系。

2. 拓宽投融资渠道

现有投融资工具单一,缺乏市场化的债务融资工具,开辟多层次融资渠道,全面激活社会资本,能够加快新型城镇化建设。围绕农地产权激活农村金融市场,通过金融债、银团贷款等金融工具引导各类社会资金融资,加快租赁公司、信托公司、担保公司等非银行类金融机构发展,引导社会闲散资金支持地方实体经济发展,构建不同规模的金融服务组织体系。推动企业上市和股权融资,有效对接科技资源和金融资源,打造高效科技金融服务平台,发挥信息生产的规模效应。调整债务结构的有效方式,创新金融产品和风险防控理念,激活金融机构创新动力,提升金融监管人才综合素质,改善存量债务期限结构,探索最佳的资产证券化模式。

3. 强化政府财政引导

强化政府财政引导,能够带动和引导社会投资,提高市场配置资源效率,加快区域经济协调发展和新型城镇化进程。针对银行、公募、保险等出台新型金融监管政策,规范市场投资交易行为,有效保护投资者合法权益。出台采用优惠税率等财税支持政策,加快培育壮大战略性新兴产业,加快实体产业向中高端水平发展,引导资本更多投向高附加值、高技术的新型服务业,增加产业税收收入。逐步开放土地市场,改革土地征收、出让制度,稳步推进消费税、增值税、资源税等改革。加快预算体制改革步伐,控制政府投资规模,扎实发展实体经济,提高转移支付资金使用效率。

（二）完善政府治理制度体系

新型城镇化建设是一项系统工程。政府是市场良好运行环境的维护者、公共物品的提供者、政策的制定者，干预主导新型城镇化进程。在城乡二元结构体制背景下，户籍管理制度、土地管理制度、社会保障管理制度等管理制度对新型城镇化发展产生不利影响，降低了新型城镇化的运行质量和运行效率。因此，需要转变政府角色定位和治理方式，创新地方政府治理行为，提高城镇化的经济发展效应，走以人为本的新型城镇化道路。

1.转变政府职能

不正当的政府治理行为容易导致政府职能异化，阻碍政府职能的转变和功能的发挥，制约地区经济社会发展。创新行政管理方式，推进"权力清单制度"和"负面清单制度"改革，优化政府科学决策机制，建设统一开放、竞争有序的市场体系，保障各利益相关者的权利，建立政府、市场、社会的协作关系。尊重市场规律，维护市场秩序，发挥市场在资源配置中的决定性作用，引导资源要素流动和集聚，促进生产要素自由优化配置，完善社会主义市场经济体制，提高城镇化发展效率。发挥组织、企业、公民等主体作用，加快推进行政审批制度的改革，有效规范和约束政府行为，激发中小微企业能动发展的内生活力，切实保障公民权益，吸引多元化力量共同推进新型城镇化建设。

2.转变政府治理理念

传统城镇化发展理念带来城市发展趋同化、生态环境恶化、住房紧张、资源短缺等问题，亟须转变政府治理理念，由"发展"转向"服务"。提高基本公共服务供给水平，促进优质公共服务资源均衡配置，形成多元参与、公平竞争的格局，建立健全公共服务标准体系，提升信息化基础设施的支撑保障能力，实现城乡间、城市不同区域间基础教育、公共医疗、社会保障等公共服务均等化。培育和完善生产要素市场体系，规范市场经济秩序，营造良好的生态环境、制度环境、市场环境，提升基层政府工作人员能力素质，提高行政管理服务水平和服务效率,实现新型城镇化的高效、包容和可持续发展。

3. 转变政府治理模式

政府主导的、自上而下的治理模式抑制了社会组织、行业协会等相关主体作用在区域经济发展中的作用,以人为本的新型城镇化理念加快了政府治理模式从"一元"向"多元"转型。制定和完善相关配套政策,积极推进政府职能向社会组织有序转移,培育公益慈善类社会组织发展,建立社会组织考核评价机制,加强政府与企业和其他社会组织的相互合作,构建相互依存、相互制约的复合式治理网络。增强非政府组织的公共性和独立性,增强社会与政府间的信息交流,提高公共产品的供给效率,建立规范透明有约束力的政府融资机制,完善转移支付制度法律体系,构建政府、企业、社会组织、个人等共同参与的多元成本分担机制。

4. 转变政府治理方式

随着信息技术的发展,亟须加快由"主导"向"引导"政府治理方式的转变,引导新型城镇化均衡、健康发展。遵循各地城镇化发展规律,制定新型城镇化建设发展规划,培育发展特色旅游小镇、服务经济小镇等城镇,增强集聚人口和提供公共服务的能力,构建城乡发展一体化的新格局。开展产权制度改革,培养新型职业化农民,优化配置公共资源,促进农民就近、就地城镇化,培育新型农业经营主体,构建新型农业产业化经营体系。引进现代信息技术,发挥政策工具的工具理性、制度理性、价值理性,创新政府政策工具的现代化、人性化、多元化,推动政府治理能力现代化建设。

(三) 健全社会公共服务制度

随着经济体制改革的不断深化,地区之间的公共物品的差异化供给存在显著不平衡,已经成为社会发展的突出矛盾,制约经济和社会可持续发展。必须丰富公共产品、改进公共服务,健全社会公共服务制度,深化基本公共服务制度改革,提高公共服务体系效率,满足群众多样化的公共服务需求。

1.建立公共服务政府分工合作制度

在新型城镇化建设过程中,各级政府通过制定政策、实施监督、保证筹资等方式实现公共服务功能。制定基本公共服务的国家标准,有效监督和评估公共服务提供效果,完善基本公共服务监督问责机制,确保基层政府拥有与事权相对应的财权,运用大数据提高政府公共服务能力。突破"职责同构"模式,合理划分各级政府在社会公共服务中的责任,中央政府提供铁路、航运、国道、邮政、电网等全国性公共服务,地方政府提供公共设施、文体设施、住房保障、环境卫生等地方性公共服务,明确各级政府责任分工和职责重点,定期检查监督各级政府履行职责的情况。

2.建立公共服务转移支付制度

中国是一个发展中的经济大国、农业大国,各地区资源禀赋差异大,资本、技术、人才等生产要素不能自由流动,影响了公共服务均等化。牢固树立依法行政、依法理财观念,制定完善各类专项资金管理办法,取消现行的税收返还和体制补助,整合、规范和监督现有专项转移支付,加强专项资金监管力度,确保专项拨款的公开化、透明化。提高一般性转移支付规模和比例,推动政府间事权划分机制改革,建立绩效评价激励约束机制。加强对农村转移支付资金监督,提高农村转移支付专款资金使用效率,建立农村转移支付资金管理长效机制,实行纵向转移与横向转移相结合的模式。

3.构建基本公共服务供给制度

在新型城镇化建设进程中,义务教育、社会保障、医疗卫生、劳动就业等基本公共服务供给存在明显不足。推行城乡义务教育的标准化,建立新时代义务教育服务标准体系和均衡发展保障机制,保障教育资源分配的公平性,加大政府投资力度,保证农村义务教育经费的专款专用。建立健全农村居民最低生活保障制度、新型农村社会养老保险制度和农村新型合作医疗制度。建立公共卫生、妇幼保健、医疗预防卫生保健指标体系和规划,建立多主体农村医疗卫生筹融资制度,构建疾病预防控制和救助网络体系。完善政府的宏观调控功能,构建新型劳动保障管理、就业扶持、职业技能培训政策等,增强农民就业竞争力,推动农村经济产业结构升级。

4.构建公共服务成本分摊制度

由于行政边界的存在,各地区自然、经济和社会发展存在差异,基本公共服务成本也存在显著差异。评估现行农村税费综合改革效果,统一公共服务均等化的收益分享与成本分担,构建公平合理的农村税费制度,探索公共服务价值补偿模式。深化公共财政体制改革,健全财力与事权相匹配体制,建设公平、统一、开放、有序的公共服务市场体系。规范农村公共服务"一事一议"制度,规范全民个人所得税制度,开征医疗保险税、养老保险税、农村自然灾害保险税等社会保障税,构建新型土地管理使用制度,实现税收的公平分配职能。①

(四) 凸显优秀传统文化

中华优秀传统文化是涵养社会主义核心价值观的重要源泉,是中华民族的精神命脉。新型城镇化建设改变着传统农业、农村、农民的面貌,但忽视了传统文化的保护、传承与创新,破坏了传统文化的完整性、延续性。应坚持以人为本理念,全方位、多层次、宽领域地保护、传承与创新优秀传统文化,把优秀传统文化纳入新型城镇化建设全过程,推动经济社会全面协调持续发展,为实现中华民族伟大复兴的中国梦奠定文化基础。

1.确立文化理念

文化建设是新型城镇化的重要推动力量,延续和传承优秀文化是新型城镇化建设的重要举措。在新型城镇化建设过程中,文化建设要融入经济、社会、政治、生态建设中,充分展示优秀传统文化的永久魅力和时代风采,鼓励引导社会资本投入文化产业,完善文化产业投融资体系建设,重点支持文化基础设施建设,建立健全新型城镇化考核指标体系。土地综合使用规划、城乡总体

---

① 迟福林:《我国统筹城乡发展的基本公共服务均等化因素》,《东南学术》2009 年第 6 期。

规划、生态环境建设规划、产业发展规划等新型城镇化建设规划中融合文化内涵,整合有形文化资源和无形文化资源,构建合理分工、各具特色的文化产业空间布局,做到有文化来考量、有文化可表现。

2. 塑造文化精神

文化是一种精神、一种信念、一种力量。坚持科学性与艺术性相统一、认识与实践相统一、可操作性与可接受性相统一,加强中华优秀传统文化宣传教育,加强爱国主义、集体主义、社会主义教育,开展中国传统文化知识培训活动,提高传统文化素养和道德素养,开展精神文明创建活动,增强人民道德判断力和道德荣誉感,构建城乡民众共同的精神家园。鼓励开展具有本地特色的各类文化活动,开展"文化和自然遗产日""世界读书日"宣传周等系列宣传展示活动,打造群众性节庆文化活动品牌,增强文化特有的凝聚力、向心力和亲和力,实现群众文艺演出不断、文化活动常新。

3. 激发文化活力

创新是文化发展的核心动力,激发文化创新创造活力,是新型城镇建设的中心环节。改革创新文化产业管理体制,创新国有文化资产监管机制,构建现代文化市场体系,提升文化融入经济社会能力,传承中华优秀传统文化,推进中华优秀传统文化创新发展。发掘中华传统文化资源和本地文化资源,建立健全文化产业发展的市场机制。增加文化基础设施建设投入,建立覆盖城乡的公共文化服务体系,扎实推进公共文化服务均等化、标准化,满足市民多样化、多层次、多方面的精神文化需求。加大基层文化队伍建设,提升基层文化工作者的服务能力和水平,构建一支德才兼备、锐意创新、富有活力的高素质文化人才队伍。创造良好的文化产业发展政策环境,因地制宜发展文化休闲业、文化旅游业、文化观光农业,提升区域文化的整体竞争力,增加中华优秀传统文化创造性转化力度。

4. 构建文化形象

文化形象构建工作是彰显新型城镇化建设过程中城市形象建设的重要内容。坚持保护传承与创意发展并重,鼓励城市建筑风格创新,提高城市建筑设计水平,加强城市建筑规划设计,打造地域文化元素和文化符号,弘扬地方文化特色,彰显地域文化魅力。坚持在保护中传承发展、在传承发展中保护,确立历史建筑和文化遗产保护传承的文化伦理,合理修建、修缮历史特色建筑,建立完善历史建筑和文化遗产清单制度。建设文化创意产业功能区,优化文化创意产业空间布局,提高文化产业的专业化水平。完善相关法律、政策规章和标准规范,开展历史文化村落环境综合整治,保存原有村落风貌,着力培育古村历史文化休闲旅游产业。

（五）创新生态文明制度

城镇化是实现现代化、解决"三农"问题的重要途径,快速城镇化带来了城镇环境污染加重、农村环境污染加剧、生态环境破坏加大等一系列生态环境问题。生态文明建设是经济、政治、文化、社会建设的前提条件,是实现新型城镇化的动力保障,必须始终贯穿于整个新型城镇化进程中。生态文明制度建设是生态文明建设的根本保障,通过发挥约束和监督作用,为建设环境友好型、资源节约型、经济迅速发展的新型城镇提供行动标准。

1. 完善生态文明政府管理制度

生态文明建设是一项系统工程。政府是生态文明建设的主导者,在生态环境治理与生态文明建设中,政府行为直接关系新型城镇化建设是否可持续发展、人民群众利益是否实现。在实际调查基础上,统筹区域发展布局、资源利用和环境治理,建立规范的决策程序和决策制约机制,提高决策的效率、质量和透明度;建立有效的管控机制,保护自然环境、生态系统与生物多样性。改变"人类中心主义"思想,界定环境损害责任追究和赔偿的范围,制定环境损害责任追究和赔偿制度,增强城市环境资本管理和财政经费保障,加大环境污染处罚力度,推动生态文明建设。

2. 完善生态文明建设市场机制

"高投入、高能耗、高排放、高污染"的粗放型经济增长模式带来了严重的资源短缺,经济社会发展面临着严峻的挑战,制约了新型城镇化建设过程中经济、资源、环境的可持续发展。坚持发挥市场配置资源的决定性作用,清晰界定自然资源的所有权和使用权,有效制约、规范自然资源使用者的行为,放开政府对自然资源价格的直接干预或间接干预,建立健全自然资源资产产权制度。构建自然资源阶梯价格制度,实行自然资源有偿使用制度和生态补偿制度,明确生态补偿主客体,确定补偿标准,防止"公地悲剧"发生,实现经济发展与生态保护双赢局面。

3. 健全生态文明公众参与制度

生态文明建设是一项长期的系统工程,公众参与是提高政府行政效率的途径,是推动生态文明制度建设的有益补充。把生态理念贯穿于全民教育的全过程,形成保护环境观念、情感、世界观,健全生态文明教育机制。充分听取公众的意见和建议,保障公众的环境知情权,完善政府、企业、社团组织、公众等多元利益主体的环境保护参与机制。利用电视、报纸、微信、微博等媒体手段,采取更加贴近公众生活、更加生动的教育形式,大力宣传生态文明理念和环境保护知识,倡导公众参与生态文明建设,增加公众保护资源、环境的知识和技能,提高公众的参与意识,健全生态文明宣传机制。

4. 建立资源环境生态红线制度

区域资源禀赋和环境容量有限,制约着区域人口规模和经济发展。根据区域生态环境质量状况、重点污染源和污染物排放情况,界定不同区域生态空间、资源环境容量,科学划定生态红线,平衡经济社会发展与生态保护关系,构建生态保护红线管理统筹机制。整合相关部门资源环境承载能力监测数据,运用云计算、大数据处理及数据融合技术,搭建监测预警数据库和信息技术平台。强化自然生态系统的保护修复,建立生态系统保护修复和污染防治区域联动体制、制度和机制,健全资源环境承载能力预警监测机制,探索完善多元化生态补偿机制,促进资源环境的可持续发展。

城镇化的本质是一个自然的历史过程,决定着中国未来的发展高度。快速城镇化带来经济快速发展的同时,也带来了人口膨胀、住房紧张、环境恶化、交通拥堵、就业困难等一系列问题。户籍制度、土地制度、社会保障制度等相关体制不适应是导致中国"半城镇化"问题的根源所在。本节主要从主体制度体系、区位制度体系、要素制度体系、组成制度体系四个方面构建以人为本的新型城镇化制度体系,旨在释放新型城镇化蕴藏的巨大内需潜力,为消除城乡二元体制性障碍、促进城乡融合发展提供制度保障,为经济持续健康发展提供持久强劲动力,为实现中华民族伟大复兴的"中国梦"提供精神引领。

第三节 农业转移人口市民化制度设计

按照城镇化阶段性规律来分析,当城镇化率处于30%—70%时,城镇化进入迅速发展阶段。2017年,中国城镇化率达到了58.52%,按照年均1个百分点左右的增速,每年涌入城市的人口超过1000万。对这些城市新增人口来说,如何迅速融入城市、完成职业和身份转变、实现社会、文化的融合,成为当今一定要解决的重要问题,所以,加快推进农村转移人口市民化已成为新型城镇化建设的严峻挑战。农业转移人口市民化是把符合条件、有市民化意愿的农村转移人口逐步转为市民,让他们享受与城镇居民同等的基本公共服务权利,对于缩小城乡差距、促进城乡一体化意义重大,是当前和未来相当长时间内中国加快城镇化进程面临的重要任务。要完成农业转移人口市民化这一艰巨任务,要破除城乡二元结构下的制度制约和政策制约壁垒,更要合理地去构建一个农村转移人口市民化的成本分担机制,化解市民化的巨额成本与发展中大国承担能力之间的矛盾。

一、市民化成本及其分担

农村转移人口市民化是指农村转移人口进入城镇就业,逐步融入城市和成为城市新市民,并永久居住在城市的过程。市民化成本是指中国目前的城镇化过程中农村转移人口及其家庭成员在城镇定居所需要的各项经济投入，即让农村转移人口享有与当地市民相同的公共服务和其他各项权利所需的直接投入与间接投入。一般情况下，农村转移人口市民化过程中，接纳地政府和农村转移人口个人都需要一定的投入，其中：接纳地政府主要提供各项公共服务的投入，称为政府成本；农村转移人口个人及其家庭则要承担私人的各项支出，包括生活支出和个人、家庭教育等各项支出，称为个人成本。

（一）市民化成本构成

农村转移人口市民化成本按照承担的主体来划分，可以分为个人成本和政府成本两个部分。个人成本由个人承担，是农村转移人口市民化的最大支出；政府成本由中央政府，主要是接纳地政府支出，通过财政税收体系转化为整个市民承担的最小支出。

1. 个人成本

个人成本主要包括六个方面，分别是迁移成本、生活成本、社会保障成本、融入成本、子女教育成本和失业风险成本。

（1）迁移成本

迁移成本包括农业人口转移到城市，变卖和处理自身持有的农村资产发生的损失和迁移到城市的费用支出。土地经营收入、农村居民人均转移性纯收入、农村集体经济组织的分红收入等构成迁移成本的主要部分，但是受到现有制度约束，农村转移人口变卖房屋、农业生产资料和持有的其他农村资产通常面临较大的价值损失，也是迁移成本的一部分。

（2）生活成本

生活成本是指农村转移人口在城市生活时的支出增加，主要包括衣、食、住、行、教育与医疗等方面。一方面，城市的医疗卫生和住房条件等价格水平均高于农村，因此，农村转移人口的费用支出会增加；另一方面，市民化后的农村转移人口在城市生存和发展时要缴纳物业费、租金、排污费、生活用水等费用,不能再继续享用在农村生活时的免费物品和服务,也相应地增加了生活开支。

(3)社会保障成本

社会保障成本是指农村转移人口在城市生活、工作,农村转移人口所必须缴纳的各项社会保险费用,主要包括医疗保险、养老保险、失业保险、工伤保险、生育保险等。政府建立覆盖所有群体的社会保障制度,可以保障公民在疾病、年老、失业、工伤、生育等情况下依法获得物质帮助的权利,而居民为此也要承担相应的个人部分。就数量来说,由于城镇居民和职工享受的保障条件好、水平高,承担的个人部分水平要高。

(4)融入成本

融入成本是指农村转移人口在融入城市的过程中所需的各种调整支出,这些支出一部分是显性的,一部分是隐性的,总体上来说可能无法准确计量,但也应纳入个人成本之中。农村转移人口只有按照接纳地城镇的要求,包括成文制度规范和不成文的文化传统,从抽象的思维观念,到具体的生活方式上发生真正意义上地改变,才能够真正地融入城镇。此外,在城市生活,农村转移人口会承受较多压力,如工作竞争发展压力、子女教育压力、人际关系压力等,都会给农业转移人口带来负担,形成情感压力。同时,农村转移人口在城镇打拼,难免会产生思乡之情,形成不良的心理因素,这些农村转移代价都间接增加了融入成本。

(5)子女教育成本

子女教育成本是指农村转移人口随迁子女在城市接受教育时所产生的额外支出。市民化不仅是农民个体问题,还是农民家庭问题,与本地城镇子女相比,外来务工者的孩子想要在城镇学习和生活,即使同样接受义务教育,他们必须支付一笔额外的教育支出费,在一定程度上给本来就不是富裕的家庭带来较大的负担,迫使许多农业转移人口父母不得不将带到城里的孩子又重新送回农村接受教育,以此来降低教育费用支出。

（6）失业风险成本

失业风险成本主要是指农村转移人口市民化后由于各种因素导致失业，从而带来的可能经济损失。一般情况，农村转移人口由于成长于农村，在农村接受的各种教育。相比城镇而言，农村转移人口接受教育年限短、质量低、环境差，因而知识水平和业务技能普遍低于城镇居民，即便农村转移人口更加勤奋刻苦，愿意接受条件艰苦、收入待遇差的工作，但在短期内也处于就业的劣势地位。此外，对农村转移人口的歧视难以在短时间完全消除，其失业风险高于城镇居民。

2.政府成本

政府成本是指由中央和地方政府承担的农村转移人口市民化所需的各项费用，主要包括公共服务成本、住房成本、社会保障成本和就业成本四个方面。

（1）公共服务成本

公共服务成本是农村转移人口享受和城市市民相同的公共服务所增加的政府开支。农村转移人口市民化后，政府必须投入更多的物质资源和人力资源，包括新建扩建学校，加强学校软硬件建设，全面提高教育教学质量以满足农村转移人口子女教育问题。而且每个城市的承载力都是有限的，当人口超过一定限度，达到一个临界点之后，使得这些城市的基础设施和社会设施超负荷运转，给城市安全带来了隐患。因此，政府要增加公共投资，提高公共服务能力，加大基础设施和社会设施建设，以保障城市安全有序有效运转。

（2）住房成本

住房成本是为满足农村转移人口趋向市民化之后的住房要求，需要政府承担的成本。大部分农村转移人口平均收入水平远低于城市市民，属于城市低收入群体，因此单靠市场化的商品住房来解决他们的住房需求是很困难的。政府应大力推进保障性住房建设，扩大保障性住房的服务范围，来保障农村转移人口的基本住房需求。

（3）社会保障成本

社会保障成本是为保证农村转移人口能够享受和城市市民同等的社会保障水平,政府所增加的投入资本。但是目前中国社会保障制度尚不健全,许多农村转移人口并没有真正获益。虽然很多城市规定了城乡居民应以相同的费率去参加社会保险,但同时又规定了农村转移人口参与保险后所享受的权利不一样,事实上农村转移人口从未享受到社会保险所带来的好处,从而逐步形成了"只参保、不享保"的悲惨局面。市民化要求政府保证农村转移人口能够和城乡居民一样,真正享受到社会保障体系所带来的好处。

（4）就业成本

就业成本是政府为解决农村转移人口就业问题,实施农业转移劳动力技能培训所承担的成本费用。为了保证农业转移人口能够稳定的在城市中生存下来,政府必须根据他们的职业技能推行订单式培训、定岗培训、定向培训等培训,大力加强城乡均等的公共就业服务体系和制度,促进培训与就业的有效连接,从而健全就业失业保障制度。

（二）　市民化成本测算

国内学者在农村转移人口市民化成本构成、成本分担和测算模型方面的研究取得了较大进展。关于农村转移人口市民化成本构成的观点基本趋于一致,主要有两种代表性观点:一是将市民化成本划分为公共成本和私人成本。国务院发展研究中心的《农民工市民化的成本测算》课题报告指出,把农业转移人口私人成本剥离后,按照 2010 年的不变价格计算出每个农业转移人口市民化的政府支出公共成本大约在 8 万元左右。一些学者进一步认为,市民化的社会成本应当包括公共发展成本和私人发展成本,其中公共发展成本指政府对基础设施、生态环境与公共管理等基本功能要素付出的投资成本;私人发展成本指农业转移人口向城市居民转换所必须付出的私人生活成本、住房成本、智力成本,以及社会保障成本。二是从成本分担主体出发,将总成本划分为政府、企业和农业转移人口各自承担的成本。① 如图 5-14 所示,在测算模型方面,主要从成本构成或者分担主体的单一维度来构建模型,并且数据主要来源于政府网站上的公开数据,缺少缺乏实际考察,同时也没有明确统一口径的衡量方法。

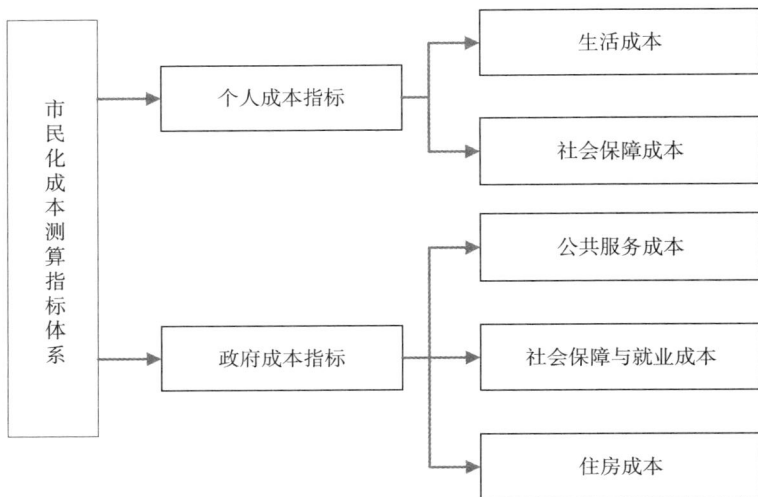

图 5-14　农村转移人口市民化成本测算指标体系

本节中农村转移人口市民化成本主要是指经济成本,综合考虑数据资料可获得性,将其分为个人成本 PC 和政府成本 GC,个人成本包括生活成本 PC_1 和社会保障成本 PC_2;政府成本 GC 包括公共服务成本 GC_1、社会保障与就业成本 GC_2 和住房成本 GC_3,如式(5-5)所示。农村转移人口市民化的成本计算公式为:

$$C_i = \sum_{m=1}^{2} (PC_m)_i + \sum_{n=1}^{3} (GC_n)_i \qquad (5-5)$$

其中,C_i 是 i 地区农村转移人口市民化的总成本,$(PC_m)_i$ 是 i 地区市民化的个人成本,$(GC_n)_i$ 是 i 地区市民化的政府成本,m 是个人成本的构成项,n

---

① 王西、刘维刚:《农业转移人口市民化成本测算及分担机制研究》,《经济纵横》2016 年第 12 期。

是政府成本的构成项,i 为不同的城镇。

农村转移人口市民化是伴随着农业转移人口户籍所在地变动、职业和生活方式改变所产生的。即使农民工没有趋向于市民化,多数市民化成本仍然存在,仅是成本金额发生变化。因此,在计算成本费用时应充分考虑到相应成本间的变动差,即市民化前后成本的差额。设在 t 年份,年末城镇户籍人口数为 P_t,年末农村户籍人口数为 P'_t,企业单位职工人数为 Pe_t。

1. 个人成本

个人成本 PC 由生活成本 PC_1 和社会保障成本 PC_2 构成。

(1)生活成本

生活成本由食品、衣饰、家庭设备用品及服务、医疗保健、交通通信构成,计算方法为:

$$PC_1 = \sum_{t=i}^{n} (L_t \cdot P_t) \bigg/ \sum_{t=i}^{n} P_t - \sum_{t=i}^{n} (L'_t \cdot P'_t) \bigg/ \sum_{t=i}^{n} P'_t \qquad (5-6)$$

其中,城镇居民年人均生活支出为 L_t,农村居民年人均生活支出为 L'_t。

(2)社会保障成本

市民化社会保障成本中由个人所承担部分为养老保险、医疗保险、失业保险,即:

$$PC_2 = \sum_{t=i}^{n} (EI'_t \cdot Pe_t) \bigg/ \sum_{t=i}^{n} Pe_t + \sum_{t=i}^{n} (MI'_t \cdot Pe_t) \bigg/ \sum_{t=i}^{n} Pe_t +$$

$$\sum_{t=i}^{n} (UI'_t \cdot Pe_t) \bigg/ \sum_{t=i}^{n} Pe_t - \sum_{t=i}^{n} (EIR'_t \cdot P'_t) \bigg/ \sum_{t=i}^{n} P'_t -$$

$$\sum_{t=i}^{n} (MIR'_t \cdot P'_t) \bigg/ \sum_{t=i}^{n} P'_t - \sum_{t=i}^{n} (UIR'_t \cdot P'_t) \bigg/ \sum_{t=i}^{n} P'_t \qquad (5-7)$$

其中,城镇居民养老保险的个人年缴费 EI'_t,城镇居民医疗保险的个人年缴费为 MI'_t,城镇居民为失业保险的个人年缴费为 UI'_t,农村居民养老保险的个人年缴费为 EIR'_t,农村居民医疗保险的个人年缴费为 MIR'_t,农村居民失业保险的个人年缴费为 UIR'_t。

2.政府成本

政府成本 GC 由公共服务成本 GC_1、社会保障与就业成本 GC_2、住房成本 GC_3 构成。

（1）公共服务成本

$$GC_1 = \sum_{t=i}^{n}(S_t) \Big/ \sum_{t=i}^{n}P_t - \sum_{t=i}^{n}(S_t^{'}) \Big/ \sum_{t=i}^{n}P_t^{'} \qquad (5-8)$$

其中，城镇一般公共服务财政支出为 S_t，农村一般公共服务财政支出为 $S_t^{'}$。

（2）社会保障与就业成本

$$GC_2 = \sum_{t=i}^{n}SSE_t \Big/ \sum_{t=i}^{n}P_t - \sum_{t=i}^{n}SSE_t^{'} \Big/ \sum_{t=i}^{n}P_t^{'} \qquad (5-9)$$

其中，城市社会保障与就业财政支出为 SSE_t，农村社会保障与就业财政支出为 $SSE_t^{'}$。

（3）住房成本

$$GC_3 = \sum_{t=i}^{n}H_t \Big/ \sum_{t=i}^{n}P_t - \sum_{t=i}^{n}H_t^{'} \Big/ \sum_{t=i}^{n}P_t^{'} \qquad (5-10)$$

其中，城镇住房财政支出为 H_t，农村住房财政支出为 $H_t^{'}$。

（三）市民化成本分担机制

长期以来农村农业转移人口市民化的收入水平不高，但市民化成本庞大，个人没有经济能力承受全部的市民化成本，所以，在市民化过程中，由政府、企业与农村转移人口分担市民化成本，从而形成以政府为主导的"三位一体"的市民化成本分担机制，如图5-15所示。

1.确立政府农村转移人口市民化成本分担主导地位

农业转移人口市民化就是要打破原有的户籍制度，即城乡二元分割的户籍制度，从而保证让进城农业转移人口和城镇居民能够享受到同等的教育、医疗、住房和社会保障等公共服务。因为政府是公共产品和服务的主要提供者，所以，政府应当承担起公共产品和服务的大部分投入。确立政府公共服务提

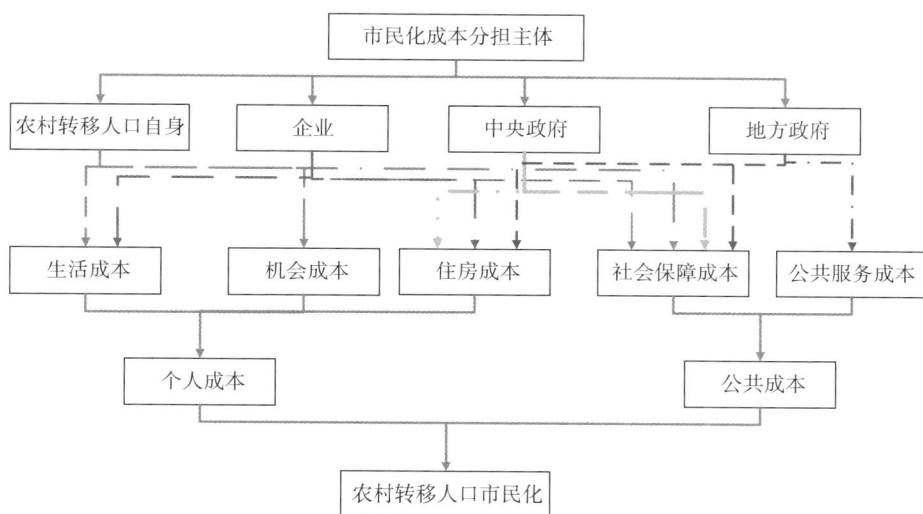

图 5-15 市民化成本分担机制

供者主导地位的同时,应根据中央政府与地方政府的职能权责,充分发挥中央
政府在分担机制中的扶持引领作用,地方政府也要做好分担主体的表率作用。
其中,中央政府要设立农业转移人口市民化专项资金,通过专项基金引领整个
社会资金投向,重点扶持转移支付中的义务教育、基本养老、医疗卫生、就业保
障等支出,维护成本分担机制的持续运行;地方政府要和中央政府共同分担以
社会保障等为重点的相应投入成本,以保障农村转移人口的基本生活需求,促
进社会公平。地方政府在市民化中要承担的由于农村务工人员的增加,而导
致城市的扩展,从而增加的城市基础设施的需求。综合来看,地方政府承担的
市民化成本主要包括三个部分:一是承担起扩建城市所需要的基础设施、社会
设施以及功能设施等的投资成本;二是承担起农业转移人口在城市中被差别
对待的基本养老、医疗、工伤、失业就业等社会保险的大部分支出;三是承担起
农业转移人口在住房建设保障中所需要的部分费用。虽然地方政府不用承担
农业转移人口市民化的住房成本,但应把农业转移人口市民化的住房条件纳
入重点考察对象,以保证农业转移人口市民化住房不低于城镇居民住房的平

均水平。

2.企业应主动承担起生活保障和就业培训等方面的成本

城镇企业在聘用农业转移人口工人,为企业、社会创造财富的同时,有责任也有义务帮助农业转移人口缴纳相应的"五险一金"社会保障费用(即养老保险、医疗保险、失业保险、工伤保险、生育保险和住房公积金),以及劳动技能培训等与人力资本相关的费用。目前,农业转移人口的收入仍然较低,享受的社会保障没有达到城镇居民同样的水平,合法权益受到一定的损害。虽然这些问题的出现和农业转移人口本身素质低以及政府的公共服务未到位有关,但这也和少数企业(主)没有积极主动和完全足够缴纳农村转移人口的社会保障支出,以及缺乏对农村转移人口的尊重、保护与培养等紧密相关。因此,不管是基于企业的社会责任,还是企业的未来发展需要,农业转移人口务工企业都有责任和义务分担部分市民化成本,其主要任务就是根据国家法律法规的要求为农业转移人口办理养老保险、医疗保险、失业保险、工伤保险、生育保险和住房公积金,以及进行相应的文化素质和职业技能培训,从而减轻政府农业转移人口市民化负担,促进农业转移人口市民化加快发展。企业还可以通过向农业转移人口提供租房补贴、建设农业转移人口集体宿舍,以及改善农业转移人口居住环境等多种渠道来完善农业转移人口在城镇就业的住房条件。

3.农村转移人口应参与成本分摊

农业转移人口市民化成本的合理分摊既要厘清政府、企业与个人的成本分摊责任,也要综合考虑不同主体的成本分摊能力。从农业转移人口来看,农业转移人口自身承担市民化个人成本的能力相对薄弱。但是农业转移人口作为市民化过程中的利益主体,也应分摊市民化成本中属于个人支出部分,如市民化后的基本生活成本,以及养老、医疗、失业等社会保障成本中的个人承担部分。同时,农业转移人口也应承担部分提高自身劳动素质和专业技能所参加各种教育培训的培训费用。

4.完善市民化成本分担机制

虽然本书认为如果农业转移人口可以自由处置其财产,其市民化能力将大幅提高,其在城市就业生活对城市也有税收贡献,而且城镇能够科学合理的容纳他们,那么市民化成本的问题并不存在。但在现阶段,尤其是农业转移人口的市民化需求与供给均失衡的情况,市民化成本是存在的,并且包括让已经定居城镇的农业转移人口享受均等化的公共服务的成本,也包括让更多的农民进入城镇并能够享受基本的公共服务的成本。应当说,市民化成本问题仅是特定时期的阶段性问题,但剩余劳动力不断减少,城镇为了其可持续发展的需要必须会提供更好的公共服务以吸引足够多的劳动力,市民化成本的问题也就迎刃而解了。对于阶段性问题,应在城镇居民公共服务的分担机制的基础上构建包括政府、企业与农业转移人口"三位一体"的市民化成本的分担机制,应以常住人口为基数建立政府公共服务财政支出为主,雇佣农业转移人口的企业与个人分担五险一金为辅的市民化成本的构成机制,加大制度创新力度,鼓励各地制定并完善符合当地实际的可持续的市民化成本分担机制。[1]

二、公共服务均等化

公共服务均等化是指社会全体成员,都能享受同等水平的公共服务,并且享受的机会也是均等的,亦指社会全体成员享受的公共服务数量平均化、机会均等化。公共服务均等化是农村转移人口市民化的最为重要的基础,也是各项制度政策的目标取向。随着社会不断进步,城镇生活发展需求类型和质量发生重大变化,公共服务所提供的公共产品和服务也将发生改变,公共服务均等化内涵随着有所变化。就目前城镇生活一般需求而言,公共服务均等化主要包括教育、就业和社会保障等主要方面。

---

[1] 傅东平、李强、纪明:《农业转移人口市民化成本分担机制研究》,《广西社会科学》2014年第4期。

（一）城乡教育公平

促进教育公平,建设覆盖城乡的公平教育体系,是促进社会公平,缩小发展差距的有力手段。中国长期以来的"城乡分治"制度导致了教育城乡差别扩大,优越稀缺的教育资源严重倾向于城市,农村教育资源相当匮乏。农村转移人口随迁子女教育问题一直是市民化关注的焦点问题。现阶段,就市民化来说,应采取有效措施,统筹城乡教育均衡发展,既要保障农村教育资源配置均衡,又保障农村转移人口的适龄子女能享受与城镇居民子女均等的受教育权利,而城镇严格推行教育均等化,执行就近入学制度是最为有效的解决农村转移人口的适龄子女教育均等化途径。

1. 保障农业转移人口子女享有受教育的权利

首先,政府要承担起农业转移人口随迁子女义务教育的责任,鼓励所在地义务教育学校和机构接收农业转移人口子女入学,把农业转移人口子女义务教育纳入当地教育发展规划中,按照流动人口居住分布情况适当调整教育资源布局和结构配置,务必保障农业转移人口子女平等接受义务教育的权利;同时政府应根据包括农业转移人口子女在内的实际在校人数拨付学校相应经费。对于那些接受农业转移人口子女义务教育入学的民办学校,政府要加大支持力度,提高办学经费,给予师资培训指导,引导民办学校提高办学质量。其次,城市公办学校在教学和管理等方面要对农业转移人口子女和城镇居住地子女一视同仁,不能另册管理,不得违反国家规定向农业转移人口子女增加借读费及其他任何费用。最后,农业转移人口原户籍所在地政府应当解决好农村转移人口托留在农村的子女义务教育问题。

2. 加大对农村地区的教育投入力度

目前,中国教育资源的分配和使用存在比较严重的不平衡、不公平现象,政府对于农村教育经费的投入相对城市来说比较少,农村优质教育资源则更少。为有序推进农村转移人口市民化,一方面,要进一步明确政府公共财政在义务教育中不可或缺的地位,即政府通过加大财政对农村义务教育的投入,逐步缩小因投入不均衡所引起的城乡教育投入差距,确保公共财政对义务教育的资金等及时足额拨付到位;另一方面,必须优化配置城乡教育资源,逐步改善城乡之间教育资源配置分配不公平的现状,持续加大对农村基础教育的投入,从而促进农村基础义务教育发展,提高农村劳动者的受教育水平,提升农村转移人口的综合素质。

3. 多途径筹措随迁子女教育经费

在公办教育资源不足、压力过大的情况下,为提高公办教育经费对农村转移人口子女教育的投入,必须积极探索解决随迁子女教育问题的新路径。一是加大对农业转移人口子女教育资金支持力度。中央政府首要任务就是要加大对农村转移人口子女实际接受教育地政府的转移支付力度;同时,居住地和原户籍所在地政府必须共同努力,解决农业转移人口子女受教育问题,从而有效促进农业转移人口市民化平稳推进。二是引导社会资本流入教育领域。引导社会资本进入教育领域,是在国家投入难以满足日益增长教育需求形势下,国家大力发展基础义务教育、扩大优质教育资源供给、提高公共服务水平的重要举措。社会资本进入急需的义务教育领域以后,可以采取扩大原有学校规模和新建学校等多种形式,解决包括农村转移人口随迁子女在内全体适龄人口义务教育的供给问题;积极鼓励社会各类型组织参与到农业转移人口子女教育问题上,除了在人力和物力等方面的支持以外,还可以采取结对帮扶、友情陪护等形式给予随迁子女温情关爱。

(二) 城乡就业公平

就业是民生之本。对于农业转移人口市民化来说,只有在获得稳定职业和取得稳定劳动收入的前提下,才能顺利解决住房、教育、医疗等问题。因此,必须加快建立城乡公平的就业制度,为农村转移人口营造统一规范公平的就业氛围。

1. 提高农村转移人口的就业能力

加大农村转移人口的教育和培训力度,不仅可以提高农村转移人口文化素养和专业技能,还可以提高农村转移人口认知城镇、融入城镇,和城镇居民融洽的能力,从而提高农村转移人口的就业能力。一是确立农村转移人口就业单位(企业)培训的主渠道地位,培训的重点在于农村转移人口就业技能,为农业转移人口适应工作需要,获得个人、家庭生活和发展收入,从而为更好地进行市民化奠定基础。二是可以通过农村转移人口流入地的科研院所和高校对农村转移人口进行针对性培训,培训的重点在于农村转移人口就业高层次知识和素质提升。三是发挥社会各种类型专业培训机构的补充作用,满足农业转移人口就业岗位普遍需求。农村转移人口的教育和培训是一项系统工程,需要建立包括政府、企业、劳动者和培训机构在内的四位一体教育培训体系,更需要政府加大支持和监督检查力度。

2. 多渠道促进农业转移人口稳定就业

各地多年的城镇化实践证明,农业转移人口顺利进城务工、经商和兴办产业,稳定就业是市民化的立足之本。首先,优化政府扶持政策,推动产业、企业扶持和就业政策融合,推进农村转移人口稳定就业。在产业扶持方面,积极推进产业结构调整,大力发展劳动密集型服务业,增加农业转移人口就业机会。在企业扶持方面,要积极引导、扶持中小企业发展,营造有利于中小企业发展的良好环境,促使中小企业能更多地接纳农业转移人口就业。其次,明确非正规就业的法律地位。通过非正规就业合法地位的确定,促使非正规就业合法化、明朗化以及"隐性就业"显性化和公开化。可以借鉴经济发达国家对非正规就业的立法和管理经验,制定专门的法律法规,为非正规就业营造良好的制度氛围。同时对非正规就业者给予物质支持、职业技能培训,并且提供政策上的帮助,提高对非正规就业者社会权益的保障,降低农业转移人口就业成本和流动风险。

3. 建立城乡统一的就业政策

在一些大城市,为把更多的就业岗位留给本地居民,缓解下岗职工和新增就业人员的就业压力,政府采取保护措施,限制外来劳动力进入,从而形成了保护性就业市场,不利于农村转移人口市民化。因此,政府应建立城乡统一的就业政策,重点在于就业条件的统一。首先,各级政府相关部门应将进城务工的农业转移人口群体和城市的劳动力群体同等对待,通过建立统一的城乡劳动力就业标准,逐步消除制约农业转移人口有序流动就业的制度,真正确立劳动力市场的劳动人口主体地位,真正实现由市场调整劳动力资源配置,使在劳动市场中的每个人,特别是农业转移人口,都能平等地参与经济活动。其次,城市公共职业介绍机构应当向农业转移人口开放,而不是"屏蔽"农业转移人口,为他们提供便利的政策咨询、就业信息、就业指导和职业介绍等服务。最后,各级劳动保障部门要进一步建立健全公共就业服务网络,并定期在网站和媒体广泛宣传当地的用工信息,跟踪管理劳动力人口档案,促进劳动力输出地区与输入地区建立良好合作关系。

4.建立健全农村转移人口就业反歧视制度

首先,各级政府应该转变职能和观念,依法保护农业转移人口劳动权益。严格执行最低工资标准制度,合理确定并适时调整适当的最低工资,以此来保证农业转移人口的生活水平,提高农业转移人口的生活质量;政府还应当有效指导和监督劳动者与用人单位依法订立和履行劳动合同,并与用人单位建立集体协商机制,维护劳动者的合法权益。其次,充分发挥工会的维权职能,增强劳动者的谈判地位,在平等互利的基础上达成公平合理和切实可行的协议,也要建立合理的劳资协商制度,形成工资分配共决机制、工资合理增长机制和工资支付保障机制,使得员工工资和企业的经济效益息息相关。再次,健全社区法律援助服务体系,为农村转移人口提供专业的法律援助,维护其合法权益。最后,加大执法监督力度,应当规范人力资源市场和中介就业服务,加强人力资源市场监管和劳动保护,坚决打击那些违规操作的用工单位和非法中介活动。通过开展《劳动法》的宣传教育活动,提高农业转移人口的维权意识,同时开通侵权投诉热线,多渠道维护农业转移人口权益。

（三）社会保障均等

目前,随着中国社会保障制度的不断完善,农村转移人口社会保障也得到了较快的发展,但大多数在城市工作的农业转移人口在住房保障、失业保险、养老保险及医疗保险等福利方面,还没有达到与城镇户籍人口均等的水平。推进农村转移人口市民化,应在社会保障各个方面实现城乡均等,切实保障农业转移人口权益。

1. 多渠道改善农村转移人口住房条件

住房历来都是重要的民生问题之一。随着城镇房价的不断上涨,住房问题成为最大的民生问题。为了使农业转移人口在城镇里安居乐业,最重要的就是改善农业转移人口的住房条件,解决农业转移人口住房难问题。为此,必须充分发挥市场主导作用和政府积极引导扶持,各个方面协调配合,保障农业转移人口居有定所。

（1）建立完善农业转移人口住房保障体系

地方政府应该建立覆盖农业转移人口等城市流动人口在内城镇住房保障体系,逐步完善"经济租用房、廉租房、经济适用房和限价商品房"等相互补充的住房保障体系。一些城市土地紧张的地区也可以在政府统一规划的前提下,探索由集体经济组织利用农村集体建设用地建设面向务工人员的公共租赁房,并对公共租赁住房建设和运营按规定免收行政事业性收费和政府性基金。除了廉租房建设,还可以学习发达地区解决农业转移人口住房问题成功经验,在农业转移人口聚集地区建立社会的"员工宿舍"和企业的"员工之家",并重点向农业转移人口倾斜,化解高房价、高房租与农业转移人口收入水平低、住房意愿迫切的矛盾,以缓解农业转移人口的住房压力。

（2）建立健全基本住房保障政策

首先,要建立农业转移人口住房公积金制度。根据"低水平、多层次、广覆盖"原则,保证越来越多的农业转移人口有经济有能力纳入住房公积金体系,通过建立不同的缴费标准来适应广大居民的需求。其次,要建立农业转移人口住房补贴制度。地方政府通过参考当地低收入居民的住房补贴标准,为农业转移人口办理住房补贴。再次,要完善财税支持制度。进行农业转移人口城镇公共住房专项资金的建设,以及农业转移人口经济租用房的建设。最后,制定实施农业转移人口住房土地政策。2016 年 10 月,国务院发布《推动 1 亿非户籍人口在城市落户方案》,计划到 2020 年,全国将实现 1 亿人农业转移人口和其他常住人口在城镇落户。2016 年 9 月 29 日,由国土资源部、国家发展改革委、公安部、人力资源社会保障部、住房城乡建设部五部委印发并实施《关于建立城镇建设用地增加规模同吸纳农业转移人口落户数量挂钩机制的实施意见》,是根据《中华人民共和国国民经济和社会发展第十三个五年规划纲要》和《国家新型城镇化规划(2014—2020 年)》要求,为推进以人为核心的新型城镇化,提高农业转移人口市民化用地保障水平,建立城镇建设用地增加规模同吸纳农业转移人口落户数量挂钩机制提出的指导性意见,为如期实现国务院提出的 1 亿左右农业转移人口和其他常住人口在城镇落户提供建设用地保障。

(3)建立统一化的农业转移人口生活宿舍

住房是农业转移人口更好工作的前提条件,鼓励使用农业转移人口的用工企业为农业转移人口提供满足基本居住生活需求、符合基本卫生安全标准的宿舍。企业为进城农业转移人口解决卫生文明的居住条件,或者提供一定的住房补贴有利于解决农业转移人口的生活物质困难,也有利于企业更好地管理和服务农村农业转移人口市民化,从而创造出更大的经济效益和社会效益,帮助减轻政府、社会和农业转移人口个人压力。农业转移人口集中的产业园区、工业集中区等产业聚集地应当按照集约用地原则,在统一规划的前提下,有计划、自行建造供企业员工生活使用的生活用房。政府可以土地、资金和审批等多环节、多方面给予支持。

2. 完善农村转移人口社会保障制度

社会保障是以国家或政府为主体,提供给全体社会成员物质资助的系列制度总称,主要包括社会保险、社会救助、社会优抚和社会福利等内容。报告中提及的农村转移人口社会保障主要指包括"五险"在内的社会保险,是农村转移人口市民化的基本保障制度。

(1)完善农村转移人口基本医疗卫生服务

按照公平、优先照顾的原则,正确落实输入地属地化管理责任,将农业转移人口纳入当地公共卫生服务体系。首先,做好农业转移人口及其适龄子女的公共卫生工作。以农业转移人口居住地为主,切实保障农业转移人口享有与当地人口同等的公共卫生服务,做好农业转移人口疾病防控各项卫生服务工作。在做好农业转移人口公共卫生工作的同时,也要把农业转移人口适龄子女纳入当地免疫规划,按照国家免疫计划要求实施免费预防接种。在社区方面,依托社区卫生服务机构和医疗设施,加强疾病监测,做好农业转移人口聚居地传染病防控工作,提高农业转移人口自我预防保健意识和识别疾病水平,争取及时发现病情及时进行医治。其次,高度重视高危行业企业职业病防治。加大资金投入,完善相关基础设施和健全有关管理机制,将高危行业的农业转移人口体检纳入公共卫生体系,要建立高危行业农业转移人口职业病追溯制度和农业转移人口职业健康体检制度。如果输入地政府短时间内无法完全将农村转移人口纳入当地医疗救助范围,可以临时为这些农业转移人口市民化设立专门的农业转移人口医疗保险,让当地财政部门、用工企业、在本地工作的农业转移人口按照合适的比例共同缴纳医疗保险,从而使农业转移人口在自己工作和生活的城市也享受到与户籍所在地相同的医疗保险的帮助。

(2)完善农村转移人口社会保险制度

目前,农村转移人口办理个人养老保险的比例较小,一些地方几乎为零。究其主要原因,保险费率偏高是农业转移人口参保率低的主要因素之一,当然,农村转移人口保险意识淡薄也是不可忽视的因素。解决农村转移人口保险率低的问题,需要国家、企业和个人的共同努力,将个人缴费、单位匹配和国家补贴相结合起来,实现农业转移人口个人缴费降低,达到所享受到的福利待遇不下降或者降幅较小的目标。政府应扩大补贴覆盖面,将城镇就业困难群体的社会保险补贴制度扩展到全体从业人员,让包括农业转移人口在内的非正规就业者与正规就业者一起参加统一的城镇职工社会保险制度,从而降低保险费率。此外,政府可以将农业转移人口纳入工伤保险之中,使农业转移人口利益得到更好地保障。目前,以加工制造等为代表的第二产业以及以服务行业为主体的第三产业正在不断发展,农村转移人口已成为这些行业和产业工人的主要组成部分。但是有些行业工作环境艰苦、作业危险系数大,如机械加工等易发生安全事故,所以为了减少农业转移人口在这种危险环境所受到的利益伤害,必须尽快完善工伤保险制度,实现农业转移人口与城镇职工统一。

三、户籍制度改革

中国现行户籍制度始于 20 世纪 50 年代,是一种城乡分开管理的二元户籍制度。严格意义上说,二元户籍制度对当时社会稳定和经济发展起到了一定的促进作用,使得人户分离的劳动力就业模式逐渐形成。但是,伴随着中国社会主义市场经济体制的建立和改革开放的不断深化,社会结构也发生深刻变化,户籍制度的问题开始显现出来,其中最突出的问题在于户籍与福利相互挂钩,导致农村转移人口无法享受与自身贡献相对应的城市公共服务和社会福利。根据有关调查资料显示,城镇居民与户籍相关联的个人权益达二十多项,涉及政治、就业、教育、社会保障、计划生育等许多方面,但农村转移人口由于工作和户籍分离,不能享受到同等的权利。城乡居民待遇不平等,不利于在全社会范围内优化配置劳动力资源,对于推进中国现代化、城镇化的进程不利。因此,推行以人为本的新型城镇化,必须改革现行户籍制度,打破阻碍农村转移人口市民化的壁垒。

2014 年,国务院出台《关于进一步推进户籍制度改革的意见》(以下简称《国版意见》),其中对特大城市户籍的限制比较严格,口径是"严格控制特大城市人口规模"。《国版意见》提出,2020 年将建立新型城乡户籍制度,并努力实现 1 亿左右农村转移人口和其他类型常住人口在城镇落户。陆续出台新型具体户籍制度改革方案的地区有新疆、黑龙江、河南、河北、江苏、四川、山东、安徽、陕西、江西、贵州、山西、湖南、吉林、青海、甘肃、广东、重庆、福建、广西、湖北、云南、辽宁、内蒙古等 31 个省区市。根据各地出台的户籍制度改革方案来看,大多数地区以 2020 年为时间表,明确提出了农村转移人口和其他类型常住人口落户的具体目标。吉林等 13 个省区对于城镇落户指标进行量化,湖北提出"努力实现 500 万农村转移人口和其他常住人口在湖北城镇落户",广东提出"到 2020 年努力实现 1300 万左右的农村转移人口和其他常住人口在广东城镇落户",河北提出"力争实现 600 万城中村居民和 400 万农村转移人口及其他常住人口在城镇落户",内蒙古提出"到 2020 年努力实现 400 万左右农牧业转移人口和其他常住人口落户内蒙古城镇"。此外,还有少数省份提出了户籍人口城镇化率。比如,江苏提出"到 2020 年,户籍人口城镇化率与常住人口城镇化率差距缩小到 5 个百分点";重庆除了提出"到 2020 年,全市常住人口城镇化率达到 65% 以上,户籍人口城镇化率达到 50% 左右"的整体目标,还根据重庆市的功能分区设定了更具体的目标;青海提出"到 2020 年,青海省户籍人口城镇化率达到 50% 以上";河北提出"到 2020 年,河北省户籍人口城镇化率达到 45%"。

可以看出,《国版意见》明确了今后一段时期内户籍制度改革的方向和目标,也为各地针对当地实际情况制定户籍制度改革政策提供了依据。但要加快推进户籍制度改革,并使之得到有效实施,并非一蹴而就的事情,还需要从以下五个方面对现行政策加以调整和完善。

第一,坚持以人为本,积极稳妥推进户籍管理制度改革。首先,消除户口的歧视制度,意味着城乡居民身份平等化,同时也有助于增强个人的自信心,享受户籍制度改革带来的实惠。其次,进行户籍制度改革、消除户籍壁垒,有利于促进经济增长、促进城镇化、促进劳动力资源优化配置。改革开放以来,大量的外来务工人员持续流入东部沿海和发达地区,已成为这些地区经济建设的重要力量,促进这些地区经济和社会快速发展。因此,破除户籍壁垒,打破城乡二元结构,让人们自由选择在工作地点和工作方式,以实现自身的最大价值。各类专业性人才在城市和城乡之间自由流动,对促进发达地区带动不发达地区,特别是传统农村地区赶超发达地区,具有非常重要的作用。

第二,科学设置城镇入户条件,引导农村转移人口合理有序向城市流动。据估计,目前中国约有2亿的外出农业转移人口,其中六成多在地级市甚至地级市以上城市,两成多在县级市,不到一成在小城镇。因此,可以根据城市综合承载力,按照四个层次来设置城市入户条件。农村转移人口具备相应的条件后,方可转入所在城市户籍。第一个层次是特大城市,应采用"轮候制",也就是说大量的常住人口提出申请,只有具备相应的条件后,采取高低分排列或条件具备者抽签摇号,高分者或中签者才能成为特大城市居民;第二层次是大城市、中心城市等,应放宽户籍制度,不仅要实现郊区城镇化,还要促进大城市和郊区连接的新城的发展;第三层次是中小城市,应彻底放开户籍限制,对于有意愿、有能力在本地落户的农村转移人口直接落户;第四层次是小城镇,要大力放开小城镇户籍限制,让更多的农民就地、就近城镇化,在这个过程中,能够使更多产业转移到小城镇,使他们也更快地富裕起来。

第三,分类指导,创造更多元、更广泛的市民化路径。目前,全国地区之间、城市之间、城乡之间的落户政策有很大差别,需要政府部门、职能部门科学引导和规范实施。直辖市、省会城市、副省级城市和东部城市各方面优势明显,吸引了很多农村转移人口聚集,但也带来了各类"城市病",这些城市由于人口增长而导致的资源、交通拥堵、环境污染、就业困难等问题日益严重,有的城市人口规模甚至超过了资源和生态环境承载力。中小城市和小城镇虽拥有广阔的发展空间,发展潜力很大,但公共服务功能和产业支撑有限,吸引人口聚集的能力不足,因此,迫切需要有重点地发展小城镇,积极发展中小城市,以产业发展带动就业,促进人口集聚,推进农村人口就近就地转移就业,从而稳

以人为本的中国新型城镇化道路研究

步实现人口的均衡合理分布,加快农村人口市民化进程。

第四,创新思路,理顺农村土地制度改革和户籍制度改革的关系。目前,农村土地价值与城市土地价值相差较大,而且,农村土地转让的约束因素很多,农村土地无法直接转化为财富已经成为城乡一体化与户籍制度改革的主要阻碍之一,需要在以下两个方面加大工作力度:一要积极探索农村土地市场化运作模式。对于接纳农村转移人口的城市,城市政府为农村转移人口解决落户问题,让农村转移人口与城市居民享受城市提供的同等福利待遇,其原籍土地、宅基地由国家按照预计使用年限收益进行有偿收回。同时,中央根据收回土地的有关指标,解决农民户籍所在地城市建设用地指标不足的问题。二要建立健全土地承包经营权流转市场。按照依法、有偿、自愿的原则,严格执行农村土地承包法律政策,推进土地确权成果的广泛应用,有选择性地保留进城农民的土地承包经营权等权利,土地交由村集体或大户经营,进城农民可以采取租赁使用和入股分红等形式获得相应的收入。

第五,剥离户籍附着的各种社会利益。户口附着的多种利益是户口价值化和等级化形成的一个核心原因,所以户籍制度改革的核心就是要将附着在户口上的各种社会福利差别逐步进行分解和消除。从理论设计上说,户籍管理制度本身的改革并不复杂,核心的问题在于许多公共服务和社会福利政策与户籍挂钩,而且很多问题属于多年累积产生的,且涉及的地区、部门和群体等领域众多,在短时间内、部分地区解决的难度很大,需要进行顶层设计、配套改革和协力攻坚。淡化甚至消除户口价值和等级差异,促进基本公共服务均等化,有利于推进中国户籍制度改革从"形式"向"内容"深入,有利于推进中国城镇化发展方向从"数量"向"质量"转型。

第四节　城镇化生态与可持续发展的制度设计

中国面临环境和经济双重压力,如何促进经济增长、推进城镇化进程并实现可持续发展是当前面临的主要问题。近年来城镇化推进带来的环境污染问题越来越突出,城镇化的推进应当坚持以人为本的基本原则,即城镇化推进要以改善人民生活水平为主要目标。从国际比较来看,中国的减排效率远远低于美国、欧盟、日本等发达国家,碳交易体系作为公认的具有较好作用的减排市场机制,为城镇化生态与可持续发展提供有益思路。①

一、提高部门协调性和区域协调性

碳交易是一个多部门、多学科、多领域的合作,部门与区域的协调难以避免,也是碳交易高效运作的必然要求。部门的协调有利于简化程序,降低沟通成本,使得违规企业受到应有的惩罚,因此必须建立区域统一的协调机制、预算审计机制、排放统计机制和违规追责机制,保证立法的完整性,监督的有效性。

目前的交易市场相互独立,各个省份单独进行,对于交易市场的必要性认识程度不一,推进力度、财政投入有所差别,政策设计各有侧重,企业参与门限不一,碳交易范围不定,整个市场表现出一种分散和无协调的状态。这样不仅造成了资源配置不合理、重复投资、浪费严重,而且难以发挥碳交易市场本身应有的节约成本效应。为了在推行全国统一市场过程中实现区域市场之间的无缝对接,区域碳交易机制的确定应该立足于大局,着眼于全国,结合本地区特点,积极与其他地区进行协调交流,并相互学习,在规制制定、准入门槛、违规处罚等方面协调统一,为全国市场的推行做好准备。

二、加强统计工作,完善报告流程,强化信息披露

任何市场或者经济现象在出现时并不是十全十美的,必然存在诸多漏洞,因此必须采取必要的调控措施进行弥补。中国目前除了碳监测技术不足需要

---

① 熊灵、齐绍洲:《欧盟碳排放交易体系的结构缺陷、制度变革及其影响》,《欧洲研究》2012年第1期。

花大投入提高之外,应该建立相应的配套措施,建立公开透明的信息披露制度,并将这一制度进行法律上的强化,进行规范化和标准化。市场的高效运作需要减少信息非对称性,降低交易成本,因此需要信息的成分公开和容易获取。只有在获得充分信息的情况下,市场参与者才能根据评估结果选择合适的市场行为。

因此,数据的真实可靠是碳交易持续进行的基础。市场信息和碳交易信息的获取是建立在真实的数据基础上的,因此统计工作在碳交易进行中的作用十分重要。目前碳排放统计存在较多的难度和盲区,统计指标涉及面不足、指标复杂度不够等问题突出。统计工作通过数据收集和指标建立在一定程度上弥补了这一缺点,这也是目前统计工作需要加强的地方。各地方应该发挥优势,成立专门的统计部门,做好数据和协查核算,保证数据的真实可靠。

统计是试点地区报告的前提,同时试点报告也是统计工作的延续。全国统一市场的建立离不开全国统一"碳交易数据库"的建立,中国应该深入细致地做好统计核算,加强报告制度的普及性,加强试点地区统计工作管理与控制。

在保证统计数据真实性的前提下,要做好统计信息的披露工作。公开透明的碳排放交易才会提升民众和企业的碳交易意识和积极性。除了及时的行业和交易信息,应该构建企业诚信制度,及时发布企业减排和履约行为,设立第三方监管机构,做到交易和减排的公开化、透明化和程序化,降低统计工作难度。

三、落实激励政策,加快推进节能低碳技术的推广应用

技术是减排的关键,减排技术的进步提高了资源使用效率,减少了碳排放。政府应该对自愿承担减排任务的企业以优惠政策,在包括资金、技术和金融等在内的各方面进行支撑。促进企业进行技术创新,研发节约成本、提高效率的减排技术,并对企业的生产工艺、设备进行更新,以提高企业的全要素生

产率。政府还应该鼓励企业进行技术改造,提高设备利用效率;对现有管理方式改造,发展节约型管理技术。目前节能和低碳技术的应用日益广泛,且有较大的进步空间,电力行业作为减排的重点,清洁发电技术的研发将会是减少碳排放,实现节约能源和提高效率的重要手段。

中国尚不承担国际减排任务,民众减排意识较弱,因此试点的碳交易建立在企业自愿的基础上,然而同样实行自愿减排的芝加哥气候交易所,则是以失败告终,这就警示大家,自愿原则并不是最合理的原则,国家建立统一碳排放制度应该坚持"采取先自愿后强制、最终实行总量控制的策略;同时在配额发放上,先免费后有偿,循序渐进,逐步推进"的基本准则。

四、教育与培训实时跟进,致力尖端技术人才培养

目前而言,碳交易属于新兴产业,能够借鉴的案例不多,中国更是刚刚步入这一市场,国内碳交易意识还没有被企业广泛接受,因此政府采取了一系列的金融、资金政策激励企业参与。但是这些措施的作用是有限的,能够从碳交易市场上获得利益才符合企业的本质。碳交易市场迅速发展,只有足够的信心和较大的利润才能鼓励企业迈入碳交易市场。政府应该使得碳交易的观念深入企业之中,而要做到这一点,教育和培训是最为有效的手段。首先,政府需要碳交易的技术和管理人才,这是全国性碳交易市场建立的支撑,也是企业在碳交易市场进行高效决策的保证;其次,相关的第三方服务人才,现代生产性服务业体系的建立是保证企业和市场良好发展的关键,第三方核查人员、咨询代理人员是能够为企业快速进入碳交易市场铺平道路,刺激碳市场创新。人才是企业和政府的支撑,企业的决策环境、减排效率、综合实力等的把握都需要专门的高素质专业化人员;政府在面临复杂的国际环境时,政府的碳交易规则制定权,促进内部统一交易市场的交流以及碳交易技术的应用推广都需要高素质人才,随着碳交易深度和广度的扩展,相关的衍生品需求也越来越旺盛,这也意味着,碳交易的风险在上升。

五、积极开发创新，加强对先进减排技术的应用

中国减排效率低下的一个主要原因是技术水平的落后，国际合作和技术引进是解决这一办法的有效途径。一旦市场上企业可以通过提高生产力获得碳排放份额出售的利益，那么落后技术企业会倾向于提高自身技术水平，降低成本增加效益。另外，中国应该充分重视清洁能源的开发和利用，太阳能、风能和新能源汽车的推广，对于节能减排和碳市场发展是十分有利的。中国碳交易推进的特点是"试点先行，由点到面"，试点工作面临诸多问题，但是企业配额的确定、电子交易平台的建立、碳排放产权的界定等都需要进行解决，目前中国尚不具备同时解决这一问题的能力，且缺少参照，因此交易试点城市必须继续推进，这对于积累经验十分必要。

六、时刻关注国际碳排放政策变化，避免政策风险

国际社会对于碳排放和碳减排的认识是不断深化的，《联合国气候变化框架公约》对市场未来的发展不确定性没有明确，为了解决这一问题，具有法律约束力的《京都议定书》随之产生，然而这一协定是对发达国家的制约，却没有涉及发展中国家的节能减排，未来发展中国家必然会被纳入这一体系之中，但是时间未知，《京都议定书》承诺期即将到期，新的法令尚不确定，这势必会对碳交易市场产生影响。清洁发展机制（CDM）在后续的政策中，合理或者尚未解决的问题会被国际环境组织进行重新定义，但是随着人类对于环境认识的加深，必将会发生新的变化，新的核算或者估计手段将会被提出。因此，为了使不确定性对于碳交易市场建立过程中的冲击最小化，以及合理认识碳排放问题，中国需要密切关注国际政策变化，降低政策性风险。

七、建立市场化的碳金融机制

目前，盲目的推行碳排放交易所并不能短期内解决环境问题，在国内碳交

易需求不足的条件下,过度的交易所只会带来资源浪费,因此目前的试点工作应该继续坚持,充分评估试点的利弊,借鉴国内外经验,逐步整合资源,建立统一规范高效的碳交易市场,实现碳交易的程序化、规范化。

碳排放市场已经不仅仅是一个商品市场,伴随着衍生品的扩充,逐步具备了金融市场的特征。中国处于迅速发展时期,国内金融市场有待完善,应该充分利用金融市场力量,来调整产业结构,使得更加节能、可持续的产业得到充分发展;应该建立碳交易的融资平台解决碳交易投资问题;金融机构应该将碳金融纳入发展规划,碳金融衍生品应该进一步的扩展。目前国内碳交易平台过于分散、资源浪费,国家应该在此基础上成立区域性的交易平台,进一步扩充到全国性交易平台。统一的市场一方面提高了交易效率,另一方面有利于监督管理,发挥市场交易机制最大的作用。

八、加速经济转型升级,转变传统发展方式

城镇的发展模式还需要进行变革,不仅需要考虑如何使经济稳定持续快速发展,还要考虑经济发展过程中是否会对环境产生负面影响。在城镇化发展的过程中,产业的升级有着重要的意义。在发展经济的过程中,要尽量减少污染物的排放和固体废弃物的产生,环保绿色的产业符合当前环境下经济发展的需求。绿色经济不但对于提升地区竞争力有着重要意义,还能够提升经济的附加值,保证经济健康稳定发展,从而促进新型城镇化水平的提升。

在实证分析中,新型城镇化水平比较低的地区绿化水平也相对较低,其生态产出也出现明显不足的现象。生态环境是人类生活的必要场所,在城镇化进行的过程中遭到了一定程度的破坏。在促进社会文明和谐发展的同时,还应该同时注重对生态环境进行行之有效地保护,促使社会文明和生态文明同步发展。可以从生态文明发展较好的城市和地区汲取宝贵的经验,并且结合当地的自身资源,优化新型城镇化发展模式,从根本上改善效率低

下的问题。

在城镇化高速发展时,第一产业必然会出现短期的衰落,但是同样的原因,第二和第三产业的产值会有突飞猛进地发展。所以在此时需要对产业的结构进行调整,提倡循环使用,提高资源的利用效率,保持经济的可持续发展,积极鼓励科技创新,加大科研投入,加快发展附加值高且环境更友好型产业,从源头上减少环境污染,又好又快地引导资源优化配置,进而使城镇化进程向着正确的方向前进,最终实现全社会共同享受绿色城镇化的福利,经济效益和生态效益都实现最大化,使得传统产业和新兴产业相辅相成,协调发展。

九、优化区域资源配置

各个地区的资源分布不平衡,必然会导致地区之间存在差异,所以在发展全面城镇化时,需要兼顾各个城市的资源分布特点,进行资源重新配置,让资源冗余的城市对资源不足的地区进行补给,使资源的利用率达到最高。全面城镇化要求使享受城镇化的人口数量达到最大,所以劳动力问题是首先需要解决的问题,对于劳动力不足的地区要引入足够的人力资源,东部地区普遍城镇化水平高于其他地区,很大一部分原因是就业机会多,很多劳动力前往该地区,给城镇化前进的步伐增添了后盾力量;相反,西部地区本来人口就少,加上往东迁移的人越来越多,本地区的人口密度降低,很难满足城镇化发展的需求,造成了生产效率严重低下,可见补充足够的劳动力人口对于发展城镇化至关重要。要想使人口在空间分布上实现最优化,必须要有相关政策进行引导。在保持原有的基本权利基础上,摸索新的制度方向,最大限度地减少因为人口变动而产生的负面影响。不仅在数量上要实现均衡,同时也要加强劳动技能,使劳动力在质量上保持平衡。劳动力就业最大限度上实现技能对口,使技有所施,岗有所就,提高劳动力的工作效率。因此要想全面提高城镇化效率,减少内部不平衡现象,就需要减少劳动力移动的障碍与成本,市场自由流动,同时提高劳动者素质,进一步调整供需结构。

十、构建中国城市生态文明

依据城市复合生态系统所具备的开放性、稳定性和自组织性等特征,基于协同学、制度经济学和整体论的理论体系,根据不同地区、不同经济发展水平、不同主体功能的实际,设计出中国城市生态文明构建路径。在构建中国城市生态文明路径时,需要对城市的综合承载力进行测度,首先测度中国四大区域(东部、东北、中部和西部地区)城市的经济、社会和自然环境等单个子系统的承载能力,和全国的平均值进行比较,分析每个子系统承载力的优势和劣势;再计算各区域城市的综合承载力,为构建城市生态文明提供依据。然后根据不同区域城市单个子系统的承载力高低,确定城市生态文明构建的"短板"和优先考虑的子系统;再依据该城市所处的主体功能区,确定其在整个区域乃至全国范围内所应该承担的生态功能,从而制定构建中国城市生态文明的方案,提高新型城镇化效率,不断发展新型城镇化。

第五节 城镇化与农业现代化
协调发展的制度设计

对于中国来说,城镇化与农业现代化是个庞大的系统工程,同时也是一个亟待解决的问题。故而从全局角度上看,城镇化与农业现代化协调,更加需要一个完善的制度体系,同时在运用政策时还需要注意政策组合问题,只有这样才能更加有效地推进城镇化与农业现代化协调。为此,作为研究的有益补充,本节将分别探讨城镇化与农业现代化协调发展的制度体系设计以及政策组合运用问题,进而为有力推进城镇化与农业现代化协调发展提供更广阔的操作空间,当然也为以后的研究提出更多的科学命题。

一、城镇化与农业现代化协调发展的制度体系设计研究

（一）城镇化与农业现代化协调发展制度体系设计的必要性

制度体系是一个国家或地区及企业在运行过程中遵守的规定和准则的总称，是一个国家或地区及企业生存发展的体制基础，是制度内管理者和劳动者的工作准则与行为规范。于此同时也为一个国家或地区及企业提供体制保障。规范而健全的制度体系也有助于一个国家或地区及企业长远规划与目标的实现。城镇化与农业现代化协调发展，需要把城市与农村有机地联系在一起，使其能够做到在发展的道路上相互扶持、相互推进，从而达到协调发展的目标。已建立的城乡二元结构，即社会化生产为主要特点的城市经济和以小农生产为主要特点的农村经济并存的经济结构，并不能达到统筹城乡发展的要求。所以要实现城镇化与农业现代化协调发展需要建立一套系统的、完整的制度体系，从制度层面来规范、约束、引导、保障城镇化与农业现代化之间的协调与平衡。城镇化与农业现代化协调发展是一项十分复杂的社会实践活动，其中包含了诸多内容，例如政府部门、户籍制度、社会保障等。仅仅依靠一种制度很难完成协调发展的任务。因此需要建立一个系统的、完整的制度体系，全方面地构建一个城乡协调发展的模式。城镇化与农业现代化协调发展的制度体系的建立，就是要把城乡两者的发展打造成一个整体，始终保持着城乡关系平衡、发展协调。建立城镇化与农业现代化协调发展的制度体系，保证了两者的协调发展，一方面是为了弥补之前在城镇化与农业现代化发展道路上存在的制度缺陷；另一方面也是为了对城镇化与农业现代化的相关政策作出进一步的创新。

（二）城镇化与农业现代化协调发展的制度体系框架设计

农业作为第一产业，它不仅满足人最基本的需要，还是人类生存发展的最

基础的产业。在城镇化高速发展的今天,由于中国在户籍制度上的缺陷,城镇化建设大规模占用农业现代化资源,以及缺乏一套行之有效的制度体系,这造成了城镇化与农业现代化发展不协调的现状。在城镇化日益发达的同时,政府不能忽略农业现代化的发展,而是应该大力推动农业现代化的发展。要建立城镇化与农业现代化协调发展的制度体系,需要从宏观、中观、微观角度出发,依靠政府的调控,地方的支持及城乡自身的努力,建立出一套与中国当今城镇化与农业现代化协调发展相适应的制度体系。首先,中央政府作为政策方针的总设计师,应该充分发挥宏观调控的职能,对城镇化与农业现代化协调发展作出总体规划,将实现城镇化与农业现代化协调发展作为目标,从制定方针政策入手,以方针政策规范发展过程,力图实现城镇化与农业现代化协调发展,为城镇化与农业现代化协调发展建立一个良好的政策环境。其次,地方政府要发挥好承上启下的作用,地方政府要贯彻落实中央的要求,出台配套的地方政策,协调发展城镇化与农业现代化发展目标,建立城乡一体化的经济结构,构建城乡一体化的社会保障体系,逐渐消除城乡发展差距,达到城镇化与农业现代化协调发展的诉求。最后,应当以政策方针引导构建以城镇化带动农业现代化,以农业现代化促进城镇化的发展格局,出台相关优惠政策鼓励两者相互促进,相互推动。①

(三) 城镇化与农业现代化协调发展制度体系的内容设计

城镇化与农业现代化协调发展的制度体系,需要从宏观、中观、微观角度出发,依靠政府的调控,地方的支持,及城乡自身的努力,建立出一套与中国当今城镇化与农业现代化协调发展相适应的制度体系。

1. 宏观角度

中央政府作为政策方针的总制定者,首先需要总体规划中国城镇化与

---

① 钱丽、陈忠卫、肖仁桥:《中国区域工业化、城镇化与农业现代化耦合协调度及其影响因素研究》,《经济问题探索》2012 年第 11 期。

485

农业现代化的协调发展,改革当中影响城镇化与农业现代化协调发展的内容,要以相关的政策方针鼓励协调发展。本书认为中央政府应最先改革户籍制度,户籍差异导致了城乡人口的改变、社会保障、社会福利不平等的现象。其次要用科技的力量带动城镇化与农业现代化的发展,劳动力逐渐减少的问题要通过人口政策解决,用财政政策来保证城镇化与农业现代化的发展。

（1）深化户籍改革

中央政府提出深化户籍改革,取消农业户口与非农业户口的区别至关重要。一方面,能够推动地方的户籍改革,有利于推进城乡一体化社会保障体系的建设;另一方面,也有利于推进城镇化与农业现代化协调发展。第一,由提出取消农业户口与非农业户口,到完全实现取消农业户口与非农业户口是一个过程。目前全国已有30个省在户籍改革中提出了取消农业户口与非农业户口的改革方案,各个省需要不断深化执行改革方案,完全消除户籍的差别,才能够构建城乡一体化和谐发展的社会关系。在户籍改革方面,中央政府要起到带头作用,制定正确的户籍改革方案,给地方户籍改革提供借鉴。第二,政府可以通过深化户籍改革推进城乡一体化社会保障体系建设。在构建人人平等的社会保障体系方面,需要依靠户籍改革来从根本上打破中国长久以来城乡居民在社会福利、社会保障上不平等的状况。第三,政府通过取消农业户口与非农业户口,来实现城镇常住人口的市民化,带动城镇化的发展。也能减少城乡居民间的差别,更好地推进农业现代化的发展。

（2）全面实行居住证制度

将居住证制度推广至所有未落户城镇的常住人口,保护居住证的持有者能够享受义务教育、基本的公共就业服务、基本公共卫生服务和计划生育服务、公共文化体育服务、法律援助和法律服务以及国家提供的其他基本公共服务;同时有权利申请出入境证件、取代和替换的居民身份证、登记的机动车、申请机动车驾驶证、申请注册职业资格考试、申请授予专业资格及其他便民服务。鼓励各级地方人民政府按照当地的承载力,不断扩大居住证持有人的公共服务覆盖面,提高服务标准,不断减少户籍人口基本公共服务的差距。促进居住证持有人享有与当地户口持有人相同的住房保障权利,并将合格的农业转移人口纳入地方住房保障范围。各城市应根据《居住证暂行条例》的规定,加快制定和实施具体管理措施,防止居留许可和基本公共服务的撤销。同时,必须加快建立农民转移的公民激励机制,切实维护落户城市的农民在农村的合法权益。将财政转移支付与农业转移人口城镇化挂钩的政策付诸实施,提高城市建设用地规模并推动接受农业转移的人口数量有关政策的实施。以中央预算投资来安排已经转移到吸收大量农村居民的城镇。省级人民政府必须出台相应的配套政策,加快农业转移人口市民化进程。

(3)以科技政策促进协调发展

中国目前农业现代化水平整体不高,主要体现在农业机械化水平低下,农业生产规模化水平较低,以及农业劳动者整体素质不高。以科技促进协调发展的意思是中央政府以科技政策推动中国农业现代化的发展,改变因农业现代化水平低下导致其与城镇化发展不协调的格局。政府通过科技政策,加大对农业科技的投入,可以有效地提升农业现代化水平。首先提高现代农业装备水平,促进农业发展方式转变,为提高中国农业生产机械化、规模化水平创造条件。其次提升农业技术推广能力,大力发展农业社会化服务,为农业生产机械化、规模化推广提供条件。最后依靠科技创新驱动,引领支撑现代农业建设,为打造农业产业化做铺垫。

科技政策能够推动城乡协调发展,提高农村建设水平,是城镇化与农业现代化协调发展的重要推动力。

2. 中观角度

地方政府是中央政策的执行者,又是地区经济的规划者、管理者,在城镇化与农业现代化协调发展中发挥着承上启下的作用。地方政府在贯彻落实中央政策的同时,也需要出台具体的政策应对地方城镇化与农业现代化不协调问题,主要有以下几个方面。

(1)建立城乡一体化的社会保障体系

首先要彻底改变如今政府管理中城乡分割的现状,对中国目前城乡社会保障体系中不统一的地方要逐步推进至城乡统一。医疗保险和养老保险方面,要建立起一套统一的居民医疗保险和养老保险制度。将原有的城镇居民医疗保险与农村医疗保险进行整合,让城乡居民享受到相同的医疗保险。将城镇居民养老保险和农村养老保险进行整合,改变城乡居民因居住地不同而享受不同养老保险的现状。社会福利方面,尽快改变养老福利、残疾人福利、儿童福利及妇女福利发展中,城乡因户籍政策因素影响的社会福利不平等的现象。其次,对中国目前财政资源在城乡社会保障配置中的不平等进行调整,建设城乡一体化社会保障体系。做到财政资源均衡配置城乡社会保障,保证农村居民能够公平地享受到国家在医疗、养老、教育、社会福利等社会保障方面的补贴。要做到统一预算城乡财政资源,取消城乡预算分割的现状,从而保障城乡统筹使用财政资源。还要做到整合统一的部门分配财政资源,避免多部门分散使用而导致的城乡财政资源分配不公的情况。改革政府机构,在建立城乡一体化的社会保障体系过程中,要尽可能地将城乡的社会保障集中到统一的政府部门管理,做到不分割,不区别对待城乡社会保障。最后,提高城镇公共服务水平。根据城镇居民人口的增长趋势,政府将加大对城市中小学和幼儿园建设的投入。通过各种手段增加企业和社会力量投资,使中小学和幼儿园的数量增加,均衡新老城区之间的公共服务资源。增强公共服务设施和社区服务综合信息平台的建设。

(2)深化地方户籍改革,消除户籍差异

消除农业户口与非农业户口差别是地方建立城乡一体化的社会保障体系的重要一环,也是地方推进城镇化与农业现代化协调发展的重要举措之一。地方首先要贯彻中央的要求,在地方上全面取消农业人口与非农业人口的差别,建立起城乡一体化的社会保障体系,保障农民在养老福利、残疾人福利等社会保障上的权益,为城镇化与农业现代化协调发展构建良好的社会环境。其次要根据地方具体情况建立一套完整的落户细则,规范地方具体落户的规则,对地方城市人口的结构进行调节,促使专业人才落户本地。以总量控制、公开透明、公平公正为原则,允许达到规定条件的人群申请常住户口,从而为城镇化发展提供劳动力。

(3)调整财政、土地资源分配

城镇化与农业现代化发展过程中,一直都存在着城市与农村财政、土地资源分配不均衡的现象。现代农业的投资成本高、见效缓慢、投资周期长等特征使得资金更容易流向投资见效快,周期短的城镇化建设中,导致城镇建设大量占用农业发展资金。并且农民获得的土地征收补偿收益在现行征地补偿机制下也较低,其资金多用于城镇建设发展,使农业发展资金不足的问题更为严重。第一,在城镇化发展过程中,铁路、公路、工业园区等基础设施建设,城镇化的高速发展往往意味着,大量的耕地资源被占用,土地作为一种不可再生能源,这样的做法必定会制约着中国农业现代化的发展。地方政府首先要用财政政策鼓励农业现代化发展,推动农业机械化、规模化、产业化的发展,改变因成本高、见效慢、周期长而导致资金多流向城镇的形势,为农业发展创造足够的资金条件。第二,在推进新型城镇化建设的过程中,要注重农业的发展,稳步增加农业投资,对农民实行直接补贴,逐步提高补贴水平;增加农业机械购置补贴和农业建设补贴等,提高农业现代化装备水平。最后,政策应鼓励农村第三产业的发展,扩大农业产业,增加农业增加值。与此同时,应该创造一个宽松的市场准入门槛,允许适度规模工业和商业资本参与现代农业的发展,为农业发展构建一个多元化的融资平台,增加现代农业发展资金的"容量",并加强现代农业发展的能力。地方政府也要改变现行土地政策,确保农业发展用地,确保农业发展速度。首先,必须结合当地条件,在该地区制订一个新的城镇化土地利用计划,明确城镇建设用地和农用地之间的界限,以严格保护耕地资源,并鼓励城镇建设多用荒山、荒地、贫瘠的农业用地。规范和促进城乡建设用地增减之间的联系,全面推行城镇建设用地增加与农村建设用地减少相结合的政策。严格实行村庄改造政策,扩宽城乡建设用地增减之间联系的规模和范围。通过科技手段增强对土地利用的检测。其次,必须加快农村土地制度改革,为农民土地权利和土地发放证书,建立健全农村土地转让、抵押和替代交易系统,为城镇和农村土地建立一个公共交易平台,有效地激活农村土地市场。使城镇化建设的空间扩大,为发展大型现代农业创造条件。

(4)创新投资、融资机制

第一,加强地方政府与社会资本的合作。将准入门槛降低,调整现行的价格机制与政府补贴规定,吸引更多的社会资本投入城镇化与农业现代化基础设施建设中来。根据项目的不同特征,制定具有针对性的合作模式,加快完善城市基础设施与公共服务。

第二,加大政府投入。政府可以安排专门的资金来保障农村转移人口配套的设施建设,优化现有的投资结构。公开政府资产负债表,中央政府可以允许部分达到相应标准的地方政府通过发行债券筹措资金。

第三,加大政府对新型城镇化建设的支持,投入专项资金用于公共服务与城市基础设施建设,建立特色小镇。鼓励农业发展银行专门为新型城镇化项目设计融资模式和偿债机制,商业银行推出有关新型城镇化的金融产品。同时鼓励基金参与新型城镇化项目的建设。地方政府可以整合现有的政府投资平台,建设专门的城镇化投资平台。除此之外,还应推进基础设施和租房资产证券化,从而增加城市基础设施项目的比重。

3.微观角度

城镇化与农业现代化协调发展的要求既需要依靠市场调节实现,也需要政府调控城乡发展。将市场驱动控制在政府调控之下,保障城镇化与农业现代化的协调发展,构建以农业现代化推动城镇化,以城镇化带动农业现代化发展的城乡一体经济,是最直接,也是最有效的方法。

（1）稳步推动城镇化的发展

城镇化发展迅速，但是建成区人口密度偏低，建设用地粗放低效。地方政府依靠"土地财政"推动城镇建设，反而浪费了大量的土地资源，破坏了自然环境，加大了地方政府的债务风险。也由于城镇的快速扩张，导致了城镇的空间分布和规模结构不合理，没有配套的管理服务，不能建设出符合当地特色的城镇，严重影响和限制了城镇化的未来发展。除此之外，部分城市脱离了城乡一体化发展的要求，造成了城乡发展不均衡的情况。首先，政府应当积极构建城乡和谐发展的经济关系，城镇的发展不能离开农村，农村的发展需要依靠城镇来带动。政府可以通过政策吸引城镇民间资金投资农业现代化的发展，逐步消除城乡发展不均衡的情况，最终达到城镇化与农业现代化的协调发展。其次，放缓城镇化的发展速度，如同中国经济发展一样，各地的城镇化的发展速度应"由高速增长向中高速增长"转变。"放缓"城镇化发展速度并不是意味着不发展，而是在放低增长速度的情况下，解决由于城镇化盲目发展出现的土地资源、自然资源浪费等问题。最后，改善城市规划，政府要做好相应的城镇规划，使农村地区的居民也能享受基础设施和公共服务。加快城乡分配网络的建设与改造及农村教育、卫生、文化建设，落实行政村镇公路、通班车、邮政服务、快递等，使得城乡基本公共服务平等。完善管理服务机构，找出适合本地的城乡一体化发展道路，为构建良好的城乡发展经济结构作出充分的准备。

（2）不断提高农业现代化的发展速度

中国农业经济虽然发展迅速，但是农业现代化的发展水平远不及发达国家，发展速度也不如中国城镇化的发展速度。农业现代化的发展有着层层的阻碍。农村的劳动力素质低，生产技术水平落后，农业生态环境日益恶化，不利于农业机械化的推广。农业的生产经营规模小，基本上以户为单位进行生产经营，土地使用权归属分散，不能实现生产经营规模化。农户缺乏经验，地方政府也没有引导建立符合当地农业形势的产业链。第一，加强农村职业教育。强化农业从业者的素质,使之适应中国农业现代化的需要,能从根本上解决农业机械化推广慢、推广难的问题。政府可以通过对农业机械实行购买补贴或者生产补贴的方法,降低农业机械的价格,以达到推广机械化的要求。第二,推进扶贫、搬迁与新型城镇化的结合。坚持尊重人民的意愿,注意根据当地条件制定措施,依据规划在县城、小城镇、工业园附近建立安置区,促进已就业的转移人口定居在城镇。加强政府支持力度,从多种不同的渠道筹集资金。将群众安置、看病和上学等问题纳入规划范围内,统筹协调地区和人们的就业问题,使已转移的人民生活有保障,发展有前景。第三,根据实际情况,促进农村一二三产业一体化的发展。基于县级行政区域,建立以城建制镇为支点,一个多层次、宽广域、覆盖面广的服务平台,改善利益联结机制,延长农业产业链,深度加强农业和其他产业的融合,发展具有创新性的农业。充分发扬农村合作社和家庭农场的作用,降低社会资本准入门槛,鼓励农村居民返乡创业。第四,发展农村电子商务。在符合农村地区条件的基础之上,设立宽带与快递网络,建立电子商务服务平台、商品分销中心和物流中心,从而促进农产品进入城市,扶持中小网络运营商。

二、城镇化与农业现代化协调发展的政策组合研究

前文构建了城镇化与农业现代化协调发展的制度体系框架。但是有了制度体系框架,并不等同于能够充分发挥效果,因为其中还涉及政策组合运用的问题。也就是说,在实践操作过程中,城镇化与农业现代化协调发展需要一系列可以发挥其最大功效的政策组合,以满足其顺利实现协调发展的需要。如若不然,城镇化与农业现代化协调发展将受到很大制约。因此,为了实现城镇化与农业现代化协调发展,对政策工具进行有效组合,使其充分发挥作用,是十分必要的。为此,本节将从必要性和实践中应当注意的问题,对这一问题进行较为深入的探讨。

（一）城镇化与农业现代化协调发展政策组合的必要性研究

政策组合的思想来自英国著名经济学家詹姆斯·爱德华·米德（James Edward Meade）。由于当时的英国实行的是固定汇率制度，米德认为仅仅依靠单一的货币政策是无法令充分就业、物价稳定和国际收支平衡三者同时实现的，这也就是著名的"米德冲突"（Meade Conflict）。因此，米德的观点是只有将政策合理搭配，才可以解决这一问题。而"政策组合"一词最早在文献中出现，是来自蒙代尔20世纪60年代的一篇为国际货币基金组织所做的报告当中。蒙代尔认为，在浮动汇率的条件下，为了稳定经济，应当使用货币政策；而在固定汇率的条件下，货币政策将变得无效，就应当选择财政政策来稳定经济的运行，这也就是著名的"政策配合说"。在现在的大多数学术研究中，政策组合是指通过分析某一政策问题涉及各个利益主体的利益诉求，在此基础上，选择多种政策工具并将之有效协调，形成一个系统化的政策合作架构，通过政策合力实现既定目标。

国家和地方政府为了加快城镇化与农业现代化协调发展的速度，出台了大量的政策措施。但是在城镇化与农业现代化协调发展实践的过程中，不难发现，这些政策在运用时，并没能取得令人满意的效果。究其原因，主要是因为单一政策的局限性而导致的。对于全国和各地区来说，这种状况也是存在的，因此，城镇化与农业现代化协调发展需要政策组合。具体分析可知，城镇化与农业现代化协调发展进程中，政策实施和运用可能会存在着以下三个主要问题。

第一类问题在于城镇化与农业现代化协调发展的政策领域和政策实施过程的碎片化较为严重。一个健康的城镇化或农业现代化进程需要统筹经济系统内部每个部门、每个环节的协调和平衡发展，而现在实践中经常出现政策的"碎片化"管理，即不同的政策之间没有相关性和承继性，导致某些需要长期计划的领域没有得到很好的规划和实施。也就是说，各项"碎片化"的政策使得城镇化和农业现代化协调发展过程中的各环节无法形成一个有机的整体，各项政策的实践效果也不能令人满意。

第二类问题在于不同团体的利益冲突导致单一政策满足转变需求的能力不强。由于政府的政策涉及社会中不同的利益团体，比如企业、公益团体、普通群众还有政府自身等。由于利益团体的不同会带来利益诉求的异化，这就必然导致对政策方案的不同选择。而且，各利益方在对自身利益进行博弈的过程中，会产生许多不必要的损耗和成本，也就造成了社会福利的损失，阻碍城镇化与农业现代化协调发展的进程。

第三类问题在于城镇化和农业现代化协调发展各区域间政策的协调性不强。在大部分情况下，经济问题并不能借由单一地区的某项政策行为得到妥善解决，如城市治理、农村污染治理等，更多的是需要各城市、各省区之间的协调配合才可以完成。但是在现实中，由于行政管理体制条块化严重，省、市之间的配合难以完成，势必对城镇化和农业现代化协调发展政策效果造成负面影响。

综上可以看出，面对这一复杂的政策图景，仅仅凭借某一项单独的政策行为是不能够有效推进城镇化与农业现代化协调发展的。所以，设计一套能切实满足城镇化与农业现代化协调发展的政策组合是十分必要的。

通过前文的研究发现，城镇化和农业现代化协调发展与城市、农村、产业等主体相关，主体不同追求的目标也不同，适用的政策也不同。中国现阶段的公共政策主要是行政规制手段，很少运用市场化与社会化的手段，需组合多项政策及多元政策工具，形成政策合力，从而促进城镇化和农业现代化协调发展。首先，制定城镇化和农业现代化协调发展的相关政策的时候，需考虑各个主体不同的诉求，创建政策主体与客体之间的对话机制，从而实现政策目标。其次，在政策组合中，应主要使用混合型工具，辅助使用强制型工具，发展自愿型工具，使政策组合多元化。各地区及部门之间应协调行动，有效促进城镇化和农业现代化协调发展。

（二）政策组合在城镇化与农业现代化协调发展实施中应当注意的问题

从前面的论述已经知道,单一政策由于其自身缺陷,不能完全满足城镇化与农业现代化协调发展中的需求。只有通过对政策进行合理组合,才能顺利实现城镇化与农业现代化协调发展这一政策目标。但是必须要注意的是,由于政策组合是有机的,不同的政策在组合后会产生新的效应,对城镇化和农业现代化协调发展造成新的影响。这些效应主要可以分为三类,即反馈效应、倍增效应和差异效应。这些效应带来的结果有利有弊,不能一概而论。所以,在实践中,必须对这些效应有着清楚的认识,趋利避害。因此,一般来说,基于政策组合效应,在运用政策组合时需要做到以下三点。

1. 善用正反馈效应

由于政策往往都具有很强的目的性,所以很多时候,某些单项政策是可以取得比较明显的效果的,而且政策的针对性越强,这种效果体现得就越明显。例如:对秸秆进行禁烧有效防止由于过度焚烧带来的剧烈的空气质量恶化;而加大对奶牛养殖业的补贴则会增加奶牛及其副产品的供给。但是,当一些政策作为组合出现时,其最终的作用效果就不一定会是简单的相加关系。由多个政策叠加产生的正反馈效应可以实现政策效果的进一步优化,而负反馈效应则相反,会带来与初衷相违背的结果。事实上,如果对同一目标制定了多个相关政策,反而可能会因为政策混乱而导致"1+1<0"的结果,反而会造成城镇化与农业现代化协调发展的倒退。

为了准确把握并利用正反馈效应,政策制定者需要尽可能细致地考察并分析政策执行的社会基础。在某些情况下,为了更好地了解一项政策组合的可行性,可以在一个较小的范围中进行一段时间的试验,观察政策的运行轨迹,收集过程中出现的问题,发现可能存在的危险,并及时考虑对策,对政策进行及时的修正。这样就可以有效地减少纠纷,降低社会混乱程度,提升经济发展的水平。

2.扩大倍增效应

倍增效应,就是在对诸多个政策进行有机组合之后,该政策组合发挥的效用可以起到"1+1>2"的效果,使得城镇化和农业现代化协调发展工作可以成倍地向前推进。倍增效应的概念来自管理学中的管理协同理论体系,其中借鉴了协同论的思想与方法,强调各要素的有机结合、相互作用、协调配合,进而使系统整体功能发挥更大的作用。倍增效应的关键,在于政策组合实现整体性的协同之后,由于组合内部的各个子政策的相互配合,可以明显减少甚至完全克服在其作为单项政策出现时产生的一系列负面效果,并借此提高每项子政策在整个政策系统中的效率,从而达到放大整体政策组合效用的目的。而这一结果的实现,不能依靠各个子政策的简单叠加和机械堆砌,而是需要让其紧密联系并且相互作用,强调"匹配"与"互补",以实现政策组合的倍增效应。

从以上的内容可以看出,为了充分激发政策组合的倍增效应,在对有关城镇化与农业现代化协调发展的政策进行组合的时候,必须要从整体的角度进行考量,进行合理的规划和综合运用。同时,不断发展新的经济模型,对城镇化与农业现代化协调发展的政策组合在一致的框架内进行系统性评估,及时反映和检测相关信息,以适应不断进步的城镇化和农业现代化协调发展需求。

3.关注差异效应

在政策制定的过程中,一般都默认了一个假定,即在政策作用的区域内,所有的经济要素都是同质的,比如:劳动力的流动性、工厂所生产的产品种类以及道路交通的条件等。但是,这个假定会忽略掉很多信息,导致政策预期与实际结果出现一定程度的偏差。比如淮河流域在对水污染的治理过程中,由于流经地域面积很大,各地区的气候、水文、生活方式和经济发展水平都不一样,同样的一套政策组合,在不同省区中会产生不同的效果,也会影响淮河流域各地区水污染治理的最终效果。这就是政策组合的差异效应。

在城镇化和农业现代化协调发展的过程中,决策者应该对每一套政策组合的差异效应给予足够的关注,在城镇化和农业现代化协调发展的过程中十分必要。这不仅能够使决策者更好地掌握区域内的政策运行情况,也使得决策者可以有的放矢,将政策组合精细化、明确化。避免由于政策的差异效应造成地区间经济发展水平落差的不断扩大,影响城镇化和农业现代化全面协调发展。

第六节 农村人口精准扶贫制度设计

2013 年 11 月,习近平总书记到湖南湘西州十八洞村考察时,首次作出了"实事求是、因地制宜、分类指导、精准扶贫"的重要指示。2015 年 6 月,习近平总书记视察贵州省,强调要科学谋划好"十三五"时期扶贫开发工作,确保贫困人口到 2020 年如期脱贫,并提出扶贫开发"贵在精准,重在精准,成败之举在于精准","精准扶贫"成为社会各界热烈讨论和学习领会的话题。2015 年 11 月,习近平总书记在中央扶贫开发工作会议上向全国发出脱贫攻坚总攻令,脱贫攻坚成为世界关注的焦点。五年来,全国上下在总书记精准扶贫思想引领下,坚持中国制度优势,注重六个精准,坚持分类施策,因人因地施策,因贫困原因施策,因贫困类型施策,通过扶持生产和就业发展一批,通过易地搬迁安置一批,通过生态保护脱贫一批,通过教育扶贫脱贫一批,通过低保政策兜底一批,广泛动员全社会力量参与扶贫,五年累计减贫 6853 万人,消除绝对贫困人口 2/3 以上,年均减少 1300 万以上,贫困发生率相应地由 2012 年年底的 10.20% 下降到 2017 年年底的 3.10%,为世界减贫事业和人类可持续发展作出了巨大贡献。

一、传统扶贫制度缺陷分析

中国是世界上人口最多的发展中国家,农村人口所占的比重也较大,农村人口的贫困问题一直是党和政府最为关心的问题之一。严格意义上说,新中国成立伊始,中国政府持续致力于发展生产、消除贫困的工作,尤其是农村贫困人口的减贫。但真正意义上的扶贫,是在改革开放以后提出并大规模实施的。从 1978 年到 2000 年,中国的扶贫大致经过了农村体制改革扶贫(1978—1985 年)、大规模扶贫开发(1986—1993 年)和"八七"扶贫攻坚等三个阶段,主要采用财政补贴和生活救济等模式。

(一) 传统扶贫基本方式

传统的扶贫模式通过加大财政投入、资源投入等路径,主要采用财政补贴和生活救济等方式,重点关注农村贫困人口生活困难问题,着力改善贫困人口生产生活条件,主要是为了解决农村特困人口的温饱问题。[①] 传统扶贫方式基本特征包括:

1. 政府主导式扶贫

传统扶贫模式主要是政府主导式的,从扶贫的主体、重点、方式、规模、资金筹集和运用,全部由各级政府大包大揽。政府主导式扶贫突出了政府在减贫工作中的主体地位,但也带来资金筹集压力大、资金使用效率低和扶贫"精英俘获"制度缺陷,以及扶贫中的腐败问题。同时,企业、社会组织和社会个人的力量没有被整合利用,社会广泛参与度较低。

2. 生活改善式扶贫

政府希望通过各种类型的财政补贴和生活救济,解决农村贫困人口,特别是特困人口的生活困难问题,但没有关注农村贫困人口解决温饱问题后的发展问题。这样的扶贫往往导致年年扶、年年贫的尴尬局面。

3. 输血式扶贫

传统扶贫方式给予贫困人口的往往是物质资助,而贫困人口彻底摆脱贫困、走向富裕的最终依靠的是生存能力和发展能力,是通过教育、培训,通过产

---

① 王蓉:《我国传统扶贫模式的缺陷与可持续扶贫的战略选择》,《农村经济》2001 年第 2 期。

业扶植,获取一条一劳永逸的解决办法。

(二) 传统扶贫资金投放绩效评估

根据国家扶贫开发工作重点县贫困监测结果,以扶贫重点县为研究对象,选取资金投向绩效、资金贡献绩效两个指标,对中国政府开发式扶贫资金投放效果进行评价,从而作出应有的判断,其中资金投向绩效分析扶贫资金投向不同领域对减贫效果的影响;资金贡献绩效分析财政扶贫资金、信贷扶贫资金和以工代赈资金三类不同的政府开发式扶贫资金对减贫效果的影响。[1]

1. 资金投向绩效

由于国拨资金、省拨资金和市县扶贫投入资金规模和投向等具体数据不可获得,精准扶贫深入实施是从 2012 年开始的,所以本书使用2012—2014 年国家级贫困重点县的样本数据来分析影响贫困地区经济增长的因素。接下来分别使用固定效应和随机效应两种常用的静态模型,并分别对全部样本、西部地区、非西部地区进行模型估计,考察对不同的地域来说,哪一种模型的设定方法更合理,模型是否存在差异。

考察的主要影响因素有:

(1)人均转移支付额

假定中国县级政府精准扶贫的转移支付只使用本级和上级财政拨付资金,不使用负债筹集资金,人均转移支付额等于人均财政支出和人均财政收入的差额,该差额反映出政府的转移支付给予贫困县的补助额度的大小。

(2)人均支农支出

该项目属于贫困县财政支出,目的在于考察财政支持农业对贫困县发展的影响。

---

[1] 姜爱华:《我国政府开发式扶贫资金投放效果的实证分析》,《中央财经大学学报》2008年第 2 期。

（3）人均农用机械总动力

利用农村农用机械总动力除以农村人口得到，反映了农村机械动力情况。

（4）人均农村用电量

根据农村总用电量除以农村人口得到，反映了农村电力基础条件，在一定程度上反映一个国家或地区经济发展水平和人民生活水平。

上述四个影响因素从财政资金、农村基础设施等方面来反映对扶贫的影响，模型估计结果见表5-7。

表5-7　面板数据模型估计结果

	全部样本		西部地区		非西部地区	
	固定效应	随机效应	固定效应	随机效应	固定效应	随机效应
常数项	45.2071 (0.14)	733.418*** (3.67)	239.094 (0.71)	1299.634*** (6.21)	−192.5301 (−0.56)	498.526 (1.50)
人均转移支付	1.2083*** (4.10)	0.5688*** (3.90)	0.7820*** (3.20)	0.3329* (1.77)	1.0821*** (2.78)	1.3211*** (4.23)
人均支农支出	11.5632*** (11.50)	12.3421*** (13.41)	9.0062*** (4.98)	11.4418*** (7.20)	11.2101*** (9.88)	12.0017*** (11.10)
人均农用机械总动力	5615.881*** (8.90)	4525.231*** (13.230)	6450.563*** (5.520)	3822.248*** (7.310)	5108.341*** (6.60)	3801.381*** (8.10)
人均电力	7.0264*** (10.41)	6.9166*** (11.40)	0.9023 (1.10)	1.6121** (2.22)	14.2356*** (14.01)	13.0036*** (14.21)
R^2	0.3329	0.3197	0.1711	0.2001	0.3301	0.3515
F统计量	133.51***		29.57***		128.92***	
固定效应F统计量	11.39***		7.71***		16.28***	
Hausman检验		48.81***		35.12***		49.29***

注：*、**、*** 分别表示在10%、5%和1%的水平显著，（　）均为相应t值。

表5-7结果显示，F统计量都在1%的水平上显著，说明模型可以用于分析。另外，Chi2统计量的Hausman检验也都在1%的水平上显著，表明固定效应模型要优于随机效应模型，因此应使用固定效应模型进行分析。下面分别对各个变量进行考察。

人均转移支付在各个方程中都很显著。表明国家通过转移支付方式对贫困县的补助有助于提高贫困县贫困人口的生活条件。但是这一因素的影响对处于非西部地区贫困县的影响(人均转移支付影响系数是 1.0821)要明显大于处于西部地区贫困县的影响(人均转移支付影响系数是 0.7820)。

人均支农支出在各个方程中都很显著,而且这一因素的影响要比人均转移支付大的多。说明农业仍然是贫困县的主要产业,财政有针对性地增加对农业的支出,这样有利于增加贫困县的人均收入。同样地,和人均转移支付类似,人均支农支出对处于非西部地区贫困县的影响(人均支农支出影响系数是 11.2101)要远远大于对处于西部贫困县的影响(人均支农支出影响系数是 9.0062)。

人均农用机械总动力的影响也是正向的。但和人均转移支付、人均支农支出的方向相反,这一因素的数值很大,可以看出人均农用机械总动力对处于西部地区贫困县的影响(人均农用机械总动力影响系数是 6450.563)要大于对处于非西部地区贫困县的影响(人均农用机械总动力影响系数是 5108.341)。

人均电力的影响在全部样本和非西部地区贫困县都是显著的,是正向影响,但是对于西部地区贫困县来说并不是一个显著的影响因素。

2. 资金贡献绩效

该指标分别用贫困人口绝对数量和贫困发生率两个指标来衡量对减贫效果的影响。这部分采用中国2000—2014年的时间序列数据作为建模的样本。表5-8 分别对贫困人口总数和贫困发生率建立计量经济模型,通过不同资金来源对扶贫产生的效应进行估计。

表5-8 模型估计结果1

因变量	结果 1	结果 2	结果 3	结果 4
	绝对数量	贫困率	绝对数量	贫困率
常数	104.3429** (16.98)	11.2398** (15.21)	110.6823** (19.00)	12.3571** (15.43)
扶贫资金总量	−0.3046** (−8.50)	−0.0452** (−7.30)		

续表

因变量	结果 1	结果 2	结果 3	结果 4
	绝对数量	贫困率	绝对数量	贫困率
中央财政扶贫资金			−0.1832 (−0.79)	−0.0358 (−0.81)
信贷资金			−0.2435 (−1.65)	−0.0324 (0.301)
以工代赈			−0.7961* (−2.81)	−0.1325* (−2.93)
拟合优度	0.8172	0.7734	0.8892	0.8527
调整拟合优度	0.8062	0.7519	0.8513	0.8182
F 统计量	75.82**	55.72**	33.91**	27.56**
DW	0.6129	0.451	1.4283	1.2007
DW 替代 F 统计量	7.591*	9.833**	0.437	0.989

注：* 表示在5%的水平上显著，** 表示在1%的水平上显著，（ ）均为相应 t 值。

表 5-8 的模型估计结果 1 和结果 2 中,把扶贫资金总量作为解释变量,F 统计量和 T 统计量都是显著异于零,两个结果都达到了较好的拟合优度,说明结果具有预期的负向影响,即扶贫资金的增加在一定程度上会带来贫困人口的减少和贫困率的降低。但结果 1 和结果 2 的 DW 值都很低,DW 替代 F 统计量都在5%的水平上显著,说明这两个估计结果都存在序列自相关,因此建立在这样模型结果基础上的分析并不可靠。在结果 3 和结果 4 中,中央财政扶贫资金和信贷资金虽然具有预期性,但 F 统计量和 T 统计量都不显著,因此从统计的角度不能认为中央财政扶贫资金和信贷资金对于减贫有显著影响。而以工代赈资金在两个结果中都显著,并且具有预期的负向影响,表明增加以工代赈资金会减少贫困人口和降低贫困发生率。

减贫的影响因素除了财政资金以外,和经济发展也密切相关,因此在表 5-9模型中添加了反映经济结构变化的非农就业人口比重,以此来考虑经济发展因素对减贫效应的影响,由于考察的是关于农村的扶贫问题,因此这里的非农就业人口比重采用的是农村非农就业人口的比重。估计结果如下:

表 5-9　模型估计结果 2

因变量	结果 5	结果 6	结果 7	结果 8
	贫困人口	贫困率	贫困人口	贫困率
常数	188.6371** (6.01)	24.8371** (5.43)	198.4381** (14.29)	24.4874** (12.73)
扶贫资金总量	-0.7162 (-0.83)	-0.0056 (-0.45)		
以工代赈			-0.4456* (-2.50)	-0.0732* (-2.43)
非农就业人口比重	-403.7831 (-2.80)	-59.873 (-2.61)	-444.7562** (-7.11)	-53.873** (-6.29)
拟合优度	0.8854	0.8463	0.9321	0.8892
调整拟合优度	0.8632	0.8234	0.9198	0.8696
F 统计量	55.67**	42.64**	71.43**	56.89**
DW	0.7098	0.6732	0.9921	0.9234
DW 替代 F 统计量	9.677*	10.043**	3.973	4.21

注:* 表示在 5% 的水平上显著,** 表示在 1% 的水平上显著,(　)内为相应 t 值。

　　鉴于前文分析显示,在单独考察中央财政扶贫资金和信贷资金时,它们对减贫没有特别显著的影响,因此表 5-9 中剔除了中央财政扶贫资金和信贷资金,只考察扶贫资金总量和以工代赈资金对减贫的影响。

　　四个估计结果的拟合优度都在 80% 以上,F 统计量在 1% 的水平上显著。结果 5 和结果 6 的 DW 值偏低,DW 替代 F 统计量分别在 5% 和 1% 的水平上存在自相关性。但是结果 7 和结果 8 都显示在 5% 的显著性水平上不存在自相关性,因此结果 7 和结果 8 的结果相对于结果 5 和结果 6 较为可靠。

　　在表 5-9 的四个估计结果中,农村非农就业人口比重都是显著的负向影响因素,说明增加非农就业的人数有利于农村减贫,农业扶贫的根本出路在于非农业化。通过对比可以发现,财政扶贫资金总量并不显著,而以工代赈资金在 5% 的水平上有显著影响。结果 7 和结果 8 显示,以工代赈资金和非农就业人口比重是两个互相独立的影响因素,但两者都是显著的,前者在5%的水平上显著,后者在1%的水平上显著。这两个结果分别能够解释贫困人口总量和贫困率变化的93.21%和88.92%,这表明该模型能够较好地解释减贫效应,同时忽略的因素(中央财政扶贫资金和信贷资金)并没有对减贫产生太大的影响。

(三) 传统扶贫缺陷分析

传统的扶贫方式,在特定的历史时期发挥了不可替代的作用。但是,随着脱贫攻坚进入攻坚克难时期,其局限性也逐渐显现。过去的扶贫政策主要是以"普惠式"扶贫为主,长期来看必然出现大量的"免费搭便车者"。具体来说,这样不仅会造成社会公共资源的浪费,而且会导致贫困人口缺乏自力更生、主动作为的意识,助长懒惰之气。如果单纯地只是通过各级财政拨款来支撑脱贫攻坚,扶贫资金的缺口会越来越大。分析传统扶贫模式实施目的、方式、过程和结果,本书认为传统扶贫模式有以下六个方面不足:(1)传统扶贫模式中,政府既是投资主体,又是经营决策主要负责者,对扶贫工作干预太多,贫困人口缺乏主动性,中介组织参与扶贫工作的力度还很不够。(2)在传统扶贫模式中,主要通过财政补贴和生活救济等方式进行扶贫,政府进行大包大揽,农民群众的主动性发挥不够,部分地方政府并没有将扶贫资金真正落实到扶贫工作中,使得本已稀缺的资金发生偏差,达不到资金效应最大。(3)传统扶贫模式的发展路线没有把人口控制及资源和环境的保护系统全面考虑,只是为了短期的脱困和经济增长设计方案,忽视了经济的持续和健康发展。(4)扶贫项目依然不能覆盖全部的贫困人口,扶贫出现吃"大锅饭"的现象,一些深度贫困人口没有纳入扶贫系统中,存在识别不精准的风险。(5)政府擅长的是宏观的自上而下的计划与指导,但计划与指导很难具体落实,很难适用于每一个贫困地区或家庭,作为试点的村社、农户的脱贫代价昂贵,使得试点经验难以推广。(6)传统扶贫模式忽略了贫困人口的智力和志气扶植,贫困人口一直处于普遍的被动接受状态,反复将政府发放的财物、资金等一次性消耗掉后又向政府寻求帮助,养成了一种惰性心理,"扶贫、脱贫、再返贫"的现象长期存在,形成了一种扶贫恶性循环。

二、"精准扶贫"模式创新

(一)"精准扶贫"的积极意义

精准扶贫是在习近平总书记"精准扶贫"思想指引下,秉承"五个坚持"(坚持绝对忠诚的政治品格、坚持高度自觉的大局意识、坚持极端负责的工作作风、坚持无怨无悔的奉献精神、坚持廉洁自律的道德操守),贯彻"六个精准"(扶持对象精准、项目安排精准、资金使用精准、措施到户精准、因村派人精准、脱贫成效精准),落实"五个一批"(发展生产脱贫一批、易地搬迁脱贫一批、生态补偿脱贫一批、发展教育脱贫一批、社会保障兜底一批),坚持分类施策,因人因地施策,因贫困原因施策,因贫困类型施策,全社会、全员参与的一种扶贫模式,是针对以往粗放式扶贫的创新发展。精准扶贫的本质是使扶贫资源更好地聚焦贫困目标人群,其核心内容是做到"真扶贫、扶真贫"。减少贫困人口,并最终消除贫困是精准扶贫的最终目的,即通过有效使用扶贫资源使贫困人口持续增加收入和稳定脱贫致富的目标。贯彻落实"精准扶贫"思想,制定实施精准扶贫战略,至少有以下三个方面重要意义。

1. 精准扶贫是全面建成小康社会的现实需求

习近平总书记在提出"精准扶贫"新要求新思想的同时,强调指出"全面建成小康社会,最艰巨最繁重的任务在农村、特别是在贫困地区。没有农村的小康,特别是没有贫困地区的小康,没有贫困人口的脱贫,就没有全面建成小康社会",还提出两个"重中之重",即"三农"工作是重中之重,革命老区、民族地区、边疆地区、贫困地区在"三农"工作中要把扶贫开发作为重中之重。实施精准扶贫与全面建成小康社会二者之间有着必然的联系,但前提条件是必须通过扶贫让人民群众脱贫,才能实现人民群众期盼的"小康梦"。全面小康是全部中国人民的小康,不能出现有人掉队。如果说"全面小康"与"中国梦"相互激荡,凝聚为全社会的"最大公约数",那么扶贫、脱贫则是全面建成小康社会的"最后一公里"。①

2.精准扶贫体现了深刻的民生内涵

习近平总书记强调"对各类困难群众,要格外关注、格外关爱、格外关心,时刻把他们的安危冷暖放在心上,关心他们的疾苦,千方百计帮助他们排忧解难"。党员干部要深入践行"三严三实",与困难群众打成一片,主动"结穷亲",扶真贫、解真困。干部们要把全部精力投入精准扶贫工作中来,想困难群众之所想、忧困难群众之所忧、急困难群众之所急,做到扶贫精准到人、精准到户、因户施策,从而达到"应保尽保、应帮尽帮、破除穷根"的目的和效果,扎实地做好困难群众和弱势群体基本生活保障工作,让他们深切地感受到社会主义大家庭的温暖,感受到党和政府的关怀。

3.精准扶贫体现了社会主义本质要求

邓小平同志在南方谈话中指出:"社会主义的本质是解放生产力,发展生产力,消灭剥削,消除两极分化,最终达到共同富裕。"习近平总书记指出:"消除贫困、改善民生、逐步实现共同富裕,是社会主义的本质要求,是中国共产党的重要使命",可见消除贫困实现共同富裕的重要性。当今社会,因病、因残、因缺技术、因缺劳力和资金以及其他原因致贫返贫等现象在农村屡见不鲜,因此精准扶贫必须牢固树立"看真贫、扶真贫、真扶贫"的理念。由国家制定统一的扶贫对象识别办法,并且精准施策,保证贫困人口平等享受基本养老、基本医疗、住房和教育等服务,早日摆脱贫困,实现共同富裕。"共同富裕"根本原则是精准扶贫思想产生的理论基础,精准扶贫思想就是要帮助每一个被帮扶对象摸索出适合的脱贫路线,努力实现转移就业一人,脱贫致富一方,由此

① 唐任伍:《习近平精准扶贫思想阐释》,《人民论坛》2015 年第 30 期。

可见精准扶贫思想是中国共产党"共同富裕"理论的发展和延伸。

当前中国扶贫脱贫已进入攻坚克难的重要阶段,不能再继续"灌水式""输血式"的传统扶贫模式,要"精准扶贫",扶贫要实事求是,因地制宜,切忌喊口号,也不要定好高骛远的目标。确保如期脱贫、杜绝返贫,需要精细化的扶贫思想,精准扶贫的关键是精准,必须合理地发展扶贫产业项目、安排扶贫资金,大力推进脱贫攻坚各项工作,恢复贫困地区的"造血功能",促使贫困地区整体脱贫、全面脱贫。精准扶贫是符合中国国情的新思想,是中国扶贫进入到新阶段后的新举措,是实现共同富裕、百年梦想的民族复兴之路。

(二)"精准扶贫"的模式探析

习近平总书记对扶贫工作提出的新要求是"实事求是、因地制宜、分类指导、精准扶贫"。抓好精准扶贫、精准脱贫各项工作,坚决打赢脱贫攻坚这场硬仗,要不断创新扶贫新模式,从根本上消除贫困、遏制返贫,使发展成果更多更好地惠及人民群众,实现贫困户的长期脱贫致富。精准扶贫政策是一个系统工程,涉及产业发展、金融支持、生态保护、教育、社会救助等多个领域的公共政策决策过程。同时在精准扶贫政策体系中应当兼顾统一性和灵活性:一是政策体系必须要在一定的时间和空间内保持同等级别的政策强度,保证贫困地区整体向脱贫目标和小康社会指标靠近,确保农村贫困人口到2020年如期脱贫;二是每一贫困户致贫原因、特点、贫困程度、脱贫的禀赋、机遇、资源以及返贫的可能性等都不尽相同,使得各地不能完全依照相同的扶贫办法去帮扶,要求各级各部门高度重视扶贫工作,进一步加大力度,立足本单位职能,围绕贫困户的需求,因地制宜、因人施策,灵活地开展个性化扶贫工作。目前,精准扶贫的模式主要有以下几种形式。

一是结对帮扶到村到户,深化协同扶贫责任共担。推进专项扶贫、行业扶贫、社会扶贫有机结合,形成"三位一体"互为支撑的大扶贫格局。建立完善帮扶部门和干部考核办法,落实帮扶责任,明确工作时限,实现结对帮扶工作常态化、制度化,将各驻村帮扶的效益和帮扶干部、帮扶单位绩效评估有效结合起来。把各项助推脱贫攻坚工作统筹起来,从各级机关企事业单位选派一批优秀干部人才进行结对帮扶,发挥好驻村干部表率作用,让贫困户相信党扶贫开发的决心。贫困地区也应该积极鼓励各类企业、社会组织和个人以多种形式与贫困户建立利益联结机制,完善结对帮扶和定点帮扶长效机制,推动规范化和常态化的精准扶贫到村到户工作。

二是产业扶持到村到户,提升贫困地区内生发展动力。要牢固树立"没有产业支撑的扶贫不是真正的扶贫"理念,紧紧抓住各贫困县、贫困村、贫困户自身优势,积极构建产加销一条龙的特色产业经营体系。各地方积极推进产业扶持到村到户,立足每个贫困村和每户贫困户的实际情况,以市场需求、可持续发展和生态环境承载力为导向,积极探索创新多样化的产业扶贫新模式。产业开发是扶贫开发工作最终取得实效的重要举措。注重培育和发展家庭农场、专业大户、农村合作社、产业化龙头企业等新型农业经营主体,积极探索产业链扶贫新模式,使得扶贫开发和产业化经营项目有效对接。探索建立扶贫助困资金使用监管机制、扶贫到户项目效益和监督评价、跟踪产业扶贫到户等扶贫管理机制,同时构建县乡村落实主体责任"三级联动"、生产经营主体与贫困村、贫困户利益联结、社会扶贫参与等扶贫协调机制,合力增强扶贫产业市场竞争力,实现扶贫效益最大化。

三是金融扶贫创新到村到户,为贫困群体脱贫发展提供强有力的资金保证。随着扶贫工作的不断深入,金融业在扶贫工作中的作用越来越突出,针对不同类型的客户群体,实施不同的金融扶贫政策,例如深入推进扶贫贴息贷款模式,使贫困地区人民生活条件显著改善;积极推出农地抵押贷款担保新模式,解决贫困地区抵押担保难题;逐步完善助学贷款、妇女小额担保贷款等模式,显著提高民生领域、弱势群体的资金支持力度;有序推动贫困村的村级互动资金模式,缓解贫困农户产业发展资金短缺难题等。重点探索地方政府和金融机构在担保、信贷和保险等综合金融扶贫方面的合作模式,从而降低信贷的成本和风险。

四是公共服务均等化到村到户,预防脱贫人口再次返贫。对于农村人口彻底脱贫致富最重要的是预防贫困人口返贫,其关键是提高被帮扶对象抵抗风险能力,推动其实现内生转型,让其在短期脱贫后能自主实现可持续发展。为此,公共服务均等化建设是最好的办法,应该构建内生增长和预防返贫机制。公共服务均等化建设包括教育服务均等化、社会保障体系和建设医疗卫生服务均等化:(1)教育服务均等化。教育服务均等化应从以下两方面入手:一是大力提升基础教育层次水平。要不断推动义务教育阶段学校标准化建设,加大对贫困地区义务教育投入力度;深化实施"9+3"计划,提升保学控辍工作效率,增加对贫困户子女九年义务教育的补助强度,落实农村中经济困难家庭生活和教育费用资助政策。二是提升劳动者就业创业能力。各贫困地区通过教育培训与当地公共服务、特色优势产业有效对接,大力提高劳动者就业创业水平,拓宽创业道路,提升创业能力,努力使贫困劳动力在创业形式上表现出多形式、多渠道、稳定性与创新性兼顾的特点。(2)社会保障体系均等化。农村社会保障体系建设以最低生活保障和五保供养为主,在精确识别的基础上,大幅提高最低生活救助和五保供养标准,并完善有关的农村医疗保险、养老保险等制度。(3)医疗卫生服务均等化。致力于通过疾病救治帮助因病致贫家庭摆脱贫困处境,增加对农村医疗卫生服务建设的财力支持,配置必要的医疗设备,注意提高乡村医务人员的待遇和生活水平,从而吸纳优秀医务人员到贫困乡村交流、挂职。总之,通过一系列的公共服务均等化建设,可促进贫困人口内生转型,使精准扶贫走向良性循环。

五是生态扶贫到村到户,改善贫困地区居住环境。积极落实有关地区生态补偿政策和生态保护工程资金,出台具体的措施帮助贫困人口摆脱贫困;推进小水电代燃料工程建设,建立"以电代薪"生态补偿机制,争取国家或自治区每年合理安排生态补偿资金,用于当地群众用电补贴,建立生态补偿机制是贯彻落实科学发展观的重要举措;加快形成环境保护制度体系,深化工业节能和全面推进建筑、交通、农村、公共机构等重点领域节能相结合,加快淘汰落后生产能力和落后高耗能设备,生产新型无污染产品;深化集体林权制度改革,注重生态效益,持续推进造林绿化工程、推进"石漠化治理工程"和"矿山复绿工程",抓好农村饮用水水源地环境保护和饮用水水质卫生安全,也要注意沿岸生态建设和江河源头保护。

除了上述五个模式以外,精准扶贫的模式还包括扶智扶志、"互联网+扶贫"等新理念新模式。首先是精准扶贫重在扶智扶志,突出精神脱贫。不论贫困户致贫直接原因是什么,精神贫困始终是主观上的首要根源。要实现有效脱贫,且脱贫后不返贫,必须扶贫先扶志,注意挖掘贫困人口潜能和自身潜力,激活内生动力,在脱贫致富过程中不断提高自我发展能力,激发贫困户敢想敢干的毅力和决心,在精神上与贫困绝缘。其次是推进"互联网+扶贫"。当前,互联网的快速发展为脱贫攻坚工作提供了新方向、新思路、新载体,"互联网+精准扶贫"已成为贫困地区发挥后发优势赶超非贫困地区和发达地区的重要抓手。习近平总书记指出:"可以发挥互联网在助推脱贫攻坚中的作用,推进精准扶贫、精准脱贫,让更多贫困群众用上互联网,让农产品通过互联网走出乡村,让山沟里的孩子也能接受优质教育。"网络扶贫已成为决胜全面小康的新杠杆,要发扬"绣花精神",把网络扶贫做在细处、做在实处,让广大农民群众通过网络扶贫得到实惠、得到脱贫,在2020年实现全国的全面脱贫。推进"互联网+精准扶贫",需要扶贫对象自发参与到扶贫工作体系,更需要政府有所作为,加大指导引导和扶持支持,以充分发挥互联网在贫困地区配置资源的功能,从而去推动各类资源向贫困群众聚集,最终实现脱贫致富。"互联网+精准扶贫"新模式可以从以下两个方面推进:(1)辐射带动贫困户。政府推动网络扶贫行动向纵深发展,进一步发挥互联网、大数据等在脱贫攻坚中的作用,重点发展农村电商、网络扶智、互联网+医疗等,弥合贫困地区"数字鸿沟",引导贫困群众搭乘互联网快车实现增收,为打赢脱贫攻坚战作出新的重要贡献。(2)推进贫困群体"互联网+创业"。对于适合互联网创业的困难群众,政府要顺势而为,看准着力点,激活贫困群众"网创"欲求、搭建贫困群众"网创"平台和谋划引导贫困群众"网创"等,促使其走"互联网+创业"的道路,实现持续增收和稳定脱贫。

(三)"精准扶贫"的精准实施

加大力度推进扶贫开发工作,要贯彻落实习近平总书记"精准扶贫"思想,做到"四个切实"和"六个精准"。"四个切实"即切实落实领导责任、切实做到精准扶贫、切实强化社会合力、切实加强基层组织;"六个精准"分别是"扶贫对象精准、项目安排精准、资金使用精准、措施到户精准、因村派人精准、脱贫成效精准"。精准扶贫的具体实施包括贫困户的精准识别、精准帮扶、动态管理和精准考核四个环节。扶贫对象的精准识别是精准扶贫的基础。只有目标对象瞄准正确,扶贫的路径选择才会合理;扶贫对象的精准帮扶是精准扶贫的手段。精准帮扶要求依照贫困户致贫原因,采取针对性办法扶持贫困群体;精准扶贫的动态管理是保障,要求各部门对扶贫工作有效跟踪、管理,对扶贫结果进行实时查询,并且及时根据扶贫情况进行调整;精准考核要求是保证脱贫成效的必要手段,主要内容是及时对政策实施后的扶贫效果进行评估。[①] 在精准扶贫的四个重点环节基础上,要将精准化的理念贯穿在扶贫工作具体实施的全过程,最终形成目标识别、贫困治理、动态管理、成效考核、成功脱贫、后续跟踪等系统精准扶贫工作体系。

1.对象精准

精准扶贫的基础是对象精准,就是要建立瞄准机制,做到家底明白清楚:(1)对象锁定。要确保精准扶贫到户到人,逐级细化扶贫对象,按照国家颁布的统一标准精准地把扶贫对象锁定到每一户贫困家庭、每一个贫困人口。(2)建档立卡。在当今"大数据时代",贫困分析已经由单纯的样本数据的分

---

① 邓维杰:《精准扶贫的难点、对策与路径选择》,《农村经济》2014 年第 6 期。

析转变成全覆盖式的大数据分析,从过去缺少数据支撑的粗放式扶贫模式转变为以大数据为支撑的智慧式扶贫模式已不可逆转。运用"大数据"思维,按照现行标准下贫困人口识别和建档立卡工作的具体要求,做到"户有卡、村有簿、乡有册、县有档",进行登记造册、建档立卡,并录入电脑,建立起贫困人口信息网络系统。但是由于生活指标多样性、统计技术、人口流动性和信息不完全,以及工作量大等问题,基层政府不可能准确获得农户包括收入在内的完全生活数据。那么采用年人均纯收入作为贫困户唯一识别标准是不正确、不科学的,也是不可行的。因此可放弃单一的收入标准而采用多指标标准来识别建档立卡贫困户,避免制度执行与设计之间出现脱节的现象。全国范围内已普遍采用"两不愁,三保障"标准,年人均纯收入作为重要的参考标准。(3)坚持基层识别和动态管理原则。一是基层识别原则。充分发挥基层群众主观能动性和创造性,把贫困户识别的权利交给基层群众,让老百姓按照自己的"标准"识别周围的人究竟是否属于扶贫对象。二是动态管理原则。每年根据扶贫的实际情况,严格按要求使用扶贫资金,确保每笔扶贫资金都落到实处。贫困识别、精准扶贫和精准脱贫的实际情况,必须做到年清年结。

2. 方式精准

方式精准就是精准扶贫的手段要求精准,即对症下药。根据致贫原因,采用因户施策的办法,逐村逐户制定精准帮扶措施,做到一村一策,一户一法,确保每个贫困户中至少有一个从业人员,切实增强扶贫攻坚的"造血",分类推进,因地制宜。精准扶贫的主要方式有:(1)有效实施"五个一批"的扶贫攻坚行动计划。通过扶持生产和就业发展一批,通过易地搬迁安置一批,通过生态保护脱贫一批,通过教育扶贫脱贫一批,通过低保政策兜底一批,确保2020年年底实现现行标准下所有贫困人口如期高质量脱贫,不返贫。通过扶持生产和就业发展一批,就是指加强业务技能学习和职业培训,因地制宜制定特色扶持政策,帮助一批达到脱贫条件的群体迅速脱贫;通过易地搬迁安置一批,就是针对部分贫困群体因居住在自然条件差、生态环境脆弱的地方,将其搬迁安置到条件较好的地区,并通过改善迁入地生产生活条件、调整经济结构和拓展增收渠道等措施帮助搬迁人口脱贫;通过生态保护脱贫一批,就是在生存条件差但生态系统重要、需要保护修复的地区,可以结合生态环境保护和治理,探索一条生态脱贫的新路子;通过教育扶贫脱贫一批,就是强调教育是阻断贫困代际传递的治本之策地位,做好贫困家庭子女基础义务教育、劳动力的职业技能培训工作,尤其突出留守儿童的教育和看护工作;通过低保政策兜底一批,就是针对完全或部分丧失劳动能力的贫困人群,比如说低保户等群体,政府通过低保等救助方式保障其基本生活。(2)分类管理扶贫对象、项目和资源。精准扶贫致力于采取精准手段的"扶真贫"和"真扶贫"。"扶真贫"就是解决精准识别问题,而做到"真扶贫"需要通过引导各类扶贫资源最优化配置。为了做到"真扶贫",很多地方积极探索各种类型的分类管理方式,针对不同贫困区域环境、不同贫困农户状况,交由不同的帮扶主体负责监测管理,引导各类扶贫资源优化配置,设计差异化、具体化有效的帮扶措施和手段。比如,生活困难和发展困难户由政府联同企业、金融机构、产业部门等共同负责管理,帮助其发展相关产业或参加就业等;生存困难户由民政部门监测管理,并根据贫困程度直接进行物资或资金救助;而针对因病、因学或因其他条件限制造成的暂时贫困户,由乡镇政府结对帮扶贫困户,有关社会组织对其监测管理并实施具体帮扶措施。通过分类管理,不仅使扶贫项目、资源与对象间的对接更加有序,也调动了各类帮扶主体参与扶贫的主动性和积极性。

3. 管理精准

管理精准是指对扶贫工作队伍和扶贫资金等要素的精准管理。主要包括:(1)健全制度体系是确保精准扶贫管理的关键。精准扶贫要把帮扶领导、帮扶部门与扶贫对象"捆绑"起来,严格落实责任制,做到不脱贫不撤队伍、帮扶不脱钩,并确保阳光公正透明,实行扶贫领域政务公开。同时采取公示公开制度,将筛选确立扶贫对象的全过程透明化。充分发挥民主监督的职能和作用,实行扶贫项目监督制度,强化各级政府的监管责任,也要有群众监督制度,开放群众监督通道,让扶贫对象成为扶贫项目监督的中流力量;实行扶贫资金公示制度,确保扶贫资金在阳光下运行,确保每一笔资金落到实处。（2）创新扶贫资金管理体制。扶贫资金的管理应进一步下放到县级政府,发挥地方政府在资金使用上的自主权,具体的扶贫项目和扶贫方式由县、乡政府根据实际情况自行决定。上级政府负责统筹、监督、检查、考核和评估,重点应该放在资金是否滥用和扶贫的实际效果等方面。根据统计,目前专项扶贫资金80%左右的管理权已下放到县一级,但其他行业或者部门对于拨付扶贫资金管理方式的变化不大,需要进一步下放资金管理权,这样才能做到扶贫资金的有效性,提高精准扶贫的效果。此外,要推进中国现行财政管理体制改革,逐渐加大对贫困县的一般性财政转移支付,使基层政府事权和财权统一,提高扶贫资金的使用效率,提高精准扶贫效果。

4. 效果精准

精准扶贫的效果精准是目标和任务,关系到精准扶贫工作大局,需要完善精准扶贫考核机制,实时跟踪、定期检查、科学评价扶贫工作的效果。（1）科学设计评估标准。目前国家统计局对于全国农村贫困人口的估计主要依据的是收入和消费指标作为贫困线标准,但如果今后继续用该方法,就会出现识别和扶持标准与考核标准不一致的问题。在这里建议这种方法只针对建档立卡贫困户,主要评估建档立卡贫困户在收入、消费、教育和健康等多个方面的改善状况和脱贫状况。科学设计评估标准,需要采取措施改进农村住户抽样调查(特别是建档立卡信息一定要反映在调查中)。在此基础上,国务院扶贫办可利用建档立卡系统对扶持情况进行实时跟踪和评价,国家统计局每年也可以根据当年实际情况对建档立卡户的变化情况进行可靠的评估。（2）动态管理。根据扶贫地区、扶贫对象的发展实际,至少每年考核一次,全面把握管理扶贫对象的基本资料以及动态情况。考核评估的对象主要有脱贫的贫困户规模和结构、未脱贫贫困户规模和结构以及原因、返贫贫困户规模和结构以及原因、错评漏评错退、帮扶干部履职尽责情况、制定的帮扶措施效果、帮扶资金利用效果、帮扶过程中违纪违规行为等。考核评估的方法一般采用第三方评估方法,政府部门、人大、政协、民主党派和人士、社会人士,以及新闻媒体等可以发挥民主监督作用,其中第三方评估方法是目前使用较多的方法。

第七节 农村"三留"人员关怀制度设计

随着中国工业化和城镇化的加快发展,大量农村转移人口,主要是农村青壮劳动力进城务工,大量留守儿童、留守妇女、留守老人(本书简称"三留"人员)滞留在农村,逐渐成为社会关注的热点和基层社会治理工作的重点和难点之一,也最终影响了农村转移人口市民化进程。政府部门和社会各界在高度关注"三留"人员学习、生产和生活的同时,应加强"三留"人员现实问题的研究解决。[①]

一、实施精准管理制度

"三留"人员居住分散,自身情况复杂难以准确掌握,所以给政府部门管理带来极大工作难度,需要实施包括建立信息数据库、精准化管理等在内的精准管理制度。

(一) 建立信息数据库

农村"三留"人员的信息包括"三留"人员规模、结构、空间分布、教育状况、生产生活状况、身体状况、生存环境,以及组织管理、帮扶措施等。建立信息数据库,要做到:(1)开展优质服务。关爱农村"三留"人员服务工作,放眼

---

① 王维国、李敬德:《农村"三留守"人员服务管理体制机制的完善与创新》,《新视野》2012年第6期。

长远又要兼顾当前,以重点突破带动全局工作,把关爱农村留守儿童、留守老人和留守妇女等弱势群体作为重要的"民生工程"来抓。(2)做好基础工作。认真组织开展农村"三留"人员摸底工作,在真正摸清底数的基础上,对农村留守儿童、留守老人、留守妇女逐人建档立卡,分类统计,建立农村"三留人员"村情档案和户情档案,建立起镇计生包村人员负责、村计生主任为辅助的信息管理数据库,及时了解掌握所在村"三留"人群的状况,及时提供帮助,加强关爱。(3)数据库建设管理。建立网络数据库,便于动态监测管理,排查"三留"人员突出问题,数据库每年更新一次,提升服务管理效能。

(二) 实施精准化管理

农村"三留"人员随同农村转移人口市民化短期内无法解决,对滞留农村"三留"人员关爱和精准化管理非常重要。最重要的是完善关爱"三留"人员服务体制机制,即要从政府制度和社会层面等探索解决"三留"问题的有效途径,同时有必要针对留守老人、留守妇女、留守儿童不同的问题特征,开发精细化管理,建立理想的"三留"人员管理模式。

实施精准化管理,政府应处于主导地位。一是发展农村经济。发展农村经济,做好"源头治理",即尽量从源头上减少"三留"人员的产生。"源头治理"关键在于发展农村经济,增强农村经济实力,使农民可以在农村获得稳定的就业和收入,不需要离开家庭去外地城市就业和经商。发展农村经济,还可以带动农村城镇化,推进农村转移人口就地、就近就业,就地、就近城镇化,促进城乡一体化发展。二是探索形成党委主导、政府负责、部门协同、社会各界共同参与农村"三留"人员关爱服务体制和工作格局,充分利用市场已有资源,广泛调动社会力量,推动形成全社会共同参与关爱农村"三留"人员的良好氛围。三是组建关爱"三留"人员服务队伍。开展关爱活动时,团委、民政、妇联、教育等部门要密切配合,形成一股合力来解决"三留"问题。四是基层政府部门成立"三留"人员关爱服务小组,由各级党委领导,将解决"三留"问题列入重要议事之一,并且作为领导小组年终任务考核的重要标准之一。五是完善农村公共服务体系,使得"三留"人员在教育、医疗、养老等方面有保障有依靠。六是构建农村留守人员社会保护和支持网络,制订保护计划,以政府购买服务项目和服务岗位的方式,切实可行地缓解农村"三留"人员生产生活困难。地方经济薄弱的地区,通过鼓励村民之间建立互助组织,开展多种形式的互助服务,解决留守人员的生产生活困难。另外,解决"三留"人员问题、促进农村转移人口市民化的重中之重,就是进一步完善户籍制度的改革,全面放宽建制镇和小城市的落户条件,有序减少中等城市的落户限制,让有意愿和能力的农村转移人口能够在城镇安家落户。

实施精准化管理,应积极发挥社会力量参与作用。一是促进社会各界热心人士组建志愿爱心队伍,关注关爱农村"三留"人员,广泛调动社会组织主动性和积极性,促使更多的社会人士加入对"三留"人员的关爱队伍中。积极建立以"三留"人员最直接最切身的权益维护为主的各类社会服务组织,给予留守人员精神安慰、提供医疗康复保障、法律援助和法律救援等专业服务,解决"三留"人员生活问题。二是号召具备心理研究知识的人员加入志愿者队伍,定期开展心理咨询,解决留守妇女和留守老人的情感困惑和长期独自生活的心理孤独。对受到过人身侵害的留守妇女和儿童,要提供心理疏导和法律援助,帮助其早日恢复正常的生活。三是协调司法部门定期开展法律宣传和教育,对"三留"人员及代管人员进行法律方面知识的培训,增强农村人员的法律意识,学会用法律的手段自我保护,从而维护自身的合法权益。四是建立民警和乡镇干部驻村机制,定期深入留守家庭,对农村"三留"人员存在的突发事件和潜在的苗头性问题进行及时干预,梳理问题,化解矛盾。

针对特殊群体留守儿童,需要采取专门的措施进行管理。一是完善"代理家长"。"一对一"的为留守儿童确定一位"代理家长",由包村干部和热心乡邻担当,开展结对帮扶活动。代理家长必须做到"三知道",即知道代管儿童家庭情况、知道代管儿童父母外出去向及联系方式、知道代管儿童的学习状况。积极观察代管儿童身体和心理健康,定期面对面进行思想交流与沟通,定期与其父母电话沟通,有条件的地方可以根据需要随时让代管儿童与其父母视频通话,加深留守儿童与外出父母的情感交流。代理家长应担负起相应的责任,及时有效地解决留守儿童在生活和学习上遇到的困难。二是建立学校寄宿制。留守儿童所在农村学校、托儿所等应加快建设寄宿制,方便集中管理留守儿童,预防因监管不当而导致个别儿童出现问题。三是完备教育档案。学校应建立包含留守儿童基本情况的教育档案,档案信息必须反映留守儿童父母外出去向及联系方式和监护人等,档案中应记载儿童平时生活学习过程的有关状况,有针对性地开展留守儿童教育工作。四是完善"代管家长"。对于已经提供住宿的学校,学校在给留守儿童营造更好的学习生活环境的同时,建立教师与留守儿童结对,即"一对多"的"代管家长"制,留守儿童在校期间由代管教师全程负责其学习和生活。一个留守儿童班选取一名能力较强的教师作为监管责任人,视具体情况班级中每名代管教师分管几名留守学生,做好管理和监护工作。教师代管家长在留守儿童学习上是良师,生活上是慈父慈母,很大程度地填补了从小远离父母的孩子缺失的家庭职责。"代管家长"制是做好农村留守儿童管理教育工作的一项重要举措,解决了外出农业转移人口的后顾之忧。为了保障代管家长制度的可持续发展,学校可以建立激励机制,对代管教师进行有偿代管。激励资金地方教育部门、收益家长、学校和教师分担。在制度实行过程中,再辅以定期的监督和检查、奖励和惩处并行,使得留守儿童成为代管家长制度实行的真正受益者。五是关注心理健康。学校要重视留守儿童心理健康问题,选取农村教师进行心理知识培训,提高教师对留守儿童的谈话质量。条件允许的学校可以招收专业的心理辅导员,采取面对面或者通过电话、网络开展心理咨询活动,对留守儿童心理及时进行疏导和矫正。

由于人口老龄化趋势加重,农村留守老人也越来越多。快速城镇化和工业化为外出务工劳务者提供了大量的就业机会,农村大量劳动力的外出,造成了农村的空巢化加剧。子女离开以后,独自生活的农村留守老人往往生活自我照料不够,生活负担重。此外,留守老人大都分散居住、独自看家护业,缺乏信息和情感交流,精神生活空虚,生活质量较低。应发展农村经济、增加农民收入,建立多样化的农村养老服务格局,倡导良好社会风尚,强化家庭养老功能。一是发展农村经济、增加农民收入。政府应根据各地的资源禀赋和产业基础,发展具有竞争优势的特色产业,积极引导和帮助解决农民就业问题,让原本外出打工的农业转移人口在家门口就业,有利于照顾留守老人和儿童。二是建立多样化的农村养老服务格局。目前,大部分留守老人除了"低保户"和"五保户"外,其他都需要靠子女补贴生活,然而外出务工子女存在谋生压力且生活及收入不稳定,因此急需建立农村老人社会保障制度,包括养老保障、医疗保障,并完善农村合作医疗和提高大病保险救助率。顺应时代发展要求,大力整合社会有效资源,加快建立养老服务机构,如老年幸福院、老年餐桌、日间照料服务中心等,让越来越多的农村留守老人能够享受到充分的保障性服务,如就餐、休息、日常娱乐及医疗等,弥补老人子女不在身边的情感空缺,使得留守老人"离家不离村"。三是倡导良好社会风尚,强化家庭养老功能。针对留守老人的家庭外出务工人员,政府部门应积极进行交流与教育,督促这类人员时常与老人联系,时时给予老人物质和精神上的关怀与照顾,真正负起赡养老人的责任,缓解留守老人心灵上的孤独和煎熬,让老人能够"老有所养",安度晚年。

留守妇女是农村的特殊群体,生产生活的困难最多,工作难度最大,政府和社会组织应提供专门的社会支持和服务。一是建立"妇女之家"。依托地方妇联社会管理职能,建立起关爱留守妇女的重要载体,即"妇女之家"。"妇女之家"需要建立留守妇女花名册、参加活动记录档案等"台账",妇联借此掌握留守妇女的具体情况,从而采取更有效的措施服务留守妇女。二是建立爱心队伍。妇联在"妇女之家"的基础上,进一步组织以关心农村留守妇女的社会各界热心人士为主的爱心志愿者队伍,以及以乡镇政府人员、村级干部等为辅的兼职爱心队伍。三是建立妇女互助组织。进一步加强留守妇女之间的联系,引导留守妇女自发建立互助小组,使其在生活和生产过程中可以互相帮助、互相扶持,情感生活中相互安慰、人身安全上互相关照等,由此形成了一种紧密的互助机制,在一定程度上可以解决留守妇女的生产生活问题。四是发展生产。妇联基层组织应从留守妇女最关心最直接的利益出发,在留守妇女生产生活中提供切实可行的帮助,帮助留守妇女发展生产,拓展农村妇女就业渠道,稳定提高留守妇女收入水平。

二、建立安全保障制度

由于自身防范意识和防范能力弱,农村"三留"人员的安全问题比较突出,财产和人身受到损害的事件时有发生,需要加强"三留"人员的人身和财产安全保障。

(一) 加强人身安全保障

各级执法机构应始终坚守农村"三留"人员全面保护原则,切实做好涉及农村"三留"人员人身安全的各种刑事、民事案件的审理和执行工作,全面维护其合法权益。特别加大刑事案件打击力度,对"三留"人员故意伤害、抢劫、拐卖、绑架、杀人等暴力犯罪,以及对留守女童、留守妇女的性侵等刑事犯罪,要依法快审重判。对年幼、年长、患病或者其他没有独立生活能力的"三留"人员实施的家庭暴力、遗弃、虐待等行为,加强法制宣传教育并依法处理,为"三留"人员撑起法律保护伞。

留守儿童容易发生意外事故,家庭劳作、人身侵犯等同样会对其人身安全产生威胁。而这些伤害均导致留守儿童,在生理和心理上都承受了很大的痛苦,无法像同龄孩子一样幸福快乐的生活,在很大程度上影响了留守儿童的学习和生活。有效解决农村留守儿童人身安全问题基本思路如下:一是增加相关保护条款。目前,有关儿童权益保障方面的法律主要有《中华人民共和国未成年人保护法》《中华人民共和国义务教育法》等,还没有关于留守儿童权益的专门性规定。所以,应通过顶层制度设计,在相应法律法规中增加留守儿童权益保护条款。二是推进留守儿童进城。政府调整政策并构建相应制度,使得农村转移人口有能力有条件亲自抚养孩子,缩小孩子与城市的距离感,从根本上减少农村留守儿童。三是增强留守儿童自我保护意识。学校应加强对留守儿童的普法教育,增加儿童的自我保护意识,减少侵犯等外来伤害。四是建立留守儿童安全保护预警与救助机制,对留守儿童人身安全给予及时的防护,对于已经受到人身伤害的留守儿童给予及时的救助,最大限度地保护留守儿童的人身安全。五是加大公共服务力度。扩大农村财政支付和基本公共服务支持,使得农村留守儿童能够获得教育和人身安全保障,从而在一定程度上减少因生活条件限制等带来的人身安全威胁。

关于留守老人的安全保障方面的法律,最有针对性的是《中华人民共和国老年人权益保障法》。随着中国法律体系的不断完善,极大地减少了留守老人人身受到伤害的可能性,起到很好的保障作用。据实地调研情况来看,威胁老年人安全的因素主要是来自老年人自身。留守老年人大都生活简朴艰难,居住环境较差,承担着家庭繁重的体力劳动,有时还要承担起抚养教育孙辈的重任,还可能遭遇他人的排挤和无礼对待,以上因素都有可能造成留守老人心理的畸变。所以,在各类法律保障留守老人人身安全的同时,应该建立并完善农村养老制度,兴办农村养老事业,完善农村医疗保险制度,强化各方面的尊老、爱老、养老、敬老的宣传教育,丰富留守老人的日常生活,全方位地保障留守老人的人身安全。

留守妇女因丈夫外出打工而不得不承担家庭的农业生产,此外还要照料老人和抚养子女,日常生活负担较重,再加上夫妻交流甚少,日常文化娱乐相对匮乏单调,以上种种均难免使留守妇女在生理和心理上处于压抑状态,久而久之身心健康也会受到影响。所以,在解决留守妇女人身安全问题上,一方面在《中华人民共和国妇女权益保障法》基础上通过补充授权性条款,各省市应明确地方政府和基层政府在农村"三留"人员问题上的责任和义务,并根据当地实际情况对农村"三留"人员特殊权益作出专门性规定。另一方面建立人身安全风险防范体系。首先,基层政府要加大对农村妇女的人身财产安全知识宣传力度,增强其防范意识,提高其防范能力,降低犯罪的可能性。同时为留守妇女设置电话专线,提供其求助与投诉的便捷途径。其次,要进一步加强基层组织安全建设,维护治安秩序。建立乡村两级安全网络,落实人力、物力、财力的联防制度,增强各执法、司法部门之间的联系,提高效率。同时可以五户或者十户为单位,建立村民互助小组,共同防范犯罪案件。最后,向留守妇女深入开展法制宣传教育,对侵犯其权益的犯罪活动予以重击,相关犯罪案件要从重处理。

(二) 加强财产安全防护

留守儿童是"三留"人员中自我保护能力最弱的群体,其财产安全通常会受到同龄人或乡村地痞流氓的威胁,如留守儿童的零花钱被侵占。留守儿童的日常零花钱本来就相对较少,但是年长儿童抢劫事件经常发生,受害儿童往往惧怕报复,大都选择不告诉家长和老师,长久下去会对身心健康发展产生不利影响。由于发生财产安全损失的双方大都同属未成年人,主要还是以教育为主,从家庭教育和学校教育两方面入手,既保护受害儿童,又能惩戒加害者。家庭教育方面应当加强对子女的教育,要养成良好的品行,鼓励子女受到伤害时站出来;学校教育方面也应当加强品德教育,制定适当的惩罚措施。与此同时,对于执意不改者,执法部门要酌情加大惩罚力度,杜绝此类事件的发生。

留守妇女和留守老人同属于自我防范能力较弱的群体。留守人员家里往往会保留部分现金和其他有价值的财物。白天,留守人员大部分还要从事农业活动,家里经常没人,再加上缺乏相应的防盗设施,防范意识薄弱,为犯罪分子实施财物盗窃提供了便利条件。一般情况下,针对留守人员家庭财产侵害的事件往往不是犯罪分子临时起意犯罪,而是计划缜密的,大都是团伙作案。即便当场发现犯罪,反抗能力弱小、邻里联络不畅的留守妇女、老人也不能阻止犯罪,甚至还容易遭受人身加害。另外,留守妇女和老人大都属于易受骗群体,很容易受到不法分子的诈骗,从而造成财产方面的损失。尽管现有法律提供全面和有力的保护,但是犯罪分子利用农村留守人员的弱点实施诈骗往往得逞,而且事后即便破案,农村留守人员的损失很难弥补。因此,应在建立健全法律制度的基础上,加强对留守妇女老人的相关教育,强化防范意识。另外,各基层政府应当安排轮岗的安全员,保障村子的安全,条件许可的情况可建立覆盖所有村庄的智能防控系统,实时保障乡村安全。

三、完善人文关怀制度

所谓的人文关怀,就是关注农村"三留"人员心理和情感等问题,促进农村"三留"人员身心健康,保证农村转移人口安心工作,保障居住地社会稳定。

(一) 积极开展关爱服务活动

积极开展农村"三留"人员关爱服务活动,保护农村"三留"人员身心健康。一是集体活动常态化。要让留守儿童留守妇女留守老人积极参与到群体的集会中来,并且在参与集会中体会到家的温暖。学校应当定期组织举办留守儿童集会活动,比如各类文艺体育活动。村集体也应当积极举办各类文艺体育活动来丰富留守人员的日常生活,比如邀请戏班、马戏团来演出,定期组织大家集体看电影,乡镇村组要努力构建关爱"三留"人员的和谐氛围,比如定期开展"二十四孝子孙""最美媳妇"等评选活动,向社会传播正能量。二是重大节日固定化。政府、学校和其他社会组织可以充分利用"六一"儿童节、"三八"妇女节、"重阳"节等重要节日对"三留"人员提供慰问,也可以组织留守儿童在双休日、课余时间进行娱乐活动,开展生产生活观摩比赛,丰富留守妇女精神文化生活。以卫生、残联、民政等相关部门为主体,为留守老人提供敬老服务,定期对其进行生活照料、健康保健和亲情陪伴。支持引导社会工作专业人才走进农村,采用政府购买社会工作服务方式,吸引工作服务组织服务农村和农民,围绕农村"三留"人员等弱势群体有针对性地开展社会工作服务。比如采用志愿者与"三留"人员一对一或者一对多结对等模式,为农村"三留"人员提供覆盖面更广、形式多种多样的关爱。三是关爱队伍专业化。利用社工的专业服务和心理干预技能,带动无专业背景志愿者开展工作,待志愿者成熟后社工退出,再进入新的工作场所带动新的志愿者的模式,实现了爱心与专业知识的结合,促进关爱队伍专业化建设,增强了志愿者奉献爱心的意识和能力。

(二) 丰富日常文化娱乐生活

相对城市来说,农村地区基础设施较为落后,尤其是在文化体育娱乐方面的设施尤为缺乏,导致农村"三留"人员的文化体育娱乐需要得不到很好的满足。其中,留守儿童文化体育娱乐方面需要的缺失,会导致适龄儿童学习能力差和体质较弱等结果;留守妇女、留守老人文化体育娱乐方面需要的缺失,会导致留守妇女、留守老人性格孤僻、生活乏味,甚至产生心理疾病,影响了农村"三留"人员的身心健康。

为了丰富农村"三留"人员的日常文化娱乐生活,政府应当加大文化体育娱乐基础设施投资,建设文化大院、图书室、多媒体室、娱乐活动室等高标准的文化活动基地和爱心服务站,建设完善相关硬件设施,如建设健身广场和购买安装运动健身器材等,满足农村"三留"人员的学习、休闲和健身的需要,丰富其文化生活和业余生活,为"三留"人员创造良好的生活条件。为解决农村基础设施投入不足问题,可以建立相关的社会慈善基金,呼吁社会人士爱心捐助,利用慈善基金建设农村大型公共娱乐场所等。此外,可以鼓励电影院等娱乐服务企业入驻乡镇,为农民提供就近服务;还可以倡导大型电影公司为村民免费播放露天电影;支持鼓励文艺团体、明星等下乡参加义演活动。基层政府,重点是镇村两级政府利用农闲、节日和集市,结合农村当地特色传统文化,开展歌会、灯会、花会、文艺演出等文化创新活动。还可以在丰收季节,根据当地特色经济作物组织一些特色活动,如品尝会、展销会、劳动技能比拼等,鼓励农村"三留"人员广泛参与。

（三） 加强农业生产科普教育

农业生产依然是农村"三留"人员,尤其是留守妇女、留守老人的主要工作。但是,农村留守人员大都文化程度较低,对于国家农业产业政策和各种惠农支农制度措施了解不全面、不深刻,对于先进的农业生产技术掌握不够熟练、实践应用较少。开展农业生产科普教育不仅能让农村留守人员及时了解获取最新的国家政策和先进的生产技术,还能充分发挥其农业生产的积极性。农村基层组织也要根据当地经济和社会发展的需要,从实际需要出发,围绕科学生产、文明生活,利用乡镇科普组织、农村学校,开展农业生产科普工作。在开展农业生产科普教育同时,不仅要利用好基层农村的文化、技术阵地等开展活动,还要与"文明村""文明户"创建活动联系起来,进一步提升好人好事、能人大户对农村"三留"人员的示范带动作用,让农村"三留"人员能够真正做到自我教育、自我约束、自我管理、自我提高,切实促进农村的两个文明建设。各级各类农村、农业相关组织机构应当结合农村"三留"人员生产实际,教育推广先进的适用技术,使更多的"三留"人员掌握更多、更先进的农业生产技术。

第八节 城乡融合的制度设计

随着城镇化和工业化加快发展,尤其是新理念、新技术的广泛传播和应用,中国产业结构不断优化升级,但发展过程中仍然存在很多不合理之处。比较突出的是第一产业农业基础比较薄弱、第二产业加工业的水平不够高以及第三产业发展较为滞后,造成产业预期经济效益没有得到完全显现。同时,城镇化进程过快也带来了严重弊端,比如人口城镇化速度与土地城镇化步伐不匹配、农村转移人口与城镇居民享有的社会权益不平等、规模和层次不同的城镇发展不协调等。而城镇的基础设施和公共服务设施的供给能力不足,也导致了城镇化质量和速度相对滞后,可持续发展能力增速下降。值得注意的是,中国产业结构和城镇化面临着越来越大的资源环境承载压力,存在着明显的城乡区域不平衡现象,对科学发展、协调发展构成了巨大的束缚与障碍。因此,切实解决中国现阶段产业结构不合理和城镇化粗放冒进,提高城镇化质量,城乡融合发展是关键所在。

一、城镇化发展与产业结构转型互动机理

城镇化是以第一产业为主过渡到第二产业、第三产业为主,以农业从业人员为主转变为以非农业从业人员为主的过程,同时也是由落后的农业文明发展为先进的城市文明的过程。产业结构的不断优化升级推动着城市经济发展,也同样有助于农村人口向城市转移,城镇化高质量发展也是助力经济发展和社会转型的长远战略及必然选择。由此可见,非农业化、非农民化转变过程都与城乡产业结构转型紧密相关。

(一)城镇化对产业结构调整的影响机理

中国城镇化进程是农村剩余劳动力逐步向城镇二三产业转移的过程,从业人员结构的转移过程本身就很直观地体现了产业结构的调整与变化。随着城市消费需求的扩大、经济密度的提高,社会分工和消费需求层次也在不断优化升级,继而促进产业结构的调整和变化。在城镇化的过程中,城镇居民的消费方式以及生活方式形成了"示范效应",农村居民对此形成了一种"追赶效应",农村转移人口市民化和农村居民就近和就地城镇化,会把潜在的消费需求转变为现实的消费需求,在加速农村人口城镇化的同时,也带动了产业结构

的重心由第一产业向第二三产业转变,推动了产业结构转型升级。

第一,城镇化促进新兴产业的发展,推动产业结构的调整升级。产业的发展离不开土地、资本、劳动力资源和技术等传统生产要素,产业的转型升级更加依赖区位、结构、信息、服务体系等新要素支撑。在城镇化过程中,农村人口不断向城镇聚集,人口聚集程度逐渐增加,人口素质不断提高,同时技术创新能力逐步加强,服务体系也在日益完善,为产业分工精细化和产业结构高级化提供了更加有利的条件。城镇化发展以经济协调发展为基础,当经济协调发展带动整体消费水平迅速提高,消费者对消费产品的结构提出了新要求,继而促进了新兴产业的发展。当城镇化率低于30%的时候,城镇化处于初始阶段,城市凭借发达的交通网络和广阔的市场最先拥有区位条件优势和资源禀赋。此时,城市经济发展水平较低,城市产业处于低级阶段,并且规模较小,主要以消费品工业为代表的劳动密集产业为主,如食品、纺织、日用品等。当城镇化率超过30%以后,城镇化进入中期阶段,城市功能逐步完善,同时城镇化速度明显加快,城市规模不断扩张,城市规模经济效应、聚集经济效应也在显著增强。城市扩张的同时,农村劳动生产率的提高为城市输送更多的农村剩余劳动力资源,使得城市产业转型升级有了劳动力红利的支撑。城市聚集经济效应对资本增长有明显的促进作用,使更多的资本密集型产业有了资金保障,也推动产业结构向重工业化方向转变,城市的创新活动也在城镇化过程中变得日益频繁,促进新产业新业态发展。当城镇化率超过50%以后,城镇化处于高级阶段,城乡关系发生了根本转变,由原来的城乡分离、以城带乡,向城乡融合发展转变,要素在城乡之间自由流动,再加上大数据、互联网的支持,城乡新产业新业态不断涌现,推动城乡产业转型升级、城乡融合发展。

第二,城镇化为产业结构的有序演进提供公共服务。城市公共服务主要是提供公共产品,不仅提供水、电、交通、道路等具有自然垄断性质的基础设施,也提供公共服务设施,如教育、公园、治安、环境卫生和城市管理等。城市提供公共产品及服务的原因有两方面：一方面，企业生产必需的物质保障和外部条件离不开公共产品，如企业的购买、生产、销售和服务等离不开基础设施等载体，直接作用于企业的生产行为和效率；另一方面，城市基础设施服务体系是否便捷、完整也将影响城市产业的发展环境，完善、先进的基础设施能够为城市产业发展提供物质基础，不仅能够节约成本，更能为城市高技术产业、创新型产业聚集发展创造有利条件。与此同时，公共产品供给的增多会引发一系列的相关经济活动，导致城市的聚集效应得到增强，产生巨大的规模经济效应，对城市居民和企业的吸引力也逐渐增强，诱导区域产业结构向更高层次发展。此外，产业结构的进一步优化调整需要相对较好的营商环境与体制机制，而体制机制和营商环境的改善离不开城镇化的快速发展。相关制度政策、资源结构和所有制结构等因素都会影响产业结构调整的最终效果，而降低这些外生变量对不同产业发展的阻碍，促进产业结构优化升级，只有不断推进城镇化发展才能得以实现。

第三，城镇化扩大了消费需求，从而带动产业结构的演进。需求总量和需求结构转变不仅会导致相应产业部门扩张或收缩，也会造成新旧产业更迭。日益增长的消费需求引起了产业的扩张与发展，社会产业结构的相应变动往往离不开居民个人消费结构的转变。居民个人消费结构的转变源自于以居民收入水平的增加为核心的居民生活水平的提高，居民生活水平的提高也增加了对服务业的需求，为现代服务业的发展提供了广阔的市场，引导逐利性企业转向新兴第三产业。此外，城市人口聚集度的增加也扩大了对一系列城市基础设施的需求，如住房、供水、铁路、通信、供电等。持续推进的城镇化将会为基础设施产业提供一定的市场，基础设施建设的过程中必然会拉动相关上下游产业发展，推进产业结构的升级。在城镇化过程中，产业通过提高劳动生产率、增加产业附加值，由低效率的第一产业逐渐向第二产业过渡，再经过技术的集约化和知识化，由第二产业向第三产业过渡。产业层次由低到高逐渐演进，各产业之间的经济技术关系不断协调，产业结构得以升级。

（二）产业结构调整对城镇化的反馈机制

产业结构调整受城镇化的影响很大，但同时产业结构调整对城镇化也有着显著的促进作用。伴随着第二、第三产业的不断发展，其对劳动力的需求量也在持续增加，城镇人口不断集聚扩张，产业结构转型升级成为城镇化发展的主要动力之一。同时，资本的趋利性使第二、第三产业不断向城镇集中，产业本身也由于规模效应的作用不断向规模化、集群化方向拓展。所以，城镇化过程不仅是人口的集聚，更实现了产业与经济活动的集聚，基于分工和集聚的城镇体系开始形成并日益趋于完善。

1. 第二产业是城镇化发展的主要推动力

城镇化发展史表明城镇化是伴随着工业化的出现以及生产力的提高而发展的。在工业化过程中，各个企业都追求专业化与规模化生产。由于城镇在劳动力、交通区位、资源禀赋等方面都占有一定优势，促使许多企业向城镇等区位条件优越地区聚集，并且在聚集的过程中，逐步产生基于分工的关联企业和关联产业。另外，当第二产业的内部结构得到升级时，传统的一些工业企业会逐步向城郊、农村进行转移，促进城郊、农村地区经济的发展，进而带动城镇化进程。与此同时，工业发展能吸收农村剩余劳动力到城市就业，推进城镇化的发展。在工业化的初期，其主导产业一般为劳动密集型产业，如纺织、食品加工业等，劳动力就业吸收能力强，使得城镇人口规模逐步增加。在工业化的中期，主导产业一般为资本密集型产业，如钢铁、机械、电力、石油、化工和汽车等。从产业集聚的角度考虑，资本密集型产业间联系相对紧密，易于上下游企业形成产业链，从而在空间范围上产生产业集聚，促进城镇化的发展。此外，第二产业也会带动第三产业的蓬勃发展，从而拉动城镇化的发展。在第二产业向纵深发展之后，会产生具有突出空间密集性和时间过程同步性的集聚效应，不仅会吸引工业企业本身，也会吸引大量的第三产业。因为，当第二产业发展到一定阶段后，随着生产规模的扩大、产品种类的增多以及产品市场范围的拓展,工业企业要求更加专业化和精细化的产前和产后服务。同时,第二产业集聚的形成,往往会吸引制造业工人的大量集聚,带动生产和生活型服务业,如餐饮、零售、教育等行业的发展。总之,第二产业发展带动产业工人聚集和农村人口转移,有力推动了城镇化发展。

2. 第三产业是城镇化发展的后续动力

城市第三产业的发展,主要是生产和生活性服务业的发展。首先,城市当中的公共设施、公共服务、交通、运输、餐饮、零售和金融保险等生产、生活性产业(行业)的发展,赋予了城市生活的便利性和舒适性,提高了居民的物质满足程度和精神享受程度,从而增加了城市的发展活力和吸引力,吸引了大量农村剩余劳动力到城市就业和生活,从而提高了城镇化水平。其次,第三产业的发展较为灵活,形式多样,限制较少,进入门槛较低,因此,第三产业发展触角广,能渗透到城市各个区域并向外扩展。例如,一些大型的商品批发市场、物流集散中心等,依托其自身灵活的优势,商户集中在城市租金相对低廉的近郊地区,无形中扩展了城市商业的范围,促进了新聚集地区的经济繁荣程度和其他企业的发展,在一定程度上,扩大了城市的区域空间,同时吸纳了就业人口。再次,第三产业的发展有利于解决工业发展中需要的技术、人口和其他因素,信息及金融等服务业的发展也可为城镇化发展提供较好的外部环境,共同促进人口向城镇的集聚,加速城镇化的进程。最后,产业结构高度集中化和合理化要求城镇功能现代化,而城镇功能现代化是通过城镇的城镇化来实现的。城镇化的关键不是人口流动和聚集,而是提升城镇功能,变工业型城镇为贸易型、服务型和消费型城镇,使城镇居民享受更加现代化的生产服务和生活服务,促使生产要素聚集,加速产业分工和产业结构转型。从这个意义上说,城镇化水平和进程也会影响产业结构的升级。

总的来说,城镇化发展与产业结构调整两者具有重要的互动作用,城镇化的发展对产业结构的调整具有重要的支撑、拉动和载体的作用,通过对生产因素的影响以及消费需求的变化来影响三次产业结构和产业内部结构变化。产业结构的演变为城镇化提供物质基础、推动力和后续增长动力。

二、产业结构转型与城镇化良性互动路径

钱纳里等指出,随着人均收入水平的逐步提高,工业化的不断演进导致产业结构优化转型,带动了城镇化水平的提高。产业结构优化一方面表现为由主导产业变迁所导致的产业结构由低级向高级发展阶段的演进,另一方面表现为三次产业及其内部结构的合理化进程,但无论是产业结构高级化还是合理化,都会对城镇经济发展产生作用,并且从城市起源开始,就不断推动着城镇化的发展演变。伴随着工业化的深入发展,产业结构转型升级加快,非农化程度提高,进而带动城镇化发展。由此可见,产业结构演进对城镇化发展的推动作用是十分明显的。基于此,为实现城镇化与产业结构转型互动发展可以从以下四个方面着手:

(一) 推进产业结构高级化,促进城镇化质量整体提升

产业结构高级化,也称产业结构高度化,一般指一个国家或地区产业布局或产业发展重点,由第一产业,依次向第二、第三产业转变的过程。随着产业结构高级化,产业结构不断优化,产业链和价值链不断提升。

1. 加快发展现代农业

以工业理念推进农业现代化,将工商因素和技术因素更加广泛应用于农业生产领域,推进农业产业化进程,实现农业生产的规模化、工厂化、设施化和市场化发展。依托现代农业和农村历史、文化和生态等优势资源,大力发展乡村休闲旅游,加快形成农村特色产业体系,使农业增效和农民增收,增强现代农业的就业吸纳能力和收入吸引能力,提升农村公共服务能力与水平,加快农村新型城镇化进程。

2. 走新型工业化道路

目前,工业化仍是经济增长的主要动力,尤其是制造业对于吸收农村剩余

劳动力有着积极的作用。通过投资来推动工业化,进而推动国民经济增长仍是中国经济增长的一条基本路径。高投资在推动国民经济较快发展的同时,也造成了经济发展对投资的过度依赖以及对资源的高消耗,因此需要调整工业发展战略,推进科技创新,走新型工业化道路。通过加强科技创新服务的基础设施建设,构建集技术创新、管理创新和服务创新于一体的创新型城镇体系,吸引人才、知识产权等先进生产要素在城镇加快集聚,充分发挥科技创新对产业转型升级的驱动和支撑作用,推动产业发展由主要依靠物质资源消耗向创新驱动转变,走出一条科技含量高、经济效益好、资源消耗低和环境污染少的新型工业化道路。

3. 大力发展现代服务业

第三产业是最具发展潜力的产业,对劳动力具有强大的吸纳能力,因而第三产业对城镇化的影响将日益增大。在发展第三产业时,应当优先发展能够提升城镇功能,提高城镇质量的行业。具体而言,就是要优先发展工程装备配套服务、工业信息服务、现代物流、工业设计咨询服务等由制造业延伸形成的生产性服务业,推进先进制造业与生产性服务业的深度融合。同时也要大力发展能够提高城镇生活质量的电子商务、医疗卫生、文化教育、健康养老和休闲文化旅游等生活性服务业,不断扩大生活性服务业和社会服务业的规模及范围,努力提高教育、交通、通信等公共服务业水平,提升城镇居民生活质量,推动功能型城镇化发展。

(二) 推进产城融合,促进产业与城镇互动发展

"产城融合"是指产业与城市两者融合发展,让城市承载产业空间,发展产业经济;用产业来保障城市,推动城市及时更新和完善服务配套设施,以形成产业、城市和人之间的活力气氛,创建出一种持续向上、健康发展的区域空间模式。"产城融合"要求城镇化与产业化相匹配,融合产业与城市的功能,进行空间整合,以产促城,以城兴产,实现产业兴旺和城市发展共生共荣。推进产城融合,需要在推进新型城镇化进程中做好以下几个方面的工作:首先,要规划先行,制定实施产城融合发展规划。要加强城市总体规划的战略引导作用,充分发挥规划、引导城市经济社会健康发展的核心作用,对城市产业的发展做好前瞻性的规划和定位。在总体规划修编时,应结合新型城镇化的背景,结合转型发展的需要,先在用地、人口、产业、交通、生态安全等方面进行专题规划研究,合理确定城市性质,科学落实产业定位,实现城市与产业发展长期促进、相互作用的新常态。其次,要准确把握产业发展趋势,引领产业健康发展。要在"多规合一"原则下,推进城市总体规划、土地利用总体规划、国民经济发展规划等有机统一,科学布局产业空间,有效配置城市各种设施,妥善处理城市空间、土地资源和产业集群的关系,使城市的发展具有可持续性。

(三) 构建城乡互动产业格局,促进城乡经济一体化

目前,中国城镇化率已经超过50%,城镇化处于高级发展阶段,城乡关系应坚持城乡融合的原则,推进城乡一体化发展。首先,推进城乡统一要素市场建设。加快建立城乡统一的人力资源市场,形成城乡劳动者平等就业、同工同酬的制度。按照国家统一部署,推进在符合规划和用途管制的前提下农村集体经营性建设用地入市,建立城乡统一的建设用地市场,实行与国有土地同等入市、同权同价。建立健全有利于农业科技人员下乡、农业科技成果转化、先进农业技术推广的激励和利益分享机制。完善农村金融体系,加快推进农村信用合作社改革,支持股份制银行在市、县设立分支机构,大力发展村镇银行、贷款公司和农村资金互助社等新型农村金融机构,支持具备条件的民间资本依法发起设立中小型银行等金融机构,保障金融机构农村存款主要用于农业和农村。加快农业保险等金融产品的服务创新,鼓励保险机构在农业政策性保险基础上,积极开展特色优势农产品商业保险,建立财政支持的农业保险大灾风险分散机制。鼓励社会资本投向农村建设,引导更多资金、人才、技术等

要素投向农业、农村。其次,提升现代农业发展水平。加快完善现代农业产业体系,发展高产、优质、高效、生态、安全农业。提高农业科技创新能力,健全农技综合服务体系,完善科技特派员制度,推广现代化农业技术。鼓励农业机械企业研发制造先进实用的农业技术装备,促进农机农艺融合,改善农业设施装备条件,继续提高耕、种、收综合机械化水平。创新农业经营方式,坚持家庭经营在农业中的基础性地位,推进家庭经营、集体经营、合作经营、企业经营等共同发展。在农地"三权"分离基础上,推进土地确权登记成果的应用,鼓励承包经营权在公开市场上向专业大户、家庭农场、农民合作社、农业企业流转,发展多种形式规模经营。鼓励和引导工商资本到农村发展适合企业化经营的现代种养业,向农业输入现代生产要素和经营模式。加快构建公益性服务与经营性服务相结合、专项服务与综合服务相协调的新型农业社会化服务体系。最后,探索区域合作的联动机制。探索城乡互动发展的新型道路,充分发挥城市和农村各自的发展活力,促进生产要素在城乡之间、产业之间的自由流动,增强城乡经济互动发展的生命力,真正实现城乡经济一体化发展。着力发挥项目、企业以及产业、各种园区等经济实体的带动作用,推进各项试点工作,从中吸取经验,积极借鉴各个方面的成功经验。推进基于职能分工和主体功能的城市之间、农村之间的产业联动发展,构建以主导产业和特色产业为基础的现代产业体系,促进产业链和价值链提升,推动城乡经济社会持续稳定发展。

(四) 优化产业布局,推进形成新型城镇化格局

由于不同层级的城镇拥有不同的功能定位和着力点,城镇化建设应体现出差异,应合理确定城镇体系内各层次的功能定位,构筑科学合理、分工明确、协调合作的城镇发展体系,同时要优化产业布局,增强产业空间分布的协调性,为构建新型城镇化格局提供重要的产业支撑。首先,充分发挥城镇、区域以及城乡之间、区域之间的比较优势,促进各级各类城镇和城乡、区域间形成合理的产业分工,推动生产要素合理流动和产业有序转移,逐步实现产业与城

镇的空间耦合及互动发展,构筑优势互补、合理分工、错位竞争和互动融合的新型城镇化格局。核心城镇加大对战略性新兴产业的发展,促进城市的智能化、信息化和生态化发展,提升对中小城镇的辐射水平。中小城镇积极承接核心城镇产业转移,提升现有产业的关联度,加快集群转型升级;同时,加快传统产业向小城镇转移,提高小城镇工业化水平,推动其向特色化和专业化发展。其次,加强城乡产业联系与互动,构建联接三次产业、沟通城乡两个地域、融合研发和科技于一体的贸工农产业链,培育形成城乡之间若干新的产业部门并成为新的经济增长点,促进城乡一体化发展。最后,强化区域产业分工与合作,注重发挥区域优势,坚持特色化、专业化产业发展方向,选择发展主导产业和支柱产业,建立各具特色的区域产业体系,促进产业地域分工合理化,推动区域城镇化格局不断优化与完善。

三、供给侧结构性改革背景下的产业转型路径

2016 年 1 月,习近平总书记强调,供给侧结构性改革的根本目的是提高社会生产力水平,落实好以人民为中心的发展思想。2017 年 10 月,习近平总书记在党的十九大报告中指出,深化供给侧结构性改革。在推进中国经济由中高速增长向高质量发展的背景下,实行供给侧结构性改革仍具有深刻的现实意义。首先,坚持市场机制在资源配置中的决定性作用。行政干预对资源配置具有扭曲效应,客观上要求发挥市场机制在资源配置中的决定性作用,提高对资源的供给和利用效率。其次,中国经济运行在经济新常态下发生趋势性变化,原本的周期性调节手段已经不能满足应对宏观经济变化的要求。[①]最后,中国跨越中等收入陷阱所依赖的要素发生了结构性变化,需要更多地依赖制度和创新。需要强调的是,中国的供给侧结构性改革是一把"双刃剑",一方面,供给侧结构性改革提供了经济运行的发展新动力,对健全宏观经济调

---

① 胡鞍钢、周绍杰、任皓:《供给侧结构性改革——适应和引领中国经济新常态》,《清华大学学报》(哲学社会科学版)2016 年第 2 期。

控体系大有裨益;另一方面,供给侧结构性改革随着调控中心从需求侧转向供给侧,也面临着多重挑战。

实行供给侧结构性改革,其目的是去库存、去杠杆、去产能、长期技术创新,最终实现产业结构优化升级。产业结构在未来的改革过程中,必然面临着重大的调整。淘汰落后产业,同时增加信息、环保、新能源等新兴产业的发展空间。供给侧结构性改革具体可从以下五个方面推进实施:

(一) 加快过剩产能消解

供给侧结构性改革要在减产能方面切实加大力度。首先,通过改革解决一些重要领域的产能过剩问题,让企业能够在转型升级、创新发展上集中更多的精力和财力。要对传统产业进行技术改造和资产重组,使其继续发挥作用:一是利用好经济、法律、环保等手段,抑制钢铁、煤炭等严重过剩行业新增产能;二是从供给侧入手,让企业能自主选择生产什么,生产多少,同时在减产减员、优化资产上拥有真正的自主权。此外,加强对传统产业的改造,加快战略性新兴产业发展,弥补传统产业的衰落,妥善处理好"僵尸企业"。其次,进一步加快行政性垄断行业改革,放宽行业准入,加快城乡之间的要素流动,实现资源的合理化配置。最后,要特别重视服务业,尤其是新兴的生产性服务业和生活性服务业的发展,继续保持现代服务业良好的发展态势。

(二) 实施创新驱动战略

创新是经济发展的源泉,要实施创新驱动,更新企业设备,提高企业技术改造水平。加大金融支持力度,创新金融支持方式,为企业减负。优化要素配置,鼓励大众创业、万众创新,激发全民创新活力。运用新工艺,推动技术、产品、业态等领域的创新,打造质量好、品牌佳的具有竞争力的新产品,最大限度地满足消费者需求。此外,政府应当鼓励并激发企业创新活力,同时扩大税收优惠受益面,让更多的企业享受到减税优惠政策。以改革审批制度和简政放权为契机,改善政府公共服务,促进企业降低生产成本,提高企业生产能力和生产效率。

(三) 深化资本市场改革

推进股票市场以及债券市场改革和法治化建设,促进中小板和创业板退市机制的规范运行;坚守规避系统性区域性风险的底线,在证券期货领域,严厉打击违法犯罪活动。大幅度降低证券准入标准,改前置监管为市场过程监管。从源头上加强市场过程监管,而非事后"被动监管"。增加对企业直接融资比重、拓展融资渠道,积极发展多层次、多方面的资本市场。利用好市场融资功能,结合互联网金融,解决"三农"和中小实体经济融资难、融资贵的难题。放宽价格管制,加快利率市场化、汇率市场化步伐,优化竞争环境和营商环境。同时,促进资源品价格改革和公共产品定价机制改革等,最大限度地缓解市场的价格扭曲,提高资源配置效率。

(四) 大力发展战略性新兴产业

战略性新兴产业,如互联网、机器人、生物技术、新能源等,代表了区域产业竞争力水平,是"增量优胜"的重要砝码。所以,要支持企业对上下游的核心、关键、共性技术进行攻关,集聚科技资源抢占发展制高点,加快科技资源产业化、规模化、精细化。在拥有区位优势的地区建设具有综合性质的创业创新中心,在高产业聚集区域建设具有专业特色的创新园区。发展"众创空间",使创业创新市场化、集成化、网络化,努力降低创业创新成本,拓展创业创新全要素效率,建成开放性公共服务平台,为产业转型升级提供人才和技术支撑。集中科研力量进行重大攻关,在科技前沿领域研发取得重要突破,如新一代信息技术、智能制造等。建立政府引导基金、创新风险投资,在科技成果转化项目上,引导风险投资机构参与。给予技术创新活动合理费用,激发科研人员的创新能动性,释放科研创新红利。

（五）促进现代服务业发展

大幅放宽对服务业的准入限制，促进现代服务业全面繁荣发展。中国的服务业一直存在着较多管制，而增加服务业比重、提高公共服务能力也是产业转型升级的重要内容。服务业的良好稳定发展具有重要的意义，一方面能够改善人民生活、提高生产质量，另一方面还可以稳定就业，扩大消费等。遵循"非禁即准入"的原则，建立良好的服务业准入制度，确保服务业市场公平发展。在国家法律、法规未明确禁入的服务行业和领域，允许各类社会资本进入，真正做到公开、平等、规范、稳定。此外，积极发展科技服务业，着力实行需求激励政策，使得需求方能够根据需要，自由选择科技服务，降低科技服务业的准入门槛，激发创新活力。优化市场竞争环境，帮助解决创新型科技服务企业的市场启动问题，让优秀的科技服务企业得到更好的发展空间。在科技服务业建立统计制度和完善的统计指标体系，对其开展专项统计，为决策、调整和完善提供基础依据。

附录 农业转移人口市民化调查问卷

国家社科基金重大项目
"以人为本的中国新型城镇化道路研究"
农业转移人口调查问卷

当您接过这份问卷时,请接受我们最诚挚的问候! 也感谢您拨冗协助完成此份问卷! 本次调查的主要目的是调查中国农业转移人口的生活现状并了解其市民化意愿与瓶颈,此项调查结果对本重大课题的顺利开展具有重要意义。我们将按照相关法律法规的规定,在未经过您本人同意的情况下,将对调查结果严格保密,不会将调查结果交给第三方使用。感谢您的配合,祝您工作顺利,万事如意!

一、受访者基本情况

1. 受访者年龄:_____

2. 政治面貌:_____

(1)中共党员(或中共预备党员) (2)共青团员 (3)民主党派 (4)群众

3. 性别:_____

（1）男　（2）女

4.婚姻状况：＿＿＿＿＿＿＿

（1）已婚　（2）未婚　（3）其他

5.受教育程度：＿＿＿＿＿＿＿

（1）大专及以上　（2）中专（含职高）　（3）高中　（4）初中　（5）初中以下

6.您来自：＿＿＿＿＿＿省＿＿＿＿＿市＿＿＿＿＿县＿＿＿＿＿乡（镇）＿＿＿＿＿村

7.您配偶就业情况是：＿＿＿＿＿＿＿

（1）在同一城市打工　（2）在同一单位工作　（3）在其他地方打工　（4）在老家

8.您子女情况是：＿＿＿＿＿＿＿

（1）在自己务工城市　（2）在配偶务工城市　（3）在老家

9.您的户口性质是：

（1）农业　（2）非农业

10.您原来在农村从事的职业是：

（1）种植业　（2）养殖业　（3）手工业　（4）个体小商贩　（5）其他

11.您在进城打工之前是否在家从事过农业生产？共计＿＿＿＿＿＿＿年（未从事过的填"0"）

二、受访者就业情况

1.您在＿＿＿＿＿＿岁时外出务工，已经累积外出务工了＿＿＿＿＿＿年（不足一年计为"0"）

2.您是通过什么途径找到现在这份工作的？

（1）自己找的　（2）亲戚介绍的　（3）上网求职的　（4）朋友介绍的

3.您接受的技能培训情况是（可多选）：

（1）没有参加过任何培训　（2）当过学徒工　（3）自费参加过技能培训

（4）参加过政府组织的培训　（5）参加过企业组织的培训

4.您目前具有的职称或技术级别是：

（1）没有等级　（2）无职称,但有职业技能证书　（3）初级　（4）中级
（5）高级

5.您目前就业的地点是：_____省_____市_____县_____乡镇,在目前城市的就业时间有_____年,在目前单位就业时间有_____年。

6.您更换工作单位次数为：_____。

（1）0　（2）1　（3）2　（4）3　（5）4次以上

7.您目前就业的行业是：_____

（1）工业　（2）建筑业　（3）商业　（4）餐饮和家庭服务业　（5）交通运输业　（6）农业　（7）其他

8.您目前所在的单位性质是：_____

（1）国有企业　（2）民营企业　（3）外资或合资企业　（4）其他

9.您目前在单位中的职务是：_____

（1）一般工人或服务人员　（2）技术工人　（3）班组长　（4）中层领导及以上

10.您现在每天工作时间是_____个小时

A.2—3小时　B.3—4小时　C.4—5小时　D.5—6小时

E.6—7小时　F.7—8小时　G.8—9小时　H.9小时以上

每个月周末要累计加班_____天。

A.1天　B.2天　C.3天　D.4天

E.5天　F.6天　G.7天　H.8天

11.您每个月工资发放情况是否正常：_____

（1）每月正常发放　（2）每月发上个月的工资　（3）每季度或半年发一次　（4）年终按时结算　（5）经常拖延　（6）不固定

12.下述与工作相关的问题中,哪些您认为比较重要？（可多选）

_____

（1）工资高低　（2）工资发放是否及时　（3）是否有培训机会　（4）是否有升职机会　（5）工厂管理是否人性化　（6）工作是否安全、稳定　（7）人际关系是否处理好

13. 工作有问题时您会向谁求助？＿＿＿＿＿

（1）老乡　（2）亲戚　（3）同事　（4）领导　（5）其他朋友　（6）政府部门

14. 您对创业的态度是：

（i）您可能自己创业吗？

（1）就算具备一定条件也不太可能创业

（2）可能会去创业

（3）不可能去创业

（ii）您尝试过创业吗？

（1）有　（2）没有

（iii）如果有，您认为创业最大的困难是什么？

（1）没有先进的创业理念　（2）缺乏人才和核心技术　（3）缺乏资金和场地　（4）缺乏经验　（5）找不到合适的创业门路　（6）缺少畅通的信息渠道　（7）要考虑继续深造　（8）其他（请注明）＿＿＿＿＿

三、受访者收入情况

1. 您现在一个月的工资收入是＿＿＿＿＿元？

A.3000 以下　　　　B.3000—4000　　　　C.4000—5000

D.5000—6000　　　　E.6000—7000　　　　F.7000 以上

其中，基本工资是＿＿＿＿＿元。

A.1000—2000　　　　B.2000—3000　　　　C.3000—4000

D.4000—5000　　　　E.5000—6000　　　　F.6000 以上

2. 您 2013 年在外打工的实际工作时间有＿＿＿＿＿月。

A.5 个月以下　　　B.5 个月　　　C.6 个月　　　D.7 个月

E.8 个月　　　　　F.9 个月　　　　G.10 个月　　　　H.11 个月

I.12 个月

3. 您 2013 年的年家庭纯收入总计有_____元。

A.2.0 万以下　　　　B.2.0 万—3.0 万　　　　C.3.0 万—4.0 万

D.4.0 万—5.0 万　　　E.5.0 万—6.0 万　　　　F.6.0 万—7.0 万

G.7.0 万—8.0 万　　　H.8 万以上

四、受访者支出情况

1. 您和家庭目前在外务工每个月的生活消费支出是_____元。

A.1000 以下　　　　B.1000—1500　　　　C.1500—2000

D.2000—2500　　　E.2500—3000　　　　F.3000—3500

G.3500—4000　　　H.4000 以上

2. 其中,每个月食品支出(包括烟酒类和在饭店吃饭等)_____元。

A.300 以下　　　　B.300—600　　　　C.600—900

D.900—1200　　　E.1200—1500　　　　F.1500—1800

G.1800—2100　　　H.2100 以上

3. 每个月日常生活开支(包括洗漱用品/化妆用品及洗澡/美容/理发等

服务)_____元。

A.100 以下　　　　B.100—150　　　　C.150—200

D.200—250　　　E.250—300　　　　F.300—350

G.350—400　　　H.400—450　　　　I.450 以上

4. 每个月医疗支出_____元。

A.100 以下　　　　B.100—150　　　　C.150—200

D.200—250　　　E.250—300　　　　F.300—350

G.350—400　　　H.400—450　　　　I.450 以上

5. 如果自租住房,每个月居住支出(包括房租/物业/水电等)_____元。

A.50 以下   B.50—100   C.100—150

D.150—200   E.200—250   F.250—300

G.300—350   H.350—400   I.400 以上

6. 每个月交通支出(包括在外务工乘坐交通工具的费用/汽油费等,不包括长途交通费用)_____元。

A.50 以下   B.50—100   C.100—150

D.150—200   E.200—250   F.250—300

G.300—350   H.350—400   I.400 以上

7. 每个月通信支出(包括通信用品和通信服务)_____元。

A.50 以下   B.50—60   C.60—70

D.70—80   E.80—90   F.90—100

G.100—110   H.110—120   I.120 以上

8. 每个月社会保险个人缴费支出_____元。

A.10 以下   B.10—20   C.20—30

D.30—40   E.40—50   F.50—60

G.60—70   H.70 以上

9. 您 2013 年寄回或带回老家的现金有_____元。

A.2.0 万以下   B.2.0 万—3.0 万   C.3.0 万—4.0 万

D.4.0 万—5.0 万   E.5.0 万—6.0 万   F.6.0 万—7.0 万

G.7.0 万—8.0 万   H.8 万以上

10. 您消费的商品主要是:

A.价格昂贵的名牌   B.不论价格的流行商品

C.打折的名牌商品   D.物美价廉的商品

11. 您更喜欢的消费方式:

A.逛街、逛商场等   B.网购

C.逛街和网购   D.其他(请注明)_____

12. 您消费时最顾虑的是：

A.商品的选择　　　　B.钱够不够

C.心疼父母的钱　　　D.其他(请注明)＿＿＿＿＿

13. 偶然遇到喜欢的东西,您会不会立即买下：

A.会,不考虑价钱　　　B.如果价钱合适,会立即买下

C.不会,不在自己的消费计划中　　D.其他(请注明)＿＿＿＿＿

14. 您会不会因为别人的推荐或者推销消费：

A.一定会　　　B.经常会　　　C.偶尔会　　　D.不会

15. 您会不会在逛街的时候看到或突然想到什么就买什么：

A.不会,我的消费是提前计划好的

B.经常,有时计划好了,有时随机消费

C.一直这样,从不提前计划

D.其他(请注明)＿＿＿＿＿

五、受访者居住情况

1. 您觉得您的居住条件：

(1)很差　(2)一般　(3)较好　(4)很好

2. 您的住处环境问题如何？

(1)很严重　(2)较严重　(3)比较轻　(4)不存在

3. 您对目前务工地的居住情况满意程度是：＿＿＿＿

(1)很满意　(2)一般　(3)不满意　(4)很不满意

4. 您目前在务工地的居住形式是：＿＿＿＿

(1)自购房　(2)自己租的房屋　(3)单位提供　(4)其他

5. 您跟谁居住？＿＿＿＿

(1)孩子和配偶　(2)工友　(3)老乡　(4)独自

6. 如果您是住在自己租的房屋,建筑面积是＿＿＿＿平方米;每个月租金

是_____元;实际居住人数是_____人;离上班地点有_____公里。

7.如果您是住在单位提供的集体宿舍(包括建筑工棚),建筑面积是_____平方米;每个月的租金是_____元(如果没有请填"0");实际居住人数是_____人。

8.如果您是自购房(包括自购的经济适用房或两限房),建筑面积是_____平方米;购买时的房屋单价是_____元/平方米,总价是_____万元;实际居住人数是_____人。

9.您目前已经享受哪些住房政策:_____

(1)可以购买务工地的经济适用房或两限房　(2)可以购买老家所在市(县)的经济适用房或两限房　(3)可以申请务工地的廉租房或公共租赁房(4)可以申请老家所在市(县)的廉租房或公共租赁房　(5)单位缴纳了住房公积金　(6)单位提供了住房补贴

10.您对所在打工地总体上满意吗?_____

(1)很不满意　(2)不太满意　(3)无所谓　(4)基本满意　(5)很满意

11.您对下面哪些方面最不满意?(可按重要性高低选三项)_____

(1)社会保险　(2)居住状况　(3)收入水平　(4)医疗条件　(5)工作环境　(6)子女教育　(7)职业技能培训　(8)城市歧视　(9)权益保障(10)计划生育服务　(11)其他(请注明)_____

12.您在务工地改善住房的期望方式是:

(1)政府放开购买政策性住房的限制　(2)政府建设的专门公寓(3)政府改善外来人口聚集区的生活环境　(4)单位提供更舒适卫生的集体宿舍　(5)单位缴纳住房公积金　(6)单位提供住房补贴

六、受访者居住意愿

1.如果能够选择,您觉得希望定居在什么地方?

(1)直辖市　(2)省会或副省级城市　(3)地级市　(4)县级市　(5)县城

或小城镇　（6）农村　（7）只要是城里,哪里都行　（8）在哪里打工就待在哪里

2. 您未来的打算是：_____

（1）在务工地所在的城关镇定居　（2）在务工地所在的城市定居
（3）回家乡的城市定居　（4）回离家近的小城镇定居　（5）回农村定居并改善农村居住条件　（6）还没想好

3. 如果您想在务工地定居并成为市民,您希望_____年之内能实现愿望;您改善住房的期望方式是：_____

（1）购买商品房　（2）购买经济适用房或两限房　（3）申请廉租房或公共租赁房　（4）自己租房

4. 城镇户口最吸引您的是什么内容?（可按重要性高低选三项）_____

（1）社会保险水平高　（2）有低保、下岗扶持等措施　（3）就业稳定
（4）城市生活条件好　（5）能购买政府保障性住房或政府提供的廉租房
（6）子女教育条件好　（7）子女高考容易　（8）身份平等　（9）城市比农村福利水平高很多　（10）其他（请注明）_____

5. 假如不提供城镇户口,您愿意留在城里吗?_____

（1）愿意,无论如何都要留在城里　（2）不愿意,干些年再回去　（3）无所谓,可以两边跑　（4）我相信这种情况会改变

6. 如果您在城镇落户定居,您是否愿意接受只生一胎的政策?

（1）愿意　（2）不愿意　（3）生完孩子再进城　（4）其他（请注明）_____

7. 如果您想在务工地购房,您期望的住房面积是_____平方米。

A.60—70　　　B.70—80　　　C.80—90

D.90—100　　E.100—110　　F.110—120

G.120—130　　H.130—140

能承受的商品房单价是_____元/平方米;

A.2000—2500　　B.2500—3000　　C.3000—3500

D.3500—4000　　E.4000—4500　　F.4500—5000

G.5000—5500　　H.5500—6000

总价是_____万元;按您目前的家庭收入水平和当地房价计算,大概需要_____年才能买得起房子。

8.如果您想在务工地租房,您期望的住房面积是_____平方米,能承受的租金水平是_____元/月。

9.如果您想回家乡的城市(城镇)定居并成为市民,您希望_____年之内能实现愿望;您改善住房的期望方式是:_____

(1)购买商品房　　(2)购买经济适用房或两限房　　(3)申请廉价房或公共租赁房　　(4)自己建房　　(5)自己租房

10.如果您想在家乡的城市(城镇)购房,您期望的住房面积是_____平方米,能承受的商品房单价是_____元/平方米,总价是_____万元;按照您目前的家庭收入水平计算,大概需要_____年才能买得起房子。

11.如果您想在家乡的农村自建房,您期望的住房面积是_____平方米,能承受的建房总支出是_____万元(如果不想自建房请填"0")。

七、受访者享受公共服务、参与社会保险、业余文化生活情况

1.(未婚或无子女者跳过)您的子女教育情况是:_____

(1)在务工地公办学校接受教育　　(2)在务工地民办学校接受教育(3)在老家的学校接受教育

2.(未婚或无子女者跳过)您对子女教育的期望是:_____(可多选)

(1)在务工地公办学校接受教育　　(2)在务工地民办学校接受教育(3)参加务工地的中考和高考　　(4)提高老家学校的教育质量

3.目前企业雇主或单位为您缴纳的社会保险有(可多选):_____

(1)城镇职工养老保险　　(2)城镇职工基本医疗保险　　(3)工伤保险

(4)失业保险 (5)生育保险 (6)未参加任何保险

4.您目前在老家已参加了哪些社会保险(可多选):_____

(1)新型农村合作医疗保险 (2)农村养老保险 (3)未参加任何社会保险

5.您平时有时间参加业余文化生活吗?_____

(1)有 (2)没有

6.您业余文化生活主要包括(可选三项):_____

(1)看电视 (2)学习培训 (3)聊天打发时光 (4)工友一起打牌 (5)逛大街 (6)看报纸 (7)上网 (8)在家里或宿舍休息 (9)体育锻炼 (10)看电影 (11)其他

7.您业余时间经常去的地方是(可选三项):_____

(1)公园 (2)商场 (3)电影院 (4)图书馆 (5)文化馆 (6)体育馆 (7)待在家里或宿舍 (8)网吧 (9)其他

8.您务工的企业是否有健身或文化娱乐设施:_____

(1)有 (2)没有 (3)企业定期在其他地方组织一些文化娱乐活动

9.您最希望提供哪些文化服务(可按重要性高低选三项)?_____

(1)免费的公园 (2)免费的文化站和图书馆 (3)公共电视 (4)免费上网 (5)免费的报纸杂志 (6)定期的文艺演出 (7)可供选择的免费电影票 (8)组织自己的文化体育活动 (9)免费的体育场馆 (10)夜校 (11)开放社区公共设施 (12)其他(请注明)_____

八、受访者土地情况

1.您老家现有承包地_____亩(如没有请填"0")。

2.您老家现有宅基地_____亩(如没有请填"0")。

3.您老家住宅建筑面积_____平方米,是_____年盖的,约值_____万元(如没有住宅,请填"0")。

4.您老家的承包地目前是：_____

（1）自种　（2）委托亲友代种　（3）转租给别人种

5.您老家的承包地若是转租给别人种,每亩每年的租金有_____元。

6.如果您进城定居,希望如何处置承包地？_____

（1）保留承包地,自己耕种　（2）保留承包地,有偿流转　（3）入股分红

（4）给城镇户口,无偿放弃　（5）给城镇户口,有偿放弃　（6）其他

7.如果您进城定居,希望如何处置宅基地或房产？_____

（1）保留农村的宅基地和房产,备将来用　（2）有偿转让　（3）给城镇户口,有偿放弃　（4）置换城里的住房　（5）其他

8.您从老家村集体资产里每年能获得的收入有_____元（如没有请填"0"）

九、受访者市民化意愿情况

1.您是否愿意转变为城镇户口？

A.非常想　B.不太想　C.非常抵触

2.如果您不愿意转变为城镇户口,主要原因是什么？

A.城市压力大　B.国家政策在向农村倾斜,农业户口可以得到政策福利

C.考虑到土地因素　D.习惯了农村生活,难以适应城市生活

3.您目前最希望政府做的事是什么？（可按重要性高低选三项）

（1）改善社会保险　（2）提供保障性住房或廉租房　（3）提高最低工资水平　（4）改善医疗条件　（5）改善工作和生活环境　（6）改善子女教育条件　（7）提高职业技能　（8）加强权益保障　（9）其他（请注明）_____
_____

十、受访者社会参与情况

1.如果您是党员或团员,您在打工企业或者所在居住社区是否经常参加

党团组织活动?＿＿＿＿＿＿

（1）经常参加　（2）偶尔参加　（3）从不参加

2. 到城里后,您是否回老家参加过选举?＿＿＿＿＿＿

（1）是　（2）否

3. 您认为是否该参与所在居住社区的选举活动?＿＿＿＿＿＿

（1）应该　（2）不应该　（3）无所谓

4. 您想不想参加您工作所在单位或所居住社区的管理活动（如:民主决策、民主监督、民主管理等）?＿＿＿＿＿＿

（1）想　（2）不想　（3）无所谓

5. 如果您想参加工作所在单位或所居住社区的管理活动,主要目的是?

＿＿＿＿＿＿

（1）维护自身利益　（2）提高自身社会地位　（3）维护集体利益　（4）出于社会责任感　（5）个人兴趣　（6）其他（请注明）＿＿＿＿＿＿＿＿＿＿＿＿

6. 您所在企业或单位有工会组织吗?＿＿＿＿＿＿您有没有加入工会?＿＿

＿＿

（1）有　（2）没有

7. 您怎么样看待现有的工会组织?＿＿＿＿＿＿

（1）能代表农业转移人口的利益　（2）不能代表农业转移人口的利益（3）没什么实际用处　（4）能发挥重要作用　（5）其他（请注明）＿＿＿＿＿＿＿＿＿＿＿

＿＿＿＿＿＿

8. 您是否经常收看收听时事新闻?＿＿＿＿＿＿您是否经常与家人、朋友谈论国家政治问题?

（1）经常　（2）偶尔　（3）很少

9. 您是否关注党的路线、方针和政策?＿＿＿＿＿＿

（1）很关注　（2）一般　（3）不太关注　（4）不关注

10. 进城后,您是否曾主动向新闻媒体提供新闻线索,或者反映您遇到的

权益侵犯问题,或者向信访部门写信或打电话,提出您的要求或建议? ____

____

（1）经常　（2）偶尔　（3）没有

11. 如果其他工友因权益被侵犯邀请您去有关部门上访,您的态度是？_____

（1）积极参加　（2）表示同情,但不参加　（3）劝阻他们别去　（4）无所谓

12. 当权益受到严重侵害时,您是否赞同用罢工等方式,捍卫自己的权益？_____

（1）非常赞同　（2）赞同　（3）不赞同　（4）很不赞同

13. 如果您有机会参与城市的政治活动,您的目标是？_____

（1）反映群体利益要求　（2）为政府科学决策出谋划策　（3）实现个人利益和价值　（4）没什么具体目的　（5）其他（请注明）_____

____

14. 当您的权益受到所在企业侵犯时,您会采取什么办法解决？_____

（1）打官司　（2）上访　（3）找报纸电视媒体曝光　（4）找亲友同乡帮助　（5）联合其他工友一起反映　（6）默默忍受　（7）罢工　（8）其他（请注明）

____

问卷调查到此结束,请您签名：_____

参 考 文 献

[1]埃比尼泽:《明日的田园城市》,商务印书馆 2014 年版。

[2]岸根卓郎:《迈向 21 世纪的国土规划——城乡融合系统设计》,科学出版社 1990 年版。

[3]巴顿:《城市经济学》,商务印书馆 1986 年版。

[4]白南生、何宇鹏:《回乡,还是外出?——安徽四川二省农村外出劳动力回流研究》,《社会学研究》2002 年第 3 期。

[5]白南生、李靖:《农民工就业流动性研究》,《管理世界》2008 年第 7 期。

[6]包宗华:《中国城市化道路与城市化建设》,中国城市出版社 1995 年版。

[7]保罗·贝洛克:《城市与经济发展》,肖勤福等译,江西人民出版社 1991 年版。

[8]蔡昉、都阳、王美艳:《劳动力流动的政治经济学》,上海人民出版社 2003 年版。

[9]蔡昉:《农民工市民化:立竿见影的改革红利》,中国党政干部论坛 2014 年版。

[10]蔡昉:《农民工市民化与新消费者的成长》,《中国社会科学院研究生院学报》2011 年第 3 期。

[11]蔡昉:《以农民工市民化推进城镇化》,《经济研究》2013 年第 3 期。

[12]蔡禾:《城市社会学:理论与视野》,中山大学出版社 2003 年版。

[13]蔡继明:《切勿重蹈小城镇遍地开花的覆辙》,《经济纵横》2010 年第 7 期。

[14]蔡键、张岳恒:《农业现代化发展的内在动力:工业化与城镇化》,《福建农林大学学报》2012 年第 2 期。

[15]蔡洁、夏显力:《农业转移人口就近城镇化:个体响应与政策意蕴——基于陕西省 2055 个调查样本的实证分析》,《农业技术经济》2016 年第 10 期。

[16]蔡世忠:《中原经济区建设中"三化"协调发展问题研究》,《河南农业科学》

2011 年第 6 期。

　　[17]曹光辉、汪锋、张宗益、邹畅:《我国经济增长与环境污染关系研究》,《中国人口·资源与环境》2006 年第 1 期。

　　[18]曹广忠、王纯洁、齐元静:《我国东部沿海省区城镇化水平影响因素的空间差异》,《地理研究》2010 年第 6 期。

　　[19]陈广桂:《房价、农民市民化成本和我国的城市化》,《中国农村经济》2004 年第 3 期。

　　[20]陈华文、刘康兵:《经济增长与环境质量:关于环境库兹涅茨曲线的经验分析》,《复旦学报》(社会科学版)2004 年第 2 期。

　　[21]陈建胜、王小章:《由"城乡统筹"迈向"城乡一体化"——基于德清县基本医疗保障制度的研究》,《浙江社会科学》2011 年第 1 期。

　　[22]陈诗一:《边际减排成本与中国环境税改革》,《中国社会科学》2011 年第 3 期。

　　[23]陈廷煊:《城市化与农业剩余劳动力的转移》,《中国经济史研究》1999 年第 4 期。

　　[24]陈彦光、周一星:《城市规模—产出关系的分形性质与分维特征——对城市规模—产出幂指数模型的验证与发展》,《经济地理》2003 年第 7 期。

　　[25]陈友福:《论我国农业的现代化道路与政策体系》,《学生论坛》1995 年第 2 期。

　　[26]陈志峰、刘荣章、郑百龙、曾玉荣:《工业化、城镇化和农业现代化"三化同步"发展的内在机制和相互关系研究》,《农业现代化研究》2012 年第 2 期。

　　[27]谌新民、周文良:《农业转移人口市民化成本分担机制及政策涵义》,《华南师范大学学报》(社会科学版)2013 年第 5 期。

　　[28]程建林:《第二代农民工市民化研究》,武汉大学博士学位论文,2009 年。

　　[29]程楠:《对中国城市化过程中土地资源合理利用的探究》,《改革与战略》2008 年第 7 期。

　　[30]程倩:《农业转移人口市民化的瓶颈及化解路径生成——基于新型城镇化思维导向》,《山东农业大学学报》(社会科学版)2016 年第 3 期。

　　[31]程姝:《城镇化进程中农民工市民化问题研究》,东北农业大学博士学位论文,2013 年。

　　[32]迟福林:《推进规模城镇化向人口城镇化的转型》,《中国井冈山干部学院学报》2013 年第 3 期。

［33］迟福林:《我国统筹城乡发展的基本公共服务均等化因素》,《东南学术》2009年第 6 期。

［34］崔功豪、马润潮:《中国自下而上城市化的发展及其机制》,《地理学报》1999年第 2 期。

［35］崔慧霞:《工业化、城镇化、农业现代化同步发展研究》,《调研世界》2012 年第6 期。

［36］崔连标、范英、朱磊、毕清华、张毅:《碳排放交易对实现中国"十二五"减排目标的成本节约效应》,《中国管理科学》2013 年第 1 期。

［37］崔连标、范英、朱磊:《基于碳减排贡献原则的绿色气候基金的分配研究》,《中国人口·资源与环境》2014 年第 1 期。

［38］崔援民、刘金霞:《中外城市化模式比较与我国城市化道路选择》,《河北学刊》1999 年第 4 期。

［39］戴永安:《中国城市化效率及其影响因素——基于随机前沿生产函数的分析》,《数量经济技术经济研究》2010 年第 12 期。

［40］邓宏海:《关于我国农业发展战略的问题》,《农业经济问题》1981 年第 11 期。

［41］邓维杰:《精准扶贫的难点、对策与路径选择》,《农村经济》2014 年第 6 期。

［42］邓秀华:《新生代农民工问题及其市民化路径选择》,《求索》2010 年第 8 期。

［43］丁晓宇:《中国崛起方略——八大城市集群规划》,中国文联出版社 2007 年版。

［44］董士昙、曹延彬:《农村留守儿童犯罪的成因及解决途径——基于山东省农村留守儿童犯罪问题调查之数据》,《山东警察学院学报》2010 年第 2 期。

［45］董延芳、刘传江:《农民工市民化中的被边缘化与自边缘化:以湖北省为例》,《武汉大学学报》2012 年第 1 期。

［46］杜栋、庞庆华、吴炎:《现代综合评价方法与案例精选》,清华大学出版社 2008 年版。

［47］杜海峰、顾东东、杜巍:《农民工市民化成本测算模型的改进及应用》,《当代经济科学》2015 年第 2 期。

［48］杜洁:《探寻关爱留守妇女的社会管理有效模式——"双轨策略"的路径解析》,《山东女子学院学报》2013 年第 5 期。

［49］杜娟:《政府在完善留守儿童人身安全保护制度中的对策》,《中北大学学报》(社会科学版)2015 年第 5 期。

［50］杜受祜、丁一:《中国城市化道路——思考与选择》,四川大学出版社 1988 年版。

[51]杜鹰、白南生等:《走出乡村——中国农村劳动力流动实证研究》,经济科学出版社1997年版。

[52]段成荣:《户籍制度50年》,《人口研究》2008年第1期。

[53]段茂盛:《全国碳排放权交易体系与节能和可再生能源政策的协调》,《环境经济研究》2018年第2期。

[54]俄林:《区际贸易与国际贸易》,逯宇铎译,华夏出版社2008年版。

[55]樊纲:《走向低碳发展:中国与世界》,中国经济出版社2009年版。

[56]樊佩佩:《从群体性制度排斥到个体性市场排斥:农业转移人口城市定居意愿的影响因素研究》,《山东社会科学》2016年第4期。

[57]范晋明:《农村现代化研究的几个理论支点》,《经济问题》1997年第3期。

[58]范英、张晓兵、朱磊:《基于多目标规划的中国二氧化碳减排的宏观经济成本估计》,《气候变化研究进展》2010年第2期。

[59]方创琳:《改革开放30年来中国的城市化与城镇发展》,《经济地理》2009年第1期。

[60]方伟成、孙成访:《深圳市环境污染与经济增长关系的实证研究》,《再生资源与循环经济》2012年第7期。

[61]房维中:《中国宏观经济管理》,《管理世界》1994年第4期。

[62]费景汉、古斯塔夫·拉尼斯:《增长和发展:演进观点》,洪银兴等译,商务印书馆2004年版。

[63]费孝通:《小城镇、大问题》,江苏人民出版社1984年版。

[64]冯静茹:《浅析美国区域性碳排放权交易制度及其启示——以美国区域温室气体行动为视角》,《国际研究》2013年第14期。

[65]冯雷:《中国城乡一体化的理论与实践》,《中国农村经济》1999年第1期。

[66]冯士超、童国祥、张锋:《市区农村城市化:理论·实践·案例》,中国工商出版社2006年版。

[67]付崇兰、周明俊:《中国特色城市发展理论与实践》,中国社会科学出版社2003年版。

[68]付立东、张金锁、冯雪:《GA-SA模型预测中国能源需求》,《系统工程理论与实践》2015年第3期。

[69]付晓东:《中国城市化与可持续发展》,新华出版社2005年版。

[70]傅晨、李飞武:《农业转移人口市民化背景下户籍制度创新探索——广东"农民工积分入户"研究》,《广东社会科学》2014年第3期。

[71]傅晨:《广东省农业现代化发展水平评价:1999—2007》,《农业经济问题》2010年第5期。

[72]傅成红、张阳:《基于参数优化的SVR城市群交通需求预测方法》,《系统工程》2016年第2期。

[73]傅东平、李强、纪明:《农业转移人口市民化成本分担机制研究》,《广西社会科学》2014年第4期。

[74]甘满堂:《城市农民工与转型期中国社会的三元结构》,《福州大学学报》(哲学社会科学版)2001年第4期。

[75]甘满堂:《社会学的"内卷化"理论与城市农民工问题》,《福州大学学报》(哲学社会科学版)2005年第1期。

[76]高佩义:《中外城市化比较研究》,南开大学出版社1991年版。

[77]高佩义:《城市化发展学原理》,中国财政经济出版社2009年版。

[78]高强:《日本美国城市化模式比较》,《经济纵横》2002年第3期。

[79]耿慧志:《大都市中心区更新的理念与现实对策》,《城市问题》2000年第2期。

[80]耿明斋:《对新型城镇化引领"三化"协调发展的几点认识》,《河南工业大学学报》2011年第4期。

[81]辜胜阻、李永周:《我国农村城镇化的战略方向》,《中国农村经济》2000年第6期。

[82]辜胜阻、杨威:《反思当前城镇化发展中的五种偏向》,《中国人口科学》2012年第3期。

[83]辜胜阻、朱农:《中国城镇化的区域差异及其区域发展模式》,《中国人口科学》1993年第1期。

[84]辜胜阻:《非农化与城镇化研究》,《人口与经济》1991年第4期。

[85]顾焕章、王培志:《论农业现代化的涵义及其发展》,《江苏社会科学》1997年第1期。

[86]顾景贤:《农村留守儿童志愿者服务路径探索——以山东省棠之上公益文教为例》,《农村经济与科技》2016年第5期。

[87]顾为东:《中国雾霾特殊形成机理研究》,《宏观经济研究》2014年第6期。

[88]郭春华:《中日农业现代化进程比较》,《经济研究》2006年第3期。

[89]郭剑雄:《城市化与中国农业的现代化》,《经济问题》2003年第11期。

[90]郭强、李荣喜:《农业现代化发展水平评价研究》,《西安交通大学学报》2003

年第 1 期。

[91]郭庆旺、贾俊雪:《中国全要素生产率的估算:1979—2004》,《经济研究》2005年第 6 期。

[92]郭腾云、董冠鹏:《基于 GIS 和 DEA 的特大城市空间紧凑度与城市效率分析》,《地球信息科学学报》2009 年第 4 期。

[93]郭笑撰:《西方城市化理论、实践与我国城市化的模式选择》,武汉大学出版社 2006 年版。

[94]郭星华、姜华:《农民工城市适应研究的几种理论视角》,《探索与争鸣》2009年第 1 期。

[95]国风:《中国农村工业化和劳动力转移的道路选择——论我国的小城镇建设》,《管理世界》1998 年第 6 期。

[96]国务院发展研究中心课题组:《"十二五"时期推进农民工市民化的政策要点》,《发展研究》2011 年第 6 期。

[97]国务院发展研究中心课题组:《农民工市民化:制度创新与顶层设计》,中国发展出版社 2011 年版。

[98]国务院发展研究中心课题组:《农民工市民化进程的总体态势与战略取向》,《改革》2011 年第 5 期。

[99]韩江涛、龚新蜀:《基于层次分析法的新疆城镇化水平评价》,《科技和产业》2010 年第 3 期。

[100]韩俊、崔传义、金三林:《现阶段我国农民工流动和就业的主要特点》,《发展研究》2009 年第 4 期。

[101]韩士元:《农业现代化的内涵及评价标准》,《天津社会科学》1999 年第 5 期。

[102]韩帅:《基于供给和需求视角的农民工市民化问题研究及应对》,南京大学硕士学位论文,2013 年。

[103]韩长赋:《加快推进农业现代化,努力实现"三化"同步发展》,《农业经济问题》2011 年第 11 期。

[104]郝青:《涞源县财政扶贫资金利用效率研究》,河北农业大学硕士学位论文,2014 年。

[105]何军、李庆:《代际差异视角下的农民工土地流转行为研究》,《农业技术经济》2014 年第 1 期。

[106]何军:《代际差异视角下农民工城市融入的影响因素分析——基于分位数回归方法》,《中国农村经济》2011 年第 6 期。

［107］何军：《江苏省农民工城市融入程度的代际差异研究》，《农业经济问题》2012年第1期。

［108］何念如、吴显：《中国当代城市化理论研究》，世纪出版集团、上海人民出版社2007年版。

［109］何天祥、朱翔、王月红：《中部城市群产业结构高度化的比较》，《经济地理》2012年第5期。

［110］洪银兴、陈雯：《城市化模式的新发展》，《经济研究》2000年第12期。

［111］洪银兴：《二元结构的现代化和社会主义新农村建设》，《江苏行政学院学报》2007年第2期。

［112］洪银兴：《准确认识供给侧结构性改革的目标和任务》，《中国工业经济》2016年第6期。

［113］侯强、王晓莉、叶丽绮：《基于SFA的辽宁省城市技术效率差异分析》，《沈阳工业大学学报》(社会科学版)2008年第3期。

［114］胡鞍钢、周绍杰、任皓：《供给侧结构性改革——适应和引领中国经济新常态》，《清华大学学报》(哲学社会科学版)2016年第2期。

［115］胡鞍钢：《城市化是今后中国经济发展的主要推动力》，《中国人口科学》2003年第6期。

［116］胡枫：《中国农村劳动力转移的研究：一个文献综述》，《浙江社会科学》2007年第1期。

［117］胡杰成：《农民工市民化问题研究》，《兰州学刊》2010年第8期。

［118］胡俊生：《我国乡村工业化城市化发展模式辨析——兼论西部地区工业化城市化道路选择》，《延安大学学报》(社会科学版)2000年第4期。

［119］胡培兆：《城镇化建设之路也是农业现代化之路》，《宏观经济研究》2003年第2期。

［120］胡蓉、徐岭：《浅析美国碳排放权制度及其交易体系》，《内蒙古大学学报》2010年第5期。

［121］胡少维：《加快城镇化步伐促进经济发展》，《经济问题》1999年第5期。

［122］胡顺廷、周明祖、水延凯：《中国城镇化发展战略》，中共中央党校出版社2002年版。

［123］胡文静：《安徽省新型城镇化的瓶颈：农民工市民化影响因素分析》，《经济研究导刊》2013年第2期。

［124］胡智超、彭建、杜悦悦、宋治清、刘彦随、王仰麟：《基于供给侧结构性改革的

空心村综合整治研究》,《地理学报》2016 年第 12 期。

[125]黄承伟、覃志敏:《论精准扶贫与国家扶贫治理体系建构》,《中国延安干部学院学报》2015 年第 1 期。

[126]黄国桢:《迈向新世纪:中国农业现代化内涵拓展》,《上海农学院学报》2000 年第 6 期。

[127]黄家骅:《城市化历史溯源与社会制度演进——以西方为例的研究及现代启示》,《河南社会科学》2009 年第 3 期。

[128]黄匡时:《流动人口社会融合指数:欧盟实践和中国建构》,《南京人口管理干部学院学报》2011 年第 1 期。

[129]黄锟:《城乡二元制度对农民工市民化影响的实证分析》,《中国人口·资源与环境》2011 年第 3 期。

[130]黄锟:《农村土地制度对新生代农民工市民化的影响与制度创新》,《农业现代化研究》2011 年第 2 期。

[131]黄锟:《深化户籍制度改革与农民工市民化》,《城市发展研究》2009 年第 2 期。

[132]黄锟:《中国农民工市民化制度分析》,武汉大学博士学位论文,2009 年。

[133]黄亮雄、安苑、刘淑琳:《中国的产业结构调整:基于三个维度的测算》,《中国工业经济》2013 年第 10 期。

[134]黄庆玲:《新生代农民工城市定居意愿研究》,沈阳农业大学博士学位论文,2014 年。

[135]黄群慧:《论中国工业的供给侧结构性改革》,《中国工业经济》2016 年第 9 期。

[136]黄升旗:《我国城市化发展问题研究》,湖南师范大学出版社 2010 年版。

[137]黄伟雄:《珠江三角洲城乡一体化发展模式与格局的探讨》,《经济地理》2002 年第 3 期。

[138]黄小晶、骆浩文、苏柱华:《城乡发展比较》,中国经济出版社 2010 年版。

[139]黄祖辉、刘西川、程恩江:《贫困地区农户正规信贷市场低参与程度的经验解释》,《经济研究》2009 年第 4 期。

[140]纪春艳、张学浪:《新型城镇化中农村转移人口市民化的成本分担机制建构——以利益相关者、协同理论为分析框架》,《农村经济》2016 年第 11 期。

[141]贾文龙:《"到村到户"精准扶贫模式实践及其启示探究——以贵州省毕节市为例》,《山西农业科学》2015 年第 12 期。

［142］简新华、黄锟:《中国城镇化水平和速度的实证分析与前景预测》,《经济研究》2010 年第 3 期。

［143］简新华:《新生代农民工融入城市的障碍与对策》,《求是学刊》2011 年第 1 期。

［144］姜爱华:《我国政府开发式扶贫资金投放效果的实证分析》,《中央财经大学学报》2008 年第 2 期。

［145］姜会明、王振华:《吉林省工业化、城镇化与农业现代化关系实证分析》,《地理科学》2012 年第 5 期。

［146］姜涛:《精准扶贫项目绩效评估方法研究》,《宝鸡文理学院学报》(社会科学版)2016 年第 1 期。

［147］姜卫平:《国际人口预测软件的研发与应用》,中国人口出版社 2013 年版。

［148］姜义平:《失地农民市民化程度测评指标体系的构建》,《湖州师范学院学报》2012 年第 4 期。

［149］姜长云、杜志雄:《关于推进农业供给侧结构性改革的思考》,《南京农业大学学报》(社会科学版)2017 年第 1 期。

［150］蒋和平、黄德林、郝利:《中国农业现代化发展水平的定量综合评价》,《农业经济问题》2005 年第 3 期。

［151］蒋和平、黄德林:《我国农业现代化发展水平的定量综合评价》,《农业现代化研究》2006 年第 2 期。

［152］蒋和平:《中国特色农业现代化应走什么道理》,《经济学家》2009 年第 10 期。

［153］蒋勇、杨巧:《城镇化、产业结构与消费结构互动关系的实证研究》,《工业技术经济》2015 年第 1 期。

［154］金虎斌:《工业化、城镇化和农业现代化协调发展实证研究——以中原经济区为例》,《创新》2012 年第 5 期。

［155］康胜:《城乡一体化:浙江的演进特征与路径模式》,《农业经济问题》2010 年第 6 期。

［156］柯炳生:《对推进我国基本实现农业现代化的几点认识》,《中国农村经济》2000 年第 9 期。

［157］柯福艳:《统筹城乡背景下城镇化与农业现代化互促共进长效机制研究》,《农村经济》2000 年第 5 期。

［158］柯馨姝、盛立芳、孔君、郝泽彤、屈文军:《青岛大气颗粒物数浓度变化及对能

见度的影响》,《环境科学》2014 年第 1 期。

[159]孔凡文、许世卫:《中国城镇化发展速度与质量问题研究》,东北大学出版社 2006 年版。

[160]孔祥智:《农业供给侧结构性改革的基本内涵与政策建议》,《改革》2016 年第 2 期。

[161]库兹涅茨:《现代经济增长》,北京经济学院出版社 1989 年版。

[162]赖华东:《循序渐进推动农业转移人口市民化——以浙江省为例》,《浙江经济》2013 年第 16 期。

[163]雷海章:《农业经济学》,中国科学技术出版社 1991 年版。

[164]黎红、杨黎源:《农民工市民化成本评估与经济收益——以宁波为例》,《浙江社会科学》2017 年第 12 期。

[165]黎智洪:《农业转移人口市民化:制度困局与策略选择》,《人民论坛》(中旬刊)2013 年第 7 期。

[166]李博之:《南昌市的城市效率初探》,《江西师范大学学报》(自然科学版)1987 年第 4 期。

[167]李布:《借鉴欧盟碳排放交易经验构建中国碳排放交易体系》,《中国发展观察》2010 年第 1 期。

[168]李超:《城市功能与组织》,大连理工大学出版社 2012 年版。

[169]李芳芳、米文丽:《留守儿童支助服务体系建设研究》,《教育现代化》2015 年第 14 期。

[170]李富田:《小城镇:是农民的乐土吗?》,《农村经济》2003 年第 12 期。

[171]李刚:《基于 Panel Data 和 SEA 的环境 Kuznets 曲线分析——与马树才、李国柱两位先生探讨》,《统计研究》2007 年第 5 期。

[172]李国璋、江金荣、周彩云:《全要素能源效率与环境污染关系研究》,《中国人口·资源与环境》2010 年第 4 期。

[173]李果仁:《农业现代化问题研究进展》,《农业现代化研究》1992 年第 4 期。

[174]李怀玉:《农民工市民化进程中的心理形态调查分析——基于河南的调查》,《城市发展研究》2010 年第 1 期。

[175]李俭国、张鹏:《新常态下新生代农民工市民化社会成本测算》,《财经科学》2015 年第 5 期。

[176]李鸥、叶兴建:《农村精准扶贫:理论基础与实践情势探析——兼论复合型扶贫治理体系的建构》,《福建行政学院学报》2015 年第 2 期。

［177］李练军、曹小霞：《基于分层视角的我国农民工市民化问题研究》，《农业经济》2012 年第 11 期。

［178］李梦、唐贵谦、黄俊、刘子锐、安俊琳、王跃思：《京津冀冬季大气混合层高度与大气污染的关系》，《环境科学》2015 年第 6 期。

［179］李明秋、郎学彬：《城市化质量的内涵及其评价指标体系的构建》，《中国软科学》2010 年第 12 期。

［180］李培林、田丰：《中国农民工社会融入的代际比较》，《社会》2012 年第 5 期。

［181］李培林：《流动民工的社会网络和社会地位》，《社会学研究》1996 年第 4 期。

［182］李强、张震、吴瑞君：《概率预测方法在小区域人口预测中的应用——以上海市青浦区为例》，《中国人口科学》2015 年第 1 期。

［183］李强、胡宝荣：《户籍制度改革与农民工市民化的路径》，《社会学评论》2013 年第 1 期。

［184］李强、龙文进：《农民工留城与返乡意愿的影响因素分析》，《中国农村经济》2009 年第 2 期。

［185］李强：《社会学的"剥夺"理论与我国农民工问题》，《学术界》2004 年第 4 期。

［186］李锐、朱喜：《农户金融抑制及其福利损失的计量分析》，《经济研究》2007 年第 2 期。

［187］李仕波、陈开江：《农民工市民化面临的制约因素及破解路径》，《城市问题》2014 年第 5 期。

［188］李舒丹：《农民工就业状态代际差异实证研究》，首都经济贸易大学硕士学位论文，2010 年。

［189］李陶、陈林菊、范英：《基于非线性规划的中国省区碳强度减排配额研究》，《管理评论》2010 年第 6 期。

［190］李小敏、涂建军、付正义、贾林瑞、哈琳：《我国农民工市民化成本的地域差异》，《经济地理》2016 年第 4 期。

［191］李小胜、宋马林：《环境规制下的全要素生产率及其影响因素研究》，《中央财经大学学报》2015 年第 1 期。

［192］李新平、徐睿：《人口红利、产业承接与农村劳动力就近转移——以成都城乡统筹试验区为背景》，《西北人口》2010 年第 4 期。

［193］李郇、徐现祥、陈浩辉：《20 世纪 90 年代中国城市效率的时空变化》，《地理学报》2005 年第 4 期。

［194］李彦明：《南京市工业"三废"排放的环境库兹涅茨特征研究》，《世界科技研

究与发展》2007 年第 3 期。

　　[195]李勇刚、张士杰:《晋升激励、土地财政与经济增长绩效——基于中部六省的面板数据》,《经济经纬》2014 年第 4 期。

　　[196]李治国、周德田:《基于 VAR 模型的经济增长与环境污染关系实证分析——以山东省为例》,《企业经济》2013 年第 8 期。

　　[197]厉以宁:《谈扩大内需的几个问题——在中国经济年会(2011—2012)上的演讲》,《经济研究参考》2012 年第 4 期。

　　[198]梁超:《环境约束下中国城镇化效率及其影响因素实证研究》,重庆大学硕士学位论文,2013 年。

　　[199]梁荣:《农业产业化与农业现代化》,《中国农村观察》2000 年第 2 期。

　　[200]梁悦晨、曹玉昆:《澳大利亚碳排放权交易体系市场框架分析》,《世界林业研究》2015 年第 2 期。

　　[201]梁振民、刘新智、冯维波:《内蒙古城镇化水平阶段性评价与对策》,《内蒙古农业大学学报》2008 年第 5 期。

　　[202]廖丹清:《我国城市化道路的选择因素》,《经济学家》2001 年第 2 期。

　　[203]廖海敏:《新生代农民工融入城市的诉求与推进路径》,《法制与社会》2007 年第 10 期。

　　[204]廖普明:《基于马尔科夫链状态转移概率矩阵的商品市场状态预测》,《统计与决策》2015 年第 2 期。

　　[205]林存银、褚宏启:《城乡教育一体化及其制度保障》,《教育科学研究》2011 年第 5 期。

　　[206]林娣:《新生代农民工市民化的社会资本困境与出路》,《社会科学战线》2014 年第 6 期。

　　[207]林义征、袁宏俊、宋马林:《基于相关性指标与广义 IOWA 算子的区间型组合预测模型》,《统计与决策》2016 年第 6 期。

　　[208]林毅夫:《深化农村体制改革,加速农村劳动力转移》,《中国行政管理》2003 年第 11 期。

　　[209]刘成斌:《生存理性及其更替——两代农民工进城心态的转变》,《福建论坛》(人文社会科学版)2007 年第 7 期。

　　[210]刘传江、程建林、董延芳:《中国第二代农民工研究》,山东人民出版社 2009 年版。

　　[211]刘传江、程建林:《第二代农民工市民化现状分析与进程测度》,《人口研究》

2008 年第 5 期。

[212]刘传江、程建林:《双重"户籍墙"对农民工市民化的影响》,《经济学家》2009
年第 10 期。

[213]刘传江、程建林:《我国农民工的代际差异与市民化》,《经济纵横》2007 年第
7 期。

[214]刘传江、徐建玲:《第二代农民工及其市民化研究》,《中国人口·资源与环
境》2007 年第 1 期。

[215]刘传江、周玲:《社会资本与农民工的城市融合》,《人口研究》2004 年第
5 期。

[216]刘传江:《中国农民工市民化研究》,《理论月刊》2006 年第 10 期。

[217]刘冬梅:《中国政府开发式扶贫资金投放效果的实证研究》,《管理世界》
2001 年第 6 期。

[218]刘福垣:《二元结构,城市化体制改革》,《浙江经济》1999 年第 2 期。

[219]刘刚:《农业转移人口市民化成本分担机制研究——以河南省为例》,《河南
工业大学学报》(社会科学版)2016 年第 3 期。

[220]刘海军、谢飞燕:《推进我国农业转移人口市民化对策探析》,《农业经济》
2013 年第 6 期。

[221]刘红星:《温州市城镇化特点分析和水平预测》,《城市规划》1987 年第 2 期。

[222]刘建徽、王克勤:《基于 DEA 方法评价城市化相对效率》,《重庆职业技术学
院学报》2005 年第 2 期。

[223]刘解龙:《经济新常态中的精准扶贫理论与机制创新》,《湖南社会科学》
2015 年第 4 期。

[224]刘林平、张春泥:《农民工工资:人力资本、社会资本、企业制度还是社会环
境?——珠江三角洲农民工工资的决定模型》,《社会学研究》2007 年第 6 期。

[225]刘谟炎:《城乡发展一体化的实践探索与理论思考——基于江西省的实
证》,《江西农业大学学报》(社会科学版)2013 年第 1 期。

[226]刘妮娜、刘诚:《合理、有序推进中国人口城镇化的路径分析》,《经济学家》
2014 年第 2 期。

[227]刘平量、曾赛丰:《城市化:制度创新与道路选择》,湖南人民出版社 2006
年版。

[228]刘强、李平:《大范围严重雾霾现象的成因分析与对策建议》,《中国社会科
学院研究生院学报》2014 年第 5 期。

［229］刘荣:《西北城市农民工市民化研究》,华中师范大学博士学位论文,2014年。

［230］刘蓉蓉、徐志宇:《农业供给侧结构性改革与科技创新》,《农业科技管理》2016年第5期。

［231］刘士杰:《人力资本、职业搜寻渠道、职业流动对农民工工资的影响——基于分位数回归和OLS回归的实证分析》,《人口学刊》2011年第5期。

［232］刘晓越:《中国农业现代化进程研究与实证分析》,《统计研究》2004年第2期。

［233］刘学敏:《小城镇建设与经济社会的可持续发展》,《北京师范大学学报》(人文社会科学版)2001年第1期。

［234］刘巽浩:《21世纪的中国农业现代化》,《农业现代化研究》1994年第4期。

［235］刘雅萍:《农民工就业代际差异研究》,浙江大学硕士学位论文,2008年。

［236］刘易斯·芒福德:《城市发展史》,中国建筑工业出版社1989年版。

［237］刘易斯:《二元经济论》,施炜译,北京经济学院出版社1989年版。

［238］刘易斯·芒福德:《城市发展史——起源、演变和前景》,宋俊岭、倪文彦译,中国建筑工业出版社2005年版。

［239］刘永红、郑娅:《促进农村市场开拓,推进城镇化步伐》,《经济界》2001年第2期。

［240］刘永强、苏昌贵、龙花楼、侯学钢:《城乡一体化发展背景下中国农村土地管理制度创新研究》,《经济地理》2013年第10期。

［241］刘玉:《农业现代化与城镇化协调发展研究》,《城市发展研究》2007年第6期。

［242］刘兆德、陈国忠:《山东省城市经济效率分析》,《地域研究与开发》1998年第1期。

［243］龙景奎、付保华、赵春晓:《徐州农业现代化与农村城镇化的相关性研究》,《经济研究导刊》2010年第31期。

［244］卢为民:《推动供给侧结构性改革的土地制度创新路径》,《城市发展研究》2016年第6期。

［245］卢小君、张宁、王丽丽:《农业转移人口城市落户意愿的影响因素》,《城市问题》2016年第11期。

［246］陆大道、姚士谋、李国平、刘慧、高晓路:《基于我国国情的城镇化过程综合分析》,《经济地理》2007年第6期。

[247]路明:《中国区域城市化研究》,中共中央党校博士学位论文,2000年。

[248]罗富民:《论发达地区工业化、城镇化对欠发达地区农业现代化的推动作用——基于地理二元经济理论的视角》,《西部经济管理论坛》2012年第4期。

[249]吕一清:《基于主成分聚类分析四川城镇化水平的评价》,《经济研究导刊》2010年第29期。

[250]马桂萍:《农民工市民化制度演进与创新》,辽宁师范大学博士学位论文,2008年。

[251]马九杰、孟凡友:《农民工迁移非持久性的影响因素分析——基于深圳市的实证研究》,《改革》2003年第4期。

[252]马庆斌:《我国城乡一体化的现状、问题与对策建议》,《中国市场》2012年第3期。

[253]马树才、李国柱:《中国经济增长与环境污染关系的Kuznets曲线》,《统计研究》2006年第8期。

[254]马晓河:《实现城乡统筹解决"三农"问题》,《求知》2004年第11期。

[255]马晓强、梁肖羽:《国内外城乡社会经济一体化模式的评价和借鉴》,《福建论坛》(人文社会科学版)2012年第2期。

[256]马用浩、由彦平:《社会转型视野中的"民工荒"现象》,《求实》2005年第7期。

[257]马远、龚新蜀:《城镇化、农业现代化与产业结构调整——基于VAR模型的计量分析》,《开发研究》2010年第5期。

[258]迈克尔·P.托达罗:《经济发展》,中国经济出版社1999年版。

[259]毛隽、毛林根:《论工业化进程中城乡一体化制度创新》,《辽宁大学学报》(哲学社会科学版)2011年第1期。

[260]苗洁、吴海峰:《国内外工业化、城镇化和农业现代化协调发展的经验及其当代启示》,《毛泽东邓小平理论研究》2012年第11期。

[261]穆怀中、吴鹏:《城镇化、产业结构优化与城乡收入差距》,《经济学家》2016年第5期。

[262]南江波:《农业现代化背景下的城市化战略选择》,《生产力研究》2004年第8期。

[263]年似水:《好一个"农业转移人口市民化"》,《浙江经济》2013年第10期。

[264]聂华林、王宇辉:《西部地区农村城镇化道路的思考》,《社科纵横》2005年第5期。

［265］宁越敏：《新城市化进程——90年代中国城市化动力机制和特点探讨》，《地理学报》1998年第5期。

［266］牛若峰：《中国农业现代化走什么道路》，《中国农村经济》2001年第1期。

［267］欧文：《欧文选集》，商务印书馆1979年版。

［268］欧阳力胜：《新型城镇化进程中农民工市民化研究》，财政部财政科学研究所博士学位论文，2013年。

［269］帕克、麦肯齐：《城市社会学：芝加哥学派城市研究文集》，宋俊岭、吴建华译，华夏出版社1987年版。

［270］潘家华、魏后凯：《中国城市发展报告》，社会科学文献出版社2013年版。

［271］潘允康：《社会学视野中的大城市发展模式研究》，天津社会科学院出版社2006年版。

［272］潘泽泉：《多重逻辑下的农业转移人口市民化过程：问题视域与理论争辩焦点》，《社会科学》2016年第11期。

［273］庞家幸、陈兴鹏、王惠榆：《甘肃省能源消耗与经济增长的关系研究及能源消耗预测》，《干旱区资源与环境》2014年第2期。

［274］彭国甫、李树丞、盛明科：《应用层次分析法确定政府绩效评估指标权重研究》，《中国软科学》2004年第6期。

［275］彭水军、包群：《经济增长与环境污染——环境库兹涅茨曲线假说的中国检验》，《财经问题研究》2006年第8期。

［276］皮建才：《政治晋升激励机制下的地方重复建设——横向与纵向的比较分析》，《财经科学》2009年第9期。

［277］皮庆、王小林、成金华、谈艳：《基于PSR模型的环境承载力评价指标体系与应用研究——以武汉城市圈为例》，《科技管理研究》2016年第6期。

［278］齐红倩、席旭文：《分类市民化：破解农业转移人口市民化困境的关键》，《经济学家》2016年第6期。

［279］钱丽、陈忠卫、肖仁桥：《中国区域工业化、城镇化与农业现代化耦合协调度及其影响因素研究》，《经济问题探索》2012年第11期。

［280］钱正武：《社会排斥：农民工市民化进程缓慢的根本原因》，《调研世界》2011年第2期。

［281］饶亚会：《供给和需求视角下农民工市民化进程测度研究》，安徽财经大学硕士学位论文，2015年。

［282］任海亮、双峰瑞、王建英：《河北省城镇化水平评价研究》，《中国城市经济》

2010 年第 5 期。

[283]任丽新:《农民工社会保障:现状、困境与影响因素分析》,《新华文摘》2009年第 22 期。

[284]任平、周介铭、张果:《成都市区域城乡一体化进程评价研究》,《四川师范大学学报》(自然科学版)2006 年第 6 期。

[285]尚欣:《吉林省 2001—2010 年农村城镇化和农业现代化协调分析》,《长春理工大学学报》2012 年第 5 期。

[286]邵光学、王锡森:《供给侧结构性改革研究述评》,《经济学家》2016 年第12 期。

[287]邵微、白云峰:《流动儿童、留守儿童的社区管理模式探寻》,《中国管理信息化》2013 年第 2 期。

[288]申兵:《"十二五"时期农民工市民化成本测算及其分担机制构建——以跨省农民工集中流入地区宁波市为案例》,《城市发展研究》2012 年第 1 期。

[289]申兵:《我国农民工市民化的内涵、难点及对策》,《中国软科学》2011 年第2 期。

[290]沈建芬、刘葆金:《农村城镇化水平区域差异的实证分析——以江苏省为例》,《南京农业大学学报》2003 年第 3 期。

[291]沈镭、刘立涛、王礼茂、陈枫楠、张超、沈明、钟帅:《2050 年中国能源消费的情景预测》,《自然资源学报》2015 年第 3 期。

[292]沈映春、王泽强、焦婕、魏潇潇:《北京市农民工市民化水平及影响因素分析》,《北京社会科学》2013 年第 5 期。

[293]盛广耀:《城市化模式及其转变研究》,中国社会科学出版社 2008 年版。

[294]施岳群、庄金锋:《城镇化中的都市圈发展战略研究》,上海财经大学出版社2007 年版。

[295]石如根:《粮食主产区新型城镇化道路研究——基于河南省的实证分析》,《地域研究与开发》2012 年第 5 期。

[296]石忆邵、杭太元:《我国城乡一体化研究的近期进展与展望》,《同济大学学报》(社会科学版)2013 年第 6 期。

[297]舒尔茨:《改造传统农业》,商务印书馆 1987 年版。

[298]伩传振、崔琳琳:《农民工城市融入意愿与能力的代际差异研究——基于杭州市农民工调查的实证分析》,《现代城市》2010 年第 1 期。

[299]宋葛龙:《中国统筹城乡发展改革路径研究》,辽宁大学博士学位论文,

2012 年。

[300]宋林飞:《西方社会学理论》,南京大学出版社 1999 年版。

[301]宋马林、王舒鸿:《环境规制、技术进步与经济增长》,《经济研究》2013 年第 3 期。

[302]宋仁登:《城市化进程中的村民市民化问题研究》,中国海洋大学博士学位论文,2012 年。

[303]宋树龙、孙贤国:《论珠江三角洲城市效率及其对城市化影响》,《地理学与国土研究》1999 年第 3 期。

[304]宋雅松:《半城市化背景下农民工市民化的社会保障问题探讨》,《安徽农业科学》2011 年第 29 期。

[305]宋艳萍:《农民工市民化的人力资本障碍分析》,《全国商情·经济理论研究》2007 年第 9 期。

[306]宋元梁、肖卫东:《中国城镇化发展与农民收入增长关系的动态计量经济分析》,《数量经济技术经济研究》2005 年第 9 期。

[307]苏昌贵:《湖南省未来人口预测与发展趋势分析》,《经济地理》2014 年第 7 期。

[308]苏发金:《工业化、城镇化与农业现代化互动关系实证研究》,《大连理工大学学报》2012 年第 3 期。

[309]眭海霞、陈俊江:《新型城镇化背景下成都市农村转移人口市民化成本分担机制研究》,《农村经济》2015 年第 2 期。

[310]孙璐、陈宝峰:《基于 AHP - TOSPSIS 方法的扶贫开发项目绩效评估研究——以四川大小凉山地区为例》,《科技与经济》2015 年第 1 期。

[311]孙璐:《扶贫项目绩效评估研究》,中国农业大学博士学位论文,2015 年。

[312]孙燕英、李元杰、康艾、杨晓泽、刘鑫:《鄂尔多斯盆地(内蒙古地区)资源环境综合承载力评价研究》,《干旱区资源与环境》2017 年第 2 期。

[313]孙叶飞、夏青、周敏:《新型城镇化发展与产业结构变迁的经济增长效应》,《数量经济技术经济研究》2016 年第 11 期。

[314]孙战文、杨学成:《农民工家庭成员市民化的影响因素分析——基于山东省 1334 个城乡户调查数据的 Logistic 分析》,《中国农村观察》2013 年第 1 期。

[315]孙正林、张淑芬:《托达罗人口流动模式对我国农村剩余劳动力转移的启示》,《学习与探索》2004 年第 3 期。

[316]谭爱花:《我国农业现代化评价指标体系的设计》,《干旱区资源与环境》

2011 年第 10 期。

［317］唐斌:《"双重边缘人":城市农民工自我认同的形成及社会影响》,《中南民族大学学报》(人文社会科学版)2002 年第 S1 期。

［318］唐任伍:《习近平精准扶贫思想阐释》,《人民论坛》2015 年第 30 期。

［319］唐姗姗、陈绩馨、李志平:《农村留守老人的管理与服务探析》,《武夷学院学报》2013 年第 6 期。

［320］田新民、韩端:《产业结构效应的度量与实证——以北京为案例的比较分析》,《经济学动态》2012 年第 9 期。

［321］田园:《政府主导和推进下农业转移人口市民化问题探究》,《西北农林科技大学学报》(社会科学版)2013 年第 3 期。

［322］佟星格、王丽丽:《农民工市民化意愿及其影响因素的实证研究——以大连市为例》,《调研世界》2015 年第 2 期。

［323］汪三贵、郭子豪:《论中国的精准扶贫》,《贵州社会科学》2015 年第 5 期。

［324］汪小勤、汪红梅:《"人口红利"效应与中国经济增长》,《经济学家》2007 年第 1 期。

［325］王贝:《中国工业化、城镇化和农业现代化关系的实证研究》,《城市问题》2011 年第 9 期。

［326］王兵、吴延瑞、颜鹏飞:《中国区域环境效率与环境全要素生产率增长》,《经济研究》2010 年第 5 期。

［327］王超恩、符平:《农民工的制造业流动及其影响因素——基于职业分层与代际差异视角的考察》,《人口与经济》2013 年第 5 期。

［328］王琛:《基于利益相关者视角农业转移人口市民化研究》,中共中央党校博士学位论文,2014 年。

［329］王春光:《农村流动人口的"半城市化"问题研究》,《社会学研究》2006 年第 5 期。

［330］王春光:《农民工的社会流动和社会地位的变化》,《江苏行政学院学报》2003 年第 4 期。

［331］王春光:《新生代农民工城市融入进程及问题的社会学分析》,《青年探索》2010 年第 3 期。

［332］王发曾:《中原经济区的"三化"协调发展之路》,《人文地理》2012 年第 3 期。

［333］王富喜、孙海燕:《山东省城镇化发展水平测度及其空间差异》,《经济地理》2009 年第 6 期。

[334]王桂新、沈建法、刘建波：《中国城市农民工市民化研究——以上海为例》，《人口与发展》2008年第1期。

[335]王桂新、武俊奎：《城市农民工与本地居民社会距离影响因素分析——以上海为例》，《社会学研究》2011年第2期。

[336]王国敏、卢婷婷：《我国东部地区农业现代化发展水平的定量测评与实证分析》，《上海行政学院学报》2012年第6期。

[337]王国敏、周庆元：《我国农业现代化测评体系的构建与应用》，《经济纵横》2012年第2期。

[338]王国霞、张慧：《农村转移人口市民化成本分担机制分类设计初探》，《经济问题》2016年第5期。

[339]王国勇、邢溦：《我国精准扶贫工作机制问题探析》，《农村经济》2015年第9期。

[340]王宏：《重庆环境成本、自然资源成本估算及对GDP的修正》，《探索》2002年第5期。

[341]王洪濮：《当代市政管理与城市化研究》，黑龙江人民出版社2000年版。

[342]王家庭、张换兆：《工业化、城市化与土地制度的互动关系：美国的经验》，《亚太经济》2009年第4期。

[343]王建平、冯林玉：《失独老年人意定监护的制度设计》，《天府新论》2014年第2期。

[344]王凯、侯爱敏、翟青：《城市农民工住房问题的研究综述》，《城市发展研究》2010年第1期。

[345]王丽丽、梁丹妮、卢小君：《农业转移人口土地置换城镇户籍意愿的影响因素研究》，《农村经济》2016年第10期。

[346]王亮、孙太清：《安徽传统扶贫模式与现代脱贫模式的比较》，《安徽科技学院学报》2012年第4期。

[347]王庆丰：《中国产业结构与就业结构协调发展研究》，南京航空航天大学博士学位论文，2010年。

[348]王琼、胡静：《农民工市民化与户籍制度改革：进程与思考》，《生产力研究》2013年第9期。

[349]王蓉：《我国传统扶贫模式的缺陷与可持续扶贫的战略选择》，《农村经济》2001年第2期。

[350]王瑞玲、陈印军：《我国"三废"排放的库兹涅茨曲线特征及其成因的灰色关

联度分析》,《中国人口·资源与环境》2005 年第 2 期。

[351]王书斌、徐盈之:《环境规制与雾霾脱钩效应——基于企业投资偏好的视角》,《中国工业经济》2015 年第 4 期。

[352]王嗣均:《城市效率差异对我国未来城镇化的影响》,《经济地理》1994 年第 1 期。

[353]王维国、李敬德:《农村"三留守"人员服务管理体制机制的完善与创新》,《新视野》2012 年第 6 期。

[354]王维红、赵晓康:《论"贫困"统计指标体系的构建》,《上海统计》2002 年第 1 期。

[355]王伟男:《欧盟排放交易机制及其成效评析》,《世界经济研究》2009 年第 7 期。

[356]王卫星:《对城乡一体化发展模式的思考——苏州市城乡一体化发展调研报告》,《中国软科学》2009 年第 12 期。

[357]王西、刘维刚:《农业转移人口市民化成本测算及分担机制研究》,《经济纵横》2016 年第 12 期。

[358]王喜明:《论城镇化与农业现代化的协调发展》,《理论导刊》2007 年第 6 期。

[359]王小鲁、夏小林:《优化城市规模,推动经济增长》,《经济研究》1999 年第 9 期。

[360]王小鲁:《对"重点发展中小城市和小城镇"的质疑》,《中国市场》2010 年第 46 期。

[361]王晓红、王吉恒:《农村转移人口市民化成本困境及对策分析》,《农业现代化研究》2015 年第 5 期。

[362]王晓丽:《中国人口城镇化质量研究》,南开大学博士学位论文,2013 年。

[363]王圆圆:《安徽城市效率分析与对策》,《地域研究与开发》2004 年第 2 期。

[364]王志刚、龚六堂、陈玉宇:《地区间生产效率与全要素生产率增长率分解(1978—2003)》,《中国社会科学》2006 年第 2 期。

[365]王竹林:《城市化进程中农民工市民化研究》,西北农林科技大学博士学位论文,2008 年。

[366]王竹林:《城市化进程中农民工市民化研究》,中国社会科学出版社 2009 年版。

[367]王竹林:《农民工市民化的制度阐释》,《商业研究》2008 年第 2 期。

[368]王竹林:《农民工市民化的资本困境及其缓解出路》,《农业经济问题》2010

年第 2 期。

　　[369]王子、叶静怡:《农民工工作经验和工资相互关系的人力资本理论揭示》,《经济科学》2009 年第 1 期。

　　[370]王自力、何小钢:《中国雾霾集聚的空间动态及经济诱因》,《广东财经大学学报》2016 年第 4 期。

　　[371]韦学霖:《广西城镇化水平研究》,广西师范大学硕士学位论文,2004 年。

　　[372]魏后凯、苏红键:《中国农业转移人口市民化进程研究》,《中国人口科学》2013 年第 5 期。

　　[373]魏后凯:《构建多元化的农民市民化成本分担机制》,《中国社会科学报》2013 年第 7 期。

　　[374]魏尧:《城乡一体化建设的实证研究》,中国科学技术大学硕士学位论文,2009 年。

　　[375]文建东、宋斌:《供给侧结构性改革:经济发展的必然选择》,《新疆师范大学学报》(哲学社会科学版)2016 年第 2 期。

　　[376]文军、沈东:《"市民化连续体":农业转移人口类型比较研究》,《社会科学战线》2016 年第 10 期。

　　[377]我国农民工工作"十二五"发展规划纲要研究课题组:《中国农民工问题总体趋势:观测"十二五"》,《改革》2010 年第 8 期。

　　[378]吴宾、李娟:《基于住房视角的农业转移人口市民化的漂浮困境及其化解机制》,《浙江大学学报》(人文社会科学版)2016 年第 12 期。

　　[379]吴建南、秦朝、张攀:《雾霾污染的影响因素:基于中国监测城市 PM2.5 浓度的实证研究》,《行政论坛》2016 年第 1 期。

　　[380]吴江:《重庆新型城镇化推进路径研究》,西南大学博士学位论文,2010 年。

　　[381]吴良平、张健、陆媛:《基于 IOWHA 算子的组合预测在中国入境旅游中的应用分析》,《旅游学刊》2011 年第 11 期。

　　[382]吴文恒、张敬飒、徐凯颖、屈英豪、朱虹颖:《城镇购房衡量的农业转移人口流向特征与形成机制》,《地理学报》2016 年第 10 期。

　　[383]吴文情:《农村城镇化与农业现代化关系探析》,《商业时代》2007 年第 17 期。

　　[384]吴漾:《论新生代农民工的特点》,《东岳论丛》2009 年第 8 期。

　　[385]吴玉萍、董锁成、宋键峰:《北京市经济增长与环境污染水平计量模型研究》,《地理研究》2002 年第 2 期。

[386]吴郁玲、曲福田:《中国城市土地集约利用的影响机理:理论与实证研究》,《资源科学》2007 年第 6 期。

[387]吴愈晓:《劳动力市场分割、职业流动与城市劳动者经济地位获得的二元路径模式》,《中国社会科学》2011 年第 1 期。

[388]吴越菲、文军:《农业转移人口市民化的系统构成及其潜在风险》,《南京农业大学学报》(社会科学版)2016 年第 5 期。

[389]吴振明:《工业化、城镇化、农业现代化进程协调状态测度研究——以中国西部地区为例》,《统计与信息论坛》2012 年第 7 期。

[390]伍国勇:《基于现代多功能农业的工业化、城镇化和农业现代化"三化"同步协调发展研究》,《农业现代化研究》2011 年第 4 期。

[391]夏春萍、刘文清:《农业现代化与城镇化、工业化协调发展关系的实证研究——基于 VAR 模型的计量分析》,《农业技术经济》2012 年第 5 期。

[392]夏春萍:《工业化、城镇化与农业现代化的互动关系研究》,《经济与决策》2010 年第 10 期。

[393]夏怡然:《农民工定居地选择意愿及其影响因素分析——基于温州的调查》,《中国农村经济》2010 年第 3 期。

[394]夏振坤、李享章:《城市化与农业劳动力转移的阶段性和层次性》,《农业经济问题》1988 年第 1 期。

[395]肖日葵:《人力资本、社会资本对农民工市民化的影响——以 X 市农民工为个案研究》,《西北人口》2008 年第 4 期。

[396]肖云、邓睿:《新生代农民工城市社区融入困境分析》,《华南农业大学学报》(社会科学版)2015 年第 1 期。

[397]谢建社、张华初:《农民工市民化公共服务成本测算及其分担机制——基于广东省 G 市的经验分析》,《湖南农业大学学报》(社会科学版)2015 年第 4 期。

[398]谢杰:《工业化、城镇化在农业现代化进程中的门槛效应研究》,《农业经济问题》2012 年第 4 期。

[399]谢文惠、邓卫:《城市经济学》,清华大学出版社 1997 年版。

[400]谢永良、任志祥:《农业现代化及其评价方法》,《农业现代化研究》1999 年第 3 期。

[401]辛宝英:《农业转移人口市民化程度测评指标体系研究》,《经济社会体制比较》2016 年第 4 期。

[402]辛波、刘浩:《农业转移人口市民化问题研究综述》,《山东财经大学学报》

2016 年第 4 期。

[403]熊灵、齐绍洲:《欧盟碳排放交易体系的结构缺陷、制度变革及其影响》,《欧洲研究》2012 年第 1 期。

[404]徐大伟、段姗姗、刘春燕:《"三化"同步发展的内在机制与互动关系研究——基于协同学和机制设计理论》,《农业经济问题》2010 年第 2 期。

[405]徐更生:《持续农业及其对我国的挑战》,《世界经济》1993 年第 6 期。

[406]徐合雷、李豫新:《农村城镇化与新疆绿洲生态农业现代化的互动研究》,《资源开发与市场》2009 年第 9 期。

[407]徐建玲:《农民工市民化进程度量:理论探讨与实证分析》,《农业经济问题》2008 年第 9 期。

[408]徐君:《中原经济区"三化"协调发展的动力机制》,《开放导报》2012 年第 2 期。

[409]徐强:《英国城市研究》,上海交通大学出版社 1995 年版。

[410]徐世江:《农业转移人口市民化的多重矛盾及其破解思路》,《辽宁大学学报》(哲学社会科学版)2014 年第 3 期。

[411]徐双庆、刘滨:《日本国内碳交易体系研究及启示》,《清华大学学报》2012 年第 8 期。

[412]许传新、许若兰:《新生代农民工与城市居民社会距离实证研究》,《人口与经济》2007 年第 5 期。

[413]许经勇:《新型城镇化有赖于户籍、土地制度改革同步推进》,《学习论坛》2013 年第 7 期。

[414]许学强:《中国小城镇的发展》,中山大学出版社 1989 年版。

[415]宣晓伟:《过往城镇化、新型城镇化触发的中央与地方关系调整》,《改革》2013 年第 5 期。

[416]薛晴、任左菲:《美国城乡一体化发展经验及借鉴》,《世界农业》2014 年第 1 期。

[417]薛庆根:《城镇化:解决"三农"问题的有效途径》,《江西农业大学学报》2004 年第 2 期。

[418]亚当·斯密:《国民财富的性质和原因的研究》(上卷),郭大力、王亚南译,商务印书馆 2004 年版。

[419]闫雷:《中原经济区农区三化协调发展体制机制创新探索》,《经济研究导刊》2011 年第 27 期。

［420］严俊乾:《"大数据"助力精准扶贫》,《现代经济信息》2016年第1期。

［421］严善平:《人力资本、制度与工资差别——对大城市二元劳动力市场的实证分析》,《管理世界》2007年第6期。

［422］阎小培、刘筱:《中国乡村—城市转型的动力和类型研究》,科学出版社1999年版。

［423］杨风:《户籍制度对农民工市民化的制约》,《兰州学刊》2011年第6期。

［424］杨建利、邢娇阳:《我国农业供给侧结构性改革研究》,《农业现代化研究》2016年第4期。

［425］杨开忠:《中国城市化驱动经济增长的机制与概念模型》,《城市问题》2001年第3期。

［426］杨立勋、姜增明:《产业结构与城镇化匹配协调及其效率分析》,《经济问题探索》2013年第10期。

［427］杨世箐、陈怡男:《农民工市民化成本分担的现实困境及对策分析》,《湖南社会科学》2015年第5期。

［428］杨素梅:《新型城镇化背景下的城乡均衡发展》,《广东社会科学》2013年第4期。

［429］杨伟民:《关于"十五"规划编制方法和程序的思考》,《宏观经济研究》1999年第12期。

［430］杨晓冬、武永祥:《协调发展视角下的城乡人口迁移地区差异计量模型研究》,《中国软科学》2015年第5期。

［431］杨瑶、黄育云:《对农业产业化、农村城镇化、农村现代化的再思考》,《中国农村教育》2006年第2期。

［432］杨竹、陈鹏:《转型期农民工外出就业动机及代际差异——来自珠三角、长三角及中西部地区农民工的实证调查分析》,《农村经济》2009年第9期。

［433］姚明明:《新型城镇化进程中我国农业转移人口市民化成本分担机制研究》,辽宁大学博士学位论文,2015年。

［434］姚婷、傅晨:《农村土地制度改革与农民工市民化——兼论广东农村集体建设用地流转立法的积极意义》,《广东农业科学》2013年第8期。

［435］姚毅、明亮:《我国农民工市民化成本测算及分摊机制设计》,《财经科学》2015年第7期。

［436］叶静怡、周晔馨:《社会资本转换与农民工收入——来自北京农民工调查的证据》,《管理世界》2010年第10期。

［437］叶裕民：《有关中国城市化两个问题的探讨》，《城市开发》1999 年第 7 期。

［438］伊里尔·沙里宁：《城市：它的发展、衰败与未来》，中国建筑工业出版社 1986 年版。

［439］衣芳：《中国城乡一体化探索》，经济科学出版社 2009 年版。

［440］易善策：《产业结构演进与城镇化互动发展研究》，武汉大学博士学位论文，2011 年。

［441］于飞、戴锐：《农村治安防控体系研究——由留守人员安全问题引发的思考》，《广西警官高等专科学校学报》2014 年第 6 期。

［442］于培伟：《日本的城乡统筹共同发展》，《宏观经济管理》2007 年第 9 期。

［443］于晓明：《对中国城市化道路几个问题的思索》，《城市问题》1999 年第 5 期。

［444］余传杰：《农业转移人口市民化：机制完善及制度创新》，《中州学刊》2014 年第 3 期。

［445］余京津：《农民工市民化程度影响因素研究》，《湖北经济学院学报》（人文社会科学版）2012 年第 5 期。

［446］余茂辉、吴义达：《国内城乡一体化的理论探索与实践经验》，《乡镇经济》2009 年第 7 期。

［447］余小英：《农村转移人口市民化成本分担及政府角色研究》，《中国劳动》2015 年第 6 期。

［448］袁荫贞：《新型城镇化进程中农业转移人口市民化成本研究——以广东东莞"新莞人"为例》，《农业经济》2016 年第 8 期。

［449］原新、韩靓：《多重分割视角下外来人口就业与收入歧视分析》，《人口研究》2009 年第 1 期。

［450］岳文海：《中国新型城镇化发展研究》，武汉大学博士学位论文，2013 年。

［451］郧彦辉：《农民市民化程度测量指标体系及评估方法探析》，《学习与实践》2009 年第 8 期。

［452］曾芬钰：《论城市化的本质与"农民工"的终结》，《当代经济研究》2003 年第 10 期。

［453］曾万明：《我国统筹城乡经济发展的理论与实践》，西南财经大学博士学位论文，2011 年。

［454］曾宪明：《中国特色城市化道路研究》，武汉大学博士学位论文，2005 年。

［455］曾湘泉、陈力闻、杨玉梅：《城镇化、产业结构与农村劳动力转移吸纳效率》，《中国人民大学学报》2013 年第 4 期。

［456］曾毅、顾宝昌、涂平：《我国近年来出生性别比升高原因及其后果分析》，《人口与经济》1993 年第 1 期。

［457］占纪文：《福建省城镇化发展、农业现代化与农民收入增长关系的动态计量经济分析》，《中国农学通报》2011 年第 30 期。

［458］张步艰：《浙江省城市经济效率分析》，《地理学与国土研究》1995 年第 4 期。

［459］张冠增：《西方城市建设史纲》，中国建筑工业出版社 2011 年版。

［460］张国胜：《基于社会成本考虑的农民工市民化：一个转轨中发展大国的视角与政策选择》，《中国软科学》2009 年第 4 期。

［461］张国胜：《农民工市民化的城市融入机制研究》，《江西财经大学学报》2007 年第 2 期。

［462］张合林：《中原经济区"三化"协调发展研究》，《河南科技》2011 年第 21 期。

［463］张鸿雁：《成功与代价：中外城市化比较新论》，东南大学出版社 2000 年版。

［464］张辉：《我国产业结构高度化下的产业驱动机制》，《经济学动态》2015 年第 12 期。

［465］张继良、马洪福：《江苏外来农民工市民化成本测算及分摊》，《中国农村观察》2015 年第 2 期。

［466］张军、吴桂英、张吉鹏：《中国省际物质资本存量估算：1952 — 2000》，《经济研究》2004 年第 10 期。

［467］张军：《推进我国城乡一体化的制度创新研究》，东北师范大学博士学位论文，2013 年。

［468］张立超、刘怡君：《低碳交通视角下的 LNG 汽车产业现状与前景预测》，《中国软科学》2014 年第 5 期。

［469］张莉侠：《中国乳制品企业技术效率分析——基于 SBM 超效率模型》，《统计与信息论坛》2007 年第 3 期。

［470］张林江：《中国应对城镇化新挑战须有"新思维"》，《北京科技大学学报》2012 年第 3 期。

［471］张麟、刘光中：《城市系统效率的差异及对我国城市化进程的影响》，《软科学》2001 年第 3 期。

［472］张玲：《城乡一体化的制度障碍及对策》，《市场论坛》2010 年第 1 期。

［473］张鹏、周莹：《基于 CES 生产函数的劳动力市场性别歧视研究》，《统计与决策》2011 年第 23 期。

［474］张少辉：《河南省城镇化水平的综合测度研究》，郑州大学硕士学位论文，

2004 年。

［475］张首魁:《一二三产业融合发展推动农业供给侧结构性改革路径探讨》,《理论导刊》2016 年第 5 期。

［476］张书琴、毛锴苑、储晓腾:《印度碳交易市场机制的解读及启示》,《现代商业》2012 年第 19 期。

［477］张庭伟:《对城市化发展动力的探讨》,《城市规划》1983 年第 5 期。

［478］张卫、何雨、王树华:《有序推进农业转移人口市民化的障碍及其对策研究——以江苏为例》,《现代经济探讨》2013 年第 12 期。

［479］张衔:《民族地区扶贫绩效分析——以四川省为例》,《西南民族学院学报》(哲学社会科学版)2000 年第 3 期。

［480］张笑芸、唐燕:《创新扶贫方式,实现精准扶贫》,《资源开发与市场》2014 年第 9 期。

［481］张心洁、周绿林、曾益:《农业转移人口市民化水平的测量与评价》,《中国软科学》2016 年第 10 期。

［482］张园:《城乡一体化社会养老保险发展阶段及实现路径研究》,《西北人口》2013 年第 4 期。

［483］张振龙:《城乡一体化规划理论与实施机制研究:以苏州市为例》,《现代城市研究》2012 年第 4 期。

［484］张正河:《农业国的城市化——中国乡村城市化研究》,北京出版社 2001 年版。

［485］张仲芳、舒成:《农村转移人口市民化的公共成本测算及分担机制——以江西为例》,《江西社会科学》2015 年第 9 期。

［486］张仲威:《中国农业现代化若干问题的探讨》,《农业现代化研究》1994 年第 3 期。

［487］章升东、宋维明、李怒云:《国际碳市场现状与趋势》,《世界林业研究》2006 年第 5 期。

［488］章元、陆铭:《社会网络是否有助于提高农民工的工资水平?》,《管理世界》2009 年第 3 期。

［489］长子中:《推进农业现代化与工业化、城镇化协调发展》,《中国经贸导刊》2011 年第 13 期。

［490］赵景阳、郭艳红、米庆华:《广义农业现代化的内涵与评价研究——以山东省为例》,《农业现代化研究》2007 年第 1 期。

［491］赵凯、王宁：《陕西城镇化水平的区域差异及其变化趋势探析》，《西北农林科技大学学报》2012 年第 1 期。

［492］赵美英：《农民工市民化的经济分析：成本收益与政策选择》，《宁波党校学报》2007 年第 5 期。

［493］赵伟峰、刘菊：《农村城镇化——农村产业结构调整的路径选择》，《技术经济》2007 年第 1 期。

［494］赵卫华：《独特化还是市民化：新生代农民工消费模式分析》，《北京社会科学》2015 年第 3 期。

［495］赵新平、周一星、曹广忠：《小城镇重点战略的困境与实践误区》，《城市规划》2002 年第 10 期。

［496］赵艳：《基于 Logistic 回归模型的宁夏农民工市民化影响因素分析》，《统计与经济》2014 年第 3 期。

［497］赵智、郑循刚、李冬梅：《土地流转、非农就业与市民化倾向——基于四川省农业转移人口的调查分析》，《南京农业大学学报》（社会科学版）2016 年第 4 期。

［498］甄月桥、陈蔚、葛列众：《农民工就业心理的代际差异探析》，《杭州电子科技大学学报》（社会科学版）2007 年第 4 期。

［499］郑秉文：《拉美城市化的教训与中国城市化的问题——"过度城市化"与"浅度城市化"的比较》，《国外理论动态》2011 年第 7 期。

［500］郑高强、付静、钟海国：《中国特色农业现代化道路模式的选择》，《农业现代化研究》2008 年第 4 期。

［501］郑杭生：《农民市民化：当代中国社会学的重要研究主题》，《甘肃社会科学》2005 年第 4 期。

［502］郑利芳：《苏州经济发展中的环境保护研究》，中国地质大学（北京）硕士学位论文，2008 年。

［503］郑鑫：《论城镇化与农业现代化的相互作用》，《郑州航空工业管理学院学报》2005 年第 1 期。

［504］郑星、张泽荣、路兴涛：《农业现代化要义》，《农业经济》2003 年第 3 期。

［505］郑英隆：《中国农民工弱信息能力初探》，《经济学家》2005 年第 5 期。

［506］中共中央马克思恩格斯列宁斯大林著作编译局：《马克思恩格斯全集》第 27 卷（上册），人民出版社 1975 年版。

［507］中国发展研究基金会：《中国发展报告 2010：促进人的发展的中国新型城市化战略》，人民出版社 2010 年版。

[508]中国科学院可持续发展战略研究小组:《中国可持续发展战略报告》,科学出版社 2005 年版。

[509]中华人民共和国农业部:《新中国农业 60 年统计资料》,中国农业出版社 2009 年版。

[510]钟太洋、蒋鹏、徐忠国:《城市化进程中耕地资源转用效率评价——以江苏省为例》,《地域研究和开发》2001 年第 2 期。

[511]钟秀明、武雪萍:《城市化之动力》,中国经济出版社 2006 年版。

[512]仲德涛:《城乡一体化的理论与实践——以河南省漯河市城乡一体化模式为例》,《云南行政学院学报》2012 年第 4 期。

[513]仲德涛:《城乡一体化探索实践与路径选择》,《前沿》2011 年第 21 期。

[514]周冲、吴玲:《安徽省城镇化发展影响因素分析》,《统计与决策》2013 年第 23 期。

[515]周复多:《科学发展视野下的中国城镇化之路》,《城市管理》2010 年第 3 期。

[516]周加来:《城市化·城镇化·农村城市化·城乡一体化》,《中国农村经济》2001 年第 5 期。

[517]周可、王厚俊:《两代农民工流动动因与择业期望代际差异的比较》,《统计与决策》2009 年第 16 期。

[518]周密、张广胜、黄利:《新生代农民工市民化程度的测度》,《农业技术经济》2012 年第 1 期。

[519]周密:《新生代农民工市民化程度的测度及其影响因素》,沈阳农业大学博士学位论文,2011 年。

[520]周庆林:《安徽省农民工市民化代际差异研究》,安徽财经大学硕士学位论文,2015 年。

[521]周世军:《我国中西部地区"三农"困境破解:机理与对策——基于产业转移与城镇化动态耦合演进》,《经济学家》2012 年第 6 期。

[522]周铁训:《均衡城市化理论与中外城市化比较研究》,南开大学出版社 2007 年版。

[523]周文:《城市化、城市增长与城市结构的理论研究》,《经济学动态》2003 年第 4 期。

[524]周小刚、陈东有:《中国人口城市化的理论阐释与政策选择:农民工市民化》,《江西社会科学》2009 年第 12 期。

[525]周阳品、王雪娜、黄光庆:《基于环境库兹涅茨曲线分析的广州城市环境发展

趋势探讨》,《热带地理》2010 年第 5 期。

[526]周一星:《城市地理学》,商务印书馆 2003 年版。

[527]周一星:《关于中国城镇化速度的思考》,《城市规划》2006 年第 12 期。

[528]周一星:《中国城市工业产出水平与城市规模的关系》,《经济研究》1988 年第 5 期。

[529]周战强、乔志敏:《工业化、城镇化与农业现代化》,《城市发展研究》2012 年第 10 期。

[530]周智:《新生代农民工市民化问题的政治学分析》,《河南社会科学》2012 年第 1 期。

[531]朱柏铭、曹丹:《农业转移人口市民化的财政负担研究》,《浙江大学学报》(人文社会科学版)2016 年第 6 期。

[532]朱道才:《我国农村空心化问题的治理研究》,经济科学出版社 2016 年版。

[533]朱冬梅、袁欣:《有序推进农业转移人口市民化问题研究综述》,《城市发展研究》2014 年第 11 期。

[534]朱力:《论农民工阶层的城市适应》,《江海学刊》2002 年第 6 期。

[535]朱力:《群体性偏见与歧视——农民工与市民的磨擦性互动》,《江海学刊》2001 年第 6 期。

[536]朱明芬:《农民工职业转移特征与影响因素探讨》,《中国农村经济》2007 年第 6 期。

[537]朱农:《中国四元经济下的人口迁移——理论、现状和实证分析》,《人口与经济》2001 年第 1 期。

[538]朱乾宇:《政府扶贫资金投入方式与扶贫绩效的多元回归分析》,《中央财经大学学报》2004 年第 7 期。

[539]朱善利:《论中国城乡一体化的逻辑》,《中国市场》2013 年第 7 期。

[540]朱通华、邹农俭:《小城镇新世纪》,江苏人民出版社 2004 年版。

[541]朱喜群:《中国城乡一体化实现路径研究》,苏州大学博士学位论文,2014 年。

[542]朱信凯:《农民市民化的国际经验及对我国农民工问题的启示》,《中国软科学》2005 年第 1 期。

[543]朱智洺:《库兹涅茨曲线在中国水环境分析中的应用》,《河海大学学报》(自然科学版)2004 年第 4 期。

[544]祝艳:《国外推进城乡一体化的经验与启示》,《工会论坛》2012 年第 1 期。

［545］卓旻:《西方城市发展史》,中国建筑工业出版社 2014 年版。

［546］邹农俭:《中国农村城市化研究》,广西人民出版社 1998 年版。

［547］邹庆、陈迅、吕俊娜:《我国经济增长与环境协调发展研究——基于内生增长模型和 EKC 假说的分析》,《中央财经大学学报》2014 年第 9 期。

［548］邹新树:《农民工向城市流动的动因:"推—拉"理论的现实解读》,《农村经济》2005 年第 10 期。

［549］左停、杨雨鑫、钟玲:《精准扶贫:技术靶向、理论解析和现实挑战》,《贵州社会科学》2015 年第 8 期。

［550］Aigner D., Lovell C. A., Schmidt P., "Formulation and Estimation of Stochastic Frontier Production Function Models", *Journal of Econometrics*, No.1, 1977.

［551］Allen L. J., Allen E. J., "A Comparison of Three Different Stochastic Population Models with regard to Persistence Time", *Theoretical Population Biology*, No.4, 2003.

［552］Alonso W., "The Economics of Urban Size", *Papers in Regional Science*, No. 1, 1971.

［553］Andrew M., Meen G., "Population Structure and Location Choice: A Study of London and South East England", *Papers in Regional Science*, No.3, 2006.

［554］Barney C., "Urbanization in Developing Countries: Current Trends, Future Projections and Key Challenge for Sustainability", *Technology in Society*, No.1, 2006.

［555］Battese G. E., Coelli T. J., "A Model for Technical Inefficiency Effects in a Stochastic Frontier Production Function for Panel Data", *Empirical Economics*, No.2, 1995.

［556］Becker G. S., "Investment in Human Capital: A Theoretical Analysis", *Journal of Political Economy*, No.10, 1962.

［557］Bimonte S., "Information Access, Income Distribution, and the Environmental Kuznets Curve", *Ecological Economics*, No.1, 2002.

［558］Bloom D., Gunther F., "Urbanization and the Wealth of Nations", *American Association for the Advancement of Science*, Vol.319, 2008.

［559］Bocke J. H., *Economics and Economics Policy in Dual Society*, New York, Academic Press, 1953.

［560］Bohm P., Larsen B., "Fairness in a Tradable Permit Treaty for Carbon Emissions Reductions in Europe and the Former Soviet Union", *Environmental and Resource Economics*, No.4, 1994.

［561］Booth H., "Demographic Forecasting: 1980 to 2005 in Review", *International*

Journal of Forecasting, No.3, 2006.

［562］Boucekkine R., Pommeret A., Prieur F., "Technological VS Ecological Switch and the Environmental Kuznets Curve", *Ecological Economics*, No.2, 2013.

［563］Byrnes P.E., Storbeck J.E., "Efficiency Gains from Regionalization: Economic Development in China Revisited", *Socio-Economic Planning Sciences*, No.2, 2000.

［564］Charnes A., Cooper W.W., Li, S., "Using Data Envelopment Analysis to Evaluate Efficiency in the Economic Performance of Chinese Cities", *Socio-Economic Planning Sciences*, No.6, 1989.

［565］Charnes A., Cooper W.W., Golany B., "Foundations of Data Envelopment Analysis for Pareto-Koopmans Efficient Empirical Production Functions", *Journal of Econometrics*, No.1, 1985.

［566］Charnes A., Cooper W.W., Rhodes E., "Measuring the Efficiency of Decision Making Units", *European Journal of Operational Research*, No.6, 1978.

［567］Chen J., "Rapid Urbanization in China: A Real Challenge to Soil Protection and Food Security", *Catena*, No.1, 2007.

［568］Chen W., "The Costs of Mitigating Carbon Emissions in China: Findings from China MARKAL-MACRO Modeling", *Energy Policy*, No.7, 2005.

［569］Chlide V.G., "The Urban Revolution", *Town Planning Review*, No.1, 1950.

［570］Coase R.H., "The Problem of Social Cost", *Journal of Law and Economics*, No.3, 1960.

［571］Cornwell C., Schmidt P., Sickles R.C., "Production Frontiers with Cross-sectional and Time-series Variation in Efficiency Levels", *Journal of Econometrics*, No.1, 1990.

［572］Criqui P., Mima S., Viguir L., "Marginal Abatement Cost of CO_2 Emission Reductions, Geographical Flexibility and Concrete Ceilings: An Assessment Using the POLES Model", *Energy Policy*, No.10, 1999.

［573］Cui L.B., Zhu L., Springmann M., Fan Y., "Design and Analysis of the Green Climate Fund", *Journal of Systems Science and Systems Engineering*, No.3, 2014.

［574］Dales J.H., *Pollution, Property and Prices*, Toronto: University Press, 1968.

［575］Deng J.S., Wang K., Hong Y., "Spatiotemporal Dynamics and Evolution of Land Use Change and Landscape Pattern in Response to Rapid Urbanization", *Landscape and Urban Planning*, No.4, 2009.

［576］Denise H.，"'Push'Versus'Pull'Factors in Migration Outflows and Returns:Determinants of Migration Status and Spell Duration among China's Rural Population",*The Journal of Development Studies*,No.3,1999.

［577］Dinda S.，"A Theoretical Basis for the Environmental Kuznets Curve",*Ecological Economics*,No.3,2005.

［578］Dinda S.，"Environmental Kuznets Curve Hypothesis:A Survey",*Ecological Economics*,No.4,2004.

［579］Elgin C.,Oztunali O.,"Pollution and Informal Economy",*Economic Systems*,No.3,2014.

［580］Ellerman A.D.,Buchner B.K.,"The European Union Emissions Trading Scheme:Origins,Allocation,and Early Results",*Environmental Economics and Policy*,No.1,2007.

［581］Ellerman D.A.,Decaux A.,"Analysis of Post-Kyoto CO_2 Emission Trading Using Marginal Abatement Curves",Massachusetts Institute of Technology,Joint Program on the Science and Policy of Global Change,Report 40,1998.

［582］Enkvist P.A.,Nauclér T.,Rosander J.,"A Cost Curve for Greenhouse Gas Reduction",*The McKinsey Quarterly*,No.1,2007.

［583］Färe R.,Grosskopf S.,Pasurka Jr C.A.,"Environmental Production Functions and Environmental Directional Distance Functions",*Energy*,No.7,2007.

［584］Giovanis E.,"Environmental Kuznets Curve:Evidence from the British Household Panel Survey",*Economic Modelling*,No.30,2013.

［585］Giuseppina S.,"Urbanization Strategies,Rural Development and Land Use Changes in China",*Land Use Change*,No.29,2012.

［586］Grossman G.,Krueger A.,"Economic Growth and the Environment",*Quarterly Journal of Economics*,No.2,1995.

［587］Guangzhong C.,Changchun G.,Ran T.,"Local 'Land Finance' in China's Urban Expansion:Challenges and Solutions",*China & World Economy*,No.2,2008.

［588］Haan A.D.,"Livelihoods and Poverty:The Role of Migration,A Critical Review of the Migration Literature",*Journal of Development Studies*,No.36,1999.

［589］Hailu A.,Veeman T.S.,"Non-parametric Productivity Analysis with Undesirable Outputs:An Application to Canadian Pulp and Paper Industry",*American Journal of Agricultural Economics*,No.83,2001.

［590］Haris J.R.,Todaro M.P.,"Migration,Unemployment,and Development:A

Two-Sector Analysis", *American Economic Review*, No.1, 1970.

[591] Hudson J.C., "Diffusion in a Central Place System", *Geographical Analysis*, No. 1, 1969.

[592] John G., "Is Life More Risky in the Open? Household Risk-coping and Opening of China's Labor Markets", *Journal of Development Economics*, No.1, 2006.

[593] Johnson, D.G., "Provincial Migration in China", *China Economic Review*, No. 14, 2003.

[594] Jorgenson D.W., "The Development of Dual Economy", *Economic Journal*, No. 11, 1961.

[595] Jovanovic B., "Firm-specific Capital and Turnover", *The Journal of Political Economy*, No.6, 1979.

[596] Kasarda J.D., Crenshaw E.M., "Third World Urbanization: Dimensions, Theories and Determinants", *Annual Review of Sociology*, No.17, 1991.

[597] Kesicki F., Strachan N., "Marginal Abatement Cost (MAC) Curves: Confronting Theory and Practice", *Environmental Science and Policy*, No.14, 2011.

[598] Klepper G., Peterson S., "Marginal Abatement Cost Curves in General Equilibrium: The Influence of World Energy Prices", *Resource and Energy Economics*, No.1, 2006.

[599] Lewis W.A., "Economic Development with Unlimited Supplies of Labor", *Manchester School of Economic and Social Studies*, No.2, 1954.

[600] Ling Z., "Food Security and Agricultural Changes in the Course of China's Urbanization", *China & World Economy*, No.2, 2011.

[601] List J.A., Gallet C.A., "The Environmental Kuznets Curve: Does One Size Fit All?", *Ecological Economics*, No.3, 1999.

[602] Liu Y., Wu F., Webster C., "Urban Villages Under China's Rapid Urbanization: Unregulated Assets and Transitional Neighbourhoods", *Habitat International*, No.34, 2010.

[603] Lotka A.J., "The Stability of the Normal Age Distribution", *Proceedings of the National Academy of Sciences*, No.11, 1922.

[604] Lutz W., "Scenario Analysis in Population Projection", Laxenburg, Austria, International Institute for Applied Systems Analysis, 1995.

[605] Luukkonen R., Saikkonen P.T.T., "Testing Linearity against Smooth Transition Autoregressive Modles", *Biometrika*, No.75, 1988.

[606] Luzzati T., Orsini M., "Investigating The Energy-environmental Kuznets Curve",

Energy, No.3, 2009.

[607] Manne A.S., Richels R.G., *Buying Greenhouse Insurance: The Economic Costs of CO₂ Emission Limits*, Massachusetts: MIT Press, 1992.

[608] Meeusen W., Van den Broeck J., "Efficiency Estimation from Cobb–Douglas Production Functions with Composed Error", *International Economic Review*, No.2, 1977.

[609] Miah D., "Global Observation of EKC Hypothesis for CO₂, SOₓ and NOₓ Emission: A Policy Understanding for Climate Change Mitigation in Bangladesh", *Ecological Economics*, No.8, 2010.

[610] Myrdal, *Economic Theory and Underdeveloped Regions*, London: Duck Worth, 1957.

[611] Naughton H.T., "To Shut down or to Shift: Multinationals and Environmental Regulation", *Ecological Economics*, No.7, 2014.

[612] Northam R.M., *Urban Geography*, New York: J.Wiley Sons, 1975.

[613] Oberndorfer U., "EU Emission Allowances and the Stock Market: Evidence from the Electricity Industry", *Ecological Economics*, No.68, 2009.

[614] Parish W.L., *Urban Policy in Centralized Economies: China, in the Economics of Urbanization and Urban Policies in Developing Countries*, G.S.Tolley, V.Thomas, 1987.

[615] Park S., Lee Y., "Regional Model of EKC for Air Pollution: Evidence from the Republic of Korea", *Energy Policy*, No.10, 2011.

[616] Pederson P.O., "Innovation Diffusion within and between National Urban System", *Geographical Analysis*, No.2, 1970.

[617] Pieter B., "What India can Learn from China and Vice Versa", *China & World Economy*, No.3, 2007.

[618] Prud'homme R., Lee C.W., "Size, Sprawl, Speed and the Efficiency of Cities", *Urban Studies*, No.11, 1999.

[619] Qian Y., Roland G., "Federalism and the Soft Budget Constrain", *American Economic Review*, No.5, 1998.

[620] Ranis G., John C.H.Fei., "A Theory of Economic Development", *American Economic Review*, No.4, 1961.

[621] Rebane K.K., "Energy, Entropy, Environment: Why is Protection of the Environment Objectively Difficult?", *Ecological Economics*, No.2, 1995.

[622] Ren W., Zhong Y., Meligrana J., "Urbanization, Land Use and Water Quality in

Shanghai:1947-1996", *Environment International*, No.5,2003.

[623] Renaud B., *National Urbanization Policies in the Developing Countries*, Oxford University Press,1981.

[624] Roberts B., *Urbanization*, *Migration and Development*, Soc.Forum,1989.

[625] Roberts K.D., "China's 'Tidal Wave' of Migrant Labor:What can We Learn from Mexican Undocumented Migration to the United States?", *International Migration Review*, No. 2,1997.

[626] Sassen S., *The Global City:New York*, London, Tokyo, Princeton, Princeton University Press,1991.

[627] Schultz, *To Transform Traditional Agriculture*, The Commercial Press,1987.

[628] Seiford L.M., Zhu J., "Modeling Undesirable Factors in Efficiency Evaluation", *European Journal of Operational Research*, No.20,2002.

[629] Simon C.J., John T.W., "Matchmaker:The Effect of Old Boy Networks on Job Match Quality, Earnings, and Tenure", *Journal of Labor Economics*, No.3,1992.

[630] Söderholm K., Söderholm P., Helenius H., et al., "Environmental Regulation and Competitiveness in the Mining Industry:Permitting Processes with Special Focus on Finland, Sweden and Russia", *Resources Policy*, No.43,2015.

[631] Solow R.M., "Technical Change and the Aggregate Production Function", *The Review of Economics and Statistics*, No.3,1957.

[632] Song S.F., Zhang K.H., "Urbanization and City Size Distribution in China", *Urban Studies*, No.12,2002.

[633] Stauffer D., "Simple Tools for Forecasts of Population Ageing in Developed Countries Based on Extrapolations of Human Mortality, Fertility and Migration", *Experimental Gerontology*, No.8-9,2002.

[634] Sveikauskas L., "The Productivity of Cities", *The Quarterly Journal of Economics*, No.3,1975.

[635] Tan M., Li X., "Urban Land Expansion and Arable Land Loss in China—A Case Study of Beijing-Tianjin-Hebei Region", *Land Use Policy*, No.3,2005.

[636] Todaro, Michael P., "A Model of Labor Migration and Urban Unemployment in Less-developed Countries", *The American Economic Review*, No.59,1969.

[637] Tone K., "A Slacks-Based Measure of Efficiency in Data Envelopment Analysis", *European Journal of Operational Research*, No.130,2001.

［638］Tone K. ,"Dealing with Undesirable Outputs in DEA:A Slacks-based Measure (SBM) Approach",Presentation at NAPW III,Toronto,2004.

［639］Vemon J. ,Hendernson,"Urbanization and City Growth:The Role of Institutions", *Regional Science and Urban Economics*,No.37,2007.

［640］Xiao J. , Shen Y. , Tateishi R. , "Evaluating Urban Expansion and Land Use Change in Shijiazhuang,China,by Using GIS and Remote Sensing", *Landscape and Urban Planning*,No.75,2006.

［641］Zhang Z.X. ,"Cost-Effective Analysis of Carbon Abatement Options in China's Electricity Sector", *Energy Sources*,No.20,1996.

［642］Zhu J. ,"Data Envelopment Analysis VS.Principal Component Analysis:An Illustrative Study of Economic Performance of Chinese Cities", *European Journal of Operational Research*,No.1,1998.

［643］Zhu N. ,"The Impacts of Income Gaps on Migration Decisions in China", *China Economic Review*,No.13,2002.

责任编辑:吴焰东
封面设计:石笑梦
封面制作:姚　菲
版式设计:胡欣欣

图书在版编目(CIP)数据

以人为本的中国新型城镇化道路研究/周加来 等 著. —北京:人民出版社,
　2020.12
ISBN 978－7－01－022507－4

Ⅰ.①以…　Ⅱ.①周…　Ⅲ.①城市化-研究-中国　Ⅳ.①F299.21

中国版本图书馆 CIP 数据核字(2020)第 186554 号

以人为本的中国新型城镇化道路研究

YIRENWEIBEN DE ZHONGGUO XINXING CHENGZHENHUA DAOLU YANJIU

周加来 等　著

人民出版社 出版发行
(100706　北京市东城区隆福寺街 99 号)

保定市北方胶印有限公司印刷　新华书店经销

2020 年 12 月第 1 版　2020 年 12 月北京第 1 次印刷
开本:710 毫米×1000 毫米 1/16　印张:38
字数:550 千字

ISBN 978－7－01－022507－4　定价:150.00 元

邮购地址 100706　北京市东城区隆福寺街 99 号
人民东方图书销售中心　电话 (010)65250042　65289539